Benjamin Carter Hett

# ESKALATIONEN

BENJAMIN CARTER HETT

# ESKALATIONEN

Wie Hitler die Welt in den Krieg zwang

Aus dem amerikanischen Englisch
übersetzt von Karin Hielscher

RECLAM

2021 Philipp Reclam jun. Verlag GmbH,
Siemensstraße 32, 71254 Ditzingen

Copyright © 2020 by Benjamin Carter Hett
Translated from the English language: *The Nazi Menace: Hitler, Churchill, Roosevelt, Stalin, and the Road to War*
Published by arrangement with Henry Holt & Company, New York

Druck und buchbinderische Verarbeitung: CPI books GmbH,
Birkstraße 10, 25917 Leck
Printed in Germany 2021
RECLAM ist eine eingetragene Marke
der Philipp Reclam jun. GmbH & Co. KG, Stuttgart
ISBN 978-3-15-011322-6

Auch als E-Book erhältlich

www.reclam.de

# Inhalt

# Die Krise der Demokratie

In weiten Teilen der Welt hatte es nur wenige Jahre zuvor eine demokratische Revolution gegeben. Alte autoritäre Regime waren zusammengebrochen, an ihre Stelle traten hoffnungsvolle neue Demokratien. Die demokratische Welle hatte ihren Ursprung in Mittel- und Osteuropa, und sie berührte so weit entfernte Orte wie Ostasien. Doch nun hatte diese Welle ihren Höhepunkt erreicht und war auf dem Rückzug.

Auch dieses Mal zeigte sich die Entwicklung zuerst in Mittel- und Osteuropa, und erneut hatte der Trend Auswirkungen auf die ganze Welt. Eine drastische Finanzkrise hatte die Grundlagen der Weltwirtschaft erschüttert. Selbst in den alteingesessenen Kernländern der Demokratie, in Westeuropa und den Vereinigten Staaten, zeichneten sich alarmierende Veränderungen ab. Auch dort schienen sich viele Menschen von der Tatkraft und dem Selbstvertrauen der neuen Diktatoren angezogen zu fühlen, selbst als diese Regime sich in ihrer ganzen Feindseligkeit und Aggression gegen die Demokratien wandten. Die demokratischen Politiker mussten herausfinden, wie sie diesen Bedrohungen entgegentreten konnten, wobei sie immer ihre eigene Bevölkerung und deren Reaktion mit im Blick haben mussten. Und in den Diktaturen selbst gab es einige, die sich davor fürchteten, wohin ihre unberechenbaren Anführer steuern könnten, und die ihr Bestes taten, um die schlimmsten Gewaltausbrüche in Grenzen zu halten.

Das mag nach der Welt von heute klingen. Tatsächlich ist es eine Beschreibung der 1930er Jahre.

So viele von uns haben es sich leicht gemacht und eine Sicht auf die 1930er Jahre und den Zweiten Weltkrieg akzeptiert, die einfach nachzuvollziehen ist. Selbstverständlich, denken wir, waren Franklin D. Roosevelt und Winston Churchill stets weise und wortgewaltige Verfechter der Demokratie. Ohne Frage war

Adolf Hitler immer auf genau den Krieg aus, in den er die ganze Welt letztendlich hineinriss. Und zweifellos war Josef Stalin zunächst eine undurchsichtige Eminenz hinter den Kulissen, bevor er zu einem ebenso schwer durchschaubaren Partner in der Anti-Hitler-Koalition wurde.

Uns ist oft nicht bewusst, wie kontingent und unvorhersehbar diese Entwicklungen waren. Hitler war wohl immer auf irgendeinen Krieg aus, aber die *Art* des Kriegs, mit dem er rechnete, und der Zeitrahmen, den er dafür vorsah, schwankten stark. Noch im Frühjahr 1939, als er in fieberhafter Hast darum bemüht war, endlich einen Krieg in Gang zu bringen, wusste er noch nicht genau, gegen wen er kämpfen würde.

Auch Roosevelt und Churchill vertraten zu Beginn der 1930er Jahre Positionen, die weit entfernt lagen von denen, auf denen sie sich später wiederfinden sollten. In den frühen 1930er Jahren scheint Churchills Engagement für die Demokratie bestenfalls halbherzig gewesen zu sein. Seine zentralen Anliegen waren geostrategischer Natur, und er äußerte sie manchmal in martialischer Sprache, die sich gar nicht so gravierend von der Hitlers unterschied. Doch die von ihm vorgebrachte Argumentation entwickelte sich unter dem Druck der Ereignisse in der zweiten Hälfte des Jahrzehnts weiter, bis es Ende 1938 niemanden mehr gab, der eloquenter als er für eine entscheidende Rolle der britischen Demokratie im Kampf gegen die nationalsozialistische Bedrohung plädierte. Auch Roosevelt hatte zur Außenpolitik bis 1937 wenig zu sagen. Danach war er, wie er offen zugab, auf der Suche nach einer politischen Position und unsicher, wohin ihn das führen würde. Er erkannte mit seltener Voraussicht die Gefahren, die sich am Horizont abzeichneten, aber er war ein vorsichtiger politischer Stratege, der seine Gedanken kaum je preisgab und davor zurückschreckte, der öffentlichen Meinung oder der Unterstützung durch den Kongress auch nur einen Schritt voraus zu sein. Der Druck der Ereignisse zwang Roosevelt schließlich dazu, sowohl die Demokratie als solches als auch insbesondere Großbritannien zu unterstützen. Dabei berief er sich auf ein taktisch kluges (aber möglicherweise auch von Herzen kommendes) Argument, das Christentum sei das genaue Gegenteil des Totalitarismus. Stalin wiederum verfolgte konsequent ein Ziel: Sicherheit für die Sowjetunion – während er zugleich in geradezu wilder Paranoia versuchte, seine eigene Macht unerschütterlich abzusichern. Er sah weniger genau voraus als die anderen, welchen Verlauf die Ereignisse nehmen würden, und war Ende 1938 panischer denn je darum bemüht, diese schwer zu erreichende Sicherheit durch großangelegten Aktionismus herzustellen.

Was wir außerdem oft vergessen, ist, wie neu die Probleme waren, mit denen diese Politiker konfrontiert waren.

Das Ende des Ersten Weltkriegs hatte eine demokratische Revolution mit sich gebracht, die nicht nur den Zusammenbruch alter Imperien bedeutete, sondern auch in vielen der etablierten Demokratien zu Veränderungen führte, etwa wenn das Wahlrecht nicht mehr nur Menschen mit Grundbesitz oder einem höheren Einkommen und dem entsprechenden Anteil am Steueraufkommen zustand, sondern allen Erwachsenen, inklusive der Frauen. In Großbritannien und Amerika verdreifachte sich die Zahl der Wähler zwischen Anfang 1900 und den 1930er Jahren; so entstand eine neue und völlig unberechenbare Art von Demokratie. Die politische Relevanz dieser Tatsache wurde durch das Aufkommen neuer Medien noch verstärkt, denn mittels Radio, Film und Schallplatte konnten die Reden von Politikern leichter verbreitet werden. Strategien der Propaganda bzw. »Public Relations« wurden entwickelt, um die neuen Technologien auszunutzen und die neuen Wähler zu erreichen.

Der Erste Weltkrieg hatte die Letalität des industrialisierten totalen Kriegs offenbart, und die neuen militärischen Technologien, die im Zuge der modernen Kriegsführung eingeführt wurden, insbesondere Bombardements aus der Luft und der Einsatz von Giftgas, ließen für die Zukunft einen Krieg mit noch größerem Zerstörungspotential befürchten. Die Menschen in den 1930er Jahren lebten mit der schrecklichen Furcht, bei einem erneuten Krieg sei gleich zu Beginn mit der Entsendung von Bomberstaffeln zu rechnen, die ihre Städte dem Erdboden gleichmachen und die meisten Einwohner töten würden. Wie sich herausstellte, war diese Annahme bei weitem übertrieben; die Bomber der damaligen Zeit waren dazu nicht in der Lage. Aber nur wenige Zeitgenossen vermochten das richtig einzuschätzen – und die Angst vor den Bombern war eine Realität, die die Politiker berücksichtigen mussten.

Die antidemokratischen Regime, die sich in Italien, Deutschland und der Sowjetunion entwickelten, waren genau so neu wie die Furcht vor Luftangriffen – und ebenfalls ein Produkt des Ersten Weltkriegs. Der italienische Diktator Benito Mussolini war der Erste, der sein faschistisches Regime stolz als »totalitär« bezeichnete, und es bestand ein enger sprachlicher und faktischer Zusammenhang zwischen »Totalitarismus« und »totalem Krieg«. Ein totalitäres Regime war vor allem eines, das sich unablässig darauf vorbereitete, einen totalen Krieg zu führen. Die totalitären Regime entstanden aus den Mobilisierungsanstrengungen der Jahre 1914 bis 1918. Sie orientierten sich daran, wie die Regierungen gezwungen gewesen waren, in die wirtschaftliche Organisation einzugreifen, an der Einberufung von Menschen, um Positionen in der Produktion und an der Front auszufüllen, an der endlosen Verbreitung von Propaganda, um sicherzustellen, dass die Bevölkerung loyal und opferbereit blieb, und an der rücksichtslosen Unterdrückung der Meinungsäußerungen aller, die sich von der Propaganda nicht überzeugen ließen. Die neuen Regime widmeten sich all diesen Fragen mit einer nie dagewesenen Gründlichkeit und Brutalität sowie mittels neuester Technologien.

Dieses Buch nimmt den aufkommenden Zweiten Weltkrieg als Zeichen für den schockierenden Wandel in der Welt und die tiefe Krise der Demokratie in den Blick und zeigt, wie die demokratischen Führer nach und nach lernten, auf diese Herausforderungen zu reagieren. Damit will ich keine umfassende Erzählung der 1930er Jahre vorlegen, das haben berufene Historiker bereits überzeugend geleistet.[1] Es soll auch nicht versucht werden, die Entwicklungen in jedem einzelnen Land zu erklären – Italien oder Japan zum Beispiel werden nur am Rande vorkommen. Stattdessen geht es mir darum, den Blick auf die erwähnten Themen zu schärfen, indem ich exemplarische Ereignisse in einigen wenigen repräsentativen Ländern nachzeichne, vorrangig in Deutschland, Großbritannien, den Vereinigten Staaten und der Sowjetunion.

Die Probleme, mit denen sich die Staats- und Regierungschefs der 1930er Jahre konfrontiert sahen, waren neu, aber sie erscheinen uns heute besonders vertraut – möglicherweise um einiges vertrauter, als es noch vor einigen Jahrzehnten der Fall gewesen wäre, als die westliche Demokratie nicht nur unerschütterlich stabil schien, sondern weltweit triumphierte und mögliche Bedrohungen marginal wirkten. Was sollten die Verantwortlichen in den nationalen Sicherheitsbehörden tun, gesetzt den Fall, sie kämen zu dem Schluss, dass ihr Regierungschef unverantwortlich, risikoreich oder inkompetent agierte? Das war das Problem, vor dem einige deutsche Offiziere und Diplomaten standen. Wie sollten Demokratien auf eine Bedrohung ihrer Sicherheit durch ein brutales, amoralisches Regime reagieren? Welche strategischen Überlegungen sollten sie anstellen? Welche Rolle sollten neue Technologien in diesen Überlegungen spielen? Für welche Ziele sollte eine Demokratie in den Krieg ziehen – und welche Art zu kämpfen wäre die Richtige? Was würden Sie tun, wenn Sie bemerken würden, dass die von Ihnen demokratisch gewählten Politiker zum Sprachrohr der Propaganda eines feindlichen ausländischen Staates werden? Vor diesen Problemen standen alle Demokratien. Für die Vereinigten Staaten wurde diese Krise mit dem Näherrücken der Präsidentschaftswahlen von 1940 besonders akut. Und wie sollten die Regierungen ihrem Volk vermitteln, was getan werden musste und was nicht getan werden durfte? Solchen Fragen mussten sich die verantwortlichen Politiker in den Demokratien der Welt angesichts der Bedrohung durch den Nationalsozialismus stellen.

Darüber hinaus wurde die Welt der 1930er Jahre von einem grundlegenden Konflikt erschüttert: Sollte das Weltgefüge offen und international organisiert sein, also auf Demokratie, Freihandel und gesetzlich verankerten Grundrechten für alle beruhen? Oder sollte die Welt nach rassischen und nationalen Kriterien gegliedert sein, so dass dominante Gruppen Minderheiten nichts schuldig wären und ihren Wirtschaftsraum nach außen so weit wie möglich abschotten könnten? Genau diesem Konflikt stehen wir heute erneut gegenüber.

Sowohl das nationalsozialistische Regime als auch die Demokratien lernten in der Auseinandersetzung, die sich mit den Jahren zuspitzte, ihren grundlegenden Charakter und ihre Ziele zu definieren. Die scharfe Ablehnung des nationalsozialistischen Regimes und schließlich der Krieg mit Deutschland drängte Briten und Amerikaner ihrerseits zu einer ehrgeizigeren Politik der Demokratisierung und der Durchsetzung der Menschenrechte, nicht nur in ihren eigenen Ländern, sondern auch weltweit, wobei die hehren Ideale auf Schritt und Tritt von Heuchelei und eng definierten nationalen Eigeninteressen überschattet wurden. Im Gegenzug veranlasste die Gegenwehr der westlichen Demokratien Hitler an mehreren entscheidenden Wendepunkten dazu, seine auf Hass und Mord ausgerichtete Mission noch weiter zu radikalisieren.

Auch innerhalb Deutschlands ließ sich bei denjenigen, die sich gegen das Hitler-Regime wandten, eine solche Entwicklung beobachten, insbesondere bei den Soldaten, Diplomaten, Geheimdienstmitarbeitern und anderen hochrangigen Staatsbediensteten, die am ehesten in der Lage gewesen wären, ihn zu entmachten. Die meisten dieser Personen waren 1933, als Hitler an die Macht kam, nicht gegen die Nationalsozialisten gewesen. Aber jahrelang zuzusehen, wie ein rücksichtsloser Demagoge ihr Land in den Ruin trieb, zwang viele von ihnen in den aktiven Widerstand und veranlasste sie darüber hinaus dazu, über die *Gründe* nachzudenken, *warum* sie dies taten.

Dieses Buch zeigt, wie die führenden Politiker der Welt in

den 1930er und frühen 1940er Jahren, keinesfalls nur im Hinblick auf Deutschland, Schritt für Schritt auf einem Weg in unbekanntes Terrain Lösungen für diese Probleme erarbeiteten, »auf der Suche nach einem Programm«, wie Roosevelt es ausdrückte. Vielleicht verhelfen uns ihre Erfahrungen zu neuen Ideen, wie wir unsere eigenen Probleme angehen können.

Teil 1
# Die Krise

## Kapitel 1

# In der Reichskanzlei am frühen Abend

*Er ist nervös und fühlt sich nicht wohl in seiner Haut. Genau diese Art von Männern macht ihm stets ein mulmiges Gefühl: Die meisten sind Aristokraten und sich ihres Status, ihres Ansehens und all dessen gewiss, was in ihren traditionsreichen Familiennamen anklingt. Sie alle sind mächtige und versierte Oberbefehlshaber, dem Novizen an der Staatsspitze brauchen sie sich in keiner Weise unterlegen zu fühlen – und das liegt ihnen tatsächlich völlig fern. Er hingegen ist ein Mann, der von ganz unten kommt. In der Armee, die diese selbstbewussten Männer befehligen, hat er es nie über den Rang eines Gefreiten hinausgeschafft. Der Anzug für den förmlichen Anlass sitzt nicht gut. Wiederholt verbeugt er sich nervös in alle Richtungen vor den versammelten Offizieren. Die Gesellschaft setzt sich zum Abendessen, doch ihm fehlt auch das Talent zum Smalltalk. Die Atmosphäre bleibt steif.[1]*

*Es ist der 3. Februar 1933.*

*Adolf Hitler ist seit gerade einmal vier Tagen Kanzler des Deutschen Reiches. Sein neuer Reichswehrminister, Feldmarschall Werner von Blomberg, hat ihn eingeladen, den sechzigsten Geburtstag von Außenminister Konstantin von Neurath zu feiern und dabei die Oberkommandierenden der Wehrmacht kennen zu lernen. Mehr als ein Dutzend Offiziere sind gekommen, darunter viele, die in den kommenden Jahren eine entscheidende Rolle spielen werden, wie die künftigen Oberbefehlshaber des Heeres Werner von Fritsch und Walther von Brauchitsch, der künftige Generalstabschef des Heeres Ludwig Beck und die künftigen Feldmarschälle Wilhelm Ritter von Leeb und Gerd von Rundstedt. Schauplatz ist der Amtssitz des derzeitigen Chefs der Heeresleitung, General Kurt von Hammerstein-Equord, in der Bendlerstraße im Zentrum Berlins. Von den Nationalsozialisten und von Hitler hält Hammerstein überhaupt nichts. Ein Gast ist der Ansicht, er habe Hitler kaum mehr als »wohlwollend herablassend«*

begrüßt; die Verachtung, die Hammerstein für den Emporkömmling hege, sei offenkundig gewesen.[2]

Nach dem Abendessen hat Hitler Gelegenheit, das zu tun, was er am besten kann: eine Ansprache halten. Und wie immer redet er sich warm, auch vor diesem Publikum. Er ereifert sich, gestikuliert über den Tisch hinweg in Richtung seiner Zuhörer und wiederholt einzelne Phrasen, um ihnen noch mehr Nachdruck zu verleihen.

Er beginnt mit einer Botschaft, die er seit mehr als einem Jahrzehnt unter die Leute bringt, seit dem Beginn seiner politischen Karriere in München direkt nach dem Ersten Weltkrieg. Europa stehe vor einer Krise, sagt er. Die »starke, europäische Rasse« habe die abendländische Kultur geschaffen und Imperien aufgebaut, indem sie Industriegüter gegen Produkte aus den Kolonien in Afrika und Asien eingetauscht habe.[3] Doch nun übersteige die Kapazität der europäischen Produktion alles, was die Kolonien aufnehmen könnten, und Regionen wie Ostasien industrialisierten sich; dabei zahlten sie niedrige Löhne, um im Wettbewerb mit den Europäern vorn zu liegen. Deutschlands Exporte in entwickelte Länder würden nur noch höhere Importe auslösen und die Automatisierung der Industrie vorantreiben, was zu steigender Arbeitslosigkeit führe. Kurz gesagt, wenn Deutschland auf die Weltwirtschaft setze, tappe es in eine Falle. Und seit der Russischen Revolution von 1917 komme noch die voranschreitende »Vergiftung der Welt durch den Bolschewismus« hinzu, die allgegenwärtige Bedrohung durch eine kommunistische Revolution.[4]

»Wie kann Deutschland nun gerettet werden?«, fragt er seine Zuhörer. Nur durch eine »gross [sic] angelegte Siedlungspolitik, die eine Ausweitung des Lebensraumes des deutschen Volkes zur Voraussetzung hat«. Mit anderen Worten: durch die Eroberung des Territoriums anderer Menschen. Deutschland werde sich auf diese Aufgabe vorbereiten müssen. Dies erfordere eine »Konsolidierung des Staates. [...] Man darf nicht mehr Weltbürger sein. Demokratie und Pazifismus sind unmöglich.« Um dann fortzufahren: »Was nützt eine Armee aus marxistisch infizierten Soldaten[?] Was nützt die allgemeine Wehrpflicht, wenn vor und nach der Dienst-

*zeit die Soldaten jeder Propaganda zugänglich sind[?] Erst muss
der Marxismus ausgerottet werden.« Hitler stellt den Offizieren in
Aussicht, dank der Erziehungsarbeit der NSDAP werde die Armee
nur noch »erstklassiges Rekrutenmaterial« erhalten.*[5]

*Damit kommt Hitler zum Kern seiner Botschaft. Nach sechs bis
acht Jahren nationalsozialistischer Herrschaft werde die deutsche
Armee in der Lage sein, eine »Ausweitung des Lebensraumes des
deutschen Volkes« zu erwirken, wahrscheinlich in Richtung Osten.
Er wird noch deutlicher: »Doch eine Germanisierung der Bevölkerung des annektierten bezw. [sic] eroberten Landes ist nicht möglich. Man kann nur Boden germanisieren.« Was mit den Menschen
geschehen werde, die nicht germanisiert werden können? Wenn
der Krieg vorbei sei, so Hitler, würden die Deutschen »rücksichtslos einige Millionen Menschen ausweisen«.*[6]

*Er schließt mit der Bitte an die Generäle, mit ihm »für das gros-
se [sic] Ziel zu kämpfen«. Er verspricht ihnen jedoch, dass er sie niemals zur Anwendung von Gewalt im Dienste der Innenpolitik
auffordern wird. Dafür habe er seine eigenen Leute, die Braunhemden von der SA. Die Armee, betont er, sei nur dazu da, gegen
ausländische Feinde zu kämpfen.*[7]

*Diesen letzten Teil seiner Ankündigungen hören die Offiziere
besonders gern, und an diesen Aspekt werden sie sich später am
deutlichsten erinnern. In die innerstaatlichen Konflikte hineingezogen zu werden war in den vorangegangenen Jahren und während der andauernden politischen Unruhen in der Weimarer Republik der größte Alptraum der Armee. Im Gegensatz dazu scheinen die Offiziere den Teil der Rede, der sich mit dem »Lebensraum«
beschäftigt, nicht zu registrieren. Möglicherweise nehmen sie das
nicht besonders ernst. Möglicherweise glauben sie, dass dieser
Kanzler nicht lange im Amt bleiben wird, so dass seine Ideen nicht
weiter von Bedeutung sind – schließlich ist er schon der vierzehnte,
der dieses Amt seit 1919 innehat. Möglicherweise interpretieren sie
das, was er sagt, etwas anders – lediglich als einen Plan zur Rück-
gewinnung des Territoriums, das Deutschland nach dem Ersten
Weltkrieg verloren hat. Dafür sind sie schließlich alle. Ein paar*

*Jahre später wird General Beck behaupten, er habe überhaupt keine Ahnung gehabt, was Hitler habe sagen wollen, und er sei auf jeden Fall nicht sehr daran interessiert gewesen.*[8]

*Bemerkenswerterweise ist bei der Zusammenkunft ein Spion anwesend. General von Hammersteins noch nicht volljährige Tochter Helga ist in einen prominenten kommunistischen Aktivisten verliebt. Durch diese Beziehung hat sich eine Verbindung zum sowjetischen Geheimdienst ergeben, für den sie als Agentin tätig wird. Helga ist es zu verdanken, dass ein Bericht über diese Rede Hitlers nach Moskau gelangt. Die sowjetischen Geheimdienste und Außenminister Maxim Litwinow haben daher von Anfang an eine klare Vorstellung davon, welche Pläne Hitler für die Sowjetunion hat, und Litwinow beginnt, mit den Franzosen über ein Bündnis zur Eindämmung der deutschen Aggression zu sprechen.*

*Im Gegensatz dazu reagieren die deutschen Offiziere auf Hitlers Rede zurückhaltend und skeptisch. Ihr Applaus ist nicht mehr als höflich. Hitler ist es gewohnt, auf Massenkundgebungen zu sprechen, wo die Menschen ob seiner Worte in Ekstase geraten und Frauen in Ohnmacht fallen, während Männer auf die Tische springen und vor Begeisterung brüllen. Er weiß nicht, dass die Offiziere einer ungeschriebenen Regel folgen, die es ihnen verbietet, viel Enthusiasmus für egal welchen Redner zu zeigen. Aber er weiß, dass ihm das ganz und gar nicht gefällt. Und so beschwert er sich später, er habe »die ganze Zeit wie gegen eine Wand gesprochen«.*[9]

*Der Abend ist ein Vorgeschmack darauf, wie sich das Verhältnis zwischen dem Führer und seinen Generälen entwickeln wird. Sie werden einander nie mögen, sie werden einander nie vertrauen. Aber die Offiziere wollen zumindest einiges von dem, was Hitler ihnen geben kann: die Wiederaufrüstung, den Ausbau der deutschen Macht in Europa, die Wiederherstellung ihres eigenen Ansehens. Im Laufe der Jahre lassen sich die Offiziere immer tiefer in die Komplizenschaft mit dem Hitler-Regime hineinziehen, auch wenn einige wenige standhaft bleiben und versuchen, den Lauf der Dinge aufzuhalten.*

*Doch vorerst unterschätzen die meisten von ihnen den neuen*

*Kanzler einfach. Nachdem er die Gesellschaft verlassen hat, blei-*
*ben die Offiziere noch eine Weile und unterhalten sich.* »Na, der
wird sich noch wundern in seinem Leben«, kommentiert General
von Brauchitsch trocken.*
*    Doch Jahre später wird ein anderer der Offiziere zugeben:*
*»Dieses Wundern ist aber auf unserer Seite gewesen.«*[10]

Berlin, eine Stadt, die auf dem 52,5. Breitengrad liegt, ist damit
nördlicher gelegen als die meisten Städte Kanadas oder etwa
Kiew und Kursk auf sowjetischer Seite. Am Freitag, dem 5. November 1937, begannen sich um 16.30 Uhr bereits die Schatten
der Dämmerung auszubreiten. Mit sechs Grad Celsius war es
der Jahreszeit entsprechend kühl. Es hatte nicht geregnet, aber es
war bewölkt. Die Wettervorhersage kündigte für den Abend
Nebel an.[11]
    In dieser grauen, sich verdichtenden Novemberdämmerung
machten sich drei hohe Militärvertreter und zwei Reichsminister auf den Weg zur Reichskanzlei in der Wilhelmstraße 77.
    Der Führer und Kanzler des Deutschen Reiches, Adolf Hitler,
hatte das Treffen einberufen, um Verteilungskonflikte unter seinen militärischen Befehlshabern bezüglich der Ressourcen für
Deutschlands massive Aufrüstungsbemühungen zu lösen. Hitler verfolgte eine ganze Reihe von Zielen gleichzeitig: Er wollte
seine Armee für einen europäischen Bodenkrieg aufrüsten und
sie mit allen dafür notwendigen Panzern und Artilleriegeschüt-
zen ausstatten. Außerdem plante er, Deutschlands verschwin-
dend kleine Marineflotte so auszubauen, dass ihre Schlachtschiffe und Kreuzer zumindest zur Abschreckung der großen See-
mächte, Großbritannien und die Vereinigten Staaten, dienen
konnten. Nicht zuletzt sollte eine Luftwaffe entstehen, die die
Armee bei ihren Bodenoperationen unterstützen konnte.
Deutschland produzierte jedoch nicht genug Stahl, um all dies
auf einmal umzusetzen. Wenige Tage zuvor hatte sich der Oberbefehlshaber der Marine, Admiral Erich Raeder, über Kürzungen
seines Aufbauprogramms beklagt. Er bat um ein Treffen, um die

Prioritäten zwischen den drei Teilstreitkräften zu klären. Hitler entsprach seinem Wunsch, und der Reichskriegsminister, Feldmarschall Werner von Blomberg, lud an diesem düsteren Novembernachmittag Raeder sowie den Oberbefehlshaber des Heeres, Generaloberst Werner von Fritsch, den Oberbefehlshaber der Luftwaffe, Generaloberst Hermann Göring, und Außenminister Konstantin von Neurath formell zu einem Treffen mit Hitler in der Reichskanzlei ein.

Als sich die Teilnehmer der Besprechung versammelt hatten, war noch ein weiterer Offizier anwesend, der Hitler direkt gegenübersaß: Hitlers Militäradjutant, Oberst Friedrich Hoßbach.[12]

Hoßbach war 42 Jahre alt, aber sein glattes, jungenhaftes Gesicht ließ ihn jünger aussehen. Er hatte Hitler schon drei Jahre als Adjutant gedient – seit dem Tod des Reichspräsidenten Feldmarschall Paul von Hindenburg im August 1934. Hindenburg hatte als Reichspräsident das Oberkommando über die Streitkräfte innegehabt. Nach seinem Tod hatte Hitler schnell dafür gesorgt, dass dieses Amt auf ihn überging. Auch der neue Oberbefehlshaber der Wehrmacht brauchte einen Offizier als Verbindungsmann. Dies war Hoßbachs Rolle.

Wer sich von Hoßbachs relativer Jugend oder Unerfahrenheit blenden ließ, konnte leicht seine entschlossene Miene übersehen, die auf einen Mann hinwies, der sich nicht gern schikanieren ließ. Hoßbach hielt die preußischen Traditionen und den damit verbundenen strengen Wertekodex hoch: Disziplin, Gehorsam, Genügsamkeit, Pflichterfüllung, Opferbereitschaft. Er war peinlich genau auf die Einhaltung von Regeln bedacht und konnte humorlos sein. Ein Offizierskollege bezeichnete ihn als Kommisskopf, einen Zuchtmeister, der seine Untergebenen gern im Feldwebelton maßregelte.[13] Wie die meisten Armeeoffiziere war Hoßbach kein Gegner des neuen Regimes unter Hitler. Lange Zeit nach dem Ende des Zweiten Weltkriegs schrieb er mit der ihm eigenen unverblümten Ehrlichkeit, dass er sich nach dem politischen und wirtschaftlichen Chaos der letzten Jahre der Weimarer Republik von Hitler eine »Wende zum Positiven und ein Wiedererstarken« erhofft hatte. »Ich rechne nicht zu denen«, bekannte er, »die schon 1933 oder gar noch vorher die Entwicklung bis 1945 vorhergesehen haben.«[14]

Hoßbach äußerte sich ebenso unverblümt Hitler gegenüber, auch wenn er dem Führer Dinge zu sagen hatte, die der nicht hören wollte. Hoßbach versuchte Hitler zu überzeugen, er solle dem großen preußischen König Friedrich Wilhelm I. nacheifern, der von 1713 bis 1740 regiert hatte. Obwohl er als »Soldatenkönig« in die Geschichte eingegangen ist, propagierte Friedrich Wilhelm I. als einen seiner Leitsätze, dass ein König sein größtes Werk für sein Land im Frieden und nicht im Krieg verrichte. Hoßbach ging so weit, Hitler ein gedrucktes Exemplar von dessen berühmtem Testament vorzulegen. Darin hatte der Soldatenkönig seinen Nachfolger unter anderem davor gewarnt, einen »ungerechten Krieg« zu führen, und ihn ermahnt, »nicht ein Aggressor zu sein«. Hoßbach hatte gedacht, dieser Rat »hätte auch von Wert für Hitler sein können«. Es ist wenig verwunderlich, dass Hitler dem nicht mehr Beachtung schenkte, als es der Nachfolger des Soldatenkönigs tat. Dessen Sohn Friedrich II. (»der Große«) hatte kaum den preußischen Thron bestiegen, als er seinen ersten Krieg begann, und zwar mit einem Angriff auf das österreichische Kaiserreich.[15]

Dennoch glaubte Hoßbach, Hitler würde auf Ratschläge hören und sich, wenn auch nur mit Mühe, zum Einlenken überreden lassen. Er erinnerte sich an eine Gelegenheit, bei der Hitler wegen eines Streits mit seinem Wirtschaftsminister und Reichsbank-Chef Hjalmar Schacht verärgert gewesen war. Hitler ging auf und ab und beschwerte sich lauthals. Hoßbach teilte Schachts Ansichten, der manches Mal versuchte, Hitlers radikale Impulse zu dämpfen, indem er dafür eintrat, der finanziellen Stabilität Vorrang über unbegrenzte Rüstungsausgaben einzuräumen. Als Hoßbach versuchte, in Hitlers Monolog einzugreifen, schnitt der Führer ihm direkt das Wort ab. Verärgert sagte Hoßbach zu Hitler: »Es hat heute offenbar keinen Zweck, offen zu sprechen.« Daraufhin hielt Hitler in seinem rastlosen Auf-und-abschreiten inne, sah Hoßbach mit großen Augen an und sagte: »Doch, sagen Sie mir wie sonst die Wahrheit.«[16]

»Auf die Dauer aber war«, das wurde Hoßbach mehr und mehr deutlich, »für aufrechte Männer kein Platz in Hitlers Nähe.« Hitler verlangte bedingungslose Loyalität, doch umgekehrt konnte sich niemand seiner Unterstützung sicher sein – bis auf diejenigen, »die seine Unfehlbarkeit anerkannten, priesen und sich ihr bedingungslos ergaben«. Nur bei solchen Getreuen zeigte sich Hitler bereit, »Schwächen, Schattenseiten und Missetaten« zu übersehen.[17]

Hoßbach konnte sich, wie andere Militärs auch, seine Unverblümtheit leisten, da Hitler Soldaten respektierte und es genoss, sie um sich zu haben. Auf keinen Fall wollte er jedoch leben wie sie. Hoßbach musste feststellen, dass die größte Herausforderung für einen Adjutanten Hitlers darin bestand, die Kluft zwischen »Pünktlichkeit und Ordnung«, wie sie das militärische Oberkommando gewohnt war, und Hitlers »ungeregelter Lebens- und Arbeitsweise« zu überbrücken.[18] Hitler verbrachte seine Sonntage fast immer auf dem Berghof, seinem Rückzugsort hoch über der Stadt Berchtesgaden in den bayerischen Alpen. Das bedeutete für seine Mitarbeiter, dass sie ihn samstags und montags, wenn sich der Führer auf der An- bzw. Abreise befand, in der Regel nicht erreichen konnten. Hinzu kam, dass Hitler sehr rastlos war und sich selten lange an einem Ort aufhielt. Daher war es oft schwierig, ihn zu einem bestimmten Termin anzutreffen und genügend Zeit eingeräumt zu bekommen, um Bericht zu erstatten und Befehle zu erhalten. Hitler sprach voller Zorn und Sarkasmus davon, wie sich seine Mitarbeiter bemühten, ihn zu einem ordentlichen, vorschriftsmäßigen Bürokraten zu machen. Er war nie der Typ Machthaber, der noch spät am Schreibtisch saß und Berichte las. »Für ihn waren Schreibtische mehr oder weniger nur Dekoration«, erinnerte sich einer seiner Untergebenen später.[19] Und Hitler »las ungern Akten«, wie Fritz Wiedemann, Hitlers persönlicher Adjutant, anmerkte. »Manchmal konnte ich ihm Entscheidungen entlocken, sogar zu überaus wichtigen Fragen, ohne dass er mich jemals um die Akte gebeten hatte. Er war der Ansicht, dass sich viele Dinge von selbst erledigten, wenn man sich nicht weiter darum kümmerte.«[20] Hitler zwang dem Staat seinen eigenen Rhythmus auf. Anlässe wie etwa Manöver der Armee, bei denen er gezwungen war, einer militärischen Ablaufroutine zu folgen, so dass er früh aufstehen und bei jedwedem Wetter lange Stunden im Freien verbringen musste, erschöpften ihn völlig. Danach schlief er gewöhnlich im Auto ein oder auch, wie Hoßbach ihn einmal vorfand, auf dem Tisch in seinem Zug.[21]

Im November 1937 war Adolf Hitler seit beinahe fünf Jahren Deutschlands Reichskanzler und seit mehr als drei Jahren Oberbefehlshaber der Streitkräfte. Er hatte sich bereits viel länger an der Spitze halten können und sich als politisch erfolgreicher erwiesen, als erfahrene Beobachter es bei seinem Amtsantritt im Januar 1933 für möglich gehalten hatten. Die Eliten aus Militär und Großkapital, die Hitler zum Kanzler gemacht hatten, hatten in ihm nur ein nützliches Werkzeug gesehen. Sie beabsichtigten, sich die massenhafte politische Gefolgschaft zunutze zu machen, die der NS-Führer hinter sich hatte versammeln können – und nur wenige Politiker oder Offiziere verstanden, *warum* Hitler eine derartige Gefolgschaft hatte. Sie wollten auf diese Art und Weise ihre wichtigsten Ziele erreichen: die Beendigung der parlamentarischen Demokratie, die Rücknahme der sozialen und wirtschaftlichen Reformen, die Zerschlagung der mächtigen Arbeiterorganisationen, die Wiederherstellung des Kapitalismus zu unternehmerfreundlichen Bedingungen und den Wiederaufbau der deutschen Streitkräfte. Danach wäre Hitler mehr als verzichtbar. Dieser Demagoge aus der Unterschicht, so dachten sie, werde es niemals mit den weltläufigen Aristokraten und gewieften Managern aufnehmen können, die die Wirtschaft und die Streitkräfte beherrschten.

Doch erstaunlich schnell und mit bemerkenswertem Geschick hatte sich Hitler ihrem Griff entwunden. Alle unabhängigen Organisationen, die als Basis für eine Opposition hätten dienen können – die Presse, die politischen Parteien, die Gewerkschaften, die föderalen Strukturen, berufsständischen Verbände und Kammern –, wurden entweder abgeschafft oder unter die Kontrolle der Nationalsozialisten gebracht. Als sich innerhalb der SA Unmut über die politische Entwicklung zusammenbraute, die Teile der NSDAP-Sturmabteilungen als konformistisches Aufgeben der Ideale einer nationalsozialistischen Revolution sahen, ließ Hitler Ende Juni 1934 sogar die Führer seiner eigenen paramilitärischen Truppe ermorden. Gleichzeitig merzte Hitler noch eine weit gefährlichere Bedrohung aus. Eine Gruppe von politischen und militärischen Insidern hatte geplant, ihn zu entmachten. Ein Mitglied des Stabes von Vizekanzler Franz von Papen, ein prominenter konservativer Intellektueller und zwei hochrangige Armeeoffiziere (einer von ihnen, Kurt von Schleicher, war selbst kurze Zeit Reichskanzler gewesen) fielen dieser mörderischen Säuberungsaktion zum Opfer. Gleichwohl glaubten die Militärs nun, die Bedrohung ihrer Machtposition durch die SA sei damit aus der Welt, und scharten sich zufriedener denn je um Hitler und seine Führung. Als einige Wochen später der ehrwürdige Reichspräsident von Hindenburg starb, schaffte Hitler das Amt kurzerhand ab und übernahm die Befugnisse des Reichspräsidenten. Auf Anregung von Reichswehrminister von Blomberg legten alle Angehörigen der Wehrmacht daraufhin einen Treueeid auf Hitler persönlich ab. Zuvor hatten sie einen Eid geschworen, in dem sie ihre Treue zur Verfassung gelobten.[22]

In den folgenden Jahren wurde Hitlers persönliche Macht immer größer, und das Regime konsolidierte sich stetig. Von der Geißel der späten 1920er und frühen 1930er Jahre, der Arbeitslosigkeit, blieb bald keine Spur mehr: Hatte die offizielle Arbeitslosenquote 1932 noch bei 40 Prozent gelegen, sah sich Deutschland 1938 mit einem Arbeitskräftemangel konfrontiert. Drei Jahre zuvor hatte Hitler darauf gesetzt, dass man ihm einen schweren Verstoß gegen den Versailler Vertrag durchgehen lassen würde. Eine der darin nach dem Ende des Ersten Weltkriegs getroffenen Regelungen hatte den Umfang der deutschen Streitkräfte stark beschränkt. Im März 1935 kündigte er die Wiedereinführung der Wehrpflicht und die Schaffung einer Luftwaffe an, obwohl beides Deutschland vertraglich verboten war. Großbritannien, Frankreich und Italien (die vormaligen Kriegsgegner) akzeptierten Hitlers Schritt mit kaum mehr als einem Murren. Italien tendierte unter seinem faschistischen *Duce* Benito Mussolini ohnehin zu Hitlers Seite. Im Jahr 1936 ging Hitler ein weiteres Risiko ein und schickte militärische Einheiten, jeweils mit relativ wenigen Soldaten, über den Rhein in die der französischen, belgischen und niederländischen Grenze vorgelagerte entmilitarisierte Zone. Der Vertrag von Versailles hatte Deutschland untersagt, im dortigen Rheinland Truppen zu stationieren. Auch diesmal beugten sich die Alliierten Hitlers Dreistigkeit – und das, obwohl die deutschen Bataillone sich schon beim geringsten militärischen Widerstand wieder über die Brücken hätten zurückziehen müssen. Hitler selbst hatte dieser riskante Schritt so nervös gemacht, dass er seinem Stab gestand, es müssten mindestens zehn Jahre vergehen, bis er wieder bereit sei, sich nochmals auf so etwas einzulassen.

Das Tempo der deutschen Aufrüstung beschleunigte sich dramatisch. Im Jahr 1936 begannen einige Stahl- und Rüstungshersteller Vorbehalte zu äußern, was die Erfüllung der von Hitler geforderten Aufträge anging. Sie fragten sich, was passieren würde, wenn die Wiederaufrüstung abgeschlossen war, und ob sie dann auf den Überkapazitäten sitzenbleiben würden. Würde eine zu starke Konzentration in der Rüstungsindustrie die deutsche Wirtschaft nicht deformieren? Der Diktator reagierte darauf mit der Einrichtung einer neuen staatlichen Behörde zur Steuerung der Schwerindustrie und der Rüstungsproduktion. Hitler, der glühende Antikommunist, wählte für dieses Unterfangen ein überraschendes Vorbild, nämlich die Fünfjahrespläne, mit denen Josef Stalin die Wirtschaft der Sowjetunion umgestaltete. Um nicht genau wie der kommunistische Diktator zu klingen, nannte Hitler seine Version den »Vierjahresplan« und unterstellte die zugehörige Behörde dem Oberbefehlshaber der

Luftwaffe, Hermann Göring. Einige der vorausschauenderen Großindustriellen machten sich allerdings weiterhin Sorgen über Ressourcenknappheit, Zahlungsbilanzprobleme und die ernstzunehmende Gefahr einer Inflation.[23]

Der Dreh- und Angelpunkt der Krise war die Beschaffung von Stahl. Vor 1933 hatten Deutschlands Stahlbarone zu den politisch am weitesten rechts stehenden Industriellen gehört und waren unter Hitlers Hintermännern überproportional stark vertreten gewesen. Nun benötigten die deutschen Rüstungsfabriken immer größere Stahlmengen, um die von Hitler geforderte große – und ständig noch wachsende – Zahl an Panzern, Geschützen, Schiffen und Flugzeugen zu bauen. Dies wäre normalerweise eine gute Nachricht für die Stahlbarone gewesen. Aber die deutschen Stahlwerke konnten nicht so viel produzieren, wie das Regime verlangte. Und es gab noch ein weiteres Problem. Für die Herstellung von Stahl benötigt man hochwertiges Eisenerz. Die deutschen Stahlunternehmen importierten ihr Erz gerne aus Schweden, aber das bedeutete, dass Deutschland seine knappen Devisenressourcen dafür einsetzen musste – und ironischerweise musste Deutschland, um diese Devisen zu erwirtschaften, seinen fertigen Stahl exportieren, so dass die Unternehmung ihren eigentlichen Zweck verfehlte. Eine mögliche Lösung war die Verwendung von Eisenerzen, die in Deutschland abgebaut werden konnten. Das Problem war, dass diese Erze von viel geringerer Qualität waren, so dass es für die Stahlbarone wirtschaftlicher war, die schwedischen Importe zu verwenden.[24]

Hitler wollte weder Erz importieren noch Stahl exportieren. Es missfiel ihm, dass Deutschland von der Weltwirtschaft abhängig sein sollte. Er wollte wirtschaftliche Autarkie. Als die Stahlproduzenten sich sträubten, nutzte das Regime alle ihm zur Verfügung stehenden Mittel, um ein riesiges Konglomerat, die Hermann-Göring-Werke, zu schaffen, damit dort aus minderwertigen heimischen Erzen Stahl hergestellt werden konnte. Doch der Aufbau der Strukturen brauchte Zeit, und die Konflikte zwischen den verschiedenen Wehrmachtsteilen über die Zuteilung des Stahls wurden weiter so erbittert ausgetragen wie zuvor.

Zudem begannen die Vertreter der militärischen Elite sich Sorgen zu machen, wohin Hitler das Land führen werde. Sie wünschten sich die Macht und das Ansehen zurück, die sie vor 1914 besessen hatten – bevor sie den Ersten Weltkrieg verloren hatten. Keinesfalls wollten sie einen weiteren Krieg mit Großbritannien und Frankreich – da sie wohlweislich davon ausgingen, dass Deutschland wieder verlieren würde. Die Erfahrung des Ersten Weltkriegs hatte sie ernüchtert, was Deutschlands Aussichten in einem Krieg gegen diese reichen, weltumspannenden Imperien betraf, zumal die europäischen Demokratien wahrscheinlich wieder von den immensen Ressourcen der Vereinigten Staaten profitieren würden.

Aber Hitler hatte es eilig. Im Jahr 1939 würde er 50 Jahre alt werden. Seine Mutter war im Alter von 47 Jahren an Krebs gestorben, und er war von der Angst besessen, selbst jung zu sterben. Wer würde Deutschland nach seinem Tod auf den Expansionskurs führen, den es seiner Meinung nach dringend benötigte? In seinen Anfangsjahren an der Macht hatte Hitler angenommen, die Aufgabe, Deutschlands Territorium zu erweitern, werde wahrscheinlich jemand anderem zufallen. Aber nun begann er zu glauben, es könne doch seine Bestimmung sein. Die Menschen in Hitlers engstem Umfeld bemerkten, wie er begann, seine Gewohnheiten zu ändern: Er verbrachte weniger Zeit mit seinen alten Weggefährten. Und er nahm immer mehr seltsame Pillen ein: aus Angst, er werde nicht lange genug leben, um seine Mission erfüllen zu können. Mit einem Mal musste alles so schnell wie möglich gehen.[25]

Hitler glaubte, er müsse seinen militärischen und außenpolitischen Beratern dieses Gefühl der Dringlichkeit unbedingt vermitteln. Dies war der Grund, warum er sich an jenem grauen Novembernachmittag mit seinen militärischen Oberkommandeuren traf.

Von dem Moment an, in dem Hitler den Raum betrat, nahm die Sitzung einen Verlauf, den die anwesenden Männer nicht erwartet hatten. Hitler hatte sich vorbereitet und Notizen mitgebracht, anhand deren er einen Vortrag hielt. Er sprach, so erinnerte sich Hoßbach später, ruhig und »leidenschaftslos«, aber seine Worte waren sensationell – nicht zuletzt deshalb, weil er zu Beginn der Versammlung offenbarte, dass im Falle seines Todes das, was er sagen werde, als »seine testamentarische Hinterlassenschaft« gelten solle.[26]

»Die deutsche Volksmasse«, erklärte Hitler, umfasse 85 Millionen Menschen, von denen viele außerhalb der Grenzen Deutschlands lebten. Neun Millionen lebten in Österreich und weitere drei Millionen in der Tschechoslowakei – ein zufälliges Ergebnis einer »historischen Entwicklung«, die »die größte Gefahr für die Erhaltung des deutschen Volkstums auf seiner jetzigen Höhe« darstelle. Die 85 Millionen Deutschen stellten den dichtgedrängten »Rassekern« dar, der auf einer unzureichenden Landfläche lebe, was »das Anrecht auf größeren Lebensraum mehr als bei anderen Völkern in sich schlösse«. Deutschlands vorrangiges Ziel müsse, sagte er, »die Sicherung und die Erhaltung der Volksmasse und deren Vermehrung« sein. Mit anderen Worten: Es handele sich um ein »Problem des Raumes«.[27]

Niemand war beauftragt worden, ein Protokoll der Sitzung zu erstellen. Doch aufgeschreckt von der Bedeutungsschwere, die Hitler in seine Worte legte, beschloss Hoßbach, besser eine Aufzeichnung anzufertigen. Er begann, sich fieberhaft Notizen zu machen.

Die wichtigsten Männer, die Hitler an diesem Tag zuhörten, waren der Reichskriegsminister, Werner von Blomberg, und der Oberbefehlshaber des Heeres, Werner von Fritsch.

Blomberg, 59 Jahre alt, hatte für seine Verdienste im Ersten Weltkrieg die höchste Auszeichnung der preußischen Armee verliehen bekommen, den berühmten Orden Pour le Mérite (im englischen Sprachraum gern als »Blauer Max« tituliert). 1927 war er zum Leiter des Truppenamtes aufgestiegen, eine verschlüsselte Bezeichnung für seine eigentliche Position als Chef des Generalstabs der Reichswehr, da die Alliierten es der deutschen Armee ausdrücklich untersagt hatten, einen Generalstab zu bilden. Doch dann führten politische Intrigen dazu, dass Blomberg entlassen und zu einem Feldkommando in Ostpreußen abkommandiert wurde. Sein erneuter Aufstieg begann mit seiner Nominierung zum deutschen Chefunterhändler für die internationalen Abrüstungsgespräche 1932 in Genf; aus dieser Position wurde er überraschend zum Reichswehrminister befördert, als Hitler 1933 an die Macht kam.

Blomberg war ein kontaktfreudiger und geselliger Mann, dazu ein stattlicher Offizier, der wie der Inbegriff eines erfahrenen Generals aussah. Er war zudem politisch anpassungsfähig. In der Weimarer Republik hatte man ihn als einen der eher demokratisch gesinnten deutschen Generäle betrachtet. Als er in Ostpreußen stationiert war, unterstützte Blomberg seinen Stabschef, Erich von Bonin, dessen Ansichten so weit links von den Überzeugungen der meisten anderen Offiziere lagen, dass er als »Erich der Rote« bekannt war. Doch dann muss Walther von Reichenau, einer der wenigen Offiziere, die sich offen als Nationalsozialisten zu erkennen gaben, Blomberg so beeinflusst haben, dass seine Sympathien nun ganz und gar Hitler zu gelten schienen – so unübersehbar, dass andere hohe Offiziere ihn spöttisch »Hitlerjunge Quex« nannten, nach dem Helden des gleichnamigen NS-Propagandafilms.[28]

Werner von Fritsch repräsentierte einen völlig anderen Typ hoher Offizier als Blomberg. Fritsch war ein scheuer, wortkarger Mann, der es hasste, über sich selbst zu sprechen, und der jeden mit Verachtung strafte, der seine Zeit mit leerem Gerede vergeudete. Von Kindheit an war er auf dem linken Auge sehr kurzsichtig. Als Erwachsener trug er daher ein Monokel, was zu seinem strengen, ultra-preußischen Erscheinungsbild noch beitrug. Auch er hatte während des Ersten Weltkriegs als Stabsoffizier gedient und konnte diese Position nach der Niederlage

Deutschlands halten. Wie die meisten Offiziere war er ein konservativer Monarchist, dem die Demokratie der Weimarer Republik missfiel, aber im Gegensatz zu einigen anderen missbilligte er Demagogie sowie Putschversuche und bevorzugte stattdessen eine friedliche politische Entwicklung. Anfang 1934 stieg Fritsch auf Drängen von Reichspräsident von Hindenburg zum Oberbefehlshaber des Heeres auf und setzte sich dabei gegen Reichenau durch, den Hitler gern auf diesem Posten gesehen hätte. Fritsch erwies sich als vorsichtiger Erneuerer und erwarb sich die aufrichtige Loyalität des Offizierskorps. Aber er stand von Anfang an im Konflikt mit den dezidiert nationalsozialistisch ausgerichteten Organisationen des Regimes, vor allem mit den rasch wachsenden Polizeikräften und den paramilitärischen Verbänden der SS (kurz für Schutzstaffel) unter ihrem Kommandeur Heinrich Himmler. Die SS beanspruchte Teilbereiche der militärischen Zuständigkeiten für sich, was Fritsch auf keinen Fall zulassen wollte.[29]

Fast vier lange Jahre navigierten Blomberg und Fritsch bereits durch die schwierigen Gewässer, die Hitlers Diktatur für die Armeeführer bedeutete; sie leiteten währenddessen einen dramatischen Aufrüstungsprozess, mussten aber auch mit den diversen NS-Organisationen konkurrieren, die Ansprüche auf ihr traditionelles Hoheitsgebiet anmeldeten. Jetzt, an diesem Novemberabend in der Reichskanzlei, hörten sich der wortkarge Fritsch und der extrovertierte Blomberg an, wie Hitler die Bedürfnisse des »deutschen Rassekerns« darlegte. Dann wandte sich der Führer wirtschaftlichen Fragen zu. Oberst Hoßbach schrieb weiter eilends mit.

Hitler stellte die Frage, ob die Lösung der deutschen Probleme »in einer gesteigerten Beteiligung an der Weltwirtschaft« liege oder durch eine Politik der »Autarkie« möglich sei. Seine Zuhörer konnten über die Ansichten des Führers zu diesem Punkt nicht im Unklaren sein. Als extreme Form des Wirtschaftsnationalismus treibt die Autarkiepolitik ein Land dazu, sich so weit wie möglich von den Weltmärkten für Kapital, Nahrungsmittel,

Rohstoffe und industrielle Fertigerzeugnisse abzuschotten, um sich stattdessen auf seine eigenen Ressourcen zu stützen. Seit ihren Anfängen in den 1920er Jahren waren die Nationalsozialisten vorrangig eine Protestbewegung gegen die Auswirkungen der wirtschaftlichen Globalisierung gewesen.[30]

Wie schon oft zuvor äußerte Hitler ernste Zweifel daran, welchen positiven Beitrag die Weltwirtschaft jemals für Deutschland leisten könnte. Preisschwankungen auf dem globalen Markt machten Deutschland verwundbar, und »Handelsverträge böten keine Gewähr« für ihre tatsächliche Einhaltung. Die 1930er Jahre seien ein Zeitalter der Wirtschaftsimperien, betonte Hitler, und Ländern außerhalb dieser großen Imperien sei »die Möglichkeit wirtschaftlicher Expansion besonders erschwert«. Der entscheidende Aspekt war für Hitler dabei, dass die Folge »eine ausgesprochene militärische Schwäche derjenigen Staaten [sei], die ihre Existenz auf dem Außenhandel aufbauten«. Hinzu komme, dass der deutsche Handel über »die durch England beherrschten Seegebiete« abgewickelt werden müsse. Wie die meisten Deutschen erinnerte sich Hitler lebhaft an die Hungersnot während des Ersten Weltkriegs, als die britische Seeblockade alle deutschen Importe auf dem Seeweg gestoppt hatte.

Auf Autarkie zu setzen, fuhr Hitler fort, berge aber ebenfalls Probleme. Innerhalb seiner gegenwärtigen Grenzen sei für Deutschland bei einigen wichtigen Metallen wie Kupfer und Zinn sowie selbstredend beim Eisenerz keine Autarkie möglich, auch eine autarke Lebensmittelversorgung sei keinesfalls zu gewährleisten.

»Die einzige, uns vielleicht traumhaft erscheinende Abhilfe«, schloss er, liege »in der Gewinnung eines größeren Lebensraumes«. »Wenn die Sicherheit unserer Ernährungslage im Vordergrunde stände«, wie es in Hitlers Vorstellung sicherlich der Fall war, dann könne »der hierfür notwendige Raum nur in Europa gesucht werden, nicht aber ausgehend von liberalistisch-kapitalistischen Auffassungen in der Ausbeutung von Kolonien«.[31] Die Briten könnten seinetwegen ruhig weiter ihre Fahne über weit entfernten Gebieten in Afrika oder Asien hissen. Obwohl Hitler es bei diesem Treffen nicht ausdrücklich sagte, gab es keinen Zweifel daran, was er meinte: Für Deutschland werde die Lösung vor allem in den Getreideanbaugebieten der Sowjetunion liegen.

Doch Deutschland, so warnte Hitler, habe »mit den beiden Haßgegnern England und Frankreich zu rechnen«. Im Gegensatz zu seinem kruden Verständnis von Ökonomie zeigte der Führer ein scharfsinniges Gespür für die strategischen Probleme dieser Länder. Die Briten sähen sich dem Druck der »Dominien« (der selbstverwalteten Gebiete Kanada, Australien, Neuseeland und Südafrika) ausgesetzt, keine kolonialen Zugeständnisse an Deutschland zu machen. Das britische Imperium sei zudem mit dem Problem einer räumlichen Überdehnung konfrontiert. Seine Territorien seien von Staaten umgeben, die stärker als Großbritannien seien. Wie solle Großbritannien etwa, so fragte Hitler, Kanada gegen einen Angriff der Vereinigten Staaten oder seine ostasiatischen Besitzungen gegen einen Angriff Japans verteidigen? Darüber hinaus zeigten die Kämpfe um die Unabhängigkeit in Irland und Indien, dass das Empire in seiner Gesamtheit allein »machtpolitisch« auf Dauer nicht zu halten sei. Frankreich wiederum, führte Hitler aus, sei für die Verteidigung seines Reiches besser aufgestellt, aber in naher Zukunft liege Frankreichs größte Herausforderung in der drohenden innenpolitischen Spaltung, die möglicherweise zu einem Bürgerkrieg führen werde.[32]

Deutschlands Probleme, so schloss er, könnten nur mit »Gewalt« gelöst werden. Er stellte drei gangbare Szenarien vor.[33] Das erste beinhaltete einen Krieg bis spätestens 1943–45, um »die deutsche Raumfrage zu lösen«. Hitler wollte oder brauchte dabei nicht zu präzisieren, dass dies eine Aggression gegen Osteuropa bedeutete. Das zweite Szenario war spezifischer. Sollten die innenpolitischen Konflikte in Frankreich das Eingreifen der französischen Armee erfordern, sei »der Zeitpunkt zum Handeln gegen die Tschechei gekommen«. Das dritte Szenario ging noch einen Schritt weiter. Sollte Frankreich in einen Krieg mit »einem anderen Staat« – gemeint war Italien – verwickelt werden, müsse Deutschland die Gelegenheit nutzen, »die Tschechei und gleichzeitig Österreich niederzuwerfen«. Diese Länder auszuschalten, würde wiederum Polen veranlassen, sich in einem Krieg zwischen Deutschland und Frankreich neutral zu verhalten.[34]

Hitler war der Ansicht, die Briten hätten die Tschechoslowakei bereits abgeschrieben, und er vermutete, dass die Franzosen es den Briten gleichtun würden. Italien werde seinerseits nichts gegen eine deutsche Annexion der Tschechoslowakei einzuwenden haben, allerdings sei die italienische Haltung in Bezug auf Österreich nicht vorhersehbar. Polen werde es nicht mit einem siegreichen Deutschland aufnehmen wollen, dafür müsse lediglich gewährleistet sein, dass sich die gewünschten Ergebnisse rasch einstellten. Die Sowjetunion würde sich wahrscheinlich aus Angst vor Japan zurückhalten.

Die Generäle ließen sich jedoch von dem Optimismus nicht anstecken, von dem Hitlers Szenarien getragen waren. Deutschland könne niemals einen Krieg mit Großbritannien und Frankreich führen, protestierten Blomberg und Fritsch.[35] Selbst wenn es Krieg zwischen Frankreich und Italien gäbe, würde das nur einen kleinen Teil der französischen Armee binden. An der deutsch-französischen Grenze würden noch immer Truppen in einer Stärke verbleiben, die den verfügbaren deutschen Einheiten überlegen wären. Deutschland habe noch keine Zeit gehabt, seine Westgrenze zu befestigen, während Frankreich seine motorisierten Divisionen rasch mobilisieren und Deutschlands industrielles Kernland im Ruhrgebiet angreifen könne. Blomberg fügte hinzu, dass die Tschechoslowakei auch keineswegs leicht einzunehmen sei, da der Ausbau der Grenzbefestigung diese in eine Art »Maginot-Linie« – die vermeintlich uneinnehmbare französische Grenzbefestigung – verwandelt hätte und einen deutschen »Angriff aufs Äußerste erschwere«.[36]

Außenminister Neurath protestierte, die Wahrscheinlichkeit eines Kriegs zwischen Großbritannien und Frankreich auf der einen Seite und Italien auf der anderen sei nicht so groß, wie Hitler es nahegelegt habe. Hitler präzisierte daraufhin, er beziehe sich auf den kommenden Sommer 1938, als ob dies Neuraths Sorgen hätte besänftigen können.[37] Zudem suchte er Blombergs und Fritschs Ängste mit dem Argument zu beschwichtigen, Großbritannien werde sich aus jedem kontinentalen Krieg heraushalten, was wiederum bedeute, dass Deutschland auch keinen Angriff von Frankreich befürchten müsse – die Franzosen würden es nicht wagen, ohne die Briten zu handeln.

In späteren Jahren bedauerte Hoßbach, dass in seinen dürren, faktenorientierten Notizen zu dem Treffen nichts von der Intensität Niederschlag gefunden habe, mit der Blomberg, Fritsch und Neurath diese Punkte mit Hitler diskutierten – »eine Unterlassungssünde meinerseits«, wie er meinte.[38] Hoßbach entsann sich auch, dass Blomberg und Fritsch mit Göring über »rüstungstechnische Fragen« gestritten hätten, hatte aber keine Einzelheiten mehr präsent.[39] Die Generäle, vermutlich frustriert darüber, dass ihnen nach Hitlers Ansprache nur wenig Zeit blieb, die Engpässe bei den Stahllieferungen anzusprechen, ließen Göring den Ärger spüren, den sie Hitler gegenüber zurückhalten mussten. Sie kritisierten Görings Unfähigkeit als Verantwortlicher des Vierjahresplans mit solcher Schärfe, dass Göring nur noch jammern konnte, er habe zumindest eine Chance verdient, seine Sicht der Dinge darzulegen. Hitler mischte sich in diese Konfrontation nicht ein. Als gewiefter Machtmensch, der es virtuos verstand, Rivalitäten für seine Herrschaft zu nutzen, genoss er es wahrscheinlich, die Demütigung des zweiten Mannes in seinem Staat zu beobachten.

Ungeachtet dessen erinnerte sich Hoßbach gut an den Gesichtsausdruck Hitlers, als Blomberg und Fritsch ihre »entschiedene Ablehnung von Hitlers Kriegsplänen« zum Ausdruck brachten. Hitler würde ihren Einspruch nicht vergessen. Zugleich hatten sich die beiden Generäle den mächtigen Göring zum Feind gemacht. Hoßbach war der Ansicht, dass Fritsch der Gegner war, den Hitler ernster nehmen musste. Es habe offensichtlich keine Chance bestanden, dass Hitler den Heeresführer von seiner Ansicht überzeugen könne, ein Krieg sei nötig, um sich die Tschechoslowakei und Österreich einzuverleiben, also müsse Hitler an Ort und Stelle angefangen haben, darüber nachzudenken, wie man Fritsch loswerden könne. Auf Görings Zustimmung, so Hoßbach, konnte Hitler dabei zählen. Doch es war Blomberg, der Görings Hoffnungen im Wege stand, die Kontrolle über die gesamten Streitkräfte zu erlangen. Göring war sich bewusst, dass es viel schwieriger werden würde, Hitler zum Bruch mit Blomberg zu bewegen. »Es musste daher ein Grund gefunden werden«, so dachte Hoßbach, der es »Hitler aufzwang«, sich von Blomberg zu trennen.[40]

Im Gegensatz zu der Szene im Februar 1933 gab es diesmal keine Generäle, die sich ein Glas Wein nachschenkten und selbstgefällige Witze über den Führer rissen, dem noch Überraschungen bevorstünden. Die Situation war eine völlig andere.[41] Und innerhalb weniger Tage wurde das, was Hitler an jenem Novemberabend in der Reichskanzlei skizziert hatte, zum Gegenstand einer wachsenden Zahl verstohlener, besorgter Gespräche in Deutschlands hochrangigen Militär-, Diplomaten- und Geheimdienstkreisen. Zwischen Neurath und Fritsch entstand ein Bündnis, da beide erkannt hatten, dass sie in dem jeweils anderen einen größeren Rückhalt haben würden als in Blomberg, wenn es darum ging, gegen Hitlers Pläne vorzugehen. Am 9. November traf sich Fritsch, bevor er seinen Urlaub antrat, privat mit Hitler. Eine Andeutung seiner wachsenden Besorgnis findet sich in einem Brief an eine Freundin, die Baronin von Schutzbar: »Immer wieder wird Neues und Schwieriges an mich herangebracht, das noch vor meiner Abreise erledigt werden muss.«[42] Fritsch wiederholte gegenüber Hitler, dass er eine französische und britische Intervention nach einem deutschen Angriff auf Österreich oder die Tschechoslowakei befürchte. Und Hitler versicherte Fritsch wie schon bei dem vorangegangenen Treffen, dass er »in unmittelbarer Zukunft« nichts dergleichen plane. Neurath bat ebenfalls um eine Privataudienz, aber der Führer vertröstete ihn mehrfach, so dass die Begegnung erst im Januar zustande kam. Als sie schließlich miteinander sprachen, reagierte Hitler auf Neuraths Bitte, er solle seine Ziele friedlich verfolgen, sehr kühl und beschied ihn, er habe »keine Zeit mehr«.[43]

In den Tagen nach dem 5. November fasste Oberst Hoßbach seine Notizen von der Konferenz in einem Memorandum zusammen, das in den Militär- und Geheimdienstbüros zirkulierte. Die sogenannte Hoßbach-Niederschrift wurde zu einem der berühmtesten historischen Dokumente der Epoche. Wird an das darin aufgezeichnete Treffen erinnert, spricht man oftmals sogar von der Hoßbach-Konferenz.

Eine der aufschlussreichsten Reaktionen auf Hoßbachs Niederschrift kam vom Generalstabschef des Heeres, Generalleutnant Ludwig Beck.

Beck war die Art hochintelligenter, hochkompetenter Soldat, die Deutschland in einer von anderen Ländern unerreichten Zahl hervorzubringen schien. Der große Mann hatte, in den Worten des hochrangigen Diplomaten Ernst von Weizsäcker, einen »feinen, klugen, verantwortungsbeladenen, fast schwermütigen Gesichtsausdruck«.[44] Dank seines Intellekts und des großen Respekts, den man Beck allenthalben entgegenbrachte, wurde er in die »Mittwochsgesellschaft« aufgenommen, eine eklektische Gruppe angesehener Wissenschaftler und Experten, die sich regelmäßig trafen, um einander Vorträge zu halten. Neben Beck gehörten etwa der renommierte Chirurg Ferdinand Sauerbruch und der ebenso renommierte Physiker Werner Heisenberg der Gesellschaft an. Wie die meisten hochrangigen Armeeoffiziere hatte Beck es begrüßt, als Hitler Reichskanzler wurde, ja, er hatte sich sogar gefreut, dass dies »der erste Hoffnungsschimmer seit 1918« sei. Aber nachdem er 1933 Stabschef geworden war und damit faktisch die meiste Verantwortung direkt nach dem Oberbefehlshaber des Heeres trug, machte sich bei Beck eine große Ernüchterung breit, was Deutschlands politische Führung anging.[45]

Beck war kein Pazifist, und er hatte keine moralischen Einwände gegen den Krieg – ansonsten hätte er wohl kaum Karriere als Offizier machen können –, aber er war der Meinung, Krieg solle das letzte Mittel sein, das man bemüht, und eine häufige Abfolge von Kriegen solle und könne vermieden werden. Wie die meisten Berufssoldaten wollte Beck keinen Krieg beginnen, den sein Land verlieren würde. Und er war der Meinung, dass ein Konflikt mit Großbritannien und Frankreich, ganz zu schweigen von einer Auseinandersetzung mit den Vereinigten Staaten, nicht zu gewinnen war.[46]

Aus diesen Gründen hatte die Hoßbach-Niederschrift bei Beck einen »niederschmetternden Eindruck hervorgerufen«, wie sich Hoßbach noch viele Jahre später erinnerte.[47] Hitlers Behauptung, Deutschland müsse sein Territorium ausweiten, ließ Beck kalt. Größere Veränderungen in der »Bevölkerungslage« Europas könnten nicht erfolgen, ohne dass »schwerste und in ihrer Dauer nicht abzusehende Erschütterungen« zu gewärtigen seien, schrieb der General. Ideen einer Autarkie, wie sie dem Vierjahresplan zugrunde lägen, seien nur »Notlösungen für befristete Zeit«. Beck räumte ein, es sei »nur zu wahr«, dass die Beteiligung an der Weltwirtschaft Deutschlands Unabhängigkeit einschränke. Aber, schloss er mit einer gewissen Geringschätzung, daraus »als einzige Aushilfe die Gewinnung eines größeren Lebensraums zu folgern, erscheint mir jedoch der Schwierigkeit wenig durchdacht Herr werden zu wollen«.[48] Mit noch größerer Verachtung fügte er hinzu, Hitlers militärische Begründung sei keine Sache der Politiker, sondern »von Fachleuten nachzuprüfen bzw. zu geben«.[49]

Ironischerweise reagierte Beck auf Hitlers Behauptungen, Frankreich und Großbritannien seien Deutschland gegenüber überaus feindlich eingestellt, mit dem gleichen Leitgedanken, der die britische und französische Politik gegenüber Deutschland in dieser Ära leiten sollte: Beschwichtigung. Politik sei, wie Beck (Bismarck zitierend) schrieb, die Kunst des Möglichen. Die Franzosen, Briten und Deutschen waren »zugleich auf der Welt, noch dazu in Europa«, und deshalb heiße es »alle Möglichkeiten, sich zu arrangieren, zu erschöpfen«. So vorzugehen sei zweifelsohne auch »für den Fall eines späteren Bruchs klüger«: Denn wenn man alles versucht habe, um einen Krieg zu vermeiden, der Krieg dann aber trotzdem ausbreche, habe man den Feind zumindest moralisch ins Unrecht gesetzt.[50]

Beck und seine deutschen Offizierskollegen waren nicht die Einzigen, die sich über Hitlers Ambitionen Sorgen machten. Der französische Geheimdienst hatte einen Agenten im deutschen Oberkommando, der die Kernaussagen der Hoßbach-Konferenz weitergab. Am 6. November informierte der französische Botschafter in Berlin, André François-Poncet, die Regierung in Paris darüber, dass am Vortag »eine große Konferenz« stattgefunden habe, an der Blomberg, Raeder, Neurath und Göring teilgenommen hätten. Man habe sich »mit dem Problem der Rohstoffe und den Schwierigkeiten befasst, die der Mangel an Eisen und Stahl für die Wiederaufrüstung bedeuten«. Dabei machte er eine Anspielung auf etwas, das er wahrscheinlich aus dem Bericht des Agenten wusste: Wenn es bei dem Treffen nur um Rohstoffe gegangen wäre, schrieb der Botschafter, wären sicherlich nicht so viele Generäle zusammengekommen. Ein französischer Botschaftsmitarbeiter, der die Nachricht hörte, sprach direkter aus, was er dachte. »Mein Gott, das ist nicht möglich!«, rief er aus. »Das heißt Krieg.«[51]

Hitlers Reaktion auf Hoßbachs Niederschrift war aufschlussreich. Blomberg las das Schriftstück und zeichnete es mit seinen Initialen ab. Hitler dagegen, der doch seine Worte an jenem Novemberabend als seine »testamentarische Hinterlassenschaft« bezeichnet hatte, weigerte sich zweimal, das Dokument auch nur anzuschauen. Er gab vor, er habe keine Zeit.[52]

Im Anschluss verließ Hitler Berlin und zog sich auf seinen bayerischen Berggipfel zurück, um zu schmollen – und zwar wochenlang. Schon bald zeichnete sich ab, was aus diesem Schmollen folgen würde.

## Kapitel 2

## Die Bedeutung von »Gleiwitz«

*Franz Bernheim lebt in der Stadt Gleiwitz in Oberschlesien, einer Grenzregion im Südosten des Deutschen Reiches in direkter Nachbarschaft zu Polen. Bernheim wurde in Österreich, in Salzburg, geboren, ist aber oft umgezogen. Von September 1931 bis Ende März 1933 arbeitet er in der Gleiwitzer Filiale des Deutschen Familien-Kaufhauses. Dann wird er kurzerhand entlassen. Er wird vor die Tür gesetzt, weil er Jude ist.*

*Bernheim selbst ist nicht politisch aktiv. Aber sein Schwager Wieland Herzfelde ist ein prominenter kommunistischer Verleger, den die Nazis hassen. Herzfeldes Bruder wiederum ist der Künstler John Heartfield, bekannt für seine brillanten Fotomontagen, mit denen er die Nationalsozialisten seit Jahren auf den Titelseiten der* Arbeiter-Illustrierten-Zeitung (AIZ) *drastisch vorführt. Eine typische Montage Heartfields zeigt Hitler, wie er mit zum »Heil«-Gruß erhobenem rechtem Arm dasteht und, wie es für ihn typisch war, die Handfläche leicht nach hinten wendet, während eine opulente Gestalt im Anzug hinter ihm steht und ihm Geldscheine in die geöffnete Hand legt.* »Millionen stehen hinter mir«, *verkündet der Führer. Aus Angst, dass seine Verbindungen zu Herzfelde und Heartfield ihn in Schwierigkeiten bringen könnten, geht Bernheim nach Prag und startet von dort aus – mit Hilfe von Aktivisten aus Paris, die bereits eifrig nach jemandem wie ihm Ausschau gehalten haben – eine der außergewöhnlichsten juristischen Initiativen dieser Zeit.*[1]

*Bernheim macht sich eine neue Form des Völkerrechts zunutze und bringt eine Petition beim Völkerbund in Genf ein. Er bittet den Völkerbund, die deutsche Regierung zu zwingen, ihre Gesetze zur Diskriminierung von Juden aufzuheben – zumindest in Oberschlesien.*

*Internationale Verträge zum Schutz von Minderheitenrechten sind in den 1920er und 1930er Jahren zu einem festen Bestandteil der politischen Landschaft Europas geworden, allerdings nur an spezifischen Orten, in Ländern nämlich, die entweder neu entstanden sind oder seit Ende des Ersten Weltkriegs eine erhebliche Umgestaltung erfahren haben.*

*Mit dem Ende des Kriegs bricht sich eine demokratische Welle in Mittel- und Osteuropa Bahn. Völlig neue Staaten entstehen wie etwa die Tschechoslowakei und das Königreich der Serben, Kroaten und Slowenen, das sich später in Jugoslawien umbenennen wird. Zum ersten Mal seit den 1790er Jahren gibt es wieder ein unabhängiges Polen. Finnland erlangt seine Autonomie von Russland zurück. Österreich und Ungarn, ihres alten Reiches beraubt, werden als unabhängige und viel kleinere Nationalstaaten wiedergeboren. Bulgarien, ein Verbündeter Deutschlands im Krieg, verliert einen Teil seines Territoriums. Rumänien dagegen, ein Verbündeter Frankreichs und Großbritanniens, kann Bodengewinne verbuchen, meistenteils auf Kosten Ungarns. Deutschland verliert etwa 10 Prozent seiner Vorkriegsfläche, einige Landstriche im Osten an Polen, andere Regionen im Norden an Dänemark sowie im Westen an Belgien und Frankreich.*

*Die westlichen Demokratien, allen voran Großbritannien, Frankreich und die Vereinigten Staaten, haben sich zu einer Idee des US-Präsidenten Woodrow Wilson bekannt: dem Prinzip der nationalen Selbstbestimmung. Daraus folgt die Gestaltung eines neuen Europas, in dem jede nationale Gruppe ihren Staat und jeder Staat seine national einheitliche Bevölkerung hat. Das Problem ist, dass dies eigentlich nie funktionieren kann. Mittel- und Osteuropa ist geprägt von einem Durcheinander von nationalen Gruppen, Sprachen und Religionen, und keine auf einer Landkarte gezogene Linie kann jemals eine saubere Trennung vornehmen, die von allen begrüßt wird. Seit dem Friedensabkommen leben etwa 25 Millionen Menschen in Staaten, die nicht ›die ihren‹ sind. Die größte Gruppe unter den Minderheiten stellen die Deutschen. Etwa sieben Millionen Deutsche leben in einem der neuen Staaten außerhalb Deutschlands und Österreichs, die meisten von ihnen in Polen oder in der Tschechoslowakei.*[2]

Die Westalliierten reden der Selbstbestimmung das Wort, allerdings sind sie nicht restlos überzeugt, dass Polen und Rumänen dasselbe Niveau der Zivilisation erreicht haben wie sie selbst. Die westlichen Politiker fürchten, dass Minderheiten in den neu entstehenden Staaten schlecht behandelt werden könnten. Als Gegenleistung für die internationale diplomatische Anerkennung schreiben die westlichen Staaten den neuen daher vor, dass sie ihren Minderheiten eine Reihe individueller und kollektiver Rechte garantieren müssen.

Der polnische Minderheitenvertrag, der am selben Tag wie der Vertrag von Versailles unterzeichnet wurde, ist der erste einer Reihe von Minderheitenverträgen und bildet gleichsam die Vorlage für die anderen. Er verpflichtet die polnische Regierung, »allen Einwohnern ohne Unterschied der Geburt, der Staatsangehörigkeit, der Sprache, des Volkstums und der Religion den umfassendsten Schutz ihres Lebens und ihrer Freiheit zu gewähren«. Und wie um zu zeigen, dass ökonomische Überlegungen nie lange auf sich warten lassen, wenn von den Idealen des liberalen Internationalismus die Rede ist, verlangt der Vertrag auch, dass Polen den Alliierten den Status von »meistbegünstigten« Vertrags- und Wirtschaftspartnern gewährt und ihr geistiges Eigentum schützt. Sicherstellen, dass sich die neu entstandenen Staaten an die Verträge halten, soll eine neue internationale Institution, der Völkerbund.[3]

Die Sieger haben nicht die Absicht, ein allgemeines System unveräußerlicher Rechte für alle Völker der Welt zu schaffen: Dies wäre für den französischen und britischen Imperialismus ein ebenso großes Problem wie für die amerikanische Rassentrennung. Auf der Pariser Friedenskonferenz unterbinden die Westmächte ohne Umschweife eine japanische Initiative zur Anerkennung der Rassengleichheit.[4]

Darüber hinaus macht man sich auf westlicher Seite keine Illusionen, was die politischen Realitäten angeht. Die Bündnispartner sind sich der drohenden Gefahren für die Sicherheit in Mittel- und Osteuropa wohl bewusst. Deutschland und Ungarn haben viel

*Territorium verloren. Viele Deutsche wie auch viele Ungarn träumen von einem Rachefeldzug und der Rückeroberung ihrer verlorenen Gebiete. Die neue Sowjetunion könnte jederzeit versuchen, ihre revolutionäre Lehre und das kommunistische Credo westwärts nach Mitteleuropa zu tragen. Ziel der Alliierten ist ein Gürtel von Staaten, der diese potentiellen Bedrohungen einkreist und abschottet: Ein Cordon sanitaire, wie die Franzosen es elegant nennen, soll die Sowjets einhegen, während Bündnisse dazu dienen sollen, die Deutschen unter Kontrolle zu halten. Damit dieses System funktioniert, müssen die neuen Staaten politisch stabil sein. Wütende Minderheiten könnten diese Stabilität gefährden. Zudem stellen unzufriedene Minderheiten, insbesondere wenn es sich um Deutsche oder Ungarn handelt, für ihre ›Vaterländer‹ eine ständige Versuchung dar, genau den Expansionskrieg auszurufen, den die Alliierten verhindern wollen. Das eigentliche längerfristige Ziel der Minderheitenverträge besteht daher darin, dass sich die Minderheiten so weit assimilieren sollen, dass sie aufhören, Minderheiten zu sein.*[5]

*Bemerkenswert ist, dass mit Deutschland kein Minderheitenvertrag abgeschlossen wird. Die Westmächte erweisen ihrem ehemaligen Feind Respekt, anders als den neuen Staaten. Aber es gibt eine wie eine Bagatelle anmutende Ausnahme. Im Jahr 1922 handeln Deutschland und Polen ein Abkommen aus, das das Zusammenleben in Oberschlesien regeln soll, einem Gebiet, das vormals deutsch war, nun aber zwischen Deutschland und Polen aufgeteilt ist. Die Konvention enthält den Großteil der Schutzbestimmungen aus den Minderheitenverträgen; sie bezieht sich auf die deutsche und polnische Minderheit auf beiden Seiten der Grenze, und zwar in einer allgemein gehaltenen Sprache, die auch andere Gruppen einschließen kann.*[6]

*Dies ist Bernheims Ansatzpunkt. Deutschland hat sich rechtlich verpflichtet, Minderheiten in Oberschlesien nicht zu diskriminieren, auch nicht bei der »Ausübung der Landwirtschaft, des Handels und Gewerbes sowie aller anderen Berufe«. Im Juni 1933 nimmt der Rat des Völkerbundes die Petition an, in der Bernheim gegen seine Behandlung protestiert. Unter den Delegierten, die diese Entscheidung treffen, sind zwei Männer, die in der internationalen Politik der 1930er Jahre eine zentrale Rolle spielen werden: Anthony Eden aus Großbritannien und Edvard Beneš aus der Tschechoslowakei. Die Deutschen befinden sich in einer schwierigen Lage. Seit 1926 machen sie im Namen der in der Diaspora in Mittel- und Osteuropa lebenden Deutschen aggressiven Gebrauch von den Minderheitenverträgen. Im Rat des Völkerbundes bringt der deutsche Delegierte die holprige Argumentation vor, Bernheim habe keine wirkliche Bindung an Oberschlesien und sei deshalb nicht befugt, seine Petition einzubringen, und wenn in Oberschlesien gegen gesetzliche Verpflichtungen verstoßen worden sei, gehe dies lediglich auf ein Fehlverhalten der lokalen Behörden zurück, und Deutschland werde die Missstände »korrigieren«.[7]*

*Und tatsächlich werden die Missstände, zumindest eine Zeit lang, abgestellt. Von 1933 bis 1937, als der eigentliche deutsch-polnische Vertrag ausläuft, führen die Juden in Bernheims kleiner Ecke Deutschlands ein Leben in Geborgenheit. Die NS-Repressionen unterbleiben, keines ihrer diskriminierenden Gesetze greift: Die Entlassung aus dem öffentlichen Dienst, der Verlust der Staatsbürgerschaft, das Heiratsverbot, die Kriminalisierung intimer Beziehungen zwischen Juden und »Ariern«, all dies und vieles mehr kann in Oberschlesien nicht durchgesetzt werden.[8]*

*Eine Weltordnung, die auf Völkerrecht, Menschenrechten und Demokratie beruht, ist einer alternativen Ordnung entgegengetreten, die auf Nationalismus, Autoritarismus und Gewalt beruht. Für kurze Zeit, in Gleiwitz, diesem kleinen Winkel Schlesiens, erringt die Erstere einen Sieg über die Letztere.*

*Rund sechs Jahre später werden Nationalsozialisten in eben diesem Gleiwitz KZ-Häftlinge in Uniformen der polnischen Armee kleiden, sie erschießen und die Leichen an einer Radiosendestation deponieren. Sie werden diese ›uniformierten‹ Toten als Beweis für einen polnischen Militärangriff auf Deutschland geltend machen. Als Antwort werden sie in Polen einmarschieren. Und so beginnt in Gleiwitz der Zweite Weltkrieg, in dem eine Weltord-*

*nung, die auf Gewalt basiert, kompromisslos zum Angriff über-*
*geht auf eine Weltordnung des Rechts.*

Als Hitler davon sprach, Deutschland werde nach Osten ziehen, um »Lebensraum« zu beanspruchen, meinte er die Welt, in der Franz Bernheim lebte. Er meinte das Europa der zerbrechlichen neuen Staaten, das Europa der Minderheitenverträge, das Europa der schwer gekränkten Minderheiten. In diesem Teil Europas hatten die Sieger des Ersten Weltkriegs ihre Vision eines demokratischen Kapitalismus und des Völkerrechts durchgesetzt – die Schlüsselelemente dessen, was wir heute Globalisierung nennen. Hitlers Aufstieg bedeutete, dass diesem System ein überaus gefährlicher Herausforderer erwachsen war. Der Plan, den Hitler auf der Hoßbach-Konferenz entfaltete, war nichts weniger als ein Plan, das westliche Ordnungssystem zu stürzen und durch seine eigene Vorstellung eines Rassenimperiums zu ersetzen.

Im Falle Bernheims ging es daher im Grunde um das wesentliche Problem der Weltpolitik der 1930er Jahre. Sollte die Welt nach liberalen internationalistischen Grundsätzen organisiert werden, so dass sich überall demokratische Systeme, Freihandel und gesetzlich verankerte Rechte für alle etablieren könnten? Oder sollte das internationale System ein System von Rasse und Nation sein, in dem dominante Gruppen den Minderheiten nichts schuldig wären und danach trachten mochten, ihren Wirtschaftsraum so weit wie möglich von der Außenwelt abzuschotten?

In der Welt der 1930er Jahre benutzten die Menschen das Wort ›Rasse‹ unentwegt, und sie benutzten es weniger trennscharf und anders, als es heute üblich ist. Das Wort konnte viele verschiedene Dinge meinen, einschließlich Nationalität und ethnischer Zugehörigkeit. Es konnte auf Unterschiede der Religion oder der Sprache hinweisen – und wurde dafür sogar häufiger verwendet als für differierende Hautfarben. Winston Churchill etwa bezeichnete die Briten oft als eine »Inselrasse«. In Kanada war es üblich, französischsprachige und englischsprachige

Kanadier als unterschiedliche Rassen zu bezeichnen. Gleichzeitig war ›Rasse‹ jedoch, wie auch immer der Begriff im Einzelnen aufgefasst wurde, ein Grundprinzip der nationalen wie der internationalen Politik. Im Fall der europäischen Überseeimperien war dies offensichtlich, da die Briten, Franzosen, Niederländer, Portugiesen und Belgier mit großer Selbstverständlichkeit ihren asiatischen oder afrikanischen Untertanen die volle Staatsbürgerschaft und andere Rechte verweigerten. Genauso deutlich zeigte es sich im segregierten US-amerikanischen Süden, in der Einwanderungspolitik der USA sowie nicht zuletzt im Antisemitismus der Nationalsozialisten.[9]

Etwas weniger offensichtlich, aber nicht weniger folgenschwer machte sich dieses Leitmotiv auch in den neuen Nationen bemerkbar, die aneinandergereiht wie Perlen an einer Kette in Zentraleuropa von Finnland bis nach Jugoslawien reichten. In vielerlei Hinsicht prägten rassistische Vorstellungen das Gebaren anderer Staaten gegenüber den Menschen in dieser Region. Josef Stalin etwa, ab Ende der 1920er Jahre Alleinherrscher über die Sowjetunion, hegte – so wie viele Deutsche auch – einen rassistisch aufgeladenen Hass gegen die Polen. Adolf Hitler teilte diesen spezifischen Hass zwar nicht bis in die letzte Konsequenz, aber dafür hegte er eine abgrundtiefe Verachtung für andere Völker Osteuropas, insbesondere für die Tschechen und Serben, ganz zu schweigen von den Russen und Juden. Die britische Herablassung gegenüber den Menschen dieser Region war lediglich eine abgeschwächte Version der gleichen Haltung. Vor allem aber sollte der ethnisch bzw. rassistisch motivierte Hass, der in der Region selbst vorherrschte, das Geschehen dort entscheidend prägen. Und was dort geschah, sollte wiederum für die Welt von entscheidender Bedeutung sein.

Die Demokratisierungswelle, die auf den Ersten Weltkrieg folgte, erfasste vorrangig Mittel- und Osteuropa. Bis in die 1930er Jahre hatte sich diese Dynamik jedoch in eine Demokratiekrise verkehrt, die in dieser Region ihr Zentrum hatte, sich aber über weite Teile der Welt erstreckte. Die Krise der Demokratie(n) war im Grunde genommen eine Krise des Nationalismus – und somit maßgeblich eine Krise des Denkens in Rassenkategorien.

Die neuen Nationen Mittel- und Osteuropas kämpften allesamt mit dem Phänomen unversöhnlicher innerer Zerrissenheit. Wenn Benito Mussolini etwa sarkastisch von der Tschechoslowakei als »Tschecho-Germano-Polono-Magyaro-Rutheno-Rumano-Slowakei« sprach,[10] hatte er nicht Unrecht. Denn ausgerechnet die Tschechoslowakei, die ihre Freiheit dem multinationalen österreichisch-ungarischen Reich abgetrotzt hatte, wiederholte nun als eigenständiges Land im Kleinen die kulturelle Diversität und Spaltung, die dem vormaligen Imperium zum Verhängnis geworden war. Die dortige Volkszählung von 1921 ergab folgendes Bild: Lediglich 50,8 Prozent der Bevölkerung waren Tschechen, 14,7 Prozent Slowaken, doch fast ein Viertel – 23,4 Prozent – waren Deutsche, von denen die meisten in einem Gebiet lebten, das sich hufeisenförmig entlang der Grenze zu Deutschland erstreckte: im Sudetenland. Darüber hinaus gab es in der Tschechoslowakei bedeutende ungarische, ruthenische, jüdische und polnische Bevölkerungsanteile.[11]

In der gesamten Region war die Situation vergleichbar. Ein Viertel der Bevölkerung Lettlands und fast ein Drittel der Bevölkerung Polens bestand aus Minderheiten. Die politischen Auseinandersetzungen in diesen neuen Demokratien waren beinah ausnahmslos Kämpfe zwischen ethnischen Gruppen. In der Tschechoslowakei fand sich das gesamte politische Spektrum in jeder der verschiedenen nationalen Bevölkerungsgruppen abgebildet: So gab es eine sozialdemokratische Partei für Tschechen (ČSDSD), eine andere für Deutsche (DSAP) sowie in der Slowakei eine Ungarisch-Deutsche Partei der Sozialdemokraten. Es existierte sowohl eine tschechoslowakische Kaufmanns-Partei (ČŽOS), die für die Rechte des Kleingewerbes eintrat, als auch eine deutsche Gewerbepartei. Bis zur Selbstauflösung 1933, mit der die Partei einem Verbot durch die tschechoslowakische Regierung zuvorkam, gab es die Deutsche Nationalpartei (DNP), die dann in der Sudetendeutschen Partei aufging, deren Agenda ausschließlich aus der Vertretung sudetendeutscher Interessen bestand. Darüber hinaus fand sich dort eine verwirrende Fülle von weiteren ethnisch ausgerichteten Parteien: die Slowakische Volkspartei, die Zionistische Jüdische Partei der Tschechoslowakei, die Polnische Volkspartei, die rechtsgerichtete Russische Nationalautonome Partei und viele mehr.

Viele politische Vordenker der Zwischenkriegszeit glaubten, dass ein liberal-demokratischer Staat homogen sein müsse und dass Demokratie nicht funktionieren könne, wenn die gegebenen Bedingungen vor allem von Unterschieden geprägt seien. Der britische Philosoph John Stuart Mill hatte dieses Argument in der viktorianischen Ära vorgebracht, aber nun argumentierten schonungslos zynische Denker wie der rechtsgerichtete deutsche Staatsrechtler Carl Schmitt, dass die moderne Massendemokratie nicht nur Homogenität erfordere, sondern» – nötigenfalls – die Ausscheidung oder Vernichtung« von Vielfalt.[12]

Die Demokratien, die nach Ende des Ersten Weltkriegs entstanden, waren ein Produkt des Machtvakuums in Mittel- und Osteuropa nach dem Zusammenbruch des Deutschen, des Russischen, des Habsburger und des Osmanischen Reiches. Die Machtübernahme durch das Hitler-Regime in Deutschland im Jahr 1933 bestärkte den rassistischen Nationalismus in der gesamten Region, Verfolgung und Gewalt gegenüber Minderheiten erreichten eine neue Dimension und führten zu einer ständig anwachsenden Flüchtlingskrise.

Ethnisch orientierter Hass gewinnt oft seine Kraft und Zielrichtung aus wirtschaftlichen Missständen. Die Weltwirtschaftskrise trug unbenommen ihren Teil zur Demokratiekrise der 1930er Jahre bei. Die ethnisch ausdifferenzierte Politik machte es den Regierenden gleichzeitig nahezu unmöglich, wirksam gegen den Konjunkturrückgang und dessen Folgen vorzugehen. Der starke Verfall der Weltmarktpreise für Lebensmittel in den 1920er Jahren traf die Region besonders hart, da die meisten Länder, darunter selbst Industriestaaten wie die Tschechoslowakei und Deutschland, stark von der Landwirtschaft abhängig waren. Dann setzte 1929 eine fast weltweite Depression ein, die durch die Finanzkrise von 1931 noch dramatisch verschärft wurde. Die wirtschaftlichen Probleme lösten eine Hinwendung zu autoritärer Herrschaft aus. Dafür gab es zwei Hauptgründe. Die orthodoxe Ökonomie lehrte, eine Regierung müsse auf einen wirtschaftlichen Abschwung durch »Deflation« reagieren – heute nennen wir das Konzept »Austeritäts- oder Sparpolitik« –, sie müsse also zum Ausgleich für gesunkene Steuereinnahmen die Staatsausgaben kürzen, bis die Magie des Marktes die Erholung der Wirtschaft von selbst vollbracht hat.[13] Das Problem ist, dass ein demokratisches politisches System nur kurze Perioden der Deflation tolerieren kann. Wenn der wirtschaftliche Abschwung jahrelang andauert, wird das in der Bevölkerung entstehende Elend schließlich eine andere politische Reaktion erzwingen. Das bedeutet, dass nur ein autoritärer Staat eine Deflationspolitik auch langfristig durchsetzen kann. Oder anders ausgedrückt: In einer langanhaltenden Krise kann die klassische liberale Wirtschaft nur durch eine antiliberale Politik aufrechterhalten werden. Eine Wirtschaftspolitik, die sich vom klassischen Modell der freien Marktwirtschaft entfernt, ist jedoch tendenziell auch antiglobal und antidemokratisch ausgerichtet. Das liegt daran, dass eine staatliche Planwirtschaft, sei sie nun faschistisch oder kommunistisch, von den Weltfinanzmärkten abgeschottet werden muss.[14]

Die Schwäche der westlichen Demokratien nach der Finanzkrise von 1931 beschleunigte den Trend zur autoritären Politik. Millionen von Menschen schien es, als ob der Welthandel und die globale Finanzwelt die Ursache für all das Elend seien. Angesichts der scheinbar unüberbrückbaren Kluft zwischen den ethnischen Lagern in vielen europäischen Ländern geriet die Politik in eine Sackgasse, und die demokratischen Regierungen waren nicht in der Lage, effektive Maßnahmen zu ergreifen – was die Demokratie weiter diskreditierte. Ungarn und Italien hatten schon bald nach dem Ersten Weltkrieg, 1919 bzw. 1922, den Weg in Richtung autoritäre Herrschaft eingeschlagen. Es folgten Bulgarien, Österreich, Polen, Jugoslawien und Rumänien in den späten 1920er und frühen 1930er Jahren. Als sich danach die politische und wirtschaftliche Krise weiter verschärfte, reagierten die Regime, indem sie immer mehr Macht in den Händen autoritärer Herrscher konzentrierten. Um seine Macht auszubauen, ließ König Alexander 1931 die jugoslawische Verfassung umschreiben. Bulgariens König Boris III. tat 1934 einen ähnlichen Schritt. Rumäniens König Carol machte sich 1938 zum Diktator. Damit war die Tschechoslowakei in jenem Jahr der einzige mitteleuropäische Staat, der noch als parlamentarische Demokratie funktionierte. Aber mit ihrer tiefen inneren Zerrissenheit wirkte die Tschechoslowakei wie ein verwundetes Reh, dessen Witterung der unweit lauernde deutsche Wolf bereits aufgenommen hatte. Hitler würde wissen, wie er sie zur Strecke bringen konnte.

Die herablassende imperialistische Perspektive, mit der die Westmächte Mittel- und Osteuropa betrachteten, wurde in diesem Zusammenhang wieder deutlich: Als die Demokratien dort scheiterten, entschieden die führenden westlichen Politiker, dass die Demokratie ohnehin nie ein geeignetes System für die Region gewesen sei – eine Haltung, in der sich die rassistischen Vorstellungen widerspiegelten, die die Westler über Osteuropäer hegten. Der Westen meinte, er könne sich hochmütige Verachtung für die Innenpolitik der neuen Nationen leisten – solange das, was dort geschah, mit den eigenen strategischen Interessen vereinbar war. Da die Franzosen Allianzen mit Polen und Jugoslawien eingegangen waren, kümmerte es sie nicht sonderlich, wenn die jugoslawische Polizei die mazedonische Minderheit misshandelte oder die polnische Regierung eine brutale »Befriedungs«-Kampagne gegen die ukrainische Bevölkerung durchführte. Hauptsache, die Verbündeten blieben politisch stabil und konnten im Bedarfsfall einen effektiven militärischen Beitrag leisten. Die Briten waren der Ansicht, dass die Bemühungen des Völkerbundes um die Durchsetzung von Minderheitenrechten die Minderheiten lediglich davon abhielten, sich zu assimilieren. »Solange diese Leute sich einbilden, dass sie ihre Beschwerden vor dem Völkerbund vorbringen können«, schrieb ein Beamter des britischen Außenministeriums 1922, »werden sie sich weigern, sich einzufügen.«[15] Die Londoner *Times* fasste eine typisch britische Haltung in Worte, als sie sich gegen ein britisches Engagement im Spanischen Bürgerkrieg aussprach. »Ihr Streit ist kein Streit, der Großbritannien etwas angeht«, schrieb das Blatt über die verfeindeten Parteien. »Womöglich eignet sich die parlamentarische Demokratie – als Regierungsform für Großbritannien wie geschaffen – nur für wenige andere Länder.«[16]

Oberst Hoßbach sollte Jahre später bemerken, dass Hitler wie ein Österreicher und nicht wie ein Deutscher dachte – was bedeutete, dass sein Blick auf die osteuropäischen Länder gerichtet war, die Teil des alten österreichisch-ungarischen Reiches gewesen waren, während seine höheren Militärs nur daran dachten, das Gebiet zurückzuerobern, das Deutschland nach dem Ersten Weltkrieg verloren hatte.[17] Hoßbach hatte damit nicht Unrecht, erfasste jedoch noch nicht den wesentlichen Punkt. Hitlers Antrieb war die extremste Form des Sozialdarwinismus, der zu Beginn des 20. Jahrhunderts in Europa und Amerika weit verbreitet war. Für Hitler war ein Dasein nur in der Gruppe möglich, und diese Gruppe – die Nation oder die Rasse – stellte den einzigen Wert für ihn dar. War eine solche Gruppe stark genug, sollte sie sich ausdehnen, um Territorium und Ressourcen von anderen Gruppen zu beanspruchen, war sie zu schwach, musste sie schrumpfen und scheitern. Hitler war nicht einmal ein konventioneller Nationalist: Sein Sozialdarwinismus war so gewaltdurchdrungen, dass er, um es mit den klugen Worten des Historikers Timothy Snyder zu sagen, tatsächlich eher als »in zoologischen Kategorien denkender Anarchist« zu bezeichnen ist.[18]

In Hitlers Weltsicht gab es keinen Platz für internationales Recht oder internationale Institutionen. Hitler bevorzugte bestenfalls bilaterale, niemals multilaterale Beziehungen. Im schlimmsten Fall wollte er Krieg, Eroberung und schließlich Versklavung oder Ausrottung. Deutschlands internationale Juristen und Vertreter begannen bald, seinen Ton zu übernehmen. Jede Rasse habe ihr eigenes Recht, argumentierten sie. Es habe keinen Sinn, ein internationales Gesetz zu schaffen, das für alle passen würde. Diese Männer wollten nicht einmal deutsche Rechtsvorstellungen im Ausland verbreiten: »Es soll und darf nie unsere Aufgabe sein«, schrieb ein NS-Rechtsgelehrter, »zum Beispiel die Negerrepublik Liberia oder Abessinien oder Rotrussland zu deutschen Rechtsvorstellungen zu bekehren, um eine echte Völkergemeinschaft universellen Charakters zu errichten.«[19]

Es lassen sich direkte Zusammenhänge erkennen zwischen der multiethnischen Zusammensetzung der meisten neuen zentraleuropäischen Staaten, dem Versagen der Demokratie in fast allen von ihnen, der Ausbreitung des Faschismus und der Reaktion der etablierten Demokratien in Form einer »Appeasement«-Politik. All diese Phänomene waren Aspekte einer umfassenden Krise der globalen Demokratieentwicklung.

Aufgrund ihrer Verachtung für Osteuropa hätten die Briten vielleicht tatenlos zugesehen und Hitler in diese Richtung expandieren lassen. Vielleicht hätte sich Hitler-Deutschland dann nie gegen Großbritannien gewandt. Hitler redete ohnehin ständig davon, wie sehr er das britische Empire bewundere und dass er die Welt mit ihm teilen wolle, anstatt es zu bekämpfen. Dieser Gedanke war ein Hauptthema seines zweiten Buches,[20] das er 1928 geschrieben hatte, dessen Veröffentlichung aber zurückgestellt worden war und das erst in den 1950er Jahren publiziert wurde. Einem Bericht zufolge sagte Hitler noch im August 1939 zu einem Besucher: »Alles, was ich unternehme, ist gegen Rußland gerichtet; wenn der Westen zu dumm und zu blind ist, um dies zu begreifen, werde ich gezwungen sein, mich mit den Russen zu verständigen, den Westen zu schlagen, um dann nach seiner Niederlage mich mit meinen versammelten Kräften gegen die Sowjetunion zu wenden.«[21]

Aber Frankreich, das von Deutschland viel mehr zu befürchten hatte, brauchte seine Bündnispartner in Mitteleuropa. Und die Briten wiederum brauchten Frankreich und dessen große Armee, die eine zentrale Säule der britischen Strategie für den Verteidigungsfall bildete.

Hier also, in den Ländern der Region, die zwischen Deutschland und Russland sowie zwischen dem Baltikum und der Ägäis lag, trafen mehrere fatale Entwicklungen aufeinander. Nirgendwo war die Krise der europäischen Demokratie so akut wie in dieser Region, vor allem weil der für die Epoche typische Rassismus und extreme Nationalismus hier die höchsten Wellen schlug. Auf diese Region konzentrierten sich zudem die Ambitionen eines österreichischen, biologistisch denkenden Anarchisten; sie weckte jedoch nicht nur bei Hitler Begehrlichkeiten, sondern auch beim sowjetischen Diktator Josef Stalin – und die westlichen Staatsmänner schauten mit einer unguten Mischung aus herablassendem Desinteresse und strategischem Kalkül zu.

Diese sich überschneidenden Entwicklungen ergaben die perfekte Formel für einen Krieg.

Kapitel 3

# Der »Kreis der Schuldigen«

*Michail Nikolajewitsch Tuchatschewski ist ein untypischer Offizier der russischen Armee und ein noch untypischerer Kommunist. Geboren wird er 1893 auf einem Gut in der Nähe von Smolensk. Er stammt aus einer aristokratischen und kultivierten russischen Familie. Sein Vater und sein jüngerer Bruder spielen Klavier, er und ein älterer Bruder spielen Geige und ein weiterer Cello.[1] Doch als seine Familie in finanzielle Schwierigkeiten gerät, gibt er seine Träume von einem Universitätsstudium auf, wird Kadett im Moskauer Kadettenkorps und geht anschließend zur Alexander-Militärschule. Dort entdeckt er seine Liebe zur militärischen Strategie. Fremdsprachige Abhandlungen kann er in Deutsch, Französisch und Englisch lesen und macht im Juni 1914 seinen Abschluss als einer der Besten in der Geschichte der Akademie. Zwei Monate später bricht der Erste Weltkrieg aus. Der junge Leutnant Tuchatschewski geht an die Front und träumt von militärischem Ruhm.[2]*

*Dies bleibt jedoch ein Traum, denn Tuchatschewski wird Anfang 1915 von den Deutschen gefangen genommen und in ein Kriegsgefangenenlager in Ingolstadt gebracht, aus dem er wiederholt zu fliehen versucht. Einer seiner Mitgefangenen ist ein junger französischer Offizier namens Charles de Gaulle. 1917 gelingt Tuchatschewski der Ausbruch, und er schafft es gerade noch rechtzeitig vor der Oktoberrevolution zurück nach Russland, wo er sich freiwillig in den Dienst der Roten Armee stellt.*

*In dem beinahe drei Jahre andauernden brutalen Bürgerkrieg macht sich Tuchatschewski einen Namen als kühnster und brillantester Kommandeur der Roten Armee. Er erringt einige entscheidende Siege, sein Vormarsch auf Warschau (im Polnisch-Sowjetischen Krieg, der sich parallel zum Bürgerkrieg entwickelt) wird jedoch durch einen erfolgreichen polnischen Gegenangriff gestoppt, und der Krieg endet im Frühjahr 1921 mit einem für Polen günstigen Abkommen. Dieses Resultat führt zu jahrelangen, letzt-*

lich verhängnisvollen gegenseitigen Schuldzuweisungen zwischen Tuchatschewski und den mit ihm rivalisierenden Rotarmisten: Kliment Woroschilow, Semjon Budjonny – und nicht zuletzt Josef Stalin.[3] Doch zunächst scheint Tuchatschewskis Aufstieg unaufhaltsam. Im Mai 1924 wird er zum stellvertretenden Chef des Generalstabs ernannt, und als der Generalstabschef 1925 unerwartet stirbt, übernimmt Tuchatschewski dessen Position. Das Jahr 1928 bringt einen ersten Rückschlag. Tuchatschewski wird zum Kommandeur des Leningrader Militärbezirks degradiert. Der Grund für diese Degradierung ist nicht ganz klar. Wahrscheinlich hat sie mit Tuchatschewskis Bestrebungen zu tun, einen Generalstab nach deutschem Vorbild zu schaffen, was die sowjetische Führung beunruhigt, da sie befürchtet, es könnte ein rivalisierendes Machtzentrum entstehen.[4]

Tuchatschewski verfügt jedoch über gute Verbindungen unter anderem zu Stalins Kumpan Sergo Ordschonikidse, und der holt Tuchatschewski 1931 nach Moskau zurück, wo er Leiter der Technologie- und Rüstungsabteilung der Armee wird. Ein paar Jahre lang scheint für ihn wieder alles gut zu laufen. 1935 wird Tuchatschewski ein weiteres Mal befördert – zum Marschall der Sowjetunion, das ist der höchste Rang in der Roten Armee. Anfang 1936 wird ihm eine besondere Ehre zuteil: Er begleitet Außenminister Maxim Litwinow zur Beerdigung von König George V. nach Großbritannien. Dort trifft er eine Reihe von britischen und französischen Politikern sowie Militärs, die er allesamt mit seinen Sprachkenntnissen, seinem messerscharfen Intellekt und seiner eigenständigen Denkweise beeindruckt.[5]

Tuchatschewski genießt die Annehmlichkeiten, die seine gesellschaftliche Position mit sich bringt. Er lebt in Moskau in einer weitläufigen Wohnung im berühmten »Haus der Regierung«, einem für die sowjetische Elite errichteten Gebäude, das mit beispiellosem Luxus – wie einer Zentralheizung, einem Tennisplatz und einer Bibliothek – ausgestattet ist. Hier veranstaltet er Musikabende, auf denen mitunter sein Freund Dmitri Schostakowitsch *auftritt oder auch das staatliche Militärorchester.*[6] *Er ist ein Mann von großer Ausstrahlung – Josef Stalin gibt ihm den Spitznamen* Napoleontschik *(›kleiner Napoleon‹). Sein gutes Aussehen und schneidiges Auftreten machen Tuchatschewski für Frauen attraktiv. Unter den Männern hat er jedoch viele Feinde.*[7]

Es besteht kein Zweifel: Rücksichtslosigkeit gehört zu Tuchatschewskis Charaktereigenschaften, und er kann grausam sein. Aus dem Bürgerkrieg ist bekannt, dass er, um einen Aufstand niederzuschlagen, nicht davor zurückschreckt, Geiseln zu nehmen und wahllos auf Aufrührer wie Unbeteiligte schießen zu lassen. Dummköpfe sind ihm unerträglich. Und einige von Stalins hochrangigen Militärs, insbesondere Budjonny und Woroschilow, sind eindeutig Dummköpfe. Sie bekommen Tuchatschewskis Ingrimm deutlich zu spüren. Bei einer Gelegenheit erstattet Tuchatschewski seinem Vorgesetzten, dem Verteidigungsminister Woroschilow, Bericht. Woroschilow bringt einige Kritikpunkte vor, die Tuchatschewski ruhig zurückweist. Als Woroschilow den Grund dafür erfahren will, erklärt Tuchatschewski:»Ihre Änderungsvorschläge sind unqualifiziert, Genosse Volkskommissar.« Das wird ihn später einholen, mehr noch wird ihm aber Stalins Hass zum Verhängnis werden, der ebenfalls in den aus dem Polnischen Krieg herrührenden Rivalitäten seinen Ursprung hat.*[8]

Seine unabhängige Denkweise sorgt ebenfalls für Ärger. Tuchatschewski will das Militär modernisieren, vor allem mit Hilfe neuer Technologien, und setzt dabei insbesondere auf Panzer. Aber in Stalins Welt werden Innovationen üblicherweise als Bedrohung für die Machthaber wahrgenommen. Bei einer Gelegenheit moniert Stalin, nachdem er ein Tuchatschewski-Memorandum gelesen hat, in dem jener den Einsatz von Panzern befürwortet, die Ideen des Generals seien»Unsinn« und entsprächen nicht der Denkweise eines Marxisten. Auf dem 17. Kommunistischen Parteitag 1934 kritisiert der begriffsstutzige Kavalleriegeneral Budjonny Tuchatschewskis Kampagne für den Aufbau von Panzerdivisionen heftig. Ein Prawda-Artikel vom Mai 1936 greift diejenigen an, die gepanzerte Verbände solchen zu Pferde vorziehen.*

*Der Artikel nennt den Namen Tuchatschewski zwar nicht, es kann jedoch kein Zweifel bestehen, wer gemeint ist.*[9] *Stalin ist ein begeisterter Machiavelli-Leser. Er begreift einen charismatischen und erfolgreichen Soldaten durchaus als Bedrohung. Ein Fürst solle einen solchen Offizier töten lassen oder zumindest dafür sorgen, dass er diskreditiert werde, empfiehlt Machiavelli.*[10] *Und so kommt es, dass Anfang 1937 in einem von Stalins spektakulären »Schauprozessen« fingierte, eindeutig durch Folter zustande gekommene Beweise vorgelegt werden, die Zweifel an Tuchatschewskis Loyalität gegenüber dem Regime aufkommen lassen. Tatsächlich ist Stalin Anfang 1937 zu dem Schluss gekommen, dass Illoyalität unter seinen hochrangigen Armeeoffizieren weit verbreitet ist. Es ist jedoch nicht dasselbe, ob man Bauern in der Ukraine mit Terror überzieht oder die Armee ins Visier nimmt. Im Zweifelsfall kann die Armee zurückschlagen. Und sie kann möglicherweise sogar gewinnen. Um diese Gefahr zu umgehen, braucht Stalin überzeugende Beweise für den Verrat in der Armee. Beweise aus dem Ausland wären dafür besonders geeignet.*[11]

*Stalin und seine Spionagebehörde, die Auslandsabteilung des* NKWD *(des Volkskommissariats für Innere Angelegenheiten), sammeln belastendes Material gegen Tuchatschewski. Das meiste davon ist gefälscht, einiges wurde von führenden Nationalsozialisten wie etwa von Himmlers rechter Hand Reinhard Heydrich fabriziert und den Sowjets zugespielt. Einiges wird vom* NKWD *an den französischen Geheimdienst lanciert und von dort nach Moskau zurückgespielt. Stalins Paranoia tut ein Übriges dazu, dass die Sowjetunion bald den Verlust ihres fähigsten Soldaten wird verbuchen müssen.*[12]

*In Moskauer Diplomatenkreisen kursieren bereits Gerüchte, die Verhaftung Tuchatschewskis stehe unmittelbar bevor. Im April heißt es noch in einer offiziellen Mitteilung, er werde zur Krönung von König George* VI. *nach Großbritannien reisen, doch im Mai ändert sich die Darstellung: Tuchatschewski, so heißt es nun, sei zu krank, um die Reise anzutreten.*[13]

*Am 10. Mai 1937 befiehlt das Politbüro Tuchatschewskis Degra-*

dierung vom stellvertretenden Verteidigungskommissar zum Kommandeur des abgelegenen Wolga-Militärbezirks. Als er in seinem neuen Hauptquartier ankommt, wird er verhaftet. Seine Frau und seine Tochter kehren nach Moskau zurück, wo seine Frau bald darauf zusammen mit seiner Mutter und seinen noch lebenden Geschwistern ebenfalls verhaftet wird. Seine Frau und seine Brüder werden später auf Stalins Befehl hin erschossen. Drei seiner Schwestern werden in einen Gulag deportiert. Seine Tochter Swetlana wird in ein Heim für die Kinder von »Feinden des Volkes« geschickt.[14]

»Was ging im Gehirn von Nr. 1 vor?«[15]

Die Frage stellt sich Nikolai Rubaschow. Rubaschow ist die Hauptfigur in Arthur Koestlers Roman Sonnenfinsternis. Koestler, desillusionierter vormaliger Kommunist, schuf damit eine der klassischen Erzählungen über den Terror, der die Sowjetunion in den späten 1930er Jahren heimsuchte. Mit »Nr. 1« war natürlich Iosif Wissarionowitsch Dschugaschwili gemeint, der Welt besser bekannt als Josef Stalin. Seit den späten 1920er Jahren hatte Stalin seine Position als unangefochtener Diktator der Sowjetunion ständig weiter gefestigt.

Bis heute ist niemand in der Lage, Rubaschow darauf eine klare Antwort zu geben. Wir wissen, was Stalin getan hat. Warum er es tat, bleibt ein Rätsel. Der deutsche Journalist Emil Ludwig, der Stalin 1932 interviewte, schrieb: »Von den Herrschern unserer Zeit – und ich habe die meisten von ihnen getroffen – ist er der undurchschaubarste.«[16] Stalins ehemaliger Sekretär erinnerte sich: »Er verfügte in hohem Maße über die Gabe zu schweigen, und in dieser Hinsicht war er einzigartig in einem Land, in dem alle viel zu viel reden.«[17]

Stalin führte kein Tagebuch und schrieb keine Memoiren. Anders als Adolf Hitler zwang er seine Gefolgsleute nicht, endlose Monologe über sich ergehen zu lassen. Er schwieg, hörte zu und beobachtete oftmals einfach, was um ihn herum geschah, seine markanten Augen wachsam und bedrohlich. Wenn er redete, sprach er mit sanfter, leiser Stimme, so dass sich seine Zuhörer anstrengen mussten, um ihn zu verstehen. Er schwelgte gern mit seinen Kumpanen in feuchtfröhlichen Exzessen mit rüpelhafter Atmosphäre, aber selbst dabei hörte er nie auf, alle zu beobachten.[18] Eine Frau, die auf seiner Jacht auf dem Schwarzen Meer zu Gast war, erinnerte sich, wie Stalin trank und zu tanzen begann, wobei er unbeholfen in der Kajüte »herumtorkelte und -trampelte«, und doch schien der Diktator »immer noch nüchtern genug zu sein, um [ihre] Reaktionen auf sein Verhalten zu beobachten«. Seine Wachsamkeit verbreitete in der Regel eine beklemmende Stimmung. »Warum hast du heute so einen unsteten, nervösen Blick?«, fragte er einen seiner Mitarbeiter, oder: »Warum wendest du dich heute so oft ab und vermeidest es, mir direkt in die Augen zu sehen?«[19]

Stalin war ein unersättlicher Leser – und er besaß ein bemerkenswertes Gedächtnis. Seine Lektüre reichte von Marx und Lenin über den deutschen Militärstrategen Clausewitz bis hin zu den Klassikern der russischen Literatur wie Tolstoi und Tschechow.[20] Nachdem Lion Feuchtwanger den Diktator im Januar 1937 interviewt hatte, merkte der deutsche Exilschriftsteller an: »Er verfügt recht frei über viele Bereiche [des Wissens] und zitiert aus dem Gedächtnis ohne vorherige Vorbereitung Namen, Daten, Fakten stets präzise.«[21] Ein Luftfahrtbeamter erinnerte sich an ein Treffen, bei dem »Stalin die wichtigsten Militärflugzeuge der Luftstreitkräfte Deutschlands, Englands, Frankreichs und der Vereinigten Staaten durchging [... und über] ihre Bewaffnung, Tragfähigkeit, Steiggeschwindigkeit, maximale Flughöhe sprach. Er tat dies alles aus dem Gedächtnis, ohne irgendwelche Notizen, was die anwesenden Spezialisten und Flieger überraschte.«[22]

Aber dieser zurückhaltend wirkende Diktator gab Befehle von beispielloser Mordlust. Als er Anfang der 1930er Jahre die Zwangskollektivierung der sowjetischen Bauernhöfe anordnete, die Familienbetriebe enteignete und zu riesigen, staatlich geführten Betrieben zusammenlegte, war das Ergebnis eine Hungersnot, der etwa 5,5 Millionen Menschen zum Opfer fielen.[23] Im Dezember 1934 ermordete ein einzelner Schütze Stalins Freund, den Leningrader Parteichef Sergej Kirow. Stalin nutzte Kirows Ermordung genau so, wie Hitler rund zwei Jahre zuvor den Reichstagsbrand genutzt hatte: Er drückte ein Gesetz durch, das die zügige Hinrichtung von »Terroristen« vorsah.[24] Er begann, düster von Verschwörungen innerhalb der und gegen die sowjetische Führung zu sprechen. Zu dieser Zeit setzte er eine Serie von Säuberungen, Verhaftungen, Schauprozessen und Hinrichtungen in Gang, die als der »Große Terror« bekannt wurde. Das Blutvergießen, das er anrichtete, stand in einem so krassen Missverhältnis zu jeder möglichen politischen Bedrohung, dass es sich einer rationalen Erklärung zu entziehen scheint. Das Grundmotiv, auf das alle Erklärungsversuche hinauslaufen, ist letztlich immer dasselbe: Paranoia – und die prägte im weiteren Sinne auch die Außenpolitik des Stalin'schen Regimes.

Paranoia und Isolationismus waren fast unvermeidlich in der sowjetischen Politik angelegt. Die Doktrin vom »Sozialismus in einem Land« war die bolschewistische Antwort auf das Problem, dass sich ihre Revolution nicht wie erwartet auf andere kapitalistische Länder ausbreitete, und sie schlug unversehens in Paranoia gegenüber der kapitalistischen Welt um.

»Wir sind hundert Jahre hinter den entwickelten Ländern zurück«, sagte Stalin 1931 auf einer Konferenz. »Wir müssen diesen Rückstand in zehn Jahren aufholen. Entweder schaffen wir das, oder sie werden uns zermalmen.«[25] Die sowjetische Führung wähnte sich unweigerlich und permanent im Krieg, und zwar nicht nur mit den Kapitalisten im Ausland. Es gab auch die »inneren Feinde«, soziale Schichten oder Nationalitäten, die vom sowjetischen Regime als Bedrohung angesehen wurden – in der Regel, weil sie mit ausländischen Mächten in Verbindung stehen könnten.[26] Diese Angst konnte leicht in den Rassenhass abgleiten, der auch anderswo in Osteuropa so verbreitet war. Vor 1939 tötete Stalin tausendmal mehr Menschen aufgrund ihrer ethnischen Zugehörigkeit als Hitler. Als der NKWD 1937 in einer Massenmordkampagne systematisch auf sowjetischem Gebiet lebende Polen ins Visier nahm, drückte der Diktator seine Zufriedenheit in einem Memo an den NKWD-Chef Nikolai Jeschow aus: »Sehr gut! Macht weiter damit, diesen polnischen Dreck ans Tageslicht zu bringen und auszumisten.«[27]

Wie im nationalsozialistischen Deutschland basierte die sowjetische Herrschaft auf einer bewussten Ablehnung der westlichen, liberalen, kapitalistischen Demokratie. Und obwohl die Sowjetunion behauptete, ihr politisches Handeln beruhe auf einer rationalen, wissenschaftlichen Doktrin, operierte sie in Wirklichkeit auf der Grundlage eines politischen Tribalismus, der in seinem Alleingültigkeitsanspruch, seinem Primat der Gruppe gegenüber dem Einzelnen und dem geforderten unbedingten Gehorsam dem geschlossenen politischen (und ebenfalls machiavellistischen) Weltbild der Nationalsozialisten gar nicht unähnlich war. Vielleicht ist das der Grund, warum sich Nationalsozialisten und Kommunisten oft in der Gesellschaft der jeweils anderen wohl fühlten. Für einen diplomatischen Vertreter NS-Deutschlands war die Erfahrung, mit den sowjetischen Amtskollegen in Moskau zusammenzutreffen, beinah so, als hätte er mit »einem Kreis alter [NS-]Parteigenossen« zusammengesessen.[28]

Stalins berüchtigter Chefankläger Andrei Wyschinski wies seine Untergebenen an, dass Beweise weniger wichtig seien als »politisches Gespür«. Außerdem war er der Meinung, dass der »Klasseninstinkt« in Bezug auf Gut und Böse Beweisen überlegen sei.[29] Diese Herangehensweise war nicht sehr weit von der nationalsozialistischen Vorstellung des »Denkens mit dem Blut« entfernt. Der individuelle Mensch verschwand zusammen mit evidenzbasierten Urteilen. Dies war die Essenz des Totalitarismus.[30]

Ferner gab es auch einige bemerkenswerte Parallelen zwischen den frühen Jahren von Josef Stalin und denen Adolf Hitlers. Beide Männer stammten aus in der Peripherie liegenden Regionen der mächtigen Länder, die sie schließlich regieren sollten: Hitler aus Oberösterreich, Stalin aus Georgien. Beide Männer entstammten bäuerlichen Familien, die auf der sozialen Leiter einige Stufen aufgestiegen waren: Hitlers Vater hatte einen unteren Beamtenrang erklommen, Stalins Vater war Schuhmacher. Und in beiden Fällen gibt es gewisse Unklarheiten die genaue Abstammungslinie betreffend. Hitlers Vater wurde außerehelich geboren, und bis heute wird spekuliert, wer der Großvater des Diktators gewesen sein könnte. In Stalins Fall ist es seine eigene Abstammung, die im Dunkeln liegt: Abgesehen von Bessarion Dschugaschwili, dem Ehemann von Stalins Mutter, Jekaterina »Keke« Geladse, sind diverse exotische Kandidaten (vom Prinzen bis zum Forscher) als tatsächliche Väter Stalins vermutet worden. Plausibler ist, dass ein wohlhabender lokaler Kaufmann Stalins Vater war, für den Keke als Hausangestellte arbeitete. Diesem Mann wird von manchen die Finanzierung der guten Schulbildung zugeschrieben, die der junge Iosif Dschugaschwili erhielt, eine Ausbildung, die für ein armes Kind wie ihn eine Seltenheit war.[31]

Von Gegnern wurde Hitlers Auftreten oft damit abgetan, er erinnere an einen Friseur oder einen Kellner in einer Bahnhofsgaststätte. Selbst als er 1933 deutscher Reichskanzler wurde, gingen seine konservativen Kabinettskollegen davon aus, dass sie ihn kontrollieren und für ihre Zwecke benutzen könnten. So war es auch bei Stalin. Ein mit ihm rivalisierender Sozialist schrieb, Stalin sei während der bolschewistischen Revolution von 1917 nicht mehr als »ein grauer Fleck gewesen, der ab und zu ein schwaches Licht ausstrahlte und keine Spuren hinterließ«. Für den schneidigen Leo Trotzki verkörperte Stalin »die herausragende Mittelmäßigkeit innerhalb [der] Partei«,[32] und die meisten anderen führenden Bolschewiki dachten bis weit in die 1920er Jahre hinein das Gleiche. Aus diesem Grund machten sie Stalin auch zum Generalsekretär der Partei. Sie waren der Ansicht, er sei gerade gut genug dafür, die stupiden Verwaltungsaufgaben abzuarbeiten, während sie ihr theoretisches Genie dem Aufbau einer neuen Gesellschaft widmeten.

Wie das nationalsozialistische Regime in Deutschland war

die Sowjetunion aus einem institutionell vollausgebildeten demokratischen Vorgänger hervorgegangen: dem Russland der Provisorischen Regierung von 1917. Und so war die Sowjetunion – wie NS-Deutschland – ein weiteres Produkt der Krise der Demokratie in den 1930er Jahren. Aber welche Rolle konnte oder wollte die Sowjetunion im Weltgeschehen spielen? Was im Gehirn von Nummer eins vor sich ging, war auch in Bezug auf diese Frage mehr als rätselhaft. Winston Churchill nannte die sowjetische Politik »ein Rätsel, verpackt in einem Mysterium im Buch der sieben Siegel«.[33] Wie Hitler-Deutschland schien die Sowjetunion eine große Bedrohung für die westlichen Demokratien zu sein. Ihre Agenten verübten auf der ganzen Welt Terroranschläge und begingen Morde an ihren politischen Gegnern, genau wie die NS-Agenten. Die Ermordung von Leo Trotzki, Stalins prominentestem Gegner, durch das NKWD 1940 in Mexiko war nur der berüchtigtste dieser Terrorakte. Die sowjetischen Spionageaktivitäten gegen den Westen waren weitaus umfangreicher als die der Nationalsozialisten und sowohl weitaus geschickter als auch erfolgreicher.[34]

Aber seit Jahren hatten die Nationalsozialisten nichts als Hass auf den Sowjetkommunismus gepredigt. Jeder hielt die beiden großen totalitären Regime für Todfeinde. Konnte der Feind des Feindes der Demokratie möglicherweise ein Freund der Demokratie sein? Einige im Westen bejahten diese Frage – einschließlich Churchill, der unermüdlich für ein Anti-NS-Bündnis mit der Sowjetunion arbeitete. Das sowjetische Regime war intern uneins darüber, wie man sich zur Welt stellen sollte, was es noch schwieriger machte, die sowjetischen Absichten zu beurteilen. Außenminister Maxim Litwinow sah im Westen einen Gesprächspartner und setzte auf den Völkerbund sowie die kollektive Sicherheit, während Litwinows späterer Nachfolger Wjatscheslaw Molotow – und wahrscheinlich auch Stalin – eher isolationistisch eingestellt waren. In welche Richtung würden sich die Dinge entwickeln? Ab Mitte 1937 schien es so, als ob sich die Isolationisten durchsetzen würden.[35]

Stalin nutzte den drohenden Krieg mit Deutschland, um seinen Terror zu rechtfertigen. Die Säuberungen betrafen Mitglieder der Kommunistischen Partei, sowjetische Beamte und Armeeoffiziere.[36] Unter dem halben Dutzend Offiziere, die zu den ersten Opfern gehörten, war auch Michail Tuchatschewski. Einer der Offiziere erschoss sich direkt, als das NKWD ihn abholen wollte. Die übrigen mussten die NKWD-Verhöre über sich ergehen lassen.[37] Das bedeutete Folter, Drohungen – und Versprechungen, die nicht gehalten wurden. Tuchatschewski gestand die Verschwörung, die ihm angelastet wurde, wie die anderen, nachdem ihm versprochen wurde, dass das Leben seiner Familie im Gegenzug verschont worden war. Eine offizielle Erklärung verlautbarte, dass »alle Maßnahmen ergriffen wurden, um seinen Widerstand zu brechen«. Sein schriftliches Geständnis war mit seinem Blut befleckt, und das Muster dieser Flecken zeigt, dass er noch geschlagen wurde, als er bereits unterschrieb. Die Verhörprotokolle gingen direkt an Stalin, der sich täglich mit NKWD-Chef Nikolai Jeschow traf, um die Fortschritte bei diesen Verhören zu überwachen.[38]

Am 2. Juni 1937 sprach Stalin, bewaffnet mit diesem Material, vor dem Militärrat des Volkskommissariats für Verteidigung. Die Irrationalität der Verhaftung seines fähigsten Kommandeurs in einer zunehmend gefährlichen Zeit war derart offensichtlich, dass selbst Stalin um eine Erklärung zu ringen schien. »Genossen«, wandte er sich an die Versammlung, »ich hoffe, niemand zweifelt nachgerade daran, dass ein militärisch-politisches Komplott gegen die Sowjetmacht existierte«, gelenkt und finanziert von »deutschen Faschisten«. Stalins Reden waren normalerweise gut strukturiert, aber nun verzettelte er sich. Er bestritt zunächst, schien dann aber doch zu bestätigen, dass die Offiziere verhaftet worden waren, weil sie »Trotzkisten« waren. Dann fragte Stalin, ob die Delegierten Tuchatschewskis Aussage gelesen hätten, und betonte: »Er hat unsere Operationspläne – unsere Operationspläne, das Allerheiligste – an die deutsche

Armee weitergegeben. Er hat gemeinsame Sache mit Vertretern der deutschen Armee gemacht. Ein Spion? Ein Spion.« Einige der anwesenden Offiziere schienen angesichts dieses offensichtlichen Irrsinns beunruhigt zu sein. Aber niemand äußerte sich.[39]

Tuchatschewski und die anderen Offiziere wurden in geheimer Verhandlung von Richtern verurteilt, die von Stalin ausgewählt worden waren. Einigen der Richter, wie etwa Budjonny, war Tuchatschewski bereits zuvor verhasst gewesen. Der Prozess dauerte einen Tag und fand im Beisein derjenigen statt, die die Vernehmungen und Folterungen durchgeführt hatten – für den Fall, dass jemand in Versuchung geraten sollte, sein Geständnis zu widerrufen, ein typisch stalinistischer Winkelzug. Es gab keine Zeugen, keine Anwälte zur Verteidigung und keine Berufungsmöglichkeit. Die Offiziere blieben bei ihren Geständnissen, obwohl sie eher ausweichend oder unverbindlich antworteten, wenn die Militärs auf dem Podium ihnen Fragen stellten. Beispielsweise wandte sich ein Richter mit der Frage an Tuchatschewski, ob er vor 1932 Spionage betrieben habe. Unter Bezugnahme auf seine Kontakte mit der deutschen Armee in den 1920er Jahren, als dies auf Linie mit der sowjetischen Staatspolitik gewesen war, antwortete er:»Ich weiß nicht, ob man das als Spionage bezeichnen kann.« Später sagte er:»Es kommt mir vor, als würde ich träumen.«[40] Tuchatschewskis letzte Worte an das Tribunal waren ebenso mutig wie vieldeutig.»Und so, [Anrede der] Richter«, sagte er,»möchte ich, dass Sie wissen, dass sowohl Sie als auch wir Strafgefangenen hier auf der Anklagebank zum Kreis der Schuldigen zählen. Auf all dies zu schauen und zu schweigen, ist ein Verbrechen. Und all die Jahre haben wir zugeschaut und geschwiegen. Und dafür haben Sie und wir alle es verdient, erschossen zu werden.«[41] Wie vorherzusehen, verurteilte das Gericht Tuchatschewski und seine Kameraden zum Tode. Sie wurden sofort ins Untergeschoss gebracht und erschossen. Als Stalin wissen wollte, wie sich die Richter des Militärgerichts verhalten hätten, wurde ihm berichtet, einzig Budjonny habe Enthusiasmus bei der Verurteilung der Offiziere erkennen lassen. Stalin war wütend.[42]

Anfang 1937 gab es etwa 144 000 Offiziere in den sowjetischen Streitkräften. In den nächsten anderthalb Jahren wurden 33 000 davon Opfer der Säuberungen, wobei 9500 verhaftet und etwa 7000 hingerichtet wurden. Von dem Blutbad waren die höchsten Kommandoebenen am schlimmsten betroffen. Zwischen 500 und 600 der obersten 767 Offiziere wurden hingerichtet oder inhaftiert, dazu 154 von 186 Divisionskommandeuren, acht von neun Admirälen und drei der fünf Offiziere im Rang eines Marschalls der Sowjetunion.

In dieser dunklen Zeit wirkte die Sowjetunion auf der Bühne der europäischen Politik gewissermaßen wie ein Magnet, der, außerhalb des Rampenlichts platziert, die einen anzieht und die anderen abstößt. Die Säuberungswelle unter den Armeeoffizieren weckte in Großbritannien und Frankreich ernsthafte Zweifel daran, ob eine Allianz mit der Sowjetunion die Bedrohung durch NS-Deutschland einzudämmen vermochte. Hitler verfolgte das Schicksal von Tuchatschewski und anderen hohen russischen Offizieren mit ungläubigem Erstaunen. Auch er fragte sich, was im Gehirn von Nummer eins vor sich ging. »Stalin ist wohl gehirnkrank«, sagte er zu Goebbels kurz nach Tuchatschewskis Hinrichtung. »Anders kann man sich sein Blutregiment nicht erklären.« Aber das, sagte er im Hinblick auf Stalins Wahnsinn, sei »die Gefahr, die wir einmal niederschlagen müssen«.[43]

Die Säuberungen in der Sowjetunion waren nur eine der Entwicklungen, die Hitler das Gefühl gaben, dass die Welt in Bewegung und die Zeit für eine deutsche Expansion reif war. Wenn die Sowjetunion sich selbst so sehr schwächte, gab sie nicht nur ein verlockendes Ziel ab, sondern schien auch Spielraum für vorgelagerte Schritte gegen Österreich oder die Tschechoslowakei zu eröffnen. Es bestand eine direkte Verbindung zwischen Tuchatschewskis Tod und Hitlers Worten auf der Hoßbach-Konferenz.[44]

Im Juni 1937 legte Andrej Schdanow, Chef der Leningrader

Kommunistischen Partei (der zudem bald Mitglied des Politbüros werden sollte), in einer Rede dar, dass der Niedergang der westlichen Demokratie das Hauptmerkmal der internationalen Situation sei. Großbritannien und Frankreich, sagte er, könnten »nichts Nützliches für die Sache des Friedens beitragen. Weil ihre Manöver so halbherzig gewesen sind, sind die Faschisten immer weniger am Frieden interessiert und neigen immer mehr zur Aggression.«[45] Und Stalin nannte das Komplott, das sich seiner Meinung nach unter seinen Offizieren zusammenbraute, »nicht so sehr intern als vielmehr extern«.

Selbstverständlich sollte diese Argumentation die Verantwortung von ihm und seinem Interesse an der eigenen Machtkonsolidierung weglenken. Aber es zeigte sich darin auch eine Sowjetunion, die sich immer weiter von jeder möglichen Allianz zur Eindämmung NS-Deutschlands zu entfernen schien, während die Säuberung der Armee gleichzeitig den militärischen Beitrag drastisch minimierte, den die Sowjets leisten konnten. Stalin würde bald erkennen, was für katastrophale Fehler er gemacht hatte.

## Kapitel 4

# »Wir sind auf der Suche nach einem Programm«

*Eines Abends sitzt er in seinem Arbeitszimmer und malt. Seit dem Ersten Weltkrieg malt er leidenschaftlich gern und zeigt sich auffallend talentiert dabei. Normalerweise malt er keine Porträts, aber bei dieser Gelegenheit versucht er, ein Porträt seines Vaters, der schon seit vielen Jahren tot ist, in ein Gemälde umzusetzen. Während er arbeitet, hat er eine seltsame Empfindung. Er dreht sich um und sieht seinen Vater, wie er in einem roten Ledersessel sitzt. Der alte Mann erscheint ihm wie in seinen besten Jahren, als er Schatzkanzler in der Regierung von Lord Salisbury war. Vater und Sohn beginnen sich zu unterhalten, vor allem über das, was seit dem Tod des älteren Mannes im Jahr 1895 geschehen ist.[1]*

*Wir wissen nicht, was sich Winston Churchill dabei gedacht hat, wie ernst wir diese Geschichte nehmen sollen. Er schreibt sie auf Drängen seiner Kinder auf, schließt sie dann aber in einer Kiste weg. Auf jeden Fall ist die Erzählung höchst aufschlussreich. Das Gespräch, das sie beschreibt, handelt hauptsächlich von den Schrecken des modernen Kriegs.*

*Das Gespräch beginnt, als Winston beiläufig auf den Geheimdienst MI5 hinweist, »der im Krieg gegründet wurde«.[2]*

*Lord Randolph Churchill reagiert erschrocken. »Krieg, sagst du? Hat es einen Krieg gegeben?«*

*Winston antwortet und stellt dabei einen Zusammenhang her, der viele Menschen wohl überraschen würde: »Wir haben nichts anderes als Kriege gehabt, seit die Demokratie am Ruder ist.«*

*Lord Randolph sucht die Dimension der Kriege zu erfassen, auf die sich sein Sohn bezieht. »Du meinst richtige Kriege, nicht etwa nur militärische Expeditionen an den Grenzen [des Empires]? Kriege, in denen Zehntausende von Männern ihr Leben verlieren?«*

*»Ja, in der Tat, Papa«, antwortet Winston, »genau das ist in dieser Zeit durchweg passiert. Nichts als Kriege und Gerüchte über drohende Kriege, seit du gestorben bist.«*

*Winston beschreibt die Abfolge der Ereignisse. Zuerst war da
der Burenkrieg von 1899 bis 1902, in dem das britische Empire die
holländisch-südafrikanischen Bauern, die Buren, nur unter großen Anstrengungen und mit oftmals grausamen Taten unterwarf.
Dann kamen »die Kriege der Nationen, verursacht durch Demagogen und Tyrannen«.*[3]

*Während er noch damit beschäftigt ist, diese Informationen zu
verarbeiten, wird Lord Randolph klar, dass »diese Kriege eine Million Menschenleben gekostet haben müssen«.*

*Sein Sohn bestätigt ihm, dass viele Millionen Menschen in die-
sen Kriegen ihr Leben verloren haben. »Die Zeiten einer Königin
Victoria und der geregelten Weltordnung sind lange vorbei«, stellt
Winston fest. »Aber auch wenn wir so viel durchgemacht haben,
verzweifeln wir nicht.«*

*Lord Randolph gesteht, dass er von der Nachricht wie »vor den
Kopf geschlagen ist«. »Ich hätte nie geglaubt, dass so etwas passieren könnte«, sagt er zu seinem Sohn nachdenklich. »Ich bin froh,
dass ich das nicht mehr erleben musste.«*

*Dann kommt ihm plötzlich ein weiterer Gedanke. »Wenn ich
dir so zuhöre, wie du diese furchtbaren Fakten schilderst, scheinst
du eine Menge darüber zu wissen.«*[4]

Am 31. Mai 1937 zogen die Fraktionen der britischen Konservativen Partei aus dem Unterhaus und dem Oberhaus in die Londoner Caxton Hall ein, um den frischgebackenen Premierminister
Neville Chamberlain offiziell zum Vorsitzenden ihrer Partei zu
wählen. Inmitten derer, die, wie es ein Beobachter nannte, für
»all den Reichtum und die Pracht Englands« standen, verlautbarte Lord Derby die Nominierung.[5] Doch traditionsgemäß fiel die
Aufgabe, für die Wahl des Nominierten zu werben, von den anwesenden Mitgliedern der Unterhausfraktion dem dienstältes-
ten Kronrat zu, in diesem Fall dem Abgeordneten für den Wahlkreis Epping. Den Parlamentssitz für Epping bekleidete niemand
anderer als Winston Spencer Churchill.[6]

Churchill hielt eine Nominierungsrede, die der *Times* zufolge bewies, und das »nicht zum ersten Mal, dass persönliche Groß-zügigkeit ein herausragendes Merkmal seines Charakters« war.[7] Und so war es auch. Aber es gab einige subtile Untertöne in Churchills Rede, die aufmerksamen Zuhörern nicht entgingen.

Seit 1931 – in den zwei aufeinanderfolgenden Koalitionsre-gierungen unter dem National-Labour-Premierminister Ramsay MacDonald sowie unter dem Konservativen Stanley Baldwin – war Neville Chamberlain, eindeutig der kompetenteste und durchsetzungsfähigste Regierungsvertreter in beiden Kabinet-ten, gleichsam der Prinz im Wartestand gewesen. Er hatte in die-sen Jahren die Position des Schatzkanzlers bekleidet, die mittel-alterlich klingende Bezeichnung ist der bis heute gültige offiziel-le Titel des britischen Finanzministers. Als Baldwin dann beschloss, im Anschluss an die Krönung des neuen Königs Geor-ge VI. seinen Rücktritt einzureichen, war Chamberlain der na-heliegende Nachfolger.

Churchill zollte dieser Tatsache in seiner Rede vollen Tribut. Er sprach von Chamberlains »denkwürdiger Leistung«, als der nach der Weltfinanzkrise von 1931 Großbritanniens finanzielles Ansehen wiederhergestellt und den Außenhandel angekurbelt habe. Doch Churchill erinnerte die Versammlung daran, dass das Amt des Parteivorsitzenden nie »in einem diktatorischen oder despotischen Sinne« interpretiert worden sei. Das Unter-haus bleibe »die Arena der freien Debatte«, und Churchill beton-te, er sei sich sicher, dass »der Anführer, den wir wählen werden, [...] ehrliche Meinungsverschiedenheiten zwischen denen, die doch auf dasselbe hinauswollen, nicht übelnehmen wird, und dass der Auffassung der Partei ein zwar untergeordneter, aber dennoch rechtmäßiger Platz in seinem Denken nicht verweigert werden wird«.[8] Der konservative Abgeordnete Henry »Chips« Channon beschrieb dies als »eine geschickte, feurige Rede, die jedoch auch Verbitterung anklingen lässt«.[9]

Churchill ging in einem Artikel für das amerikanische Maga-zin *Collier's* näher auf diesen Punkt ein, wobei seine Verteidi-gung von Chamberlains Charakter darin eher ambivalent als enthusiastisch ausfiel. »Es hat sich eine Vorstellung von Neville Chamberlain als eine kalte, unnahbare, beinah unmenschliche Figur entwickelt«, begann er. Churchill räumte ein, dass Chamberlain »oberflächliche Schwärmereien verabscheut und ihnen misstraut«, ja sogar, dass »er nur wenige Freunde hat und die Gesellschaft meidet«, bestand aber dennoch darauf, dass »dies sicherlich nicht bedeutet, dass er kalt und gefühllos ist«. Er führte Chamberlains Arbeit als Gesundheitsminister in den 1920er Jahren als Beweis für dessen »Leidenschaft für soziale Gerechtigkeit« an und erläuterte, dass Chamberlains Engagement für seine erfolgreiche Kampagne gegen die Müttersterblichkeit in der Tatsache wurzelte, dass seine eigene Mutter bei der Geburt gestorben sei. Zwar mochten seine Lieblingsbeschäftigungen – Angeln und Vogelbeobachtung – beides Hobbys sein, »die man am besten allein ausübt«, doch sei es »kein Mangel an normalen menschlichen Gefühlen«, der sein Interesse am Gesellschaftsleben einschränke, sondern vielmehr »die glückliche Kameradschaft«, die er in »seinem häuslichen Leben« gefunden habe, und die Tatsache, dass Chamberlain »während seiner gesamten Karriere zu sehr mit seiner Arbeit beschäftigt gewesen war, als dass er sich hätte darum kümmern können, Leute zu treffen«.[10]

Die Charakterskizze hätte schwerlich einen Mann porträtieren können, der sich mehr von dem geselligen und kommunikativen Churchill unterschied. Das wusste auch Chamberlain. Er hatte einmal über Churchill gesagt: »Die Unterschiede in unser beider Naturell sind zu tiefgreifend, als dass ich mich in seiner Gesellschaft wohl fühlen oder ihn mit Zuneigung betrachten könnte.«[11] Auch ihre Vorstellungen darüber, wie man mit den sich stetig verdüsternden Zukunftsaussichten umgehen sollte, denen sich Großbritannien in den späten 1930er Jahren gegenübersah, waren grundverschieden. Aber Churchill bemühte sich, Chamberlain mit angemessenem Respekt und Achtung zu behandeln, eine Haltung, wie man sie von einem Hinterbänkler im Parlament gegenüber dem Parteiführer und Premierminister erwarten konnte. Und doch war Winston Churchill kein gewöhnlicher Hinterbänkler; Chamberlain erwies ihm denselben Respekt.[12]

Chamberlain gab sich keinen Illusionen hin, was die Motive hinter Churchills Freundlichkeit betraf. Churchill war fünf Jahre jünger als Chamberlain, hatte aber fast zwei Jahrzehnte früher Kabinettsrang erreicht. Nun hatte Churchill schwierige Zeiten hinter sich. Seit 1931 befand er sich auf dem »Abstellgleis«, ein Ausgestoßener aufgrund seiner als extrem geltenden Ansichten, der den Ruf eines unberechenbaren Hasardeurs hatte. Er suchte verzweifelt einen Weg zurück zu der Macht, die nur ein Kabinettsminister ausüben konnte – nicht nur aus persönlichem Ehrgeiz, sondern weil er die britische Politik gegenüber Hitler-Deutschland für einen katastrophalen Fehler hielt, während die Gefahr immer größer wurde.[13]

Aber Churchill blieb innerhalb seiner eigenen Partei ein Außenseiter. Seit 1931, sowohl unter MacDonald als auch unter Baldwin, wurde Großbritannien von einer Koalition regiert, die als »Nationale Regierung« bekannt war und an der die drei parteipolitischen Hauptströmungen beteiligt waren: die Mitte-Rechts-Konservativen, die Mitte-Links-Liberalen und die linksorientierte Labour-Partei. Die Konservativen dominierten mit überwältigender Mehrheit das Unterhaus (1931 gewannen sie 522 von 615 Sitzen, 1935 waren es 429), weshalb sie auch die meisten Posten im Regierungsapparat für sich reklamieren konnten.[14] Die parlamentarische Opposition bestand größtenteils aus verärgerten Labour-Abgeordneten und einigen Liberalen. Obwohl er ein Konservativer war, opponierte Churchill ebenso vehement wie die Vertreter der Labour-Partei oder der Liberalen gegen die Regierungen und Premierminister, die seine Partei stellte. Aber um wieder in das Kabinett berufen zu werden und die Dinge wesentlich beeinflussen zu können, musste er zunächst die Gunst des neuen Premierministers gewinnen. Also behandelte Churchill Chamberlain mit Nachsicht und verkniff sich oftmals seine Kritik.

Privat sprach keiner der beiden Männer besonders nett über

den anderen. Im Jahr 1935 spottete Chamberlain, dass Churchill »den Großteil seiner Reden erheblich befeuert von Cocktails und alten Brandys hält«, aber »seine Anhängerschaft schrumpft eher, als dass sie wächst«. Ein Jahr später war er dankbar, dass »wir Winston nicht als Kollegen haben«. (Obwohl es in der britischen Politik üblich war, den Nachnamen zu verwenden, wenn man über einen anderen Politiker sprach, nannten alle Churchill immer einfach nur »Winston«, als wäre er ein beliebter Fußballspieler oder Musiker – ein Zeichen für seinen einzigartigen Status sogar in schlechten Zeiten.) »Er ist in dem üblichen aufgeregten Gemütszustand, der ihn befällt, wenn er einen Krieg wittert, und wenn er im Kabinett wäre, müssten wir unsere ganze Zeit dafür aufbringen, ihn im Zaum zu halten, anstatt uns um die Regierungsgeschäfte kümmern zu können.«[15] Churchills Kommentare zu seinem Rivalen wiederum waren sogar noch bissiger. Selbst nach Chamberlains Tod beschrieb er ihn unter vier Augen als »den engstirnigsten, ignorantesten und kleinlichsten Menschen aller Zeiten«.[16]

Dennoch konnte es sich 1937 keiner der beiden Männer leisten, den anderen zu meiden oder zu ignorieren. Sie umkreisten einander, wie sie es schon seit über einem Jahrzehnt getan hatten, wachsam und respektvoll. Und mehr und mehr gewann die Auseinandersetzung über die britische Politik gegenüber Deutschland die Qualität eines Duells zwischen den beiden.

Im Mai 1937 war Winston Spencer Churchill 62 Jahre alt. In seinen Adern floss das nobelste blaue Blut. Er war ein Enkel des Herzogs von Marlborough, geboren auf dem Stammsitz der Familie, Blenheim Palace. Sein Vater, Lord Randolph Churchill, war jedoch einer der jüngeren Söhne des Herzogs und hatte daher weder Titel noch Reichtum geerbt. Nicht zuletzt aus diesem Grund schloss er eine vorteilhafte Ehe mit einer wohlhabenden jungen Frau aus Brooklyn, New York: Jennie Jerome, die Winston Churchills eigenwillige, nicht sehr fürsorgliche Mutter werden sollte.

Den Weg an eine Universität hatte sich Winston verbaut, da

seine Zeit an der angesehenen Harrow Public School (wie alle britischen »öffentlichen« Schulen eigentlich ein teures, privat geführtes Internat) in einem Desaster endete. Um Karriere als Kavallerieoffizier zu machen, wurde er daher für eine Ausbildung an die Militärakademie in Sandhurst geschickt. Doch der Garnisonsdienst in einem abgelegenen imperialen Außenposten entsprach nicht seiner Abenteuerlust, so dass er immer wieder alles dafür tat, sich an Orte versetzen zu lassen, an denen er tatsächlich kämpfen konnte. 1898 war er in der Schlacht von Omdurman in der Nähe von Khartum im heutigen Sudan an der letzten bedeutenden Kavallerieattacke der britischen Armee beteiligt. Im nächsten Jahr wurde er nach Südafrika entsandt, wo er während des Burenkriegs als Kriegsberichterstatter fungierte. Von den Buren gefangen genommen, gelang es ihm, in einem waghalsigen Unterfangen zu entkommen. Seine dramatische Flucht machte weltweit Schlagzeilen und brachte ihm die nötige Publicity ein, um in die Politik zu gehen. Im Jahr 1900 wurde er für die Konservativen in das britische Unterhaus gewählt. Mit einer kurzen Unterbrechung sollte er bis 1964 einen Sitz im Parlament bekleiden.

Im Jahr 1900 waren die britischen Konservativen unter Premierminister Robert Gascoyne-Cecil unangefochten an der Macht. Er sollte als der dritte Marquess of Salisbury der letzte Aristokrat mit Titel sein, der dieses Amt innehatte. Die Konservativen begannen jedoch unter dem Einfluss von Joseph Chamberlain, dem Vater von Neville, die Einführung von Schutzzöllen zu befürworten. Churchill dagegen unterstützte nachdrücklich die traditionelle britische Politik des Freihandels. Er erkannte auch, dass sich eine Verschiebung der politischen Präferenzen in der Wählerschaft anbahnte. So wechselte er 1904 zur Liberalen Partei, rechtzeitig zum Erdrutschsieg der Liberalen bei den Wahlen Anfang 1906. Danach verlief Churchills Aufstieg rasant. Im Alter von 33 Jahren wurde er als Minister ins Kabinett berufen und bekleidete in schneller Folge die Ämter des Binnenhandelsministers, des Innenministers und des Ersten Lords der Admiralität. Diese Position bekleidete er noch, als 1914 der Krieg ausbrach – und dies führte zu seinem ersten Karrieredebakel. Als das Osmanische Reich auf der Seite Deutschlands in den Krieg eintrat, entwickelte Churchill einen kühnen Plan, um die Meerenge der Dardanellen einzunehmen. So wollte er zunächst die Türkei aus dem Spiel nehmen und dann Deutschland besiegen. Der Plan war typisch Churchill, zielte er doch darauf ab, Großbritanniens überragende Ressourcen als Seemacht zu nutzen, um unter Anwendung des entsprechend größeren Aktionsradius und mittels Einfallsreichtums zu gewinnen. Aber die Operation erwies sich als katastrophaler Fehlschlag, und Churchill musste die Verantwortung übernehmen. Als Marineminister entlassen, diente er einige Zeit als Bataillonskommandeur an der Westfront, schaffte es aber in den letzten beiden Kriegsjahren, sich mit Erfolgen im Amt des Rüstungsministers in der nationalen politischen Arena zurückzumelden.

In den 1920er Jahren, als die aufstrebende Labour-Partei die Liberalen in Großbritanniens linker Mitte verdrängte, zog Churchill die Konsequenzen und fand den Weg zur Konservativen Partei zurück. Er diente fünf Jahre als Schatzkanzler unter Premierminister Stanley Baldwin. Das wichtigste Ereignis in seiner Zeit im Finanzministerium war seine Entscheidung 1925, das britische Pfund wieder an den Goldstandard zu binden – ein Symbol für die erneute Hinwendung des Vereinigten Königreichs zum Freihandel der globalen Weltwirtschaft, nachdem der Erste Weltkrieg eine zwischenzeitliche Abkehr von diesen Prinzipien bewirkt hatte. Doch das Nachkriegs-Britannien war wirtschaftlich nicht in der Lage, problemlos an das alte System anzudocken. Erschwerend kam hinzu, dass Churchill das Pfund wieder zum 1914 geltenden Wert von 4,86 US-Dollar in Gold einführte, was bedeutete, dass das Pfund gravierend überbewertet war. Es dauerte ein paar Jahre, aber schließlich wurden die katastrophalen Folgen dieser Politik für die Wettbewerbsfähigkeit der Exporte und die Beschäftigungszahlen deutlich – und dann erreichte die Weltwirtschaftskrise Großbritannien.

Die Konservativen verloren die Wahl von 1929 und wurden durch eine Labour-Regierung unter Ramsay MacDonald ersetzt. Britische Parteien unterhalten typischerweise ein »Schattenkabinett«, wenn sie in der Opposition sind, und so wurde Churchill der »Schatten«-Schatzkanzler der Konservativen. Dann gelangte die Frage der indischen Unabhängigkeit auf die politische Tagesordnung. Während man sich im britischen politischen Mainstream darauf einigte, Indien zumindest eine Form der Selbstverwaltung zuzugestehen, katapultierte sich Churchill mit seiner vollmundigen Fürsprache für ein Fortbestehen der britischen Herrschaft über den Subkontinent ins Aus der extremen Rechten und trat aus dem Schattenkabinett zurück. Als die Konservativen 1931 im Rahmen der Nationalen Regierung an die Macht zurückkehrten, nahm Churchill seinen Platz auf der Oppositionsbank ein, und Neville Chamberlain wurde amtierender Schatzkanzler.

Fast die gesamten 1930er Jahre hindurch blieb Churchill ein Hinterbänkler, der zwar allseits bekannt, aber nicht immer respektiert war und dem andere Parlamentarier keineswegs jederzeit Gehör schenkten. Schon ein Jahr, bevor Hitler an die Macht kam, hatte Churchill das Unterhaus vor der Gefahr der wachsenden militärischen Schlagkraft Deutschlands gewarnt, und ab 1933 ahnte er wie nur wenige andere, welche Bedrohung Hitler darstellte. Aber die meisten Politiker – und Wähler – in Großbritannien hielten seine Warnungen nur für eine Fortsetzung seiner rechtsextremen Verirrungen, ähnlich gelagert wie seine Ablehnung Mahatma Gandhis, den er gern als »aufrührerischen Anwalt vom Middle Temple« titulierte, um darauf hinzuweisen, dass Gandhi in London Jura studiert hatte und dort Mitglied der Anwaltskammer Middle Temple war.[17] Mitte der 1930er Jahre drückte Stanley Baldwin aus, was zu einer allgemeinen Ansicht über Churchill geworden war: Als Churchill geboren wurde, so Baldwin, »schwebten Feen zu seine Wiege herab« und brachten große Gaben – »Phantasie, Beredsamkeit, Fleiß, Können«. Aber »dann kam eine Fee, die sagte: ›Kein Mensch hat ein Recht auf so viele Gaben‹, hob ihn auf und schüttelte und verdrehte ihn so, dass ihm bei all diesen Gaben Urteilsvermögen und Weisheit versagt blieben. Und das ist der Grund, warum wir ihm in diesem Haus zwar gerne zuhören, aber seinen Rat nicht annehmen.«[18]

Doch mit seinem gewieften politischen Instinkt hatte Baldwin noch etwas anderes Wichtiges in Bezug auf Churchill erkannt. Ende 1935 schrieb Baldwin, um zu erklären, warum er Churchill nicht in seinem Kabinett haben wollte: »Falls es einen Krieg gibt – und niemand kann mit Sicherheit sagen, dass es keinen gibt –, müssen wir zusehen, dass wir ihn nicht verschlissen haben, bevor er unser Kriegspremier werden kann.«[19] Es sollte sehr lange dauern, bis Churchill in der politischen Arena wieder das Prestige erlangt hatte, über das er in den späten 1920er Jahren verfügt hatte. Die meisten Zeitgenossen – und wahrscheinlich auch er selbst – dachten, er sei weg vom Fenster.

Es ist eine Ironie der Geschichte, dass sowohl Winston Churchill als auch Neville Chamberlain in den ersten Jahren des 20. Jahrhunderts ganz andere Positionen zu Rüstungsfragen und zu der von Deutschland ausgehenden Bedrohung einnahmen, als es später der Fall war. Als Großbritannien 1909 in ein Wettrüsten mit dem deutschen Kaiserreich im Hinblick auf den Bau von Kriegsschiffen involviert war, gehörte Churchill im britischen Kabinett zu den Befürwortern einer sparsamen Haushaltspolitik. Die »Ökonomen« plädierten dafür, möglichst wenig Geld für Schlachtschiffe der Dreadnought-Klasse auszugeben. In seinen Erinnerungen schrieb er später: »Die Admiralität hatte sechs Schiffe gefordert, die Ökonomen boten vier an und wir einigten uns schließlich auf acht.«[20] Neville Chamberlain hatte die Politik zu diesem Zeitpunkt noch nicht zu seinem Beruf gemacht, aber er war aktiv in der Navy League und der National Service League, beides Organisationen, die sich für eine verstärkte Aufrüstung einsetzten. Er befürchtete, dass die von der Liberalen Partei gestellte Regierung von Premierminister H. H. Asquith nicht genug tue, um die Kampfkraft der britischen Marine zu sichern, sondern »den Fanatikern und Demagogen, die nach Sparsamkeit um jeden Preis schreien«, nachgeben werde. Der »wahre Feind ist Deutschland«, beharrte Chamberlain. »Auf Verträge kann man sich nicht verlassen, um den Frieden zu erhalten.« Er befürchtete, dass die britische »militärische Schwäche eine Versuchung für unsere Feinde darstellt«.[21]

Was für einen Unterschied drei Jahrzehnte ausmachen können. In den 1930er Jahren hatten sich Neville Chamberlains Ansichten über Verteidigung, Wirtschaft und nationale Sicherheit geändert. Er und Churchill hatten quasi die Positionen getauscht. Nichtsdestoweniger wollten beide dasselbe Problem lösen: Wie sollte das demokratische, friedliche Großbritannien auf die Bedrohung durch NS-Deutschland reagieren? Beide Männer sollten Zeit brauchen, Antworten zu finden, und die Art der Antworten, die sie fanden, sollte sich ändern, während sie auf Hitler reagierten – und auf den jeweils anderen.

Im Zentrum von Chamberlains Denken über nationale Sicherheit stand seine scharfsichtige, nüchterne Einschätzung der globalen Position Großbritanniens – eine Sichtweise, die wir heute als außenpolitischen Realismus bezeichnen. Er war sich der Tatsache bewusst, dass Großbritannien eine Nation von 47 Millionen Menschen war, die darum kämpfte, ein globales Imperium von einer durch Überalterung, ausländische Konkurrenz und die Weltwirtschaftskrise geschwächten wirtschaftlichen Basis aus zu steuern, und deren nationale Sicherheit dreifach bedroht war: durch Japan im Fernen Osten, Italien im Mittelmeerraum und Deutschland direkt vor der eigenen Haustür. Die Stabschefs der Streitkräfte warnten das Kabinett 1937, »nicht [darauf zu] hoffen, Deutschland, Italien und Japan gleichzeitig erfolgreich die Stirn zu bieten«, und dass es daher dringend nötig sei, »die Zahl unserer potentiellen Feinde zu reduzieren«. Insbesondere wenn die Bedrohung durch Deutschland verringert werden könnte, würde sich die Situation in den anderen Weltregionen wahrscheinlich ebenfalls entspannen, da weder Italien noch Japan das Britische Empire ohne deutsche Unterstützung angreifen würden. Da er auf sechs Jahre als Schatzkanzler zurückblickte, war die Leistungsfähigkeit der britischen Wirtschaft zu erhalten ein wesentliches strategisches Ziel, über das Chamberlain sehr sorgfältig nachdachte. Seiner Ansicht nach sollte die britische Führung bei der Ausarbeitung ihrer Verteidigungsprioritäten wirtschaftliche Mechanismen mit im Blick haben.[22]

Hier kam die Politik des »Appeasement« ins Spiel, an sich nichts Neues. Spätestens seit der Mitte des 19. Jahrhunderts hatten führende britische Politiker versucht, sich mit solchen Gegnern zu arrangieren, deren Bekämpfung man sich nicht leisten konnte. Vor dem Ersten Weltkrieg hatten die Briten die Bedrohung durch Frankreich und Russland neutralisiert, indem sie Abmachungen über die Kontrolle von Kolonialgebieten trafen.[23] Die Historikerin Susan Pedersen schreibt dazu: Dies ist die Art, »wie Imperien denken«.[24] 1937 und Anfang 1938 hatte Chamberlain den ehrgeizigen Plan, den gleichen Ansatz auf NS-Deutschland zu übertragen. Dies illustriert einen entscheidenden Punkt im Hinblick auf Chamberlain: Er hatte nicht durchschaut, wie sehr sich Hitler von Zar Nikolaus oder sogar von Kaiser Wilhelm II. unterschied. Hitlers Deutschland stellte eine existentielle Bedrohung für die gesamte Weltordnung dar, nicht nur eine marginale Bedrohung für diese oder jene Kolonie. Es war eine offene Frage, ob die traditionelle britische Politik des Appeasement bei einer Bedrohung dieses Ausmaßes funktionieren würde.

Naturgemäß beinhaltete das Bemühen um Appeasement, dass die britische Führung es sich nicht leisten konnte, bei den Regimen, mit denen sie es zu tun hatte, moralisch wählerisch zu sein. Bezeichnenderweise war Chamberlain der Auffassung, es sei für jeden, der etwas anderes glaube, an der Zeit, erwachsen zu werden und sich der Realität zu stellen. »In Ermangelung eines mächtigen Verbündeten«, schrieb er, »und bis unsere Aufrüstung abgeschlossen ist, müssen wir unsere Außenpolitik an unsere Umstände anpassen und sogar mit Geduld und gutem Willen Taten ertragen, auf die wir gerne ganz anders reagieren würden.« Er war sich durchaus bewusst, dass er in diesen Punkten mit Churchill nicht übereinstimmte. »Wenn wir jetzt Winstons Rat folgen und unseren Handel zugunsten der Waffenherstellung opfern würden«, so formulierte er seine Überlegungen, »würden wir unserem Handel einen solchen Schaden zufügen, dass es Generationen dauern würde, bis er sich davon erholt hätte; wir würden das Vertrauen zerstören, das jetzt glücklicherweise besteht, und wir würden unsere Steuereinnahmen zum Versiegen bringen.«[25]

Aber er war optimistisch. »Mittels vorsichtiger Diplomatie«, schrieb er an seine Schwester Hilda, »glaube ich, können wir [den Krieg] hinauszögern, vielleicht auf unbestimmte Zeit.« Als er dann Premierminister wurde, setzte er alles daran, genau dieses Ziel zu erreichen.[26]

Chamberlains Anliegen, mit Hilfe »umsichtiger Diplomatie« vorzugehen, beinhaltete, auf Deutschland zuzugehen, um alle Probleme und Konflikte in einer großen und endgültigen Regelung zu lösen. Chamberlain beschloss, dass er sich zu diesem Zweck hauptsächlich des angesehensten Ministers in seinem Kabinett bedienen würde: Edward Wood, des dritten Viscount und späteren ersten Earl of Halifax.

Halifax war der vollendete englische Aristokrat. Es wird kolportiert, er habe anlässlich der Hochzeit seiner Söhne seine jeweilige Schwiegertochter gebeten, ihn als »Lord Halifax« anzusprechen.[27] Er war beinah zwei Meter groß und hatte ein so kühles wie unnahbares Auftreten, dabei war er immer korrekt, höflich und von nichts aus der Fassung zu bringen. Er war sein Leben lang Politiker und Diplomat, aber seine Leidenschaften galten der Jagd, der Kirche von England und seinem Anwesen in Garrowby im östlichen Yorkshire. Halifax liebte das ländliche England mitsamt seiner sozialen Hierarchie, seinen geordneten Verhältnissen und – zumindest aus der Sicht eines Viscounts – seinem Alltag fern aller Vulgarität. Er widmete seine Karriere der Bewahrung all dieser Errungenschaften.[28]

Der 1881 geborene Halifax war 1910 ins Unterhaus gewählt worden und diente im Ersten Weltkrieg mit Auszeichnung an der Westfront. Im Jahr 1925 wurde er zum Vizekönig von Indien ernannt, ein Amt, das er bis 1931 innehatte. Seine spätere Haltung lässt sich bereits daran ablesen, dass er sich für eine Versöhnung mit Mahatma Gandhi und der indischen Unabhängigkeitsbewegung einsetzte. Halifax war zu der Einsicht gelangt, dass es zwangsläufig zur indischen Selbstverwaltung kommen musste, und er war der Meinung, die Briten sollten den Übergang in Indien so gestalten, dass das riesige Land im britischen Commonwealth blieb. Für Halifax war dies nichts weiter als Realismus.[29]

Kurz vor seiner Abreise aus Indien traf sich Halifax, der damals den Titel Baron Irwin trug, mehrere Male mit Gandhi. Später erzählte er seinem Vater: »Es war eher so, als würde man mit jemandem sprechen, der von einem anderen Planeten auf diesen gekommen war, für einen kurzen Besuch von vierzehn Tagen, und dessen ganze geistige Einstellung eine ganz andere war als die, die die meisten Angelegenheiten auf dem Planeten regeln, auf den er herabgestiegen war.« Nach einem mühsamen Auftakt machten die beiden Männer Fortschritte und entwickelten gegenseitigen Respekt. Das lag zum Teil daran, dass beide die Stärke des religiösen Glaubens des jeweils anderen anerkannten. Das Ergebnis ihrer Gespräche war der Gandhi-Irwin-Pakt vom März 1931, in dem Gandhi zustimmte, den zivilen Ungehorsam einzuschränken und an einem Runden Tisch über eine Verfassungsreform teilzunehmen.[30] Genau gegen die Verhandlungen, die zu diesem Abkommen führten, hatte sich Churchill so vehement gewehrt, dass er sukzessive aufs politische Abstellgleis geriet. Als Halifax und Gandhi sich im Februar 1931 zum ersten Mal trafen, ärgerte sich Churchill darüber, dass ein »halbnackter Fakir« die »Stufen des Vizekönigspalastes« hinaufschreiten durfte, um »auf Augenhöhe mit dem Vertreter des Königs zu verhandeln«.[31]

Nach seiner Rückkehr nach London bekleidete Halifax eine Reihe von Kabinettsposten, darunter den des Lordsiegelbewahrers und des Lordpräsidenten des Kronrats – Positionen, die sich dadurch auszeichnen, dass sie nicht mit Ressortverantwortung verbunden sind, sondern dem Kabinettsmitglied die Freiheit lassen, sich mit selbstgewählten Themen zu befassen oder mit solchen, die ihnen der Premierminister zuweist. Halifax beschloss, sich den auswärtigen Angelegenheiten zu widmen.

Halifax hatte diverse Lehren aus seinen Erfahrungen mit Gandhi gezogen und suchte sie auf die Beziehungen zu Deutschland anzuwenden. Er war zu dem Schluss gekommen, dass der persönliche Kontakt das beste Mittel sei, um Probleme zu lösen. Erfolgreiche Verhandlungen, meinte er, resultierten daraus, dass man darauf achtete, die Würde der anderen Partei zu respektieren und selbst nicht allzu dünnhäutig zu reagieren. Diese Haltung sei umso wichtiger, wenn die Zeitläufte für die andere Seite zu arbeiten schienen, wie Halifax dies in Indien der Fall zu sein schien. Halifax stimmte zu, als ein britischer Beamter zu bedenken gab, dass es »eine gewisse Ähnlichkeit« zwischen Hitler und Gandhi gebe. Hatten nicht beide Männer »den gleichen starken Minderwertigkeitskomplex, den gleichen Idealismus, den gleichen Glauben an einen göttlichen Auftrag, das jeweilige Volk zu führen, und die gleichen Schwierigkeiten mit schwer kontrollierbaren Handlangern?« Der konservative Politiker Rab Butler, der ebenfalls starke Ähnlichkeiten zwischen der Situation in Indien und in Deutschland sah, schrieb 1935, die zwischenmenschlichen Aspekte der Diplomatie beschäftigten Halifax stark und er sei daher »sehr daran interessiert, mit Hitler zusammenzukommen und ihn zurechtzurücken«.[32]

Hermann Göring, der neben seinen vielen Funktionen in der NS-Hierarchie ein begeisterter Jäger war, plante, im November 1937 eine internationale Jagdausstellung nach Deutschland, genauer nach Berlin, zu holen. Als Großbritanniens neuer Botschafter in Berlin, Sir Nevile Henderson, darauf drängte, eine britische Delegation solle die Ausstellung besuchen, erinnerte sich Chamberlain an Halifax' Wunsch, Hitler »zurechtzurücken«. Halifax war ein »Master of the Middleton Hounds« (bei Parforcejagden gab er zu Pferde der Meute der Foxhounds die

Kommandos), und so schien es naheliegend, dass er eine internationale Jagdausstellung besuchte. Die britische Regierung stellte Halifax' Besuch als eine rein private Angelegenheit dar. Aber Göring lud Halifax in aller Form nach Deutschland ein, und Chamberlain sowie sein Außenminister Anthony Eden genehmigten den Besuch. Während dieser privaten Mission sollte Halifax wie zufällig sämtliche Führungspersönlichkeiten des Dritten Reiches treffen.[33]

Am Donnerstag, dem 18. November, weniger als zwei Wochen nach der Hoßbach-Konferenz, kam Halifax in Berlin an, wo er mit Außenminister von Neurath zusammentraf und pflichtschuldig die Jagdausstellung besichtigte. Die Berliner, für ihren Witz und ihre Findigkeit bei Spitznamen bekannt, tauften den Besucher sofort Lord *Halali*fax – nach dem entsprechenden Jagdruf. Hitler befand sich auf dem Berghof und war nicht bereit, extra nach Berlin zurückzukehren, daher bat er darum, dass Halifax ihn in seinem oberbayerischen Refugium besuchen sollte. Er stellte einen komfortablen Zug für die Reise zur Verfügung.[34]

Der Zug kam am Freitag, dem 19. November, um 9 Uhr am Bahnhof Berchtesgaden an. Die Besucher wurden von mehreren schnittigen Mercedeswagen erwartet und den Berg hinauf zu Hitlers Landhaus gefahren. Es lag Schnee, aber es war ein Weg die steilen Stufen zum Haus hinauf freigeräumt worden. Was die Mission an diplomatischem Nutzen auch immer hätte erbringen können, wäre beinahe schon im ersten Moment durch ein Missgeschick zunichte gemacht worden. »Als ich aus dem Autofenster schaute«, schrieb Halifax später, »sah ich etwa auf Augenhöhe in der Mitte dieses geräumten Weges ein Paar Beine in schwarzen Hosen, die in Seidensocken und Lackschuhen endeten. Ich nahm an, dass dies ein Lakai war, der heruntergekommen war, um mir aus dem Auto zu helfen.« Der Aristokrat Halifax war tatsächlich im Begriff, diesem »Lakaien« seinen Mantel zu reichen, als der aufmerksame Neurath das Unheil heraufziehen sah. Er flüsterte Halifax eindringlich ins Ohr: »Der Führer! Der Führer!« Halifax bemerkte nun, dass »weiter oben die Hose

in einen khakifarbenen Waffenrock mit Hakenkreuz-Armbinde
überging«. Wie meist in den späten 1930er Jahren trug Hitler
eine braune NS-Uniformjacke, deren einziger Schmuck die Hakenkreuz-Armbinde und das Eiserne Kreuz waren, das ihm für
seinen Einsatz an der Westfront im Ersten Weltkrieg verliehen
worden war. Hitler »begrüßte mich höflich«, erinnerte sich Halifax, »und führte mich hinauf zum Haus und in sein Arbeitszimmer, das sehr überheizt war, aber mit einem herrlichen Bergblick
aus großflächigen Fenstern«.[35]

Nach diesem unbeholfenen Auftakt war es vielleicht nicht
überraschend, dass Halifax' Gespräch mit Hitler nicht reibungslos verlief. Nicht jeder in Großbritannien war froh, dass es überhaupt stattfand. »Ich muss offen zugeben, dass ich persönlich
über den Besuch von Lord Halifax in Deutschland besorgt war«,
sagte Winston Churchill einige Wochen später vor dem Unterhaus. Er war der Meinung, dass die Briten zu sehr versuchten, die
Gunst Deutschlands zu gewinnen, und sich selbst zu schwach
zeigten. Viele Länder erwarteten von Großbritannien, »dass es
Flagge zeigt zugunsten von Frieden, Freiheit, Demokratie und
parlamentarischer Regierungsform«. Wenn diese Länder däch-
ten, dass Großbritannien sie zugunsten eines Deals im eigenen
Interesse im Stich ließe, »gehe ich davon aus, dass es durch viele
Gegenden Europas schallen würde, als hätte die letzte Stunde
geschlagen«. Deshalb, so Churchill, »habe die Reise von Lord
Halifax auf breiter Front für Unruhe gesorgt«.[36]

»Ich habe keine neuen Vorschläge aus London mitgebracht« – mit
diesen Worten eröffnete Halifax sein Gespräch mit Hitler. Er sei
lediglich gekommen, um »die Ansichten der deutschen Regierung über die bestehende politische Situation kennen zu lernen
und zu sehen, welche Möglichkeiten einer Lösung es geben
könnte«. Für Hitler klang das nach derselben Leier, die er stets
von britischen Politikern hörte. Als Hitlers Dolmetscher Paul
Schmidt Halifax' Worte übersetzte, bemerkte er, wie Hitler die
Stirn zu runzeln begann. Er erwartete, der Führer werde nun

»schmollend überhaupt nichts sagen«, aber dann entsann er sich, dass »Hitler nur schwer lange schweigen konnte«.[37]

Schmidt sollte Recht behalten. Hitler begann, indem er eines seiner Lieblingsthemen aufgriff und sich über die »unverantwortliche Kritik« an Deutschland beschwerte, die in der britischen Presse verbreitet werde. Es sei zu beschwerlich, mit einer Demokratie zusammenzuarbeiten, wetterte Hitler: »Alle seine Angebote – abrüstungstechnischer oder politischer Art – seien« an den Klippen von »Parlament und Presse zerschellt«. Halifax' Antwort war unverblümt, wie er später erklärte: »Ich antwortete ihm, wenn er das wirklich dächte, sei klar, dass ich meine Zeit verschwendet hätte und, was noch wichtiger sei, ihn dazu veranlasst hätte, seine zu vergeuden, indem ich um ein Treffen gebeten hatte, denn ich hoffte, dass Großbritannien niemals auch nur im Geringsten seine Lebensweise oder sein Regierungssystem ändern würde.« Halifax ging noch einen Schritt weiter und belehrte Hitler über diplomatische Gepflogenheiten. Hitlers »Abrüstungs- und übrige Offerten« seien nicht an Falschmeldungen in der Presse gescheitert, sondern daran, dass »andere Nationen, ob aus guten oder weniger guten Gründen, sich nicht mit dem Maß an Sicherheit zufrieden geben wollten, das sie [i. e. die Offerten] tatsächlich beinhalteten«. Hitler habe »zahlreiche Vertragsverpflichtungen missachtet, und es sei keineswegs verwunderlich, dass die Menschen sich daran erinnert hätten, als er neue Zusagen offeriert habe.«[38]

Hitler stockte für einen Moment verblüfft und murmelte dann, seine Kritik sei auf Frankreich und nicht auf Großbritannien bezogen gewesen. Aber die Verstimmung wollte nicht verschwinden. Hitler sprach über den Wunsch Deutschlands, die Kolonien wiederzuerhalten, die es am Ende des Ersten Weltkriegs verloren hatte, und er fragte Halifax, »welche anderen Probleme es zwischen uns gäbe«. Halifax antwortete, dass man in Großbritannien gerne wissen würde, was Hitler über den Völkerbund und die Abrüstung dachte. Dann wandte sich Halifax den Grenzen in Mitteleuropa zu.

»Es existieren zweifellos noch andere Fragen, die sich aus dem Versailler Vertrag ergeben«, sagte Halifax zu Hitler, »die bei unbesonnener Handhabung zu Schwierigkeiten führen könnten: Danzig, Österreich, die Tschechoslowakei.« Halifax wollte damit zu verstehen geben, dass ihm klar sei, dass überall dort – in den beiden neuen Staaten, die vormals Teil Österreich-Ungarns gewesen waren, und in der Freien Stadt Danzig, die zuvor zur Provinz Westpreußen des Deutschen Kaiserreichs gehört hatte und jetzt unter dem Schutz des Völkerbundes stand – Millionen deutschsprachiger Menschen lebten, die Hitler in einem größeren Deutschen Reich vereinen wollte. »In Bezug auf all diese Angelegenheiten«, notierte Halifax, habe er weiterhin erläutert, »gehe es uns nicht unbedingt darum, für den Status quo von heute einzutreten, es sei uns allerdings ein großes Anliegen, keine Handhabung dieser [Angelegenheiten] zuzulassen, die wahrscheinlich zu Problemen führen würde.« Das war natürlich eine vorsichtige diplomatische Umschreibung: »Probleme« bedeuteten hier »Krieg«. »Wenn mit der freiwilligen Zustimmung der Hauptbetroffenen vernünftige Einigungen erzielt werden könnten«, führte Halifax aus, »hätten wir sicherlich nicht den Wunsch, sie zu blockieren.«[39]

Dies war der Kern der Botschaft, mit der Chamberlain Halifax beauftragt hatte: Die britische Regierung wollte eine umfassende Regelung zur Beilegung der Konflikte in Europa finden und damit einen weiteren großen Krieg verhindern. Um zu einer solchen Einigung zu gelangen, waren die Briten bereit, erhebliche Änderungen an der auf der Pariser Friedenskonferenz 1919 entworfenen politischen Landkarte zu akzeptieren. Selbstredend konnte niemand innerhalb der britischen Regierung etwas von Hitlers anlässlich der Hoßbach-Konferenz formuliertem »Testament« wissen oder von den Plänen, die er für die Annexion Österreichs und der Tschechoslowakei ausgearbeitet hatte. Nichtsdestoweniger saß Lord Halifax nun Hitler gegenüber und eröffnete ihm einen Weg, wie sich genau dieses Ziel erreichen ließe.

Doch Hitler verstand die Botschaft nicht so, wie Halifax sie gemeint hatte. Halifax war der Ansicht, gegenüber Hitler einen traditionellen britischen Ansatz gewählt zu haben, den er auch bei Gandhi angewandt hatte. Sein Wunsch nach Versöhnung basierte demnach auf dem Bewusstsein der eigenen Stärke und einem allgemeingültigen Gerechtigkeitsempfinden, weder auf Dekadenz noch auf Schwäche.

Hitler hingegen dachte, wie Botschafter Henderson später resümierte, die eingeschüchterten Briten hätten sich soeben unterwürfig bereit erklärt, eine deutsche Expansion in Richtung Osteuropa zu dulden. Das hörte er sicherlich nur zu gerne. Dessen ungeachtet vermochten diese Nachrichten seine Stimmung nicht spürbar zu verbessern.[40]

Halifax' Einschätzung der Begegnung mit Hitler ähnelte stark seinen Äußerungen über Gandhi ein paar Jahre zuvor. »Die ganze Zeit über herrschte der Eindruck vor«, hielt er in seinem Tagebuch fest, »dass wir ein völlig anderes Verständnis von Werten hatten und in einer anderen Sprache sprachen.« So habe Hitler zu Halifax gesagt, er sei »erst nach einem harten Kampf mit den tatsächlichen Gegebenheiten der Gegenwart« an die Macht gekommen. Im Gegensatz dazu »habe es sich die britische Regierung in einer von ihr selbst geschaffenen Vorstellungswelt bequem gemacht, einem Märchenland merkwürdiger, wenn auch allgemein als ehrenwert angesehener Illusionen [...] ›kollektive Sicherheit‹, ›allgemeiner Interessenausgleich‹, ›Abrüstung‹, ›Nichtangriffspakte‹«.[41]

Die Runde schritt zum Mittagessen, das in noch unangenehmerer Stimmung vonstatten ging als die vorangegangene Unterhaltung. Hitler, der kein Fleisch aß und weder rauchte noch trank, nahm eine Gemüsesuppe, gemischtes Gemüse sowie eine Auswahl an Walnüssen und Schokolade zu sich. Die Gäste bekamen »ein nicht weiter erwähnenswertes Fleischgericht« vorgesetzt, entsann sich Ivone Kirkpatrick, der als erster Sekretär der britischen Botschaft in Berlin Halifax nach Berchtesgaden begleitet hatte. Bedient wurden sie vom Hausintendanten der Reichskanzlei und drei hochgewachsenen SS-Männern in weißen Jacken. Halifax sprach kein Deutsch. Kirkpatrick dagegen beherrschte Deutsch fließend, und er versuchte beherzt, ein Gespräch in Gang zu bringen, zum Auftakt mit dem klassisch englischen Thema Wetter. Aber Hitler war kein Engländer, und so schnaubte er nur: »Das Wetter! Die Wetteransager sind Idioten; wenn sie sagen, dass es schön wird, regnet es stets, und wenn sie schlechtes Wetter vorhersagen, ist es schön.« Kirkpatrick kam auf das Fliegen zu sprechen, worauf Hitler antwortete: »Nur ein Narr wird fliegen, wenn er mit dem Zug oder auf der Straße reisen kann.« Auch Kommentare zur Jagdausstellung wollten nicht zünden. Gegenüber Halifax, dem Freund der Fuchsjagden, beschwerte sich Hitler: »Ich kann nicht verstehen, was manche am Jagen finden; sie brechen mit einer hochentwickelten modernen Waffe auf und töten ohne Risiko für sich selbst ein wehrloses Tier.« Hitler benahm sich während der gesamten Mahlzeit, so Kirkpatrick, wie ein »verwöhntes, schmollendes Kind«.[42]

Die Stimmung wurde nicht besser, als die Gruppe in die große Halle hinunterging, um sich dort zum Kaffee zu setzen. Dieser Raum war mit einem riesigen Fenster ausgestattet, das mit einer Handkurbel hoch- und heruntergefahren werden konnte und einen spektakulären Blick auf die Berge bot. Tagsüber hinter zwei Wandteppichen verborgen, befanden sich dort auch ein Filmprojektor und eine Leinwand. Hitler liebte Filme und sah sich oft zwei am selben Abend an, darunter auch amerikanische und britische Filme – noch im selben Jahr sollte er begeistert reagieren, als ihm Propagandaminister Joseph Goebbels zu Weihnachten 18 Micky-Maus-Trickfilme schenkte.[43] An diesem Tag schwärmte Hitler von dem Film *Bengali* (Originaltitel *The Lives of a Bengal Lancer*) von 1935. Der Film mit Gary Cooper in der Hauptrolle zeigt so aufopferungsvolle wie ausgebuffte britische Soldaten, die die indische Nordwestgrenze gegen muslimische Aufständische verteidigen.

Es wurde sofort deutlich, dass der Führer ganz andere Lehren aus den britischen Erfahrungen in Indien gezogen hatte als Lord Halifax. Hitler sagte zu Halifax, er könne nicht verstehen, warum die Briten »Unruhen tolerierten« oder Zeit damit verschwendeten, mit Gandhi und den Führern der indischen Nationalkongressbewegung zu verhandeln. Hitler fand, es gäbe einen einfacheren Weg, die Dinge zu regeln. »Erschießen Sie Gandhi«, sagte er, »und wenn das nicht ausreicht, um ihre völlige Unterwerfung zu erreichen, erschießen Sie ein Dutzend führender Mitglieder des Kongresses; und wenn das nicht ausreicht, erschießen Sie 200 mehr und so weiter, bis Ordnung herrscht. Sie werden sehen, wie schnell sie aufgeben werden, sobald Sie ihnen klarmachen, dass Sie es ernst meinen.« Während Hitler diese Tirade vom Stapel ließ, so erinnerte sich Kirkpatrick, »starrte Lord Halifax [ihn] mit einer Mischung aus Erstaunen, Widerwillen und Mitleid an«. Halifax war der Ansicht, dass es nur Zeitverschwendung gewesen wäre, eine Diskussion darüber mit dem Führer zu beginnen.[44]

Hitler war etwas höflicher, als er die Gruppe gegen 16 Uhr in Richtung Berchtesgaden, München und Berlin verabschiedete. Halifax, so erinnerte sich Schmidt, »war keinerlei Erregung oder Enttäuschung über den Verlauf des Gespräches anzumerken«, sondern er blieb »die ganze Zeit über der ruhige, etwas phlegmatische, bedächtig sprechende Engländer und verabschiedete sich von Hitler scheinbar ohne Verärgerung«.[45] Neurath, dem die erschreckende Parallelität hinsichtlich der Themen auf der Hoßbach-Konferenz und dieser Zusammenkunft durch den Kopf gegangen sein muss, war sich schmerzlich bewusst, wie Hitler seinen britischen Besuchern gegenüber aufgetreten war. Im Zug zurück nach Berlin versuchte er, das Beste aus der Situation zu machen. Es sei schade, sagte er den Briten, dass »der Führer abgespannt und verstimmt« gewesen sei, aber er betonte, dass der Besuch hilfreich gewesen sei. Es sei zumindest eine gute Sache, »Hitler in Kontakt mit der Außenwelt zu bringen«. Kirkpatrick war der Ansicht, dass Hitler seine Entscheidungen darüber, was er tun wollte, bereits getroffen hatte und es übelnahm, dass er seine Zeit mit Gesprächen mit einem Friedensstifter wie Halifax verschwenden sollte.[46]

Und doch war der Bericht, den Halifax dem britischen Kabinett vorlegte, ausgesprochen optimistisch. An seinen letzten beiden Tagen in Berlin traf er sich mit vielen führenden NS-Funktionären, darunter Blomberg, Göring und Goebbels. Schmidt vermutete, dass entweder Hitler oder Neurath die Vertreter der deutschen Seite dazu veranlasst hatte, versöhnlichere Töne anzuschlagen, und dass der positive Eindruck, den Halifax mit nach Hause nahm, in Wirklichkeit das Resultat seines Treffens mit seinem Jagdgenossen Göring war.[47] Als das britische Kabinett am 24. November zusammentrat, berichtete Halifax seinen Kollegen jedenfalls, er sei auf zweierlei gestoßen: »Freundlichkeit und den Wunsch nach guten Beziehungen. [...] Über die Tschechoslowakei habe [Hitler] gesagt: ›Sie brauche lediglich die Deutschen, die innerhalb ihrer Grenzen leben, gut zu behandeln, und sie würden vollkommen glücklich sein.‹ [...] Herr [dt. im Original] Hitler habe das allgemein verbreitete Gerede von einer drohenden Katastrophe scharf kritisiert und teile die Ansicht nicht, dass sich die Welt in einer bedrohlichen Lage befinde.« Obwohl Halifax davon ausging, dass die Deutschen weiterhin mit »unermüdlicher Beharrlichkeit« Ansprüche auf Teile Mitteleuropas erheben würden, hegte er die Hoffnung, dass ein »unmittelbares Abenteuer nicht die Strategie sei«, die sie verfolgten. Er hielt es für möglich, mit Deutschland eine Einigung über die Begrenzung der Luftwaffe und die Rückgabe der deutschen Überseekolonien zu erzielen, obwohl die Briten Letzteres nur akzeptieren könnten, wenn »im Gegenzug eine allgemeine Konfliktbeilegung« erfolge – mit anderen Worten, als Lockmittel, um die Deutschen für andere Vorhaben zu ködern, wie etwa die Abrüstung und eine Rückkehr in den Völkerbund. Gleichwohl waren dies Initiativen, die die Regierung Chamberlain schon bald bereitwillig ergreifen würde.[48]

Eindeutig war hingegen, wie die Deutschen Halifax' Botschaft aufgenommen hatten. Am 22. November, als Halifax nach Großbritannien zurückkehrte, berichtete Neurath den deutschen Botschaftern in Italien, Großbritannien, Frankreich und den Vereinigten Staaten, Hitler »habe seinem Besucher einige bittere Wahrheiten über die britische und französische Politik nicht erspart«. Nichtsdestoweniger habe Halifax deutlich gemacht, dass »gewisse Veränderungen im europäischen System auf die Dauer wohl nicht zu vermeiden seien«. Zu den Orten, an denen Veränderungen eintreten könnten, gehörten »Danzig, Österreich und die Tschechoslowakei«. Halifax habe sich, behauptete Neurath, auch auf Deutschland als »Bollwerk des Westens gegen den Bolschewismus« bezogen.[49]

Als Hitler kurz darauf Joseph Goebbels bei einer Aufführung der *Fledermaus* im Staatstheater am Gärtnerplatz in München traf, berichtete er, Halifax sei »ein eiskalter Brocken« und »zäh wie Leder« gewesen. Das Gespräch sei trotz vierstündiger Dauer »wenig ergiebig« gewesen. In Hitlers Version des Gesprächs hatte Halifax versucht, ihn »herauszulocken« und »freie Hand in Mitteleuropa« in Aussicht gestellt, wenn die Kolonialfrage vertagt würde. Hitler habe erwidert, dass in Mitteleuropa alles in Ordnung sei. Dann habe Halifax versucht, einen Keil zwischen Deutschland und Italien zu treiben, was ebenfalls gescheitert sei. Kurzum, das Gespräch sei im Sande verlaufen. Goebbels meinte, das sei »schade«, aber »die Zeit [für bessere Beziehungen zu Großbritannien sei] noch nicht reif«.[50]

Hitler stand Gebietsgewinnen in Mitteleuropa sicherlich nicht so gleichgültig gegenüber, wie er vorgab. Die deutschen Kriegspläne änderten sich nach der Hoßbach-Konferenz und dem Treffen mit Halifax maßgeblich. Noch 1935 war der Haupteinsatzplan des Heeres der »Fall Rot« gewesen, ein Schema zur Verteidigung gegen einen französischen Angriff. Mitte 1937 hatten die Strategen zwar ein weiteres Element hinzugefügt: den »Fall Grün«, der einen Präventivschlag gegen Frankreichs Verbündeten, die Tschechoslowakei, vorsah, allerdings nur im Falle eines Kriegs mit Frankreich. Die Ausrichtung blieb aber defensiv und maß noch immer dem »Fall Rot« die entscheidende Bedeutung zu. Doch im Dezember 1937 gab der Chef der Abteilung Landesverteidigung im Wehrmachtführungsamt (WFA), General Alfred Jodl, der Planung für den »Fall Grün« eine entscheidende neue Wendung. Nun rangierte der Angriff auf die Tschechoslowakei vor der Verteidigung gegen Frankreich. Die Sprache des Plans war deutlich. Sobald Deutschland auf allen Gebieten die volle Kriegsbereitschaft erreicht habe, seien die militärischen Voraussetzungen für die Durchführung eines Angriffskrieges gegen die Tschechoslowakei geschaffen, so dass eine Lösung der deutschen Lebensraumfrage auch dann siegreich zu Ende geführt werden könne, wenn die eine oder andere Großmacht auf der Gegenseite eingreife. Der Plan lässt erkennen, welche Lehren Hitler und seine Militärs aus dem Halifax-Besuch gezogen hatten. Der »Fall Grün« könnte sogar eingeleitet werden, bevor Deutschland vollständig kriegsbereit sei, wenn sich eine Situation ergäbe, die infolge Großbritanniens Abneigung gegen einen allgemeinen europäischen Krieg und aufgrund des mangelnden britischen Interesses an dem mitteleuropäischen Problem die Möglichkeit eröffne, dass Deutschland keinen anderen Gegner auf der Seite der Tschechoslowakei zu gewärtigen habe als Russland.[51]

Zu dem Zeitpunkt, als die nationalsozialistische Bedrohung erstmalig auf dem Radar der britischen Außenpolitiker auftauchte, war Winston Churchills Reaktion von zwei wesentlichen Charakteristika seines Denkens geprägt: erstens von seinem klaren Verständnis für das Wesen des modernen totalen Kriegs, zweitens von der unheimlichen Vorahnung, die ihn diesen Krieg kommen sehen ließ.

Schon 1901, als frischgebackener Parlamentsabgeordneter, machte er eine sehr scharfsinnige und prophetische Aussage über die Natur des modernen Kriegs: »In früheren Tagen, als Kriege [...] aus der Politik eines Ministers oder der Leidenschaft eines Königs entstanden, als sie von den regulären, kleinen Armeen von Berufssoldaten ausgetragen wurden, [...] war es möglich, die auflaufenden Verbindlichkeiten der Kombattanten in Grenzen zu halten.« Aber jetzt, »wo riesige Menschenmassen aufeinander losgelassen werden [...] kann ein europäischer Krieg nur mit dem Ruin der Besiegten und der kaum weniger fatalen ökonomischen Entwurzelung und Agonie der Eroberer enden«. Demokratien, fuhr er fort, seien rachsüchtiger als die Monarchien von einst. »Die Kriege der Völker«, so Churchill, »werden schrecklicher sein als die der Könige.«[52] Nur wenige Menschen ahnten 1901 so deutlich, mit welchen Grausamkeiten die moderne Massenkriegsführung einhergehen würde.

Im Jahr 1911 hatte Churchill, damals als Erster Lord der Admiralität, ein bemerkenswertes Memorandum verfasst, in dem er den Verlauf eines zukünftigen europäischen Kriegs prognostizierte. Großbritannien und Frankreich würden verbündet mit Russland, so sah er voraus, einer Koalition aus Deutschland und Österreich-Ungarn gegenüberstehen. Um dem Dilemma eines Zweifrontenkriegs zu begegnen, würden die Deutschen zunächst Frankreich über Belgien angreifen. Mit ihrer großen und gut ausgebildeten Armee würden die Deutschen schnell vorrücken und die Franzosen in die Nähe von Paris zurückdrängen. Doch sobald britische Truppen zur Verstärkung einträfen, werde eine entscheidende Schlacht folgen, die den deutschen Vormarsch etwa am vierzigsten Tag stoppen werde.[53] Tatsächlich fielen die Deutschen im August 1914 über Belgien in Frankreich ein und rückten schnell vor, bis sie von britischen und französischen Truppen in der Schlacht an der Marne aufgehalten wurden. Diese Schlacht fand zwischen dem 37. und 41. Tag nach der französischen Mobilmachung statt und spielte sich zum Teil nur 35 Kilometer vor Paris ab. Die Konsequenz war eine jahrelange Pattsituation – und genau das brutale Gemetzel und der wirtschaftliche Ruin, die Churchill schon 1901 vorausgesehen hatte.

Churchills Weitsicht erstreckte sich auch auf technische Entwicklungen. Im Jahr 1931 antizipierte er, wahrscheinlich aufgrund seiner Freundschaft mit dem Physiker Frederick Lindemann, dass die Atomenergie bald sowohl für zivile als auch für militärische Zwecke genutzt werden würde.[54] In Bezug auf die Kommunikationsmedien der Zukunft sah er »drahtlose Telefone und Fernseher« voraus, »die ihren Besitzer in die Lage versetzen würden, sich mit allen ähnlich ausgestatteten Räumlichkeiten zu verbinden und ein Gespräch dort so gut zu hören und daran teilzunehmen, als wenn er den Kopf durch das Fenster hineinstecken würde«. Es werde »keine Notwendigkeit« mehr geben, »mit nahestehenden Mitmenschen in der gleichen Stadt zu leben, so wie es schon heute nicht mehr notwendig ist, mit ihnen im gleichen Haus zu wohnen«.[55]

Ein weiterer wichtiger Bezugspunkt in Churchills Denken war sein Bewusstsein für das Ausmaß der Krise, mit dem die Demokratien der Welt in den 1930er Jahren konfrontiert waren. »Die großen und herausragenden Erfolge«, die man im Ersten Weltkrieg errungen habe, seien »in den Jahren, die auf den Frieden folgten, weitgehend verlorengegangen«, schrieb er 1930. »Wir sehen, wie unsere Rasse an ihrer Mission zweifelt und nicht mehr von ihren Prinzipien überzeugt ist, [...] hin und her treibend in den Gezeiten und Strömungen eines heftig aufgewühlten Ozeans. Der Kompass ist beschädigt. Die Karten sind veraltet.«[56]

Churchill nahm stets für sich in Anspruch, ein leidenschaftlicher Demokrat zu sein, aber sein Enthusiasmus schien rapide zu schwinden, als er zusehen musste, wie die jungen Demokratien in ganz Europa scheiterten, während die Demokratie selbst in Großbritannien und Frankreich nicht in der Lage zu sein schien, angemessen auf die modernen Herausforderungen zu reagieren.

Churchill war ein wenig besorgt gewesen, welche Auswirkungen die britische Wahlrechtsreform von 1918, der *Representation of the People Act*, haben mochte, der die letzten steuerlich veranlagten Mindestvoraussetzungen für Männer abschaffte und Frauen über dreißig Jahren das Wahlrecht verlieh. Zehn Jahre später erhielten die Frauen das Wahlrecht zu gleichen Bedingungen wie die Männer. Schlussendlich war das Ergebnis dieser Reformen eine Verdreifachung der Wählerschaft. Churchill schrieb, dass »diese enorm große Wählerschaft, die sich in weiten Teilen aus den ärmsten Menschen des Landes zusammensetzt«, ein »schwer kalkulierbares Element« darstelle, und im Laufe der nächsten Jahre blickte er umso pessimistischer auf die Entwicklungen. 1930 beklagte er, dass die parlamentarische Regierungsform »viel von ihrer Autorität zu verlieren scheint, wenn sie auf dem allgemeinen Wahlrecht basiert«.[57] Nachdem 1931 die Finanzkrise eingesetzt und er selbst sich auf dem politischen Abstellgleis wiedergefunden hatte, wurde seine Stimmung noch düsterer. »Es ist seit langem bekannt«, schrieb er unverblümt Ende 1931, dass sich die »Demokratie als Richtschnur oder Impulsgeber für den Fortschritt als inkompetent« erwiesen hat. Demokratische Regierungen »lassen sich dorthin treiben, wo der geringste Widerstand zu erwarten ist, nehmen kurzsichtige Standpunkte ein, erkaufen sich ihren Fortbestand mit Steuervergünstigungen und milden Gaben der Sozialfürsorge und suchen breite Zustimmung mit wohlklingenden Plattitüden«.[58]

Nicht nur betrieben Demokratien eine unzulängliche Wirtschaftspolitik, sondern Churchills Ansicht nach hatte die neuartige Ausrichtung der Politik auch besorgniserregende Auswirkungen auf die nationale Sicherheit. Schon vor der Machtübernahme durch die Nationalsozialisten in Deutschland beunruhigte ihn, dass »die Demokratien gezeigt [hätten], wie leichtsinnig sie mit jenen Institutionen umgehen, denen sie ihren politischen Status verdanken«. Demokratien seien nur allzu bereit, »die verbrieften Rechte, die in schwierigen Zeiten über Jahrhunderte hart erkämpft wurden, an Parteiorganisationen, an Ligen und Vereine, an militärische Oberbefehlshaber oder an Diktaturen in der einen oder anderen Gestalt abzugeben«.[59]

Wie viele seiner Landsleute dachte Churchill, dass die britische Version des Parlamentarismus kein erfolgreiches Exportmodell sei. »Die britische Eiche will, wie es scheint«, schrieb er 1931, »nicht auf lateinischem oder slawischem Boden wachsen.«[60] Insofern war er durchaus bereit, dem faschistischen Regime des Benito Mussolini in Italien Anerkennung zu zollen: Es leiste »einen Dienst an der ganzen Welt«, wie er 1927 sagte. Und Spanien attestierte er, es erlebe unter der Diktatur von Miguel Primo de Rivera seine »besten Jahre«.[61]

Als in Deutschland die Nationalsozialisten an die Macht kamen, befürchtete Churchill, dass die offensichtlich größere Handlungskompetenz einer Diktatur eine demoralisierende Wirkung auf die verbleibenden Demokratien Europas haben würde. »Wir müssen uns die Frage stellen«, sagte er im Unterhaus, »ob die parlamentarischen Regierungen Westeuropas [...] in der Lage sein werden, ihren Bürgern das gleiche Maß an physischer Sicherheit zu bieten, ganz zu schweigen von nationaler Genugtuung, wie es dem deutschen Volk durch die dort errichtete Diktatur zuteilwird.«[62]

Churchills Herangehensweisen an die Frage der indischen Selbstverwaltung und die Bedrohung durch die Nationalsozialisten, so unterschiedlich uns diese Themen von heute aus auch erscheinen mögen, entsprangen in Wirklichkeit der gleichen Quelle. Er sorgte sich in erster Linie um den Machterhalt des britischen Imperiums, und er erfasste Bedrohungen für die Macht dieses Imperiums klarer als die meisten anderen demokratischen Politiker, weil er das unheilvolle Wesen des Kriegs und der Politik im 20. Jahrhundert so gut verstand. Das war der Unterschied zwischen Churchill und Chamberlain. Chamberlain war der kühle Realist, der meinte, ökonomische Rationalität mache einen Krieg undenkbar. Churchills Perspektive war pessimistischer, eine tragische Entwicklung erschien ihm möglich – und Gewalt machte ihm wenig Sorgen. In der Tat konnte er in den frühen 1930er Jahren bemerkenswert ähnlich wie Hitler klingen.

In einem Brief von 1932 an den Marquess of Linlithgow, den zukünftigen Vizekönig von Indien, murrte Churchill über »den laschen und unentschlossenen Liberalismus zu Beginn des 20. Jahrhunderts«, der »bereits aufgrund einer heftigen, gegen den Parlamentarismus und das parlamentarische Wahlverfahren gerichteten Reaktion und durch die Errichtung von echten oder verschleierten Diktaturen in fast jedem Land abgelöst worden« sei. Darüber hinaus habe »der Verlust unserer äußeren Verbindungen« sowie »der Rückgang des Außenhandels und der Frachtschifffahrt« Churchills Meinung nach »die überschüssige Bevölkerung Großbritanniens in akute Nähe zum völligen Ruin« gebracht. Er fuhr fort: »Wir haben eine Epoche vor uns, in der der Kampf um die Selbsterhaltung für die dichtbevölkerten Industrieländer ein Thema mit hoher Dringlichkeit werden wird.« Es seien daher »unverantwortliche Überlegungen«, dass Großbritannien im Alleingang die »Kontrolle über einen großen Besitz wie Indien« aufgeben solle, wo doch andere imperiale Mächte wie die Niederlande oder Frankreich, ganz zu schweigen von Japan und Italien, niemals diesem Beispiel folgen würden. »Sie und Ihre Freunde«, ereiferte sich Churchill – der Marquess of Linlithgow befürwortete Zugeständnisse an die indische Unabhängigkeitsbewegung – »plappern weiter die faden Plattitüden eines einfachen, sicheren, triumphalen Zeitalters nach, das vorbei ist. [...] Meiner Ansicht nach beginnt für England jetzt eine neue Phase: des Kampfes und des Kämpfens um das Überleben«, in der das Festhalten an Indien »der Knackpunkt« sein werde.[63]

In diesem Punkt war Churchill wie Hitler der Ansicht, dass die nationale Sicherheit davon abhänge, über ein Imperium zu verfügen und möglichst autark zu sein, während eine gelungene Integration in eine kapitalistische Weltwirtschaft nicht genügend Sicherheit bieten könne. Dies war denn auch der zentrale Unterschied zu den konventionelleren und pragmatischeren Ansichten Chamberlains. Eine Sprache wie diese zeigt, warum einige linke britische Politiker befürchteten, dass Churchill der Kopf einer faschistischen Regierung in Großbritannien werden könnte. Solche Befürchtungen erwiesen sich zwar als überzogen. Aber manche von Churchills öffentlichen Äußerungen waren seiner Glaubwürdigkeit als Antifaschist nicht gerade zuträglich. Mitte der 1930er Jahre sprach er sich gegen die Aggressionen, die von Japan, Italien oder den spanischen Putschisten ausgingen, nicht in gleichem Maße aus, wie er es im Falle von Deutschland tat.[64] Mit anderen Worten, er hielt noch an einer rein nationalistischen Perspektive fest und hatte sich noch nicht zu einer prinzipiellen, das große Ganze in den Blick nehmenden Sicht auf die weltweiten Konflikte durchringen können. Als Hitler lediglich ein aufstrebender Politiker in der politischen Arena Deutschlands war und noch nicht an der Macht, hatte Churchill ihm gegenüber die Haltung eingenommen: »Ich bewundere Männer, die in der Niederlage für ihr Land eintreten, auch wenn ich auf der gegnerischen Seite stehe.« Er fand, dass Hitler »ein unbestreitbares Recht dazu hatte, ein patriotischer Deutscher zu sein, wenn er das denn sein wollte«. Noch im November 1938 konnte man von Churchill in einer Rede hören: »Ich habe immer gesagt, sollte Großbritannien im Krieg besiegt werden, dann hoffte ich, wir könnten einen Hitler ausfindig machen, der uns zu unserer rechtmäßigen Position unter den Nationen zurückführt.«[65]

Welche Sichtweise – Churchills oder Chamberlains – versprach eine bessere politische Strategie für eine Demokratie, die sich einer Bedrohung wie durch Hitler-Deutschland gegenübersah? Vor allem Churchills Denken sollte sich im Laufe der Jahre verändern, als er mit dem ganzen Ausmaß des Hitler'schen Schreckensregimes konfrontiert war und sein Glaube an die Demokratie wieder erstarkte. Chamberlain hingegen musste feststellen, dass sein Vertrauen in ein pragmatisches wechselseitiges Entgegenkommen allmählich schwand. In der Zwischenzeit rang jedoch noch ein anderer Politiker von Weltrang mit denselben Problemen.

Ende der 1930er Jahre begannen die amerikanischen Zeitungen, Franklin D. Roosevelt, den 32. Präsidenten der Vereinigten Staaten, in Karikaturen als Sphinx darzustellen, jenes mythologische Wesen mit menschlichem Kopf und Löwenkörper, das für seine schwer durchschaubaren Fragen bekannt war.

Tatsächlich wäre das Orakel von Delphi die angemessenere klassische Analogie gewesen. Der Präsident gab in der Regel auf präzise Fragen vage Antworten – oder gar keine, anstatt selbst rätselhafte Fragen in der Art der Sphinx zu stellen. Aber das Bild der Sphinx blieb haften. Roosevelts Gedanken und Absichten zu den verschiedensten wichtigen wie unbedeutenden Themen waren selbst für die Menschen, die ihm am nächsten standen, meist unergründlich. Teilweise lag dies in seiner Persönlichkeit begründet und rührte möglicherweise von der für Einzelkinder nicht untypischen Selbstgenügsamkeit her. Aber hinter dieser Verhaltensweise verbarg sich auch politisches Kalkül. Es gab viele Situationen, in denen ein Aufschub es ihm ermöglichte, mehr Informationen zu sammeln, bevor er sich auf die eine oder andere Reaktion festlegen musste. Es bestand zudem die Möglichkeit, dass diffizile Probleme sich von selbst lösten. Den Verlauf der Ereignisse abzuwarten und sich währenddessen nicht in die Karten schauen zu lassen, ermöglichte es dem Präsidenten, die Kontrolle zu behalten.[66]

Das war lange seine Art gewesen, mochten die Themen größere oder weniger große Bedeutung haben. Huey Long, Gouverneur von Louisiana (und als Demagoge bekannt), beklagte sich etwa: Wann immer er mit Roosevelt spreche, sage der:»Gut! Gut! Gut!« Aber wenn dann Joe Robinson, der Mehrheitsführer im Senat und Longs Erzfeind, Roosevelt am nächsten Tag treffe, sage der Präsident wieder:»Gut! Gut! Gut!«»Möglicherweise«, schlussfolgerte Long,»sagt er zu jedem ›Gut!‹«[67] Roosevelt hasste schriftliche Aufzeichnungen über Dinge, die er gesagt, oder Befehle, die er gegeben hatte, also wurde eine große Zahl seiner wichtigsten Entscheidungen nicht formell aufgezeichnet. Obwohl er an diesen Sitzungen gar nicht teilgenommen hatte, verbot er als Präsident die Veröffentlichung der Sitzungsprotokolle des Rats der Großen Vier anlässlich der Pariser Friedenskonferenz 1919 – mit der Begründung, dass solche Aufzeichnungen nie hätten erstellt werden dürfen.[68]

Keineswegs waren es nur Fragen der Politik, in denen Roosevelt abgeklärt und schwer durchschaubar blieb. Im Februar 1933, einen Monat vor seiner Amtseinführung, kam er nach einer elftägigen Kreuzfahrt in Miami an. Dort hielt er eine kurze Rede vor einer Menschenmenge im Bayfront Park. Als er abfuhr, trat der Bürgermeister von Chicago, Anton J. Cermak, der ebenfalls in Miami war, an Roosevelts Auto heran, um mit dem designierten Präsidenten zu sprechen. In diesem Moment feuerte ein Attentäter einen Schuss ab und traf versehentlich Cermak. Roosevelts Leibwächter wollten Roosevelt schnell aus der Gefahrenzone bringen, aber er befahl ihnen, zu warten und Cermak vorsichtig auf den Rücksitz neben ihn zu setzen. »Tony, bleib ruhig – beweg dich nicht. Es wird nicht wehtun, solange du ruhig bleibst«, sagte er zu dem tödlich verwundeten Bürgermeister. Nachdem er Cermak ins Krankenhaus gebracht hatte, kehrte Roosevelt zu seiner Jacht zurück. Obwohl er nur knapp dem Tod entronnen war und einem Sterbenden beigestanden hatte, wirkte der gewählte Präsident an diesem Abend nicht weiter beeindruckt. Sein Berater Raymond Moley erinnerte sich, dass Roosevelt »nicht mit einem Muskel gezuckt oder sich den Schweiß von der Stirn getupft« hätte. Er sei ganz er selbst gewesen, »umgänglich, zuversichtlich, ausgeglichen, allem Anschein nach ungerührt«.[69]

Eine Sache, die Roosevelt nie getan hätte, tat Winston Churchill wiederholt: einen verheerenden Verlust an Popularität und politischer Unterstützung zu riskieren, um ein ihm wesentliches Prinzip zu verteidigen. Bei einer Gelegenheit warnte Roosevelt eine Gruppe protestierender Studenten, dass er die Probleme der Nation nur »so schnell lösen könne, wie die Menschen des Landes als Ganzes es uns gestatten werden«.[70] Ein anderes Mal antwortete er auf Argumente des Bürgerrechts- und Arbeiterführers A. Philip Randolph zur Rassenintegration mit der Bemerkung: »Schön, Sie haben mich überzeugt. Jetzt müssen Sie mich nur noch zwingen, zu handeln.« – Was bedeutete, dass er nur auf organisierten öffentlichen Druck hin tätig werden würde.[71] Überzeugung war ihm nicht genug. Auch aus diesem Grund – und wegen seines sphinxhaften Wesens – war es ein bleibendes Geheimnis und wurde stets mit Spannung erwartet, was der Präsident tun würde, sei es in Fragen der Wirtschaft oder der Besetzung des Obersten Gerichtshofs bis hin zur Bedrohung durch den Nationalsozialismus.

Als Franklin D. Roosevelt sein Amt antrat, war er sich der Tatsache bewusst, dass die Rettung der Demokratie die zentrale Herausforderung war, sowohl in den USA selbst als auch in der Welt. Anderen war dies ebenfalls bewusst. Der britische Wirtschaftswissenschaftler John Maynard Keynes etwa war der Meinung, Roosevelt habe sich »zum Treuhänder derjenigen in allen Ländern der Welt gemacht, die versuchen wollen, die Missstände unserer aktuellen Verhältnisse durch vernünftige Experimente im Rahmen des bestehenden sozialen Systems zu beheben«.[72] Keynes war auf einer heißen Spur, als er das Wort »Experiment« verwendete. Roosevelt hatte ein feines Gespür für die Probleme, mit denen er konfrontiert war, aber er hatte selten eine Idee, wie er sie lösen sollte. Die Bewertungen seiner Politik durch die Geschichtswissenschaft reichen von vorsichtigem Lob für seine flexible, offene und undogmatische Herangehensweise bis hin zur Kritik an seiner Tendenz, sich ›durchzuwursteln‹ und Probleme zu ignorieren, in der Hoffnung, sie würden sich von selbst erledigen. Sein Biograph James MacGregor Burns äußerte sich vernichtend über Roosevelts Außenpolitik in dessen erster Amtszeit. »Es schien, als paddele er nahezu hilflos auf der Flutwelle des Isolationismus« und warte auf den Tag, an dem »die Menschen durch die Ereignisse eines Besseren belehrt werden würden«, schrieb Burns.[73] Roosevelt selbst gab 1934 zu: »Ehrlich gesagt, weiß ich nicht, wie man Beständigkeit in der amerikanischen Außenpolitik erreichen kann.«[74] Mit seinem unbestreitbar scharfen Intellekt erfasste Roosevelt genau, mit welchen Problemen Amerika konfrontiert war. Aber als gewiefter Politiker wusste er, dass er nicht den direkten Weg zur Lösung einschlagen konnte, dass er schrittweise auch Unvorhergesehenes miteinbeziehen musste und dass er seine Taktik am besten schwer durchschaubar und geheim halten sollte. Die Frage, die sich in diesen Jahren stellte, war: Würden die Weltereignisse die Meinung der amerikanischen Öffentlichkeit beeinflussen? Und was konnte der Präsident tun, um die Amerikaner zu einem aktiveren internationalen Engagement hinzuführen – oder um zumindest entsprechende Anstöße zu geben? Als Deutschland aufrüstete, als die Italiener ihre imperiale Expansion in Afrika begannen, als Japans Krieg in China eskalierte, war dies das Drama, das sich in der amerikanischen Politik abspielte.

Die Auseinandersetzung zwischen den Fürsprechern eines internationalen Engagements und den Befürwortern der isolationistischen Haltung wurde außerordentlich erbittert geführt; die entstandene Kluft wurde später lediglich überdeckt, als die Nation aufgrund des japanischen Angriffs auf Pearl Harbor im Dezember 1941 zusammenrückte.[75]

Auf der einen Seite standen die Vertreter des Internationalismus, zumeist vormalige Anhänger von Woodrow Wilson, der Amerika als Präsident in den Ersten Weltkrieg geführt sowie den Völkerbund ins Leben gerufen hatte, und in der Regel dem liberalen Spektrum zuzuordnen. In den 1930er Jahren bewegte diese Menschen ein tiefempfundener Hass auf den Faschismus. Ihrer Ansicht nach sollten die Vereinigten Staaten ihre Macht nutzen, um auf der ganzen Welt die Demokratie zu verteidigen. Roosevelt, der unter Wilson stellvertretender Marineminister gewesen war, gehörte selbst eindeutig zu diesem Lager, wenn er sich auch nicht direkt dazu bekannte.

Dem standen auf der anderen Seite die leidenschaftlichen Verfechter von Isolationismus und Neutralität gegenüber, zu denen auch Senator Gerald P. Nye aus North Dakota gehörte. Nye war ein progressiver Republikaner mit einem tief verwurzelten Misstrauen gegenüber dem Großkapital. Bevor er in den Senat gewählt wurde, hatte er sich noch nie in Richtung Ostküste vorgewagt, geschweige denn Europa besucht. 1934 wurde Nye Vorsitzender eines Sonderausschusses des Senats, der eine mögliche politische Einflussnahme durch die Rüstungsindustrie untersuchen sollte und dessen Mitglieder sein tiefes Misstrauen gegenüber der Geschäfts- und Finanzwelt im Osten des Landes und gegenüber Großbritannien teilten. Das Komitee gab im Februar 1936 einen Abschlussbericht heraus, mit dem sich die Idee verbreitete, dass »die Vereinigten Staaten teilweise in den

Weltkrieg eingetreten sind, um die Banker vor dem Ruin zu retten, die über jedes Maß hinaus ins Risiko gegangen waren, um Großbritannien mit Munition und Krediten zu versorgen«.[76] Laut eines Klischees bereiten sich Generäle erfahrungsgemäß darauf vor, den letzten Krieg noch einmal zu führen. Ebenso wahr ist, dass Politiker in der Regel alles daransetzen, den letzten Krieg für ein weiteres Mal zu verhindern. Die Neutralitätsgesetze, die auf der Arbeit des Nye-Komitees fußten, sind ein schönes Beispiel dafür, wenn Letzteres versucht wird.

Das erste Neutralitätsgesetz von 1935 wurde angesichts wachsender internationaler Bedrohungen und Konfliktpotentiale verabschiedet, darunter Hitlers Ankündigung, eine Luftwaffe aufzubauen, die Reichswehr zahlenmäßig aufzustocken und dafür die Wehrpflicht wieder einzuführen, gefolgt von Mussolinis Invasion in Abessinien, dem späteren Äthiopien. Das Gesetz verbot nicht nur Waffenexporte aus den Vereinigten Staaten in ein kriegführendes Land, es untersagte auch den amerikanischen Bürgern, auf einem Schiff zu reisen, das unter der Flagge eines kriegführenden Landes fuhr. So wollte der Kongress im Sinne des Nye-Komitees unterbinden, dass die »Händler des Todes« (d. h. die Rüstungsindustrie) Amerika in den nächsten Krieg hineinmanövrieren könnten, und einen weiteren Zwischenfall wie den Untergang der RMS Lusitania verhindern – es sollten nicht noch einmal bei einem Angriff auf ein Schiff unter ausländischer Flagge amerikanische Passagiere zu Tode kommen und einen möglichen Kriegseintritt der USA heraufbeschwören. Roosevelt war über die Einschränkungen nicht glücklich, die das Gesetz der präsidialen Autorität auferlegte, aber er unterzeichnete es trotzdem. Und er umschmeichelte die Isolationisten mit der Erklärung, dass »ungeachtet dessen, was auf den Kontinenten in Übersee geschieht, die Vereinigten Staaten von Amerika so bleiben sollen und müssen, wie die Gebete des Vaters unseres Landes es vor langer Zeit beschworen haben, dass es bleiben möge: unabhängig und frei«.[77]

Das wichtigste Zugeständnis, das die Neutralitätsbefürworter den Skeptikern gemacht hatten, war die Begrenzung der Laufzeit des Gesetzes auf sechs Monate. Anfang 1936 wurde das Neutralitätsgesetz daher verlängert und um einen wichtigen Zusatz erweitert: Es verbot nun sowohl die finanzielle als auch die materielle Hilfe für Länder, die sich im Krieg befanden. Wenn es stimmte, wie das Nye-Komitee vermutete, dass Amerika nur in den Ersten Weltkrieg eingetreten war, um Banken zu schützen, die Großbritannien und Frankreich riesige Kredite gegeben hatten, dann würde ihnen auch dieser mögliche Weg in den Krieg verwehrt sein.[78]

Kaum war diese Erweiterung verabschiedet, machte der Ausbruch des Bürgerkriegs in Spanien im Juli 1936 dem Kongress klar, dass man etwas vergessen hatte. Das Neutralitätsgesetz ging von dem Paradigma der Kriege zwischen souveränen Staaten aus. Seine Bestimmungen deckten nicht den Krieg zwischen der linksgerichteten Spanischen Republik und den nationalistischen Aufständischen unter der Führung von General Francisco Franco ab. Das nationalsozialistische Deutschland und das faschistische Italien unterstützten Franco. Die Sowjetunion unterstützte die Republik. Die großen Demokratien entschieden sich, nicht zu intervenieren, versuchten jedoch erfolglos, die anderen Mächte ebenfalls für eine neutrale Haltung zu gewinnen. Im Januar 1937 trat der Kongress zusammen, um die amerikanische Neutralitätsgesetzgebung auf Fälle wie den Spanischen Bürgerkrieg auszudehnen. Senator Key Pittman, Vorsitzender des Ausschusses für auswärtige Beziehungen, brachte die entsprechende Resolution ein. »Zwei Regierungsformen kämpfen in Spanien in [einem Konflikt], der als ›Bürgerkrieg‹ bezeichnet wird«, erklärte Pittman, »es handelt sich jedoch um einen Kampf ausländischer Regierungslehren, an dem die Demokratie nicht beteiligt ist und in dem die gegnerischen Kräfte von bedeutenden, mächtigen Regierungen ideell und materiell unterstützt werden, die die eine oder die andere Lehre verfechten.« Die Resolution wurde im Senat einstimmig und im Repräsentantenhaus mit 411:1 Stimmen angenommen.[79]

Im Kielwasser von Pittmans Resolution entstand das noch strengere Neutralitätsgesetz von 1937. Es enthielt keine Verfallsklausel und dehnte die Bestimmungen über Waffenlieferungen aus, so dass neben Kriegen zwischen souveränen Staaten nun auch Bürgerkriege inbegriffen waren. Es verbot die Bewaffnung amerikanischer Handelsschiffe, wiederum in dem Bestreben, Anlässe zu vermeiden, die Amerika in einen weiteren Konflikt verwickeln könnten. Auch dieses Gesetz wurde mit überwältigender Mehrheit von Repräsentantenhaus und Senat verabschiedet. Aber es enthielt ein bedeutsames Schlupfloch, bekannt als »Cash-and-carry«-Bestimmung. Wenn eine kriegführende Macht ihre eigenen Schiffe in einen US-Hafen schickte und dort für Waffen aus amerikanischer Produktion bar bezahlte, durften die Waffen verladen und verschifft werden. Diese Bestimmung war die notwendige Brücke zwischen zwei Wählergruppen im Kongress, deren Unterstützung entscheidend war: denjenigen, die die Vereinigten Staaten vor »Verstrickungen in fremde Angelegenheiten« schützen wollten, und denjenigen, denen der internationale Handel und die Hilfe für ausländische Opfer von Aggressionen am Herzen lagen. Jedem war klar, dass im Falle eines erneuten Kriegs in Europa die britische Seemacht sicherstellen würde, dass Großbritannien die »Cash-and-carry«-Option nutzen konnte – ebenso wie sie dafür sorgen würde, dass dies den Deutschen verwehrt bliebe.[80]

Roosevelt unterzeichnete dieses Neutralitätsgesetz am 1. Mai. Ende Juli begann der Krieg zwischen Japan und China. Bis zum Ende des Jahres hatte Japan die Kontrolle über die gesamte chinesische Küste und die Städte Peking, Shanghai und Nanjing erlangt – in einem Feldzug, der von schrecklichen Gräueltaten an der chinesischen Zivilbevölkerung geprägt war. Doch dann geriet der japanische Vormarsch ins Stocken. Das chinesische Regime unter General Chiang Kai-shek weigerte sich, zu kapitulieren oder Zugeständnisse zu machen. Die Japaner suchten einen Ausweg und hofften, dass nur ein weiterer Sieg die Chinesen zur

Kapitulation zwingen würde. Für Japan wurde der Krieg zu einem unentrinnbaren Sumpf.[81]

Roosevelt geriet zunehmend unter Druck, sich im Hinblick auf den Krieg in Asien auf das Neutralitätsgesetz zu berufen. Aber er wusste, dass dies nur Japan, das wirtschaftlich besser auf einen modernen Krieg vorbereitet war, zugutekommen würde. Das Neutralitätsgesetz war von der Welt des Versailler Abkommens ausgegangen, einer Welt, in der die meisten Länder Demokratien waren, und diese Demokratien würden sich natürlich zusammenschließen, um jede Aggression eines Schurkenstaates kleinzuhalten. Sollte es zu einem Krieg kommen, würde es eine allen Regeln folgende Kriegserklärung geben, bevor es zum Einsatz von Gewalt käme. Im Jahr 1937 war diese Welt bereits Geschichte. Überall scheiterten die Demokratien, die Aggression der Diktaturen machte jeden Krieg zu einem ideologischen, die kollektive Sicherheit hatte sich als Illusion erwiesen, und Kriege begannen mit Überraschungsangriffen, nicht mehr mit ehrenhaften Erklärungen von Botschaftern im Cutaway. Das Neutralitätsgesetz war zu abstrakt und abgehoben, um in diese Welt zu passen. Roosevelt wusste das. Aber paradoxerweise spürte er 1937 die Grenzen seiner Macht stärker als je zuvor, trotz seiner erdrutschartigen Wiederwahl im Jahr 1936. Das Jahr 1937 war ein schreckliches Jahr für Roosevelt. Er scheiterte komplett bei dem Versuch, am Obersten Gerichtshof, der immer wieder New-Deal-Gesetze kippte, die Mehrheiten zu seinen Gunsten zu beeinflussen. Sogar viele Demokraten waren der Meinung, dass sein Plan, den Gerichtshof mit zusätzlichen Richtern zu besetzen, zu weit ging. Und dann, nach vier Jahren langsamen und teils schwer erkauften Wachstums, brach die Wirtschaft in der »Roosevelt-Rezession« erneut ein – wie das Fiasko bei der Besetzung des Gerichtshofs war das eine teilweise selbstverschuldete Niederlage. Im Herbst 1937 stand ein geschwächter Präsident einer in dramatischer Weise gefährlicheren Welt gegenüber.[82]

In diesem Kontext – als der Wettbewerb um den knappen Stahl Hitlers Aufrüstungsbemühungen beinahe zum Erliegen brachte und die Weichen für die Hoßbach-Konferenz gestellt wurden, als Neville Chamberlain darüber nachdachte, wie er mit Hitlers Regime umgehen sollte, als Stalins Säuberungen und die zugehörige Erschießungswelle sich auf ihren Höhepunkt zubewegten und die Japaner die chinesische Küste in Besitz nahmen – gab Roosevelt am 5. Oktober 1937 seine bis dato wichtigste außenpolitische Erklärung ab. Er war in Chicago, um bei der Einweihung der neu erbauten Outer Drive Bridge zu sprechen. Die Brücke war von der Public Works Administration finanziert worden, einer Behörde, die Roosevelt angesichts der Wirtschaftskrise gegründet hatte und die Infrastrukturprojekte förderte. Hunderttausende waren gekommen, um den Präsidenten unmittelbar zu erleben.

Roosevelt erklärte vor der versammelten Menge: »Weil das Volk der Vereinigten Staaten (unter modernen Bedingungen) um seiner eigenen Zukunft willen über den Rest der Welt nachdenken muss«, habe er »diese bedeutende Stadt im Landesinneren« ausgewählt, um über ein wichtiges Thema zu sprechen. Den wahren Grund ließ er bequemerweise weg: Er hatte Chicago vor allem deshalb gewählt, weil es eine Hochburg der Isolationisten war.

Die Jahre der großen Hoffnungen kurz nach dem Ersten Weltkrieg, erklärte Roosevelt, seien einem Zeitalter des Kriegs, des Bürgerkriegs und des Terrors gewichen. Wenn so etwas geschehe, sollten die Amerikaner nicht glauben, dass »diese westliche Hemisphäre nicht angegriffen werden wird und dass man dort ruhig und friedlich die ethischen Grundsätze und die hohen Künste der Zivilisation weiterentwickeln kann«. Die einzige Alternative sei, dass »friedliebende Nationen« eine »konzertierte Anstrengung unternehmen, um Gesetze und Prinzipien aufrechtzuerhalten, auf denen allein der Frieden sicher Bestand haben kann«.

»Es scheint leider wahr zu sein«, schloss Roosevelt an, »dass sich die Epidemie der weltweiten Gesetzlosigkeit ausbreitet. Und merken Sie sich das gut: Wenn eine Epidemie einer physischen Krankheit sich auszubreiten beginnt, stimmt die Gemeinschaft einer Quarantäne der Patienten zu und unterstützt diese, um die Gesundheit der Gemeinschaft vor der Ausbreitung der Krankheit zu schützen.« Weiter erläuterte er: Die Regierung ergreift geeignete »Maßnahmen, die unser Risiko einer Verwicklung minimieren, aber wir können in einer chaotischen Welt, in der Vertrauen und Sicherheit zusammengebrochen sind, nicht über einen vollständigen Schutz verfügen«.

Dies war eine ungewöhnlich freimütige Rede eines Politikers, der seit seiner Wahl zum Präsidenten hart daran gearbeitet hatte, seinen Internationalismus zu verbergen. Aber die Reaktionen auf die »Quarantäne-Rede« waren dort, wo es zählte, negativ. Außenminister Cordell Hull signalisierte frostig, wenn auch nicht öffentlich, seine Missbilligung. Der größte amerikanische Gewerkschaftsbund der 1930er Jahre, die American Federation of Labor, verabschiedete eine Resolution gegen die Beteiligung an ausländischen Kriegen. Eine Umfrage unter Kongressmitgliedern zur Lösung des Kriegs in Ostasien zeigte, dass eine große Mehrheit gegen ein gemeinsames Vorgehen mit dem Völkerbund war. Die Reaktion der Presse fiel im Allgemeinen positiv aus, aber eine kurz nach der Rede durchgeführte Gallup-Umfrage ergab, dass 60 Prozent der Befragten für *strengere* Neutralitätsgesetze waren.[83]

Mit dieser Kritik konfrontiert, zog sich Roosevelt wieder in sphinxhafte Undurchschaubarkeit zurück. Auf einer Pressekonferenz behauptete er, in der Rede sei es um die Erweiterung, nicht um die Ablehnung der Neutralität gegangen. Von dem Journalisten Ernest K. Lindley auf den scheinbaren Widerspruch zwischen einer »Quarantäne« und den Neutralitätsgesetzen angesprochen, antwortete Roosevelt: »Es gibt eine Menge Methoden auf der Welt, die noch nie ausprobiert worden sind.« Aber auf weitere Nachfragen gab er zu: »Ich kann Ihnen keinen weiteren Anhaltspunkt dazu geben. Sie werden einen erfinden müssen.« Seinem Berater und Redenschreiber Samuel Rosenman sagte er: »Es ist eine schreckliche Erfahrung, während man versucht, als Führungspersönlichkeit voranzugehen, über die Schulter zu schauen – und dort niemanden vorzufinden.« Bald darauf teilte er seinem Kabinett mit, dass er nach einem Weg suche, Hitler zu bändigen, ohne die Vereinigten Staaten in einen weiteren Krieg führen zu müssen. »Wir nennen sie nicht Wirtschaftssanktionen«, erläuterte er, »wir nennen sie Quarantänemaßnahmen. Wir wollen eine *Methode entwickeln*, die nicht zu Krieg führen wird. [...] Wir haben vor, das auf eine moderne Weise zu tun.« [Hervorhebung hinzugefügt.] Er bezog sich auf die gleiche Idee, als er erklärte, dass der Begriff »Quarantäne« eher »eine Haltung ist und keine Strategie vorgibt; aber er besagt, dass wir nach einer Strategie suchen«.[84]

Das war genau der Punkt. Es gab keine Blaupause für das, was Roosevelt zu tun versuchte. Es ging darum, herauszufinden, wie eine Demokratie einen totalitären Aggressor im Zeitalter des totalen Kriegs in die Schranken weisen konnte, ohne selbst den demokratischen Weg zu verlassen – und möglichst ohne den Frieden zu riskieren. All diese Probleme waren neu. Einzelne Entscheidungen, so viel war klar, zogen die schwersten Konsequenzen nach sich, die man sich vorstellen konnte. Eine falsche Entscheidung konnte Massensterben, wirtschaftlichen Ruin oder Besatzung durch einen feindlichen Staat bedeuten. Chamberlain, Churchill und Roosevelt hatten unterschiedliche Ideen und Motivationen, aber jeder von ihnen wollte eine neue politische *Methode entwickeln*, einen modernen Weg.[85]

## Kapitel 5

# »Er fühlt es – genau hier«

*Ein verbitterter sozialistischer Parlamentarier macht anlässlich der Geburt des Urenkels von Königin Victoria im Jahr 1894 eine bemerkenswerte Prophezeiung: »Er wird auf eine Weltreise geschickt werden, und wahrscheinlich werden Gerüchte über eine morganatische Verbindung folgen, und das Ende von all dem wird sein, dass das ganze Land die Rechnung präsentiert bekommt und sie bezahlen muss.«[1]*

*Wie sich herausstellt, ist die angehende Ehefrau Ausländerin, aber er lernt sie im eigenen Land kennen, auf einer Jagdgesellschaft, die 1931 am Herrensitz Burrough Court in der Nähe von Melton Mowbray in den East Midlands stattfindet. Er ist sofort angetan von ihrer Direktheit, ihrem Selbstbewusstsein, ihrem unübersehbaren Glamour. Sie ist in zweiter Ehe verheiratet, und er ist mit einer anderen verheirateten Frau liiert. Aber sie beginnen, viel Zeit miteinander zu verbringen. Ab 1934 sind sie ein Liebespaar. Im Jahr 1936 will er sie unbedingt heiraten.*

*Dies ist nicht irgendeine Affäre, keiner der üblichen Seitensprünge mit einer der jungen Schönen aus gutem Hause, die nichts weiter als Stoff für die Klatsch- und Tratschseiten der Boulevardpresse bedeuten. Er ist Edward, Prinz von Wales, der Erbe des britischen Throns. Sie ist Wallis Simpson, Amerikanerin und aus einfachen Verhältnissen aufgestiegen. Seine Liebesaffären haben staatlich relevante Konsequenzen. Der britische Monarch ist Oberhaupt der Kirche von England. Die Kirche duldet keine Scheidung, und in der Welt der 1930 er Jahre tut dies auch kein Vertreter der ›honorigen‹ vornehmen Gesellschaft. Die meisten Experten sind der Ansicht, dass es verfassungswidrig wäre, wenn der König eine Geschiedene heiraten würde.*

*Für viele Briten ist die Monarchie wichtiger denn je – für eine Nation, die gezeichnet durch den Ersten Weltkrieg mit der Erweiterung der demokratischen Basis zurechtkommen und auf*

*Herausforderungen wie die ideologischen Bedrohungen durch Faschismus und Kommunismus und die Krise der Großen Depression reagieren muss. Die Presse hat den Monarchen zu einer Ikone des Glamours und der Weisheit aufgebaut, damit diese stabilisierende Rolle umso besser zum Tragen kommt. Dass der Kunstgriff funktioniert, hängt jedoch davon ab, ob der Monarch bereit und in der Lage ist, dieses Bild mitzutragen.*[2]

*Im Januar 1936 stirbt Edwards kränkelnder Vater, König George V., und der Prinz ist nun König Edward VIII. Aber er ist zu sehr von seiner Verliebtheit in Wallis Simpson abgelenkt, um sich seinen königlichen Pflichten angemessen zu widmen. Manches Mal ist sein Verhalten geradezu peinlich. Als er den sowjetischen Außenminister Litwinow trifft, fragt er ihn:* »Warum haben Sie meinen Cousin getötet?«, *und sinniert dann darüber, warum Trotzki deportiert wurde, bevor er im Plauderton auf die Großwildjagd in Russland zu sprechen kommt. Ein andermal gibt sein Verhalten darüber hinaus eher Anlass zur Beunruhigung. Er scheint es zu billigen, dass Hitler die Militarisierung des Rheinlandes und Benito Mussolini die Eroberung Abessiniens in die Tat umgesetzt hat. Mit offiziellen Papieren, die militärische und diplomatische Geheimnisse enthalten, geht er unvorsichtig um. Er lässt Wallis die Papiere lesen. Wallis, so wird allgemein vermutet, sympathisiert mit den Nationalsozialisten.*[3]

*Im August 1936 machen Wallis und Edward öffentlichkeitswirksam eine Kreuzfahrt auf dem Mittelmeer. Nun weiß die ganze Welt über die Affäre des Königs Bescheid. Nur die Briten, oder besser gesagt, die Briten, die keinen Einblick in den inneren Zirkel der Londoner Politik haben, erfahren nichts. Denn die britische Presse unterdrückt loyal alle Nachrichten darüber, was der König gerade anstellt. Im Oktober erwirkt Wallis vor einem Gericht in Ipswich das von ihr angestrebte Scheidungsurteil, das in wenigen Monaten in Kraft treten wird. Verwunderte Einheimische fragen sich, warum so viele Reporter aus aller Welt in den Gerichtssaal strömen. Im November teilt der König Premierminister Baldwin mit, dass er beabsichtigt, Wallis zu heiraten, selbst wenn dies seine Abdankung bedeutet.*[4]

Anfang Dezember wird die Nachricht schließlich in Großbritannien bekannt und löst eine politische Krise aus. Für Premier Baldwin steht fest: Wird der König Wallis Simpson heiraten, dann muss er gehen. Auf der anderen Seite formiert sich eine »Partei des Königs«. Zu ihr gehören der aus Kanada stammende Zeitungsverleger Lord Beaverbrook sowie Winston Churchill – den seine Frau Clementine als »den letzten Verfechter eines gottgegebenen Rechts der Monarchen« bezeichnet.

Der leichtfertige, selbstbezogene König hat ein Händchen dafür, überall, wo er hinkommt, Scherben zu hinterlassen. Winston Churchill wird nun zu einem seiner Opfer.

Churchill erklärt gegenüber dem Gewerkschaftsführer Walter Citrine, es sei seine Pflicht, den König zu verteidigen. Als Citrine einwendet: »Ungeachtet dessen, was er getan hat?«, legt Churchill die Hände auf die Brust und sagt: »Er fühlt es – genau hier.« Dieser eine Satz sagt alles über Churchill, sowohl über seine Lebenseinstellung als auch über seine Haltung zur Politik. Er drückt aus, was ihn so sehr von Neville Chamberlain und Chamberlains kühler, distanzierter, rationaler Betrachtungsweise unterscheidet.[5]

Baldwin möchte, dass die Affäre um den König – so oder so – schnell gelöst wird, spätestens bis Weihnachten. Churchill beschließt, dass er seinem König am besten dienen kann, indem er die Dinge verlangsamt.[6] Am 7. Dezember erhebt er sich im Unterhaus und bittet darum, dass »kein unwiderruflicher Schritt unternommen wird, bevor das Parlament eine ordnungsgemäße Regierungserklärung« von Baldwin erhalten hat. Doch dann entsteht eine kuriose Situation. Die Stimmung im Parlament ist umgeschlagen – gegen den König –, und der nichtsahnende Churchill wird überrumpelt. Noch während Churchill spricht, reagieren die Parlamentarier mit wachsender Wut. Es sind Zwischenrufe wie »Aufhören!« und »Schwindler« zu hören. Der konservative Abgeordnete Leo Amery, seinerseits ein Außenseiter, stellt fest, dass Churchill »völlig verblüfft ist von der einhelligen Feindseligkeit des Unterhauses«. Und dann erklärt der Vorsitzende des Unterhauses Churchills Wortmeldung für unzulässig, da er während einer Fragestunde eine Rede gehalten habe. In seiner Wut und Frustration verliert Churchill die Selbstbeherrschung. Er schreit Baldwin an: »Sie sind erst zufrieden, wenn Sie ihn gebrochen haben, oder?«, und stürmt aus dem Plenarsaal.[7] Die feindseligen Reaktionen auf Churchills Rede ebben nicht sofort ab. Ein hochrangiges Mitglied des Unterhauses meint dazu, es handele sich um »einen der schlimmsten Wutausbrüche gegenüber einem Abgeordneten im Unterhaus, den [er] je gehört« habe. Selbst Churchills Protegé Bob Boothby schreibt seinem Mentor verärgert: »Was heute Nachmittag passiert ist, lässt mich zu dem Schluss kommen, dass es für all diejenigen, die Ihnen persönlich in höchstem Maße ergeben sind, nahezu unmöglich ist, Ihnen politisch blind zu folgen (wie sie es gerne täten). Denn sie können nicht sicher sein, wo zur Hölle sie dabei als Nächstes landen werden.«[8]

Boothby benennt damit einen kritischen Punkt. Der Parlamentarier und akribische Tagebuchschreiber Harold Nicolson meint dazu, Churchill habe »in fünf Minuten die geduldige Aufbauarbeit von zwei Jahren zunichte gemacht«. Im Spectator ist zu Churchills Äußerungen der Kommentar zu lesen, dass »der Ruf, den er gerade abzuschütteln begann, – der eines eigensinnigen Genius, der als Berater von Regierungsgremien ungeeignet ist – sich wieder fest auf seine Schultern gesenkt hat«. Eine Konsequenz, die erheblichen politischen Schaden anrichtete. Informierte politische Kreise hatten Churchills Warnungen vor der von den Nationalsozialisten ausgehenden Bedrohung in den Jahren 1933 und 1934 im Allgemeinen als das Geschwätz eines Extremisten abgetan. Als Churchill von den Warnungen nicht abließ und die Bedrohung, die Hitler für die Welt darstellte, immer deutlicher wurde, begannen die Menschen wieder auf ihn zu hören. Im Nu stand er wieder da, wo er angefangen hatte.[9]

Am 10. Dezember dankt der König formell ab. Am nächsten Tag wendet er sich in einer Radiosendung an sein Volk. »Ich habe es für unmöglich befunden«, sagt er, »die schwere Last der Verantwortung zu tragen und meine Pflichten als König so zu erfüllen, *wie ich es mir wünschen würde, ohne die Hilfe und Unterstützung der Frau, die ich liebe.«*[10]

*Die Folgen dieser Affäre im Königshaus werden sowohl kurz- als auch langfristig dramatisch sein, und das nicht nur in Großbritannien. Adolf Hitlers unmittelbare Reaktion ist bezeichnend. Er stellt sich vor seine Entourage und hält die Rede, die Edward seiner Meinung nach hätte halten sollen:»Ihr Reaktionäre, Plutokraten und Marxisten werdet mich nicht daran hindern, ein Mädchen aus dem Volk zu heiraten!«*[11] *Doch die Ironie dieser Worte wird sich bald erweisen. In nicht allzu ferner Zeit wird Deutschland seine eigene Affäre erleben, in der ein hoher Militär ein»Mädchen aus dem Volk« heiratet – und auch hier werden die Folgen weitreichend sein.*

*Für den Moment versteht Churchill nur zu gut, was geschehen ist. Er fasst seine eigene missliche Lage und die der Welt folgendermaßen zusammen:»Ich fürchte mich sehr vor den Gefahren des Jahres 1937.«*[12]

Während sich in Berlin die hohen Militärs trafen und besorgt hinter vorgehaltener Hand darüber sprachen, was die Hoßbach-Konferenz und Hitlers neue Pläne für sie und ihr Land bedeuteten, blieb Hitler selbst in Berchtesgaden – und grübelte. Er hielt sich für unfehlbar, einen Mann, der seinem Schicksal»mit der Sicherheit eines Schlafwandlers« folgte, zumal die Reihe seiner unerwarteten politischen Erfolge immer länger wurde.[13] Zu dieser Zeit, so schrieb der Historiker Harold C. Deutsch,»begannen die Menschen für Adolf Hitler mehr und mehr in zwei Kategorien zu fallen: unbedingte Anhänger und Gegner«.[14] Für Hitler war die Skepsis, die Werner von Blomberg, Werner von Fritsch und Konstantin von Neurath auf der Hoßbach-Konferenz geäußert hatten, nichts weniger als Befehlsverweigerung.

Wo Hitler vor sich hin brütete und sich fragte, was er nun mit den kleingläubigen Männern tun sollte, in deren Händen die nationale Sicherheit lag, war Göring ohne Zweifel voller Wut und wild entschlossen, sich für die Demütigung zu rächen, die er auf der Hoßbach-Konferenz hatte hinnehmen müssen. Unmittelbar darauf bekam Göring von Blomberg die Gelegenheit, Rache zu nehmen, auf dem Silbertablett serviert. Die überraschende Nachricht von der Abdankung König Edwards VIII. zog die Menschen überall auf der Welt in ihren Bann; dem deutschen Oberkommando erging es da nicht anders. Blomberg war der festen Ansicht, dass Männer in wichtigen öffentlichen Positionen eine besondere Verpflichtung hätten, ein moralisch unbescholtenes Leben zu führen. Leo Geyr von Schweppenburg, der Militärattaché an der deutschen Botschaft in London, hatte Blomberg detailliert über die Affäre des Königs unterrichtet. Nachdem er den Bericht gehört hatte, hatte Blomberg geseufzt und gesagt:»Sehen Sie, Geyr, der Sex!«[15] Als Kriegsminister hatte Blomberg eine Verschärfung der Heiratsbestimmungen für Reichswehroffiziere angeordnet.[16] Ironischerweise sollte sein Schicksal bald dem des britischen Königs ähneln.

Blomberg war seit 1929 Witwer. Acht Jahre später, im Alter von 59 Jahren, war er noch immer ein gutaussehender und distinguierter Mann. Seine Kinder waren erwachsen, und er war nicht nur einsam, sondern auch seines zölibatären Lebens überdrüssig. Daher begann er im Herbst 1937 eine Affäre mit einer 34 Jahre jüngeren Berlinerin namens Eva Gruhn. Der Vater von Eva Gruhn war im Ersten Weltkrieg gefallen; ihre Mutter hatte als Bedienstete im Berliner Schloss gearbeitet. Als die Revolution von 1918 Kaiser Wilhelm II. ins Exil trieb, nahm Eva Gruhns Mutter eine Arbeit als Masseurin auf. Eva Gruhn arbeitete zunächst mit ihrer Mutter zusammen, da die beiden sich jedoch nicht gut verstanden, machte sie sich bald selbständig. Im Jahr 1931, mit 18 Jahren, posierte sie für eine Reihe von pornographischen Aufnahmen. Auf einigen davon war sie beim Sex mit ihrem damaligen Freund zu sehen, einem gescheiterten Ingenieur aus der Tschechoslowakei, der zudem Jude war – für die Nationalsozialisten ein doppelter Skandal. Später war sie als Prostituierte bei der Berliner Polizei registriert und wurde einmal verhaftet, das Ermittlungsverfahren wegen Diebstahls an einem Kunden wurde jedoch eingestellt.[17]

Es gibt widersprüchliche Darstellungen darüber, wie sich Eva Gruhn und Werner von Blomberg kennen gelernt haben. In der Version der Familie Blomberg hat Blomberg Evas Mutter wegen eines gebrochenen Beins zur Massagetherapie aufgesucht. Hans Bernd Gisevius, seines Zeichens Widerstandskämpfer und gut informierter, aber oftmals gehässig formulierender Memoirenschreiber, erwähnt, die beiden hätten sich in einer der Berliner Spelunken getroffen, die der einsame Feldmarschall inzwischen besuchte.[18] Die plausibelste Darstellung stammt wohl von Blombergs Adjutanten Karl Böhm-Tettelbach. Böhm-Tettelbach erklärte später, dass Blomberg die Angewohnheit gehabt habe, jeden Morgen im Berliner Tiergarten, dem großen Park im Zentrum Berlins, auszureiten. Eines Morgens im September sei das Pferd verletzt gewesen, das Blomberg üblicherweise wählte, und der Ersatz, den der Stall anbot, stellte sich als zu klein für den hochgewachsenen Feldmarschall heraus. Verärgert darüber, dass er auf seinen morgendlichen Ausritt verzichten musste, teilte Blomberg Böhm-Tettelbach mit, dass er an diesem Tag früher Feierabend machen werde, um am späten Nachmittag noch einen Spaziergang im Tiergarten zu unternehmen. »Alle späteren Rekonstruktionen«, schrieb Böhm-Tettelbach, »sprechen dafür, dass Blomberg an einem dieser Tage«, beim Spazierengehen im Tiergarten, »die Frau begegnet ist, die ihm zum Verhängnis wurde«. Er fasste die Sache unverblümt zusammen: »Der verdammte Gaul war an allem schuld!«[19]

Als die Hoßbach-Konferenz stattfand, war Blomberg bereits schwer verliebt in Eva Gruhn. Er wollte sie heiraten, es gab jedoch eine Komplikation. Er hatte einen Rivalen. Gruhn traf sich auch mit einem Mann in ihrem Alter. Unglücklicherweise entschied sich Blomberg kurz nach der Hoßbach-Konferenz, Hermann Göring um Hilfe zu bitten. Das war keine kluge Entscheidung. Göring hegte nicht nur aufgrund der Vorkommnisse auf der Konferenz einen Groll gegen Blomberg, er wollte Blomberg auch aus dessen Position verdrängen.

Laut Karl Bodenschatz, Görings langjährigem Adjutanten,

sagte Blomberg dem Oberbefehlshaber der Luftwaffe, dass er eine Frau heiraten wolle, die ein »Kind aus dem Volke« sei, aber »eine gewisse Vergangenheit« habe. Er sei besorgt, dass das klassenbewusste deutsche Offizierskorps ihm Steine in den Weg legen könnte. Göring versicherte dem Feldmarschall großspurig, dass das nationalsozialistische Deutschland solche veralteten Vorstellungen hinter sich gelassen habe und Blombergs Heirat ein willkommenes Beispiel für gesellschaftlichen Fortschritt sei.

Es ist möglich, dass Göring bereits von Blombergs Affäre und auch von Gruhns Vergangenheit wusste. Eines der Elemente von Görings ›Staat im Staate‹ war ein Erbe seiner kurzen Zeit als Chef der preußischen Geheimpolizei in den Jahren 1933–34: das Forschungsamt (FA) des Reichsluftfahrtministeriums, das für das Abhören von Telefonen verantwortlich war. Die meisten hohen Offiziere argwöhnten, dass dieses Amt sie regelmäßig überwachte. Werner von Fritsch achtete darauf, selbst bei Besuchen bei seiner Mutter ein Kissen über das Telefon zu legen.[20] Falls nicht schon eine Abhöraktion Göring auf die Affäre aufmerksam gemacht hatte, muss Blombergs Erwähnung von Gruhns »Vergangenheit« ihn hellhörig gemacht haben. Das war jedoch noch nicht alles. Blomberg kam ein paar Tage später mit einer weiteren Bitte zu Göring: Ob Göring seine umfassenden Beziehungen nutzen könnte, um den mit Gruhn befreundeten Rivalen aus dem Weg zu räumen? Göring ließ sich nicht lange bitten, sondern erwies sich als Mann der Tat. Bodenschatz berichtete nach dem Krieg, Göring habe einen leitenden Beamten im Wirtschaftsministerium beauftragt, »einen jungen Mann, der Fräulein Gruhn sehr nahe stehe, im Ausland unterzubringen«. Der Beamte habe für den jungen Mann eine »gut bezahlte Stelle in Argentinien« gefunden.[21]

Der junge Mann revanchierte sich für Görings Gefallen mit einem Abschiedsgeschenk. Bevor er nach Argentinien abreiste, suchte er Göring auf und erzählte ihm, dass Fräulein Gruhns Vergangenheit noch pikanter war, als Blomberg es hatte durchblicken lassen.[22]

Nur wenige Wochen nach der Hoßbach-Konferenz besaß Göring also peinliche Informationen über Blomberg, die er gegen ihn verwenden konnte. Göring verstand sehr gut, auch wenn Blomberg es nicht tat, was Eva Gruhns Vergangenheit bedeutete: Eine Heirat würde für Blombergs Position als Kriegsminister fatal sein. Göring musste nun sorgfältig eine Strategie ersinnen. Er wollte Rache, aber er wollte auch Blombergs Amt. Wenn Blomberg fiel, dann war Fritsch, der Oberbefehlshaber der Armee, der naheliegende Kandidat für die Nachfolge. Göring würde auch Fritsch aus dem Weg räumen müssen. Er selbst verfügte nicht über die Ressourcen, die es brauchte, um beide Ziele zu verfolgen, aber er wusste, wo er die entsprechende Unterstützung finden würde. Er wandte sich an zwei alte Verbündete, an Heinrich Himmler, der die SS und die Gestapo kontrollierte, und an dessen engen Vertrauten Reinhard Heydrich.[23]

Himmler, Chef eines noch relativ neuen, aber schnell wachsenden polizeilichen und paramilitärischen Machtapparates, hatte seine eigenen persönlichen wie politischen Gründe dafür, dass er die Armee und ihre hochmütigen aristokratischen Offiziere beschädigt sehen wollte. Er lag seit 1934 mit Fritsch im Streit über die Zuständigkeiten von Heer und SS. Je augenfälliger die Demütigung und Schwächung des Offizierskorps ausfallen würde, desto bequemer könnte die SS ihre militärische Rolle ausbauen. Schon bald observierte die Gestapo die Wohnung von Eva Gruhn, und zwei Agenten beschatteten Fritsch während seines Urlaubs in Ägypten. Aus den umfangreichen Aktendepots der Gestapo wurden altbekannte und bereits diskreditierte Behauptungen wieder hervorgeholt, Fritsch habe homosexuelle Affären gehabt.

Die strengen Verhaltensregeln für deutsche Offiziere verlangten, dass sie vor einer Heirat die Erlaubnis ihres Vorgesetzten einholen mussten. Blombergs einziger Vorgesetzter war Hitler, und so teilte Blomberg Hitler im Dezember bei der Beerdigung des Weltkriegsgenerals Erich Ludendorff mit, dass er Eva Gruhn heiraten wolle. Er deutete dezent an, dass Fräulein Gruhn eine »Vergangenheit« habe, weitere Details nannte er nicht. Hitler schien dem jedenfalls weiter keine Aufmerksamkeit zu schenken. Wie Göring sagte er zu Blomberg, es sei im Sinne des Nationalsozialismus, dass der Kriegsminister ein »Mädchen aus dem Volk« heiraten wolle.[24]

Das ungewöhnliche Arrangement, das Blomberg für seine Hochzeit wählte, legt nahe, dass er über den Lebenslauf seiner Braut genau Bescheid wusste und befürchtete, dass entsprechende Informationen durchsickern könnten. Die Zeremonie fand Mitte Januar im Kriegsministerium statt, in aller Eile und nahezu unter Ausschluss der Öffentlichkeit. Hitler und Göring waren als Trauzeugen anwesend, das war jedoch nicht der ursprüngliche Plan gewesen. Ursprünglich sollten Admiral Raeder und General Fritsch die Zeugen sein.[25] Das wäre Heydrich und der SS sehr entgegengekommen, da die Anwesenheit der Offiziere bedeutet hätte, dass der Makel dieser Ehe später auch auf sie zurückfallen würde. Heydrich, der 1931 nach einer Affäre und einem angeblich gebrochenen Eheversprechen aus der Marine entlassen worden war, hegte einen besonderen Groll gegen Raeder, den Oberbefehlshaber der Marine. Aber kurz vor der Hochzeit brüstete sich Heydrich mit seinem bevorstehenden Triumph gegenüber einem Freund, der wiederum Fritsch kannte und mochte. Dieser Freund warnte Fritsch vor dem, was im Hintergrund vor sich ging. Fritsch beriet sich mit Raeder, und beide kamen überein, Blomberg zu verstehen zu geben, dass Hitler beleidigt sein würde, wenn Blomberg ihn nicht bitte, sein Trauzeuge zu sein.[26]

In letzter Minute wurde dann entschieden, dass Hitler und Göring als Trauzeugen fungieren sollten. Blombergs Kinder wirkten, so beobachtete Göring, als ob sie mit der Heirat nicht glücklich seien, sondern sich schämten. Auch die Stimmung bei der Zeremonie sei »eigenartig« gewesen.[27] Die Hochzeitsannonce in der Zeitung nannte nicht den vollen Namen der Braut, eine Zurückhaltung, die, wie sich Hans Bernd Gisevius erinnerte, auffällig war, »[d]enn im Dritten Reich werden die Feste gefeiert, wie und wo sie fallen«.[28] Sowohl bei der Hochzeit selbst als auch anlässlich der Beerdigung von Blombergs Mutter wenige Tage später – den einzigen beiden Anlässen, bei denen Eva Gruhn andere Angehörige der NS-Elite traf – blieb sie stark verschleiert. Aber die Details sickerten trotzdem durch, wie von Blomberg befürchtet, und wahrscheinlich halfen Göring und Heydrich dabei eifrig nach. Mitte Januar erschien in den Zeitungen ein Foto des Paares auf ihrer kurzen Hochzeitsreise, und anscheinend erkannte die Berliner Sittenpolizei in der neuen Frau Blomberg die frühere Eva Gruhn.

Gisevius, der gute Verbindungen zur Berliner Polizei hatte, wurde indirekt Zeuge der sich entwickelnden Ermittlungen. Eines Morgens suchte er seinen Freund Arthur Nebe, den Chef der Reichskriminalpolizei, in dessen Büro im weitläufigen Gebäude des Polizeipräsidiums am Alexanderplatz auf. »Ich komme zu Nebe herein. Der schaut mich groß an. Das kenne ich schon. Das sind seine Blicke ohne Worte«, erinnerte sich Gisevius. Nebe nahm eine schmale Akte an sich und geleitete Gisevius hinaus auf den Flur. »In einem der winkligen Seitengänge des verbauten Gebäudes macht er halt.« Erst dort durfte Gisevius in die Akte schauen, darin befanden sich unter anderem »jene fünf pikanten Aufnahmen, und ich muß zugeben, moralisch sind sie nicht«. Nebe hatte noch etwas anderes hinzugefügt: Er hatte das Register der Haftbefehle überprüft und festgestellt, dass Gruhn wegen Diebstahls verhaftet worden war und ihre Fingerabdrücke abgenommen worden waren. »Böswillig oder hellsichtig, wie Polizisten oftmals sind«, notierte Gisevius später, »haben sie den Unschuldsengel einfach weiter im Album kleben lassen.« Gisevius starrte fasziniert auf die Fingerabdrücke. »Fingerabdrücke sieht man in der Kriminalistik sehr oft, und von weitem ähneln sie einander sehr; aber die einer leibhaftigen Frau Generalfeldmarschall bekommt man alle tausend Jahre nur einmal vorgelegt.«[29]

Alsdann wurde die Akte von Eva Gruhn nach oben weitergereicht. Am Freitag, dem 21. Januar, brachte sie der Berliner Polizeipräsident Wolf-Heinrich Graf von Helldorff zu Göring. Am folgenden Montag legte Göring die Akte Hitler vor.[30]

Noch komplizierter wurde die Blomberg-Angelegenheit, da zur selben Zeit Göring und die ss-Oberen ihre Verschwörung initiierten, um General von Fritsch als mutmaßlichen Homosexuellen zu diskreditieren. Offensichtlich gingen im Hintergrund merkwürdige Dinge vor. Fritsch schrieb an eine Freundin, dass er Anfang Januar »noch gerade rechtzeitig« aus dem Urlaub zurückgekommen sei.[31] Später erinnerte er sich, wie sich Hitler am 15. Januar bei ihm über monarchistische Propaganda beschwert hatte, die in den Reihen der Armee verbreitet würde. Als Fritsch anbot, die Sache zu untersuchen, lehnte Hitler ab und sagte, er könne Blomberg eine solche Angelegenheit anvertrauen, aber nicht ihm, seinem Heerführer – »ein offenes Misstrauensvotum gegen mich«, schrieb Fritsch. Des Weiteren, erinnerte sich Fritsch später, wurde er an diesem Abend »von ernst zu nehmender Seite«, gewarnt, dass »Himmler und die Partei beschlossen hatten, [er, Fritsch] müßte nun endgültig beseitigt werden«.[32]

Am selben Tag – neun Tage, bevor Hitler offiziell etwas über Frau von Blombergs Akte erfuhr – ging die Gestapo der Behauptung nach, dass Fritsch 1933 wegen eines Treffens mit einem schwulen Prostituierten erpresst worden sei. Oder besser gesagt, die Gestapo war damit beschäftigt, einen solchen Fall zu fabrizieren, denn die Beamten wussten bereits, dass die Anschuldigungen gegen Fritsch falsch waren und auf einer Verwechslung beruhten. Sie betrafen in Wirklichkeit einen Hauptmann von Frisch, nicht General von Fritsch. Die Gerüchte waren nach verschiedenen Angaben entweder 1936 oder 1937 aufgekommen, verbreitet von Himmler und Heydrich. Zu dieser Zeit hatte Hitler kein Interesse daran gezeigt, sondern Himmler und Heydrich befohlen, die Akte zu vernichten. Aber nun, mutmaßlich zu einem Zeitpunkt nach dem 15. Januar und mit Sicherheit vor dem 24. Januar, befahl Hitler plötzlich, die Akte solle rekonstruiert und zu ihm gebracht werden.[33]

Als Göring Hitler am 24. Januar den Fall Blomberg meldete,

hielten Zeugen den Schock und die Bestürzung des Führers über die Nachricht für echt. Allerdings zählte Schauspielerei zu Hitlers herausragenden Talenten. Zumindest eine Ahnung von Eva Gruhns Akte hatte er Ende Dezember nach seinem Gespräch mit Blomberg – und wahrscheinlich auch mit Göring – gehabt. Er konnte nicht so schockiert sein, wie er vorgab.[34]

Es ist wahrscheinlich, dass Göring an diesem Abend Hitler auch die gefälschte Akte über Fritsch gab und dass Hitler einige Zeit darüber nachsann, was zu tun sei. Er hatte es auffallend vermieden, mit Hoßbach zu sprechen, nachdem er Göring getroffen hatte. Schließlich ging Hoßbach nach Hause, wurde aber um 2.15 Uhr durch einen Anruf geweckt, der ihn sofort in die Reichskanzlei berief. Mit seiner gewohnten Unabhängigkeit weigerte sich Hoßbach, sich zu so später Stunde noch einmal zum Dienst zu melden, und sagte, er würde am Morgen wieder zur Verfügung stehen. Es war typisch für Hitler, eine schwierige Entscheidung lange hinauszuzögern, aber dann sofort zu handeln, wenn er sich entschieden hatte. Dieser Telefonanruf in den frühen Morgenstunden ist ein starkes Indiz dafür, dass Hitler in diesem Moment plötzlich klar geworden war, was er tun wollte. Er hatte sich entschieden, dass er Blomberg und Fritsch loswerden wollte. Blomberg hatte sich nicht gerade schlau angestellt und ihm einen Entlassungsgrund geliefert. Nun hatte Hitler beschlossen, auch den fingierten Fall gegen Fritsch auszunutzen.[35]

Hoßbach kam am nächsten Morgen um 10 Uhr in der Reichskanzlei an. Zunächst berichtete Hitler Hoßbach von Blomberg. »Zorn, Wut und Scham überkamen mich«, erinnerte sich Hoßbach, als er von der »Schande« hörte, die Deutschlands erster Soldat über sich und das Heer gebracht hatte. Doch Hoßbachs Perspektive auf die Dinge änderte sich dramatisch, als Hitler das Gespräch auf Fritsch lenkte. In dem geräumigen Arbeitszimmer auf und ab schreitend, wie er es bei solchen Besprechungen gewöhnlich tat, fuhr Hitler fort: Fritsch müsse auch gehen, da er in homosexuelle Handlungen verwickelt sei. Hitler habe die Beweise, er habe sie sogar schon seit Jahren gehabt. »Erst Blomberg und nun auch noch Fritsch!«, dachte Hoßbach. »Das war zuviel.« Instinktiv habe er sofort erkannt, »dass es sich um einen niederträchtigen Streich gegen den Kopf des Heeres handelte«. Die Vorwürfe gegen Blomberg und seine Frau mochten stimmen, räumte Hoßbach ein. Aber nicht die gegen Fritsch. »Nein, hier konnte es sich nur um einen Vorwand für Hitler handeln, den längst unbequem gewordenen Generaloberst zu stürzen und das Heer zu demütigen«, notierte Hoßbach.[36]

Hitler befahl Hoßbach, Fritsch nichts von der Angelegenheit zu verraten. Hoßbach missachtete den Befehl. Noch am selben Abend besuchte er Fritsch, um ihn zu informieren. Hoßbach hatte, wie es typisch für ihn war, Hitler vorher angekündigt, dass er nicht gehorchen würde, und ihn danach informiert, dass er wie avisiert gehandelt hatte.[37]

Hoßbach warnte Fritsch, weil er die Loyalität zu seinem Kommandeur und zum Militär über die Loyalität zu Hitler stellte. Aber wie sich herausstellte, würde er Fritsch am Ende eher geschadet als geholfen haben. Fritsch machte seiner Empörung vor Hoßbach Luft. »Erstunken und erlogen«, beharrte er und versuchte dann verzweifelt zu ergründen, warum solche Anschuldigungen gegen ihn gerichtet worden waren. Denn wenn Hitler ihn loswerden wolle, gelte für ihn: Es »genügt ein Wort, und ich werde meinen Abschied erbitten«. In seiner Not begriff er das Ausmaß des Komplotts nicht. Er dachte, wie auch Hoßbach, dass Göring und Himmler wahrscheinlich die eigentlichen Urheber waren. Hitler allerdings, davon ging er aus, handelte in gutem Glauben und würde durch Fakten und rationale Argumente umgestimmt werden können. Woher waren die Anschuldigungen gekommen? Vielleicht, sagte Fritsch zu Hoßbach, ging es um einen armen Jungen aus der Hitlerjugend, mit dem er sich einige Jahre zuvor angefreundet hatte. Fritsch hatte den Jungen mehrmals zum Mittagessen in seine Wohnung eingeladen. Hoßbach erkannte sofort, dass diese Tatsache für Fritschs Fall nichts Gutes bedeutete. Aber er versäumte es, den General davor zu warnen.[38]

Am 26. Januar kehrte Hoßbach in die Reichskanzlei zurück und teilte Hitler in seiner unverblümten Art mit, dass er den Befehl des Führers missachtet habe und dass Fritsch die Vorwürfe entschieden abgestritten habe. Zunächst schien Hitler das Dementi von Fritsch zu akzeptieren, doch bald änderte er seinen Ton. »Homosexuelle, gleich, ob hoch oder niedrig gestellt, bedienen sich grundsätzlich der Lüge«, sagte Hitler. Auch Fritschs Bereitschaft, sein Ehrenwort zu geben, rehabilitierte ihn in Hitlers Augen nicht. Hoßbach forderte Hitler auf, ein militärisches Ehrengericht einzuberufen, um die Vorwürfe zu untersuchen, was Hitler ablehnte. Hitler schaltete daraufhin den Justizminister Franz Gürtner ein, der prompt politisches Eigeninteresse über Ehrlichkeit stellte und entschied, dass die Vorwürfe in der Fritsch-Akte für eine Anklage ausreichten – eine Schlussfolgerung, zu der kein Jurist bei rationaler Betrachtung des Falles kommen konnte. Unermüdlich drängte Hoßbach Hitler zu einem Gespräch mit Fritsch. Hitler stimmte schließlich zu. Aber er führte das Treffen auf eine Art und Weise durch, die mehr einem gegen Fritsch gerichteten Hinterhalt gleichkam als einer Gelegenheit für den General, sich zu verteidigen.[39]

Jemand – Hoßbach vermutete wiederum Himmler – hatte den wichtigsten »Zeugen« einbestellt, um Fritsch mit dem Mann zu konfrontieren. Es handelte sich um einen Hochstapler, Erpresser und Polizeispitzel namens Otto Schmidt, der behauptete, Fritsch bei homosexuellen Handlungen mit einem Prostituierten, der sich »Bayern Seppl« nannte, gesehen zu haben und später Schweigegeld von dem General erhalten zu haben. An diesem Abend behauptete Schmidt, in Fritsch den Mann zu erkennen, den er erpresst hatte. Fritsch stählte sich, um als der ruhige, selbstbeherrschte preußische Offizier zu erscheinen, der er war. Sein scheinbarer Mangel an Emotionen gab seinen Anklägern jedoch nur das Gefühl, dass er seine Schuld akzeptierte – oder erlaubte es ihnen, dies zu behaupten. Empörung, sagten sie, wäre überzeugender gewesen. Aber Fritsch hatte seiner Empörung ja schon in der Nacht zuvor gegenüber Hoßbach Luft gemacht. Fritsch erwähnte auch den Hitlerjungen, der zum Mittagessen in seine Wohnung gekommen war. Hoßbach bestand darauf, es sei weder überraschend noch glaubwürdig gewesen, dass der Zeuge Fritsch identifiziert hätte. Aber Hitler entschied sich, das als Tatsache anzusehen.[40]

Wie Blomberg später sagte, war Werner von Fritsch eindeutig »kein Mann für Frauen«. Er hatte nie geheiratet, und es war auch nichts darüber bekannt, dass er Affären mit Frauen gehabt hätte. Den Sitten der Zeit folgend, konnten sich seine Verteidiger nicht vorstellen, dass Fritsch schwul war, schlicht weil sie sich nicht vorstellen konnten, dass ein schwuler Mann der Mann von Integrität und Ehre sein könnte, den sie in ihrem Kommandanten sahen. Aber welcher Natur auch immer Fritschs Privatleben war, die spezifischen Anschuldigungen, mit denen er im Januar 1938 konfrontiert wurde, waren zweifellos erfunden. Der Grund, aus dem sie erfunden worden waren, ist allerdings der entscheidende Teil der Geschichte.[41]

Am nächsten Morgen, dem 27. Januar, kam Blomberg in Zivil in die Reichskanzlei: zu seiner letzten Audienz bei Hitler. Hoßbach geleitete Blomberg zu Hitler hinein und hinaus, war aber bei dem Gespräch selbst nicht anwesend. Blomberg berichtete britischen Vernehmungsbeamten nach dem Krieg: »Unser Treffen begann mit einer äußerst stürmischen Szene, während derer ich meinem Zorn über die gemeine Art und Weise mit derer man sich meiner entledigt hatte, freien Lauf ließ.« Hitler antwortete »in scharfer Form«, aber dann wurde die Aussprache »ruhiger« weitergeführt.[42] Hitler fragte Blomberg, wen er als seinen Nachfolger vorschlagen würde. Blomberg schlug Göring vor, aber zu seiner Überraschung lehnte Hitler diese Idee mit ein paar verächtlichen Bemerkungen über Görings Trägheit und Unfähigkeit ab. Blomberg behauptete später, dass er von keinem der anderen Generäle, die die Nachfolge hätten antreten können, viel gehalten habe: Beck war zu zögerlich, Fritsch ein »Sonderling«. Stattdessen schlug Blomberg vor, dass Hitler selbst die Aufgabe übernehmen solle. In einem geschickten, informell geführten

Kreuzverhör nach dem Krieg brachte der Anwalt Rüdiger von der Goltz Blomberg dazu, sein wahres Motiv für diesen Vorschlag einzugestehen: Rache an dem Offizierskorps, dessen Moralvorstellungen seine Karriere beendet hatten.[43]

Die Krise konnte nun als gelöst gelten. Am 27. Januar entließ Hitler sowohl Blomberg als auch Fritsch. Ihre Entlassungen traten am darauffolgenden Freitag, dem 4. Februar, in Kraft. Hitler befolgte den Rat, den sein Kriegsminister ihm zum Abschied gegeben hatte, und übernahm selbst Blombergs Aufgaben. Er löste aber auch das Kriegsministerium auf und schuf an dessen Stelle eine neue Institution, das Oberkommando der Wehrmacht (OKW). Nachdem er es mit willensstarken Persönlichkeiten wie Fritsch und Hoßbach zu tun gehabt hatte, wollte Hitler einen Jasager an der Spitze des OKW. In seinem letzten Gespräch mit Blomberg fragte Hitler: »Wer ist denn dieser General, den Sie bisher bei sich gehabt haben?« Der Mann, den Hitler meinte, war General Wilhelm Keitel. »Ach, Keitel, der kommt gar nicht in Betracht«, antwortete Blomberg, »der ist nur Vorsteher meines Büros gewesen.« Hitler erwiderte: »Das ist ja gerade der Mann, den ich suche.«[44]

Die Parallelen zwischen den Fällen von Blomberg und Edward VIII. kamen vielen Menschen in den Sinn.[45] General Keitels Tochter Lisa schrieb an ihre Mutter: »Diese alten Männer mit ihren jugendlichen Gefühlen, was zieht das alles nach sich. Denke an den König von England.«[46] General Alfred Jodl schrieb am 26. Januar in sein Tagebuch: »Welch einen Einfluß kann eine Frau, ohne daß sie es ahnt, auf die Geschicke eines Volkes u. damit d. Welt ausüben.« Auch dachte er: »Die Parallele zum englischen König und seiner Frau bietet sich an.«[47]

Doch wie bei Edward VIII. gingen die Folgen von Blombergs Ehe weit über das Persönliche hinaus. Dass George VI. anstelle von Edward VIII. nun den britischen Thron bekleidete, bedeutete, dass ein ganz anderer König mit ganz anderen Prioritäten darüber entscheiden würde, wen er in einer entscheidenden Stunde im Jahr 1940 als Premierminister berufen würde. Und nun, da

Blomberg abgesetzt war, war Hitler nicht mehr nur der nominelle, sondern in einem sehr realen Sinne der tatsächliche Befehlshaber der deutschen Streitkräfte.

Und das war erst der Anfang. Hitler nutzte die Gelegenheit, um eine ganze Reihe von militärischen Befehlshabern und Diplomaten aus dem Weg zu räumen, von denen er befürchtete, dass sie seinen Expansionsplänen im Wege standen. Er entließ Neurath (der es ebenfalls gewagt hatte, im Laufe der Hoßbach-Konferenz Bedenken zu äußern) und übertrug ihm zum Ausgleich dafür den Vorsitz eines neuen Geheimen Rates, der nie wirklich tagte. Noch kurz zuvor hatte Hitler Neurath versichert, dass er ihn als Vaterfigur betrachte und sich nie von ihm trennen wolle.[48] In den wichtigsten Hauptstädten der Welt sahen sich plötzlich viele deutsche Botschafter abberufen oder versetzt. Einer von ihnen – Ulrich von Hassell, Botschafter in Rom – erfuhr von seiner Abberufung erst aus der Zeitung. Zum Nachfolger von Fritsch ernannte Hitler General Walther von Brauchitsch, der bis dahin Kommandeur einer Heeresgruppe in Ostpreußen gewesen war.

Hitler beschränkte seine Umstrukturierung des Oberkommandos der Wehrmacht nicht auf die beiden Spitzenpositionen. Zwölf weitere Generäle wurden ebenfalls in den Ruhestand geschickt (sechs davon von der Luftwaffe) sowie 51 andere hohe Offiziere. Das eigentliche Motiv für diese Säuberung geht aus Hitlers Erklärung, warum er die Marine unangetastet ließ, klar hervor. Er sagte nämlich zu Goebbels [Hervorhebung hinzugefügt]: Admiral Raeder habe sich »in der ganzen Krise fabelhaft benommen, und *in der Marine ist alles in Ordnung*«.[49] Offensichtlich war Hitler nicht der Meinung, dass im Heer alles in Ordnung war. Einer der Generäle, die in den Ruhestand versetzt wurden, war Wilhelm Ritter von Leeb, ein weithin respektierter Offizier von zähem Charakter und unabhängigem Geist. Der Briefwechsel zwischen Fritsch und Leeb nach der Säuberung zeigt die tiefe Verbitterung der beiden Freunde. Fritsch schrieb an Leeb: »Nach allem, was ich erlebt habe, ist es aber unmöglich, dass ich in diesem Staat noch einmal eine amtliche Funktion ausübe.«[50]

»Die wahren Hintergründe müßen hinter einer Nebelwand verschwinden«, notierte Goebbels[51]. Das Wissen um die tatsächlichen oder vermeintlichen Skandale um Fritsch und Blomberg blieb auf einen kleinen Kreis von hohen Offizieren und Beamten beschränkt. Gisevius schrieb dazu: »Welch ein Zynismus, wenn der sittenstrenge Hitler just an dem Tage, an dem er Fritsch wegen nicht bewiesener homosexueller Verfehlungen entlässt, den notorischen Homosexuellen [Walther] Funk sein Amt als Reichsminister antreten läßt.«[52] Funk löste Hjalmar Schacht als Wirtschaftsminister ab, wobei Schacht vorerst seine Position als Präsident der Reichsbank behielt. Die Ernennung von Funk zeigte, dass es Hitler nie interessiert hatte, ob Fritsch schwul war oder nicht. Für ihn war nur von Interesse, dass Fritsch seinen Plänen im Wege stand.

Am 5. Februar berief Hitler sein Kabinett ein, um die Änderungen ratifizieren zu lassen. Vormals waren die Protokolle deutscher Kabinettssitzungen lange und detaillierte Dokumente zu intensiven Diskussionen und Debatten gewesen, doch dieses war extrem kurz: »Der Führer und Reichskanzler«, hieß es, »berichtete über die politische Lage.« Im Anschluss gaben die versammelten Minister, darunter Neurath, »ihrer tiefen Befriedigung Ausdruck über die durch die jüngsten Entscheidungen des Führers erfolgte Konzentration und Stärkung der politischen, wirtschaftlichen und militärischen Kräfte des Reiches«.[53] Das war alles. Und das war das letzte Mal, dass Hitlers Kabinett überhaupt zusammentrat.

Anlässlich der Blomberg-Fritsch-Affäre machte Hitler seinen dritten großen Vorstoß, die Macht in seinen Händen zu konsolidieren. Der erste war auf den Reichstagsbrand im Februar 1933 gefolgt, nur vier Wochen nach Hitlers Amtsantritt als Reichskanzler. Hitler hatte diesen Anlass – einen Brand im Reichstag, den die Nationalsozialisten fälschlicherweise als Startschuss für einen kommunistischen Aufstand darstellten – genutzt, um die individuellen Rechte und Freiheiten von Einzelpersonen sowie die Autonomie der Landesregierungen, die die demokratische Verfassung Deutschlands von 1919 garantiert hatte, zu beseitigen. 16 Monate später, im Juni 1934, kam es zur »Nacht der langen Messer«, in der Hitler die Ermordung von Gegnern aus den eigenen Reihen und einer Gruppe konservativer Amtsträger befahl, die ihn entmachten wollten. Etwas mehr als einen Monat nach dieser blutigen Säuberung starb Reichspräsident von Hindenburg, woraufhin Hitler das Amt des Präsidenten abschaffte und dessen Befugnisse übernahm. Von da an leisteten alle Beamten und die Angehörigen der Streitkräfte ihren persönlichen Treueeid auf Hitler.

Die Blomberg-Fritsch-Affäre vervollständigte diese Serie. Als Nachspiel der Hoßbach-Konferenz wies sie voraus auf die dramatischen Ereignisse, die den Zweiten Weltkrieg einleiten sollten. Die Skandale um Blomberg und Fritsch nahmen ihren Verlauf genau so, wie Hitler es wollte. Als nomineller Oberbefehlshaber der Wehrmacht seit 1934 hätte Hitler Blomberg und Fritsch jederzeit und aus jedem Grund entlassen können. Die Sexskandale brachten diese Offiziere nicht nur beruflich ins Wanken, sondern ließen sie auch in Ungnade fallen – und die Militärs empfanden sie als Schandfleck für die Ehre des Offizierskorps. Das gesamte deutsche Offizierskorps kam in Verruf, so dass Hitler gegenüber den Offizieren die Oberhand gewann. Hitler nahm zwar schließlich zähneknirschend hin, dass ein Militärgericht über die Vorwürfe gegen Fritsch befand. Wenig überraschend stellte das Gericht fest, dass es Beweise für Fritschs Unschuld gab. Doch da war es schon zu spät: zu spät für Fritsch und zu spät in Bezug auf die drastisch veränderten Machtverhältnisse im Dritten Reich.[54]

Der stets unverblümt ehrliche Friedrich Hoßbach war ein weiteres Opfer der Säuberung. Wie bei den Entlassungen von Blomberg und Fritsch fand Hitler auch für Hoßbachs Entlassung einen Vorwand, um die tieferen Beweggründe zu verschleiern. Hoßbachs Verstoß gegen Hitlers Befehl, Fritsch nicht vor den

Anschuldigungen zu warnen, hatte der Führer zwar vorgeblich akzeptiert. Am 28. Januar wurde Hoßbach jedoch, während er mit Hitler zu Mittag aß, zum Telefon gerufen. In der Leitung war Major von Ziehlberg, einer von Hoßbachs Untergebenen im Generalstab. Hoßbach vermutete sofort, dass Ziehlberg anrief, um Hoßbach seine Entlassung mitzuteilen. Noch bevor Ziehlberg etwas sagen konnte, legte Hoßbach auf und ging ruhig zum Mittagessen zurück. Als er sich wieder im Speisesaal einfand, wirkte Hitler nervös, ihm schien die Situation unbehaglich zu sein. Im Anschluss an das Mittagessen rief Hoßbach Ziehlberg zurück – Hitlers persönlichen Adjutanten Fritz Wiedemann hatte Hoßbach als Zeugen dazugebeten – und erfuhr, dass er als Hitlers Militäradjutant mit sofortiger Wirkung durch Major Rudolf Schmundt ersetzt werden sollte.[55]

Wütend über diese Behandlung ging Hoßbach zu Hitler zurück, und es folgte, wie er sich erinnerte, eine dramatische Szene, in deren Verlauf ihm »vor Wut die Tränen kamen«. Man dürfe »einen Offizier ja nicht wie einen Hund vor die Tür jagen!«, schrie er Hitler an. Hitler wies darauf hin, dass er Hoßbach wegen Ungehorsams hätte erschießen lassen können. »Worauf ich gefaßt war!«, antwortete Hoßbach.[56] Der eigentliche Grund war, wie Fritsch später schrieb, dass Hitler keinen Offizier mehr um sich haben wollte, der über genügend Kenntnisse und Integrität verfügte, um mit ihm zu streiten. Hitler wollte unterwürfige Werkzeuge.[57]

Keiner der direkt an der Blomberg-Fritsch-Affäre Beteiligten zweifelte daran, dass Hitler aufgrund der Haltung, die Fritsch und Blomberg auf der Hoßbach-Konferenz offenbart hatten, gegen die Offiziere konspiriert hatte. »Da man mir politisch nicht beikommen konnte«, kommentierte Fritsch Anfang Februar, »geschieht es jetzt auf diesem gemeinsten und niederträchtigsten Weg.«[58] Sein Anwalt hielt später fest, Fritsch sei davon ausgegangen, dass man die Vorwürfe bezüglich seines homosexuellen Verhaltens »auf Eis gelegt« habe, damit sie gegen ihn verwendet werden konnten, »für den Fall, daß man aus anderen Gründen einen Wechsel wünschte«.[59] Bald nach Fritschs Entlassung sagte Göring dem britischen Botschafter, Sir Nevile Henderson, dass Fritsch entlassen worden sei, weil er Hitlers Außenpolitik abgelehnt habe, und fügte hinzu, dass jeder britische Premierminister dasselbe mit einem rechthaberischen Chef des Empire-Generalstabs getan hätte. Ein paar Monate später gab sogar Hitler privat zu, dass Fritsch in Sachen Aufrüstung »immer nur hemmend gewirkt« habe.[60]

Es ist wenig verwunderlich, dass gerade Hoßbach zu einer besonders konzisen, systematischen Beurteilung kam. »Ich bin der Überzeugung«, erklärte er Jahre später, »daß Hitler als Nachwirkung der Besprechung vom 5. November 1937 den Bruch mit der Wehrmachtsführung, jedenfalls bestimmt mit Fritsch, vielleicht aber auch mit Blomberg, innerlich vollzogen hat.« In seiner ordentlichen Art listete Hoßbach die Fakten auf, die seine Ansicht stützten. Hitlers Misstrauensbekundungen gegen die Heeresleitung nahmen im November und Dezember auffallend an Häufigkeit zu. Hoßbach hatte Hitler schon einige Zeit zuvor mitgeteilt, dass er sich an einen anderen Posten versetzen lassen wolle, aber Hitler hatte die Bitte immer abgelehnt. Im Zuge des Blomberg-Fritsch-Skandals änderte er seine Meinung. Hitler, der bis dahin die Angewohnheit gehabt hatte, alle Angelegenheiten mit Hoßbach zu besprechen, diskutierte die Novemberkonferenz nie mit seinem Adjutanten und begann, Hoßbach auch aus allen anderen Angelegenheiten auszuschließen. Der Nachrichtendienst der SS, der SD, begann im November und Dezember gegen Fritsch zu ermitteln, und Gestapo-Beamte beschatteten ihn, als er in Ägypten Urlaub machte – eine Tatsache, die später von Karl Wolff bestätigt wurde, der unter anderem Verbindungsoffizier der SS zu Hitler war.[61] »Die Drachensaat zum Kurswechsel im Heer«, schloss Hoßbach, »wurde in den beiden letzten Monaten des Jahres 1937 und im ersten des Jahres 1938 endgültig gelegt und ging mit dem selbstverschuldeten Rücktritt Blombergs und dem durch Hitler, Göring und Himmler [betriebenen] niederträchtigen Sturz Fritschs am 4. Februar 1938 [auf].«[62]

Auch die Konsequenzen lagen auf der Hand. Das Schwert, so Hoßbach, sei »hemmungslos in die Hände eines militärischen Dilettanten« gelegt worden, der »den gesamten Staatsapparat und die Partei diktatorisch beherrschte«, die »öffentliche Meinung ausschließlich in seinem Sinne beeinflusste« und der selbst »von großen Teilen des Volkes vergöttert wurde«. »Die Zukunft der Nation« sei damit »dem Willen eines einzigen Mannes« ausgeliefert worden.[63]

Die höheren Offiziere erfuhren bald, dass die Vorwürfe gegen Fritsch erfunden waren. Gisevius bekam von Arthur Nebe gesteckt, dass »im sogenannten ›Falle‹ Fritsch eine Verwechslung« vorgelegen habe.[64] Himmler und Heydrich hatten diese Tatsache vertuscht. Gisevius setzte sich mit Hans Oster vom militärischen Nachrichtendienst, der Abwehr, in Verbindung und berichtete ihm, was Nebe herausgefunden hatte. Oster wiederum informierte den Befehlshaber der Abwehr, Admiral Wilhelm Canaris. Canaris informierte Beck. Ein kleiner Stein war ins Rollen gekommen. In diesem Moment begannen einige Offiziere, über Widerstand gegen Hitlers Herrschaft nachzudenken. Im Laufe des Jahres sollten die Folgen noch dramatischer werden.

Fritsch und Blomberg waren keineswegs Pazifisten, noch waren sie Gegner Hitlers oder seines Regimes. Ein paar Jahre später, immer noch damit beschäftigt, zu verstehen, was zu seiner Entlassung geführt hatte, merkte Blomberg an: »Ich wäre den Weg des Führers nach Österreich auch gegangen, aber dann«, so fügte er hinzu, »hätte ich mir eine Frist von 10 Jahren gesetzt, um das neue Großdeutschland und eine totale Rüstung aufzubauen.«[65] Selbst während des Zweiten Weltkriegs schrieb Blomberg, er habe die Niederlage des Ersten Weltkriegs nie vergessen, er habe die Stärke der potentiellen Feinde Deutschlands erkannt, und er habe gedacht, dass es »eine Katastrophe« wäre, in einen Krieg zu geraten, bevor Deutschland bereit wäre.[66] Blomberg scheint nie verstanden zu haben, dass schon dies genug Opposition war, um Hitler zu drastischen Maßnahmen zu veranlassen. Ende 1937 handelte Hitler unter dem Eindruck eines neuen Gefühls der

Dringlichkeit, was seinen Wunsch und seinen Willen betraf, einen Krieg zu führen. Er konnte keine Generäle dulden, die ihn bremsen wollten.[67]

Auch Fritsch war kein Gegner der nationalsozialistischen Programmatik. Er vertrat stark antisemitische Ansichten. Aber ähnlich wie Blomberg und aus denselben Gründen war er gegen einen schnellen Kriegsbeginn. Hitler »verglich den Generaloberst mit einem unbeeinflußbaren ›Engländer‹«, erinnerte sich Hoßbach, und für Hitler sei Fritsch deswegen »kein geeignetes Medium« gewesen.[68] Zudem, so Hoßbach weiter, trat Fritsch seinem Oberbefehlshaber »als Meister und nicht als Lehrling entgegen; er wirkt in seiner sicheren Art hemmend auf Hitler«.[69]

Fast ein Jahr später, im Dezember 1938, hielt der ehemalige Botschafter Ulrich von Hassell fest, was Fritsch zu ihm gesagt hatte: »Geht es jetzt in den Abgrund«, so Fritsch, »so reißt er [Hitler] uns alle mit. Zu machen ist nichts.«[70] Etwa zur gleichen Zeit schrieb Fritsch an einen Freund: »Ich kann das Gefühl nicht loswerden, als ob die Dinge doch noch zu einem großen Krieg treiben.«[71] Zu diesem Zeitpunkt war er bei weitem nicht der Einzige, der so dachte.

## Kapitel 6

## »Ziemlich besorgt bez. Zukunft«

R. J. Mitchell, Chefkonstrukteur bei den Supermarine Aviation Works (Vickers) Ltd., verbringt den größten Teil seines Arbeitslebens »über eine Zeichnung gebeugt, das Kinn in der Hand, und denkt angestrengt nach«, wie sich sein Kollege Joe Smith Jahre später erinnern wird. Mitchells intensive Konzentrationsfähigkeit ist vielleicht eine Erklärung dafür, was für eine außergewöhnliche Reihe von Flugzeugen er entworfen hat: 24 in 20 Jahren, von Flugbooten über Wettkampfflieger bis hin zu einem Bomber. Mit seiner brillanten Vorstellungskraft ersinnt er immer neue Lösungen für Konstruktionsprobleme. Natürlich hasst er Unterbrechungen. Seine Kollegen lernen schnell, dass sie, wenn sie Mitchells Büro betreten und ihn über sein Zeichenbrett gebeugt sehen, einen scharfen Blick auf seinen Nacken werfen müssen. Sieht sein Nacken normal aus, lohnt es sich zu warten, bis er sie anspricht. Färbt sich aber der Nacken rasend schnell rot, heißt es: »Schnell den Rückzug antreten!«[1]

Mitchells Temperament kann furchterregend sein. Es kann »manchmal verdammt schwierig sein, mit ihm zusammenzuleben«, wie sein Sohn Gordon sagt. Aber die meiste Zeit ist Mitchell ein sehr charmanter Mann – mit einem einnehmenden Lächeln, das seinen obligaten Gesichtsausdruck grimmiger Konzentration von einem Moment auf den anderen vertreiben kann.[2]

Geboren wird R. J. Mitchell acht Jahre vor dem ersten Flug der Gebrüder Wright, aber als Dreizehnjähriger konstruiert und fliegt er schon seine eigenen Modellflugzeuge. Mit 16 Jahren verlässt er die Schule und beginnt eine Lehre bei dem Lokomotivenhersteller Kerr, Stuart und Co. Eine Geschichte aus dieser Zeit zeigt, dass Mitchell eine Vorliebe für Streiche hat, aber auch, dass er unbeirrbar seine Würde verteidigt und von der eigenen Wichtigkeit überzeugt ist. Er versteht sich nicht gut mit seinem Vorarbeiter, der Mitchell die Aufgabe zugewiesen hat, für ihn und für

*die anderen Lehrlinge den Tee zu kochen. Eines Tages rügt der Vor-*
*arbeiter Mitchell dafür, dass sein Tee »wie Pisse schmeckt«. Am*
*nächsten Tag füllt Mitchell den Kessel nicht mit Wasser, sondern*
*mit Urin und warnt seine Mitlehrlinge, das Ergebnis nicht zu trin-*
*ken. Der Vorarbeiter trinkt dankbar seine Tasse aus und lobt Mit-*
*chell: »Eine verdammt gute Tasse Tee, Mitchell, warum kannst du*
*sie nicht jeden Tag so machen?«[3]*

*Mitchell beendet seine Ausbildung 1916, als der Erste Weltkrieg*
*auf die Schlacht an der Somme zusteuert. Er versucht zweimal,*
*sich den Streitkräften anzuschließen, wird jedoch beide Male ab-*
*gelehnt, weil ihn seine technischen Fähigkeiten zu Hause unab-*
*kömmlich machen. 1917 findet er eine Stelle bei den Supermarine*
*Aviation Works in Southampton, einem kleinen Unternehmen,*
*das sich mit der Konstruktion und Herstellung von Wasserflug-*
*zeugen beschäftigt. Mitchell steigt dort rasant auf: 1919, im Alter*
*von 24 Jahren, wird er Chefentwickler bei Supermarine, und 1927*
*wird er zum Geschäftsführer des Unternehmens ernannt. Im fol-*
*genden Jahr wird Supermarine vom riesigen Vickers-Konglome-*
*rat übernommen, hauptsächlich geht es Vickers dabei um Mitchell,*
*dessen weitere Zusammenarbeit mit dem Unternehmen eine*
*Klausel im Übernahmevertrag regelt.[4]*

*Die verschiedenen Darstellungen über Mitchells Karriere klin-*
*gen sehr unterschiedlich, je nachdem, wann sie geschrieben wur-*
*den, denn erst im Jahr 1940 wird die wirkliche Bedeutung seines*
*Lebenswerkes offensichtlich. Davor konzentrieren sich die Erzäh-*
*lungen über sein Leben auf die glänzenden Erfolge der von ihm*
*entworfenen Wasserflugzeuge bei der Schneider-Trophy, einem*
*internationalen Flugwettbewerb. Gestiftet wurde die Schneider-*
*Trophy im Jahr 1913 von einem französischen Industriellen, der*
*damit die Entwicklung von Wasserflugzeugen fördern wollte. Die*
*Regeln des Coupe d'Aviation Maritime Jacques Schneider besagen,*
*dass ein Land, das dreimal in Folge gewinnt, die Trophäe für im-*
*mer behalten darf. Nach dem Ersten Weltkrieg wird die Schneider-*
*Trophy zu einem Prestigeprojekt für Supermarine, und schon 1922*
*gewinnt Mitchells Sea Lion II, so dass Italien der dritte Sieg in Folge*

versagt bleibt. *Dann gewinnen die noch innovativeren Nachfolger der* Sea Lion *zwischen 1927 und 1931 dreimal den Schneider-Cup in Folge und holen damit den Pokal auf Dauer nach Großbritannien. Das letzte Flugzeug, das Mitchell für die Schneider-Trophy-Teilnahme entwickelt, die* S.6B, *erreicht eine Höchstgeschwindigkeit von rund 640 km/h, was für damalige Verhältnisse außergewöhnlich ist und das auch für viele kommende Jahre bleiben wird.*[5]

*Mit Blick auf die Bedrohung durch Bomber in einem zukünftigen Krieg gibt das britische Luftfahrtministerium 1930 die Spezifikation F.7/30 heraus, in der ein Luftverteidigungsjäger mit einer Höchstgeschwindigkeit von rund 400 km/h, einer niedrigen Landegeschwindigkeit, einer hohen Steigrate und einer guten Manövrierfähigkeit gefordert wird. Mitchell beginnt mit der Arbeit, um das, was er von seinen triumphalen Seeflugzeugen gelernt hat, in den Entwurf eines effektiven Jagdflugzeugs einfließen zu lassen.*

*Sein erster Versuch entpuppt sich mehr oder weniger als Rohrkrepierer. Das als* Type 224 *bekannte Modell hat ein starres Fahrwerk, das sich nicht einklappen lässt, und ein offenes Cockpit. Seine Höchstgeschwindigkeit beträgt lediglich 370 km/h. Noch vor dem ersten Testflug ist Mitchell damit unzufrieden, im Sommer 1933 arbeitet er an einem innovativeren Design weiter. Gerade als er mit diesem neuen Projekt beginnt, stellen die Ärzte fest, dass er Darmkrebs hat. Nach der Operation hat er beinah ununterbrochen Schmerzen und muss einen Kolostomiebeutel tragen. Die Ärzte sagen ihm, dass der Krebs jederzeit zurückkehren könnte und dass sie dann nichts mehr für ihn tun können. Mitchell ist erst 38 Jahre alt, und seine ganze Leidenschaft gilt seinen Projekten. Von diesem Zeitpunkt an arbeitet er fieberhaft und ohne Unterlass, in der Angst, dass ihm die Zeit davonläuft.*

*Mitchell lässt sich die Schwere seiner Krankheit nicht anmerken. Keiner seiner Mitarbeiter weiß etwas von dem Kolostomiebeutel, und Mitchell unterdrückt die Schmerzen, die er oft empfindet. Das Einzige, was die Menschen um ihn herum bemerken, ist, dass die Geduldsspanne des getriebenen Mannes noch kürzer geworden ist.*[6]

*Mitchell beißt die Zähne zusammen und widmet sich in den Jahren 1934 und 1935 ganz seinem neuen Kampfflugzeug – und ein Wunder an Eleganz und fortschrittlicher Technologie beginnt Gestalt anzunehmen. Das neue Flugzeug hat ein einziehbares Fahrwerk und ein geschlossenes Cockpit – zwei Änderungen, die es viel schneller machen. Mitchell und sein Aeronautiker Beverley Shenstone beschließen, den Flügel des neuen Jägers zu verändern. Sie machen ihn im Querschnitt sehr dünn und geben ihm eine charakteristische elliptische Form, die an der Wurzel breit ist und sich an der Hinterkante zu einer Spitze verjüngt. Das verleiht dem Flugzeug viel von seiner Schönheit und Anmut, aber das ist nicht der Punkt. Es geht vielmehr um eine bessere Aerodynamik und die Unterbringung wichtiger Ausrüstung. »Ich gebe einen Scheiß darum, ob er elliptisch ist oder nicht«, bemerkt Mitchell gegenüber Shenstone zu der schön geschwungenen Linie des Flügels, »solange er die Waffen abdeckt!« Mindestens ebenso wichtig ist, dass das neue Flugzeug um einen leistungsstarken neuentwickelten Motor herum konstruiert wurde, den* Rolls-Royce PV 12, *der bald in* Merlin *umbenannt werden wird.*

*Ende 1935 ist der Prototyp von Mitchells Jagdflugzeug fast schon flugbereit.*[7] *Das Luftfahrtministerium hat den von Vickers vorgeschlagenen Namen* Spitfire *akzeptiert – »genau die Art von verdammt dummem Namen, den die sich ausdenken würden«, kommentiert Mitchell respektlos.*[8] *Doch am letzten Tag des Jahres schreibt Mitchell in sein Tagebuch, dass es ihm nicht gut geht. Er fügt lakonisch hinzu: »Ziemlich besorgt bez. Zukunft.«*[9]

*Am 5. März 1936 absolviert Vickers' leitender Versuchspilot, Captain »Mutt« Summers, mit dem Prototyp der* Spitfire *den Jungfernflug.*[10] *Jeffrey Quill, Summers' Kollege und stellvertretender Testpilot, beobachtet den Flug. Er erinnert sich später: »Der neue Fighter stieg steil hinauf und kletterte immer weiter in die Höhe.« Nach einem achtminütigen Flug bringt Summers das Flugzeug zu einer perfekten Landung. Sein Kommentar: »Fasst ja nichts an.«*[11]

*Nach drei weiteren Flügen schreibt Summers in seinem Bericht:*

»Die Flugeigenschaften dieser Maschine sind bemerkenswert gut.« Luft-Vizemarschall Sir Hugh Dowding, zu dieser Zeit der für die Beschaffung zuständige Offizier der Royal Air Force, ist so begeistert, wie es dieser mürrische Mann nur sein kann, und teilt dem Luftfahrtminister mit, dass die Flüge »höchst zufriedenstellend« gewesen seien.[12] Die Männer, die die Spitfire später fliegen, sind weniger zurückhaltend. Die Schönheit und Anmut des Flugzeugs bringt ihnen immerfort sexuelle Metaphern in den Sinn. Lord Balfour of Inchyre ist 1938 Unterstaatssekretär für Luftverkehr, als er zum ersten Mal eine Spitfire sieht. »Für mich ist klar, dass ich mich in sie verliebt habe«, sagt er später. »Ich war fasziniert von ihrer schieren Schönheit; sie war schlank gebaut mit einem schön proportionierten Körper und anmutigen Kurven, genau da, wo sie sein sollten. [. . .] Allerdings warnten mich einige ihrer Verehrer, dass sie das war, was meine Mutter ein ›schnelles Mädchen‹ nannte.«[13] Ganz ähnlich erinnert sich H. R. »Dizzy« Allen, einer der späteren Kampfpiloten in der Schlacht um Großbritannien: Die Spitfire »törnte mich an [. . .] [sie] kam der Perfektion nahe«, auch wenn »sie in einigen ihrer Allüren fast so ein schreckliches Miststück war wie die schönste Frau, die ich je getroffen habe«.[14]

Doch zum Jahreswechsel 1936/37 werden R. J. Mitchells Schmerzen immer schlimmer. Anfang 1937 ist klar, dass sein Krebs zurückgekehrt ist. Im Februar sagen ihm die Ärzte, dass er vielleicht noch vier oder fünf Monate zu leben hat. »Bis Juni«, sagt Mitchell zu einem Besucher. »Ich – der ich so viel zu tun habe – habe nur noch bis Juni.«[15] Er kann nicht mehr in sein Büro bei Supermarine gehen, aber seine Mitarbeiter kommen immer noch zu ihm, um Probleme zu besprechen. Im Frühjahr unternimmt er eine beschwerliche Reise nach Wien zu einem renommierten Krebsspezialisten, doch auch dessen Urteil lautet, dass es kein weiteres Mittel gibt. Ende Mai kehrt er in sein Haus in Southampton zurück, wo er in seinem Garten sitzt und sich nur noch um andere Menschen sorgt: um die Gesundheit der Nachbarstochter, um die Karriere seines Sohnes, um die berufliche Zukunft seiner treuen Mitarbeiter. Am 8. Juni verliert Mitchell das Bewusstsein, drei Tage später stirbt er. Er ist gerade 42 Jahre alt geworden.[16]

»Mr. R. J. Mitchell – Entwickler von Wettkampf-Wasserflug-zeugen«, so lautet die Überschrift des ausführlichen Nachrufs auf ihn in der Times. Der gut recherchierte Artikel konzentriert sich mit allen Details auf die technischen Innovationen der Mitchell-Flugzeuge, die die Schneider-Trophy gewinnen konnten. Über die Spitfire kann die Presse noch nicht viel wissen, noch nicht einmal ihren Namen kennt sie. Gegen Ende des Times-Nachrufs stellt der Autor fest, dass Mitchells letztes Projekt ein Jagdflugzeug war, eine landgestützte Weiterentwicklung seiner Wasserflugzeuge. »Dessen Flugleistung wird noch immer geheim gehalten, aber es wird angenommen, dass es das schnellste Militärflugzeug der Welt ist.«[17]

Die Spitfire ist ein typisch britisches Produkt. Die britische In-dustrie bekommt in den 1930er Jahren allmählich das Image eines rückständigen Hinterwäldler-Sektors, der aus im Niedergang be-griffenen, technologiearmen Branchen wie dem Kohlebergbau und der Baumwoll-Textilindustrie besteht. Doch dieses Bild zeigt bestenfalls die halbe Wahrheit. Großbritanniens Luftfahrtindus-trie ist weltweit führend, sowohl in der Quantität als auch in der Qualität. Die große Mehrheit der britischen Flugzeuge ist für die Streitkräfte bestimmt, und die Luftfahrt fügt sich nahtlos in die traditionelle britische Vorstellung davon ein, wie die militärische Verteidigung der Nation organisiert sein sollte. Es sagt einiges über die britische Kultur aus, dass die Ursprünge sowohl der Spit-fire als auch des Merlin-Flugmotors von Rolls-Royce in Partner-schaften begründet lagen, die durch gemeinsame private und staatliche Initiativen entstanden sind. In den späten 1930er Jahren hat die Spitfire ihren Platz sowohl in einem außergewöhnlichen System der Luftverteidigung als auch in einem viel umfassenderen Konzept, wie die Briten jeden zukünftigen Krieg führen wollen.[18] Dieses Konzept ist die entscheidende Komponente hinter der Poli-tik, die die Regierung von Neville Chamberlain gegenüber Deutschland verfolgt – die entscheidende Komponente also hinter

*Chamberlains Herangehensweise an die Bedrohung durch den Nationalsozialismus.*

In zwei Sitzungen am 22. Dezember 1937 traf das Kabinett von Neville Chamberlain eine seiner wichtigsten, zudem sehr aufschlussreichen Entscheidungen. Sollte es erneut zu einem Krieg mit Deutschland kommen, würde die britische Regierung *keine* Bodentruppen nach Frankreich entsenden. Die britische Armee sollte hauptsächlich in den weit entfernten Kolonien Großbritanniens operieren. Ein Krieg mit Deutschland wäre somit eine Angelegenheit für die Royal Navy und die Royal Air Force. Diese Entscheidung ging teils auf finanzielle Erwägungen, teils auf Veränderungen in der öffentlichen Meinung zurück. Im Oktober hatte Schatzkanzler Sir John Simon das Kabinett davon überzeugt, dass Großbritanniens Verteidigungsverpflichtungen mit dem, was sich das Land leisten konnte, in Einklang gebracht werden mussten. Der Minister für die Koordinierung der Verteidigung, Sir Thomas Inskip, legte bei den Sitzungen Ende Dezember ein Gutachten vor, wie dies zu erreichen sei. Seine wichtigste Empfehlung lautete, dass »eine Zusammenarbeit bei der Verteidigung der Territorien von Verbündeten« – mit anderen Worten, die Entsendung von Bodentruppen nach Frankreich – auf der Liste der britischen Verteidigungsprioritäten an letzte Stelle rücken sollte. Wie Kriegsminister Leslie Hore-Belisha es ausdrückte, war die Situation 1937 ganz anders als noch 1914, eine Generation zuvor. »Die öffentliche Meinung in diesem Land befürwortet die Idee nicht, eine Armee auf den Kontinent zu schicken«, sagte er.[19]

Dass Inskips Empfehlungen vom Kabinett angenommen wurden, hatte entscheidende Auswirkungen auf die Ausrichtung der britischen Diplomatie. »Auf lange Sicht«, so Inskip, »wird die Bereitstellung einer angemessenen Verteidigung im Rahmen der uns zur Verfügung stehenden Mittel erst dann vollendet sein, wenn es unserer langfristigen Außenpolitik gelungen ist, die gegenwärtigen Annahmen über unsere derzeitigen Feinde zu ändern.« Das Kabinett beschloss daher, dass es »wünschenswert sei, so bald wie möglich an die Gespräche zwischen [Lord Halifax] und Herr[n] Hitler anzuknüpfen«, möglicherweise durch eine Begrenzung der Bomberflugzeuge.[20] Die Diskussion zusammenfassend betonte Chamberlain: »Unsere wirtschaftliche Stabilität« ist »ein wesentliches Element unserer Verteidigungsstärke«. Das bedeutete nach seiner Ansicht auch, dass Großbritannien »Durchhaltevermögen« brauche, d. h. die Fähigkeit, einen langen Krieg durchzustehen. Um dieses »Durchhaltevermögen« zu gewährleisten, müsse Großbritannien vor allem an die Verteidigung seiner Heimatinseln denken.[21]

Der Verlauf der Debatte und die Entscheidung des Kabinetts standen in engem Zusammenhang mit der Entwicklung der Spitfire durch R. J. Mitchell. Inskips defensive und kostenbewusste Ausrichtung der Verteidigungsausgaben führte dazu, dass er dem Bau von Jagdflugzeugen besondere Bedeutung beimaß, weit mehr als dem von Bombern. Dies war eine der Weichenstellungen, mit denen die britische Verteidigungspolitik und damit auch die Außenpolitik auf die Zukunft ausgerichtet wurden. Bis 1935 hatte Großbritannien die einzige völlig unabhängige Luftwaffe der Welt (anderswo, wie in den Vereinigten Staaten, waren die Luftwaffen Teil der Armee). In den Jahren kurz nach dem Ersten Weltkrieg hatte die noch junge Royal Air Force (RAF) um ihr Überleben gekämpft. Für die Streitkräfte der Demokratien waren diese Jahre schwierig gewesen, denn sie waren geprägt von drastischen Budgetkürzungen und heftigen Rivalitäten zwischen den Teilstreitkräften. Die RAF brauchte ein starkes Argument, um ihren Fortbestand rechtfertigen zu können. Sir Hugh Trenchard, der die Position des »Chief of Air Staff«, also des Kommandanten der RAF, innehatte, fand dieses Argument, als er die Idee des »strategischen Bombardements« lancierte. Sein Konzept wurde als die »Trenchard-Doktrin« bekannt.

Die Trenchard-Doktrin besagte, dass künftige Kriege über die Zerstörung feindlicher Städte durch Bomberflotten entschieden würden. Zu dieser Zeit nahm der Bombenkrieg in der Vorstellung der meisten Menschen den Platz ein, den in der Perspektive späterer Generationen die mögliche Vernichtung durch eine Atombombe besaß, mit in vieler Hinsicht ähnlichen Implikationen. Trenchard etwa war der Ansicht, dass es gegen einen Bomberangriff keine Verteidigung gab. Die einzige »Verteidigung« konnte darin bestehen, eine stärkere Streitmacht als der Gegner zu unterhalten, bestenfalls als Abschreckung, schlimmstenfalls als Mittel, um jeden Angriff mit einem überwältigenden Vergeltungsschlag zu beantworten. Solche Ansichten waren bei Militärtheoretikern vieler Länder verbreitet, ein Vertreter war der italienische Offizier Giulio Douhet, und wurden von Politikern wie Stanley Baldwin akzeptiert, der sich 1932 im Unterhaus entsprechend äußerte: »Ich denke, es ist auch für den Mann auf der Straße gut, wenn er erkennt, dass es keine Macht auf der Welt gibt, die ihn davor schützen kann, bombardiert zu werden. [...] Der Bomber wird immer durchkommen.«[22]

Die Trenchard-Doktrin war in der Zwischenkriegszeit zur vorherrschenden Ansicht innerhalb der RAF geworden, aber es gab einzelne Abweichler, die an eine Möglichkeit zur Verteidigung glaubten. Der wichtigste von ihnen war der mürrische, zurückhaltende, aber exzentrische Hugh Dowding. In der Tat dauerte die Auseinandersetzung zwischen Dowding und Trenchard über die richtige Rolle der Luftwaffe an, seit sie beide im Ersten Weltkrieg im Royal Flying Corps, dem Vorgänger der RAF, gedient hatten. Beide trugen seinerzeit vielsagende Spitznamen: Der explosive Trenchard war als »Boom« bekannt; Dowding wurde »Stuffy«, ›Erbsenzähler‹, genannt.[23]

Dowding war nicht bereit, als eine Tatsache zu akzeptieren, dass »der Bomber immer durchkommen würde«. Seiner Meinung nach brauchte Großbritannien schnelle Jagdflugzeuge, die im Falle des Falles die ankommenden Bomber abfangen und aufhalten konnten. Eine Voraussetzung wäre die Einrichtung eines effektiven Warnsystems, damit die Jäger nicht ständig auf Patrouille sein müssten, was Triebwerke und Piloten gleichermaßen erschöpfen würde. Das Warnsystem und die Fliegerhorste müssten miteinander verbunden sein, und die Flugbewegungen der Jäger sollten über ein reibungslos funktionierendes Kontrollnetzwerk koordiniert werden. 1930 stieg Dowding zum ranghöchsten Beschaffungsoffizier innerhalb der RAF auf und war als Mitglied des Führungsgremiums im Luftfahrtministerium für Forschung und Ausstattung zuständig, was bedeutete, dass er für die Entwicklung neuer Flugzeuge und damit in Zusammenhang stehender Technologie verantwortlich war. Seine feste Überzeugung, dass es eine Möglichkeit zur Verteidigung gegen die Bomber geben müsse, führte zu einer fundamentalen Auseinandersetzung innerhalb der RAF, deren Fronten sich zunehmend verhärteten. Wenn es eine Verteidigung gegen Bomber gäbe, könnten die Deutschen das nicht ebenso herausfinden – und was wäre dann der Zweck einer unabhängigen Luftwaffe? Doch trotz des erbitterten Widerstands der Trenchardisten gelang es Dowding, die Art von Luftverteidigungssystem zu schaffen, die er sich vorstellte.[24]

Alles begann mit dem Jagdflugzeug. Dowding hatte Pate gestanden für Mitchells Arbeit an der *Spitfire*, ebenso wie für das Schwesterflugzeug, die *Hurricane*, die zur gleichen Zeit bei Hawker Aircraft Ltd. entwickelt wurde. Dann war da noch die Frage des Warnsystems. Lange Zeit experimentierten die Briten mit der Idee eines »Schallspiegels«, einer großen Schale ähnlich einer modernen Satellitenschüssel, die in einem leichten Winkel montiert wurde und vor der ein Mikrofon angebracht war. Die geniale, wenn auch wenig plausible Idee war, dass die Schüssel das Geräusch eines ankommenden Bombers auffangen würde, ein die Anlage überwachender Techniker könnte dann die Kampfstationen benachrichtigen. Vielleicht ist es nicht überraschend, dass der Schallspiegel nie besonders gut funktionierte.[25]

Anfang 1935 erläuterte der angesehene Wissenschaftler Robert Watson-Watt einem britischen Regierungskomitee, dass es möglich sein sollte, Radiowellen zu nutzen, um ankommende Flugzeuge aufzuspüren. Aufgeschlossen für neue Ideen, aber kühl-rational wie stets, erklärte Dowding, er würde Gelder für die Entwicklung bewilligen, wenn Wissenschaftler ihn davon überzeugen könnten, dass die Idee umsetzbar sei. Ein für Dowding durchgeführter Test zeigte, dass ein anfliegender Bomber aus circa 13 km Entfernung ausgemacht werden konnte. Das reichte ihm. An der Küste von Suffolk wurde in Orford Ness eine Forschungsstation eingerichtet. Weitere Experimente wurden 1936 auf dem Fliegerstützpunkt Biggin Hill in der Nähe von London durchgeführt. Die neue Technologie bekam den Namen *Radio Detection and Ranging* (ˈfunkwellengestützte Ortung und Abstandsmessungˈ), kurz *RADAR*.[26]

Bald konnten die RADAR-Geräte Flugzeuge in einer Entfernung von mehr als 60 km ausmachen. Erfassten die Wellen von zwei verschiedenen Stationen einen Eindringling, war es möglich, dessen Position und Flugrichtung zu bestimmen. Man begann eine Kette von Radarstationen entlang der britischen Ost- und Südküste aufzubauen, die als *Chain Home* bekannt wurde. Da die *Chain Home* keine Flugzeuge aufspüren konnte, die tiefer als 900 m flogen – und damit buchstäblich unter dem Radar blieben –, wurde eine zweite Kette errichtet, *Chain Home Low*, um diese Lücke zu schließen.

Sobald sich die Angreifer im Landesinneren befanden, konnte das Küstenradar sie nicht mehr ˈsehenˈ, so dass sich die Verteidigungskräfte stattdessen auf die Freiwilligen des Royal Observer Corps, einer Zivilschutzorganisation, verlassen mussten. Die hartgesottenen *spotter* hockten auf Dächern oder Bergkuppen, ausgerüstet mit einem Telefon, einem Fernglas und einem Gerät zur Einschätzung der Höhe und Richtung vorbeifliegender Flugzeuge. Ihre Aufgabe war es, die Kontrollstationen der Jäger über die Bewegungen der feindlichen Formationen zu informieren, sobald diese die britische Küste überschritten hatten.

Im Juli 1936, gerade als die RADAR-Tests in Biggin Hill begannen, nahm Dowdings Karriere eine Wendung. Die RAF wurde in funktionale Kommandos reorganisiert, von denen die beiden wichtigsten das Fighter Command und das Bomber Command waren. Da der Einfluss der Trenchard-Anhänger noch immer dominierte, war das Bomber-Kommando dasjenige mit dem höchsten Prestige. Der unbeliebte Dowding wurde also zum Air Officer Commanding (AOC) des Jagdflugzeug-Kommandos ernannt.

Unter Dowdings Leitung entwickelten sich die Dinge in der Jagdflugzeug-Abteilung ganz ähnlich wie zuvor in der Abteilung Forschung und Entwicklung. Seiner Ernennung folgte ein großer Bauboom: Die ersten einsatzfähigen Radarstationen wurden fertiggestellt, während Posten des freiwilligen Beobachterkorps eingerichtet und ausgestattet wurden. Dann entstand die gesamte ausgeklügelte Infrastruktur des Fighter Command, insbesondere die Kommandozentrale, in der die Meldungen der Radarstationen und des Beobachterkorps entgegengenommen und an die Jagdgeschwader weitergeleitet sowie die daraus resultierenden Abfangjagden und Gefechte gesteuert wurden. Das Fighter Command entwickelte ein System, die Flugverbände auf Sektoren aufzuteilen, mit jeweils einem Hauptflugplatz und gegebenenfalls mehreren Satelliten-Flugplätzen, auf die die Jäger verlegt werden konnten. Dowding drängte auf allwettertaugliche, gepflasterte Landebahnen. Bemerkenswerterweise stieß er in diesem Punkt auf den Widerstand des Luftfahrtministeriums, das bemängelte, dass eine asphaltierte Landebahn ein zu offensichtliches Ziel für einen feindlichen Angriff darstelle.[27]

Obwohl sich die Anhänger von Dowding und Trenchard als erbitterte Rivalen betrachteten, verband sie doch auf einer anderen Ebene eine gemeinsame britische Kultur, die Wissenschaft und Technologie gepaart mit Individualismus schätzte; eine Kultur, die sich immer – oder fast immer – von den Massenarmeen und der Kriegsführung des europäischen Kontinents unter massivem Einsatz von Bodentruppen distanziert hatte. Das Fighter Command mit seinen Spitfires und seinem Radar und das Bomber Command mit seiner Trenchard-Doktrin waren nur die jüngsten Ausprägungen dessen, was man unter dem *British Way in Warfare* verstand. Diese Vorstellung von einem britischen Weg in der Kriegsführung hatte einen entscheidenden

Einfluss darauf, wie die Regierung von Neville Chamberlain die internationalen Beziehungen gestaltete.

In den 1930er Jahren war der einflussreichste Theoretiker des britischen Weges in der Kriegsführung Captain Basil Liddell Hart. Liddell Hart war in vielerlei Hinsicht ein ungewöhnlicher Offizier, Militärhistoriker und Stratege. Er hatte als Infanterieoffizier im Ersten Weltkrieg gedient und teilte die Wut der vielen, die schärfste Kritik an den menschlichen wie finanziellen Kosten eines Kriegs übten, der noch nicht einmal einen entscheidenden Sieg eingebracht hatte. Er hatte den festen Vorsatz gefasst, dass sich ein solcher Krieg niemals wiederholen dürfe, und er setzte seine Wut in intensive Beschäftigung mit Militärgeschichte und strategischer Theorie um. Als Militärkorrespondent des *Daily Telegraph* und später der *Times* war Liddell Hart der Meinung, die Briten hätten ihre »im Wesentlichen pragmatisch-unternehmerisch denkende Tradition in der Kriegsführung« vergessen, die »auf ökonomischem Druck, ausgeübt durch die Übermacht zur See, beruhte«. Dies sei »der britische Weg der Kriegsführung« – ein Ausdruck, den er 1931 prägte.[28]

Was beinhaltete dieser Weg genau?

Liddell Harts »britischer Weg« nahm seinen Ausgang von der basalen, aber immens wichtigen Tatsache, dass Großbritannien eine Insel ist, die über Jahrhunderte von den unaufhörlich auf dem europäischen Kontinent tobenden Kriegen abgeschnitten war. Bis zum Aufkommen der Luftstreitkräfte im frühen 20. Jahrhundert war alles, was Großbritannien für seine nationale Verteidigung wirklich brauchte, eine starke Marine – und seit den Tagen im 16. Jahrhundert, in denen Sir Francis Drake die spanische Armada abwehrte, besaß es eine solche. Großbritannien war außerdem mit einem reichen Vorrat an natürlichen Ressourcen gesegnet, darunter Kohle und Eisen. Dank sicherer Lebensverhältnisse im Heimatland und dem Reichtum, der sich aus der Kontrolle über den Welthandel zur See ergab, war Großbritannien das erste Land gewesen, das eine industrielle Revolution durchlief. Der immense Reichtum und die Übermacht auf den Weltmeeren ermöglichten es Großbritannien, ein globales Kolonialreich von nie gekanntem Ausmaß zu errichten. Zu Beginn des 20. Jahrhunderts umfasste es ein Viertel der Erdoberfläche und der Weltbevölkerung. Um sich und ihr Imperium zu verteidigen, hielten die Briten die Royal Navy auf einem »Zwei-Mächte-Standard«, wie sie es nannten: Die britische Flotte musste stets größer sein als die beiden nächstgrößeren Flotten weltweit zusammengenommen. Die Briten führten nur begrenzte, kleinere Kriege zu Land. Dabei ging es entweder um die Unterwerfung rebellischer Indigener in ihrem Empire oder um wohldosierte Eingriffe in größere Konflikte. Selbst gegen ihre großen Gegner wie die französischen Bourbonenkönige oder Napoleon hatten sich die Briten – laut Liddell Hart – auf ihre Finanzkraft, die Royal Navy und auf die Bodentruppen größtenteils anderer Nationalitäten verlassen. Die britische Flotte mochte hier und da eine Truppe von Soldaten ins Feld transportieren, aber der Sieg in kontinentalen Kämpfen hing viel mehr vom Blutzoll der Verbündeten wie Russland, Preußen oder Österreich ab.

Nach 1870 wurde es jedoch für Großbritannien schwieriger, das strategische Gleichgewicht aufrechtzuerhalten. Deutschland und die Vereinigten Staaten stiegen zu führenden Industriemächten auf. Sie bauten Flotten auf und begannen, mit Großbritannien um die Weltmärkte zu konkurrieren. Andere europäische Länder folgten. Da Großbritannien nicht mehr in allen Bereichen überlegen sein konnte, mussten strategische Entscheidungen getroffen werden. Es ergab sich ein Dilemma: Je mehr die britische Regierung für die Verteidigung ausgab, desto mehr gefährdeten diese Ausgaben die fiskalische Stabilität, die Großbritannien zu einem attraktiven Kreditnehmer machte. Der einfache Zugang zu Krediten war wiederum einer der Gründe, warum Großbritannien in der Lage gewesen war, in langandauernden Kriegen gegen Gegner mit kürzerem finanziellem Atem durchzuhalten. Militärausgaben zogen zudem Ressourcen aus der zivilen Wirtschaft ab. Der Aufbau von Streitkräften, insbesondere von Bodentruppen, für einen kontinentaleuropäischen Krieg konnte nicht nur den Wohlstand zerstören, den die britischen Streitkräfte doch verteidigen sollten, sondern auch unmittelbar Großbritanniens Durchhaltevermögen in einem langen Krieg beeinträchtigen. Denn implizit würden sich dadurch die Chancen verschlechtern, Kredite zu erhalten und militärische Ressourcen erwerben zu können, wenn sie wirklich gebraucht wurden. Der Erste Weltkrieg bestätigte diese typisch britische Denkweise zu grundsätzlichen kriegsstrategischen Fragen – auch weil Großbritannien zwischen 1914 und 1918 in einem entscheidenden Punkt von seiner üblichen Praxis abwich: Es mobilisierte sechs Millionen Mann und setzte beträchtliche Bodentruppen auf den Schlachtfeldern in Frankreich und Belgien ein. Bezahlt wurde diese Armee samt den schwindelerregenden Mengen an Munition und anderen Vorräten, die sie verbrauchte, dank besagter Kreditwürdigkeit, nämlich indem das Vereinigte Königreich sich bei amerikanischen Banken verschuldete. Als der Krieg zu Ende war, sah es so aus, als sei diese Strategie in jeder Hinsicht ein Desaster gewesen.[29] Die britische Regierung war nun massiv bei ihren amerikanischen Gläubigern verschuldet, und New York hatte London als Finanzzentrum der Welt in den Schatten gestellt. Zudem hatten eine dreiviertel Million Briten auf den Schlachtfeldern des Kontinents ihr Leben verloren, und Millionen weitere trugen lebenslange körperliche und seelische Wunden davon.

Liddell Hart war der Meinung, Großbritannien hätte einen begrenzten Krieg führen und es bei dem Kontingent von hunderttausend Soldaten belassen sollen, das es anfangs nach Frankreich geschickt hatte. Des Weiteren hätte es darauf vertrauen sollen, mittels einer Seeblockade die deutsche Wirtschaft in die Knie zu zwingen, flankiert von peripheren militärischen Operationen wie Churchills Landung auf der Halbinsel Gallipoli 1915. (Nach Liddell Harts Ansicht hatte in Wahrheit die Seeblockade den Ausgang des Kriegs entschieden.) Hätte sich eine anhaltende Pattsituation ergeben, so führte er aus, hätten die Briten, »treu unseren Traditionen [...] folgend, einen Frieden ausgehandelt – ein übliches Ende für die Kriege, von denen wir am meisten profitiert haben«. In den Verhandlungen hätten sie sich darauf verlassen sollen, ihre üblichen Trümpfe als Finanz- und Seemacht auszuspielen, dann wären sie aus der Situation weniger geschwächt hervorgegangen, als es nun der Fall sei. Abschließend verwies er darauf, dass »ein Sieg im eigentlichen Sinne sicherlich bedeutet, dass man nach dem Krieg besser dasteht, als wenn man keinen Krieg geführt hätte. Ein Sieg in diesem Sinne ist nur möglich, wenn das Ergebnis schnell errungen wird oder der Aufwand in einem wirtschaftlichen Verhältnis zu den nationalen Ressourcen steht.«[30]

Ein weiteres Schlüsselelement von Liddell Harts Ideen basierte darauf, dass er im Ersten Weltkrieg miterlebt hatte, wie massive Kräfte angreifender Infanterie durch Maschinengewehr- und Artilleriefeuer in Stücke gerissen werden konnten. Wie viele andere auch kam er zu dem Schluss, dass in der modernen Kriegsführung die Verteidigung immer im Vorteil war. Eine kluge Strategie würde sich daher auf die Verteidigung konzentrieren.[31]

Ursprung der kühl kalkulierenden strategischen Überlegungen Liddell Harts war die Tatsache, dass er ein engagierter liberaler Demokrat war. Er war überzeugt, dass die liberalen Demokratien eine neue politische und militärische Strategie entwickeln mussten, um mit der Art von aggressiver, totalitärer Bedrohung umzugehen, die das nationalsozialistische Deutschland darstellte. Und er setzte sich zum Ziel, diese Strategie zu entwickeln.[32]

Um die Atmosphäre der 1930er Jahre beurteilen zu können, muss man insbesondere in den Blick nehmen, wie die ideologischen Unterschiede zwischen den Regimen dieser Zeit sich darauf auswirken mussten, wie dort jeweils über Strategie gedacht wurde. Und diese ideologischen Unterschiede waren viel größer, als sie zwanzig Jahre zuvor gewesen waren. 1914 waren Großbritannien und Frankreich, im Allgemeinen gesprochen, als Gesellschaften zwar demokratischer als das deutsche Kaiserreich oder Österreich-Ungarn, aber die Unterscheide waren eher graduell. 1914 durften in Österreich und Deutschland alle erwachsenen Männer an den nationalen Wahlen teilnehmen, beide Länder waren Rechtsstaaten. Die meisten Aspekte der europäischen Kultur, von der Einstellung zum Krieg über die Beziehungen der gesellschaftlichen Schichten untereinander bis hin zu den Künsten, waren allen gemeinsam. In den 1930er Jahren war die Entwicklung in den Demokratien jedoch von noch breiterer demokratischer Beteiligung und einer Ablehnung des Kriegs charakterisiert – während die Regime in Deutschland und Italien sowie in der Sowjetunion auf systematischer Unterdrückung und Gewalt beruhten, ganz zu schweigen von der Militarisierung der Gesellschaft, und zwar auf einem in der modernen Geschichte noch nie dagewesenen Niveau.

Liddell Hart hatte verstanden, dass die Demokratien in dieser Situation überdenken mussten, wie sie der totalitären Bedrohung begegnen sollten. Viele einflussreiche Briten, darunter auch zahlreiche Politiker, die gegen eine Beschwichtigungspolitik gegenüber NS-Deutschland waren, sahen das nicht. Die Diskussionen innerhalb des britischen Kabinetts waren gespickt mit Verweisen auf Großbritanniens Kämpfe gegen Ludwig XIV. oder Napoleon, als ob die Probleme der nationalen Sicherheit genau dieselben wären wie ein oder zwei Jahrhunderte zuvor. Liddell Hart hingegen hatte die neue, ideologische Dimension der Weltpolitik erfasst. Dies war eine Welt, in der deutsche Staatsbürger, die als Freiwillige für die von den Kommunisten unterstützten Internationalen Brigaden im Spanischen Bürgerkrieg gekämpft hatten, nach ihrer Rückkehr in die Heimat wegen versuchten Hochverrats verurteilt werden konnten. Ein deutsches Gericht stellte in einem solchen Fall fest, dass »der spanische Krieg keine rein innerspanische Angelegenheit« sei, sondern vielmehr »der erste große Konflikt zwischen dem Kommunismus auf der einen Seite und dem Faschismus und Nazismus auf der anderen«, und daher komme der Kampf für die Internationalen Brigaden einem Versuch gleich, die *deutsche* Regierung zu stürzen.[33]

Für Liddell Hart war deutlich geworden, dass der Erste Weltkrieg zu einer Krise der Demokratie auf dem europäischen Kontinent geführt hatte, aus der viele Nationen »mit einer Regierungsform und mit einer Einstellung zu den Rechten des Individuums hervorgingen, die der angelsächsischen Tradition im Wesentlichen fremd ist«. Obwohl die Möglichkeit eines Luftkriegs dazu geführt hatte, dass Großbritannien »strategisch weniger eine Insel war als zuvor«, war es »politisch mehr denn je eine Insel«. Würde »England wie ein Fels in der totalitären Brandung stehen, bis diese Flut verebbt?«, fragte er sich und bemerkte, dass für den Kommunismus und den Faschismus »Uniformität ein Ideal und Nonkonformität ein Verbrechen ist«, während in Großbritannien »Toleranz nie so weit verbreitet und Gewalt so sehr verpönt war« wie in der Nachkriegszeit.[34]

Die Schwierigkeit liege darin, betonte Liddell Hart, wie man dieses friedliche und liberale Land dazu bringen sollte, über Verteidigung nachzudenken. Pazifisten und »geborene Patrioten« ständen sich mit Unverständnis gegenüber, aber sie würden lernen müssen, einander zu verstehen.[35] Junge Menschen könne man nicht zu »patriotischer Verteidigung« motivieren, wenn man gleichzeitig davon sprach, es gehe dabei lediglich um »die Unversehrtheit eines geographischen Gebiets, seiner Bewohner und deren materieller Interessen«. Es sei »eine neue Vision nötig«. Er schloss: »Um diese zu entwickeln, müssen wir uns auf das besinnen, was in der angelsächsischen Tradition wichtig ist – vor allem den Geist der Freiheit.« Wenn Faschismus und Kommunismus »Begeisterung bei der Jugend wecken können, wie viel bessere Quellen haben wir dann, aus denen wir sie schaffen können«.[36]

Nicht nur seien die ideologischen Unterschiede zwischen den Demokratien und den Diktaturen größer, als es in vergangenen Konflikten der Fall gewesen sei, stellte Liddell Hart fest. Eine Demokratie könne außerdem nicht die gleichen Ansprüche an ihre

Bürger stellen wie eine Diktatur. Deshalb zielte seine Strategie darauf ab, einen Krieg zu verhindern oder im schlimmsten Fall seine Auswirkungen zu minimieren. Eine Wehrpflicht einzuführen, lehnte er ab, da er der Überzeugung war, dass der Kampf gegen den Totalitarismus nicht mit »totalitären« Methoden geführt werden könnte oder sollte. Obwohl er sich zunächst als Theoretiker der Panzerkriegsführung einen Namen gemacht hatte, sprach er sich gegen jedes »kontinentale Engagement« britischer Bodentruppen aus. Er befürwortete stattdessen eine Reihe von Instrumenten, von Eindämmung über Abschreckung bis hin zum Einsatz von Wirtschaftssanktionen (einschließlich der Seeblockade, die lange eine britische Paradedisziplin gewesen war). Sollte es doch zum Krieg kommen, plädierte er dafür, die Kampfhandlungen soweit irgend möglich zu begrenzen: auf Operationen an der Peripherie, einen Stellvertreterkrieg, das Agieren in der Defensive. Er war ein starker Befürworter von strategischen Bombenangriffen, weil er glaubte, dass sie einen Krieg schnell und mit geringeren Verlusten, selbst für die bombardierte Partei, beenden könnten. Aber er hielt es auch für sinnlos, mit einem totalen Krieg gegen NS-Deutschland vorzugehen. Er bezweifelte, dass Großbritannien einen solchen Krieg gewinnen könnte, und selbst wenn es das könnte, würde der Sieg noch mehr einer Niederlage gleichen, als dies am Ende des letzten Kriegs der Fall gewesen sei. Die beste Herangehensweise sei es, die andere Seite davon zu überzeugen, dass sie nicht gewinnen könne und der Krieg daher keinen Versuch wert sei.[37]

Nachfolgende Autoren haben Liddell Hart für Ungereimtheiten, Schwächen in seinem historischen Verständnis und für seine unablässige Selbstverherrlichung kritisiert. Nur wenige seiner Ideen waren tatsächlich original. Er stützte sich stark auf die Arbeiten des frühen Marinestrategen Julian Stafford Corbett. Aber in den 1930er Jahren sprach Liddell Hart für weite Teile der britischen Öffentlichkeit, für die eine Wiederholung des Ersten Weltkriegs der größte denkbare Alptraum war. Seine Botschaft war der Regierung Chamberlain sehr willkommen, und zahlreiche Anzeichen sprechen für seinen Einfluss auf die britische Regierungspolitik.[38]

Kurz bevor er Premierminister wurde, schrieb Chamberlain an Liddell Hart:»Ich fand Ihre Artikel in der *Times* über die Rolle der Armee äußerst hilfreich und anregend. Ich bin recht sicher, dass wir nie wieder eine Armee in der Größenordnung auf den Kontinent schicken werden wie diejenige, die wir im Großen Krieg ins Feld geschickt haben.« Chamberlain bezog sich auf Liddell Harts Idee einer »Kriegsführung mit beschränkter Haftung«, seine Bezeichnung für einen minimalistischen Ansatz in der Verteidigung.[39] Chamberlain trat sein Amt mit dem Vorsatz an, diese begrenzte Haftung in die Tat umzusetzen. Aus seiner Entschlossenheit resultierte maßgeblich der Kabinettsbeschluss vom 22. Dezember 1937, der besagte, dass Großbritannien im Falle eines Kriegs *keine* Armee nach Frankreich entsenden würde.[40]

In Chamberlains Denken spielten ökonomische und finanzwirtschaftliche Überlegungen eine zentrale Rolle – eine weitere Gemeinsamkeit mit Liddell Hart. »So beeindruckend die marschierenden Kolonnen für den ehrfürchtigen zivilen Betrachter auch aussehen mögen«, schrieb Liddell Hart, die Soldaten seien »nur riesige Marionetten, abhängig [...] von einem Förderband oder einer Pipeline«, die von der zivilen Wirtschaft und ihren Ressourcen gespeist würden. Sofern keine Seite einen Weg fände, einen Krieg schnell zu gewinnen – was mit der modernen Kriegsführung zunehmend zur Illusion werde –, würden Konflikte durch die wirtschaftlichen Ressourcen entschieden, die es einem Land erlaubten, einen langen Krieg durchzuhalten. Chamberlain hatte sich diesen Punkt zu Herzen genommen und erkannt, dass sich Großbritannien in einer viel schwächeren finanziellen Position befand als 1914, da es Auslandsvermögen liquidiert und hohe Kredite von den Vereinigten Staaten aufgenommen hatte, um den Ersten Weltkrieg zu bezahlen. Mittlerweile war es mit der Abzahlung der amerikanischen Kredite in Verzug geraten, was bedeutete, dass Großbritannien nach den

Bedingungen des Johnson Act von 1934 von jeder weiteren Kreditaufnahme in den USA ausgeschlossen war.[41]

Sir Thomas Inskip gab im Dezember 1937 im Kabinett zu bedenken, dass »die Aufrechterhaltung unserer wirtschaftlichen Stabilität eher als ein wesentliches Element in unserem Verteidigungssystem beschrieben werden sollte: eines, das zu Recht als vierte Säule der Verteidigung angesehen werden kann« – neben der Armee, der Marine und der RAF. Inskip war der Meinung, dass Großbritanniens guter Ruf in Bezug auf seine finanzielle Stabilität nicht nur im Falle eines Kriegs unverzichtbar war, sondern auch eine entscheidende Rolle dabei spielte, einen Krieg von vornherein zu verhindern.[42]

Die meisten Minister in Chamberlains Kabinett waren sich darin einig, dass es im Falle eines Kriegs zu einer Erhöhung der Verteidigungsausgaben und der Staatsverschuldung kommen musste. Aber woher sollten sie wissen, wann dieser Moment gekommen war? Schatzkanzler Sir John Simon sagte im März 1938 im Kabinett: »Wir sind in der Situation eines Läufers in einem Rennen, der sich seinen Sprint für den richtigen Zeitpunkt aufsparen will, aber nicht weiß, wo das Zielband ist. Die Gefahr besteht, dass wir unsere Finanzen vorzeitig ruinieren.«[43] Die gegenteilige Gefahr war natürlich, dass die Planung für einen Sieg in einem langen Krieg nichts nützen würde, wenn Großbritannien bereits in einem kurzen Krieg eine katastrophale Niederlage erlitt. Wie Außenminister Anthony Eden argumentierte, wäre »eine gute finanzielle Lage [nur] ein schwacher Trost für uns, wenn London dem Erdboden gleichgemacht würde, weil unsere Luftwaffe unzulänglich ist«.[44]

Es gab also eine wichtige Verbindung zwischen den Ideen von Liddell Hart und Chamberlain auf der einen Seite und denen von Hugh Dowding auf der anderen Seite. In seinem Bericht zur Lage der Verteidigung vom Dezember 1937 argumentierte Inskip, dass die Rolle der RAF grundsätzlich defensiv und nicht offensiv sein sollte – eine Bemerkung, die bei Trenchard-Anhängern als Ketzerei gegolten hätte, aber im Einklang mit Dowdings

Ideen stand. Inskip war nicht der Ansicht, dass die Trenchard-Anhänger ihre These überzeugend begründet hatten, ein Krieg sei allein mit Bombenangriffen zu gewinnen. Er hielt es für viel wichtiger, dass die RAF in der Lage wäre, die Britischen Inseln in einem langen Krieg zu verteidigen, als dass sie Deutschland angreifen könne, um einen kurzen Krieg zu gewinnen. Neville Chamberlain teilte Inskips Ansicht voll und ganz. Seit 1934 hatte Chamberlain darauf gedrängt, das Augenmerk auf die Entwicklung von Jagdflugzeugen anstatt von Bombern zu legen. Als Schatzkanzler hatte er dem Luftfahrtministerium sogar eine Ausgabenerhöhung verordnet, mit der das Ministerium gar nicht glücklich war, da eine Erhöhung der Zahl der Jagdflugzeuge und nicht der Bomber gefordert wurde. Chamberlain war außerdem der Meinung, dass die Briten angesichts der wachsenden Bedeutung der Heimatverteidigung möglicherweise Abstriche bei der Marine machen mussten.[45]

Letztlich war der »British Way of Warfare« in der britischen Kultur verankert und hatte ein größtenteils moralisches Fundament. Er basierte auf tiefempfundener Abscheu vor dem Krieg und auf der Vorstellung, dass eine Demokratie ihre Autorität für den Frieden einsetzen sollte. Diese Einstellung basierte wiederum auf der britischen Tradition des anglikanischen Christentums, teils in einer säkularisierten Version, teils in Reinform – wie im Fall von Lord Halifax, der nicht umsonst den Spitznamen »Heiliger Fuchs« trug. Wenige Tage nach Ausbruch des Zweiten Weltkriegs im September 1939 schrieb Liddell Hart, die Alliierten sollten eine Erklärung abgeben, »dass wir auf einen militärischen Angriff als Mittel zur Bekämpfung der Aggression verzichten«, denn das würde »unsere moralische Position« stärken und »den Deutschen die Verantwortung dafür aufbürden, in die Offensive zu gehen«.[46]

Ohne Frage gab es einen Bereich, in dem die britische Strategie voll und ganz darauf ausgerichtet war, »in die Offensive zu gehen«, und das war das strategische Bombardement – die Trenchard-Doktrin. Zugegeben, auch darin war eine Art demokratische Logik am Werk: Da eine Demokratie unter dem Druck steht, die Kriegsopfer unter ihrer Bevölkerung niedrig zu halten, stellt ein Sieg mittels der Bombardierung von Städten der anderen Seite eine Möglichkeit dar, die Zahl der Opfer nur auf Seiten des Gegners zu erhöhen. Aber diese blutrünstige und aggressive Doktrin passte sowohl moralisch als auch strategisch schlecht zur defensiven Haltung der Regierung Chamberlain. Wenn Großbritannien sich auf einen langen Krieg vorzubereiten hatte, in dem seine wirtschaftlichen Ressourcen ihm schließlich den Sieg über Deutschland bescheren würden, dann musste es kurzfristig sein Kernterritorium gegen einen deutschen Versuch verteidigen können, dort durch Bombenangriffe gravierende Schäden zu verursachen. Es ist daher vollkommen schlüssig, dass es Chamberlain, Inskip und der vormalige wie der amtierende Luftfahrtminister, Lord Londonderry und Lord Swinton, gemeinsam mit dem mürrischen Hugh Dowding, waren, also einige der führenden Appeasement-Politiker, die Großbritanniens ausgeklügeltes Luftverteidigungsnetz entwickelten und den Schwerpunkt der RAF von Bombern auf Jagdflugzeuge verlagerten. Die *Spitfire* war auch in diesem Sinne eine klassisch britische Waffe.[47]

Im Nachhinein mag diese defensive und an moralischen Standards orientierte Haltung naiv erscheinen. Aber Großbritannien hätte ein anderes Land sein müssen, um eine andere Strategie zu entwickeln. Sosehr Chamberlain und Churchill politisch uneins waren, in der Frage der »Strategie der begrenzten Haftung« gab es durchaus Aspekte, in denen sie sich einig waren. Während zweier Weltkriege, insbesondere als erster Lord der Admiralität im Ersten Weltkrieg und als Premierminister im Zweiten Weltkrieg, demonstrierte Churchill, dass er treu zur britischen Art der Kriegsführung stand. Er suchte stets nach einer »peripheren Strategie«, die Leben und Ressourcen schonte, indem er vorrangig auf die See- und Luftmacht setzte. Darin waren sich Churchill und Chamberlain einig, denn auf diese Weise konnte eine moderne Demokratie der Art von Bedrohung, die Hitler darstellte, am besten begegnen.

In der Kabinettsdebatte vom 22. Dezember 1937 hatte Hore-Belisha argumentiert, ein Grund dafür, dass Großbritannien keine Armee nach Frankreich schicken könne, bestehe darin, dass die öffentliche Meinung dies nicht befürwortete. Die enorm gewachsene Bedeutung der öffentlichen Meinung in den 1930er Jahren war eine der wichtigsten Bezugsgrößen für Politiker, die versuchten, eine demokratische Antwort auf die von NS-Deutschland ausgehende Bedrohung zu finden.

In den Jahren nach dem Ersten Weltkrieg gab es viele Anzeichen für einen tiefgreifenden kulturellen Wandel in den westlichen Demokratien – hin zu einem höheren Maß an Individualismus, einem Ende der Unterordnung unter Autoritäten und einer Konzentration auf das Privatleben. F. Scott Fitzgeralds Roman *Zärtlich ist die Nacht* aus dem Jahr 1934 enthält eine bemerkenswerte Passage, in der die Hauptfigur erklärt, dass der Erste Weltkrieg so nie wieder geführt werden könne. Ihm habe eine Bindung an »Religion und Jahre des Überflusses und ungeheure Sicherheiten und das exakte Verhältnis, das zwischen den Klassen bestand«, zugrunde gelegen, die nun allesamt verschwunden seien.[48] Nachdem sie im Ersten Weltkrieg ihren Verlobten, ihren Bruder und mehrere Freunde verloren hatte, stellte die britische Autorin und Aktivistin Vera Brittain in ihren Memoiren fest, dass sie keine Geduld mehr für Vorträge über ihre Verpflichtungen gegenüber »Gott, König und Vaterland« aufbringen könne. »Dieses unersättliche Trio hat mich bereits all dessen beraubt, was mir im Leben am teuersten war«, schrieb sie.[49]

Den Zeitgenossen war außerdem nicht entgangen, dass sich in den wohlhabenderen Ländern ein gravierender Wandel hin zur Konsumgesellschaft vollzog. »Es gibt etwas Neues in der amerikanischen Demokratie«, schrieb der Journalist Samuel Strauss 1924 in der Zeitschrift *Atlantic Monthly*. Strauss gab dem Phänomen einen etwas unbeholfen klingenden Namen: »Konsumismus«. Der Konsumismus beinhalte, schrieb er, »dass die vorrangige Bedeutung des amerikanischen Bürgers für sein Land nicht mehr die des Bürgers, sondern die des Konsumenten ist«.

Die Folgen waren in der Tat ernst. »Kein Staatsmann, kein Pazifist, kein Völkerbund-Enthusiast würde sein Lieblingsprojekt noch einen Moment länger weiterverfolgen, wenn er glaubte, die Folge wäre, dass die Leute in zehn Jahren nur noch die Hälfte von dem kaufen werden, was sie heute kaufen.« Er hatte Recht.[50] Der neue Individualismus, die schwindende Autoritätsgläubigkeit und sogar der Konsumismus selbst hatten schicksalhaften Einfluss auf die Aversion gegen den Krieg, die in den 1920er und 1930er Jahren weit verbreitet war. Dieser Umschwung ließ sich zum Teil auch in der Literatur und im Film ablesen: Vera Brittains *Testament of Youth* (›Testament der Jugend‹) ist eines der klassischen Beispiele neben Ernest Hemingways *A Farewell to Arms* (dt. *In einem andern Land*), Robert Graves' *Goodbye to All That* (dt. *Strich drunter!*) und Erich Maria Remarques *Im Westen nichts Neues*. Die Entwicklung war aber auch an im engeren Sinn politischen Ereignissen ablesbar. Im Februar 1933 stimmten die Studenten der Oxford Union, des Debattierclubs der großen Universität, mit 275 zu 153 Stimmen dafür, dass die Unions-Mitglieder »unter keinen Umständen für ihren König und ihr Land kämpfen würden«. Zwei Jahrzehnte zuvor waren es gutsituierte junge Männer wie diese gewesen, die als enthusiastische Infanterieoffiziere in den Krieg gezogen und in Scharen gestorben waren. Das Votum der Oxford Union ließ das politische Establishment Großbritanniens erschauern. Und es inspirierte andere Studenten, ähnliche Anträge an den Universitäten von Cambridge, Manchester und Glasgow zu verabschieden.[51]

Später im selben Jahr gewann ein Labour-Kandidat eine Nachwahl im Wahlbezirk Fulham East für einen Sitz im Unterhaus, der zuvor der konservativen Partei sicher gewesen war, indem er in seinem Wahlkampf auf die Themen Frieden und Abrüstung setzte. Diese Nachwahl löste ein politisches Erdbeben aus. Premierminister Stanley Baldwin schien noch drei Jahre später davon traumatisiert zu sein. In einer Debatte im Unterhaus im November 1936 äußerte er sich mit einer, wie er es selbst nannte, »erschreckenden Offenheit« dazu, wie ein demokratischer Politiker Außenpolitik betreiben sollte. Er sagte, er sei immer ein Verfechter des »demokratischen Prinzips« gewesen, und in den Jahren 1933 und 1934 habe sich »wahrscheinlich eine stärkere pazifistische Überzeugung in diesem Land ausgebreitet als zu irgendeinem anderen Zeitpunkt seit Kriegsende. [...] Sie werden sich an die Wahl in Fulham im Herbst 1933 erinnern, als ein Sitz, den die Nationale Regierung innehatte, mit einem Abstand von etwa 7000 Stimmen verloren wurde, aufgrund keiner anderen Thematik als der des Pazifismus.« Folglich sei seine »Situation als Vorsitzender einer großen Partei nicht ganz einfach« gewesen. Wie hätte er im Wahlkampf 1935 für die Wiederbewaffnung plädieren können, die notwendig war, um der deutschen Bedrohung begegnen zu können, fragte Baldwin. »Glaubt irgendjemand, dass sich diese pazifistische Demokratie in diesem Moment hinter einem solchen Aufruf versammelt hätte? Ich kann mir nichts vorstellen, was den Verlust der Wahl von meinem Standpunkt aus wahrscheinlicher gemacht hätte.«[52]

Klarer konnte man das Dilemma des Politikers in der neuen Ära kaum ausdrücken. Baldwin war der Ansicht, er habe auf legitime, demokratische Weise gehandelt. »Ich werde immer auf die Instinkte unseres demokratischen Volkes vertrauen«, sagte er vor dem Unterhaus. Die Bürger in einer Demokratie »bilden eine Einheit, die nicht von oben aufgezwungen ist, nicht mit Gewalt erzwungen ist, aber eine Einheit ist, die nichts brechen kann«. Nachdem er zugegeben hatte, dass er bewusst die nationale Sicherheit riskiert hatte, um eine Wahl zu gewinnen, bat er in seinem Schlussplädoyer um Vertrauen. »Es ist allgemein bekannt«, sagte er, »dass die Herrscher der totalitären Staaten in der glücklichen Lage sind, nicht für das kritisiert zu werden, was sie gegebenenfalls tun oder unterlassen. Sie sind weder verpflichtet, ihre Pläne bekanntzugeben, noch ihre Fortschritte oder deren Fehlen offenzulegen.« Sein Minister für die Koordinierung der Verteidigung könne zwar die Details ihres Rüstungsprogramms nicht öffentlich zur Diskussion stellen. Doch »ein gewisses Maß an

Vertrauen und Zuversicht«, forderte Baldwin, »sollte uns entgegengebracht werden«.[53]

Gerade wegen des neuen Individualismus und des allgemein verbreiteten Widerwillens gegen einen Krieg rang Liddell Hart darum, eine Strategie der demokratischen Kriegsführung zu entwickeln, die auf geringe Opferzahlen ausgerichtet war. Die beiden Phänomene waren auch der Grund, warum britische und amerikanische Planer besonders darauf aus waren, in einem Krieg strategische Bomber anstelle von Bodentruppen einzusetzen. Und ihretwegen erlangten die *Spitfire* und andere spezifische Verteidigungswaffen eine herausragende Bedeutung im britischen Denken über den Krieg.

Anthony Eden war der große junge Hoffnungsträger der britischen Politik: handfest, charismatisch und mutig. Er wurde 1897 in eine aristokratische Familie hineingeboren. Angesichts seines exzentrischen Vaters und seiner eigenwilligen Mutter bemerkte der Tory-Politiker Rab Butler, Eden sei »halb verrückter Edelmann, halb schöne Frau«. Im Ersten Weltkrieg wurde Eden mit dem Military Cross ausgezeichnet, weil er nach einem nächtlichen Überfall auf die deutschen Schützengräben seinen verwundeten Feldwebel unter heftigem Beschuss in Sicherheit brachte. Am Ende des Kriegs war er mit 21 Jahren der jüngste Brigademajor der britischen Armee. Nachdem er 1923 ins Unterhaus gewählt worden war, stieg er in der Politik ebenso schnell auf wie in der Armee. Bis 1935 war Eden Außenminister, zunächst unter Baldwin und dann unter Chamberlain. Doch Anfang 1938 stellte sich seinem Aufstieg ein Hindernis in den Weg.

Zwischen Chamberlain und Eden hatte sich seit einiger Zeit ein Streit über die Politik gegenüber Italien angebahnt. Chamberlain, der stets bestrebt war, die Zahl der potentiellen Feinde Großbritanniens zu reduzieren, wollte Mussolinis Einbindung in Hitlers Einflussbereich untergraben, indem er anbieten wollte, Italiens Eroberung von Abessinien formell anzuerkennen. Eden lehnte dies mit dem Argument ab, Mussolini sei »ein absoluter Verbrecher und ein von ihm gegebenes Wort bedeute nichts«.[54]

Eine neue Dimension erreichte dieser Streit im Januar 1938, als Eden im Urlaub in Südfrankreich war. Chamberlain nutzte die Gelegenheit, den ständigen Staatssekretär im Außenministerium, den Appeasement-Gegner Sir Robert Vansittart, zu entlassen und ihn durch den nachgiebigeren Sir Alexander Cadogan zu ersetzen. Kurz darauf schickte Präsident Franklin D. Roosevelt eine vertrauliche Nachricht an Chamberlain, in der er anbot, eine Kampagne zur internationalen Abrüstung zu starten.[55] Zu diesem Zeitpunkt nahm der Premier dies als Einmischung der Amerikaner in europäische Angelegenheiten übel und befürchtete, dass Roosevelt Chamberlains eigene Pläne für bessere Beziehungen zu den Diktatoren vereiteln könnte. Ohne Eden zu konsultieren, schickte Chamberlain eine nach diplomatischen Maßstäben unhöfliche Antwort, in der er Roosevelts Angebot ablehnte, weil es »unsere Bemühungen hier zu durchkreuzen« drohe. Außerdem fügte er hinzu: »Es gibt bestimmte Formulierungen im Rundschreibenentwurf des Präsidenten, die mir große Bedenken bereiten.« Unter vier Augen war Chamberlain noch unverblümter. »Es ist immer das Beste und Sicherste, von den Amerikanern *nichts* zu erwarten außer Worte«, schrieb er an seine Schwester Hilda.[56]

Eden war über Chamberlains Antwort empört und schickte nach seiner Rückkehr aus dem Urlaub ein eigenes Telegramm an den britischen Botschafter in Washington, in dem er den Äußerungen des Premierministers widersprach. Eden befürchte, so schrieb er, »der Präsident könnte Enttäuschung empfinden« ob der ablehnenden Haltung Großbritanniens, was jedoch »nicht der Eindruck [gewesen sei]«, den Chamberlain hatte vermitteln wollen.[57] Unterstaatssekretär Sumner Welles, mit dem Roosevelt viel enger zusammenarbeitete als mit Außenminister Cordell Hull, hielt fest, dass Chamberlains Antwort für den Präsidenten wie »eine kalte Dusche« gewesen sei.[58] Ein paar Tage später betonte Roosevelt in seiner persönlichen Antwort seine

Besorgnis darüber, dass Großbritannien die italienische Erobe-
rung Abessiniens anerkennen könnte.[59] Der Premierminister und der Außenminister konnten mit solch fundamentalen Meinungsverschiedenheiten nicht lange weiter zusammenarbeiten. Tatsächlich hatte Chamberlains Reaktion Roosevelts Initiative im Keim erstickt, wobei Roosevelt die Machtverschiebungen in Deutschland nach der Blomberg-
Fritsch-Krise als offiziellen Vorwand nutzte, die Überlegungen fallenzulassen. Die Spannungen zwischen Eden und Chamberlain wuchsen, nicht zuletzt aufgrund von Warnungen der Ge-
heimdienste, dass Deutschland gegen Österreich vorgehen wol-
le und dabei auf Mussolinis Unterstützung zähle. Chamberlain hielt deshalb eine Einigung mit Italien für umso dringlicher.[60] Der Höhepunkt der Auseinandersetzung kam in einer Kabinettssitzung am 19. Februar, in der Chamberlain und Eden – zur Ver-
wunderung der übrigen Kabinettsmitglieder, die nichts von dem schwelenden Streit um Italien und noch weniger von Roosevelts Initiative wussten – diskutierten, ob man Gespräche mit Italien aufnehmen solle.[61] Am nächsten Tag trat Eden zurück. Sein Nachfolger als Außenminister wurde Lord Halifax.

Dass Chamberlain Vansittart entlassen und Eden durch Hali-
fax ersetzt hatte, stellte ironischerweise eine Art Gegenstück zu Hitlers Umgestaltung seines außen- und verteidigungspoli-
tischen Führungszirkels im Nachgang der Blomberg-Fritsch-
Affäre dar. Auch Chamberlain hatte nun, ganz ähnlich wie Hit-
ler, Männer im Amt, die seine Politik bereitwillig ausführen würden, anstatt sie zu kritisieren oder gar zu unterwandern. Dass er seine Macht dazu nutzte, Widerspruch zu minimieren, spiegelt die wahre Natur von Neville Chamberlains Regierung wider.

Nach einem Jahr im Amt hatte Chamberlain die konservative Partei auf sich eingeschworen und hielt die Zügel fest in der Hand, was sein Kabinett, das Parlament und die Presse anging. Nun sah er sich in Folge der Blomberg-Fritsch-Krise dem neuen deutschen Außenminister Joachim von Ribbentrop gegenüber, der in den vorausgegangenen zwei Jahren deutscher Botschafter in Großbritannien gewesen war.

Als Hitler gegenüber dem skeptischen Hermann Göring betonte, dass Ribbentrop alle wichtigen Leute in London kannte, antwortete Göring: »Ja – und das Problem ist, sie kennen Ribbentrop auch.«[62] In der Tat sah Chamberlain die Beförderung Ribbentrops als Rückschlag für das Projekt besserer deutsch-englischer Beziehungen an. »Er ist so dumm, so oberflächlich, so egozentrisch und selbstzufrieden«, schrieb er an seine Schwester Hilda, »so völlig ohne intellektuelle Auffassungsgabe, dass er das, was zu ihm gesagt wird, nie aufzunehmen scheint.«[63]

Mit dieser Meinung stand Chamberlain nicht alleine. In Joseph Goebbels' Tagebuch finden sich zahlreiche Einträge, die belegen, wie sehr Ribbentrop dem Propagandaminister auf die Nerven ging. »Ribbentrop ist ganz kurz von Begriff«, klagte Goebbels. »Man muss ihm alles zehnmal erklären«, außerdem sei er »unverträglich« und »arrogant«. Und nicht zuletzt notierte Goebbels: »Der Führer hat ihn wahnsinnig überschätzt.«[64] Ribbentrop war zu Vermögen gekommen, indem er die Tochter eines wohlhabenden Sektfabrikanten geheiratet hatte, und er hatte einen entfernten aristokratischen Verwandten davon überzeugt, ihn zu adoptieren, damit er das prestigeträchtige »von« zu seinem Namen hinzufügen konnte. Goebbels beklagte sich gehässig, aber zutreffend: »Seinen Namen hat er gekauft, sein Geld hat er geheiratet und sein Amt hat er durch Intrigen bekommen.«[65] Sogar Benito Mussolini dachte über Ribbentrop, dass er »zu jener Kategorie von Deutschen gehört, die Katastrophen für Deutschland verursachen«.[66]

Am Freitag, dem 11. März 1938, als der Botschafter sich schon darauf vorbereitete, seinen neuen Posten in Berlin anzutreten, lud Chamberlain zu einem Abschiedsessen für Ribbentrop ein. Im Verlauf dieses an sich schon heiklen Anlasses kam die Nachricht herein, dass die deutsche Regierung Österreich eine Reihe von Ultimaten gestellt hatte. Deutsche Truppen standen an der Grenze bereit, um in Österreich einzumarschieren.

Österreich war ein kleines, gespaltenes Land, das noch immer schwer mit dem Statusverlust in Folge der 1918 erfolgten Auflösung des Kaiserreiches zu kämpfen hatte. Seit Ende der 1920er Jahre herrschte ein regelrechter Bürgerkrieg zwischen dem sozialdemokratischen »Roten Wien« und dem Rest des Landes unter der quasifaschistischen Christlichsozialen Partei (CS). Nachdem Hitler in Deutschland an die Macht gekommen war, stiegen die österreichischen Nationalsozialisten, deren primäres Ziel der »Anschluss« an Deutschland war, zu einem dritten großen Faktor in der österreichischen Politik auf. 1934 ermordeten österreichische Nationalsozialisten den Bundeskanzler Engelbert Dollfuß, der daraufhin von seinem Schützling Kurt Schuschnigg ersetzt wurde. Schuschnigg versuchte, die Balance zwischen der nationalen Einheit Österreichs und verträglichen Beziehungen zu Deutschland zu halten. Doch dieses Gleichgewicht aufrechtzuerhalten, wurde immer schwieriger.

Mitte Februar beorderte Hitler, um sich von der schwelenden Wut in der Armeeführung über die Entlassung von Werner von Fritsch abzulenken, Schuschnigg nach Berchtesgaden und zwang ihn, eine Reihe von Forderungen zu akzeptieren, die der österreichischen Unabhängigkeit ein Ende bereiteten. Die wichtigste Forderung war, dass ein österreichischer Nationalsozialist, Arthur Seyß-Inquart, Innenminister werden und die vollständige Kontrolle über die Polizei erhalten sollte. Hitler hatte nicht vergessen, wie entscheidend es für seine eigene Machtkonsolidierung in Deutschland gewesen war, dass Hermann Göring damals preußischer Innenminister war. Die Ernennungen von weiteren neuen Ministern waren dazu gedacht, die österreichische und deutsche Wirtschaft und die Streitkräfte zu konsolidieren.[67]

Unter dem Eindruck der massiven Drohungen und Einschüchterungsversuche der Nationalsozialisten vor Ort unterzeichnete Schuschnigg das Abkommen wie von Hitler vorgeschlagen, aber nach seiner Rückkehr nach Wien fand er zu seiner alten Standfestigkeit zurück. Am 9. März entwickelte er einen verzweifelten Plan, um Österreichs bröckelnde Unabhängigkeit zu bewahren, und kündigte eine Volksabstimmung an. Er wollte der österreichischen Bevölkerung die Frage vorlegen, ob es ein »freies und deutsches, unabhängiges und soziales, christliches und geeintes Österreich« wolle, das »Frieden und Arbeit« und »die Gleichberechtigung aller, die sich zu Volk und Vaterland bekennen« gewährleiste. Nur wenige Österreicher würden bei einer solchen Frage mit Nein stimmen, war seine Überlegung. Das Plebiszit sollte am Sonntag, dem 13. März, abgehalten werden.[68]

Das Ergebnis, das bei einer solchen Volksabstimmung zu erwarten war, wäre ein Rückschlag für Hitler in Bezug auf sein wachsendes internationales Prestige und würde eine Vereinigung zwischen Deutschland und Österreich für lange Zeit unmöglich machen. »Zunächst«, sagte Hitler dem britischen Reporter Ward Price bezüglich der Volksabstimmung ein paar Tage später, »konnte ich die Nachricht gar nicht glauben.« Sobald sie bestätigt war, war Wut die unvermeidliche nächste Reaktion. Schuschniggs Plebiszit sei ein »Verrat« am Berchtesgadener Abkommen. Und Hitler fuhr fort: »Verrat ist etwas, was ich nicht dulden werde. [...] Daher beschloss ich, sofort zu handeln.« Was er meinte, war: Er beschloss, in Österreich einzumarschieren.[69]

Diese übereilte Entscheidung warf ein Problem auf: Die deutsche Armee hatte keinen Plan für eine solche Operation. Es gab den »Fall Otto«, einen Entwurf für eine Invasion, die gegebenenfalls eine Restauration der österreichischen Monarchie zu verhindern hätte, wie man sie Otto von Habsburg, dem Anwärter auf den österreichischen Thron, zutraute. Aber Ludwig Beck hielt einen Einmarsch in Österreich für absurd, da er sicherlich zu einem Krieg mit Großbritannien und Frankreich führen würde. Er hatte sich geweigert, konkrete Befehle zu erlassen, die diese Skizze in einen Durchführungsplan für einen Militäreinsatz verwandelt hätten.

General Wilhelm Keitel, der neue Chef des OKW, war daher erstaunt, als Hitler ihn am 10. März in die Reichskanzlei rief und ihm befahl, einen Einmarsch in Österreich vorzubereiten. Keitel wollte Beck und Walther von Brauchitsch, den neuen Oberbefehlshaber des Heeres, hinzuholen lassen, damit sie die Befehle direkt zu hören bekamen. »Es war mir ganz klar«, schrieb Keitel nach dem Krieg, »dass Beck sonst die ganze Sache einfach als völlig unmöglich abtun würde.« Beck hatte tatsächlich Einwände gegen Hitlers Ideen, aber »seine Einwände wurden von Hitler kurzerhand beiseite gewischt, so dass ihm nichts anderes übrig blieb, als sich zu fügen und einige Stunden später zu melden, welche Truppenformationen bereit stünden, um früh morgens am 12. in Österreich einzumarschieren«. Die Nacht vom 11. auf den 12. März war für Keitel »das reinste Fegefeuer«: »Ein Telefonanruf folgte dem anderen«, denn es meldeten sich verschiedene hohe Offiziere, die darum baten, dass die Operation abgebrochen würde. Keitel teilte ihnen allen schlichtweg mit, dass Hitler auf einer Fortführung bestehe. Er habe die Einwände der Offiziere nie an Hitler herangetragen, erklärte er später, um allen Beteiligten die »Ernüchterung« zu ersparen.[70]

Nach weiteren Drohungen Hitlers machte Schuschnigg einen Rückzieher. Am 11. März stimmte er der Absage des Plebiszits zu und gab das Amt des Kanzlers auf. Seyß-Inquart nahm seinen Platz ein. Hitler wollte nun, dass Seyß-Inquart formell um eine deutsche Militärintervention zur Wiederherstellung der »Ordnung« in Österreich ersuchte. Auf keinen Fall sollte der Einmarsch nach dem aussehen, was er wirklich war: ein feindlicher Militäreinsatz gegen einen souveränen Staat. Seyß-Inquart war zwar ein Nationalsozialist, aber auch ein österreichischer Patriot und weigerte sich, diesen Schritt zu tun. Wilhelm Keppler, ein Geschäftsmann und deutscher Nationalsozialist, der Hitler in Österreich vertrat, stellte den Antrag selbst in Seyß-Inquarts Namen. Die deutschen Truppen überquerten die Grenze am nächsten Morgen – ohne auf Widerstand zu treffen.[71]

Dass es keine Gegenwehr gab, war für die deutsche Armee von großem Vorteil, denn sie war noch weit von der technisch-organisatorischen Überlegenheit entfernt, die sie bei späteren Gelegenheiten unter Beweis stellen sollte. Die Zweite Panzerdivision verfügte weder über Kartenmaterial zu Österreich noch über genügend Treibstoff: Nach dem Grenzübertritt waren die Panzerführer gezwungen, an österreichischen Tankstellen zu halten, um ihre Tanks aufzufüllen. Für die Navigation mussten sie auf einen Baedeker-Reiseführer ausweichen. Auf dem Weg nach Wien blieben viele Panzer liegen, zahlreiche Staus waren die Folge.[72] Das machte jedoch alles keinen Unterschied. Hitler folgte den Truppen per PKW, besuchte seinen Geburtsort Braunau sowie Linz, wo er seine Kindheit verbracht hatte, und fuhr dann in Wien ein. Ursprünglich hatte er gar nicht geplant, Österreich vollständig zu annektieren, aber die begeisterten Menschenmassen in Linz und die ausländischen Presseberichte, die bereits von einem »Anschluss« sprachen, taten ein Übriges. Am 13. März hatte Österreich aufgehört zu existieren. An seine Stelle trat die deutsche Provinz Ostmark.[73]

Dass Deutschland und Österreich separate Staaten bleiben mussten, war eine zentrale Bestimmung des Versailler Vertrags und des entsprechenden Vertrags von Saint-Germain mit Österreich gewesen. Aber die Westmächte akzeptierten den »Anschluss« mit kaum mehr als einem Murren. Mit dem »Anschluss« wurde aber auch noch eine andere Illusion zu Grabe getragen. Insbesondere seit Halifax' Besuch bei Hitler im November des Vorjahres hatte die britische Regierung versucht, die Rückgabe der deutschen Überseekolonien als Köder zu nutzen, um Deutschland zu einer erneuten Beteiligung an einer internationalen Friedens- und Welthandelsordnung zu verleiten. Der »Anschluss« war Hitlers Antwort. Die liberale internationale Ordnung hatte keine Lösung für die Bedrohung durch den Nationalsozialismus zu bieten.[74]

»Die Tränen steigen in die Augen«, notierte Goebbels zu Wien in sein Tagebuch. Mit einem aufschlussreichen Vergleich

dieser Ereignisse mit der Machtübernahme der Nationalsozialisten in Deutschland fügte er hinzu: »Der 30. Januar 1933 für Österreich.«

Und noch aufschlussreicher fügte er an: »In Prag ist man ganz
konsterniert.«[75]

## Kapitel 7

## »Ein Kratzen an den Gitterstäben«

*Noch als alter Mann erinnert sich Max Fürst an einen Satz aus seinem Lateinbuch, der ihn als Schuljunge beindruckte:* »Die Stadt wurde erobert, und wer nicht niedergemacht wurde, wurde in die Sklaverei verkauft.« *Der Schuljunge Max kann den Satz nicht richtig übersetzen, denn in seinem Kopf taucht ein Bild dazu auf, und er sieht nur noch* »die entsetzten Augen der Menschen«, *die getötet oder versklavt werden. Es ist die Zeit des Ersten Weltkriegs. Max weiß, dass in der Welt jenseits seines Klassenzimmers solche Dinge wirklich geschehen. Für den Jungen hat sich zum ersten Mal der Vorhang des Welttheaters gelüftet und einen Blick freigegeben auf das ganze Elend, das Krieg und Tyrannei bedeuten.*[1]

*Es sollte nicht das letzte Mal sein. Als die Nationalsozialisten an die Macht kommen, wird Max' Freund Hans Litten verhaftet, ein couragierter junger Anwalt, der vor 1933 versucht hatte, Hitler mit Hilfe des Strafrechts zu stoppen.*[2] *Max und seine Frau Margot schmieden einen Plan, um Litten aus dem Konzentrationslager zu befreien. Der Plan scheitert, und Max und Margot finden sich ebenfalls in NS-Gefängnissen wieder. Sie haben Glück und werden wieder entlassen, aber sie wissen, dass sie nicht länger in Deutschland bleiben können. Max ist in Sorge um seine Freunde und seine Familie, da für ihn feststeht, dass für NS-Deutschland* »das Ende nur mit Schrecken kommen kann«.[3]

*Ende 1935 erhalten die Fürsts einen anonymen Anruf – Max vermutet einen wohlmeinenden Gestapo-Offizier dahinter – mit der Mitteilung, dass sie bald wieder verhaftet werden sollen. Mit ihren zwei kleinen Kindern verlassen die beiden Berlin in Richtung Rotterdam. Von dort aus wollen sie nach Palästina segeln. Ihre Abreise aus Berlin soll so unauffällig wie möglich erfolgen, und so verabreden sie mit Freunden und Verwandten, dass sich jeweils nur kleine Gruppen an den aufeinanderfolgenden S-Bahn-Statio-*

nen einfinden, an denen die Fürsts entlangfahren, damit man sich auf dem Bahnsteig verabschieden kann. *Der Grenzübertritt in die Niederlande verläuft reibungsloser, als sie erwartet haben. Sie schaffen es bis nach Rotterdam und zu ihrem Schiff. Max erinnert sich an ein »großes Aufatmen«, als sie an Bord sind.*[4]

*Nach unerbittlich aufreibenden Jahren – die Machtübernahme durch die Nationalsozialisten, Hans Littens Verhaftung, ihre eigene Verhaftung und Inhaftierung, der Wettlauf mit der Zeit, um noch rechtzeitig aus Deutschland herauszukommen – kommt ihnen die Fahrt nach Palästina wie eine Erholungsreise vor; der erste Urlaub, den sie seit langem haben. Max kommt zu dem Schluss, dass das Nirwana eigentlich eine Seereise sein muss. Doch während der ersten Nacht, in der sie ins Mittelmeer hineinsegeln, tauchen »die riesigen, schattenhaften Kriegsschiffe« der Royal Navy am Horizont auf, eine Mahnung an den drohenden Krieg.*[5]

*Cläre Tisch ist ein ganz anderer Mensch als die beiden Aktivisten, die Fürsts, aber auch vor ihr macht der Horror nicht halt. Die brillante junge Ökonomin promoviert an der Universität Bonn bei dem damals schon berühmten Professor Joseph Schumpeter. Sie schreibt wissenschaftliche Abhandlungen über das Kartellrecht in Deutschland und über die Probleme, die eine sozialistische Wirtschaft mit der Preisbildung bekäme. Ihre Kommilitonen schätzen sie sehr, und so angesehene Ökonomen wie Friedrich Hayek und Schumpeter zitieren ihre Arbeiten achtungsvoll.*[6]

*Für eine junge Frau, insbesondere eine junge Jüdin, ist es schon vor 1933 nicht einfach gewesen, als Wirtschaftswissenschaftlerin Karriere zu machen. Nach der Machtergreifung der Nationalsozialisten ist es unmöglich. Ein paar Jahre lang arbeitet Cläre als Stenotypistin und als Angestellte in einem Schuhgeschäft. 1936 bekommt sie eine Stelle als Leiterin einer Organisation zur Betreuung jüdischer Waisenkinder. Sie widmet sich dieser Arbeit mit ganzem Herzen und lässt mehrere Gelegenheiten zur Auswanderung verstreichen, weil sie die Kinder nicht zurücklassen will.*

*Nachdem Schumpeter in die USA übersiedelt ist, um eine Stelle* in Harvard anzutreten, schreibt Cläre ihm regelmäßig. Der ständige Strom an Briefen ergibt eine eindrucksvolle Chronik des Lebens einer jungen Jüdin in Hitler-Deutschland. Zunächst vermutet Schumpeter, dass sie ihm verschweigt, wie sich die Dinge entwickeln, und er drängt sie, offener zu sein. Cläre entgegnet: »Sie werden nicht viel Freude haben an den Geistern, die Sie riefen!«[7] Ein paar Monate später notiert sie: »Wie die Verhältnisse hier sind, wissen Sie« – die Schwimmbäder, die für Juden geschlossen sind, die Dörfer, die Juden nicht betreten dürfen, »die Zeitungen, die Namen von Deutschen Mädchen veröffentlichen, die sich mit Juden einlassen«, »als Staatsbürger 2., nein, letzter Klasse« betrachtet zu werden, all das ist eine Quelle »ununterbrochenen Schmerzes«. Sie beginnt, über Auswanderung nachzudenken. »Können Sie es verstehen, daß ich lieber im Ausland in untergeordneter Stellung, aber als gleichberechtigter Mensch arbeiten würde, als hier nur geduldet zu sein?« Und doch fürchtet sie, dass ihr der Mut fehlt, »in irgendein fremdes Land zu gehen und eine Stellung zu suchen«.[8]

Doch 1939 weiß Cläre, dass sie gehen muss. Die eidesstattliche Erklärung über die finanzielle Unterstützung, die sie benötigt, um die amerikanischen Visabestimmungen zu erfüllen, liefert Schumpeter gerne. Allerdings ist da noch die Höchstquote für Einwanderer aus Deutschland, die durch den Immigration Act von 1924 festgelegt ist. »Kennen Sie das System der Wartenummern in Stuttgart [im amerikanischen Konsulat]?«, fragt sie Schumpeter im Februar 1939 in einem Brief, der nun auch ihren nach den deutschen Bestimmungen vorgeschriebenen neuen zweiten Vornamen »Sara« trägt, um sie als Jüdin zu kennzeichnen. »Es ist eine schlimme Sache. Jeder, der will, kann sich dort registrieren lassen, ohne jede Aussicht auf eine Bürgschaft. Ich habe das übrigens auch getan, wenn auch sehr spät. Hätte ich mich jetzt erst registrieren lassen, so hätte ich etwa die Nummer 50 000, während ich jetzt 38 033 habe.« Sie schätzt, dass das Stuttgarter Konsulat pro Jahr etwa 6000 Fälle bearbeitet. Einige Einträge auf der Liste werden wegfallen, so dass sie schätzungsweise fünfeinhalb Jahre Warte-

*zeit vor sich hat – und daher möglicherweise irgendwann im Jahr*
*1944 in die* USA *ausreisen kann.*

*»Das ist schrecklich«, sagt sie abschließend, »aber jetzt weiß ich*
*doch wenigstens, dass das Warten nicht vergeblich ist.«*[9]

Die Unterdrückung der deutschen Juden durch die Nationalsozialisten verschärfte sich in der zweiten Hälfte der 1930er Jahre
stetig. 1935 entzogen die berüchtigten Nürnberger Gesetze den
Juden die deutsche Staatsbürgerschaft, Mischehen zwischen Juden und Nicht-Juden waren nun verboten, Geschlechtsverkehr
zwischen Juden und Nicht-Juden galt als Straftat. Die Zerstörung des österreichischen Staates im März 1938 eröffnete eine
Zone der Gesetzlosigkeit, die die Nationalsozialisten mit grausa-
mer Gewalt ausnutzten. Sie taten den österreichischen Juden innerhalb von Wochen ein Ausmaß an Leid an, das in Deutschland
erst nach Jahren erreicht wurde.[10]

Die Annexion Österreichs setzte zudem eine Dynamik der
Gewalt und weitere Ströme verzweifelter Flüchtlinge in Gang.
Polen hatte wie Deutschland versucht, Juden zur Auswanderung
zu drängen. Aber die Misshandlungen österreichischer Juden
durch die Nationalsozialisten führten im Gegenteil zu einem
Ansturm von Flüchtlingen auf Polen. Viele Juden, die in Österreich und Deutschland lebten, hatten einen polnischen Pass. Als
das polnische Parlament erkannte, was sich anbahnte, beeilte es
sich, ein Gesetz zu verabschieden, das die Rückkehr polnischer
Juden verhinderte, die länger als fünf Jahre im Ausland gelebt
hatten. Dies wiederum gefiel den Nationalsozialisten gar nicht,
denen klar wurde, dass sie bald nicht mehr in der Lage sein
würden, Juden mit polnischen Pässen nach Polen abzuschieben.
Um den polnischen Gesetzen zuvorzukommen, deportierte
Deutschland Ende Oktober in aller Eile 17 000 Juden nach
Polen.[11]

Eine der deportierten Familien waren die Grynszpans, die
seit Jahren in Hannover lebten. Als ihr Sohn Herschel, der in
Paris bei einer Tante und einem Onkel wohnte, über Umwege

erfuhr, was mit seinen Eltern und seiner Schwester geschehen war, kaufte er eine Waffe, ging zur deutschen Botschaft und erschoss einen Diplomaten namens Ernst vom Rath. Dieses Ereignis diente den Nationalsozialisten als Vorwand für eine weitere Welle der Gewalt, diesmal im eigenen Land: In der Nacht zum Mittwoch, dem 9. November 1938, brannten SA- und SS-Angehörige Synagogen nieder, verwüsteten Häuser und Geschäfte von Juden, ermordeten circa 100 deutsche Juden – mehrere hundert wurden in den Selbstmord getrieben – und inhaftierten zwischen 25 000 und 30 000 in Konzentrationslagern. Die Glasscherben auf den Straßen, die von dem Gewaltausbruch in zahllosen deutschen Städten noch am nächsten Tag zu sehen waren, gaben dem Ereignis seinen Namen, der zunächst sarkastisch gemeint war: »Reichskristallnacht«.[12]

Im Anschluss an die »Kristallnacht« zog das NS-Regime die Schrauben weiter an. Es zwang die deutschen Juden, kollektiv für die Kosten der Beseitigung aller Schäden aufzukommen. Jüdische Kinder wurden von den Schulen verwiesen. Juden durften weder Auto fahren noch Bibliotheken besuchen. Die »Arisierung« der Wirtschaft – die Enteignung von Unternehmen in jüdischem Besitz zugunsten von Nicht-Juden – wurde beschleunigt. Auch gegenüber den letzten Juden, die noch im Staatsdienst oder als Rechtsanwälte oder Ärzte gearbeitet hatten, wurden die Berufsverbote durchgesetzt. Nicht zuletzt erfüllte die zunehmende Verfolgung der Juden auch eine Funktion innerhalb der Kriegsvorbereitungen. Jüdisches Vermögen zu konfiszieren, sollte dem Regime helfen, die immer fieberhafter betriebene, kreditbasierte Aufrüstung zu finanzieren. Außerdem betrachtete Hitler die Juden als Feinde im Landesinneren, als Agenten seiner mutmaßlichen Widersacher.[13]

Im Jahr 1933 hatten als Reaktion auf die Machtübernahme durch die Nationalsozialisten etwa 37 000 Juden Deutschland verlassen. Danach gingen die Zahlen jedoch für einige Jahre zurück. Nach der »Reichskristallnacht« schoss die Auswanderungsrate in die Höhe; die deutschen Juden versuchten, die mögli-

cherweise letzte Chance zu nutzen, ein »rettendes Ufer« zu erreichen: 40 000 Juden verließen das Land im Jahr 1938, 78 000
im Jahr 1939.[14]

Selbstverständlich brauchten sie dafür einen Ort, an den sie gehen konnten. Frankreich, Großbritannien, Amerika und Palästina waren die Ziele der Wahl. Keines war leicht zu erreichen. Europäische Juden bemerkten ironisch, es gebe zwei Arten von
Ländern auf der Welt: solche, in denen sie nicht leben konnten,
und solche, in die sie nicht einreisen konnten.[15]

Gemessen an den meisten Vertretern seiner Gesellschafts-
schicht, Generation und Herkunft war Franklin D. Roosevelt
bemerkenswert vorurteilsfrei gegenüber Juden. Zugegebenermaßen fühlte er sich selbst den »arischen Rassen« zugehörig, denen aller menschlicher Fortschritt und die freiheitliche Gesellschaft zu verdanken seien – eine weitverbreitete Ansicht unter
den privilegierten amerikanischen Protestanten seiner Zeit, die
er in den elitären Institutionen Groton und Harvard seit Jugend-
jahren aufgesogen hatte. Aber Roosevelt arbeitete gerne mit Juden zusammen und erhielt entsprechend starke Unterstützung
an den Wahlurnen, als Gouverneur von New York und als Präsident. Er zeigte oft tiefes Mitgefühl für die Leiden der Juden unter
den Nationalsozialisten. Aber er verhielt sich in politischen Fragen mit Bezug zu Juden so sphinxartig wie in allen anderen – und
das aus denselben Gründen: Er war selten bereit, ein politisches
Risiko einzugehen. Genau wie bei der Frage, wie man sich den
Diktatoren entgegenstellen sollte, war auch diesbezüglich die
Crux: Was wäre Roosevelt bereit zu tun, welche Risiken wäre er
bereit einzugehen, um den europäischen Juden zu helfen?[16]

Zu Beginn seiner Amtszeit zog Roosevelt typischerweise in-
formelle Kontakte und Hinterzimmergespräche mit der deutschen Regierung jeder offenen Fürsprache für die deutschen
Juden vor. Er wollte die Nationalsozialisten wissen lassen, dass
die Verfolgung der Juden wie die Wiederaufrüstung ihren Beziehungen zu den Vereinigten Staaten schaden würde. Aber

er wollte diese Botschaft auf diskrete Weise übermitteln. Er traf sich 1933 mit Hjalmar Schacht, woraufhin er an seinen Freund, den Richter Irving Lehman, schrieb:»Endlich weiß die deutsche Regierung, wie ich über die Dinge denke. [...] Es ist wahrscheinlich besser, das auf diese Weise zu tun, als formelle Protestnoten zu schicken, denn, offen gesagt, fürchte ich, dass letzteres zu Vergeltungsmaßnahmen in Deutschland führen könnte.« Als Roosevelt eine versöhnliche Rede zur Rüstungsparität hielt, woraufhin er eine scheinbar ermutigende Antwort von Hitler erhielt, beglückwünschte sich der Präsident selbst: »Ich glaube, ich habe einen Krieg abgewendet«, bemerkte er zu Henry Morgenthau jr. seinem zukünftigen Finanzminister. »Ich denke, Hitler diese Botschaft zu senden, hat etwas Gutes bewirkt.«[17]

Aber abgesehen von diesen zarten Andeutungen unternahm Roosevelt in seiner ersten Amtszeit praktisch keine Anstrengungen, die Bedingungen für die deutschen Juden zu verbessern. Dafür gab es viele Gründe. Amerikanische Präsidenten hielten sich generell an den Grundsatz, sich nicht in die inneren Angelegenheiten fremder Staaten einzumischen. Als Roosevelt den Chicagoer Geschichtsprofessor William Dodd zu seinem Botschafter in Berlin ernannte, sagte er Dodd, dass die Übergriffe auf die Juden durch die Nationalsozialisten »keine Regierungsangelegenheit« seien und dass die Vereinigten Staaten sich offiziell heraushalten müssten, obwohl es in Ordnung sei, wenn Dodd privat etwas unternehmen wolle. Aus der Perspektive des Außenministeriums war Dodds oberste Priorität, Deutschland dazu zu bringen, dass es seine Schulden bei amerikanischen Banken bezahlte. Das, so schien es, *war* eine »Regierungsangelegenheit«.[18] Roosevelt wusste, dass viele seiner innenpolitischen Gegner Antisemiten waren und für jüdische amerikanische Wähler ohnehin nie sehr attraktiv sein würden, so dass er wenig wahltaktische Anreize hatte, den europäischen Juden zu helfen. Und er wollte sein Hauptziel, einen Weg aus der Großen Depression zu finden, nicht gefährden, indem er die Opposition mit einem scheinbar nebensächlichen Thema gegen sich aufbrachte.[19]

Als es darum ging, die Einwanderungsbeschränkungen zu lockern, kamen andere politische Bedenken auf. Die organisierte Arbeiterschaft war für einen demokratischen Präsidenten politisch weit wichtiger als die Stimmen der Juden – und die Gewerkschaften waren strikt dagegen, noch mehr Flüchtlinge ins Land zu lassen. Ökonomen waren sich schon in den 1930er Jahren darüber im Klaren, dass Einwanderer mehr Arbeitsplätze schufen, als sie wegnahmen, so dass die Aufnahme von Flüchtlingen nur gut für die Wirtschaft sein konnte. Aber Fakten und Beweise interessierten diejenigen, die gegen die Einwanderung waren, nicht sonderlich. Ein Vertreter der einwanderungsfeindlichen Gruppe *Sons of the American Revolution* etwa meinte: »Sie sagen, er [der Einwanderer] sei ein Konsument. Ich sehe die Logik darin nicht.« Es war auch keine Hilfe, dass die Verschärfung der Flüchtlingskrise in den Jahren 1937 und 1938 mit der »Roosevelt-Rezession« zusammenfiel.[20]

Dann kam die Welle des Nativismus. Diese Zuwanderungsfeindlichkeit reichte tief in gebildete und gutsituierte Gruppen der amerikanischen Gesellschaft hinein. Bei einer Anhörung im Jahr 1939 bestand Senator Rufus Holman aus Oregon darauf, dass ein Gewerkschaftsfunktionär nicht für sich reklamieren dürfe, als »Amerikaner« zu sprechen, er spreche lediglich als »Internationalist«. Im selben Jahr argumentierte Harry H. Laughlin, ein ehemaliger Berater des Einwanderungsausschusses des Repräsentantenhauses und einer der einflussreichsten amerikanischen Befürworter der Eugenik, dass die friedliche Einwanderung dieselben Auswirkungen wie militärische Niederlagen und Besatzung haben würde. Einwanderer, verbreitete er, brächten Geisteskrankheiten sowie Kriminalität mit sich und belasteten die öffentlichen Wohlfahrtssysteme. Laughlin war der Meinung, dass die Einwanderungsquoten um 60 Prozent gesenkt und Abschiebungen erleichtert werden sollten. Er plädierte für ein ausnahmsloses Einwanderungsverbot für »fremde Rassen oder Organisationen«, die in der Vergangenheit gezeigt hätten, dass sie »dazu neigen, sich der Assimilation in den Vereinigten Staaten zu widersetzen«. Dies war ein rassistischer Code, gemeint waren die Juden. »Keine Nation auf der Welt«, schloss er, »muss ihre eigene Eroberung durch beliebige Einwanderer erlauben.« Sein Buch *Conquest by Immigration* (›Eroberung durch Einwanderung‹) gab die Handelskammer des Staates New York heraus.[21]

Tatsächlich war der Nativismus in den Vereinigten Staaten seit dem Ersten Weltkrieg auf dem Vormarsch, und er übte politischen Einfluss an offensichtlicher wie an weniger offensichtlicher Stelle aus. An den Eliteuniversitäten wurden sowohl Katholiken als auch Juden diskriminiert. Die Einführung der Prohibition erfolgte mit der Begründung, es gehe um die Ablehnung verwerflicher ausländischer Verhaltensweisen und die Unterstützung des »100-prozentigen Amerikanertums« angesichts der massiven Einwanderung des späten 19. und frühen 20. Jahrhunderts, und zwar mit starker Unterstützung des Ku-Klux-Klan.[22] Der äußerst populäre Radiopriester Vater Charles Coughlin aus Detroit tischte dem wahrscheinlich größten Radiopublikum der Welt regelmäßig eine üppige Portion Antisemitismus auf.[23]

Seinen unmittelbarsten Ausdruck fand der Nativismus jedoch im Emergency Quota Act (›Notfallquotengesetz‹) von 1921 und im National Origins Act (›Gesetz zur Begrenzung der Einwanderung nach Ursprungsländern‹) von 1924, Letzterer ist auch bekannt als Johnson-Reed Act. Diese Gesetze legten einen neuen Rahmen für die Einwanderung in die USA fest, der auf die Aufrechterhaltung der bei der Volkszählung von 1890 erfassten ethnischen Proportionen in der amerikanischen Gesellschaft abzielte. (Das Jahr 1890 hatte man bewusst ausgewählt, da es vor dem massiven Anstieg der Einwanderung aus Süd- und Osteuropa lag.) Die Gesetze erlaubten 150 000 Einwanderern pro Jahr den Zuzug in die Vereinigten Staaten (im vorangegangenen Jahrhundert hatte es durchaus Jahre gegeben, in denen die Gesamtzahl der Einwanderer eine Million überstieg). Jedes Herkunftsland erhielt eine spezifische Quote, die auf dem Anteil der bereits eingewanderten Personen aus diesem Land an der bestehenden Bevölkerung laut Volkszählung von 1890 beruhte. War ein Land in der Volkszählung nicht vertreten, wurde ihm eine Quote von 100 Personen zugewiesen. Und das Gesetz schloss Einwanderer aus den meisten afrikanischen und asiatischen Ländern gänzlich aus. Das System sollte über fünf Jahre hinweg schrittweise eingeführt werden und trat daher erst 1929 vollständig in Kraft. Aber seine Auswirkungen auf die Einwanderung waren dennoch sofort spürbar, und zwar drastisch. Die Zahl der Neuankömmlinge sank von 1,2 Millionen im Jahr 1914 über 360 000 im Jahr 1923–24 auf 165 000 im Jahr 1924–25. Besonders eklatant sanken die Zahlen aus Süd- und Osteuropa – wie man es sich von dem Gesetz erhofft hatte. Ende der 1930er Jahre, als deutsche und österreichische Juden verzweifelt nach einem Ausweg suchten, sollte sich der Johnson-Reed Act als katastrophal erweisen – und schließlich als tödlich.[24]

Ein weiterer kritischer Aspekt des US-Einwanderungsrechts verbarg sich unvermutet in einem älteren Gesetz und in einer präsidialen Durchführungsverordnung. Das Einwanderungsgesetz von 1917 enthielt eine Bestimmung, die Personen ausschloss, die »wahrscheinlich zur öffentlichen Last werden«. Die Formulierung *likely to become a public charge* wurde bald zum Akronym zusammengezogen und die Bestimmung als die »LPC-Klausel« bekannt. Bei der Einführung ging der Gesetzgeber davon aus, dass die LPC-Klausel niemals auf gesunde Personen anwendbar wäre, die tatsächlich die Vereinigten Staaten erreichten. Aber 1930, unter dem Eindruck der Depression, bat Präsident Herbert Hoover das Außenministerium, administrative Methoden zu finden, um die Einwanderung auf ein Niveau zu begrenzen, das noch unter den festgelegten Quoten lag. Die LPC-Klausel bot dafür das perfekte Mittel. Nun mussten alle potentiellen Einwanderer auf Anordnung der Exekutive (unbenommen der gesetzlichen Regelungen) über ausreichende finanzielle Mittel verfügen, um selbst dann für ihren Lebensunterhalt sorgen zu können, wenn sie keine Arbeit hatten, oder sie mussten eine eidesstattliche Erklärung eines in den USA ansässigen Bürgers vorlegen, der ihnen finanzielle Unterstützung zusicherte. Nach 1933 waren die Auswirkungen dieser Interpretation in der Tat verhängnisvoll.[25]

Im Johnson-Reed Act gab es jedoch ein Schlupfloch: Die südliche Grenze blieb weitgehend offen, und es gab keine Beschränkung der mexikanischen Migration in die Vereinigten Staaten. Das lag zum Teil daran, dass es im Süden und Westen immer noch Bedarf an billigen Arbeitskräften gab. Die Mexikaner konnten die Afroamerikaner ersetzen, die im Zuge der Great Migration nach Norden gezogen waren, oder die Europäer, die, wenn sie ins Land hätten einreisen können, in den Städten des Nordens Niedriglohnjobs angenommen hätten. 1924 wurde die zunächst nur 40-köpfige U.S. Border Patrol gegründet. Die Aufgabe des bewaffneten Polizeiverbandes war es allerdings, Europäer und Asiaten am Grenzübertritt zu hindern, nicht Mexikaner oder Kanadier. Die Zahl der Abschiebungen stieg nichtsdestoweniger stark an. In den ersten Jahrzehnten des 20. Jahrhunderts lag die durchschnittliche Zahl der jährlich abgeschobenen Migranten zwischen 2000 und 3000. Bis 1930 waren es 39 000.[26]

Diese Gesetze bildeten das Grundgerüst der amerikanischen Maßnahmen angesichts der Notlage der deutschen und europäischen Juden nach 1933. Bemerkenswerterweise konnten die Vereinigten Staaten während des größten Teils der 1930er Jahre ihre Quoten für deutsche Einwanderer nicht einmal annähernd erfüllen, was vor allem daran lag, dass die Konsuln die LPC-Klausel nutzten, um Bewerber auszuschließen. Als am 30. Juni 1934 die Einwanderungszahlen für das vergangene (Rechnungs-)Jahr ermittelt wurden, war die deutsche Quote nur zu 17 Prozent erfüllt. Im nächsten Jahr waren es 20 Prozent, und im Jahr darauf immer noch weniger als ein Viertel. 1937, als die Situation sich für die europäischen Juden weiter dramatisch verschlechterte, war die Quote immer noch nur zur Hälfte erfüllt.[27]

Nach dem »Anschluss« reagierte Roosevelt mit echter Sorge

auf die Notlage der deutschen und österreichischen Juden. Bei einer Kabinettssitzung am 18. März 1938 fragte er, was die Vereinigten Staaten für die »politischen« Flüchtlinge aus Österreich tun könnten – auch dies war ein Code. Er schlug vor, die deutschen und österreichischen Einwanderungsquoten zusammenzulegen oder die deutsche Quote zu erhöhen. Vizepräsident John Nance Garner gab Roosevelt zur Antwort, dass der Kongress, wenn er im Geheimen abstimmen könnte, die Einwanderung komplett unterbinden würde. Mit dieser unbequemen Tatsache konfrontiert, umging Roosevelt den Kongress ganz und fasste die deutsche und die österreichische Quote per Exekutivbefehl zusammen. Im Jahr 1939 wurde diese neue Quote zum ersten Mal erfüllt. Aber bis dahin war die Warteliste für amerikanische Visa so lang, dass es elf Jahre gedauert hätte, sie abzuarbeiten.[28]

Auch innerhalb der Roosevelt-Administration gab es Konflikte, vor allem zwischen den engagierten New-Deal-Vertretern und dem wesentlich konservativeren Außenministerium. Den New-Deal-Befürwortern war vor allem wichtig, die sozialen Reformen voranzubringen – und im weiteren Verlauf der 1930er Jahre kam das Anliegen hinzu, dem Nationalsozialismus etwas entgegenzusetzen und den Flüchtlingen zu helfen, während das Außenministerium vordringlich die Abwehr des Kommunismus im Sinn hatte und befürchtete, dass die Aufnahme von zu vielen Flüchtlingen die nationale Sicherheit gefährden könnte.[29]

Als eine Bastion des Ostküsten-Establishments stand das Außenministerium durchaus hinter den rassistischen Vorstellungen, die sich im Johnson-Reed Act niedergeschlagen hatten. Ein Artikel im *Harper's Magazine* vom Februar 1938 kam zu dem Schluss, dass, wer im Außenministerium arbeitete, »wenig Achtung vor demokratischen Bewegungen und wenig Respekt vor Mitgliedern jener Rassen hatte[n], die von Angelsachsen gewöhnlich als minderwertig abgetan werden« – insbesondere Juden. Zeitweise brandmarkten die New-Deal-Vertreter und die

Mitarbeiter des Außenministeriums einander aufgebracht als »Faschisten« respektive »Kommunisten«.

Ganz Unrecht hatten die streitenden Parteien damit nicht. Roosevelts Administration war stark von sowjetischen Agenten infiltriert, sogar einer der wichtigsten Wirtschaftsberater des Präsidenten, Lauchlin Currie, gehörte dazu.[30] Auf der anderen Seite war der stellvertretende Außenminister Breckinridge Long berüchtigt dafür, dass er ein erbitterter Gegner jeglicher jüdischer Einwanderung war. Long stammte aus einer prominenten Südstaatenfamilie und war ein langjähriger Freund Roosevelts. Allerdings hatte sich Long nach eigenem Bekunden zum Ziel gesetzt, wie die Historikerin Blanche Wiesen Cook schreibt, dass »Amerika von Nicht-Amerikanern unkontaminiert« bleiben sollte. Genau diesen Mann beförderte Roosevelt Anfang 1940 auf den Posten, dem die Aufsicht über Visa- und Flüchtlingsfragen zufiel. Angetrieben von Antisemitismus und der Sorge um die nationale Sicherheit, hinderte Long so viele Flüchtlinge wie möglich daran, in die Vereinigten Staaten zu gelangen. »Sie waren alle Juden. Sie hatten alle Geld«, war einer seiner typisch abschätzigen Kommentare über die verzweifelten Menschen.[31] Eleanor Roosevelt, die sich mit ihrem Mann über das Thema Flüchtlinge mehr stritt als über jedes andere, sagte dem Präsidenten einmal unverblümt: »Franklin, du weißt, dass [Long] ein Faschist ist.« Roosevelt erwiderte irritiert: »Ich habe dir gesagt, Eleanor, du darfst das nicht sagen.« Doch sie ließ sich nicht beirren: »Nun, vielleicht sollte ich es nicht sagen, aber er ist einer.«[32]

Nichtsdestoweniger begann Roosevelt im März 1938 auch darüber zu sprechen, dass man eine internationale Konferenz organisieren und eine große Anzahl von Ländern, insbesondere aus Lateinamerika, zusammenbringen müsse, um Lösungen für die Probleme der »politischen Flüchtlinge« aus Deutschland »und vermutlich Österreich« zu finden. Bewusst wählte Roosevelt seine Vorschläge so, dass sie sich innerhalb der gesteckten Grenzen bewegten: Er würde nicht etwa von einem Land erwarten, »eine größere Anzahl von Emigranten aufzunehmen, als es die bestehende Gesetzgebung erlaubt«. Private Organisationen würden alle Kosten tragen.

Roosevelts Offerte fand in den Vereinigten Staaten breite Zustimmung, auch bei der Gewerkschaftsvereinigung American Federation of Labor – solange sie im Ergebnis nicht zu einer Erhöhung der Einwanderungsquoten führen würde. Der stellvertretende Außenminister Sumner Welles äußerte bei einem privaten Treffen mit Herausgebern wichtiger Nachrichtenmedien seine Einschätzung, dass die Konferenz dazu beitragen könnte, eine der Ursachen für einen Krieg in Europa zu entschärfen. Aber mit allgemeiner Unterstützung durfte Roosevelt trotzdem nicht rechnen. Der Kongressabgeordnete Martin Dies aus Texas forderte: »Unsere erste Pflicht besteht gegenüber unseren eigenen Leuten.« Die Einwanderer würden »entweder die Arbeitsplätze übernehmen, die jetzt von Amerikanern besetzt sind, oder die Steuerzahler Amerikas würden gezwungen sein, sie zu unterstützen«.[33]

Die Nationen, die Roosevelt zu der Konferenz einlud – es waren 31 nationale Delegationen und 39 private Wohltätigkeitsorganisationen (Italien schickte keine Delegation, Deutschland war nicht eingeladen) –, trafen sich im Juli für eine Woche im französischen Kurort Évian-les-Bains am Genfer See. Roosevelt schickte Myron C. Taylor, einen Republikaner und ehemaligen Generaldirektor des amerikanischen Stahlkonzerns U. S. Steel, als Vertreter der Vereinigten Staaten.[34]

Gleich zu Beginn der Konferenz setzte die französische Delegation den Ton, indem sie ihre neu erlassenen Beschränkungen für Flüchtlinge entschieden verteidigte. Viele der anderen Länder waren von dieser Haltung schockiert, da sie gehofft hatten, Frankreich würde einen größeren Anteil der Flüchtlingslast übernehmen. Die Konferenz machte deutlich – etwa zu der Zeit, als irgendein Witzbold entdeckte, dass Évian rückwärts buchstabiert *naïve* ergab –, dass keine Regierung von der Idee begeistert war, jüdische Flüchtlinge aufzunehmen. Die jeweiligen Regierungsvertreter beriefen sich auf wirtschaftliche Schwierigkeiten,

mangelnden zur Verfügung stehenden Raum und die »Rassen-
probleme«, die sie bereits hatten oder die sie für die Zukunft vermeiden wollten. Einzig die Dominikanische Republik zeichnete
sich aus, indem ihre Vertreter sich einverstanden erklärten, hunderttausend Flüchtlinge aufzunehmen – und selbst in ihrem Fall
war das Motiv des Diktators Rafael Trujillo nicht humanitäre
Sorge, sondern der Wunsch, mehr Menschen weißer Hautfarbe
in seinem Land zu haben. Daneben erreichte die Konferenz lediglich, dass sich die Regierungen darauf einigten, eine neue
zwischenstaatliche Organisation, das Intergovernmental Committee on Refugees, zu gründen, um die Flüchtlingsorganisation
des Völkerbundes zu umgehen. Ein amerikanischer Anwalt,
George Rublee, wurde zum Vorsitzenden des Komitees ernannt.
Was dieses neue Komitee leisten könnte, was innerhalb des Völkerbundes nicht möglich war, blieb indes unklar.[35]

»Was für ein Beispiel hätten diese Nationen der Welt geben
können«, schrieb der *New Republic*, »wenn sie im Geiste der
Sache, die sie zusammengeführt hat, vorbehaltlos gehandelt
hätten! Wenn sie augenblicklich verkündet hätten, dass die un-
glücklichen Opfer der Verfolgung anderswo willkommen geheißen würden, [...] wäre die humane Überlegenheit der Demokratie gegenüber ihren Feinden eindrucksvoll demonstriert
worden.«[36]

Rublee fand schnell heraus, dass die Nationalsozialisten den
Juden nur dann erlauben würden auszuwandern, ohne ihr Vermögen zu beschlagnahmen, wenn andere Staaten mehr deutsche
Exporte ins Land lassen würden. Deutschland benutzte also seine jüdische Bevölkerung, um die Welt zu zwingen, seine über-
reizte Rüstungswirtschaft und seine entstehende Kriegsmaschi-
nerie zu unterstützen. Die westlichen Regierungen konnten einem solchen Handel nicht zustimmen und taten dies auch nicht,
zumal sie sich sorgten, welche Anreize ansonsten möglicherweise für andere Länder mit bedeutenden jüdischen Gemeinden geschaffen würden. Eine Zeit lang ließen die Nationalsozialisten
Rublee nicht einmal nach Berlin einreisen, um die Verhandlun-

gen fortzuführen. Endlich konnte sich Rublee Mitte Dezember 1938 mit Hjalmar Schacht in London treffen. Schacht sagte ihm, dass Deutschland den Juden die Auswanderung erlauben würde, wenn das »internationale Judentum« die Finanzierung für vermehrte Käufe deutscher Exportwaren übernähme. Rublee kam mit einem Gegenvorschlag, der die offenkundig erpresserischen Elemente des deutschen Plans ausklammerte. Die Verhandlungen zogen sich bis weit in das Jahr 1939 hin, scheiterten aber schließlich, als im September der Krieg ausbrach.[37]

1938 lag auf der Hand, dass ein Weg zur Rettung der deutschen Juden nur über Appeasement-Politik zu finden war, denn wer die Juden retten wollte, musste mit den Nationalsozialisten verhandeln. Wenn die Demokratien der NS-Aggression hingegen mit entschiedener diplomatischer oder militärischer Gegenwehr begegneten, würden die deutschen Juden den Preis dafür zahlen. Der amerikanische Generalkonsul in Berlin, Raymond Geist, machte dies 1938 deutlich. Geist war überzeugt, dass die Nationalsozialisten »mit einem Programm zur Vernichtung der Juden begonnen hatten«, weshalb es dringend notwendig sei, eine Lösung für das Flüchtlingsproblem zu finden. Allerdings sah Geist auch ein, dass die Vereinigten Staaten das Projekt zur Rettung der europäischen Juden aufgeben müssten, wenn sie sich entschließen sollten, »den Unterdrücker anzugreifen und seine Vernichtung herbeizuführen«, um die Prinzipien von Gerechtigkeit und Menschenwürde aufrechtzuerhalten. Geist war sich darüber im Klaren, dass alle Juden, die noch in Deutschland waren, wenn der Krieg kam, dem Untergang geweiht waren.[38]

Unter diesen schwierigen Umständen unternahm Roosevelt einige lobenswerte Schritte. Nach der »Reichskristallnacht« rief er den amerikanischen Botschafter aus Berlin zurück, und er ordnete diskret die unbefristete Verlängerung der Besuchervisa für deutsche Juden an, die sich bereits in den Vereinigten Staaten aufhielten. Aber Roosevelt musste immer eine schwerwiegende Tatsache mitbedenken: Je mehr er sich für die Rettung der europäischen Juden einsetzte, desto wahrscheinlicher würde er eine

Gegenreaktion auslösen, im Zuge deren der Kongress die Quoten noch mehr zurückschrauben würde. Und 1939, angesichts der sich verschärfenden Krise, konnte nichts, was er für die europäischen Juden zu tun vermochte, jemals genug sein.[39]

Deutschland war bei weitem nicht das einzige Land, das in den späten 1930er Jahren einen Flüchtlingsstrom hervorrief. Die Flüchtlingskrise traf ebenso wie die Krise der Demokratie Mittel- und Osteuropa am härtesten – und zwar aus denselben Gründen. Die Philosophin Hannah Arendt schrieb, dass der »allgemeine Zerfall des politischen Lebens, [...] obwohl er für ganz Europa zwischen den beiden Kriegen charakteristisch war, [...] in den Staaten, die nach der Liquidierung der Doppelmonarchie und des Zarenreichs neu gegründet worden waren, umfassend Gestalt annahm«. Arendt hatte erkannt, dass Minderheiten, die keinen Staat hatten, der sie repräsentierte, die Hauptopfer des Totalitarismus waren. In Mittel- und Osteuropa waren dies in den späten 1930er Jahren die Juden.[40]

In Polen, Rumänien und Ungarn lebten weit mehr Juden als in Deutschland oder Österreich. In Polen bildeten mehr als drei Millionen Juden etwa zehn Prozent der Gesamtbevölkerung. In Rumänien lebten mehr als 750000 Juden, in Ungarn rund 450000. Ende der 1930er Jahre übernahmen die Regierungen in diesen Ländern zunehmend die Judenpolitik der Nationalsozialisten. Zu Beginn des Jahrzehnts hatte die Welt in ihrem begrenzten Interesse an Flüchtlingen den Blick auf Deutschland gerichtet. Gegen Ende der 1930er Jahre befürchteten viele Beobachter, dass sich weiter im Osten eine viel größere Krise zusammenbraute. »Ich bin sicher, dass bald urgewalthafte Fluten über dem ganzen osteuropäischen Judentum zusammenbrechen werden«, prophezeite der revisionistische Zionistenführer Wladimir Jabotinsky, so schrecklich, dass »die deutsche Katastrophe bald in den Schatten gestellt werden wird«. Und der Londoner *Daily Express* fragte sich im März 1938: »Was ist, wenn Polen, Ungarn, Rumänien ihre jüdischen Bürger ebenfalls ausweisen?«

Die Regierungen dieser Länder nährten diese Befürchtungen, indem sie wiederholt die Lösung ihrer »jüdischen Probleme« einforderten und vorschlugen, ihre jüdische Bevölkerung auf andere Kontinente zu deportieren. Der polnische Außenminister Józef Beck äußerte, er wolle, dass 80 000 bis 100 000 Juden pro Jahr Polen verließen, wobei ihr gesamtes Vermögen zurückbleiben solle. König Carol von Rumänien schlug den Briten vor, dass 200 000 Juden sein Land verlassen sollten.[41]

Der Antisemitismus, der hinter den Aufrufen zu jüdischer Auswanderung stand, war Teil der gleichen Krise, die dem Autoritarismus in Mitteleuropa wieder Aufwind gab. In Polen rückte beispielsweise die Regierung nach dem Tod von Marschall Józef Piłsudski im Jahr 1935 weiter nach rechts, ihr Antisemitismus trat offener zutage und äußerte sich, der NS-Politik entsprechend, im Boykott jüdischer Geschäfte, im Ausschluss von Juden aus einigen Berufen und in wiederkehrenden Gewaltausbrüchen. Ungarns autoritäre Regierungen der 1930er Jahre näherten sich Deutschland an und begannen 1938 mit der Verabschiedung von Gesetzen, die Juden aus dem Handel und geordneten Berufen ausschlossen.[42]

Als die westeuropäischen Demokratien auf das sich zuspitzende Problem reagierten, mussten sie bedenken, dass jegliche Vereinbarungen, die sie für die deutschen und österreichischen Juden trafen, die anderen mitteleuropäischen Regierungen in ihren Forderungen nur ermutigen würden. Wie die Vereinigten Staaten agierten auch sie unter dem Einfluss wirtschaftlicher Zwänge der 1930er Jahre und der rassistischen Denkmuster, die damals in der Welt verbreitet waren.

Frankreich, die Heimat der großen Revolution von 1789, das Land der Freiheit, Gleichheit und Brüderlichkeit, hatte eine lange Tradition als Zufluchtsort für Opfer von politischer Verfolgung in Europa. Als kontinentaleuropäisches Land lag es für die Opfer des neuen europäischen Autoritarismus nicht nur geographisch näher als Großbritannien oder Amerika, sondern war ihnen auch in seiner Kultur vertrauter. Wenig verwunderlich ist daher, dass Frankreich im Zentrum der Flüchtlingskrise der 1930er Jahre stand. In den 1920er Jahren war Frankreich seinem liberalen Erbe treu geblieben und hatte vor den Bolschewiken fliehende »weiße« (sprich meist antikommunistische) Russen aufgenommen und vor Mussolini fliehende Antifaschisten willkommen geheißen.[43] Aber im Zuge der Weltwirtschaftskrise begann sich die französische Haltung zu verändern, noch bevor Hitler am Horizont auftauchte. Die politische Rechte argumentierte nun, dass Vielfalt Frankreich eher schwäche als stärke. Auch dort hing die Flüchtlingskrise mit einer allgemeineren Krise zusammen. In den 1930er Jahren war in Frankreich das Gefühl weit verbreitet, dass sich die demokratische Republik, die den Ersten Weltkrieg überstanden hatte, inzwischen in einer schweren Krise befand. Eine erstarkte politische Rechte verhöhnte das liberale, humane und demokratische Erbe Frankreichs. Die Feindseligkeit gegenüber Migranten ging ohne weiteres einher mit dieser Feindseligkeit gegenüber der Demokratie.[44] Mitte der 1930er Jahre versuchte die französische Regierung, das Flüchtlingsproblem zu bewältigen, indem sie verlassene Armeekasernen in Regionen entlang der Grenze zu Deutschland zur Unterbringung von Flüchtlingen nutzte. Politiker aus den Grenzregionen protestierten. Ein Lokalpolitiker beschwerte sich darüber, dass Flüchtlinge in seiner Region »abgeladen« würden, und bestand darauf, dass der Osten Frankreichs ein Recht darauf habe, »französisch zu bleiben«.[45] Und der Rassist und Schriftsteller Georges Vacher de Lapouge lamentierte, dass es in Frankreich wegen Hitlers »großartiger« Politik »deutsche Juden regne[t]«.[46]

Die französische Flüchtlingspolitik verschärfte sich erheblich, als Édouard Daladier 1938 Premierminister wurde. Daladier machte sich Sorgen, dass die vielen Flüchtlinge aus NS-Deutschland – wahrscheinlich waren 1939 bereits 40 000 in Frankreich – ein ernsthaftes Sicherheitsrisiko darstellen könnten. Er war sich sicher, dass sich unter den echten Flüchtlingen viele Agenten des

NS-Regimes befanden: die Saat einer zukünftigen fünften Kolonne. Eine seiner ersten Handlungen als Premierminister war der Erlass einer Verordnung, die den russischen und armenischen Flüchtlingen der 1920er Jahre ein Aufenthaltsrecht garantierte, nicht aber den neueren deutschen und spanischen Flüchtlingen. Seine Anordnung erleichterte es zudem den Beamten an der Grenze, Flüchtlinge zurückzuweisen.[47]

Seine Insellage machte Großbritannien für kontinentaleuropäische Flüchtlinge weniger zugänglich, kulturelle Unterschiede ließen es zudem weniger attraktiv als Frankreich erscheinen. Die damalige Politik unterstrich dies noch: Die Briten gaben sich keine Mühe, so zu tun, als hätten sie eine Tradition als Heimat für Unterdrückte. Ein Beamter des Innenministeriums erklärte 1933: »Wir können nicht anerkennen [...] dass es ein ›Recht auf Asyl‹ gibt.« Entscheidungen über Flüchtlinge wurden rein anhand des Kriteriums getroffen, »ob es im öffentlichen Interesse ist, dass [sie] aufgenommen werden«. Bis 1938 waren schätzungsweise 8000 Flüchtlinge aus Deutschland in Großbritannien angekommen, von denen etwa 80 Prozent Juden waren. Aber die eigentliche Sorge der Briten galt Palästina.[48]

Die Briten hatten die Verwaltung Palästinas, vormals eine Provinz des Osmanischen Reiches, nach dem Ersten Weltkrieg unter einem Völkerbundsmandat übernommen. Das bedeutete, dass die britische Politik darüber entscheiden würde, ob und wie viele Juden sich im Heiligen Land ansiedeln dürften. Trotz der Weltwirtschaftskrise hatte Palästina eine boomende Wirtschaft. Unter dem Eindruck von Hitlers Aufstieg, seiner aggressiven Politik sowie des osteuropäischen Antisemitismus wuchs die jüdische Bevölkerung Palästinas dramatisch an, von 175 000 Personen im Jahr 1931 auf 370 000 im Jahr 1937, und stellte damit etwas weniger als ein Drittel der Gesamtbevölkerung. Die Zahl der offiziellen jüdischen Einwanderer stieg von 11 289 im Jahr 1932 auf 64 147 im Jahr 1935, und die offiziellen Zahlen beinhalteten selbstverständlich nicht die illegalen Einwanderer, deren Zahl erheblich war.[49]

Die verstärkte jüdische Einwanderung löste 1936 eine Revolte unter den palästinensischen Arabern aus, und sie standen nicht allein – das Problem in Palästina wurde auf beiden Seiten »internationalisiert«, so dass Muslime in Indien und in den britischen Klientelstaaten Irak und Ägypten gegen die jüdische Einwanderung in das Mandatsgebiet protestierten. Als Reaktion darauf begannen die Briten, die Zahl der zugelassenen Einwanderer zu reduzieren: 1937 sank die Zahl der in Palästina aufgenommenen Einwanderer auf 10 600. In einem Weißbuch von 1939 proklamierte die britische Regierung schließlich eine jährliche Quote von 10 000 jüdischen Einwanderern für die nächsten fünf Jahre, wobei weitere 25 000 Flüchtlinge aufgenommen werden sollten, wenn »eine angemessene Versorgung mit Unterhalt für sie sichergestellt ist«. Nach dieser Zeit würden sie Juden nur noch in einem Maß nach Palästina einwandern lassen, das auch die Zustimmung der Araber fände.[50]

Neville Chamberlain reagierte auf die Notlage der deutschen Juden kühl und mit wenig Verständnis. »Zweifellos sind die Juden kein liebenswertes Volk«, schrieb er im Juli 1939 an seine Schwester Hilda und fuhr fort: »Ich persönlich schere mich auch nicht um sie.« Aber es stimme schon, dass »das nicht ausreicht, um ein Pogrom zu erklären«, wie es die Nationalsozialisten veranstaltet hatten.[51] Für Chamberlain waren die Probleme der Juden sowie die jüdischen Flüchtlinge nur eine unerwünschte Komplikation in seinen Bemühungen um bessere Beziehungen zu Deutschland. Der US-Botschafter Joseph Kennedy, der oft mit Chamberlain sprach, notierte im Dezember 1938, dass der Premierminister die Juden für den »ernsten Rückschlag und das mögliche Ende« seiner Beschwichtigungspolitik verantwortlich mache.[52] Die gleiche Haltung fand sich durchgängig bei den Pro-Appeasement-Medien. Der Zeitungsbaron Lord Beaverbrook beschwerte sich Ende 1938: »Die Juden sind hierzulande in der Presse groß im Geschäft. […] Der *Daily Mirror* ist möglicherweise im Besitz von Juden. Der *Daily Herald* ist im Besitz von Juden. Und der *News Chronicle* müsste eigentlich der *Jews Chronicle* heißen.« Beaverbrook befürchtete, dass der »politische Einfluss« von jüdischer Seite »uns in den Krieg treiben« werde.[53] Mit einiger Wahrscheinlichkeit waren diejenigen Briten, die mit der Notlage der europäischen Juden sympathisierten, auch Gegner von Chamberlains Beschwichtigungspolitik. Zu den bemerkenswertesten unter ihnen gehörte die parteilose Parlamentsabgeordnete Eleanor Rathbone.

Rathbone stammte aus einer Familie, die in der Politik, der Sozialfürsorge und der Sozialreform prominent aktiv war. Der Schauspieler Basil Rathbone, in der Rolle des Sherlock Holmes berühmt geworden, war ihr Cousin. In den späten 1890er Jahren engagierte sie sich stark im Kampf für das Frauenwahlrecht. Der Erfolg dieser Bewegung eröffnete ihr die Aussicht auf eine nationale politische Karriere, und tatsächlich wurde sie 1929 ins Unterhaus gewählt.

Rathbone besaß sowohl Idealismus als auch politischen Scharfsinn, eine bemerkenswerte Kombination. Wie Churchill hatte sie die von Hitler-Deutschland ausgehende Gefahr von Anfang an gesehen. Im Jahr 1936 prognostizierte sie eine europäische Krise, die damit beginnen würde, dass Hitler innerhalb der Tschechoslowakei einen Aufstand der deutschen Minderheit anzetteln werde. Zudem konnte sie nicht begreifen, warum die Demokratien die spanische Republik nicht gegen Francos Putsch unterstützten, und ihr Interesse an diesem Thema zog wiederum nach sich, dass sie versuchte, europäische Flüchtlinge zu retten und nach Großbritannien zu bringen.[54]

Rathbone, die gegenüber Schmeicheleien wie auch gegenüber Kritik immun war, bemühte sich so unbeirrt wie unermüdlich, einflussreiche Beamte moralisch unter Druck zu setzen und Großbritanniens Türen für diejenigen, deren Leben vom Faschismus bedroht war, ein wenig weiter zu öffnen. Auch für Einzelfälle setzte sie sich bei den zuständigen Behörden ein. Wenn die Beamten dort nicht auf ihr Anliegen eingingen, drohte sie ihnen mit schlechter Presse. Oft funktionierte diese Drohung, wenn Überredung nicht weiterhalf. Harold Nicolson, Abgeordneter von National Labour, war sich sicher, dass Beamte aus diesem Grund dazu neigten, sich hinter der nächsten Säule zu verstecken, wenn sie Rathbone kommen sahen.[55] Ende 1938 bildete sie mit drei anderen Abgeordneten verschiedener Parteien einen parlamentarischen Ausschuss für Flüchtlingsfragen. Trotz der Bezeichnung »parlamentarisch« finanzierte sie alle Aktivitäten selbst, und das Komitee traf sich bald beinah täglich. Im Laufe der Zeit konnte Rathbone zweihundert Abgeordnete dazu bewegen, ihre Arbeit zu unterstützen.[56]

Rathbone hielt in bewegenden Worten fest, wie es für sie war, angesichts einer gleichgültigen oder gar feindselig eingestellten Regierung und Öffentlichkeit zu versuchen, Flüchtlinge zu retten. Sie empfand es so, »als stünde man Stunde um Stunde, Tag um Tag, mit einer kleinen Gruppe von Menschen vor Gittern, hinter denen scharenweise Männer, Frauen und Kinder jede Art von vorsätzlich zugefügter physischer und psychischer Folter ertragen müssen«. Die kleine Gruppe kratze an den Gitterstäben, und von Zeit zu Zeit würden »ein paar Opfer mühsam eins nach dem anderen durch die Lücken herausgerissen«. Aber die ganze Zeit über, schrieb sie weiter, »sind wir uns bewusst, dass Ströme von Menschen hinter uns vorbeiziehen, die nichts von dem wissen, was geschieht, und die, wenn sie sich zusammentun, entweder die Gitter herunterdrücken und die Opfer retten oder – was weit gefährlicher wäre – die Folterer aufhalten könnten«.

Rathbones politisches Engagement entsprang einem tiefempfundenen Verantwortungsbewusstsein. Zum Teil sah sie sich als mitverantwortlich für das, was sie als Verrat der britischen Regierung an den Menschen und den Werten betrachtete, denen sich die Regierung verpflichtet hatte. Aber ihre Vorstellung von Verantwortung ging noch darüber hinaus. »Manche Menschen«, schrieb sie, »fühlen sich offenbar nur für das Böse verantwortlich, das sie tatsächlich tun; andere fühlen sich schuldig für jedes Bisschen an Bösem in der Welt, das sie oder ihre Nationen […] nicht verhindern konnten, sofern es möglich war, es zu verhindern oder zu versuchen, es zu verhindern, ohne ein größeres Übel zu schaffen. [...] Zumindest für Christen scheint diese Sichtweise in der christlichen Lehre über unsere Pflicht gegenüber dem Nächsten enthalten zu sein.« Schuld laste nicht nur auf der Regierung, sondern auch auf den einzelnen Bürgern, fuhr sie fort: Dann, »wenn wir nicht [...] alle uns zur Verfügung stehenden Mittel einsetzen, um die Regierung zu beeinflussen, ihre Politik zu ändern«.[57]

Rathbones Arbeit trug im letzten Jahr vor dem Krieg zu einer gewissen Lockerung der britischen Flüchtlingspolitik im Inland bei, als der unmittelbar bevorstehende Konflikt viele dazu brachte, in einer letzten verzweifelten Anstrengung doch noch den gefährlichen Regimen zu entfliehen. Bis zum Ende des Jahres 1939 hatte Großbritannien etwa 50 000 Flüchtlinge aus Deutschland und weitere 6000 aus der Tschechoslowakei aufgenommen.[58] Aber die Royal Navy patrouillierte aggressiv im östlichen Mittelmeer, um die »illegale« jüdische Migration nach Palästina zu verhindern. Aus diesem Grund setzten Schiffe, die Flüchtlinge transportierten, diese oftmals in der Nähe der palästinensischen Hoheitsgewässer in Flöße oder kleine Boote und ließen sie selbst an Land rudern. Wenn die britischen Behörden die Migranten ergreifen konnten, internierten sie sie in Lagern und verrechneten ihre Zahl mit der Immigrationsquote.[59]

Die politische Logik, die Eleanor Rathbone zur Gegnerin von Chamberlains Appeasement-Politik und zur Befürworterin der Aufnahme von Flüchtlingen machte, galt in gleicher Weise für Winston Churchill, der sich konsequent für die vor der nationalsozialistischen Unterdrückung flüchtenden Juden einsetzte.[60] Churchill befürwortete eine Einwanderungs- und Flüchtlingsquote für Palästina, die doppelt so hoch war wie die von der Chamberlain-Regierung 1939 beschlossene, und er prangerte die Politik der Regierung als einen weiteren Fall von Appeasement und Verrat an.[61] In der Balfour-Deklaration von 1917 hatte sich die britische Regierung verpflichtet, auf eine »jüdische nationale Heimstätte« in Palästina »mit Wohlwollen [zu] blicken«. Aber das Weißbuch der Regierung von 1939 betonte, es sei *nicht* Teil der britischen Politik, dass Palästina »ein jüdischer Staat werden soll«.[62] »Welche Art von nationaler Heimstätte bieten wir den Juden der Welt an«, fragte Churchill sarkastisch, »wenn wir aufgefordert werden zu erklären, dass in fünf Jahren vor ihren Augen die Tür dieser Heimstätte geschlossen und verriegelt werden soll?«[63]

Die Förderung der jüdischen Einwanderung nach Palästina war in der Tat ein Aushängeschild der Politik des Völkerbundes nach dem Ersten Weltkrieg gewesen und galt als Inbegriff der liberalen internationalen Ordnung mit all ihren Stärken – und Schwächen, die teilweise auf die Engstirnigkeit der Europäer zurückgingen. Das Scheitern in dieser Frage war ein umfassendes Scheitern dieser Weltordnung.[64] Churchill betonte, welche Auswirkungen die neue Palästina-Politik auf die britischen Bemühungen haben würde, eine Koalition der Demokratien gegen die Diktatoren zu schmieden. »Können wir – und das ist die Frage – durch diese Verweigerungshaltung an Stärke gewinnen?«, fragte er. »Die verzweifelten Juden werden sich dagegen wehren. Was wird die Welt darüber denken? Was werden unsere Freunde sagen? Was wird die Ansicht der Vereinigten Staaten von Amerika dazu sein? Werden wir nicht mehr verlieren [...] von der wachsenden Unterstützung und Sympathie der Vereinigten Staaten, als wir an lokaler administrativer Reibungslosigkeit gewinnen können, wenn wir überhaupt etwas gewinnen?«[65]

Eines frühen Morgens, nach 19 Tagen auf See, bemerkte die Familie Fürst, dass die Motoren ihres Schiffes abgestellt waren. Sie eilten nach oben an Deck. Bald sollte es hell werden. »Wir lagen noch weit draußen vor der großen Bucht«, schrieb Max Fürst Jahre später. »Das blaue Meer, das unregelmäßige Gewimmel im Hafen, die Häuser, die den Berg hinaufzuklettern schienen, gelbes Land und dahinter, bläulich schimmernd, die Berge. Wir wussten, dass es der Carmel war. Der Anblick war bezaubernd schön, und wir hatten Zeit, zu staunen und zu bewundern, da das Schiff nicht vor Mittag landen würde.« Sie hatten Haifa erreicht. Sie waren in Sicherheit.[66]

In Sicherheit, ja, aber für jemanden mit Max' nachdenklicher Veranlagung war das Exil nie einfach. Er wusste, dass viele »ihr Leben verspielt« hatten, indem sie nicht schnell genug gehandelt hatten, als sich die Chance zur Auswanderung bot. Er wusste, dass es nicht seine Schuld war, dass Freunde von der Gestapo abgeholt worden waren und in den NS-Gefängnissen starben, in vielen Fällen Freunde, die er zu politischem Engagement angeregt hatte. Aber es war eine Sache, dies zu wissen, eine andere, es zu fühlen. Eines Tages, nachdem er sich in Haifa in einem Keller wieder eine Werkstatt eingerichtet hatte, schaute er, vom Sonnenlicht fast geblendet, die Treppe zum Hof hinauf und sah eine ihm unbekannte junge Frau an der Tür. »Und du arbeitest hier ganz ruhig«, sagte sie zu ihm, »wo die Hälfte deiner Leute umgekommen ist?« In diesem Moment reagierte er wütend und schickte sie weg, ohne etwas dazu zu sagen. »Was hätte ich auch sagen sollen«, fragte er sich. »Sollte ich mich rühmen, im KZ gewesen zu sein und nur Glück gehabt zu haben, dass ich herausgekommen war?« Aber »der Angelhaken saß mit seinem Widerhaken in mir. Man ist immer schuldig, je mehr wir wissen, je mehr wir gelernt haben zu denken, desto hoffnungsloser ist es, zu leben und nicht an allem schuldig zu sein.« Seine Worte ähnelten auf unheimliche Weise denen von Eleanor Rathbone. Der deutsche Radikale und die britische Reformerin verstanden beide, dass der Mensch ein moralischer Akteur ist, der Entscheidungen trifft und bereit sein muss, die Verantwortung für die Konsequenzen dieser Entscheidungen zu übernehmen.[67]

Auch Cläre Tisch hatte eine Entscheidung getroffen – sie wollte bei den Waisenkindern bleiben, obwohl sie hätte emigrieren können. Nichtsdestotrotz erneuerte Joseph Schumpeter im Sommer 1941 seine Unterstützungszusage für sie. Cläre antwortete erneut mit Dankbarkeit: »Sie können wahrscheinlich gar nicht ermessen, war für ein tröstliches Gefühl es für mich ist, zu wissen, daß jemand da ist, der mir helfen will.«[68] Aber zu dieser

Zeit traten neue Bestimmungen für US-Visa in Kraft, und sie war nicht sicher, ob sie eines bekommen konnte. Am 8. November 1941 schrieb Cläre erneut an Schumpeter. »Ich gehe übermorgen fort«, teilte sie ihm mit, »und weiß noch nicht, wie meine neue Adresse sein wird, weiß auch nicht, ob ich sie Ihnen sobald mitzuteilen Gelegenheit haben werde.« Sie versicherte ihm: »Es ist mir eine Hoffnung für die Zukunft, in die ich jetzt gehe, zu wissen, daß ich, wenn einmal wieder Hilfe möglich ist, auf Ihre Hilfe rechnen kann.«[69]

Was sie mit dieser Ankündigung meinte, war, dass sie am 10. November in einen Zug steigen würde, mit dem Juden »nach Osten« deportiert wurden. Das Ziel des Zuges war Minsk, in der von den deutschen Truppen besetzten Sowjetunion, wo die Nationalsozialisten ein jüdisches »Ghetto« errichtet hatten.

Bald nach ihrer Ankunft in Minsk ermordeten sie Cläre. Sie war 34 Jahre alt.[70]

# Teil 2
# München

## Kapitel 8

## »Das will ich haben!«

Bei einem Besuch auf dem Truppenübungsplatz Kummersdorf soll dem Reichskanzler die neueste Waffentechnik vorgeführt werden. Ein ehrgeiziger und einfallsreicher Offizier namens Heinz Guderian nutzt die Gelegenheit, um dem Führer zu zeigen, was motorisierte Einheiten leisten können. Dass Hitler von den militärischen Möglichkeiten der Motorisierung fasziniert ist, ist Guderian nicht entgangen, und so lässt er in Kummersdorf mehrere Formationen von Panzern, Motorrädern und gepanzerten Fahrzeugen ihre Geschwindigkeit vorführen. Hitler ist von dem, was er sieht, begeistert. Noch während Guderians Vorführung ruft er immer wieder: »Das kann ich gebrauchen! Das will ich haben!«[1] Es ist erst Anfang 1934, aber dies ist ein schicksalhafter Moment für die spätere Geschichte des Zweiten Weltkriegs.

Hitler ist empfänglich für Guderians Ideen zum Einsatz von Panzern. Schon zehn Jahre zuvor hatte er über die »allgemeine Motorisierung der Welt« geschrieben, die im »nächsten Krieg« seiner Ansicht nach »in überwältigender Weise kampfbestimmend in Erscheinung treten wird«.[2] Bald wird er einer Versammlung von Generälen sagen, dass »kurze entscheidende Schläge nach Westen und dann nach Osten« notwendig sein werden, um den Lebensraum zu sichern, den Deutschland braucht.[3] Politischer Radikalismus und technologische Modernität verschmelzen: Hitler sieht den Panzer als sein entscheidendes Instrument.

Ironischerweise hat Guderian Inspiration für seine Ideen aus Schriften britischer Militärtheoretiker wie Basil Liddell Hart gezogen.[4] Er erkennt, dass mit Hilfe des Panzers eine Pattsituation und ein Gemetzel wie im Stellungskrieg vom November 1914 bis März 1918 zu vermeiden wäre. Im Ersten Weltkrieg haben enorme Verbesserungen in der Durchschlagskraft der Kleinwaffen und der schweren Artillerie der Verteidigung einen großen Vorteil verschafft. Es hat die Technologie gefehlt, um die Verteidigung zu überwinden und wieder Bewegung in den Krieg zu bringen. Jetzt ist sie zur Hand.[5] Scharfsinnige deutsche Militärstrategen wissen seit langem, dass Deutschland gegen Mächte wie Großbritannien, Frankreich und die Vereinigten Staaten nur einen schnellen Krieg gewinnen kann. Der Panzer, eine Waffe des schnellen Bewegungskriegs, wird zur klassischen deutschen Waffe, so wie die Spitfire die klassische britische Verteidigungswaffe ist.

Aber so wie Dowding die Widerstände der Trenchard-Anhänger überwinden muss, um die Entwicklung der Spitfire und des Radars abzuschließen und zum Tragen zu bringen, muss Guderian gegen konservativ denkende Militärs in den oberen Rängen des deutschen Heeres ankämpfen. Er weiß, dass Blomberg seinen Überlegungen wohlwollend gegenübersteht. Aber er muss sich mit »der Unbeweglichkeit« anderer auseinandersetzen, vor allem mit Ludwig Beck, dem Generalstabschef des Heeres.

Guderian und Beck kommen nicht gut miteinander aus. (Tatsächlich kommt Guderian mit seiner aggressiven Art mit kaum jemandem zurecht.) Beck ist für Guderian »ein ruhiger, fast zu ruhiger und nachdenklicher Mann der alten Schule«, der »kein Verständnis für moderne technische Dinge« hat. Guderian wiederum ist der Ansicht, dass Beck die wichtigen Stabspositionen allesamt mit ausgewählten Offizieren besetzt hat, die mit ihm übereinstimmen, und so »eine Barriere der Reaktion im innersten Zentrum der Armee« geschaffen hat. Beck geht es nur um Verteidigung, oder, wie Guderian es abschätzig ausdrückt, er ist »ein Zauderer, auf militärischem wie auf politischem Gebiet«.[6]

Aber ganz so, wie Guderian behauptet, liegen die Dinge nicht. Richtig ist, dass Guderian Nationalsozialist ist, Beck hingegen ein konservativer Traditionalist. Guderian wird im Zweiten Weltkrieg begeistert für Hitler kämpfen, während Beck eine führende Figur im Widerstand wird. Guderians spätere Darstellung Becks ist verzerrt durch seine Wut über Becks Engagement im Widerstand. Tatsächlich hat Beck in den 1930er Jahren mehr dafür getan, dass die deutsche Armee Panzer erhält, als die meisten anderen höheren Offiziere. Aber für Guderian geht es bei Panzern nicht darum, ob sie vorhanden sind. Entscheidend ist, wie sie eingesetzt werden sollen. Er will unabhängige Panzerdivisionen, die sich in ihrem eigenen schnellen Tempo bewegen können und nicht an das schleppende Tempo der Fußsoldaten gebunden sind. »Klotzen, nicht kleckern!«, ist seine Devise. Für Beck, wie für die meisten traditionalistischen deutschen Offiziere, hat diese Strategie ihre Tauglichkeit noch nicht bewiesen, und deshalb wäre es leichtsinnig, die Sicherheit Deutschlands darauf zu stützen.[7]

Genau wie in Großbritannien gibt es logische Zusammenhänge zwischen der deutschen Militärdoktrin und der Außenpolitik. Captain Liddell Hart weist darauf hin, dass der Panzer als Waffe des schnellen Kriegs das Instrument der Wahl des Aggressors ist. Daher rät er der britischen Regierung, ein weltweites Verbot von Panzern anzustreben: Ein langsam geführter Krieg liegt in Großbritanniens Interesse.[8]

Darüber hinaus gibt es noch eine andere Ebene, auf der der Nationalsozialismus und seine Panzer zueinander passen, wie es der friedliche britische Liberalismus und die Spitfire tun. Der Faschismus sowohl in Italien als auch in Deutschland glorifiziert Maschinen, Geschwindigkeit und Aggression. Victor Klemperer, Literaturwissenschaftler und Chronist seiner Zeit, notiert Mitte der 1930er Jahre: »Das einprägsamste und geläufigste Bild des Heldentums liefert [...] der Autorennfahrer.« Bernd Rosemeyer, der 1938 tödlich verunglückte Rennwagenfahrer, nimmt in der populären Vorstellungswelt der Zeit phasenweise einen fast gleichwertigen Platz neben dem nationalsozialistischen Märtyrer Horst Wessel ein. Als 1939 der Krieg beginnt, beobachtet Klemperer, dass sich die Entschlossenheit und der Siegeswille des Rennfahrers nahtlos auf das populäre Bild des Panzersoldaten übertragen lassen.[9]

Und innerhalb des Heeres findet sich eine entsprechende, eindeutige Korrelation: Die eher konservativen, traditionalistischen Offiziere wie Beck gehen auf Distanz zu Hitler und zögern, sich auf die Idee eines schnellen Angriffskriegs einzulassen. Wenn Beck auch nicht ganz der Gegner ist, als den Guderian ihn später dar-

*stellen wird, so ist er doch skeptisch, was das Potential des Panzers angeht. Guderian behauptet, Becks Antwort auf seine Erläuterung, wie er Panzer im Kampf einsetzen will, sei gewesen: »Nein, nein, ich will Euch nicht. Ihr seid mir zu schnell.«[10] Als eine Simulation konkurrierend eingesetzter Truppenteile in einer Wehrübung im Jahr 1937 zu beweisen scheint, dass ein schneller, waghalsiger Panzervorstoß tatsächlich funktioniert, bringt Beck den Offizier, der als Schiedsrichter fungiert, dazu, das Ergebnis für ungültig zu erklären.[11] Ein anderer traditionalistischer Offizier will Guderian klarmachen, dass Panzerdivisionen – ganze Divisionen, die aus Panzern bestehen und unabhängig operieren – »eine Utopie« sind.[12]*

*Dagegen sind die am stärksten nazifizierten Einheiten der Wehrmacht auch diejenigen, deren Ausstattung technologisch mit Abstand auf dem modernsten Niveau ist: die Einheiten der Waffen-SS. Wobei die militärischen Formationen unter dem Kommando von Heinrich Himmler technisch gesehen Teil der NS-Partei und nicht der Armee sind. Sie sind schon lange vor Ausbruch des Kriegs voll motorisiert, während die meisten Einheiten der deutschen Armee noch auf Pferdewagen angewiesen sind. Als der Krieg kommt, werden die alliierten Streitkräfte nichts so sehr fürchten wie eine SS-Panzerdivision.[13]*

Wenn schon die Briten mit Schrecken an den Verlauf des Ersten Weltkriegs zurückdachten, ist es nicht verwunderlich, dass die Bilanz der Deutschen noch weit schlechter ausfiel. Immerhin hatten die Briten gewonnen. Für deutsche Soldaten und Politiker war der Erste Weltkrieg ein Trauma. Einen Weg aus der strategischen Falle, in die sie geraten waren, und der noch immer schmerzenden Niederlage, die sie 1918 erlitten hatten, zu finden, war ihr dringlichstes Anliegen. Doch ihre Lösungen hätten sich kaum mehr von denen der Briten unterscheiden können.

Hitlers Regime hatte keine Zeit, vorsichtig wirtschaftliche Bedenken abzuwägen, wie es die Regierung Chamberlain tat, oder sich mit Konzepten wie der Idee der Wirtschaft als »vierter

Streitmacht« auseinanderzusetzen. Hermann Göring spottete über »bürgerliche Geschäftsleute«, die für eine »Beschränkung der Rüstung [und] Defätismus« eintraten und damit ihr »Unverständnis für die außenpolitische Lage« offenbarten. Hitler schrieb, dass »wie ausgewogen die allgemeine Lebensgestaltung eines Volkes auch sein sollte, es zu bestimmten Zeiten gewisse Störungen des Gleichgewichts auf Kosten anderer, weniger wichtiger Aufgaben geben muss«. Die Wirtschaftspolitik musste hinter der Dringlichkeit zurückstehen, Deutschland mit der stärksten Armee der Welt auszurüsten.[14]

Sicher bekamen auch Hitler und Göring Warnungen vor den möglichen ernsten wirtschaftlichen Folgen ihrer Aufrüstung zu hören – fallende Kurse am Aktienmarkt oder, was nach dem Chaos der frühen 1920er Jahre noch alarmierender gewesen wäre, eine Rückkehr zur Hyperinflation hätte daraus folgen können. Nüchtern denkende Behördenvertreter haben solche Warnungen wiederholt ausgesprochen. Als hätte er die Diskussion in Chamberlains Kabinett hören können, warnte Finanzminister Lutz Graf Schwerin von Krosigk Hitler 1938, dass »jeder Krieg in Zukunft nicht nur mit militärischen Mitteln ausgefochten, sondern als Wirtschaftskrieg größten Formats geführt werden wird«. Daher fühle er sich verpflichtet, Hitler seine »schwere Sorge um die Zukunft Deutschlands« mitzuteilen. Krosigk befürchtete, dass sich die Briten im Falle eines Kriegs, da sie um die wirtschaftliche Schwäche Deutschlands und ihre eigene Stärke wussten, nicht die Mühe machen würden, einen militärischen Angriff zu starten, sondern vielmehr »die wirtschaftliche Schwäche Deutschlands sich auswirken lassen« würden, bis das Reich unter dem Druck zusammenbrach. Aber Hitler war sich seiner Prioritäten sicher und schob solche Warnungen beiseite.[15]

Und während die Briten nach der traumatischen Erfahrung des Ersten Weltkriegs die Vorteile eines mit See- und Luftstreitkräften geführten Kriegs mit »begrenzter Haftung« wiederentdeckten, inspirierte das gleiche Erlebnis die deutschen Strategen zu einer Neudefinition eines totalen Kriegs, der die ganze Nation einbezog. Der prominenteste und einflussreichste deutsche Theoretiker des totalen Kriegs war ein Mann, der zwischen 1914 und 1918 auch in der militärischen Praxis ein Pionier gewesen war: der ehemalige zweite Befehlshaber der deutschen Armee, General Erich Ludendorff.

Ludendorff veröffentlichte 1935 nach diversen militärtheoretischen Abhandlungen unter dem Titel *Der totale Krieg* ein Buch, in dem er behauptete, mit dem Ersten Weltkrieg sei diese neue Art des Konflikts entstanden, und von nun an würde jeder Krieg ein »totaler« Krieg sein. Darin war seiner Ansicht nach inbegriffen, dass »die Psyche und Lebenskraft der feindlichen Völker« angegriffen würde, »um sie zu zersetzen und zu lähmen«.

Der totale Krieg, so Ludendorff, sei durch das Aufkommen der massenhaften Einberufung zum Kriegsdienst und neue Methoden der Kriegsführung entstanden, wie etwa die Bombardierung aus der Luft. Auch psychologische Faktoren spielten eine Rolle: Flugzeuge werfen nun »Bomben aller Art, aber auch Flugblätter und sonstiges Propagandamaterial über die Bevölkerung« ab, schrieb er, und »durch Verbesserung und Vermehrung der Rundfunkanlagen« könne man nun die Propaganda effektiv »feindwärts verbreiten«.[16]

Die nationale Politik müsse sich auf diese neue Art des Kriegs einstellen, meinte Ludendorff und führte weiter aus: »Diese [die Politik] muß, wie der totale Krieg, totalen Charakter gewinnen.« Auch in Friedenszeiten »hat die Politik der Kriegsführung zu dienen«. Die Politik habe die Voraussetzungen für »die Höchstleistung eines Volkes« zu sichern und müsse »genau beachten, was das Volk auf allen Gebieten des Lebens [...] zu seiner Lebenserhaltung bedarf und beansprucht«.[17] Eine dieser Voraussetzungen war eine neue Art von Egalität und nationaler Einheit. Schon 1921 hatte Ludendorff geschrieben, in der von ihm erträumten »deutschen Einheitsfront« müssten die »Gegensätze zwischen Bürgertum und Arbeiterschaft, zwischen Stadt und Land und die vielen anderen Gegensätze und Unterschiede, die das deutsche Volk schwächen«, verschwinden.[18]

In den 1920er und 1930er Jahren entwickelten sich die Begriffe ›totaler Krieg‹ und ›Totalitarismus‹ gemeinsam. Der Schriftsteller und Kriegsveteran Ernst Jünger gehörte zu den vielen Intellektuellen, die wie Ludendorff einen totalitären Staat im Grunde als einen Staat verstanden, der auf einen Zweck hin organisiert war: das Führen eines totalen Kriegs. Um effektiv für den modernen Krieg zu mobilisieren, müsse das »Bild des Krieges« in der »Friedenszeitordnung« gezeichnet werden. Für Jünger stand außer Frage, dass diese Entwicklung alle Länder vollziehen müssten, die irgendeinen Weltmachtanspruch erheben wollten.[19]

Hitler und Ludendorff lernten sich wahrscheinlich im Frühjahr 1921 durch Hitlers Gefolgsmann Rudolf Heß kennen. Dass der ehemalige General einen starken Eindruck auf den ehemaligen Gefreiten machte, war wohl unvermeidlich, und so begann Hitler, viele von Ludendorffs Ideen zu übernehmen. Im selben Jahr lobte das NSDAP-Parteiorgan, der *Völkische Beobachter*, Ludendorffs Buch *Kriegführung und Politik* in den höchsten Tönen. 1923 marschierten die beiden Männer gemeinsam in Hitlers »Bürgerbräu-Putsch«, wobei Hitler Ludendorff als »den General, den ich vergöttere«, titulierte. Bemerkenswerterweise blieb Hitler dabei, Ludendorff zu vergöttern, als der sich in späteren Jahren scharf gegen Hitler und seine Partei wandte. Selbst 1942 konnte man Hitler noch davon sprechen hören, dass er Ludendorffs sterbliche Überreste auf einen Ehrenplatz in Berlin überführen lassen wollte. Macht man sich jedoch klar, dass das Dritte Reich mit der massenhaften Einberufung zum Wehrdienst, seinem Ethos der klassenlosen Gleichmacherei in Bezug auf alle nicht-jüdischen Deutschen, seiner unaufhörlichen Propaganda und der staatlichen Kontrolle aller Medien sowie seinem Vierjahresplan, der die Wirtschaft für die künftigen Kriegsanstrengungen einspannte, eine Punkt-für-Punkt-Umsetzung von Ludendorffs Ideen war, ist das weniger überraschend.[20]

Das Ausmaß der deutschen Aufrüstung in den 1930er Jahren war etwas historisch nie Dagewesenes, wobei Japan und die Sowjetunion einen ähnlichen Weg eingeschlagen hatten. Im Vergleich zu dem, was das Kaiserreich gemessen am deutschen Nationaleinkommen vor dem Ersten Weltkrieg für Verteidigung ausgegeben hatte, fiel der Anteil, den Deutschland im Jahr 1938 in die Aufrüstung investierte, fünfmal so hoch aus – und das bei einem um 60 Prozent höheren Bruttoinlandsprodukt. Wie der Historiker Adam Tooze anmerkt, zeigt dieser enorme Einsatz von Ressourcen, dass Hitler sehr wohl verstanden hatte, welche Anstrengungen nötig sein würden, um die westlichen Demokratien zu stürzen.[21]

Aber diese Anstrengung war für die deutsche Gesellschaft und ihre Wirtschaft zu groß, und die riesigen Probleme, die die Aufrüstung schuf, trugen dazu bei, dass Deutschland *früher* als von Hitler gewünscht oder geplant auf den Krieg zusteuerte. 1936 sah Generalmajor Friedrich Fromm, der Leiter des Allgemeinen Heeresamtes, voraus, dass Hitlers Plan, bis 1940 eine Armee von 102 Divisionen aufzustellen, genau jene Probleme der Rohstoffversorgung und des Devisenverkehrs verursachen würde, die ein Jahr später zur Einberufung der Hoßbach-Konferenz führen sollten. Aber selbst wenn die Rohstoffe verfügbar wären, müsste ein großer Teil der produzierenden deutschen Industrieanlagen für die Laufzeit des Plans binnen kurzem auf die Herstellung von Panzern und Geschützen umgestellt werden. Und was wäre dann für die Zukunft zu erwarten? Wenn man die Fabriken wieder für die zivile Nutzung zurückbauen würde, sobald die Ziele von 1940 erreicht waren, würde massive Arbeitslosigkeit folgen. Wenn andererseits die Fabriken fortfahren würden, Waffen zu produzieren, würde die Armee weiter anschwellen, und sowohl die finanziellen Probleme der Regierung als auch die Rohstoffknappheit würden noch gravierender werden. Fromm fasste sein Resümee in klare Worte: »Kurz nach Beendigung der Aufrüstungsphase muss das Heer beschäftigt werden, sonst muss es zu einer Reduzierung der Nachfrage oder des Niveaus der Kriegsbereitschaft kommen.« Wenn die Regierung nicht beabsichtige, bis 1940 einen großen Krieg zu führen, dann sei die ganze Aufrüstung nicht nur sinnlos, sondern auch gefährlich irrational, schloss Fromm.[22] Und so trug gerade die Logik der gewaltigen Aufrüstungsanstrengungen dazu bei, Hitlers Regime in Richtung Krieg zu treiben.

Ende der 1930er Jahre wendete Deutschland 23 Prozent seines Volksvermögens für Militärausgaben auf, während Frankreich 17 Prozent, Großbritannien 12 Prozent und die Vereinigten Staaten 2 Prozent ihres jeweiligen Volksvermögens einsetzten. Nichtsdestoweniger rüsteten die westlichen Demokratien ebenfalls auf und waren dabei, Deutschland einzuholen – viel schneller, als Hitler es sich hatte vorstellen können. In deutschen Regierungskreisen erkannte man zusehends, dass Deutschland, um gegen die Briten, die Franzosen und möglicherweise auch die Amerikaner zu kämpfen, Öl und Lebensmittel aus Südosteuropa und der Sowjetunion unter seine Kontrolle bringen musste. Aber um diese Ressourcen zu bekommen, würde Deutschland gleichfalls einen Krieg führen müssen.[23]

Hitler sah, dass sich das Zeitfenster zu schließen begann, in dem die Gelegenheit für seinen Krieg günstig sein würde. Damit war es an der Zeit, auf einen gewagten Plan zu setzen: das Hasardunternehmen eines Blitzkriegs mit Panzern. Oder wie Hitler es in einer Ansprache an seine Generäle formulierte: »Unsere wirtschaftliche Lage ist so, dass wir nur noch ein paar Jahre durchhalten können. Wir müssen handeln.«[24]

Auf der Hoßbach-Konferenz und in den neuen Kriegsplänen, die folgten, spielte die Tschechoslowakei eine prominente Rolle. Kurz vor dem »Anschluss« Österreichs erklärte Hitler gegenüber Goebbels, »die Tschechei bricht eines Tages unter unserem Stoß zusammen«, und danach versicherte er Jodl, dass die Tschechen an der Reihe sein würden, sobald Österreich verdaut sei.[25]

So war es nicht verwunderlich, dass sich Hitlers volle Aufmerksamkeit im Frühjahr 1938 auf die Tschechoslowakei richtete. Das Ergebnis sollte eine völlig neue Art von Krise sein. Hitlers vorherige Aktionen – der Austritt aus dem Völkerbund, die Wiederbewaffnung und die Wiedereinführung der Wehrpflicht, die Militarisierung des Rheinlandes, die Angliederung Österreichs – waren alles Vorstöße gewesen, die jede rechtsgerichtete, nationalistische deutsche Regierung wahrscheinlich früher oder später unternommen hätte.[26] Im Fall der Tschechoslowakei lagen die Dinge anders. Ein Angriff auf tschechisches Territorium war etwas, das Hitler gegen den internen Widerstand vieler seiner Diplomaten und militärischen Befehlshaber würde durchführen müssen. Die tschechische Krise würde lang andauern und sich zu einer potentiell tödlichen Katastrophe auswachsen – für Hitlers Regime, für Europa und für die Welt.

Vor allem anderen war die Tschechoslowakei keine leichte Beute. Obwohl sie nur 14 Millionen Einwohner hatte, verfügte sie über eine relativ große und effiziente Armee, und ihre Grenzen zu Deutschland lagen in einem gebirgigen Gebiet, das durch eine beeindruckende Reihe von Festungen geschützt war. Die Leistungsfähigkeit der Armee basierte auf einer umfangreichen und hochentwickelten Rüstungsindustrie, darunter die namhaften Škoda-Werke in Pilsen (tschechisch: Plzeň). Und die Tschechoslowakei hatte offizielle Bündnisverträge mit der Sowjetunion und Frankreich. Jeder Angriff auf die Tschechoslowakei bedeutete, das Risiko eines neuen Weltkriegs einzugehen.

Zudem gab es einen entscheidenden Unterschied zwischen Hitlers *Äußerungen* zu seinen Vorhaben in Bezug auf die Tschechoslowakei und dem, was er tatsächlich tun wollte. Die Deutschen, die nun in der Tschechoslowakei lebten, waren vormals im österreichisch-ungarischen Kaiserreich Teil der herrschenden Klasse gewesen und waren über ihren neuen Status als Minderheit in einem Land, in dem andere das Sagen hatten, nicht glücklich. Hitler behauptete, er wolle lediglich ihre Rechte und ihre Autonomie schützen. Er sagte, er habe keine Pläne für die überwiegend tschechisch und slowakisch bewohnten Teile des Landes. Dass er diesen Staat restlos vernichten wollte, hatte er jedoch auf der Hoßbach-Konferenz und bei zahlreichen anderen Gelegenheiten gegenüber seinen militärischen Befehlshabern klargemacht. Dies bedeutete, dass er nun zum ersten Mal über das Ziel hinausging, alle ethnischen Deutschen in einem einzigen Staat zusammenzufassen, und eine ganz andere Art von Aggression anstrebte.[27] Zu Hitlers Gunsten wirkten sich in jedem Fall die erbitterten inneren Spannungen der tief gespaltenen Tschechoslowakei aus. Die massiven Gräben zwischen den Bevölkerungsgruppen boten einem feindseligen Gegner ein ergiebiges Ziel: Ein Aggressor konnte daran arbeiten, diese Spaltungen zu vertiefen und weitere Konflikte zu entfachen, um so den ganzen Staat zur Implosion zu bringen. Ernst von Weizsäcker, der neue Staatssekretär im Außenministerium, nannte dies den »chemischen« im Gegensatz zum »mechanischen« – also militärischen – Ansatz zur Zerstörung der Tschechoslowakei. Es war der »chemische« Ansatz, den Hitler anzuwenden gedachte.[28]

Dabei griff Hitler wiederum auf Taktiken zurück, die ihm bei seinem eigenen Aufstieg zur Macht gute Dienste geleistet hatten. Deutschland nahm die Ungerechtigkeiten, die der tschechische Staat angeblich seiner deutschen Minderheit zumutete, zum Anlass für eine wahre Flut offizieller Propaganda. Reale Fälle von Ungleichbehandlungen, so wenige es auch sein mochten, konnte man sich zunutze machen. Fingierte Vorfälle wurden von Goebbels' Propagandamaschine fabriziert und orchestriert. Die Strategie der Nationalsozialisten bestand darin, Gewalt zwischen Tschechen und Deutschen zu provozieren, um danach die deutsche Minderheit als Opfer hinstellen zu können. Sollte es sich als unmöglich erweisen, einen tatsächlichen ernsten Vorfall zu provozieren, würde die deutsche Medienmaschinerie einen vorgetäuschten herbeizaubern.[29]

Konrad Henlein, der Führer der pronationalsozialistischen Sudetendeutschen Partei (SdP), reiste Ende März 1938 nach Deutschland, um seine Befehle von Hitler zu erhalten. Hitler sagte ihm, dass die tschechische Frage »in Kürze gelöst« sein würde. Henleins Aufgabe war es, den Strom an Forderungen, den er im Namen der Sudetendeutschen an den tschechischen

Staat stellte, nicht abreißen zu lassen. Henlein selbst drückte es so aus: »Wir müssen immer so viel fordern, dass wir nie zufriedengestellt werden können.« Es ging dabei nie darum, eine bessere Situation für die tschechischen Deutschen zu erreichen. Es ging darum, einen Grund zu finden, die Tschechoslowakei insgesamt zu zerstören. Was Hitler nicht wollte, war, dass die Tschechen seinen Forderungen nachgaben. Er griff auf seine Erinnerungen an die Zeit der K.-u.-k.-Monarchie und die Forderungen der nationalen Minderheiten zurück, die das österreichisch-ungarische Kaiserreich niemals hatte erfüllen können. Daraufhin drängte er Henlein dazu, separate deutsche Einheiten innerhalb der tschechischen Armee zu fordern.[30]

Hitler wollte mit der Tschechoslowakei das tun, was Österreich 1914 mit Serbien versucht hatte, woran die Österreicher jedoch gescheitert waren: das Land isolieren, damit ein Angriff nicht zu einem größeren Krieg führen würde. Erst dann würde er einmarschieren und die Tschechoslowakei erobern. Für eine Invasion brauchten die Nationalsozialisten demnach entweder einen plausiblen Vorwand – vergleichbar mit der Ermordung des österreichischen Erzherzogs Franz Ferdinand durch vom serbischen Geheimdienst unterstützte Terroristen, die den Ersten Weltkrieg ausgelöst hatte – oder einen günstigen Moment, in dem die Westmächte abgelenkt waren, vielleicht durch soziale Spannungen in Frankreich oder einen Krieg im Mittelmeer, wie Hitler auf der Hoßbach-Konferenz spekuliert hatte.[31] Keitel erinnerte sich später, dass Hitler bei der Planung der Strategie für die Tschechoslowakei ausdrücklich auf das Attentat von 1914 Bezug nahm.[32] Der deutsche Plan, der Propaganda und Gewalttaten umfasste, war darauf berechnet, den tschechischen Staat sowohl im Innern zu schwächen als auch in den Augen ausländischer Regierungen zu diskreditieren. Hitler hoffte zudem, dass der Westwall, die im Ausbau befindliche Befestigungsanlage entlang der deutschen Grenze zu Frankreich, so konstruiert war, dass jeder etwaige Angriff aus dieser Richtung abgefangen würde.[33]

An diesem Punkt brachte ein unerwartetes Ereignis Hitlers

Pläne durcheinander. Bis weit in den Mai 1938 hinein hatte Hitler für einen Angriff auf die Tschechoslowakei noch kein konkretes Datum im Kopf, außer dass er »bald« zuschlagen wollte. Ende April befahl er Keitel, Pläne für einen Angriff auszuarbeiten. In dem Entwurf, den Keitel anfertigte, findet sich eine Passage, die vermutlich eine Weisung Hitlers an ihn enthält. »Es liegt *nicht* in meiner Absicht, die Tschechoslowakei ohne Herausforderung schon in nächster Zeit durch eine militärische Aktion zu zerschlagen, es sei denn, daß eine unabwendbare Entwicklung der politischen Verhältnisse innerhalb der Tschechoslowakei dazu zwingt, oder die politischen Ereignisse in Europa eine besonders günstige und vielleicht nie wiederkehrende Gelegenheit dazu schaffen [Hervorhebung hinzugefügt].«[34] Dann kam die »Wochenendkrise«.[35]

Am Freitag, dem 20. Mai, reagierte die tschechische Regierung auf die Nachricht eines militärischen Notfalls: In Prag waren glaubwürdige Berichte eingegangen, dass zwölf deutsche Divisionen an der tschechischen Grenze zusammengezogen worden seien. Der Verteidigungsminister František Machnik berief daraufhin fast 200 000 Reservisten ein, was bedeutete, dass eine Streitmacht von beinah 400 000 gut ausgebildeten und gut ausgerüsteten tschechischen Soldaten bereitstand, um einer deutschen Invasion zu begegnen. Ein amerikanischer Militärbeobachter war beeindruckt von der Kompetenz und Entschlossenheit der tschechischen Streitkräfte. Das ganze Land schien zum Kampf gerüstet.[36]

Was hatte diese Ereignisse in Gang gesetzt? Am 18. Mai erhielt der tschechische militärische Nachrichtendienst von einem deutschen Schlüsselagenten einen Bericht über eine umfangreiche Mobilmachung deutscher Truppen entlang der Grenze. Die Truppenbewegungen sahen wie die Vorboten dessen aus, was gerade in Österreich passiert war. Die Identität dieses Agenten ist bis heute unbekannt, aber er stand dem deutschen Heer oder der Regierung nahe genug, dass die Tschechen seine Informationen ernst nahmen. Auch der britische Geheimdienst bestätigte zunächst, was die Tschechen befürchteten. Zudem berichtete der tschechische Inlandsgeheimdienst, dass der deutsche Gesandte in Prag, Ernst Eisenlohr, an diesem Tag damit geprahlt habe, ein deutscher Angriff stehe bald bevor.[37]

Doch am Samstag, dem 21. Mai, begann František Havel, Chef der analytischen Abteilung des tschechischen Geheimdienstes, misstrauisch zu werden. Es gab zu viele Informationen, die aus zu vielen Quellen stammten. Am Montag kam Havel zu dem Schluss, dass die Informationen gefälscht waren. Wenn das stimmen sollte, dann waren sie allerdings geschickt gefälscht. Der Informant wusste viel über die deutschen Streitkräfte und wie sie womöglich tatsächlich für einen Angriff eingesetzt werden würden.[38]

Aber wer war der Informant und was das dahinterliegende Motiv? Ungarn und Polen mochten davon profitieren, wenn die Tschechoslowakei in den Fokus einer Krise geriete, nicht aber vom Ausbruch eines Kriegs. Es gab (und gibt) keinen Hinweis darauf, dass die Informationen vom deutschen Geheimdienst kamen. Der Historiker Igor Lukes stellt die These auf, dass der Verdacht plausiblerweise auf die Sowjetunion fallen müsse. Josef Stalin hatte ein klares Motiv. Er fürchtete, es könne zu einem internationalen diplomatischen Arrangement auf Kosten der Tschechoslowakei kommen, das im Endeffekt die deutsche Armee näher an seine Grenzen heranbringen würde. Ihm wäre ein Krieg lieber gewesen, der alle Westmächte beschäftigt hätte. Der sowjetische Auslandsgeheimdienst hatte einen wichtigen Mitarbeiter in Prag vor Ort, der dem tschechischen Geheimdienst als »Rudolf« bekannt war und der ein Netzwerk von Agenten sowohl in Deutschland als auch in der Tschechoslowakei unterhielt. »Rudolf« oder einer seiner Agenten könnte der Informant gewesen sein.[39]

Bleiben die Ursprünge auch rätselhaft, so liegen die Folgen der tschechischen Mobilmachung auf der Hand. Hitlers neu installierter Außenminister, Joachim von Ribbentrop, reagierte darauf mit seiner üblichen arroganten Wut. Er behauptete, die

»Großmäuler« in Prag würden Lügen verbreiten, und er sagte dem Botschafter Prags in Berlin, dass die tschechische Mobilmachung genau die deutsche Invasion zur Folge haben könnte, die die Tschechen soeben erfunden hätten.[40] Der britische Botschafter Sir Nevile Henderson wiederum warnte Ribbentrop, dass Großbritannien im Falle eines Kriegs mit der Tschechoslowakei nicht abseits stehen würde. Paul Schmidt, Hitlers Dolmetscher, erinnerte sich später, dass Hendersons geschliffenes, förmliches Auftreten als eines »perfekten englischen Gentleman, sowohl Ribbentrop als auch Hitler immer irgendwie irritierte, der ›feine Leute‹ nicht ertragen konnte«. An Ribbentrops Reaktion war jedenfalls nichts Diplomatisches. Er antwortete dem britischen Gesandten, dass jeder Deutsche bereit sei, für sein Vaterland zu sterben, und dass, wenn ein Krieg zwischen Deutschland und den Westmächten ausbreche, »dann wäre das ein von Frankreich provozierter Angriffskrieg, und Deutschland würde genau so kämpfen, wie im Jahre 1914«.[41]

Obwohl Geheimdienstberichte bald Zweifel daran aufkommen ließen, dass Hitler im Mai eine Invasion vorgehabt hatte, war die britische Regierung davon überzeugt, dass solche Pläne tatsächlich in Arbeit gewesen waren und dass nur die Entschlossenheit der Tschechoslowakei sowie der Westmächte Hitler zum Einlenken gezwungen hatte. Chamberlain schrieb an seine Schwester Hilda, dass er den Dementis des deutschen Botschafters über einen geplanten Angriff keinen Glauben schenke, und fügte hinzu, dass die Ereignisse vom Wochenende eine »verdammt knappe Sache« gewesen seien.[42] Einen Monat später schrieb Chamberlain unter Verwendung einer Metapher, auf die er immer wieder zurückkam – und die er später bereuen sollte –, dass für die Deutschen »der Zug abgefahren [sei] und vielleicht nie wieder eine so günstige Gelegenheit [käme], ihre Vorherrschaft über Mittel- und Osteuropa geltend zu machen«.[43]

»Wenn sich jemand vorgenommen hat, Hitler mit allen Mitteln zur Raserei zu bringen, dann hätte er sich keine bessere Methode aussuchen können als diese; denn einem Diktator öffentlich Schwäche vorzuwerfen ist wohl das ungeeignetste Mittel, ihn zur Vernunft zu bringen«, schrieb Paul Schmidt noch Jahre später.[44] In seiner Wut beschleunigte Hitler den Zeitplan für einen Angriff auf die Tschechoslowakei. Am 28. Mai teilte er seinen Generälen mit, dass er, anstatt das tschechische Problem zu einem unbestimmten zukünftigen Zeitpunkt zu »lösen«, das Land bis Herbst 1938 von der Landkarte getilgt sehen wolle.[45] Das Ergebnis war ein überarbeiteter Angriffsplan – noch immer mit dem Codenamen »Fall Grün« –, allerdings mit einer stark veränderten Präambel. »Es ist mein unabänderlicher Entschluss«, so Hitler, »die Tschechoslowakei in absehbarer Zeit durch eine militärische Aktion zu zerschlagen.« Aus Propagandagründen würden die Deutschen einen »geeigneten äußeren Anlaß« für die Invasion finden müssen.[46]

Die Position, die Ludwig Beck als Generalstabschef des Heeres bekleidete, war tief geprägt von preußischer und deutscher Geschichte. Bis in die Befreiungskriege Preußens gegen die napoleonische Besatzung in den Jahren nach 1806 reichte die militärische Tradition zurück, auf der seine geschichtsträchtige Position beruhte. Soldaten wie Beck bewahrten ein ehrendes Andenken an Generalfeldmarschall Helmuth von Moltke d. Ä., der die preußische Armee durch die deutschen Einigungskriege geführt hatte, und an seinen Nachfolger Alfred Graf von Schlieffen, auch wenn eine modifizierte Version von Schlieffens Plan für den Zweifrontenkrieg 1914 grandios gescheitert war. Für die meisten deutschen Offiziere verkörperte das Heer die Nation, und der Chef des Generalstabs trug eine Verantwortung, die weit über rein militärische Angelegenheiten hinausging. Er war ein weiterer nationaler Anführer und stand in der Pflicht, die Regierung in allen politischen und diplomatischen Angelegenheiten zu beraten.[47]

Beck glaubte an diese erhabenen Vorstellungen von seinem Amt. Er hatte die Erwartung, dass er Hitler beraten würde, und er erwartete, dass Hitler seinen Rat annehmen würde. Als sich die Krise um die Tschechoslowakei abzeichnete, verstärkten sich die Sorgen, die Beck erstmals geäußert hatte, als er die Hoßbach-Niederschrift gelesen hatte.[48] Zum Ende des Frühjahrs und im Sommer 1938 wurde Beck zum hartnäckigsten und schärfsten Kritiker von Hitlers Kriegsplänen. Kurz nach der Mai- bzw. Wochenendkrise lud Hitler seine militärischen Befehlshaber sowie hohe Mitarbeiter des Auswärtigen Amtes zu einer Konferenz in den Wintergarten der Reichskanzlei ein. Beck reagierte mit einer bemerkenswerten Demonstration des in der traditionellen Stellung des preußischen Heeres und dessen Offizierskorps wurzelnden Selbstbewusstseins: »Sagen Sie dem Führer einen schönen Gruß«, sagte er zu Hitlers Wehrmachtsadjutanten, »aber ob ich kommen kann, weiß ich noch nicht, denn ich habe viel zu tun.«[49] Beck nahm dann doch an der Besprechung teil, nur um Hitler sagen zu hören, er wolle die Tschechoslowakei noch in diesem Jahr von der Landkarte tilgen.[50] »Also, zuerst machen wir die Sache im Osten«, erklärte Hitler. »Dann gebe ich euch drei bis vier Jahre Zeit, und dann wird die große Sache im Westen in Angriff genommen.« Diese Worte veranlassten Beck zum Widerspruch.[51]

Becks Argument war vor allem, dass Deutschland die Ressourcen fehlten, um einen langen Krieg zu führen – aber ein langer Krieg war genau das, was Deutschlands Gegner, Großbritannien und Frankreich, planten. Deutschland würde mindestens drei Wochen brauchen, um die Tschechoslowakei zu besiegen, was seine Westgrenze verwundbar für französische und britische Angriffe machte. Selbst wenn Deutschland die Tschechen planmäßig besiegen und einen französisch-britischen Vormarsch irgendwie eindämmen könnte, wäre das Land dann in einen langen Zermürbungskrieg verwickelt, den es sicher verlieren würde. Beck glaubte außerdem, dass die öffentliche Meinung in Deutschland einen Krieg ablehnen würde, der nicht eindeutig defensiv ausgerichtet war.[52]

Becks Kritik an der zentralen Politik des NS-Regimes wurde immer unverblümter. »Unterschiedliche Auffassungen über religiöse, rassische und nationale Probleme« hätten im Ausland zu »Ablehnung, teilweise Hassstimmung gegen das heutige Deutschland« geführt, schrieb er und benannte damit treffend die Hauptaspekte der globalen Krise der Demokratie und des Zweiten Weltkriegs. Die Methoden, auf die sich das Regime verließ – »Bluff, nur Lüge in der Presse, Schauspielertum« –, würden »eine Atmosphäre der Unglaubwürdigkeit« schaffen, »dass auch dann, wenn etwas tatsächlich wahr ist, nicht mehr geglaubt wird«.[53]

Becks Beunruhigung wuchs im Laufe des Sommers noch an, als die Kriegsvorbereitungen voranschritten. Er sah ein, dass Hitler für rationale Argumente nicht empfänglich war und dass der einzige Weg, ihn zu stoppen, darin bestand, ihn zu stürzen – entgegen seiner langjährigen Überzeugung. Denn zuvor hatte er noch während der Fritsch-Krise zu seinem Stellvertreter Franz Halder gesagt: »Meuterei und Revolution sind Worte, die es im Lexikon eines deutschen Soldaten nicht gibt.«[54] Hitler seinerseits war zunehmend irritiert, dass Beck sich so kritisch äußerte, und begann zu wüten, dass der General »unehrlich« sei. Seinen Adjutanten sagte er, dass Beck in Bezug auf die französische Stärke übertreibe. Beck stecke voller »reaktionärer Gedanken« und wolle nur seine, Hitlers, Pläne sabotieren.[55] »Was sind das für Generäle, die ich [...] zum Krieg treiben muss?«, beschwerte sich Hitler. »Wäre es richtig, so dürfte ich mich vor dem Drängen der Generäle nach Krieg nicht retten können!«

Als Beck erkannte, dass nur die Entmachtung Hitlers die Sicherheit Deutschlands und den Frieden Europas sichern konnte, wurde er gewahr, dass es bereits eigenständige Widerstandsaktivitäten gab, die vom Auswärtigen Amt und dem Nachrichtendienst der Wehrmacht, der Abwehr, ausgingen. Während sich die tschechische Krise immer mehr zuspitzte, geriet Hitler in offenen Konflikt mit führenden Köpfen aus den militärischen, geheimdienstlichen und außenpolitischen Amtsbereichen seines Regimes.[56]

Dieser Widerstandszirkel entstand im Umfeld des Nachrichten-offiziers Hans Oster. Einer seiner Kollegen aus der Abwehr erin-nerte sich: »Bei Oster […] liefen eigentlich alle Personen an, die irgendwie innerhalb der Abwehr oder in Verbindung mit der Abwehr sich als Gegner des Nationalsozialismus erkannten«.[57] Oster, der 1938 51 Jahre alt war, hatte an der Westfront gedient und war nach dem Krieg in der Armee geblieben, 1932 wurde er jedoch aufgrund einer Affäre mit der Frau eines anderen Offi-ziers entlassen. 1933 fand er eine Anstellung innerhalb der preu-ßischen Staatspolizei unter Hermann Göring, und von dort führte sein Weg zur Abwehr. Ende 1933 lernte Oster den ehrgei-zigen jungen Juristen Hans Bernd Gisevius kennen, der kurz vor seiner Entlassung aus der Gestapo stand. Gisevius berichtete Oster von den Praktiken der Gestapo – vor allem von der Miss-handlung politischer Häftlinge in den Konzentrationslagern. Damit begann bei Oster ein Prozess der Desillusionierung, der mit seiner Abscheu vor den Morden in der »Nacht der langen Messer« seinen Abschluss fand. Aber erst die Blomberg-Fritsch-Krise brachte ihn dazu, sich für den aktiven Widerstand zu ent-scheiden. Er wurde, nach Gisevius' Einschätzung, »zweifellos der zäheste und entschlossenste Kämpfer für Recht und Freiheit, den es in Hitlers Wehrmacht gab«.[58]

Oster war der Meinung, dass die Behandlung von Fritsch eine schwere Beleidigung für die gesamte Armee gewesen sei. Er hat-te in den 1920er Jahren unter Fritsch gedient und verehrte seinen ehemaligen Kommandeur. Später erklärte er: Nach dem Skandal »habe [ich] daher die Sache Fritsch zu meiner eigenen gemacht«. Aber das war noch nicht alles. Oster sowie eine Reihe anderer Offiziere sahen in der Blomberg-Fritsch-Krise einen »kalten Staatsstreich« von SS und Gestapo gegen die Armee. Es galt, Wi-derstand zu leisten. »Unsere Absichten waren in erster Linie, den Reichsführer SS [Heinrich Himmler] und die Gestapo zu neutralisieren«, erläuterte Oster.

Allmählich wurde Oster zum Zentrum eines Netzwerks von Militärs, Geheimdienstlern, Diplomaten und hohen Polizeibe-

amten, die zu der Überzeugung gelangt waren, dass Hitlers toll-
kühne Verantwortungslosigkeit Deutschland in die Katastrophe
führen würde. Sie alle waren sich einig, dass der Führer gestoppt
werden musste – wenn nötig, durch seine Absetzung. Oster begann, Druck auf Beck auszuüben, dessen Widerstand bis dato
nicht über die Verbreitung von bissigen Memoranden hinausging.

Bei Oster liefen die verschiedenen Stränge dieses Netzwerks
zusammen, dem noch weitere Abwehroffiziere angehörten –
einschließlich des Chefs der Abwehr, des mysteriösen Admirals
Wilhelm Canaris.[59]

Der österreichische Nachrichtenoffizier Erwin von Lahousen
erinnerte sich gut an die Situation, in der er nach dem »Anschluss« das erste Mal Canaris Bericht erstatten musste. Er begrüßte seinen neuen Vorgesetzten mit dem zum Hitlergruß er-
hobenen rechten Arm.[60] Ohne ein Wort zu sagen, drückte Canaris Lahousens Arm sanft nach unten. Lahousen schrieb später
über Canaris: Er war »der schwierigste Vorgesetzte, der mir in
meiner dreißigjährigen Soldatenlaufbahn begegnet ist«. Allerdings war er auch ein Vorgesetzter mit »intellektuelle[n] und vor
allem menschliche[n] Eigenschaften, die ihn weit über die militärischen Schablonen oder Marionettenfiguren der meisten seiner Amtskollegen oder Vorgesetzten hinaushoben. Auf mich als
Österreicher wirkte er niemals wie der Typ des deutschen Militärs, sondern viel eher als ein Kosmopolit in deutscher Admirals-
uniform.«[61]

Wie die meisten Militärs hatte Canaris ursprünglich Hitlers
Machtübernahme begrüßt. Auch viele der Ziele Hitlers teilte
er, bis die Entlassung von Fritsch seine Meinung änderte. Nach
dieser desillusionierenden Erfahrung begann Canaris seine ganze Gewieftheit einzusetzen, um das System zu Fall zu bringen.[62]
Ihm gefiel die (vermutlich unzutreffende) Vorstellung, von einem griechischen Flottenführer abzustammen. Ob etwas Wahres daran war oder nicht, er galt jedenfalls weithin als »listenrei-
cher Odysseus«, wie sich Ernst von Weizsäcker erinnerte – und

Weizsäcker glaubte, auch Hitler habe diese Ansicht geteilt, was Canaris' Ernennung zum Geheimdienstchef erkläre. Weizsäcker erinnerte sich zudem, dass Canaris eine bemerkenswerte Fähigkeit besaß, andere Menschen zum Reden zu bringen, ohne selbst etwas zu sagen – und das in sechs Sprachen. Vielleicht war Canaris deshalb einer der wenigen Menschen, mit denen Weizsäcker immer ohne Vorbehalte reden konnte. Ihre Hauptgesprächsthemen waren »Vermeidung des Krieges und Ausheben des Hitler-Nestes«.[63]

Canaris und Oster spickten ihre Abteilung mit Männern, die ihre Bereitschaft zum Widerstand gegen die Nationalsozialisten gezeigt hatten. Unter ihren Rekruten befanden sich auch zwei Zivilisten, die Canaris für den Fall eines Kriegsausbruchs in die Abwehr aufgenommen hatte, damit sie abgeschirmt von anderen militärischen Einsätzen die Widerstandsarbeit fortsetzen konnten. Einer von ihnen war der brillante Jurist Hans von Dohnanyi, Sohn eines ungarischen Musikers, der in die prominente Familie Bonhoeffer eingeheiratet hatte. Der andere war der ehemalige Gestapo-Offizier Hans Bernd Gisevius, der später zu einem der wichtigsten Chronisten des militärischen Widerstands gegen die Nationalsozialisten werden sollte.

Der inzwischen 34-jährige Gisevius hatte vormals offen seine Verachtung für die demokratischen Politiker Deutschlands geäußert und sich nach der Machtergreifung der Nationalsozialisten eifrig um eine Stelle bei der Gestapo bemüht. Was er in seiner kurzen Zeit bei der Gestapo erlebte – er wurde nach wenigen Monaten entlassen –, sollte ihn für die restliche Dauer des Dritten Reiches zu leidenschaftlicher Widerstandsarbeit antreiben.

Gisevius war unverhohlen ehrgeizig, aufgeblasen und arrogant, und die meisten der Widerständler hegten keinerlei Sympathie für ihn. Aber er konnte den Widerstandskämpfern einen unbezahlbaren Zugang zu hochrangigen Polizeibeamten verschaffen, insbesondere zum Chef der deutschen Kriminalpolizei Arthur Nebe (mit dem er auch nach seinem Ausscheiden aus der

Gestapo befreundet blieb) sowie dem ehemaligen Kommandeur der Sturmtruppen und späteren Berliner Polizeichef Wolf-Heinrich Graf von Helldorff. Nebe und Helldorff waren beide vor 1933 überzeugte Nationalsozialisten gewesen, und ihr Wechsel zum Widerstand mag Opportunismus oder die Folge ihrer Frustration über den ausbleibenden beruflichen Aufstieg gewesen sein. Aber Verschwörer, die einen Putsch planen, brauchen Vertreter von Polizei und Militär auf ihrer Seite und können nicht immer wählerisch sein, wer diese sind. Sicherlich kannten Nebe und Helldorff die Risiken, die sie eingingen. »Du weißt eben nicht, was Folter ist«, sagte Nebe einmal zu Gisevius, als er in düsterer Stimmung war. »Die pressen dir alles ab.«[64]

Ernst von Weizsäcker, der ranghöchste Beamte des Auswärtigen Amtes unter Ribbentrop, war ein ganz anderer Mensch. Er war 56 Jahre alt und ein Insider wie sonst kaum jemand. Sein Vater war vor dem Ersten Weltkrieg Ministerpräsident des Landes Württemberg gewesen, und Ernst von Weizsäcker hatte bei der Marine gedient, bevor er ins Auswärtige Amt wechselte, wo er rasch aufstieg. Als Hitler Ribbentrop zum Außenminister ernannte, war es beinah eine Selbstverständlichkeit, dass die Wahl für die Nummer zwei auf ihn fiel.

Als Ribbentrop Weizsäcker bat, Staatssekretär zu werden, unterhielten sich die beiden Männer offen darüber, was die Aufgabe mit sich bringen würde. Anfang März hielt Weizsäcker in seinem Tagebuch fest, dass Ribbentrop von einem »großen Programm« gesprochen habe, das »nicht ohne das Schwert zu erfüllen« sei. Wenn möglich, sei Österreich »noch 1938 zu liquidieren«.[65] Etwas mehr als einen Monat später ging Ribbentrop noch weiter.[66] Es werde noch einige Jahre Frieden geben müssen, erklärte Ribbentrop gegenüber Weizsäcker, damit sich Deutschland vorbereiten könne. Aber es gebe »besonders für den Osten sehr expansive Pläne«. Diese Pläne seien ohne britischen Widerstand nicht durchführbar. »Offiziell«, so Ribbentrop, »müsse man Russland als den Gegner bezeichnen, in Wirklichkeit aber alles gegen England orientieren.«[67]

Weizsäcker behauptete nach dem Krieg, er habe nichts von der Hoßbach-Konferenz gewusst. Auch die Worte Ribbentrops über die Eroberung von Land im »Osten« habe er nicht ernst genommen. Das Ganze sei zu »abenteuerlich«, nichts als »wirre Romantik« gewesen, zum Scheitern verurteilt, sobald es auf die »nüchternen Tatsachen« und »eine deutliche Warnung des Auslands« treffen würde.[68] Aber Weizsäcker war dennoch beunruhigt von dem, was er hörte, und es bestärkte ihn darin, im Amt zu bleiben, um den Schaden einzudämmen. Nach dem Zweiten Weltkrieg behaupteten viele ehemalige NS-Funktionsträger, sie seien nur aus diesem Grund unter Hitler im Amt geblieben. Nicht alle sagten damit die Wahrheit. Als die Nationalsozialisten Geschichte waren und ihre Funktionsträger der Strafverfolgung ausgesetzt, war es schließlich eine zweckmäßige Verteidigung, sich auf Aussagen zu verlegen wie: »Ich habe das System von innen bekämpft.« Aber viele, besonders jene im Widerstand, fühlten sich wirklich verpflichtet, diese moralisch heikle Rolle zu wählen. Anfang 1938, kurz nach Ausbruch der Blomberg-Fritsch-Krise, traf Gisevius auf den gerade entlassenen Botschafter Ulrich von Hassell. »Ich beglückwünschte ihn«, erinnerte sich Gisevius später, »zu diesem brüsken Hinauswurf.« Gisevius erwartete, dass Hassell erleichtert sein müsse, von jeglicher Verantwortung für ein zunehmend aus dem Ruder laufendes Staatsschiff befreit zu sein. Aber, so Gisevius weiter, »Hassell blickte mich […] erstaunt an« und »begriff nicht, daß ich allen Ernstes dieser Meinung war«. Dann erklärte Hassell Gisevius seine Haltung, die auf den jüngeren Mann einen solchen Eindruck machte, dass er noch »lange Jahre über [dessen ihm gegenüber] entwickelte These nachgedacht« habe. Jemand, der sich in einer Diktatur in der Opposition befindet, sagte Hassell, müsse »mit Zähnen und Klauen seinen Posten […] verteidigen«, und wenn er seine Stellung verliere, »mit allen Mitteln versuchen, wieder hineinzukommen«. Selbst ein unbedeutender Posten könnte einem Widerständler die Chance geben, einen gewissen Einfluss auszuüben. Jahre später hielt es Gisevius rückblickend für töricht, wenn Nachkriegsmoralisten jemanden abschrieben, mit der Bemerkung, er oder sie »sei ›von Hitler bezahlt‹ worden«. Nachdem Hitler die politischen Parteien und die Gewerkschaften zerstört hatte, waren Menschen in diesen Funktionen die einzigen, die wirkungsvoll Widerstand leisten konnten.[69]

Wie Beck war Weizsäcker weder Pazifist noch Gegner der deutschen Expansion. Aber er war, ebenfalls wie Beck, ein Gegner eines Kriegs, den Deutschland sicher verlieren würde und der in jedem Fall entsetzliche Verluste mit sich bringen würde. »Was mich aufrecht hält«, schrieb er Anfang Juli 1938 in einem Brief, »ist der Gedanke, drei Söhne im wehrpflichtigen Alter und bald einen Hauptmann als Schwiegersohn zu besitzen.« Wenn es nur um den guten Namen ginge, fügte er prophetisch hinzu, »wäre es wahrscheinlich besser, ich angelte Felchen«.[70]

Als sich die Krise um die Tschechoslowakei im Sommer 1938 zuspitzte, begann der Druck, den Oster und Halder auf Beck ausübten, Wirkung zu zeigen, so dass er begann, nicht mehr nur Memos zu verfassen, sondern über einen Putsch nachzudenken.

Beck hatte, wie die meisten Konservativen, anfangs nichts gegen Hitlers Ziele oder Methoden. Angesichts der rücksichtslosen Fahrlässigkeit, mit der Hitler diese Ziele verfolgte, trieb ihn jedoch eine Kombination aus Patriotismus und der Einschätzung, dass die geplanten Vorgehensweisen aus professioneller militärischer Perspektive nur als unangemessen betrachtet werden konnten, immer weiter in den Widerstand. Im Juli kam Beck zu dem Schluss: »Der Zeitpunkt scheint vorüber oder zu mindestens erheblich erschwert zu sein«, Hitler durch »sachliche Begründungen und Warnungen« dazu zu bewegen, dass er seine Ideen aufgibt.[71] Beck machte sich dafür stark, zu handeln und tatsächlich einen Schritt in Richtung Rebellion zu machen: Er schlug einen Streik der kommandierenden Generäle des Heeres vor, falls Hitler sich weigern sollte, seine Pläne zum Einmarsch in die Tschechoslowakei aufzugeben. Die Generäle, so dachte er, hätten »das Recht und die Pflicht vor dem Volk und vor der Geschichte von ihren Ämtern abzutreten«, wenn Hitler ihren Rat nicht befolge. Das Heer werde keine militärischen Operationen durchführen können, wenn alle Kommandeure solidarisch handelten. Die Rechtfertigung eines solchen Schrittes, schrieb Beck, sei, dass »der Bestand der Nation« auf dem Spiel stehe. Der »soldatische Gehorsam« der Generäle, so Beck, habe »dort eine Grenze, wo ihr Wissen, ihr Gewissen und ihre Verantwortung die Ausführung eines Befehls verbietet«.[72]

Beck hielt die zweite Septemberhälfte für den richtigen Zeitpunkt für diesen drastischen Schritt, kurz nach dem jährlichen Reichsparteitag in Nürnberg. Zu diesem Zeitpunkt, so nahm er an, würden die französische und die britische Regierung bereits scharf vor den Folgen eines deutschen Angriffs warnen. Dann überlegte er es sich anders und entschied, dass die Generäle im August handeln müssten. Beck war alles andere als blind für die Konsequenzen seines Vorschlags. Das Heer würde sich auf das vorbereiten müssen, was er diplomatisch »innere Spannungen« nannte. Seine Notizen enthalten diese vielsagenden Zeilen: »Entsprechenden Auftrag erteilen. Witzleben [General Erwin von Witzleben, der Berliner Garnisonskommandeur, der fest auf der Seite der Widerständler stand] mit Helldorff zusammenbringen.«[73] Ganz anders als im Februar dachte Beck nun an einen Staatsstreich, der wahrscheinlich einen Bürgerkrieg nach sich ziehen würde. Daher wollte er den Berliner Militärkommandanten und den Polizeipräsidenten verlässlich auf seiner Seite haben.[74]

Am 4. August traf sich auf Becks Drängen und zum einzigen Mal in der Geschichte NS-Deutschlands die Generalität des Heeres ohne Hitler, um Becks Idee eines Streiks zu diskutieren. Beck trug den versammelten Generälen seine harsche Kritik in Form einer seiner Denkschriften vor. Der General Wilhelm Adam, der zu der Zeit für die Verteidigung Deutschlands im Westen verantwortlich und als so knallhart wie skeptisch bekannt war, sprach sich für Becks Vorschlag aus. Walther von Brauchitsch hingegen lehnte es ab, die von Beck für ihn zuvor verfasste positive Stellungnahme abzugeben. Und General Walter von Reichenau, ein begeisterter Hitler-Anhänger, wandte sich direkt an den Führer und berichtete ihm, was Beck gesagt hatte.

In diesem kritischen Moment beschloss Beck, dass er genug hatte von Brauchitschs Unwillen, die Gegenwehr gegen Hitler zu forcieren – »Brauchitsch hat mich im Stich gelassen«, klagte er –, sowie von Hitlers Taubheit gegenüber rationalen Argumenten. Er entschied, dass er keine andere Wahl hatte, als zurückzutreten.[75] Andere Regimeskeptiker wie Weizsäcker versuchten vergeblich, ihn zu überreden, auf seinem Posten zu bleiben.[76] Zunächst erhielt Beck das Kommando über die Truppen zur Bewachung der deutschen Westgrenzen, aber einige Monate später verließ er die Armee ganz. Beck machte dabei einen schwerwiegenden Fehler: Er stimmte Hitlers Bitte zu, seinen Rücktritt geheim zu halten. Diese Vereinbarung beraubte Becks Abgang jeglicher Resonanz in der breiteren Öffentlichkeit, wo er anderenfalls wohl für Ernüchterung gesorgt haben dürfte.

Auf zahlreiche Offiziere hatte seine Demission dennoch eine ernüchternde Wirkung. »Becks Abgang ist mir sehr nahe gegangen«, schrieb Fritsch im November an Hoßbach. »Aber es gehört zum heutigen System, dass ein so charaktervoller Offizier nicht erträglich ist.« Beck selbst blieb stoisch. Er versicherte Hoßbach, dass sich an ihrer persönlichen Freundschaft nichts ändern werde: »Wir wollen die Alten bleiben.« Über den Verlust der Möglichkeit, seinen Beruf auszuüben, sagte er, dass er vor allem die Pferde vermisse.[77]

Eines der seltsamsten Phänomene im Sommer und Herbst 1938 war die Prozession von Deutschen, die in dem verzweifelten Versuch nach Großbritannien reisten, die Regierung Chamberlain zu überzeugen, gegenüber Hitler standhaft zu bleiben.

Beck, Weizsäcker und Oster waren die Initiatoren dieser Besuche. Weizsäcker hatte wie Beck die Vorstellung aufgegeben, dass Hitler und Ribbentrop zur Vernunft gebracht werden könnten. Er beschloss:»Diese Spitze mußten wir loswerden, irgendwie und irgendwann«, und bis dahin»mußten wir dem zum Abgrund rollenden Karren in die Speichen fallen, wenn nicht mit normalen Methoden, so verdeckt und insgeheim.«[78]

Die Abgesandten überbrachten alle dieselbe Botschaft: Hitler sei entschlossen, im kommenden Herbst in die Tschechoslowakei einzumarschieren; nur eindeutige Warnungen vor einer militärischen Antwort Großbritanniens und Frankreichs könnten ihn davon abbringen, und wenn die westlichen Demokratien standhaft blieben, hätte der deutsche Widerstand die Chance, Hitler zu entmachten.

Mitte August schickten Oster und Beck den Nationalkonservativen Ewald von Kleist-Schmenzin nach London, der zu Beginn der 1930er Jahre vergeblich versucht hatte, die DNVP-Führung davon abzuhalten, sich auf Hitler einzulassen. Beck sagte zu Kleist:»Wenn Sie mir aus London den positiven Beweis bringen können, dass England Krieg führen würde, falls wir in die Tschechoslowakei eindringen, dann werde ich dieses Regime stürzen.« Kleist fragte zurück, was Beck als»Beweis« ansehen würde.»Ein offenes Versprechen, die Tschechoslowakei im Falle eines Krieges zu unterstützen«, war Becks Antwort. In Großbritannien traf Kleist Churchill und Sir Robert Vansittart, der nach seiner Entlassung als Staatssekretär auf einen bedeutungslosen Posten als außenpolitischer Berater der Regierung Chamberlain abgeschoben worden war.[79] Kleist erklärte Vansittart, dass der Krieg»eine völlige Gewissheit« sei, wenn die britische Regierung nicht eine ausdrückliche Warnung schicke, es werde Krieg geben, falls Hitler in die Tschechoslowakei eindringe. Hitler, sagte Kleist, sei der eigentliche Extremist, der alles vorantreibe. Die anderen NS-Führer seien Jasager. Die Generäle seien gegen den Krieg, sähen sich aber nicht in einer über die notwendige Macht verfügenden Position, ihn zu verhindern. Vansittart schrieb einen Bericht über dieses Treffen, den er an Lord Halifax richtete, und Halifax leitete ihn an Chamberlain weiter.[80] Aber Chamberlain hatte gerade anderslautende Ratschläge aus Militärkreisen in Berlin erhalten: Gerade weil Hitler im Begriff war, in die Tschechoslowakei einzumarschieren, sei es entscheidend, ihm mehr Zugeständnisse zu machen. Chamberlain teilte deswegen Halifax seine Einschätzung mit, Kleist wolle nur Unruhe stiften, und fuhr fort: »Wir sollten vieles von dem, was er sagt, lieber außer Acht lassen.« Der Premierminister war lediglich dazu bereit, Botschafter Henderson zu »Konsultationen« nach London zu rufen. Kleist kehrte nach Deutschland zurück und musste berichten, dass seine Mission ein Fehlschlag gewesen sei.[81]

Einer der entschlossensten Emissäre war Carl Goerdeler. Goerdeler, ein weiterer Konservativer der alten Schule, war Oberbürgermeister von Leipzig und Hitlers Reichskommissar für die Preisbildung gewesen, aber er war aus Protest gegen die NS-Politik zurückgetreten und war nun Teil des Widerstands. Er versuchte, den führenden westlichen Politikern zu erklären, dass Hitler jegliche Beschwichtigungspolitik als ein Zeichen von Schwäche ansah und dass diese Politik die demokratisch gesinnte Opposition in Deutschland demoralisierte. Einem Reporter der *Times*, der seinerseits die Information an das Außenministerium weitergab, gestand er, dass er Fritsch zu einem Militärputsch gedrängt habe und dass Deutschland kurz vor dem finanziellen Zusammenbruch stehe.[82]

Die britische Führung hätte sich keine Illusionen über die Ernsthaftigkeit von Hitlers Plänen oder das Potential für internen Widerstand machen dürfen. Aber es gab auch gute Gründe, nicht auf die Informationen der Widerständler zu reagieren. Goerdeler riet Vansittart, dass man Deutschland die Übernahme des Sudetenlandes erlauben solle. Kleist erklärte gegenüber Churchill, dass in Deutschland eine Wiederherstellung der Monarchie nötig sei und es den »polnischen Korridor« zurückerhalten müsse, das Gebiet, das Deutschland nach dem Ersten Weltkrieg hatte abtreten müssen, um Polen einen Zugang zur Ostsee zu verschaffen. Solche Botschaften bestärkten die Briten nur in ihrer Einschätzung, dass es keinen nennenswerten Unterschied zwischen Hitler und der alten Garde der konservativen Politiker gab, die ihn nun bekämpften.[83] Und einige Male stieß der traditionelle Konservatismus der Deutschen auch auf sein britisches Pendant. Als Goerdeler erwähnte, wie feindselig die Generäle inzwischen gegenüber Hitler eingestellt seien, verbat sich Vansittart ein solch »landesverräterisches Gerede«.[84]

In der Tat waren nicht wenige britische Beamte zu dem Schluss gekommen, dass die Widerständler *schlimmer* seien als die Nationalsozialisten. Die Konservativen wie Goerdeler und Kleist wollten das deutsche Kaiserreich von vor 1918 wiederauferstehen lassen, dessen kommerzielle, kolonialistische und maritime Rivalität mit Großbritannien zum Ausbruch des Ersten Weltkriegs beigetragen hatte. Hitler schien sich zumindest nicht um Überseekolonien oder den Aufbau einer großen Marine zu kümmern – britische Kernanliegen. Warum sollte er gestürzt werden, damit die gefährlichere alte Garde wieder an die Macht kam?[85]

Am 6. September wurde Theo Kordt, ein Mitarbeiter der deutschen Botschaft in London, heimlich von Lord Halifax und Horace Wilson, einem engen Berater Chamberlains, in der Downing Street Nr. 10 empfangen. Kordt überbrachte eine Botschaft, die Kordts Bruder Erich, der im Auswärtigen Amt in Berlin arbeitete, von Oster erhalten hatte. Da es für Erich Kordt zu gefährlich war, die Nachricht in schriftlicher oder telefonischer Form an seinen Bruder Theo zu übermitteln, hatte er ihre Cousine Susanne Simonis gebeten, die Nachricht auswendig zu lernen und nach London zu fliegen, um sich dort mit Theo zu treffen. So kam es, dass Theo Kordt der nächste Deutsche war, der Halifax unverblümt mitteilte, Hitler sei entschlossen, in die Tschechoslowakei einzumarschieren, und die Pläne des Führers zu dieser Aggression beruhten auf der Annahme, dass Frankreich seinen Bündnisvertrag mit der Tschechoslowakei nicht einhalten würde.[86]

Kordt erklärte, dass er militärische und politische Kreise vertrete, die Hitler aus seiner Position entfernen würden, wenn die

Briten standhaft blieben. In seinem Umfeld sei man der Ansicht, dass es 1914 nie zu einem Krieg zwischen Großbritannien und Deutschland gekommen wäre, wenn der Außenminister Sir Edward Grey klar angekündigt hätte, dass Großbritannien in einen Krieg zwischen Frankreich und Deutschland eingreifen würde (eine umstrittene Interpretation des Kriegsausbruchs, die aber in Deutschland beliebt war und von Chamberlain geteilt wurde). Es sei von entscheidender Bedeutung, so Kordt, dass Chamberlain diesen Fehler nicht wiederhole, sondern klar ankündige, dass Großbritannien zur Verteidigung der Tschechoslowakei in den Krieg ziehen würde. Kordt räumte ein, dass eine solche Unverblümtheit ungewöhnlich wäre und eine Zumutung für das üblicherweise zurückhaltende diplomatische Verhalten der britischen Seite darstelle. Aber dies sei kein Moment für Understatement. Wenn Hitler weiterhin auf einen Krieg drängen würde, so Kordt, würden die Befehlshaber der deutschen Armee dem NS-Regime ein Ende setzen.

Kordt hatte den Eindruck, Halifax sei für sein Anliegen aufgeschlossen, aber der Außenminister legte sich in keiner Weise fest. Nichtsdestoweniger überdachte Halifax die Angelegenheit sorgfältig und beriet sich mit Chamberlain. Widerstrebend stimmte Chamberlain zu, eine Botschaft in dem von Kordt gewünschten Sinne zu senden. Halifax schickte eine Nachricht an den britischen Botschafter in Deutschland, Sir Nevile Henderson, der sich zum NS-Parteitag in Nürnberg aufhielt. Der Botschafter weigerte sich jedoch, die Mitteilung an Hitler weiterzuleiten – mit der Begründung, dass Hitlers geistiger Gesundheitszustand bereits zweifelhaft sei und die Botschaft ihn völlig durchdrehen lassen könnte. Anstatt den Botschafter für diesen Verstoß gegen die Amtsdisziplin zu tadeln oder ihn zu entlassen, entschied Chamberlain, Henderson habe Recht, und zog seine Autorisierung der Mittteilung zurück.[87]

Fast jeder, der General Franz Halder kennen lernte, den Mann, der in Becks große Fußstapfen als Generalstabschef des Heeres getreten war, hatte den gleichen Eindruck: Halder wirkte eher wie ein Professor oder Lehrer, nicht wie ein Soldat. Anscheinend war die Beurteilung innerhalb des Heeres oftmals ähnlich ausgefallen. Schon früh in seiner Karriere, nachdem Halder die Bayerische Kriegsakademie mit Prädikat abgeschlossen hatte, plante die bayerische Armee, ihn als Ausbilder einzusetzen. Der Erste Weltkrieg kam jedoch dazwischen. Später, als Stabsoffizier in der Zwischenkriegszeit, war Halder oft für die Entwicklung von Ausbildungsprogrammen verantwortlich. Ab 1936 war er unter Beck im Generalstab tätig. So konnte Halder die Blomberg-Fritsch-Krise aus der ersten Reihe mitverfolgen. Wie für so viele Offiziere war diese Krise auch für Halder ein Wendepunkt, der jedoch nicht nur seine Bereitschaft zur Opposition befeuerte, sondern auch den Ausschlag dafür gab, dass er sich denen anschloss, die aktiv auf einen Staatsstreich hinarbeiteten. Es war Halder gewesen, der versucht hatte, den noch amtierenden Beck zu einer entschiedeneren Opposition zu drängen. In diesem Zusammenhang hatte Beck erwidert, dass die Worte ›Rebellion‹ und ›Meuterei‹ nicht zum Lexikon eines deutschen Soldaten gehörten.[88]

Als Halder also Beck ablöste, waren die Verschwörer zunächst begeistert. Sogar Beck sagte, dass Halder ein entschiedenerer Gegner Hitlers sein werde, als er selbst es gewesen war. Halder war länger als jeder andere in den oberen Rängen der Armee ein Gegner der Nationalsozialisten gewesen. Schon im Jahr 1919 oder 1920 hatten ihn Offizierskollegen zu einer Rede Hitlers in München mitgenommen. Halder hatte gehasst, was er dort sah, den Mann wie auch die Botschaft. Jahre später behauptete er, er habe seine Meinung nie geändert. Als er Stabschef wurde, sagte Halder zu Brauchitsch, er sei »entschlossen, jede Möglichkeit zum Kampf gegen Hitler auszunutzen«, die seine neue Position ihm bot.[89]

Als Gisevius sich mit Halder traf,[90] wahrscheinlich am 5. September,[91] war der Zivilist so schockiert davon, wie Halder sich in wüsten Schimpftiraden über Hitler erging, dass er nicht anders konnte, als zu denken: »Ist dieser Mann nicht der General?« Gisevius, der sich in Widerstandskreisen bewegte, hatte schon manche Wutausbrüche über Hitler miterlebt. »Aber ich kann mich nicht erinnern, jemals zuvor oder seitdem einen so beredten Ausbruch von aufgestautem Hass gehört zu haben, wie ihn Halder von sich gab«, schrieb er später. Halder wütete über »diesen Wahnsinnigen, diesen Verbrecher«, den »Blutsauger«, der Deutschland aufgrund seiner »sexuell pathologischen Konstitution« in den Krieg führe. Gisevius hatte Mühe, diese Wut mit der Erscheinung des Mannes vor ihm in Einklang zu bringen, der mit Bürstenhaarschnitt, Kneifer und strenger Miene wie »ein gehorsamer Funktionär« aussah. Später entschied Gisevius, dass er seinem ersten Eindruck von Halder hätte trauen sollen. Aber in diesem Moment ließ dieser feurige General Gisevius – der unter den Widerständlern als einer der freimütigsten und temperamentvollsten Hitler-Gegner bekannt war – spüren, dass er selbst noch viel zu gemäßigt war.

Gisevius und Halder waren sich einig, wie sie ihre Revolte durchführen wollten. Zunächst würden sie das Gestapo-Hauptquartier besetzen und Beweise für die NS-Verbrechen beschlagnahmen. Mit diesen Indizien bewaffnet, würden sie Hitlers Handlanger verfolgen. Das Heer würde eingreifen müssen, um »die Ordnung wiederherzustellen«. Nicht einig waren sie über den Zeitpunkt. Halder war ein Verfechter der »Rückschlagstheorie«. Seiner Ansicht nach genoss Hitler noch immer einen so starken Rückhalt unter den Deutschen, dass die Chancen schlecht stünden, ihn erfolgreich zu stürzen. Sein Regime sei zu gefestigt, sein Kern von Anhängern zu loyal, als dass Hitler eine innerdeutsche Bedrohung befürchten müsste. Halder kalkulierte, dass nur eine große außenpolitische Kehrtwende – ein Spiel, das nicht aufging, ein offensichtliches und rücksichtslos eingegangenes Kriegsrisiko, das für jedermann auf der Hand lag – diese Popularität beeinträchtigen könnte. Wenn Hitler es schließlich in den Augen der Westmächte zu weit trieb und sie den Krieg erklärten, dann konnte der Widerstand zuschlagen. Das war Halders Botschaft an Gisevius. Bis dahin bliebe »für wahre Patrioten nur eine Aufgabe, die Zähne zusammenzubeißen, sich zu rüsten und in Deckung zu gehen«.[92]

Die Zivilisten wie Gisevius und Goerdeler waren jedoch nicht bereit, »dem – möglicherweise – glatteren ›Wie‹ zuliebe einen Kriegsausbruch in Kauf zu nehmen«, wie Gisevius es formulierte. Ein Krieg war ihnen zu unberechenbar. Also boten sie einen Kompromiss an: »Insofern [...], daß wir uns mit der Belastungsprobe abfanden, die Dinge bis hart an den ersten Gewehrschuß herantreiben zu lassen, während Halder umgekehrt sich zum Staatsstreich verpflichtete, sobald Hitler unwiderruflich und unwiderleglich den Marschbefehl erteilte«. Dass Goebbels' Propaganda ständig Hitlers Friedenswillen hervorhob, spielte den Verschwörern dabei in die Hände, betonte Gisevius, »[d]enn das Wort Krieg überhaupt in den Mund zu nehmen, bedeutete schon Hochverrat«. Zu frisch waren die Erinnerungen an den Ersten Weltkrieg in den Köpfen aller Deutschen. »Krieg, das hieß Brotkarten, Hungerrationen [...] hunderttausende Menschenverluste [...]. Alles das schien 1938 undenkbar.« Aber als Gisevius und Hjalmar Schacht, der sich den Verschwörern angeschlossen hatte, dies Halder vorschlugen, spürten sie, wie er begann, von seiner früheren kühnen Haltung abzurücken. Nun argumentierte Halder, dass womöglich doch alles nach Plan laufen könnte, da »Hitler [...] von den Wehrmächten« einen Freifahrtschein nach dem Osten erhalten« könne.

Mitte September schienen nichtsdestoweniger sowohl der kommende Krieg als auch der Putsch der Verschwörer unmittelbar bevorzustehen. Goerdeler, Gisevius und Schacht hatten mit dem Berliner Wehrkreiskommandanten Erwin von Witzleben einen Plan ausgearbeitet. Sie wollten behaupten, dass Hermann Göring und Heinrich Himmler selbst einen Putsch planten, um den schwankenden Hitler in einen Krieg zu zwingen, den er nicht wollte. Das Heer würde dann gegen den NS-Apparat intervenieren und beteuern, Hitler vor diesem anderen Putsch zu schützen. Auf diese Weise, hofften sie, würden sie Schwierigkeiten mit denjenigen Soldaten vermeiden können, die ein Problem in ihrem auf den Führer geschworenen Treueeid sahen.[93]

Dabei wussten die Verschwörer nicht so recht, was mit Hitler im Falle des Falles geschehen solle – es kursierten in ihren Kreisen unterschiedliche und einander widersprechende Ideen. Gisevius war der Meinung, anfangs solle man flexibel auf die Situation reagieren, ihn aber dann so bald wie möglich töten. Halder war wichtig, dass Hitler auf eine Art und Weise getötet würde, die keine Rückschlüsse auf die Beteiligung des Heeres zuließe, um zu verhindern, dass gefährliche neue »Dolchstoßlegenden« entstehen könnten. Vielleicht, so schlug er vor, könne man eine Bombe in seinem Zug deponieren und die Verantwortung den Briten zuschieben.[94]

Beck und Hans von Dohnanyi, der Gerichtsrat am Reichsgericht, die wie Gisevius mit dem Widerstandszirkel innerhalb der Abwehr verbunden waren, wollten Hitler vor Gericht stellen, um das Ausmaß seiner Verbrechen und Untaten aufzudecken. Außerdem wollten sie ihn für unzurechnungsfähig erklären lassen, wofür Dohnanyis Schwiegervater, der angesehene Neurologe Karl Bonhoeffer, bereitstand.[95]

Die Verschwörer konnten auch eine eigene Schlägertruppe vorweisen – unter dem Kommando von Friedrich Wilhelm Heinz, einem verwegenen rechtsextremen Terroristen aus der Weimarer Zeit, den die Nationalsozialisten verärgert hatten und der sich daraufhin dem Widerstand zugewandt hatte. Witzleben und Oster machten Heinz zum Anführer eines Trupps harter Burschen, die in die Reichskanzlei einbrechen und Hitler töten sollten. Da Halder, Schacht und Goerdeler dem niemals zustimmen würden, bezeichnete Heinz seine Rolle als Teil »einer Verschwörung innerhalb der Verschwörung«. Der Plan sah vor, dass Witzleben, Heinz und seine Männer zunächst die Reichskanzlei erstürmen würden, worauf Witzleben vor Ort Hitlers Rücktritt fordern sollte, dann würden sie einen Zwischenfall provozieren, und Heinz würde den Führer töten.[96]

Am 12. September hielt Hitler seine mit Spannung erwartete

Abschlussrede auf dem Nürnberger Reichsparteitag. Er zog eine aufschlussreiche Parallele zwischen den demokratischen Parteien, die er besiegt hatte, um 1933 deutscher Kanzler zu werden, und den feindlichen Demokratien in Großbritannien und Frankreich im Jahr 1938. Vor 1933 sei es »vielen Volksgenossen damals verständlich geworden, wie verlogen die Moral eines politischen Kampfes sein mußte«, als gegen die NSDAP antretende Parteien behaupteten, nationalistisch zu sein, »aber nicht davor zurückschreckten, sich zu dem Zweck mit internationalen Marxisten zu verbünden«. Nun würden Großbritannien und Frankreich behaupten, für die Demokratie zu sprechen, während sie sich gegen ein Deutschland wenden würden, in dem »99 v. H. des Volkes« hinter der Regierung stünden, und während die Tschechen ihre deutsche Minderheit brutal unterdrücken würden. Deutschland, darauf beharrte Hitler, habe nichts als Opfer für den Weltfrieden gebracht. Aber diese Opfer hätten nun eine Grenze des Erträglichen erreicht.

»Was die Deutschen fordern, ist das Selbstbestimmungsrecht«, schloss er.

Eine ausdrückliche Drohung gegen die Tschechen sprach er nicht aus, aber eine Warnung: Sollten die Demokratien weiterhin »der Unterdrückung der deutschen Männer und Frauen ihren Schutz gewähren«, würden die Folgen »schwerwiegend« sein.[97]

# Kapitel 9

# »Aus dieser Nessel Gefahr ...«

*Sir Edward Grey lässt sich nicht in die Karten schauen. Kurz nachdem er 1905 britischer Außenminister wird, steht er vor der Frage, ob Großbritannien ein Bündnis mit Frankreich zum Schutz gegen Deutschland eingehen soll. Großbritannien und Frankreich haben 1904 eine Entente-Vereinbarung unterzeichnet, aber es ist ein loses Arrangement, in dem Deutschland nicht vorkommt. Wie die meisten britischen Staatsmänner will sich Grey nicht formal verpflichten. Er will die britische Handlungsfreiheit bewahren. Aber mit seiner schnell wachsenden Marine, seiner mächtigen Armee und seiner boomenden industriellen Wirtschaft entwickelt sich Deutschland mehr und mehr zu einer ernsten Bedrohung für die britische Sicherheit, daher scheint es angezeigt, Vorbereitungen zu treffen. Die Militärstäbe Großbritanniens und Frankreichs treffen sich also und beginnen zu planen, was sie im Falle eines Kriegs mit Deutschland tun werden. Diese Treffen werden vor dem britischen Parlament und der Öffentlichkeit geheim gehalten. Später setzen die Russen die Briten unter Druck, ähnliche geheime Gespräche bezüglich der Marine zu führen. Schließlich sickern diese Absprachen aber durch, und es gibt Fragen im Parlament. 1914 wollen zwei Mitglieder des Parlaments von Grey Näheres zu den Marinekonsultationen mit Russland wissen: Kann er bestätigen, dass sie stattfinden? Wie werden sie die Beziehungen zu Deutschland beeinflussen?*

*Grey antwortet, dass es keine unveröffentlichten Vereinbarungen gebe, »die die Freiheit der Regierung oder des Parlaments einschränken oder behindern würden, zu entscheiden, [...] ob Großbritannien an einem Krieg teilnehmen soll oder nicht«. Es fänden zudem derzeit auch keine Gespräche statt, die diese Situation ändern könnten.*

*Diese Antwort ist natürlich höchst irreführend. Jahre später wird Grey das auch zugeben. »Die gegebene Antwort ist absolut wahr«, wird er sagen. »Die Kritik, der sie ein Einfallstor bietet, ist, dass sie die mir gestellte Frage nicht beantwortet. Das ist unbestreitbar.« Er macht einen kleinen, aber feinen Unterschied: Die Nation sollte über alle Vereinbarungen informiert werden, die »das Land zu Handlungen verpflichten oder seine Freiheit einschränken könnten«. Aber nicht über alle »militärischen und maritimen Maßnahmen, um mögliche Eventualitäten zu begegnen«.[1] Greys Aussage verwirrt die britische Öffentlichkeit. Sie verwirrt auch die deutsche Regierung. Die Deutschen begreifen nicht, wie sehr sich Großbritannien tatsächlich zur Verteidigung Frankreichs verpflichtet sieht. Nach dem Krieg denken viele Menschen sowohl in Großbritannien als auch in Deutschland, dass der Krieg hätte vermieden werden können, wenn Grey in der Kommunikation mit den Deutschen ehrlicher gewesen wäre. Im Jahr 1938 ist das Beispiel von Grey wieder allen präsent. Chamberlain ist entschlossen, dessen Fehler zu vermeiden. Er will klare Signale an die deutsche Regierung senden und dabei eine Balance zwischen Warnung und Mäßigung finden. Nach der Mai-Krise schreibt der konservative Parlamentsabgeordnete Leo Amery in sein Tagebuch: »Es sieht wirklich so aus, als ob Neville genau das gelungen ist, was Grey 1914 nicht geschafft hat, nämlich Deutschland die Gefahr eines überstürzten Handelns klar zu machen.«[2]*

Ende August begann Neville Chamberlain, Andeutungen über einen geheimnisvollen Plan zu machen, den er entwickelt habe, um die tschechische Krise zu lösen, falls ein Krieg unvermeidlich erscheinen sollte. »Ich zerbreche mir ständig den Kopf«, schrieb er Anfang September an seine Schwester Ida, »und versuche, eine Möglichkeit zu finden, die Katastrophe noch abzuwenden, wenn sie uns schon bevorzustehen scheint. Ich dachte an etwas so Unkonventionelles und Gewagtes, dass es Halifax den Atem verschlug. Aber da Henderson meinte, sie [die Idee] könnte die Situation noch fünf vor zwölf retten, habe ich die Option noch nicht abgeschrieben, obwohl ich die ganze Zeit hoffe, dass es nicht notwendig sein wird, sie zu erproben.«[3]

Am Mittwoch, dem 7. September, kam es in der tschechischen Stadt Moravská Ostrava zu Ausschreitungen von Sudetendeutschen, bei denen zwei Abgeordnete der Sudetendeutschen Partei verhaftet wurden. Daraufhin brachen Henlein und die Sudetendeutsche Partei alle Verhandlungen mit der tschechischen Regierung ab.[4]

Am selben Tag war in der *Times*, einer Zeitung, die weithin als Sprachrohr von Chamberlains Regierung angesehen wurde, ein Leitartikel mit dem Vorschlag zu lesen, die Regierung des tschechoslowakischen Präsidenten Edvard Beneš solle das Land homogener machen, und zwar »durch die Abspaltung jenes randständigen Anteils an fremder Bevölkerung«, der mit den Deutschen »aufgrund der Rasse« verbunden sei.[5] Obwohl Chamberlains Regierung vehement bestritt, die *Times* als Sprachrohr ihrer offiziellen Politik zu benutzen, wurde der Leitartikel überall als genau das verstanden. Goebbels kommentierte: »Man sieht, wie weit die Engländer schon in die Enge getrieben worden sind.« Eindrücklich spiegeln seine nächsten Zeilen Hitlers wahre Ziele wider: »Aber auch diese Lösung ist machtpolitisch unbefriedigend. Wir müssen Prag haben.«[6] Prag zu kontrollieren, das außerhalb des Sudetengebiets lag, bedeutete die Kontrolle über die gesamte Tschechoslowakei, nicht nur über deren Randgebiete mit hohem deutschem Bevölkerungsanteil, zu haben. Bereits am 9. September erhielt die britische Regierung Nachricht, dass Deutschland Truppen in Richtung der tschechoslowakischen Grenze verlege, und vier Tage später berichteten Quellen, dass alle deutschen Botschaften darüber informiert worden seien, dass Hitler beabsichtige, am 25. September in die Tschechoslowakei einzufallen.[7]

Nach Chamberlains Ansicht waren zwei Dinge für den Erfolg seines geheimnisvollen, gewagten Plans wesentlich: Er musste ihn zu einem Zeitpunkt lancieren, »wenn die Aussichten just nicht mehr düsterer werden konnten«, und die Initiative musste als »völlige Überraschung« kommen. Am Abend des 13. September, schrieb er, »sah ich, dass der Augenblick da war und ergriffen werden musste, wenn ich nicht zu spät kommen wollte«. Er schickte das, was er »das schicksalhafte Telegramm« nannte, an Adolf Hitler und informierte sein Kabinett erst am nächsten Morgen.

Das Telegramm bat Hitler um die Erlaubnis, dass Chamberlain nach Deutschland fliegen dürfe, um den Führer zu treffen und persönlich mit ihm über die Lösung der tschechischen Krise zu sprechen. Das Kabinett stimmte Chamberlains Schritt rückwirkend zu, »und dann folgten Stunden des Wartens auf die Antwort, denn alles musste nach Berchtesgaden übermittelt werden«. Endlich, am Nachmittag des 14. September, antwortete Hitler. Seine Antwort lautete: Ja.[8]

Hitler war nicht glücklich über Chamberlains Schachzug. »Eine Wendung, die niemand vermuten konnte«, notierte Goebbels. Die Einschätzung des Propagandachefs zu Chamberlains Strategie – die zweifellos die von Hitler widerspiegelt – ist aufschlussreich. »Die schlauen Briten bauen vor. Verschaffen sich ein moralisches Alibi. Und schieben uns so nach und nach die Kriegsschuld zu, wenn es zum Konflikt kommen sollte.« Das sei »nicht angenehm«, aber Hitler habe keine Wahl gehabt: »Annehmen musste der Führer diesen Besuch.« Im Gespräch mit Chamberlain würde er jedoch »mit seiner Meinung nicht hinterm Berge halten«.[9]

Im Jahr 1938 war der Begriff ›Gipfeltreffen‹ noch nicht geprägt. Die Staats- und Regierungschefs der Welt trafen sich nur sehr selten, und wenn, dann war es noch nicht üblich, dass sie mit dem Flugzeug anreisten. Neville Chamberlain, zu dem Zeitpunkt 69 Jahre alt, hatte nur einmal zuvor in einem Flugzeug gesessen, ein Rundflug überschaubarer Länge vor fünfzehn Jahren, bei dem er dem Anlass gemäß einen Zylinder getragen hatte. Die beispiellose Dramatik, die seinem Flug nach Deutschland deswegen zu eigen war, hatte er bewusst mit einbezogen in seine Kalkulation der Auswirkungen dieser Reise – auf Hitler und die Welt.[10]

»Ich muss gestehen, dass mir ein wenig das Herz sank, als

ich über London flog und auf die Häuser Tausende von Fuß unter mir hinunterblickte«, schrieb er einige Tage später an Ida. Doch bald begann er den Flug zu genießen, wenn es auch beim Anflug auf München ein paar Turbulenzen gab. Ribbentrop und der neue deutsche Botschafter in Großbritannien, Herbert von Dirksen, begrüßten ihn zusammen mit »zahllosen uniformierten Offiziellen, während eine Wachmannschaft unter Trommelwirbel die Waffen präsentierte«. Eine begeisterte Menge empfing ihn mit Hitler-Gruß und »Heil!«-Rufen. Wie für Halifax im Jahr zuvor stellte Hitler einen Sonderzug bereit, um die Besucher von München nach Berchtesgaden zu expedieren. An jeder Kreuzung, jedem Bahnhof und in vielen Häusern an der Strecke riefen weitere Deutsche dem britischen Premierminister begeistert ihr »Heil!« zu.

Ein Auto brachte die britische Reisegruppe vom Berchtesgadener Bahnhof zum Berghof. Hitler wartete auf der Treppe auf sie, »barhäuptig und gekleidet in eine khakifarbene Jacke aus Walkstoff mit einer roten Armbinde und einem Hakenkreuz darauf und dem Eisernen Kreuz an seiner Brust«, würde sich Chamberlain erinnern. »Sein Haar ist braun, nicht schwarz, seine Augen blau, sein Ausdruck eher unfreundlich, besonders in Ruhemomenten, und insgesamt sieht er völlig unscheinbar aus. Man würde ihn nie in der Menge bemerken und ihn für den Anstreicher halten, der er einmal war.«[11]

Hitler führte Chamberlain in einen kleinen, kahlen Raum, wo sie sich drei Stunden lang unterhielten, wobei nur Hitlers Dolmetscher Paul Schmidt anwesend war. Schmidt erinnerte sich, dass »Chamberlain aufmerksam zuhörte und Hitler offen ansah. Nichts in seinen klaren, typisch englischen Gesichtszügen mit den buschigen Augenbrauen, der spitzen Nase und dem kräftigen Mund verriet, was sich hinter seiner hohen Stirn abspielte. [...] Er ging in lebhafter Weise auf einzelne Punkte ein«, die Hitler ansprach.[12]

»H. sprach meist leise und in gedämpftem Ton«, erinnerte sich Chamberlain. Der Diktator »ließ seiner Empörung über die

Tschechen in einer Flut an Worten ihren Lauf, so dass ich ihn mehrmals unterbrechen und bitten musste, er möge mir eine Chance lassen, zu hören, worüber er sprach«. Mit Hitlers Toben änderte sich Chamberlains Einschätzung:»Die Situation war viel kritischer, als ich erwartet hatte«, notierte er. Möglicherweise plante Hitler sogar, den Befehl zum Angriff nahezu direkt zu geben.[13] Schmidt wiederum erinnerte sich daran, dass Hitler sich wütend über die tschechische Gewalt und die Mobilisierung im Mai beklagte und betonte:»Ich werde mir das nicht länger gefallen lassen. Ich werde diese Frage auf die eine oder andere Weise regeln.« Aus Erfahrung wusste Schmidt, wenn Hitler die Phrase »auf die eine oder andere Weise« benutzte, war dies»ein äußerstes Alarmzeichen«.[14]

Chamberlain antwortete Hitler bestimmt:»Wenn ich Sie richtig verstanden habe, sind Sie entschlossen, in jedem Fall gegen die Tschechoslowakei vorzugehen«, und fügte nach einer Pause hinzu:»Wenn das so ist, warum haben Sie mich dann nach Berchtesgaden kommen lassen? Unter den gegebenen Umständen ist es das Beste für mich, sofort zurückzukehren.«[15]

Daraufhin beruhigte sich Hitler und sagte, wenn die britische Regierung»das Prinzip der Selbstbestimmung« akzeptiere – damit war die Abspaltung des Sudetengebiets von der Tschechoslowakei gemeint –, dann sei er bereit, eine Verhandlungslösung zu suchen. Hitler wies darauf hin, dass die Idee eines Selbstbestimmungsrechts nicht seine Erfindung sei, sondern»1918 ins Leben gerufen wurde, um eine moralische Grundlage für die Veränderungen aufgrund des Versailler Vertrags zu schaffen«.[16] Chamberlain antwortete, er könne keine Zusicherung geben, ohne vorher sein Kabinett und die Tschechen zu konsultieren. »Meine persönliche Meinung war, dass es mir prinzipiell piepegal war, ob die Sudeten zum Reich gehörten oder nicht«, aber ein Plebiszit würde»immense praktische Schwierigkeiten« aufwerfen. Chamberlain bot jedoch an, nach Großbritannien zurückzukehren, seine»Konsultationen abzuhalten und ihn wieder zu treffen«.[17] Dass Chamberlain nun zwei Reisen machen müsse, bedauerte Hitler, er würde ihn aber beim nächsten Mal in der Nähe von Köln treffen, um die Reise von Großbritannien aus zu verkürzen. Hitler versprach, keine Invasion zu befehlen, bevor er nicht von Chamberlain gehört habe, »es sei denn, ein unerhörter Zwischenfall zwinge ihn dazu« – eigentlich kein großes Zugeständnis, da Hitler seinen Militärbefehlshabern befohlen hatte, erst zum Ende des Monats einmarschbereit zu sein. Aber das konnte Chamberlain natürlich nicht wissen. Als sie sich trennten, war Hitler »viel herzlicher« und sagte, er hoffe, Chamberlain wieder einmal willkommen heißen zu können, damit sie Hitlers Teehaus auf dem Gipfel des Berges besuchen könnten.

Chamberlain schloss aus dieser ersten Begegnung, dass »Herrn Hitlers Ziele streng begrenzt seien«, da Hitler Chamberlain versichert hatte, dass »es ihm um die deutsche Rasse gehe« und er »nicht wünsche, Tschechen ins Reich aufzunehmen«.[18]

»Hitler sagte mir, sein Eindruck sei gewesen, er habe mit einem *Mann* gesprochen«, war die Nachricht, die Ribbentrops Sekretär an Chamberlains Berater Horace Wilson weitergab.[19] Den Deutschen war Chamberlains Eitelkeit bewusst, und sie waren sich sicher, dass diese kalkulierte Schmeichelei den Premierminister gegenüber Deutschland weiter wohlgesinnt stimmen würde. Chamberlain brüstete sich: Hitler »gefiel die Schnelligkeit, mit der ich das Wesentliche erfasst hatte«. Weiter meinte der Premierminister: Ich habe »ein gewisses Vertrauen aufgebaut, was mein Ziel war, und trotz der Härte und Rücksichtslosigkeit, die ich in [Hitlers] Gesicht zu sehen glaubte, hatte ich den Eindruck, dass er ein Mann war, auf den man sich verlassen konnte, wenn er sein Wort gegeben hatte«. Dies war die verhängnisvolle Reaktion auf das Wirken von Sir Edward Grey und machte deutlich, dass Chamberlain glaubte, er könne die Diktatoren treffen, offen mit ihnen »von Mann zu Mann« sprechen und die kritischen Probleme ohne Krieg lösen – genau das, was Grey 1914 nicht vermocht hatte, weil er nicht direkt genug gewesen war.

Chamberlain fügte in einem Postskriptum hinzu:»Ich höre von einer deutschen Quelle, dass ich der beliebteste Mann in Deutschland bin!« Die Deutschen, so meinte er, seien ihm so zugetan, weil er »gekommen war, um [sie] vor einem Krieg zu bewahren«.[20] Bei aller Eitelkeit und Selbstgefälligkeit schätzte Chamberlain den Eindruck richtig ein, den er auf Hitler gemacht hatte. Hitler beschrieb ihn gegenüber Goebbels als »einen eiskalten alten Engländer« – wobei »eiskalt« das höchste Lob aus seinem Munde war. Es führte kein Weg daran vorbei, Chamberlains gewagtes Vorhaben hatte Hitlers Pläne durchkreuzt.»Dem Führer war sein Besuch nicht sehr gelegen«, notierte Goebbels. Auch die weiteren Schritte, auf die sich Chamberlain und Hitler geeinigt hatten, um zu einer Lösung zu kommen, waren in der Tat nicht günstig.»Aber wird sie im Ernst vorgeschlagen, dann kann man im Augenblick nicht viel dagegen machen.« Die Hoffnung lag nun auf Prag. Sollte die dortige Regierung »unnachgiebig« bleiben,»dann gibt es eine ganze Lösung« – womit Goebbels eine deutsche Invasion meinte. Der Propagandaminister zog seine Schlüsse daraus und notierte, die deutsche Abhängigkeit von erfundenen Ereignissen und Falschmeldungen entlarvend: Da »es [im Sudetenland] etwas ruhiger wird, kommen heute neue Exzesse der Tschechen, die jetzt fällig sind«. Vor allem »sollen die Paniknachrichten aus der Tschechei verstärkt werden«.[21]

Das britische Kabinett traf sich am Samstag, dem 17. September, um die Ergebnisse von Chamberlains Reise zu besprechen und das weitere Vorgehen zu planen. Niemand wollte sich direkt auf eine Position festlegen. Die meisten Minister waren unsicher, was zu tun war, und zu diesem Zeitpunkt konnte keiner von ihnen eindeutig dem Lager der Befürworter oder Gegner des Appeasement zugerechnet werden.[22] Am nächsten Tag trafen der französische Premierminister Édouard Daladier und Außenminister Georges Bonnet zu Beratungen in London ein. Die Briten hatten große Mühe, die Franzosen davon zu überzeugen, die

Tschechen aufzugeben. Die strapaziösen Gespräche beschrieb Chamberlain mit einer für ihn ungewöhnlich humorvollen Bemerkung: »Wie so oft in internationalen Verhandlungen«, sagte er dem Kabinett am nächsten Tag, »war die dunkelste Stunde die vor dem Mittagessen.«[23]

Schließlich einigten sich Franzosen und Briten auf eine gemeinsame Botschaft an den tschechoslowakischen Präsidenten Edvard Beneš, dass sein Land im eigenen Interesse und im Interesse des europäischen Friedens das Sudetenland abtreten müsse. Die Übergabe könnte durch eine Volksabstimmung erfolgen, aber die Botschaft empfahl nachdrücklich, einfach alle Gebiete mit mehr als 50 Prozent deutscher Bevölkerung an das Deutsche Reich zu übergeben, wobei die endgültigen Grenzen von einer internationalen Kommission unter Hinzuziehung tschechischer Vertreter festgelegt werden sollten. Im Gegenzug wäre Großbritannien bereit, seine »Beteiligung an einer internationalen Garantie« der neuen Grenzen zuzusichern.[24] »Ein starkes Stück«, kommentierte Alexander Cadogan, »ihm [Beneš] zu sagen, er solle kapitulieren.«[25]

Die Tschechen stimmten dieser Lösung zähneknirschend zu, und Chamberlain plante, nach Deutschland zurückzukehren. Vor seiner Abreise einigte sich das Kabinett auf eine Begrenzung des Verhandlungsmandats. »Falls Herr Hitler [sic] weiterhin an der Haltung festhalte, dass er eine sofortige Regelung der ungarischen und polnischen Minderheitenfragen [in der Tschechoslowakei] festlegen wolle, solle der Premier antworten, dass er in dieser Angelegenheit nicht weiterverhandeln könne, sondern nach Hause zurückkehren müsse, um seine Kollegen zu konsultieren.«[26] Cadogan hielt diesen Punkt – dass Chamberlain nicht ohne weiteres »für Polen und Ungarn in den Ring steigen« könne – für »wesentlich« und hoffte, dass »er sich daran halten wird«.[27]

So gewappnet flog Chamberlain erneut nach Deutschland. Das Ziel lag dieses Mal, wie von Hitler versprochen, viel näher an Großbritannien: der Kurort Bad Godesberg bei Köln. Dort stieg

Chamberlain im Hotel Petersberg ab, während die Treffen auf der anderen Seite des Rheins im Hotel Dreesen stattfanden.[28]

Die Besprechung begann mit Chamberlains Bericht, wie er sein Kabinett, dann die Franzosen und schließlich die Tschechen dazu gebracht hatte, der Anerkennung des Selbstbestimmungsrechts der Sudetendeutschen zuzustimmen. Zudem hätten die britische und die französische Regierung einen Plan für die Abtretung der Sudetengebiete an Deutschland und die Festlegung einer neuen Grenze vorbereitet. Außerdem würden die britische und die französische Regierung die neuen Grenzen garantieren. Im Gegenzug solle Deutschland einen Nichtangriffspakt mit der Tschechoslowakei schließen.

Wie Paul Schmidt sich erinnerte, »lehnte sich Chamberlain nach dieser Einführung mit einem Ausdruck der Zufriedenheit zurück, so als wollte er sagen: ›Habe ich in diesen fünf Tagen nicht großartige Arbeit geleistet?‹« Doch zum Entsetzen fast aller Anwesenden antwortete Hitler, »leise, fast bedauernd, aber in recht bestimmtem Ton: ›Es tut mir außerordentlich leid, Herr Chamberlain, aber ich kann diese Fragen nicht mehr erörtern. Diese Lösung ist nach den Entwicklungen der letzten Tage nicht mehr durchführbar.‹« Chamberlains Stimmung schlug sofort in Wut um, und Schmidt bemerkte, dass »seine freundlichen Augen unter den buschigen Brauen sehr zornig glänzen konnten«. Der Premierminister sagte, es sei ihm ein Rätsel, wie Hitler jetzt sagen könne, dass die Lösung nicht funktionieren würde, wo doch alle Forderungen, die er in der Woche zuvor gestellt hatte, erfüllt worden seien. Hitler behauptete, dass er keine Vereinbarung mit der Tschechoslowakei treffen könne, solange Polen und Ungarn noch immer strittiges tschechisches Territorium beanspruchten – genau der Punkt, den Chamberlain und sein Kabinett vorausgesehen hatten und den man gemeinsam als Grund für den Abbruch der Verhandlungen definiert hatte. Nach mehreren stürmisch verlaufenden Verhandlungsrunden erklärte Hitler, er würde den Tschechen bis zum 1. Oktober Zeit geben, das Sudetenland zu räumen. Das genügte Chamberlain, um den

Tschechen ein von Hitler verfasstes »Memorandum« – eigentlich ein Ultimatum – aufzudrängen. Das Treffen endete um zwei Uhr nachts.[29]

Chamberlain traf sich am Samstag, dem 24. September, erneut mit seinem Kabinett. »Wie üblich«, sagte er seinen Kollegen, mit nicht wenig Understatement, sei »die Diskussion mit Herr[n] Hitler etwas weitschweifig gewesen«.[30] Dennoch schien Chamberlain bestrebt zu sein, Hitlers Forderungen entgegenzukommen. Cadogan war entsetzt über den Tonfall, den Chamberlain in einer Sitzung des »engeren Kabinetts« früher am selben Tag angeschlagen hatte: Der Premierminister sei »ganz gelassen für die absolute Kapitulation« eingetreten. Cadogan fragte sich, ob Hitler Chamberlain hypnotisiert habe. Duff Cooper stimmte zu und bemerkte: »Hitler hat Neville mit einem Zauber belegt.« Cadogan war »noch schockierter, als er feststellen musste, dass P. M. [der Premierminister] H[alifax] hypnotisiert hatte, der total kapitulierte«.[31]

Wenn er in Bezug auf Hitler möglicherweise leichtgläubig war, so war Chamberlain in jedem Fall nüchtern und kaltblütig, was die strategischen Realitäten anging. Er hatte sehr sorgfältig darüber nachgedacht, was eine Demokratie in Kauf nehmen konnte und sollte, wenn es um einen Krieg aufgrund von Prinzipientreue ging. »Wenn die Tschechoslowakei sich entschließen würde, zu kämpfen«, erklärte Chamberlain, »würde das Ergebnis mit ziemlicher Sicherheit sein, dass es in Zukunft keine Tschechoslowakei mehr geben würde, wie sie heute existiert oder wie sie existieren könnte, wenn die gegenwärtig präsentierten Vorschläge angenommen würden.« Selbst wenn Großbritannien jetzt in den Krieg zöge, »geschähe es nicht zu dem Zweck, die Tschechoslowakei in ihrer jetzigen Form zu erhalten«, denn das sei »unmöglich«. Jetzt Krieg zu führen, hielt Chamberlain nur dann für sinnvoll, wenn die Briten »Herr[n] Hitlers Ambitionen durch einen Krieg jetzt wirksamer eindämmen könnten als durch einen Krieg zu einem späteren Zeitpunkt. Wir dürfen jedoch die Tatsache nicht aus den Augen verlieren, dass der Krieg heute eine direkte Bedrohung für jedes Heim im Land wäre, und wir müssen überlegen, ob der Schutz, den wir den Menschen in diesem Land heute gegen deutsche Bomben gewähren könnten, genauso effektiv wäre wie der Schutz, den wir vielleicht in der Zukunft bieten könnten.«[32] Chamberlains Position war angesichts der sich zeitgleich abzeichnenden rasanten Entwicklung der Luftabwehr durchaus nachvollziehbar. Chamberlain berichtete dem Kabinett, wie er auf dem Rückflug von Godesberg die Themse hinauf nach London geflogen sei und »sich einen deutschen Bomber vorgestellt habe, der die gleiche Strecke fliegt«. Er habe sich gefragt, »welches Maß an Schutz wir den Tausenden von Heimstätten gewähren könnten, die er unter sich ausgebreitet gesehen hatte«, und sei zu dem Schluss gekommen, »dass wir nicht in der Lage sind, einen Krieg heute zu rechtfertigen, um einen späteren Krieg zu verhindern«.[33] In strategischen Überlegungen den Wert einer möglichen Verzögerung abzuschätzen, war immer ein wichtiges Element in Chamberlains Denken gewesen, ebenso wie das Kalkül, Deutschland die Schuld für den Ausbruch eines Kriegs zuzuschieben.

Aber die Stimmung in Großbritannien, selbst innerhalb des britischen Kabinetts, begann auf einen Konfrontationskurs einzuschwenken. Ein entscheidender Impuls ging von Cadogan aus, der von dem Ton, den Chamberlain und Halifax bei einem Treffen kurz nach Godesberg angeschlagen hatten, angewidert war. Cadogan fand, Halifax' Stimmung sei »fröhlich defätistisch-pazifistisch« gewesen. Für Cadogan stellte sich die Frage, ob das Kabinett verblendet war oder einfach das Problem nicht verstand. »Gebe Gott, dass es eine Revolte geben wird«, dachte er und notierte, dass er Halifax »die Meinung gesagt« hätte. Er glaubte allerdings nicht, dass das eine Wirkung gehabt hatte.[34]

Aber das hatte es. Halifax schien immer zwischen seinen christlichen Prinzipien und seinem politischen Pragmatismus zu schwanken. Deshalb hatte Churchill ihn spöttisch den »Heiligen Fuchs« genannt. In dieser Nacht rebellierte die eine Seite seiner Natur gegen die andere. Halifax sagte am nächsten Morgen zu

Cadogan: »Alec, ich bin sehr wütend auf dich. Du hast mir eine schlaflose Nacht bereitet. Ich bin um ein Uhr aufgewacht und konnte nicht wieder einschlafen. Aber ich bin zu dem Schluss gekommen, dass du Recht hattest, und habe im Kabinett, als der P. M. [Premierminister] mich bat, den Anfang zu machen, für die Ablehnung von Hitlers Bedingungen plädiert.«[35]

Die Szene im Kabinett war dramatisch gewesen. Halifax' Worte hatten Chamberlain und den Rest der Minister verblüfft. Ruhig, aber emotional hatte Halifax erklärt, dass »er festgestellt habe, dass sich seine Meinung in den letzten ein oder zwei Tagen etwas geändert habe«. In der Woche zuvor habe er noch gehofft, dass die Zustimmung zu einer Abtretung des Sudetenlandes unter Aufsicht einer internationalen Kommission und nach einem Plebiszit mehr als nur ein Nachgeben gegenüber der Gewalt bedeuten würde. Jetzt habe er daran seine Zweifel. Hinzu komme die wichtige Frage nach Hitlers Ehrlichkeit. Halifax sagte, er werde den Gedanken nicht los, »dass Herr Hitler [sic] uns nichts gegeben hat und dass er Bedingungen diktiert hat, gerade so, als ob er einen Krieg gewonnen hätte, ohne dass er überhaupt kämpfen musste«. Von dort aus ging er zu einem noch grundlegenderen Punkt über: »Solange es den Nationalsozialismus gebe«, so steht es in den Protokollen der Kabinettssitzung, »sei Frieden ungewiss«. Halifax hielt es für falsch, die Tschechen unter Druck zu setzen, Hitlers Bedingungen zu akzeptieren. »Wir sollten ihnen den Fall vorlegen. Wenn sie es ablehnten, stelle er [Halifax] sich vor, dass Frankreich ihnen beispringen würde, und wenn Frankreich dabei sei, sollten wir uns ihnen anschließen.«[36]

Als er dies hörte, schrieb Chamberlain Halifax schnell mit Bleistift eine Notiz und ließ sie ihm zukommen: »Die völlige Änderung Deiner Sichtweise, seit wir uns gestern Abend gesehen haben, ist ein furchtbarer Schlag für mich, aber natürlich musst Du Dir Deine Meinung selbst bilden.« Und er fügte eine vage Rücktrittsdrohung hinzu: Wenn die Franzosen darauf bestünden, »uns hineinziehen« zu wollen, glaube Chamberlain nicht, dass er »die Verantwortung für die Entscheidung übernehmen« könne. Halifax antwortete ebenfalls mit einer handschriftlichen Mitteilung:»Ich fühle mich wie ein Unmensch – aber ich lag die meiste Zeit heute Nacht wach und habe mich damit herumgequält, und ich hatte nicht das Gefühl, dass ich in diesem Moment, wo wir im Begriff sind, [die Tschechoslowakei] zu nötigen, zu irgendeiner anderen Schlussfolgerung kommen könnte.« Chamberlain konnte es sich nicht verkneifen, eine scharfe Antwort zurückzugeben:»Nächtliche Entscheidungen werden selten aus der richtigen Perspektive heraus getroffen.«[37]

Nun war klar, dass die meisten Minister nicht mehr bereit waren, Hitlers Versprechungen zu glauben. In der Auseinandersetzung im Kabinett hatte sich das moralische Beharren auf einer Verpflichtung zum Beistand für die Tschechoslowakei gegen die pragmatische Erkenntnis durchgesetzt, dass es kaum praktische Hilfe gab, die Großbritannien und Frankreich anbieten konnten, und dass ein Krieg wahrscheinlich für die Tschechen schlimmere Folgen hätte, als wenn Hitlers Forderungen umgesetzt würden.[38] Aber dieses Mal bestanden auch die Franzosen darauf, hart zu bleiben.

Chamberlain schlug vor, Hitler einen weiteren Brief zu schreiben und ihm die Idee zu unterbreiten, das Arrangement, das die Tschechen akzeptiert hatten, solle die Grundlage für eine internationale Kommission zur Lösung der Krise bilden.»Dieser weitere Schritt würde der Welt noch einmal demonstrieren, wie sehr wir uns um die Erhaltung des Friedens bemüht haben. Wenn er erfolglos wäre, würden wir dadurch nichts verlieren, und er würde uns helfen, die uns wohlgesinnte Haltung der Welt zu festigen.«[39] Horace Wilson würde den Brief zu Hitler bringen. Wenn es nicht gelänge, den Führer umzustimmen – und Chamberlain glaubte nicht, dass es gelingen würde –, würde Wilson Hitler mitteilen, dass Frankreich bereit sei, zugunsten der Tschechoslowakei in den Krieg zu ziehen, und dass sich Großbritannien dann voraussichtlich beteiligen werde. Das Kabinett stimmte zu.[40]

Nun schienen sich die britische Regierung und das britische Volk für den Krieg zu stählen. Am 23. September hatte Halifax an Chamberlain telegraphiert: »Die überwiegende Mehrheit der Öffentlichkeit scheint sich immer beherzter der Meinung anzuschließen, dass wir bis an die Grenze der Zugeständnisse gegangen sind und dass es dem Kanzler [Hitler] obliegt, einen Beitrag [zur Lösung] beizusteuern.«[41] Drei Tage später notierte der National-Labour-Abgeordnete Harold Nicolson in seinem Tagebuch: »Meine erste Sichtung« eines Vorzeichens auf den »Krieg von 1938« ist ein Plakat mit der Aufschrift »City of Westminster: Luftschutzmaßnahmen: Ankündigung [zur Verteilung von] Gasmasken«. Bei seiner »zweiten Sichtung« entdeckte er im Londoner Stadtzentrum Arbeiter, die im Green Park Luftschutzgräben aushoben.[42]

Das Außenministerium gab eine offizielle Erklärung heraus, in der die entscheidende Zeile lautete: »Wenn trotz aller Bemühungen des britischen Premierministers ein deutscher Angriff auf die Tschechoslowakei erfolgt, muss das unmittelbare Ergebnis sein, dass Frankreich verpflichtet sein wird, ihr zu Hilfe zu kommen, und Großbritannien und Russland werden Frankreich sicherlich zur Seite stehen.«[43] Churchill macht in seinen Memoiren geltend, er habe diese Erklärung zusammen mit dem Pressesprecher des Außenministeriums Reginald Leeper verfasst. Bekannt geworden ist der Text als Leeper-Telegramm.[44] Zeitgleich begann die Regierung die Verteilung von Lebensmitteln und Öl sowie die Evakuierung der Kinder aus den Städten für die Kriegszeit zu planen. Man ließ die Verteilung von Gasmasken anlaufen, Luftschutzbunker einrichten und Schützengräben ausheben, was Nicolson bemerkt hatte. Die Streitkräfte wurden in Alarmbereitschaft versetzt. Das Kabinett einigte sich darauf, dass Chamberlain am 27. September eine Radioansprache an das Land halten würde, und auf Churchills Vorschlag hin wurde das Parlament für den 28. September aus der Sommerpause zurückgerufen. Chamberlain stimmte zu, die Royal Navy zu mobilisieren und diese Maßnahme in seiner Radioansprache anzukündigen.[45]

Horace Wilson wurde mit einem Brief an Hitler nach Deutschland geschickt, der den gleichen Inhalt hatte wie das Leeper-Telegramm: »Die französische Regierung hat uns mitgeteilt, dass sie, falls die Tschechen das Memorandum ablehnen und Deutschland die Tschechoslowakei angreift, ihre Verpflichtungen gegenüber der Tschechoslowakei erfüllen wird. Sollten die französischen Streitkräfte in der Folge in aktive Feindseligkeiten mit Deutschland verwickelt werden, werden wir uns verpflichtet fühlen, sie zu unterstützen.«[46]

Horace Wilson besuchte Hitler am Montag, dem 26. September, in Berlin. Sie unterhielten sich fast eine Stunde lang, aber als er dazu kam, Hitler den zweiten Absatz von Chamberlains Brief vorzulesen – der besagte, dass die tschechische Regierung Hitlers »Vorschläge« abgelehnt habe –, geriet Hitler in Rage, drohte, die Tschechoslowakei zu »zerschlagen«, und schrie: »Wir werden alle nächste Woche im Krieg sein.« An diesem Punkt entschied Wilson erstaunlicherweise, dass es nicht »angemessen« sei, nun die Warnung vor einer möglichen britischen Intervention zu verlesen. Er befürchtete, dass Hitler dies als »Ultimatum« auffassen würde und dass die Rede des Führers, die für diesen Abend angekündigt war, in diesem Fall noch extremer ausfallen würde. Augenscheinlich war dies eine Rückbesinnung auf die fatalen Gepflogenheiten des Sir Edward Grey.[47]

Der Krieg schien nun sowohl sicher als auch unmittelbar bevorzustehen. Am Montagabend sprach Hitler im vollbesetzten Berliner Sportpalast vor NSDAP-Mitgliedern, wobei auch viele ausländische Diplomaten und Journalisten im Saal waren. Goebbels, sein Vorredner, schloss mit den Worten, die zu einem NS-Slogan werden sollten: »Führer, befiehl. Wir folgen!«

Hitlers Rede machte deutlich, wie abgrundtief sein Hass auf die Tschechen und insbesondere auf Präsident Beneš war. Aber ebenso deutlich ließ sich ablesen, dass sein Hass und seine Verachtung viel weiter reichten und der gesamten politischen Neuregelung nach dem Ersten Weltkrieg, den neuen Demokratien, den internationalen Institutionen der Welt galten. Lediglich autoritäre Politiker konnten vor seinen Augen bestehen. Er sprach von den guten Beziehungen, die er mit der polnischen Regierung und ihrem verstorbenen Diktator Marschall Józef Piłsudski aufgebaut hatte, Beziehungen, die er niemals mit einer Demokratie hätte aufbauen können: »Denn diese Demokratien, die vor Friedensrhetorik nur so triefen, sind die blutrünstigsten aller Kriegstreiber. In Polen hat nicht die Demokratie geherrscht, sondern ein Mann!« Sein Abkommen mit Piłsudski sei eine Tat gewesen, »die wirklich im Dienste des Friedens stand und wesentlich mehr wert war als das müßige Gerede im Völkerbundpalast in Genf«. Über den Anschluss Österreichs klagte er sarkastisch: »Allein, wir haben es ja erlebt: für Demokratien ist eine Volksabstimmung in dem Augenblick überflüssig oder sogar verderblich, in dem sie nicht zu dem Resultat führt, das sie sich selbst erhoffen.«

Was die Tschechoslowakei betraf, so bestand er darauf: Das Sudetenland »ist die letzte territoriale Forderung, die ich in Europa zu stellen habe«. Doch Beneš stehe ihm im Weg. Beneš, so sagte Hitler, sei der »Vater der Lüge«. Er meinte damit die »Lüge«, dass es so etwas wie eine tschechoslowakische Nation überhaupt gebe. Stattdessen hätten die Tschechen einfach die Slowakei annektiert. Und »da dieser Staat kein lebensfähiges Gebilde zu sein schien, nahmen sie sich einfach dreieinhalb Millionen Deutsche in klarer Missachtung der Rechte und Wünsche der Deutschen nach Selbstbestimmung«, erläuterte Hitler, um fortzufahren: Da ihnen das noch nicht genügte, nahmen sich die Tschechen »eine weitere Million Magyaren, fügten eine Anzahl Karpatenrussen und einige Hunderttausende Polen hinzu«. Der so entstandene Staat existiere »gegen den klaren Wunsch und Willen der so vergewaltigten Völker und unter klarer Missachtung ihres Selbstbestimmungsrechts«. Nun sitze Beneš, trotz der entsetzlichen Gräueltaten, die die Tschechen laut Hitler an den Deutschen begangen hätten, »in Prag und ist überzeugt: ›Mir kann nichts passieren, am Ende stehen hinter mir England und Frankreich‹«.[48]

Hitler brachte gerade genügend gute Manieren auf, um Chamberlain für seine Bemühungen zur Lösung der Krise zu danken. Aber als er seine Rede schloss, war von Manieren nichts mehr zu bemerken. Der amerikanische Reporter William Shirer war dort, um die Rede für CBS News zu übertragen. Er beschrieb, wie er Hitler erlebt hatte: »schreiend und kreischend im schlimmsten Erregungszustand, in dem ich ihn je gesehen habe«.[49] Shirer fand: »Zum ersten Mal in all den Jahren, in denen ich ihn beobachtet habe«, habe Hitler einfach »völlig die Kontrolle über sich selbst verloren«. Nachdem Hitler sich gesetzt habe, sei Goebbels wieder aufgesprungen und habe gerufen: »Eines ist sicher: 1918 wird sich nie wiederholen!« Er meinte damit – wie Hitler es schon oft betont hatte –, dass Deutschland nie wieder kapitulieren werde, schon gar nicht, weil es aufgrund innerer Spaltungen zu zerbrechen drohe. Dabei beobachtete Shirer, wie Hitler zu seinem Propagandaminister aufblickte, »mit einem wilden, begierigen Ausdruck in den Augen, als ob dies die Worte waren, nach denen er den ganzen Abend gesucht, die er aber nicht recht gefunden hatte. Er sprang auf und schlug mit einem fanatischen Feuer in den Augen, das ich nie vergessen werde, seine rechte Hand mit einem großen Schwung auf den Tisch und brüllte mit der ganzen Kraft seiner mächtigen Lunge: ›Ja!‹ Dann sackte er erschöpft in seinen Stuhl.«[50]

Shirer und alle anderen, die diese ungezügelten Hassausbrüche gegen die Tschechen, gegen die Demokratie und gegen die internationale Ordnung hörten, wären davon überrascht gewesen, wie Hitler diese Rede geplant hatte. Einige Stunden zuvor hatte er noch zu Goebbels gesagt, dass seine Rede »sehr geschickt sein und goldene Brücken nach London und Paris bauen würde«. Er fügte hinzu, dass er Chamberlain mit Blick auf die innenpolitische Situation in Großbritannien unterstützen müsse.[51]

Im Anschluss an Hitlers Rede sang die Menge ein altes nationalistisches Lied, das aus der Zeit der Kriege gegen Napoleon stammte.[52] Shirer fand jedoch, es sei ein »merkwürdiges Publikum, die fünfzehntausend dicht gedrängt die Halle füllenden Partei-*Bonzen* [Deutsch im Original]«. Sie applaudierten und grölten das von Goebbels vorgegebene Motto »Führer, befiehl! Wir folgen Dir!«. Aber, betonte Shirer, »es herrschte keine Kriegsbegeisterung. Die Menge war in gelöster Stimmung, als wüsste sie nicht, was seine Worte bedeuteten.«[53]

Dieses Publikum war auf jeden Fall nicht repräsentativ für die Berliner. Das wurde am nächsten Tag deutlich, als sich Hitler an einer Wiedererweckung der patriotischen Begeisterung von 1914 versuchte. Er befahl einigen seiner motorisierten Truppen, durch Berlin zu paradieren. Shirer ging in der Abenddämmerung zur Ecke Unter den Linden und Wilhelmstraße im Zentrum des Regierungsviertels. »Ich stellte mir die Szenen vor, von denen ich gelesen hatte, als die jubelnde Menge 1914 auf derselben Straße den marschierenden Soldaten Blumen zuwarf und die Mädchen auf sie zuliefen und sie küssten«, schrieb er. Aber jetzt beobachtete er, wie die Berliner ihre Geschäfte oder Büros am Ende eines Arbeitstages verließen und »sich in die U-Bahnen duckten, bewusst ohne hinzuschauen, und die Handvoll, die es tat, stand am Bordstein in völliger Stille, unfähig, ein Wort des Jubels für die in ihrer Blüte stehende Jugend zu finden, die in den glorreichen Krieg zog«. Sein Fazit lautete: Es war »die eindrucksvollste Demonstration gegen den Krieg, die ich je gesehen habe«. Ein Polizist rief, dass Hitler die Truppen vom Balkon der Reichskanzlei ein paar Blocks die Wilhelmstraße hinunter begutachte. Shirer ging hin, um nachzusehen, und stellte fest, »dass keine zweihundert Menschen auf der Straße oder dem großen Geviert des Wilhelmplatzes waren. Hitler schaute grimmig, dann wütend und ging bald hinein, sodass seine Truppen ohne Abnahme vorbeimarschieren mussten.«[54] Das Erlebnis brannte sich in Hitlers Gedächtnis ein.

Am Dienstagmorgen machte sich Horace Wilson erneut auf den Weg in die Reichskanzlei, um mit Hitler zu sprechen. Unter dem Deckmantel einer diplomatischen Schmeichelei, die er über die »begeisterte Aufnahme«, die Hitlers Rede vom Vorabend gefunden habe, anzubringen gedachte, wollte er diesmal eine deutliche Warnung überbringen. Er tat dies, wie er dem Kabinett später am Tag mitteilte, »sehr behutsam« und bemühte sich bewusst, die Botschaft so zu formulieren, wie es Chamberlain selbst getan hätte. Wenn die Tschechoslowakei das deutsche »Memorandum« akzeptierte, sagte Wilson zu Hitler, wäre ja alles gut und schön. Aber wenn es anders käme und Deutschland die Tschechoslowakei angriffe, würde Frankreich »seine vertraglichen Verpflichtungen gegenüber der Tschechoslowakei erfüllen« und »Großbritannien würde sich verpflichtet fühlen, Frankreich zu unterstützen«. Hitler wandte ein, dass Frankreich in diesem Fall Deutschland angreifen würde. Wilson bestand darauf, dass die französische Regierung ihre Worte sehr sorgfältig gewählt habe, und wiederholte, dass die Franzosen »ihre vertraglichen Verpflichtungen erfüllen« würden.

Mit Diplomatie konnte Hitler wie üblich nichts anfangen. Er erklärte wutentbrannt, dass dies innerhalb von sechs Tagen Krieg bedeuten würde und dass er die Tschechoslowakei »vernichten« werde. Wilson schien das Gespräch fortsetzen zu wollen, aber Botschafter Henderson drängte ihn aus dem Raum. Wilson verabschiedete sich dennoch, indem er Hitler versprach, er werde »weiter versuchen, diese Tschechen zur Vernunft zu bringen«.[55]

Am Abend sprach Chamberlain in der BBC zur britischen Bevölkerung. Er begann mit einem Verweis auf die zahlreichen Briefe, die er in den letzten Tagen erhalten hatte – nicht nur aus Großbritannien, sondern »aus Frankreich, aus Belgien, aus Italien, sogar aus Deutschland«. Sie seien herzzerreißend, sowohl in ihrer Angst vor einem bevorstehenden Krieg als auch in »ihrer intensiven Erleichterung, als man – zu früh – dachte, dass die Gefahr des Krieges vorbei sei«.

Weiter erläuterte Chamberlain seinen Zuhörern, er habe gewusst, worauf er sich einlasse, als er die Führung der Konservativen Partei angenommen habe, und seine Erwartungen seien eingetroffen. »Wenn ich meine Verantwortung vorher als schwer empfunden habe, so hat das Lesen solcher Briefe sie fast überwältigend erscheinen lassen.« Er schloss eine aufschlussreiche Beobachtung an: »Wie entsetzlich, irreal, unvorstellbar ist es, dass wir hier Schützengräben ausheben und Gasmasken anprobieren sollen, weil es in einem fernen Land zu einem Streit zwischen Menschen gekommen ist, von denen wir nichts wissen.«[56] Kein amerikanischer Isolationist hätte es besser sagen können.

Dann sprach Chamberlain über seine Vorstellungen, wie in einer Demokratie über Krieg und Frieden nachgedacht werden sollte: »So sehr wir auch mit einer kleinen Nation sympathisieren mögen, die mit einem großen und mächtigen Nachbarn konfrontiert ist, wir können uns nicht unter allen Umständen verpflichten, das gesamte britische Empire allein ihretwegen in einen Krieg zu verwickeln«, sagte er. »Wenn wir kämpfen müssen, dann muss es dabei um größere Fragen gehen als diese. Ich selbst bin ein Mann des Friedens – bis in die Tiefe meiner Seele. Ein bewaffneter Konflikt zwischen Nationen ist für mich ein Alptraum; aber wenn ich überzeugt wäre, dass eine Nation sich entschlossen hätte, die Welt mit Hilfe der Angst zu dominieren, die sie mit ihrer Macht verbreitet, dann ist es meine Überzeugung, dass man ihr widerstehen müsste. Unter einer solchen Herrschaft wäre das Leben für Menschen, die an die Freiheit glauben, nicht lebenswert; aber Krieg ist eine schreckliche Sache, und es muss, bevor wir ihn beginnen, klar sein, dass es wirklich die wichtigen Grundsätze sind, die auf dem Spiel stehen, und dass die Forderung, alles für deren Verteidigung zu riskieren, nach Abwägung aller Konsequenzen alternativlos ist.«[57]

Dieser ambivalente Auftritt erregte viel Ärger bei denen, die sich eine klarere Haltung gegen die nationalsozialistische Aggression wünschten. Duff Cooper war irritiert, dass sich »keine Erwähnung Frankreichs« in Chamberlains Rede fand und auch »kein Wort der Sympathie für die Tschechoslowakei«. Chamberlain hatte seine Sympathie, so schien es ihm, ganz für Hitler reserviert. Aber besonders wütend war er darüber, dass der Premierminister, anders als mit dem Kabinett vereinbart, nichts über die Mobilisierung der Flotte gesagt hatte.[58]

In Chamberlains Ton klang wohl auch an, dass ihm einige Stunden zuvor seine militärischen Stabschefs einen alarmierenden Rat gegeben hatten: »Es ist unsere Auffassung«, sagten sie ihm, dass »kein Druck, den Großbritannien und Frankreich ausüben können – weder zu Wasser, zu Lande noch in der Luft –, Deutschland daran hindern könnte, [...] der Tschechoslowakei eine entscheidende Niederlage zuzufügen.« Die Tschechoslowakei könne nur indirekt gerettet werden, nämlich durch »die Niederlage Deutschlands«, die nur auf eine Weise zu erreichen sei: als »das Ergebnis eines längeren Kampfes, der von Anfang an den Charakter eines unbegrenzten Krieges haben muss«. Und es gebe noch eine weitere Gefahr: Sollten Italien und Japan an der Seite Deutschlands in diesen Krieg eintreten, dann wäre Großbritannien mit einem militärischen Engagement konfrontiert, »dem weder die gegenwärtige noch die geplante Stärke unserer Verteidigungskräfte entsprechen würde«, was »eine gefährliche Belastung für die Ressourcen des Empires« darstellen würde.[59]

Als Hans Bernd Gisevius und die anderen Verschwörer vom ersten Besuch Chamberlains bei Hitler in Berchtesgaden erfuhren, konnten sie die Nachricht nicht glauben. Wir mussten »uns aber zu unserem Schrecken überzeugen«, erinnerte sich Gisevius. Sie sagten sich, es müsse sich um einen rein taktischen Schachzug Chamberlains handeln und die Briten »täten nur so als ob; sie wollten unseren Generälen einen Ball zuwerfen« und Hitler noch deutlicher ins Unrecht setzen. Sie arbeiteten weiter an ihren Putschplänen – und machten sich tatsächlich mehr Sorgen darüber, dass Hitler die Nerven verlieren und einen Rückzieher machen könnte, als über Chamberlain. Als klar wurde, dass Chamberlain tatsächlich gekommen war, um zu verhandeln, dachte Gisevius nur: »Einmal mehr standen wir als die Dummen da.«[60]

Doch sobald die Nachricht eintraf, wie die Gespräche von Bad Godesberg ausgegangen waren, spürten Gisevius und seine Freunde ein ungeheures Gefühl der Erleichterung: »Ein Stein fiel uns vom Herzen«. Mit dem nun drohenden Krieg änderte sich die Stimmung in Deutschland. Vielleicht war Hitler doch nicht so unfehlbar. Als die Nachricht die Runde machte, schrieb Gisevius, breitete sich eine Welle der »Enttäuschung, [...] Entrüstung, [...] Panik« in Deutschland aus. »Selten ist in Deutschland so laut und unbehindert geschimpft worden; die fremdesten Menschen besprachen sich mitten auf der Straße; an den tieferschrockenen Gesichtern konnte man die beispiellose Schockwirkung ablesen.«[61]

Die Widerständler hielten hartnäckig an ihren Plänen fest; ihr Netzwerk reichte inzwischen von Osters Büro bis zum OKW und vom Polizeipräsidium bis zum Auswärtigen Amt.[62] Die Anspannung forderte jedoch ihren Tribut, wie sich Gisevius erinnerte, so dass er sich »beinahe – zum ersten und zum letzten Male in diesem Leben – mit Oster veruneinigte, [...] wegen seines zunehmenden Pessimismus«. Oster glaubte, die Westmächte würden einlenken. Gisevius sagte ihm, dass er für solchen Defätismus einen Posten in Goebbels' Propagandaministerium verdiene. Aber Oster war Geheimdienstoffizier und hatte bessere Informationsquellen, unter anderem Berichte von Görings telefonischer Abhörzentrale. Jan Masaryk, der tschechische Botschafter in London, berichtete über Drähte, die durch Deutschland liefen, nach Prag. Masaryk, so Gisevius, »war außerordentlich gut unterrichtet, leider auch höchst indiskret in jenen entscheidenden Stunden«.[63]

Nichtsdestoweniger waren am Dienstag alle bereit für den nächsten Schritt: Hitler war drauf und dran, seine Invasion zu starten, Großbritannien und Frankreich waren willens, in den Krieg zu ziehen, und die Verschwörer waren im Begriff, ihren Coup auszuführen. In dieser Nacht traf sich Friedrich Wilhelm Heinz mit den Mitgliedern seiner Kommandotruppe, um sich auf den Angriff auf Hitlers Reichskanzlei vorzubereiten. Erich Kordt hatte für die Angreifer einen Plan des Gebäudes besorgt und sich bereit erklärt, dafür zu sorgen, dass die Türen offen stehen würden.[64] Canaris hatte den Abwehroffizier Helmuth Groscurth angewiesen, Gewehre und Sprengstoff an die Gruppe zu verteilen. Heinz erklärte seinen Männern in aller Ruhe, dass sie, ganz gleich ob Hitler und seine Leibwache Widerstand leisten würden oder nicht, auf jeden Fall einen Aufruhr provozieren und Hitler töten sollten. In den frühen Morgenstunden versammelte er seinen Trupp im Büro des Oberkommandos des Heeres.[65]

Trotz der steigenden Spannung und der offensichtlich mangelnden Kriegsbegeisterung des deutschen Volkes blieb Hitler kompromisslos bei seinen Bedingungen. Das war eine gute Nachricht für die Verschwörer. Oster bekam einen letzten Brief von Hitler an Chamberlain in die Finger, in dem der Diktator jede Mäßigung verweigerte. Am Mittwochmorgen brachte Gisevius den Brief zu Erwin von Witzleben, dem Berliner Wehrkreiskommandanten, der ihn wiederum zu Halder brachte. Nun, da Halder »eindeutige ›Beweise‹« dafür hatte, dass Hitler wirklich den Krieg anstrebte, schrieb Gisevius, liefen ihm »vor Empörung Tränen« über die Wangen. »Der kühne Rebell, der er war, war erstaunt, dass Hitler ihm derart etwas hatte vormachen können, und dass er ihn nicht über seine wahren Pläne informiert hatte.« Der entschlussfreudige Witzleben bestand darauf, dass es an der Zeit sei, »etwas zu unternehmen«. Aber Brauchitsch weigerte sich, einen endgültigen Befehl zum Putsch zu geben, bevor er noch einmal in der Reichskanzlei vorbeigeschaut hatte, um zu sehen, wie die Dinge standen.[66] Während »sich Brauchitsch tatsächlich in die Wilhelmstraße begab«, so Gisevius weiter, kehrte »Witzleben eiligst zum Wehrkreiskommando« zurück. »Gleich ist es so weit!«, habe er Gisevius aufgeregt zugerufen. Gisevius kehrte in die Zentrale der Abwehr zurück. Dort wartete Oster, um Heinz und seinem Trupp den endgültigen Befehl zum Angriff auf die Reichskanzlei zu geben.[67]

Dann – passierte nichts mehr.

Die Entscheidung fiel am Mittwochmorgen, dem 28. September. Jenen Tag bezeichnete Jodl als »den schwersten« und Wiedemann als »den aufregendsten [Tag], den [er] je in der Reichskanzlei erlebte«.[68] Eine große Anzahl an Botschaftern, Ministern und

Offizieren füllte das Gebäude. Veteranen aus Hitlers Reichskanzlei haben oft beschrieben, wie die Arbeitsabläufe in Gegenwart des Führers aussahen: Jeder war in ständiger Bewegung und ging mit Hitler im Raum auf und ab, während die Höflinge ihre Meinung abgaben. Weizsäcker berichtete: »Meistens gab es eine Art von Kolloquium im Stehen, an dem teilnahm, wer sich gerade dazu einfand, das Heer von Adjutanten eingeschlossen.«[69] Ribbentrop drängte Hitler zum Krieg, Göring plädierte zur Vorsicht. »Aus der Ecke des Zimmers, von der ich dieses Gespräch mitanhören und die Akteure dabei genau beobachten konnte«, so erinnerte sich Schmidt später, habe er an Hitlers Reaktionen feststellen können, »wie sich die Waage ganz allmählich zugunsten des Friedens senkte«.[70]

An diesem Morgen hatte Mussolini in Rom den britischen Botschafter empfangen, der den Duce drängte, eine internationale Konferenz zur tschechoslowakischen Frage zu organisieren. Mussolinis Außenminister und Schwiegersohn, Graf Galeazzo Ciano, versuchte Ribbentrop anzurufen, erreichte aber nur Kordt und wollte sich nicht herablassen, mit jemand anderem als dem Außenminister zu sprechen. Mussolini rief daraufhin Bernardo Attolico, seinen Botschafter in Berlin, an. »Hier spricht der Duce, hören Sie?« Mussolini teilte Attolico mit, dass er den britischen Vorschlag einer Konferenz annehmen wolle, und er wies seinen Botschafter an, Hitler aufzusuchen: »Sagen Sie ihm, was ich Ihnen gesagt habe. Beeilung, Beeilung!« Attolico rief Erich Kordt an, mit dem er sich auf Englisch verständigte, und sagte: »Kordt, ich habe eine persönliche Nachricht von Il Duce [sic]. Ich muss den Führer sofort sehen, sehr dringend, schnell, schnell.« Kordt schlug vor, er solle direkt in die Reichskanzlei kommen. Dort versicherte Attolico Hitler zunächst, dass Mussolini zu ihm stehe, egal was er tue, fügte dann aber hinzu: »Der Duce ist aber der Ansicht, dass die Annahme dieses englischen Vorschlages günstig wäre, und bittet Sie, von einer Mobilisierung abzusehen.« Mussolinis Vorschlag war eine Vier-Mächte-Konferenz – Deutsche, Italiener, Franzosen und Briten. Dieses

Drängen seines Verbündeten bewog Hitler dazu, von der Kante des Abgrunds zurückzutreten. Es ist wahrscheinlich, dass er bereits angefangen hatte, sich Gedanken zu machen, ob der britische und französische Widerstand dieses Mal ernst gemeint war. Und dann war da noch das erschütternde Erlebnis anlässlich der Militärparade am Vortag. »Sagen Sie dem Duce, dass ich seinen Vorschlag annehme«, erwiderte Hitler leise.[71]

In der Tat war Hitler in den letzten zwei Tagen unter Druck geraten. Unter anderem drängte ihn ein Telegramm von Präsident Roosevelt, »nicht die Verhandlungen abzubrechen, die eine friedliche, faire und konstruktive Lösung herbeiführen wollten«. Neben der Hauptbotschaft gab es einige sorgfältig formulierte, aber auffällige Passagen. Roosevelt schrieb, dass es zwar »der höchste Wunsch des amerikanischen Volkes ist, in Frieden zu leben«, dass es aber im »Falle eines allgemeinen Krieges mit der Tatsache konfrontiert ist, dass keine Nation gewissen Folgen einer solchen Weltkatastrophe entgehen kann« – eine verschleierte Drohung mit einer amerikanischen Beteiligung. Roosevelt merkte auch an, dass »jede zivilisierte Nation der Welt freiwillig die feierlichen Verpflichtungen des Kellogg-Briand-Paktes von 1928 angenommen hat, Streitfälle nur mit friedlichen Methoden zu lösen«.[72]

Hitler sagte Göring ein paar Wochen später, dass er zwei Gründe gehabt habe, einen Rückzieher zu machen und einem weiteren Treffen zuzustimmen: einerseits den Zweifel an der Bereitschaft des deutschen Volkes, in den Krieg zu ziehen – sogar Goebbels hatte den Schneid gehabt, das ihm gegenüber zu betonen –, und andererseits die Sorge, dass Mussolini ihn im Stich lassen würde.[73]

Die Verschwörer warteten immer noch angespannt auf die Mitteilung, dass Hitler den Einmarsch befohlen hatte. Die Ernüchterung setzte schrittweise damit ein, »wie wir gar nicht begreifen konnten, warum Brauchitsch oder Halder keine Nachricht gaben«, schrieb Gisevius. »Wie uns die Minuten zu Stunden wurden, wie die Spannung nicht mehr zu überbieten war, und wie dann, ja, wie dann eine Sensationsmeldung zu uns herüberschwirrte, wie das Unwahrscheinliche Ereignis ward: wie Chamberlain und Daladier nach München flogen. Aus.«[74]

Harold Nicolson beobachtete am Mittwochnachmittag auf dem Weg zum Unterhaus eine Gruppe von Kindern, die Tauben fütterten. »Diese Kinder sollten sofort evakuiert werden«, sagte sein Begleiter zu ihm, »und die Tauben gleich mit.« Auch eine größere Anzahl Menschen, die Blumen am Sockel des Kenotaphs niederlegten, dem Denkmal für die im Ersten Weltkrieg gefallenen britischen Soldaten, war Nicolson aufgefallen. »Die Menge wirkt sehr still und ängstlich«, notierte Nicolson. »Sie starren uns stumm mit fragendem Blick an.«[75]

Was sich an diesem Tag im Unterhaus abspielte, hatte die dramatische Spannung eines Spielfilms. Chamberlain sollte dem Haus Rede und Antwort stehen, was er getan hatte, um den Krieg zu verhindern – in einem Moment, in dem jeder erwartete, dass der Krieg in den nächsten ein oder zwei Tagen ausbrechen würde. Kurz nach drei Uhr erhob er sich langsam und breitete die Notizen seiner Rede auf der Truhe vor ihm aus. Das Haus war ungewöhnlich gut besucht: Auf der Diplomatengalerie saß unter den Besuchern auch der amerikanische Botschafter Joseph Kennedy, der zu diesem Anlass seinen Sohn John mitgebracht hatte. Die Abgeordneten, sonst oft unbändig laut, beobachteten in stiller Erwartung, wie Chamberlain sich auf seine Rede vorbereitete. Einzig von den Boten ging Unruhe aus, die Telegramme sowie Zettel mit notierten Anrufen zu einzelnen Parlamentariern brachten. Churchill erhielt so viele davon, dass sie mit einem Gummiband zusammengehalten werden mussten.[76]

Chamberlain sprach, wie die *Times* berichtete, »mit klarer Stimme, die manchmal leiser wurde, aber nie stockte«, und lieferte eine Chronologie der Ereignisse, die zu der Krise geführt hatten. Die Parlamentarier wussten bereits, was im August, und zum größten Teil auch, was im September passiert war, so dass Chamberlains Rezitation von bereits Bekanntem die Anspannung allseits nur noch erhöhte. Schließlich verwies er auf die Kabinettssitzung vom 23. September, und seine Zuhörer merkten, dass er sich nun auf Ereignisse bezog, die für sie neu waren.[77] Er begann von »gestern Morgen« zu sprechen, und wie Harold Nicolson schrieb, »waren wir uns alle bewusst, dass eine Offenbarung bevorstand«. Nicolson notierte: »Ich schaute auf die Uhr. Es war zwölf Minuten nach vier. Der Premierminister hatte genau eine Stunde lang gesprochen.« Dann bemerkte Nicolson, dass »ein Blatt Papier des Außenministeriums eilends die Regierungsbank entlanggereicht wurde. Sir John Simon unterbrach den Premierminister, im Saal wurde es augenblicklich still. Er [Chamberlain] rückte seinen Kneifer zurecht und las das Dokument, das man ihm gereicht hatte. Sein ganzes Gesicht, sein ganzer Körper, schien einen anderen Ausdruck anzunehmen.«[78]

Im Hintergrund war Folgendes passiert: Nevile Henderson hatte um 15.30 Uhr aus Berlin angerufen. Cadogan nahm den Anruf entgegen. Henderson sagte, Hitler habe Mussolini, Daladier und Chamberlain für den nächsten Tag zu einer Konferenz nach München eingeladen. Cadogan notierte: »Diktierte die Nachricht, lief damit zum Unterhaus. Holte H[alifax] aus der Galerie der Peers, ging mit ihm hinter den Stuhl des Speakers, und wir schickten die Nachricht zum PM.« Der Reporter der *Times* beobachtete, wie die Nachricht dort von Halifax an Lord Dunglass, Chamberlains parlamentarischen Privatsekretär, und von diesem an Sir John Simon weitergegeben wurde, der sie Chamberlain übergab.[79]

Die Mitglieder des Oberhauses, die die Rede per Mikrofonübertragung mitverfolgten, hörten Chamberlain Simon fragen: »Soll ich es ihnen jetzt sagen?« Simon riet ihm zu. Chamberlain nahm den Faden seiner Rede wieder auf. »Das ist nicht alles«, fuhr er fort. »Ich habe dem Haus noch etwas zu sagen. Ich bin gerade von Herrn Hitler informiert worden, dass er mich einlädt, ihn morgen früh in München zu treffen. Er hat auch Signor Mussolini und Monsieur Daladier eingeladen. Signor Mussolini hat zugestimmt, und ich habe keinen Zweifel, dass Monsieur

Daladier auch zustimmen wird. Ich brauche Ihnen nicht zu sagen, was meine Antwort sein wird.«[80]

Nahezu alle Mitglieder des Hauses reagierten mit begeistertem Jubel. Zu den wenigen Ausnahmen gehörten Winston Churchill, Anthony Eden und Leo Amery, die nach den Worten des Historikers Robert Seton-Watson »von der Akklamation absahen, da sie die schrecklichen Konsequenzen erfassten, die das Unterhaus sich damit selbst aufbürdete«.[81] Auch Harold Nicolson erhob sich nicht zum Jubel. Er beobachtete, wie Churchill in der Begegnung mit Chamberlain bewusst ambivalent formuliertes Lob aussprach. »Ich gratuliere Ihnen zu Ihrem Glück«, sagte Churchill. »Sie hatten sehr viel Glück.« Nicolson hatte den Eindruck, dass Chamberlain, der zuvor »große Zufriedenheit und noch größere Selbstzufriedenheit« ausgestrahlt hatte, Churchills Botschaft überhaupt nicht gefiel.[82]

An diesem Abend hörte Lord Dunglass Annie Chamberlain zu ihrem Mann sagen: »Ich möchte, dass du mit einem ehrenvollen Frieden aus Deutschland zurückkommst.« Und sie fügte hinzu: »Du musst vom Fenster herab sprechen, wie es Dizzy getan hat.«[83] Sie bezog sich damit auf die triumphale Rückkehr des Premierministers Benjamin Disraeli vom Berliner Kongress 1878. Dieser Ratschlag sollte sich als schicksalhaft erweisen.

– – –

Nach dieser spannungsreichen Ouvertüre verlief das Treffen in München beinahe unspektakulär.

Als Chamberlain am Donnerstagmorgen ein weiteres Mal zum Flugplatz Heston fuhr, war sein Weg von jubelnden Menschenmassen gesäumt. Schatzkanzler Sir John Simon hatte das Kabinett aufgefordert, Chamberlain zu verabschieden, und fast alle Kabinettsmitglieder hatten sich eingefunden. Bevor Chamberlain das Flugzeug bestieg, richtete er noch einige Worte an die versammelte Presse und die Menschen, die gekommen waren, um ihm gute Wünsche auf seine Reise mitzugeben. Bezeichnenderweise zitierte er dabei Shakespeare: »Wenn ich zurückkomme, hoffe ich, dass ich wie Hotspur in *Heinrich IV.* sagen kann: ›Aus dieser Nessel Gefahr pflücken wir: die Blume Sicherheit.‹«[84]

Die Konferenz fand im sogenannten Führerbau statt, einem der neuen Münchner Gebäude, die Hitler in Auftrag gegeben hatte. Der Bau (inzwischen befindet sich darin eine Hochschule für Musik und Theater) ist am Königsplatz im nördlichen Zentrum von München gelegen, in der Nachbarschaft der berühmten Glyptothek und des Lenbachhauses. Es handelt sich um ein von Ludwig Troost entworfenes, langgestrecktes dreistöckiges Gebäude mit monumentalen neoklassizistischen Elementen. Der französische Botschafter André François-Poncet betrachtete es als »ein charakteristisches Exemplar der Hitler-Architektur«, da es ganz auf »Details, Ornamente, geschwungene Konturen und runde Formen« verzichte und vielmehr »durch die dorische Einfachheit seiner Linien und die Massivität seiner Proportionen zu beeindrucken« suche. Das Innere glich seinen Worten nach »einem modernen Riesenhotelbau, eingerichtet von einem professionellen Innenarchitekten«.[85]

Chamberlain, begleitet von Horace Wilson und William Strang, einem hohen Beamten des Außenministeriums, kam als Erster an. Die Franzosen – mit Daladier, François-Poncet und Alexis Léger, dem Generalsekretär des französischen Außenministeriums – stießen bald dazu. Mussolini traf, zusammen mit Graf Ciano, als Letzter ein.

Um 12.45 Uhr begann die Konferenz. Angesichts der kurzen Vorlaufzeit war es keine Überraschung, dass die Organisation zu wünschen übrig ließ. Es gab niemanden, der ein offizielles Protokoll führte, niemand leitete die Sitzungen, es gab keine Tagesordnung. Anstatt an einem Konferenztisch zu sitzen, waren die Delegierten, wie sich François-Poncet erinnerte, »in einem Halbkreis um einen riesigen Kamin gruppiert, die Briten auf der linken Seite, die Italiener und Deutschen in der Mitte, die Franzosen auf der rechten Seite«.[86] Weizsäcker erinnerte sich, dass die Unterhaltung »ungeregelt« war und »von einem Gegenstand zum anderen« sprang. »Nur Chamberlain versuchte, etwas Ordnung in das Gespräch zu bringen.«[87]

Hitler dankte allen für ihr Kommen, um dann seine Sicht der Dinge zu erläutern. »Er spricht ruhig«, bemerkte Ciano, »aber von Zeit zu Zeit regt er sich auf, und dann hebt er seine Stimme und schlägt seine Faust in die Handfläche der anderen Hand.«[88] Hitler begann mit der Behauptung, schon die Existenz der Tschechoslowakei bedrohe den europäischen Frieden. In wilden Übertreibungen beschrieb er sowohl die Gewalttaten, die die Tschechen an Deutschen im Sudetenland begangen hätten, als auch die Flut an Flüchtlingen, die auf der deutschen Seite angekommen seien. Er behauptete, deren Zahl sei »auf 240 000 gestiegen«. Chamberlain und Daladier bedankten sich bei Hitler für die Einberufung des Treffens und waren sich einig, dass eine rasche, wenn auch friedliche Lösung unerlässlich sei.[89] Daraufhin machte Mussolini den Vorschlag, alle Diskussionen auf ein Dokument zu stützen, das allerdings gar nicht aus italienischer Feder stammte. Ciano schrieb dazu: »In Wirklichkeit [war es] am Vorabend von der Botschaft an uns per Telefon als repräsentativ für die Wünsche der deutschen Regierung weitergegeben worden.«[90] Weizsäcker, Neurath und Göring hatten den Plan am Vortag gemeinsam ausgearbeitet.

Zum letzten Mal in seiner Karriere war Mussolini der eigentliche Star der Show. Mit »seinem enormen Genie« und »starken Willen«, schrieb Ciano bewundernd, »dominiert Mussolini [die Veranstaltung] und die anderen scharen sich um ihn.«[91] Weniger devote Beobachter sahen das sehr ähnlich. Weizsäcker war der Ansicht, Hitler habe sich noch nicht »von Mussolinis Einfluss frei gemacht«. Und für François-Poncet war insbesondere eine Szene bezeichnend: »An seiner [Mussolinis] Seite stehend, blickte Hitler ihn aufmerksam an, fasziniert und beinah wie hypnotisiert, war er ganz seinem Charme erlegen. Lachte der Duce, lachte auch der Führer; verzog Mussolini missbilligend das Gesicht, so schaute auch Hitler missbilligend.« Der altgediente Botschafter gewann den Eindruck, dass »Mussolini auf eine fraglos eingespielte Art und Weise die Oberhand über den Führer hatte«. Der Duce sprach Französisch, Deutsch und Englisch, wenn auch nicht immer sehr gut, und war damit der einzige der Politiker, der mit allen anderen ohne Übersetzer reden konnte. Er verband, wie Weizsäcker meinte, »parlamentarische Verhandlungspraxis mit autokratischer Ausdrucksweise«. François-Poncet erinnerte sich an ihn als »gedrungen, in seine Uniform geschnürt, mit den Zügen eines Cäsars, gönnerhaft, ganz entspannt, als sei er bei sich zuhause«.[92]

In der Sitzung am frühen Nachmittag, nach Hitlers Tirade gegen die Tschechen, schaltete sich Daladier ein, um die, wie François-Poncet es nannte, »entscheidende Frage« zu stellen: War es das Ziel der Konferenz, die Existenz der Tschechoslowakei zu sichern, oder nicht? Wenn es bei der Konferenz nur darum ginge, die Tschechoslowakei zu zerstückeln, dann, meinte Daladier, habe er »an diesem Ort nichts zu suchen«. Handele es sich aber darum, einen Weg zu finden, die Zukunft der Tschechoslowakei zu sichern, dann sei er bereit, die Frage »im Geiste gegenseitigen Entgegenkommens und Zusammenarbeitens« anzugehen. Mussolini zeigte ein Aufblitzen diplomatischen Geschicks, indem er sagte, dass Daladier Hitlers Idee missverstanden habe und dass jeder der Anwesenden »wünsche, die Existenz des tschechoslowakischen Staates zu festigen und zu respektieren«.[93]

Um 15.15 Uhr wurde die Konferenz für ein Mittagessen unterbrochen. Hitler nahm Mussolini und Ciano mit in seine Wohnung. Die französischen und britischen Delegationen fuhren jeweils in ihre Hotels. Um 16.30 Uhr traf man sich erneut. Anders als bei der ersten Sitzung waren diesmal zahlreiche Beamte und Botschafter anwesend, und es gab zahlreiche Zeugen des Geschehens. François-Poncet notierte, dass die Veranstaltung noch immer sowohl von einem geregelten Ablauf als auch von einer Übereinkunft weit entfernt war: »In Ermangelung von Vorgaben entpuppte sich die Diskussion als schwierig, konfus und endlos lang. Erschwert durch die Notwendigkeit der doppelten Übersetzung wurde ständig das Thema gewechselt und abgebrochen, sobald ein Widerspruch auftauchte. Die Atmosphäre wurde immer ungemütlicher und belastender.« Als es Abend wurde, übernahmen die Briten die Führung und legten einen maschinengeschriebenen, von Wilson und Strang verfassten Vorschlag für ein Abkommen vor. Nach einer Pause, in der das Dokument in die anderen Sprachen übersetzt wurde, ging die Debatte weiter. Die Franzosen wollten die Gebiete beschränken, die nach einem Plebiszit an Deutschland abgetreten werden konnten. Hitler lehnte dies ab, gab aber schließlich nach. Die Italiener und Deutschen weigerten sich, eine »Garantie« für die neuen Grenzen der Tschechoslowakei auszusprechen, solange die Ansprüche der Ungarn und Polen nicht geklärt waren. Schließlich versprachen sie, eine solche Garantie zu gewähren, sobald diese Ansprüche erfüllt waren. Um 1.30 Uhr war eine Einigung erzielt.[94]

Die Einigung sah eine deutsche Besetzung des Sudetenlandes vor, die zwei Tage später beginnen und bis zum 10. Oktober abgeschlossen sein sollte. Großbritannien, Frankreich und Italien erklärten sich bereit, die Einhaltung der Bestimmungen durch die Tschechen zu garantieren. Eine internationale Kommission, bestehend aus Vertretern der vier Münchner Mächte und der Tschechoslowakei, sollte »die Bedingungen für die Evakuierung« ausarbeiten. Die deutschen Truppen würden das Gebiet in vier Etappen besetzen, während die internationale Kommission die Besetzungsmodalitäten für weitere tschechische Gebiete ausarbeiten würde. Die Kommission sollte auch festlegen, in welchen Gebieten eine Volksabstimmung stattfinden sollte. Diese beiden Punkte – die Phasen der Besetzung und die internationale Kommission, die bestimmen sollte, wo Plebiszite abzuhalten seien – waren die wesentlichen Unterschiede zu Hitlers Forderungen in Bad Godesberg und damit die Zugeständnisse, die die britische und französische Diplomatie ihm abgerungen hatte. Die Plebiszite sollten bis Ende November abgehalten werden. Die Kommission würde auch eine endgültige Festlegung der Grenzen vornehmen.[95]

»Alle sind zufrieden«, stellte Ciano fest und notierte knapp das Ende der Konferenz: »Unterschriften, Händeschütteln, Abreise.«[96]

Ein wichtiger Schritt war jedoch noch zu tun. »Ich fragte Hitler gegen ein Uhr morgens, während wir auf die schriftliche Ausfertigung des Abkommens warteten, ob er bereit sei, mich für ein weiteres Gespräch zu treffen«, schrieb Chamberlain später. Hitler »sprang auf die Idee an und bat mich, in seine Privatwohnung zu kommen«. Chamberlain besuchte ihn dort früh am nächsten Morgen. Zuvor hatte er William Strang gebeten, ein Dokument für ihn zu entwerfen, in dem der Wunsch des britischen und des deutschen Volkes zum Ausdruck gebracht würde, »nie wieder gegeneinander in den Krieg zu ziehen«. Dies Dokument brachte er nun mit.[97] Die Strategie dahinter erläuterte Chamberlain gegenüber Dunglass und betonte dabei einmal mehr, wie wichtig ihm das Werben um die Gunst der Amerikaner sei: »Wenn er [Hitler] es unterschreibt und sich daran hält, ist das in Ordnung, aber wenn er das Versprechen bricht, wird das die Amerikaner davon überzeugen, was für ein Mann er ist.«[98]

Chamberlain und Hitler »hatten an diesem Morgen ein sehr freundliches und angenehmes Gespräch« über Themen, die von Spanien über Südosteuropa bis zur Abrüstung reichten. »Am Ende zog ich die Erklärung hervor, die ich vorher vorbereitet hatte, und fragte, ob er sie unterschreiben würde«, schrieb Chamberlain. »Während der Dolmetscher die Worte noch ins Deutsche übersetzte, stieß Hitler mehrfach ein ›Ja! Ja!‹ hervor. Und am Ende sagte er: ›Ja, sicherlich werde ich es unterschreiben. Wann sollen wir es tun?‹ Ich sagte: ›Jetzt.‹ Und wir gingen sofort zum Schreibtisch und setzten unsere Unterschriften unter die beiden Ausfertigungen, die ich mitgebracht hatte.«[99]

Das Münchner Abkommen löste in ganz Europa eine enorme Welle der Erleichterung aus. Von einem Tag auf den anderen stand der Krieg nicht mehr unmittelbar bevor, sondern war zu einer fernen Ahnung am Horizont geworden. Auf der Heimreise von München schrieb Ciano: »Vom Brenner bis nach Rom, vom

König bis zu den Bauern wird der Duce begrüßt, wie ich es noch nie erlebt habe.«[100] Daladier hatte bei seiner Rückkehr nach Paris eine feindselige Reaktion erwartet, aber er fand die Straßen mit einer Menge an jubelnden Menschen gesäumt, deren Zahl auf eine halbe Million geschätzt wurde.[101] »Das Volk ist verrückt«, sagte er zu Léger, mit dem weltlichen Zynismus, der einem französischen Anführer angemessen ist.[102]

»Selbst die Beschreibungen in den Zeitungen«, schrieb Chamberlain an Hilda, »geben keine Vorstellung von dem Anblick in den Straßen, als ich von Heston zum [Buckingham] Palast fuhr. Sie waren von einem Ende zum anderen mit Menschen jeder Klasse gesäumt, die sich heiser schrien, auf das Trittbrett sprangen, an die Fenster klopften und ihre Hände für ein Händeschütteln in den Wagen streckten.« Auch vor der Downing Street Nr. 10 wartete eine riesige Menschenmenge. Dort befolgte Chamberlain den Rat seiner Frau Annie und trat in Nachahmung Benjamin Disraelis ans geöffnete Fenster. »Dies ist das zweite Mal in unserer Geschichte, dass ein Premierminister bei seiner Rückkehr aus Deutschland einen ehrenvollen Frieden zurückbringt«, sagte er der Menge. »Ich glaube, es ist der Frieden für unsere Zeit.«[103]

## Kapitel 10

# »Leben mit vorgehaltener Waffe«

*Nach dem Wetterbericht hören die Menschen, die an diesem Abend vor dem Radio sitzen, eine Ansage: »Wir übertragen jetzt aus dem Meridian-Saal im Hotel Park Plaza in Downtown New York, von dort werden wir Sie mit der Musik von Ramón Raquello und seinem Orchester unterhalten.«*
*Die spanisch angehauchte Tanzmusik spielt ein paar Augenblicke lang. Aber bald wird die Sendung für eine Meldung von »Intercontinental Radio News« unterbrochen. Ein Observatorium meldet seltsame Gasexplosionen auf der Marsoberfläche. Dann wird wieder Ramón Raquello und sein Orchester eingeblendet. Bald aber bringt der Radiosender ein Interview mit »Professor Richard Pierson, dem berühmten Astronomen vom Princeton Observatorium«. Pierson erklärt dem Interviewer – einem unerschrockenen Reporter namens Carl Phillips –, dass er sich die Explosionen nicht erklären könne.*[1]*

*Die Übertragung wird immer wieder für neue Meldungen unterbrochen. Das »National History Museum« in New York berichtet von einer Erschütterung »von fast erdbebenartiger Stärke« in der Nähe von Princeton. Berichte melden ein »riesiges, flammendes Objekt«, das in der Nähe von Grover's Mill, New Jersey, auf den Boden aufgeschlagen sei. Carl Phillips, zuvor noch in Princeton, erreicht den Ort des Geschehens mit bemerkenswerter Geschwindigkeit und versucht, für seine Hörer »mit Worten ein Bild der seltsamen Szene vor [seinen] Augen zu malen«. Was er sieht, ist kein Meteorit, sondern ein großer Metallzylinder. Er interviewt einen Bauern, der gesehen hat, wie das Objekt auf seine Felder gestürzt ist. Die Situation wird immer beunruhigender. Eine bizarre Kreatur steigt aus dem Zylinder. Während Phillips die Szene beschreibt, benutzt die Kreatur, die inzwischen von der Polizei und Schaulustigen umringt ist, eine Art Flammenwerfer und tötet die Umstehenden. Schließlich gibt es einen dumpfen*

*Aufschlag, als Phillips' Mikrofon auf den Boden fällt. Dann nur noch Stille.*

*Danach breitet sich die Krise binnen kurzem aus.* New Jersey wird unter Kriegsrecht gestellt, und Truppen werden mobilisiert, nur um von der mysteriösen Kreatur abgeschlachtet zu werden. Der »Innenminister« spricht aus Washington – er wird nicht namentlich benannt und klingt auffallend wie Präsident Roosevelt. Er versichert der Nation, dass die Bedrohung zwar ernst ist, die Amerikaner sie aber eindämmen werden, dank »einer Nation, die vereint, mutig und dem Erhalt der menschlichen Vorherrschaft auf dieser Erde geweiht ist«. Aber Artillerie und Bomber können die Aliens nicht aufhalten. Die Angreifer setzen Hitze und Giftgas ein. Bald haben sie New York City erreicht, während Millionen von Menschen nach Long Island oder Westchester strömen und versuchen zu entkommen. Es gibt Berichte über Landungen von Marsmenschen im ganzen Land.

Die Panik in den Vereinigten Staaten – echte Panik, nicht Teil der Sendung – ist beispiellos. Möglicherweise bis zu sechs Millionen Menschen lauschen, als das Columbia Broadcasting System diese Berichte in den Äther sendet. Mehr als eine Million Menschen überhören die Einleitung, die ankündigt, dass dies eine Produktion des Mercury Theaters des jungen Orson Welles ist – oder schalten erst später ein. All die Begriffe und Bezeichnungen – das »Hotel Park Plaza Downtown«, der »Intercontinental News Service«, das »National History Museum«, die ein wenig anders lauten, als sie müssten, bringen sie nicht ins Grübeln. Es scheint keine Skepsis bei ihnen zu wecken, dass Marsianer vom Mars zur Erde reisen, in New Jersey landen, mehrere Armeeeinheiten vernichten und New York City innerhalb von 45 Minuten verwüsten können. Die Menschen strömen auf die Straßen. Haben sie ein Auto, rasen sie aus der Stadt; wenn sie Kinder haben, versuchen sie verzweifelt, sie zu finden.[2]

Es ist der 30. Oktober 1938.

Die Nervosität der Welt zeigt sich überall, in den Vereinigten Staaten nicht weniger als anderswo. Die Münchner Krise ist gerade *erst vorbei. In diesen angespannten Septemberwochen hat sich das amerikanische Radiopublikum daran gewöhnt, dass Sportveranstaltungen oder Konzerte mit Tanzmusik von alarmierenden Nachrichten unterbrochen werden. Viele denken immer noch an den Krieg und an die Deutschen.* »*Das Kriegsgerede hat uns so aufgewühlt*«, *erzählt jemand dem (tatsächlichen) Princeton-Professor Hadley Cantril, der die Tage und Wochen nach der Sendung damit verbringt, die Reaktionen der Menschen zu erforschen.* »*Die Lage ist so unruhig, seit Chamberlain sich mit Hitler getroffen hat.*« *Die Menschen wissen, dass die Luftfahrttechnologie große Fortschritte macht.* »*Ich habe das Gefühl, dass es mit neuen Geräten in Flugzeugen möglich ist, dass fremde Mächte bei uns eindringen. Ich habe während der Krise in Europa jede Sendung gehört*«, *sagt einer der Interviewten zu Cantril.* »*Ich hatte eine Ahnung, dass der Meteor nur eine Tarnung war*«, *sagt ein anderer.* »*In Wirklichkeit war es ein Flugzeug wie ein Zeppelin, das wie ein Meteor aussah, und die Deutschen griffen uns mit Gasbomben an.*« *Manche denken auch an die Opfer der Verfolgung durch die Nationalsozialisten.* »*Die Juden werden in einigen Teilen der Welt so furchtbar behandelt*«, *erläutert ein anderer Befragter Cantril.* »*Ich war mir sicher, dass etwas gekommen war, um sie in diesem Land zu vernichten.*«[3]*

*Ein junger Dramatiker namens Howard Koch hat das Drehbuch für Welles' Sendung geschrieben. Später wird Koch erklären, wie ernst Welles das Projekt nimmt – das Stück und seine Auswirkungen haben aus Welles' Sicht eine bedeutende Erkenntnis gebracht. Koch selbst ist geschickt darin, eine Botschaft unter der Oberfläche eines Drehbuchs zu verstecken. Einige Jahre später wird er als einer der Drehbuchautoren für den unsterblichen Filmklassiker* Casablanca *ausgewählt. Es wird Koch sein, der für Humphrey Bogarts Figur Rick Blaine die Vorgeschichte entwickelt: seinen Waffenschmuggel nach Äthiopien und seinen Kampf im Spanischen Bürgerkrieg auf der Seite der Republikaner. Niemand im Film äußert sich explizit über Ricks politische Zugehörigkeit. Aber im Amerika der 1940er Jahre weiß man, dass nur ein Kommunist einen solchen Lebenslauf haben kann.*[4]

Orson Welles hat viel über die Möglichkeiten des neuen Mediums nachgedacht, darüber, wie sich per Radio Informationen übermitteln lassen – und wie es Menschen zu täuschen vermag. Inspiriert hat ihn ein Vorfall in Großbritannien einige Jahre zuvor. 1926, während ein dramatischer Arbeitskampf geführt wird und ein Generalstreik bevorsteht, sendet die BBC »Berichte« über einen Mob, der versuche, die Parlamentsgebäude zu zerstören, einen Weltkriegsmörser auf Big Ben zu richten, einen Kabinettsminister zu lynchen und schließlich die BBC-Studios zu plündern – wobei die Sendung zwischen den Meldungen immer wieder zu einer Tanzkapelle zurückschaltet, die im Savoy Hotel spielt. Viele Zuhörer glauben den Berichten. Als seine eigene Sendung läuft, weiß Welles also genau, was passieren wird. Ein CBS-Verantwortlicher fordert ihn auf: »Sie erschrecken die Leute zu Tode, bitte unterbrechen Sie und sagen Sie ihnen, dass es nur eine Inszenierung ist.« Aber Welles antwortet unbeirrt: »Sie haben Angst? Gut so, sie sollen Angst haben. Jetzt lassen Sie mich das zu Ende bringen.«[5]

Wenige Tage nach der Sendung bringt Dorothy Thompson, eine richtungsweisende Journalistin, die Sache auf den Punkt. »Massenhysterien und Massenwahn werden heute im großen Stil bewusst von Staaten ausgelöst«, so schreibt sie, »die das Radio benutzen, um Schrecken zu verbreiten, Hass zu schüren, die Massen zu euphorisieren, die Unterstützung der Massen für politische Absichten zu gewinnen, die Vergötterung von Idolen heraufzubeschwören, die Vernunft abzuschaffen und sich an der Macht zu halten.« Sie ist der Meinung, dass Welles »einen größeren Beitrag zum Verständnis des Hitlerismus, des Mussolinismus, des Stalinismus, des Antisemitismus und all der anderen Terrorismen unserer Zeit geleistet hat als alle wortreichen Abhandlungen, die darüber geschrieben worden sind«.[6] Ihre Beobachtung ist sogar noch treffender, als ihr bewusst ist. Hadley Cantril, der diese Panik gründlicher studiert hat als alle anderen, wird später mit der Roosevelt-Administration und dem britischen Geheimdienst zusammenarbeiten, um die öffentliche Meinung in den USA zugunsten des

*Kriegseintritts zu beeinflussen – vor allem soll diese Beeinflussung nicht erkennbar sein.*[7]

Trotz der jubelnden Massen, die Neville Chamberlain und Édouard Daladier am Freitag, dem 30. September 1938, begrüßten, schienen die unmittelbaren Nachwirkungen von München vor allem in Bedauern, Scham, Schwermut – und Angst zu bestehen. Daladier sagte seinen Mitarbeitern: »Macht euch keine Illusionen. Dies ist nur eine Atempause, und wenn wir sie nicht nutzen, werden wir alle erschossen.«[8] Graf Ciano notierte, dass André François-Poncet noch während der Unterzeichnung des Dokuments einen roten Kopf bekam und ausrief: »Sehen Sie, wie Frankreich die einzigen Verbündeten behandelt, die ihm treu geblieben sind!«[9] Selbst Chamberlain schrieb, der Tag in München sei »ein einziger endloser Alptraum« gewesen. Ähnlich gestimmt wie Daladier, murmelte er düster, als er mit Lord Halifax an seiner Seite durch die jubelnde Menge fuhr: »In drei Monaten wird das alles vorüber sein.«[10] Nach seiner Rückkehr nach London war er erschöpft und zog sich über das Wochenende nach Chequers auf den offiziellen Landsitz des Premierministers zurück. »Ich bin dort einem Nervenzusammenbruch näher gewesen«, schreibt er seiner Schwester Hilda, »als je zuvor in meinem Leben.« Aber ihm war bewusst, dass er sich zusammenreißen musste, »denn es gilt, eine neue Feuerprobe im Unterhaus zu bestehen«.[11] Ab Montag würde das Unterhaus über das Münchner Abkommen debattieren.

München war von zentraler Bedeutung auf dem Weg in den Krieg. Für die beteiligten Länder, Deutschland und Italien, Frankreich und Großbritannien – und für die Großmächte, die nicht direkt beteiligt waren, die Sowjetunion und die Vereinigten Staaten –, war München der entscheidende Wendepunkt, der das Denken der politischen und militärischen Führungspersönlichkeiten über ihr Tun und ihre Ziele grundlegend veränderte. Auch hier gab es ein Paradoxon. München war das Ergebnis einer herkulischen Anstrengung, hauptsächlich von Chamberlain, den Frieden zu bewahren. Aber es markierte den letzten Moment, in dem die meisten Menschen noch glaubten, ein Krieg könne vermieden werden. Nach München beschleunigte sich alles. Dass die Situation in Krieg umschlagen konnte, wurde immer klarer und unübersehbarer.

Insbesondere für die kleineren Länder Europas, vor allem für die in der Gefahrenzone in Mittel- und Osteuropa, war München eine Katastrophe. Dass der Westen die Tschechoslowakei fallen gelassen hatte, war wie ein kleiner Stein, der einen Erdrutsch auslöste. Der Verrat an einem Verbündeten machte die westlichen Demokratien als Partner für alle anderen unattraktiv. Darüber hinaus führte der Verlust des Sudetenlandes dazu, dass die Rest-Tschechoslowakei im Prinzip nicht mehr zu verteidigen war. Was auch bedeutete, dass andere Länder, die sich im Visier Deutschlands befanden – wie Polen und Rumänien –, einen wichtigen und zuverlässigen Verbündeten verloren hatten. Auch Frankreichs sicherheitspolitische Interessen waren eng mit denen seiner Verbündeten im Osten verknüpft. Die Schwächung der Tschechoslowakei bedeutete im Umkehrschluss auch eine Schwächung Frankreichs. Die britische Sicherheit wiederum hing von Frankreich ab.

Es überrascht nicht, dass in Osteuropa nach dem Münchner Abkommen große Verbitterung herrschte. Der bulgarische Botschafter in Moskau teilte seinem französischen Amtskollegen mit, dass dies »in all den kleinen Ländern Europas« ein Tag der »Verzweiflung und Trauer« gewesen sei. Er warnte, diesen Ländern bliebe jetzt nichts übrig, als »den Schutz Deutschlands zu suchen und sich seinen Wünschen zu unterwerfen«. Präsident Beneš formulierte noch schärfer: »Es ist ein Verrat«, sagte er voraus, »der seine Strafe in sich birgt.«[12]

Es überrascht auch nicht, dass Winston Churchill und der kleine Kreis seiner Anhänger im Parlament in Trauerstimmung waren, als die Nachricht von der Einigung in München eintraf. Am Abend des 29. September befand sich Churchill im Savoy Hotel zu einem Treffen des »Other Club«, einer politischen

Tischgesellschaft, die er 1911 mitbegründet hatte. Als es spät wurde und die meisten Mitglieder des Clubs sich schon in die Tiefen des Savoy-Weinkellers vorgearbeitet hatten, wurde die Stimmung hässlich. Über die genauen Bedingungen des Abkommens war bereits berichtet worden. »Ich war extrem deprimiert«, notierte Duff Cooper in sein Tagebuch. »Mir schien, wir hätten genauso gut das Godesberger Ultimatum akzeptieren und es dabei belassen können.«[13] Churchill richtete seinen Zorn auf Duff Cooper und Walter Elliot, die beiden anwesenden Kabinettsminister, und fragte, wie »ehrenwerte Männer mit großer Erfahrung und guten Leistungen im Weltkrieg« eine »so feige Politik dulden« konnten. Duff Cooper und Robert Boothby, ein Churchill-Protegé, griffen wiederum J. L. Garvin, den Herausgeber des *Observer*, einen Chamberlain-Befürworter, so heftig an, dass dieser wutentbrannt hinausstürmte und erst nach dem Zweiten Weltkrieg in den »Other Club« zurückkehrte. Duff Cooper beschloss, aus dem Kabinett zurückzutreten, und Churchill knurrte, er werde vor den nächsten Parlamentswahlen auf jedem sozialistischen Podium im Lande gegen die Regierung wettern.[14]

Churchill verließ die Gesellschaft ziemlich beschwipst und ließ sich auf dem Nachhauseweg von Richard Law, dem Sohn des verstorbenen Premierministers Andrew Bonar Law, unter die Arme greifen. Als sie an einem der Restauranteingänge des Savoy vorbeikamen, hörten sie aus einer offenstehenden Tür lautes Gelächter dringen. »Das Restaurant war voll besetzt«, erinnerte sich Law später, »und alle waren sehr fröhlich. Ich war mir der ins Grübeln vertieften Gestalt neben mir dadurch nur umso mehr bewusst. Als wir uns abwandten, murmelte er: ›Diese armen Leute! Sie haben keine Ahnung, was auf sie zukommt.‹«[15]

Am Montag, dem 3. Oktober, musste sich Chamberlain dem Unterhaus stellen. Die Sitzung begann mit der Rede von Duff Cooper, der seinen Rücktritt aus dem Kabinett ankündigte. Anlässlich jeder außenpolitischen Krise, erklärte er, sollte Großbritannien klar und deutlich seine Absichten erklären. Chamberlains Regierung habe dies nicht getan. »Der Premierminister hat geglaubt, Herr[n] Hitler mit der Sprache der Vernunft bezirzen zu können«, sagte Duff Cooper vor dem Parlament, während »ich der Ansicht war, dass er die Sprache der geballten Faust besser versteht«. Selbst die Warnungen in den zwei Tagen vor München seien nicht ausreichend gewesen. »Das ist nicht die Sprache, die Diktatoren begreifen«, fuhr Duff Cooper fort. »Gleichzeitig mit neuen Vorgehensweisen und einer neuen Moral haben sie auch ein neues Vokabular in Europa eingeführt. Sie haben die alte Praxis der diplomatischen Korrespondenz über Bord geworfen. Sie sprechen eine neue Sprache, die Sprache der Schlagzeilen der Boulevardpresse, und solche vorsichtigen diplomatischen und zurückhaltenden Äußerungen, wie sie der Premierminister getätigt hat, [...] bedeuten Herr[n] Hitler oder Signor Mussolini bei ihrer Mentalität nichts.«[16]

Ohne Frage die stärksten Worte fand in dieser Debatte Winston Churchill. Sein Beitrag zu dieser Debatte, eine der brillantesten Reden in der Karriere dieses außergewöhnlichen Redners, verdeutlichte vor allem den Weg, den er seit den frühen 1930er Jahren zurückgelegt hatte, als er oft nur Verachtung für die Demokratie übrig gehabt hatte. Möglicherweise spiegelte dieser Wandel ein politisches Kalkül wider. Churchill wusste sicherlich, dass der politische Zuspruch, den er nun bei Linken und Rechten fand, sich bei den Linken aus dem Wunsch speiste, dem Faschismus etwas entgegenzusetzen, bei den Rechten aus ihrer imperialen Gesinnung. Seit 1936 arbeitete er mit immer mehr linksgerichteten Politikern und Befürwortern des Völkerbundes zusammen, einer Institution, die den meisten Konservativen missfiel. Er war ein Kernmitglied der »Focus Group«, einer parteiübergreifenden Allianz, die ihre Forderungen auf den Slogan gebracht hatte: »Waffen und der Bund« – mit anderen Worten: Aufrüstung, um der NS-Bedrohung zu begegnen, gepaart mit einem entschlossenen Bekenntnis zum Völkerbund.[17]

Ein weiterer Aspekt kam noch hinzu. Im Rahmen der Debatte über das Münchner Abkommen demonstrierte Churchill ohne jeden Zweifel sein umfassendes Verständnis des Weltgeschehens, seinen völlig intakten moralischen Kompass und damit seinen wirkmächtigen Führungsanspruch. Jahrelang hatte es ebenso gute Argumente für Chamberlains vorsichtiges, pragmatisches und typisch britisches strategisches Denken gegeben wie für Churchills eher romantischen und kämpferischen Ansatz. Doch nun waren die Positionen vertauscht. Seit dem Treffen in Godesberg war klar, dass Chamberlains Politik sowohl moralisch als auch strategisch bankrott war. Das erste wichtige Anzeichen dafür war Halifax' Revolte im Kabinett gewesen. Churchills Rede war das nächste. In dieser Situation oblag es einem imperialistisch gesinnten Aristokraten, zu zeigen, wie eine Demokratie auf eine totalitäre Bedrohung reagieren sollte.

Churchill begann mit höflichen Worten über sein »gutes Verhältnis« zu Chamberlain und kündigte dann an, er wolle etwas aussprechen, »das jeder gerne ignorieren oder vergessen würde, das aber dennoch gesagt werden muss«, nämlich, »dass wir eine totale und uneingeschränkte Niederlage erlitten haben und dass Frankreich dabei noch weit mehr gelitten hat als wir«.

Er wolle Chamberlains »ungeheure Anstrengungen« im Dienste des Friedens durchaus anerkennen, dennoch sei »das Äußerste, was er für die Tschechoslowakei erreichen konnte«, gewesen, dass »der deutsche Diktator, anstatt sich die Leckerbissen vom Tisch zu angeln, sich damit arrangiert habe, dass sie ihm Gang um Gang serviert werden«. Mit bissigem Witz und scharfsinniger Genauigkeit argumentierte Churchill, dass die Unterschiede zwischen Hitlers Forderungen in Berchtesgaden, seinen Forderungen in Bad Godesberg und der Einigung in München auf nichts anderes hinausliefen, als dass zunächst »mit vorgehaltener Waffe 1 Pfund gefordert wurde. Als es herausgegeben wurde, wurden mit vorgehaltener Waffe 2 Pfund verlangt. Schließlich willigte der Diktator ein, 1 Pfund, 17 Schillinge und 6 Pennies[18] zu nehmen – und den Rest in Versprechungen zukünftigen

Wohlwollens.« Churchill war bewusst, dass Deutschland nicht nur ein Land bedrohte, sondern einen Großteil des Globus und darüber hinaus die internationalen Institutionen, die die demokratische Welt aufgebaut hatte. Die Alternative zum Appeasement in München wäre ein multinationales Bündnis gewesen – »Waffen und der Bund«. »Frankreich und Großbritannien wären gemeinsam, insbesondere wenn sie engen Kontakt zu Russland gehalten hätten – was mit Sicherheit versäumt wurde –, in der Lage gewesen [...], Einfluss auf viele der kleineren Staaten in Europa zu nehmen«, und zwar einschließlich Polens. Ein solches festes Bündnis hätte auch den Widerstand im Inneren Deutschlands ermutigt – wie Churchill von seinen eigenen Quellen wusste, obwohl er selbstverständlich darauf achtete, in seiner Rede nicht zu viel durchblicken zu lassen. Die britische Regierung habe jedoch eine zu isolationistische Haltung eingenommen und sich geweigert, rechtzeitig zu erklären, dass sie sich an einer internationalen Verteidigung der tschechoslowakischen Souveränität gegen eine unprovozierte Aggression beteiligen würde. Dies habe zu einem tragischen Paradoxon geführt: »Die Regierung Seiner Majestät weigerte sich, diese Garantie zu geben, als sie die Situation gerettet hätte; doch am Ende gab sie sie, als es zu spät war, und jetzt, für die Zukunft, erneuert sie sie, obwohl sie nicht die geringste Macht hat, sie in die Wirklichkeit umzusetzen.«

Nun sei die freiheitlich-demokratische Weltordnung fatal geschwächt. »Alles ist vorbei«, klagte Churchill. »Stumm, voller Trauer, verlassen, gebrochen versinkt die Tschechoslowakei in der Dunkelheit. Sie hat in jeder Hinsicht unter ihrer Verbindung mit den westlichen Demokratien und mit dem Völkerbund gelitten, dem sie immer ein folgsames Mitglied gewesen ist.« Die strategische Position Großbritanniens und Frankreichs habe sich schlagartig geändert. »Wir befinden uns in der Gegenwart in einer Katastrophe ersten Ranges, die Großbritannien und Frankreich heimgesucht hat.« Es sei damit zu rechnen, dass die anderen Länder Mittel- und Osteuropas sich von den geschwächten

Demokratien abwenden und, soweit ihnen das möglich sei, eine Übereinkunft mit Deutschland treffen würden. In dieser Region gebe es Minister und Regierungen, die prodeutsch seien. »Aber es gab immer eine starke populäre Bewegung in Polen, Rumänien, Bulgarien und Jugoslawien, die sich an den westlichen Demokratien orientierte und den Gedanken verabscheute, diese Willkürherrschaft des totalitären Systems aufoktroyiert zu bekommen; stattdessen hoffte sie, dass es Widerstand geben würde. All das ist ins Leere gelaufen.« Er konnte sich nicht verkneifen, in Anspielung auf Chamberlains Radioansprache vom 27. September bitter hinzuzufügen: »Wir sprechen über Länder, die weit weg sind und von denen wir, wie der Premierminister sagen würde, nichts wissen.«

In diesen Worten zeigt sich Churchills tiefgreifendes Verständnis dafür, dass die Krise der liberalen Demokratie in Mitteleuropa eine zunehmende Gefahr für die Demokratien im Allgemeinen darstellte. Es war bezeichnend, dass er direkt vom Gegensatz zwischen »demokratischen« und »totalitären« Ländern sprach, während selbst viele der britischen Politiker, die mit Churchill in Bezug auf das Münchner Abkommen übereinstimmten – wie etwa Duff Cooper –, die Frage immer noch in Begriffen der traditionellen Politik des Gleichgewichts der Großmächte und nicht der Ideologie formulierten. »Viele Leute glauben ohne Zweifel ehrlich daran«, fuhr Churchill fort, »dass sie nur die Interessen der Tschechoslowakei aufgeben, während ich fürchte, dass wir feststellen werden, dass wir die Sicherheit und sogar die Unabhängigkeit Großbritanniens und Frankreichs zutiefst kompromittiert und möglicherweise fatal gefährdet haben.« Dies werfe wiederum die umfassendere Frage auf, so argumentierte Churchill, wie eine Demokratie mit totalitären Gegnern umgehen solle. »Man muss den Charakter der NS-Bewegung und die Herrschaft, die sie impliziert, berücksichtigen«, schloss er an. »Der Premierminister wünscht sich herzliche Beziehungen zwischen diesem Land und Deutschland. Ohne jegliche Schwierigkeiten lassen sich herzliche Beziehungen mit dem deutschen Volk führen. Unsere Herzen sind ihnen zugewandt. Aber sie haben keine Macht. Es muss korrekte diplomatische Beziehungen geben, aber es kann niemals Freundschaft zwischen der britischen Demokratie und der NS-Macht geben, dieser Macht, die die christliche Ethik verschmäht, die ihren Vormarsch durch ein barbarisches Heidentum befeuert, die sich des Geistes der Aggression und der Eroberung rühmt, die aus der Verfolgung Kraft und perverses Vergnügen schöpft und mit erbarmungsloser Brutalität, wie wir gesehen haben, mit mörderischer Gewalt droht. Diese Macht kann niemals ein vertrauenswürdiger Freund der britischen Demokratie sein.«

Diese Worte drückten nicht nur strategischen gesunden Menschenverstand aus, sondern auch eine moralische Klarheit, die wie ein heller Strahl die Nebel lichten konnte, die sich seit München über Europa gesenkt hatten. Churchill wählte einen Abschluss, der seine Rede endgültig zu einer Sternstunde leidenschaftlicher politischer Rhetorik werden ließ. Er missgönne dem »treuen, tapferen [britischen] Volk« keineswegs den »natürlichen, spontanen Ausbruch von Freude und Erleichterung, als es erfuhr, dass schwere Opfer im Augenblick nicht mehr von ihm verlangt werden würden; aber es sollte die Wahrheit erfahren.« Die Wahrheit sei, dass die Regierung die britische Verteidigungsfähigkeit vernachlässigt habe. Dann fuhr er fort: »Wir haben ohne einen Krieg eine Niederlage erlitten, deren Folgen uns auf unserem Weg noch lange begleiten werden. Sie sollten wissen, dass wir einen schrecklichen Wendepunkt in unserer Geschichte erreicht haben, an dem das gesamte Gleichgewicht in Europa gestört ist, und dass jene schrecklichen Worte über die westlichen Demokratien unserer Zeit gesprochen worden sind: ›Du bist gewogen und für zu leicht befunden worden.‹« Er schloss mit einer letzten, grimmigen Warnung. »Und niemand sollte glauben, dass dies das Ende ist. Dies ist nur der Anfang der Abrechnung. Dies ist nur der erste Schluck, der erste Vorgeschmack auf einen bitteren Kelch, den man uns Jahr für Jahr aufs Neue anbieten wird, es sei denn, eine uneingeschränkte Wiederherstellung unserer moralischen Verfassung und Kampfkraft lässt uns wieder auferstehen und für die Freiheit eintreten wie in alten Tagen.«[19]

Bald würde eine Zeit kommen, in der Churchills Worte sein Land und die halbe Welt zum Widerstand gegen die Tyrannei aufrütteln würden. Aber im Oktober 1938 war diese Zeit noch nicht gekommen. Ein Großteil der Presse stand seiner Rede kritisch gegenüber. Der *Daily Express* tat sie als eine »alarmistische Ansprache« ab, die seinen Einfluss innerhalb der Konservativen Partei geschwächt habe. Die *Times* schrieb, Churchill habe »einem vollbesetzten Unterhaus Prophezeiungen vorgetragen, die Jeremia als Optimisten erscheinen ließen«.[20] Auch Churchills Einfluss im Parlament hielt sich in engen Grenzen. Neville Chamberlain konnte gemeinsam mit denjenigen, die für die Fraktionsdisziplin verantwortlich waren, die Parlamentarier der Konservativen Partei noch immer erfolgreich einschüchtern. Nur zwei Dutzend konservative Abgeordnete enthielten sich der Stimme, anstatt Chamberlains Politik zu unterstützen, so dass Chamberlain, obwohl die Labour-Partei und die liberale Opposition größtenteils gegen das Münchner Abkommen waren, die Abstimmung mit 366 zu 144 Stimmen deutlich gewann. Der *Manchester Guardian* kommentierte, dass »es eine Revolte von 200, nicht von 20 Torys brauchen würde, um dieser Regierung Probleme zu bereiten«.[21]

Hans Bernd Gisevius hoffte, dass von dem in Trümmern liegenden Komplott noch etwas zu retten sei, aber Erwin von Witzleben machte ihm klar, »was der Truppe gegenüber einem Triumphator zumutbar wäre oder nicht«. Ein paar Tage später saßen Gisevius, Hjalmar Schacht und Hans Oster »an Witzlebens Kamin«, wie sich Gisevius erinnerte. Sie warfen ihre »schönen Pläne und Ausarbeitungen ins Feuer«. »Chamberlain rettete Hitler«, lautete sein bitteres Resümee.[22]

Dieser Ansicht war nicht nur Gisevius. Botschafter Nevile Henderson schrieb eine Woche nach dem Münchner Abkommen an Halifax: »Indem wir den Frieden erhalten haben, haben wir Hitler und sein Regime gerettet.«[23]

Aber Hitler war seit der Einigung keineswegs glücklicher, und seine Wut schien sogar noch zu wachsen, je mehr er darüber nachdachte. Er hatte keine Einigung gewollt. Er hatte einen Krieg gewollt. Chamberlains Diplomatie hatte ihn darum betrogen. Seine Wut entlud sich in einer Rede in Saarbrücken, etwas mehr als eine Woche nach München. Der Rest der Welt, knurrte er, habe sich geweigert, anzuerkennen, dass das Selbstbestimmungsrecht auch für die Deutschen gelte. »Diese internationalen Weltbürger« – so charakterisierte er die französischen und britischen Politiker, die ihm gerade so viele Zugeständnisse gemacht hatten – haben »Mitleid mit jedem Verbrecher«, der »in Deutschland zur Rechenschaft gezogen wird«, seien aber »taub gegen das Leid von zehn Millionen Deutschen«. Auch heute noch, so fuhr er fort, »ist diese Welt erfüllt vom Geist von Versailles«.[24]

Chamberlains Bemühungen, in den deutsch-englischen Beziehungen einen fundamentalen Wandel herbeizuführen, waren verpufft. Der »einzige wahre Freund« Deutschlands im Ausland, sagte Hitler, sei Benito Mussolini. Hitler dankte dann zähneknirschend den »beiden anderen Staatsmännern« – ohne deren Namen zu nennen –, »die sich mühten, einen Weg zum Frieden zu finden«. Aber die eigentliche Lehre aus der ganzen Krise sei, dass die Deutschen bereit sein müssten, sich zu verteidigen. Die Staatsmänner, die in München gewesen seien, würden zwar den Frieden wollen. »Aber sie regieren in Ländern, deren innere Konstruktion es möglich macht, dass sie jederzeit abgelöst werden können, um anderen Platz zu machen, die den Frieden nicht so sehr im Auge haben. Und diese anderen sind da. Es braucht nur in England statt Chamberlain Herr Duff Cooper oder Herr Eden oder Herr Churchill zu Macht kommen, so wissen wir genau, dass es das Ziel dieser Männer wäre, sofort einen neuen Weltkrieg zu beginnen.« Der »jüdische internationale Feind« warte im Hintergrund, so fuhr er fort, und dazu komme noch falsche Berichterstattung – »die Macht einer gewissen internationalen Presse, die nur von Lügen und Verleumdungen lebt«.[25]

Im Herbst 1938 waren die potentiellen britischen Gegner, die Hitler so genau identifiziert hatte, jedoch eine kleine, demoralisierte Gruppe mit wenig Gefolgschaft im Parlament wie im Land. Am Ende des Jahres unternahmen Funktionäre der Konservativen Partei einen entschlossenen Versuch, einen der Kritiker loszuwerden. Sie versuchten Churchill von seinem Sitz im Unterhaus zu verdrängen, indem sie eine Abstimmung der Parteimitglieder im Wahlkreis darüber abhielten, ob er erneut von der Konservativen Partei für diesen Sitz nominiert werden sollte, und dort entsprechend Druck ausübten. Churchill musste alles daransetzen, sein politisches Überleben zu sichern. In einem ähnlichen Manöver sorgte das Parteibüro der Konservativen dafür, dass eine andere scharfe Kritikerin, die Herzogin von Atholl, nicht wieder von der Parteibasis nominiert wurde. In der anschließenden Nachwahl, in der sie als parteiunabhängige Kandidatin antrat, verlor sie ihren Sitz. Chamberlain jubilierte.[26]

Das Münchner Abkommen bewirkte bei Franklin D. Roosevelt einen ebenso großen Gesinnungswandel wie bei den meisten führenden Politikern in Europa.

Vor München war Roosevelt in der Frage, wie er auf die nationalsozialistische Aggression reagieren sollte, ambivalent gewesen. Privat äußerte er sich vernichtend, sowohl über die Brutalität der Nationalsozialisten als auch über die Schwäche der Briten und Franzosen. Nach Chamberlains erstem Besuch bei Hitler sagte Roosevelt seinem Kabinett angewidert, dass Chamberlain um jeden Preis Frieden wolle und dass seiner Einschätzung nach Großbritannien und Frankreich die Tschechoslowakei verraten und dann »das Blut von ihren Judas-Ischariot-Händen waschen« würden. Aber wie es seine Art war, äußerte er sich öffentlich wenig verbindlich. Am 8. September und erneut am 12. September lud der französische Außenminister Georges Bonnet Roosevelt ein, als Vermittler einzugreifen. Roosevelt antwortete nicht. Er sagte einem französischen Besucher: »Sie können in jeder Hinsicht auf uns zählen, außer wenn es um Truppen und Kredite geht« – genau das, was die Alliierten am meisten von den Vereinigten Staaten benötigen würden.[27]

Am 19. September, als sich die Sudetenkrise unaufhaltsam in Richtung Krieg zu bewegen schien, suchte Roosevelt nach einem Weg, wie die Situation in Europa am besten zu beeinflussen sei. Er wollte den Regierungen in Großbritannien und Frankreich eine Botschaft senden, war allerdings der Ansicht: »Von meiner Seite aus ist die Zeit zum Reden halten vorbei.« Zu Henry Morgenthau jr. sagte er: »Ich schätze, erste Wahl sollte für mich der alte Bursche an der Spitze der britischen Botschaft sein.«[28]

Also bat Roosevelt an diesem Nachmittag Sir Robin Lindsay, den britischen Botschafter in Washington, zu ihm zu kommen. Roosevelt »betonte die Notwendigkeit absoluter Geheimhaltung«, berichtete Lindsay in den frühen Morgenstunden des 20. September nach London, und dass »niemand wissen darf, dass ich ihn getroffen habe«. Roosevelt hatte nicht einmal das Außenministerium über das Treffen informiert.

Was verbarg sich hinter diesem dringenden Bedürfnis des Präsidenten nach Geheimhaltung? Er hielt die anglofranzösische Note an die Tschechoslowakei, in der die Annahme von Hitlers Berchtesgadener Forderungen empfohlen wurde, für das »unbarmherzigste Opfer, das je von einem Staat verlangt worden ist«, und rechnete damit, die Note werde »eine höchst ungünstige Reaktion in Amerika hervorrufen«. In seinem typischen Stil erklärte Roosevelt dem britischen Botschafter, dass er »gerne etwas tun oder sagen würde, um zu helfen, aber nicht wüsste, was das sein könnte. [...] Er hätte auch Sorge, sollte er seine Missbilligung der deutschen Aggression zum Ausdruck bringen, dass das die Tschechoslowakei zu vergeblichem Widerstand ermutigen könnte. Er sehe sich daher nicht in der Lage, in irgendeiner Weise zu reagieren, und habe sich für die morgige Pressekonferenz entschieden, [...] sich darauf zu beschränken, überhaupt keinen Kommentar abzugeben.«

Roosevelt skizzierte gegenüber Lindsay drei verschiedene Szenarien, wie es weitergehen könne. Denkbar sei natürlich, dass die Tschechoslowakei die deutschen Forderungen akzeptierte. Roosevelt hielt dies jedoch für unwahrscheinlich. Die zweite Möglichkeit sei, dass es zum Krieg kommen würde. Wie Großbritannien und Frankreich dann kämpfen sollten, dafür gab Roosevelt Lindsay einen Rat, der den Ideen von Captain Liddell Hart auffallend ähnlich war. Roosevelt war der Ansicht, dass die beiden Verbündeten einen Krieg verlieren würden, wenn sie ihn »auf klassische Weise per Angriff« führen würden. So würden sie »schreckliche Verluste erleiden und niemals gewinnen«. Stattdessen sollten sie diesen Krieg »ausschließlich per Blockade und in defensiver Weise führen. [...] Die Mächte sollten ihre eigenen Grenzen zu Deutschland schließen, sich in eine bewaffnete Defensivstellung begeben und alle anderen an Deutschland angrenzenden Staaten auffordern, die gleiche Linie des Nichtangriffs zu verfolgen.« Lindsay kommentierte: »Es ist möglich, dass der Präsident dies im Sinn hatte, als er in seiner Chicagoer Rede von ›Quarantäne‹ sprach.« Roosevelt schlage außerdem vor, dass die Demokratien Deutschland nicht einmal den Krieg erklären sollten, da ihm das erlauben würde, die Bestimmungen des US-Neutralitätsgesetzes zu umgehen. Roosevelt schloss mit einer Aussage, die seine isolationistischen Gegner entsetzt, aber nicht überrascht hätte: Er habe einen »weiten Spielraum« bei der Auslegung dieses Gesetzes.

Es gebe auch noch eine dritte Möglichkeit, deutete der Präsident an. Er erläuterte Lindsay zunächst, dies sei das Herzstück und der geheimste Teil seiner Botschaft. Er wäre bereit, eine internationale Konferenz einzuberufen (und damit die Idee wiederzubeleben, die Chamberlain früher im Jahr torpediert hatte), um alle international umstrittenen Grenzfragen zu lösen. Er selbst würde daran teilnehmen – solange die Konferenz nicht in Europa stattfände. Die Azoren könnten ein möglicher Tagungsort sein. Er betonte auch, es sei »nahezu unvorstellbar«, dass jemals amerikanische Truppen nach Europa geschickt werden würden. Während Churchill das Ende seiner politischen Karriere riskierte, indem er leidenschaftlich – und aussichtslos – gegen das Münchner Abkommen kämpfte, war dies das äußerste Bekenntnis, zu dem Roosevelt bereit war. Roosevelt warnte Lindsay, dass er, wenn sein Rat durchsickern würde, beinahe sicher mit einem Impeachment-Verfahren rechnen müsse und der Vorschlag hoffnungslos kompromittiert wäre.[29]

Noch Mitte September, so schien es zumindest, war Roosevelt mit gemischten Gefühlen auf der Suche nach der besten Strategie für den Umgang mit der deutschen Aggression gewesen, wobei er meistenteils zwischen Beschwichtigung und Eindämmung schwankte. Als er erfuhr, dass Hitler dem Treffen in München zugestimmt hatte, schickte er Chamberlain ein knappes Glückwunschtelegramm: »Guter Mann.«[30]

Aber unmittelbar nach München schien Roosevelt das Problem zu überdenken und begann, eine kompromisslosere Position gegenüber Deutschland einzunehmen, die den »Falken« in der US-Politik näher war – und echte Maßnahmen zu ergreifen, um der Bedrohung durch das nationalsozialistische Deutschland zu begegnen. Das Drama von München hatte Roosevelt endgültig davon überzeugt, dass Hitler ein unversöhnlicher Feind war, bei dem man vergebens darauf hoffte, mit rationalen Argumenten und Verhandlungen etwas auszurichten. In seine öffentlichen und privaten Äußerungen kam ein neuer Ton, und die Beziehungen zwischen den USA und Deutschland kühlten merklich ab. »Es kann keinen Frieden geben«, sagte Roosevelt in einer Radioansprache einen Monat nach München, »wenn die Herrschaft des Rechts dauerhaft durch eine Heiligung roher Gewalt abgelöst wird.« Im Anschluss zählte er vier weitere Bedingungen auf, unter denen es »keinen Frieden geben« könne, etwa wenn es zu einer wiederholten »Drohung mit Krieg« käme oder »zur Vertreibung von Millionen nun hilfsbedürftig und heimatlos in der ganzen Welt umherziehender Menschen«.[31] Im Dezember, als

Deutschland drohte, die diplomatischen Beziehungen zu den Vereinigten Staaten abzubrechen, lautete Roosevelts Kommentar gegenüber Unterstaatssekretär Sumner Welles: »Uns würde es nicht schaden. [...] Was soll's?!«[32]

Die Sicherheit des gesamten amerikanischen Kontinents im Blick zu behalten, war indes ein weiteres wichtiges Anliegen Roosevelts. Deshalb begann er, die Beziehungen zu den lateinamerikanischen Ländern aktiv zu stärken und die Antipathie gegen das NS-Regime in der Region zu intensivieren. In seinen Reden betonte er neuerdings mehr und mehr, dass Amerika eine Führungsrolle in der demokratischen Welt einnehme. William Bullitt, den US-Botschafter in Paris, wies er an, er solle damit beginnen, eine Anti-Hitler-Allianz der demokratischen Staaten zu schnüren – mit dem heimlichen Versprechen amerikanischer Unterstützung in Form von Waffen und Flugzeugen. Auch dieser strategische Schritt hatte den amerikanischen Führungsanspruch in der demokratischen Welt zum Hintergrund und war eine klare Absage an Chamberlains Appeasement-Politik. So diskret Roosevelt diese Schritte unternahm, Hans-Heinrich Dieckhoff, der deutsche Botschafter in Washington, war nichtsdestoweniger davon überzeugt, dass Roosevelt seit München begonnen hatte, sich entschieden gegen Hitler zu stellen.

Der Versuch, ein demokratisches Bündnis aufzubauen, war ein erster praktischer Schritt. In Roosevelts Denken erlangten in der Atmosphäre nach München jedoch noch zwei weitere Aspekte Bedeutung, die insbesondere illustrieren, wie die Vereinigten Staaten seiner Ansicht nach ihre Führungsrolle innerhalb der Demokratien der Welt wahrnehmen sollten. Der eine Aspekt beinhaltete eine Diagnose dessen, was die nächste Krise der Demokratie werden könnte. Der andere berücksichtigte, wie eine Führungspersönlichkeit wie Roosevelt mit den Amerikanern über die missliche Lage sprechen konnte, in der sie sich befanden.[33]

Die Weihnachtszeit 1938 war für Roosevelt geprägt von den Sorgen, die ihm die rasche Zunahme der Spannungen zwischen Deutschland und den USA in den letzten beiden Monaten des Jahres machte. Die Bedrohung, die Deutschland für die Vereinigten Staaten und die Demokratie in der Welt darstellte, stand dabei genauso im Zentrum seiner Gedanken wie die Frage, wie man dieser Bedrohung begegnen könne. Er und Eleanor hatten zwar die Enkelkinder über die Feiertage bei sich, und jeden Abend gab es im Weißen Haus einen Film zu sehen, aber der Präsident verschwand immer wieder, um zu diktieren, zu revidieren und wieder zu diktieren. Er bereitete seine Rede zur Lage der Nation vor, die er am 4. Januar vor dem Kongress zu halten hatte, und er hatte das Gefühl, dass dieses Mal viel mehr auf dem Spiel stand als sonst.[34]

»Wenn ich mich zur Lage der Nation geäußert habe«, so begann seine Rede, »habe ich es bei früheren Gelegenheiten für notwendig gehalten, den Kongress über Unruhen im Ausland und über die Notwendigkeit zu informieren, unser eigenes Haus angesichts der Sturmsignale von jenseits der Meere in Ordnung zu bringen.« Dies sei eine weitere solche Gelegenheit, betonte Roosevelt.

»Wir sind uns darüber im Klaren, was mit uns in den Vereinigten Staaten geschehen könnte«, fuhr er fort, »wenn die neuen gewaltverherrlichenden Weltanschauungen sich auf den anderen Kontinenten verbreiten und in unser eigenes [Land] eindringen sollten.« Wir können es uns »nicht leisten«, erläuterte der Präsident weiter, »von Feinden umzingelt zu sein, die unseren Glauben und unsere [Vorstellung von] Menschlichkeit« ablehnen. Die Welt sei »so klein geworden und die Angriffswaffen so schnell, dass bei allem Friedenswillen keine Nation sicher ist, solange eine andere mächtige Nation sich weigert, kontroverse Fragen am Verhandlungstisch zu regeln.«

Roosevelt ging daraufhin in seiner Rede auf einen weiteren wichtigen Punkt ein, der die richtige Reaktion auf eine solche Bedrohung betraf. »Wenn sich diese andere Regierungsform bei ihrem Angriff auf eine Demokratie als einheitliche Front präsentieren kann, muss der Angriff von einer geeinten Demokratie beantwortet werden.« Dann stellte er eine zentrale Frage: Können wir Amerikaner mit den Diktaturen konkurrieren und trotzdem »bei unserer amerikanischen Lebensart, unseren verfassungsmäßig verbürgten Grundrechten und dem bleiben, was aus unserer Sicht die Zivilisation selbst ist«?[35] Mit anderen Worten: Könnte eine Demokratie der Bedrohung durch die Nationalsozialisten und möglicherweise einem totalen Krieg gegen diese Bedrohung gegenüberstehen und doch eine Demokratie bleiben?

Der Präsident berührte damit eine Frage, die ihn in den nächsten zwei Jahren immer stärker umtreiben sollte. Es gab einen Begriff für das Szenario, das Roosevelt heraufbeschworen hatte. Er wurde 1937 von einem vielseitigen Politikwissenschaftler, Juristen, Kommunikationstheoretiker und Yale-Professor für Soziologie namens Harold D. Lasswell geprägt: der Garnisonsstaat.

Der Garnisonsstaat, so Lasswell, sei das anzunehmende Ergebnis, wenn eine moderne Industrienation für den totalen Krieg mobilisiert werde. Der Garnisonsstaat wäre ein totalitärer Staat. »Im Garnisonsstaat werden alle organisierten sozialen Aktivitäten verstaatlicht, [...] es wird kein organisiertes wirtschaftliches, religiöses oder kulturelles Leben außerhalb« der »ordnungsgemäß konstituierten« staatlichen Behörden geben. Es würde keine Arbeitslosigkeit mehr geben; nicht zu arbeiten, wäre jedoch ein Verstoß gegen die militärische Disziplin. Für jeden, der Schwierigkeiten habe, sich in diese Gesellschaft einzupassen, gäbe es »nur eine Alternative – gehorchen oder sterben«.[36]

In Deutschland hatte Erich Ludendorff die »Nation in Waffen« als Weg in eine bessere Zukunft gesehen. Für Lasswell war der Garnisonsstaat eine alptraumhafte Dystopie. »Es ist klar, dass der Freund der Demokratie die Entstehung des Garnisonsstaates mit Abscheu und Besorgnis betrachtet«, sagte er. Möglicherweise sei der Garnisonsstaat aber »unvermeidlich«.[37]

Lasswell war mit seinen Bedenken nicht allein. Bereits 1925

hatte der Publizist Walter Lippmann geschrieben:»Gegebenenfalls kann für die Demokratie Krieg geführt werden; demokratisch kann er nicht geführt werden. [...] Im Angesicht der Gefahr,
wo schnelles und konzertiertes Handeln erforderlich ist, können
die Methoden der Demokratie nicht angewendet werden.«[38]
Es gab eine konservative und gegen Roosevelt gerichtete Version der Garnisonsstaatsidee, die als Kritik an Roosevelts angeb-
licher Machtgier und seiner angeblichen Bereitschaft, die Vereinigten Staaten in einen ausländischen Krieg zu verwickeln, gedacht war. Der ehemalige Präsident Herbert Hoover war einer
der Wortführer dieser Anti-Roosevelt-Theorie eines alles regle-
mentierenden Staates.»Jeder größere Krieg bedeutet«, so
Hoover,»dass unser Land praktisch zu einer faschistischen Re-
gierungsweise mobilisiert werden muss.« Hoover befürchtete,
dass»ein Krieg zur Rettung der Freiheit wahrscheinlich die Freiheit zerstören würde«, weil»persönliche Freiheit und freies
Wirtschaftsleben nicht für den modernen Krieg gemacht sind«.
Prominente Wirtschaftsvertreter, die für ihre Ablehnung des
New Deal bekannt waren, äußerten sich ähnlich, ebenso wie
Roosevelts Botschafter in London, Joseph Kennedy, der sich zuvor schon als Befürworter von Chamberlains Appeasement-Politik hervorgetan hatte.[39]
Aber wer auf liberaler Seite die Bedrohung durch den Nationalsozialismus ebenso ernstnahm wie die Gefahr des Garnisonsstaates, der sah wie Roosevelt auch nur eine gangbare Alternative: Um die eigene Demokratie zu bewahren, würde Amerika helfen müssen, die Demokratie anderswo zu retten – vor
allem in Großbritannien und Westeuropa. Bereits 1917 hatte
Walter Lippmann den Begriff der»atlantischen Gemeinschaft«
geprägt, womit er das»dichte Netz [gemeinsamer] Interessen«
meinte, das»Großbritannien, Frankreich, Italien, sogar Spanien,
Belgien, Holland, die skandinavischen Nationen und Panameri-
ka« als Nationen verbinde, die»in ihren tiefsten Bedürfnissen
und ihren höchsten Zielen eine Gemeinschaft« bildeten.[40]
Roosevelt formulierte deutlich, was ihm klar geworden war:

Sollte Hitler Westeuropa erobern, wäre das Ergebnis, dass wir Amerikaner ein Leben »mit vorgehaltener Waffe leben würden. [...] Um in einer solchen Welt zu überleben, müssten wir uns dauerhaft in eine militaristische Macht verwandeln.«[41] Roosevelts Außen- wie Innenpolitik lief in dieser Zeit auf eine verzweifelte Suche nach einem Ausweg aus dem dystopischen Dilemma hinaus, weder vor dem Faschismus zu kapitulieren noch zuzulassen, dass aus den USA ein Garnisonsstaat werden musste, um ihm zu begegnen. Er suchte nichts Geringeres als eine Antwort auf die Bedrohung durch den Nationalsozialismus, die es den Vereinigten Staaten erlauben würde, eine Demokratie zu bleiben.

Ein Teil seiner Strategie war es, sicherzustellen, dass die amerikanische Demokratie lebendig genug blieb, um mit den Herausforderungen von kommunistischer und faschistischer Seite zu konkurrieren. In einer Botschaft an den Kongress im Jahr 1936 sprach Roosevelt vom New Deal als »einer Bemühung, die Macht denen zurückzugeben, denen sie rechtmäßig gehört«. Die Regierung müsse eingreifen, so Roosevelt, um zu verhindern, dass mächtige Wirtschaftsinteressen die Freiheiten des Volkes usurpierten. Nur so könne eine Demokratie entstehen, die stark genug sei, um Missstände zu beseitigen, die zu Faschismus oder Kommunismus führen konnten. Roosevelt sagte, er kämpfe nicht nur »einen Krieg gegen Not und Elend und ökonomisch bedingte Demoralisierung. Es ist mehr als das; es ist ein Krieg für das Überleben der Demokratie.«[42] Am Vorabend der Midterm-Kongresswahlen 1938 warnte der Präsident die Wähler: »Wenn die amerikanische Demokratie aufhört, sich als lebendige Kraft vorwärtszubewegen, die Tag und Nacht mit friedlichen Mitteln versucht, das Los unserer Bürger zu verbessern, werden Faschismus und Kommunismus, unterstützt, und sei es unbewusst, durch den altmodischen Tory-Republikanismus, an Stärke gewinnen.« Diktatoren hielten die »Fließbänder« des wirtschaftlichen Fortschritts nur »zu einem schrecklichen Preis für den Einzelnen und seine bürgerliche Freiheit in Bewegung«. Der New

Deal, sagte er, »sei ein Versuch, diese Bänder in Bewegung zu halten, ohne einen solchen Preis zu zahlen«.[43]

Ein weiterer Teil von Roosevelts Strategie betraf die Struktur der amerikanischen Verteidigungskräfte. Diesbezüglich verfolgte er, wie sein Rat an Botschafter Lindsay vor dem Abschluss des Münchner Abkommens andeutete, eine Strategie im Stil von Liddell Hart, eine Hyper-Version des »britischen Weges der Kriegsführung«. Ihm schwebte vor, Marine und Luftkorps mehr Gewicht zu verleihen und die amerikanischen Rüstungsanstrengungen von den Bodentruppen weg zu verlagern. Dies war eine Strategie, die sowohl in amerikanischen als auch in britischen historischen und kulturellen Mustern und in der Logik der Welt der 1930er Jahre verwurzelt war.[44]

Wie beschrieben hatten in NS-Deutschland (wie auch in der Sowjetunion) die Doktrin des totalen Kriegs und der Totalitarismus eine besondere Konzentration auf den massiven Ausbau der Bodentruppen zur Folge. Ein logischer Ansatz für kontinentale Länder, die damit rechnen mussten, dass ernstzunehmende Bedrohungen ihrer nationalen Sicherheit sie auf dem Landweg erreichen würden – und deren politische Systeme eine solche Streitkräftestruktur begünstigten. Der sowjetische Militärkommandant Michail Tuchatschewski hatte für die Idee, die Sowjetunion solle sich auf ihre Marine konzentrieren, nur Spott übrig und diffamierte Offiziere, die anderer Meinung waren, als Pseudomarxisten. Die historischen Erfahrungen in Großbritannien und den USA legten nahe, dass Länder, die es sich leisten konnten, für ihre Verteidigung auf See- oder Luftstreitkräfte zu setzen, eine bessere Chance hatten, sich die Freiheit im Inneren zu erhalten. Während die Geschichte der Anlässe, zu denen Soldaten als Werkzeug der Unterdrückung im Inneren eingesetzt wurden, weit zurückreicht, sind Marine und Luftwaffe nicht in der Lage, größere Menschenansammlungen zu kontrollieren.[45]

Die geostrategische Lage Großbritanniens und der USA ähnelte sich, da beide (wenn auch in unterschiedlichem Maße) durch Wasser geschützt sind. Zudem ähnelten sich die politischen und kulturellen Traditionen darin, dass sie entschieden zivil und antimilitaristisch waren. Sie waren sich auch in dem großen Vertrauen ähnlich, dass sie in technologische Lösungen für Probleme setzten. Aus all diesen Gründen fanden Briten und Amerikaner die Idee einer Landesverteidigung, die sich auf See- und Luftstreitkräfte stützte, sehr reizvoll. Luftstreitkräfte benötigten weniger Personal als die zahlenmäßig großangelegten Bodentruppen. Sie bedeuteten auch, dass der Einsatz von Luftstreitkräften die Verluste gering halten würde, während man dem Feind großen Schaden zufügen konnte.[46]

Dieser Punkt war für die Demokratien direkt nach dem Ersten Weltkrieg entscheidend. Es waren die Schlachten der Bodentruppen gewesen, die zu den hohen Opferzahlen in diesem Krieg geführt hatten: etwa in Verdun, wo die deutsche und die französische Armee zusammen auf fast eine Dreiviertelmillion Verletzte, Vermisste und Tote kamen, oder an der Somme, wo die Briten an nur einem Tag (1. Juli 1916), meistenteils sogar binnen einer einzigen Stunde, 20 000 Tote zu beklagen hatten. In der Zwischenkriegszeit bezweifelten die meisten Politiker, dass die Demokratien jemals wieder ein solches Ausmaß an Verlusten hinnehmen würden. Luft- und Seekrieg würden niemals Massenverluste wie in Verdun verursachen, zumindest nicht für die Kombattanten. Vor allem strategische Bombenangriffe – die Bombardierung von Städten und Zivilisten des Feindes – waren eine Möglichkeit, einen Krieg zu gewinnen, indem man dafür sorgte, dass sich die Todeszahlen ausschließlich auf der anderen Seite summierten.[47]

Passenderweise waren die Vereinigten Staaten weltweit führend bei der Entwicklung eines Flugzeugs, das strategische Bombenangriffe effektiv durchführen konnte. Der Prototyp einer radikal neuen Art von Bomber, die Boeing B-17, hatte 1935 ihren Jungfernflug. Die B-17 war ein moderner Ganzmetalleindecker, ein viermotoriger schwerer Bomber, der mit einer Geschwindigkeit von 400 km/h fliegen und Bomben mit einem Gewicht von mehr als einer Tonne rund 3600 km weit transportieren konnte.

Er wurde 1937 in Dienst gestellt. Die Briten sollten bis 1942 über nichts Vergleichbares verfügen. Die Deutschen würden sogar nie etwas Vergleichbares besitzen.

Die US-Marine hatte das Limit, das ihr nach dem Washingtoner Flottenvertrag von 1922 und dem Londoner Flottenvertrag von 1930 auferlegt war, nie ausgeschöpft. Eine von Roosevelts ersten Amtshandlungen war, den Bau von vier Kreuzern, zwei Flugzeugträgern, 16 Zerstörern, vier U-Booten und mehreren Hilfskreuzern anzuordnen, »die größte Menge an Kampfschiffen, die je an einem einzigen Tag bestellt wurde«, wie der Historiker Justus Doenecke anmerkte. Außerdem verdreifachte sich der Etat des Fliegerkorps zwischen 1935 und 1939 nahezu; er stieg von 30 Millionen Dollar auf 83 Millionen Dollar.[48]

Roosevelt konnte sich, ähnlich wie Chamberlain, in Bezug auf den Krieg der Zukunft vorstellen, dass die Kriegsführung in der Luft eine zentrale Rolle spielen würde. Das Münchner Abkommen war Roosevelts Meinung nach aufgrund der Unterlegenheit der britischen und französischen Luftstreitkräfte im Vergleich zur deutschen Luftwaffe zustande gekommen – ein Vergleich, der für die Vereinigten Staaten nicht besser ausgefallen wäre. Im November 1938 erklärte Roosevelt, wie sehr München sein Denken verändert habe und worin er die Lösung für die vom Nationalsozialismus ausgehende Gefahr sah. »Ich bin nicht sicher, ob ich jetzt stolz darauf bin«, Chamberlain vor dem Münchner Abkommen zu Verhandlungen gedrängt zu haben, gab er zu. »Wenn ich an das Ausland schreibe«, fuhr er fort, »muss ich etwas haben, um meine Worte zu untermauern. Hätten wir in diesem Sommer 5000 Flugzeuge gehabt, mitsamt den Kapazitäten, sofort 10 000 pro Jahr zu produzieren – auch wenn ich den Kongress erst um die Erlaubnis hätte bitten müssen, sie an die Länder in Europa zu verkaufen oder zu verleihen –, hätte Hitler es nicht gewagt, den Standpunkt einzunehmen, den er eingenommen hat.«

Roosevelts Worte erhellten, welche Bedeutung die »Atlantische Gemeinschaft« in seinem Denken hatte. Die amerikanische

Sicherheit beruhte auf Großbritannien und Frankreich; leistungsfähige Luftstreitkräfte waren für Großbritannien wie Frankreich unerlässlich, um sich gegen das NS-Regime verteidigen zu können; das bedeutete, dass die Vereinigten Staaten ebenfalls stärkere Luftstreitkräfte benötigten. Das Schreckgespenst des Garnisonsstaates lauerte im Hintergrund. Die Vereinigten Staaten, so sagte Roosevelt seinen militärischen Befehlshabern, sollten seiner Ansicht nach auf eines setzen: »eine riesige Luftwaffe, so dass wir keine riesige Armee brauchen, um hinter dieser Luftwaffe nachzurücken«; dass die Vereinigten Staaten massive Bodentruppen nach Europa schicken, sei »nicht wünschenswert und politisch nicht vertretbar«.[49] Im Vorfeld von München erklärte er seinem Kabinett, wie er einen Krieg führen würde, wenn er Chamberlain wäre – nicht mit einem Angriff am Boden, sondern mittels einer Seeblockade und der Bombardierung Deutschlands. Innenminister Harold Ickes notierte, dass der Präsident den Standpunkt vertrat, »diese Art der Kriegsführung würde weniger Geld kosten, vergleichsweise wenige Opfer bedeuten und mit größerer Wahrscheinlichkeit zum Erfolg führen als ein traditioneller Krieg zu Lande und zu Wasser«.[50]

Infolge dieser Überlegungen und des entscheidenden US-amerikanischen Beitrages dazu nahm eine ganz eigene angloamerikanische Konzeption des modernen Kriegs Gestalt an. Während die Deutschen und die Sowjets den Sieg durch totalitäre Kontrolle der eigenen Zivilbevölkerung sicherstellen wollten, gepaart mit einer Kriegsführung, die auf dem Einsatz sich schnell bewegender Panzer im Bodenkrieg basierte, legte die angloamerikanische Version viel mehr Wert auf die Luftstreitkräfte und darauf, den K.-o.-Schlag durch intensive Bombardierung von Bevölkerungszentren des Gegners zu erzielen. In den Ausbildungshandbüchern des United States Army Air Corps der 1930er Jahre war die Rede davon, den Krieg nicht nur durch die systematische Zerstörung der gegnerischen Industrieanlagen zu gewinnen, sondern auch durch den Einsatz von Bomben, um die Moral der gegnerischen Bevölkerung zu erschüttern. Die Kommandeure der Luftstreitkräfte hielten dies für möglich und glaubten zudem, dass ein Zusammenbruch der Moral der Zivilbevölkerung unweigerlich zur militärischen Niederlage eines Landes führen würde. Roosevelt rechnete damit, dass »die Moral der deutschen Bevölkerung unter Luftangriffen viel früher zusammenbrechen würde als die der Franzosen oder Engländer«.[51] Die amerikanische Führung stützte sich bei diesem Urteil ihrer Ansicht nach auf historische Evidenz. Die Befürworter der Luftwaffen-Strategie waren der Meinung, dass sowohl die Niederlage der Konföderation im Bürgerkrieg als auch die Deutschlands im Ersten Weltkrieg dem Zusammenbruch der Moral der Zivilbevölkerung anzulasten war. Ironischerweise bedeutete dies, dass sie mit Hitler und Ludendorff darin übereinstimmten, dass Deutschlands Niederlage 1918 nicht mit der Niederlage im Feld, sondern mit dem Wegbrechen der Moral in der Heimat begonnen hatte. Auch in dieser Hinsicht hatten die angloamerikanischen Ideen denselben Ausgangspunkt wie die deutschen und sowjetischen, aber sie kamen zu einem ganz anderen Ergebnis.

Jeder Krieg, selbst die Art von Hightech-Luftkrieg, die Roosevelt sich vorstellte, würde jedoch tragfähige Unterstützung innerhalb der Bevölkerung benötigen. Als Meister der Kommunikation hatte Roosevelt eine Strategie, wie er den Amerikanern die Notwendigkeit der Konfrontation mit den Diktaturen vermitteln wollte.

Frances Perkins, Roosevelts Arbeitsministerin und die erste Frau, die in den Vereinigten Staaten ein Kabinettsamt bekleidete, war einmal dabei, als ein junger Reporter den Präsidenten zu seiner politischen Orientierung befragte: War er ein Kommunist? War er ein Kapitalist? War er ein Sozialist? Auf all diese Fragen antwortete Roosevelt mit einer Mischung aus Verblüffung und Überraschung: »Nein.«

»Nun, was ist dann Ihre Philosophie?«, fragte der Reporter. »Philosophie? Philosophie?«, stotterte der Präsident. »Ich bin ein Christ und ein Demokrat – das ist alles.«

Perkins resümiert: »Diese zwei Worte drücken, glaube ich, genau das aus, was er war.«[52]

Und sowohl seine Außen- als auch seine Innenpolitik waren von dieser Orientierung geprägt. Als Roosevelt sich damit auseinandersetzte, wie die richtige Antwort auf die Bedrohung durch den Nationalsozialismus lauten könnte, versuchte er sich an einer Synthese aus Christentum und Demokratie – ja, er begann zu argumentieren, dass das Christentum die Demokratie definiere, im Gegensatz zu den totalitären Diktaturen. Dies war der zweite maßgebliche Faktor in Roosevelts Denken, als das Jahr 1939 begann. Wie konnte ein moderner Regierungschef seiner demokratischen Wählerschaft die Sachlage erklären, die das Weltgeschehen bestimmte? Der Historiker Ky Woltering hat gezeigt, dass ein zentrales Charakteristikum der amerikanischen Rhetorik und Politik zu Beginn des Kalten Kriegs ein ausgeprägter Gegensatz zwischen Christentum und Totalitarismus war, insbesondere bei der demokratischen Neugestaltung Westdeutschlands.[53] Aber diese Rhetorik entstand nicht im Kalten Krieg. Roosevelt prägte sie, da sie imminent zu seiner philosophischen Ausrichtung als »Christ und Demokrat« passte.

Roosevelt war klar, dass sich Unterstützung für eine robuste Außenpolitik meistenteils im zutiefst christlichen Süden finden lassen würde, nicht im urbanen Norden mit seiner Bekenntnisvielfalt. Ihm war auch bekannt, dass Katholiken, besonders in den großen italienischen und irischen Einwanderergemeinden, dazu neigten, gegenüber einem militärischen Engagement im Ausland skeptisch zu sein – nicht zuletzt wegen der Gräueltaten, die Loyalisten im Spanischen Bürgerkrieg an Priestern und Nonnen verübt hatten. Auf die Polarität zwischen Christentum und Totalitarismus zu verweisen, bot ihm eine Möglichkeit, solchen Menschen überzeugend zu erklären, warum Demokratien gegen totalitäre Regime Stellung beziehen mussten.

In seiner Rede zur Lage der Nation im Januar 1939 erläuterte Roosevelt die Bedeutung dieser Dichotomie. »Aus dem Ausland heraufziehende Stürme«, sagte er, »fordern drei Institutionen, die für die Amerikaner unverzichtbar sind, direkt heraus – heute wie alle Zeit. Die erste ist die Religion. Religion ist die Quelle der anderen beiden – Demokratie und internationale Gutwilligkeit.« Unter »internationaler Gutwilligkeit« wollte er »eine Schwester der Demokratie« verstanden wissen, die »aus dem Willen zivilisierter Nationen der Menschheit entspringt, die Rechte und Freiheiten anderer solcher Nationen zu respektieren«.

Religionsfreiheit war für Roosevelt die Essenz der Demokratie schlechthin. »Wo die Religionsfreiheit angegriffen wurde, kam der Angriff von Kräften, die der Demokratie entgegengesetzt waren. Wo die Demokratie überwunden worden ist, ist der Geist der freien Religionsausübung verschwunden. Und wo Religion und Demokratie verschwunden sind, sind Gutwilligkeit und Vernunftprinzip in internationalen Angelegenheiten dem übertriebenen Ehrgeiz und der rohen Gewalt gewichen.« Er führte diesen Gedanken fort: »Eine Gesellschaftsordnung, die Religion, Demokratie und Gutwilligkeit unter den Völkern in den Hintergrund verbannt, wird in ihrer Mitte eine Leerstelle finden anstatt der Ideale des Friedensfürsten. Die Vereinigten Staaten lehnen eine solche Ordnung ab und halten an ihrem überlieferten Glauben fest.«

Roosevelt schloss mit einer Sentenz, die einem Aufruf zum Handeln nahekam: »Es kommt eine Zeit der Menschheitsgeschichte, in der sich die Menschen darauf vorbereiten müssen, nicht nur allein ihr Heim zu verteidigen, sondern die Grundsätze des Glaubens und der Menschlichkeit, auf denen ihre Kirchen, ihre Regierungen und ihre Zivilisation selbst gegründet sind. Die Verteidigung der Religion, der Demokratie und der Gutwilligkeit unter den Nationen ist ein und derselbe Kampf. Um eines [dieser Prinzipien] zu retten, müssen wir uns jetzt entschließen, alle zu retten.«[54]

Im Laufe des Winters 1938/39 geriet die Roosevelt-Administration in eine in zunehmend schärferem Ton geführte Auseinandersetzung mit Hitlers Regime. In dieser Debatte ging es um nichts Geringeres als um die Bedeutung von Demokratie und Religionsfreiheit. Ihren Ausgangspunkt hatte die Kontroverse in den Gewaltexzessen der »Reichskristallnacht«; im Dezember verhärteten sich die Fronten aufgrund einer leidenschaftlichen und kämpferischen Rede von Innenminister Harold Ickes.

Ickes machte sich nie allzu viele Gedanken darüber, ob er sich mit seinen Äußerungen Freunde machte, und wurde manchmal als »Kampfhund des Präsidenten« bezeichnet. Aber er stellte sein kämpferisches Temperament immer in den Dienst der Benachteiligten. In den 1920er Jahren war er kurzzeitig Präsident des Chicagoer Ablegers der Nationalen Organisation für die Förderung farbiger Menschen (NAACP), und als Anwalt vertrat er die Interessen von Arbeitern, Indigenen, Juden und Afroamerikanern. Als Innenminister sorgte er auch dafür, dass die afroamerikanische Altistin Marian Anderson 1939 am Lincoln Memorial singen konnte, nachdem die patriotische Frauenvereinigung der Daughters of the American Revolution ihr Hausrecht in der Constitution Hall bemüht und Andersons Auftritt dort untersagt hatte.[55]

Am 18. Dezember 1938 sprach Ickes auf dem jährlichen Chanukka-Bankett der Cleveland Zionist Society. Er begann direkt mit deutlichen Worten zur Barbarei des nationalsozialistischen Antisemitismus. Im Mittelalter finde sich kaum Vergleichbares zu den Taten der Nationalsozialisten, betonte er, denn das sei eine Zeit langsamer Verbesserungen gewesen: »Um nach wahrhaft Vergleichbarem zu suchen, muss man in jene Periode der Geschichte zurückgehen, in der der Mensch unwissend, unzivilisiert und bestialisch war.« Dann wandte er sich Charles Lindbergh und Henry Ford zu, die beide Ehrungen des NS-Regimes akzeptiert hatten, was er heftig kritisierte. »Wie kann ein Amerikaner«, wollte Ickes wissen, »ein Ehrenzeichen aus der Hand eines brutalen Diktators annehmen, der mit derselben Hand Tausende von Mitmenschen ausraubt und foltert?« Lindbergh und Ford seien »freie Bürger eines freien Landes«, die »unterwürfig das Symbol einer verachtenswerten Auszeichnung angenommen haben, zu einem Zeitpunkt, an dem der Verleiher einen Tag für verloren hält, an dem er kein neues Verbrechen gegen die Menschlichkeit begehen kann«.[56]

Diese Sätze waren sicherlich mehr als genug, um die deutsche Regierung zu verärgern. Weit wichtiger war, dass Ickes im Folgenden den NS-Antisemitismus in die breitere globale Krise der Demokratie einordnete und im Zentrum einer Politik gegen den Nationalsozialismus Religionsfreiheit und eine demokratisch legitimierte Gestaltung und Steuerung der Wirtschaft verortete. »Lassen Sie uns nie vergessen«, sagte Ickes, »dass das Wiederaufleben des Antisemitismus in der heutigen Welt ein Symptom für den Niedergang der Demokratie ist. Wir wissen, dass die Emanzipation des Judentums in der westlichen Welt mit dem Aufstieg der Demokratie einherging. Wir wissen, dass in den Ländern, in denen die Demokratie nicht mehr funktioniert, die Intoleranz ihr hässliches Haupt erhebt und ihre Bösartigkeit gegen die Juden und andere hilflose Minderheiten richtet.«

Es reiche nicht aus, einfach gegen den Antisemitismus zu protestieren, denn »der Antisemitismus ist nur ein Symptom«. Ickes verstand ihn als Symptom der sozialen und wirtschaftlichen Missstände, die die Diktatur überhaupt erst entstehen ließen. »Wir müssen uns mit den Bedingungen befassen«, sagte Ickes, »die Männer und Frauen dazu gebracht haben, ihre Demokratie einer Diktatur zu überlassen. Wir müssen dafür sorgen, dass die Demokratie funktioniert, und zwar nicht zum wirtschaftlichen Vorteil einiger weniger, sondern zum Wohl vieler.« Juden könnten nicht sicher sein, wenn die Demokratie nicht sicher sei, denn, so Ickes weiter: »Wenn das Wirtschaftssystem nicht fair funktioniert, kann man nicht davon ausgehen, dass die Opfer wirtschaftlicher Ungerechtigkeit fair oder gerecht vorgehen, wenn sie versuchen, die Verantwortlichen für ihr Unglück zu finden. Genauso wenig ist es wahrscheinlich, dass die Nutznießer von bestimmten Privilegien zögern werden, den Zorn ihrer Opfer von sich weg auf eine andere Gruppe zu lenken, die bequem als Sündenbock herhalten kann.«

Die USA könnten nicht erwarten, gegen die globale Demo-kratiekrise immun zu sein. »Der Faschismus ist eine allgegen-wärtige Bedrohung, auch hier in Amerika«, warnte Ickes. »Jeder intelligente Mann und jede intelligente Frau weiß, dass die Ge-fahr, die Amerika bedroht, die gleiche ist, die bereits andere Län-der verschlungen hat.« Für die inländischen Faschisten böten in Amerikas vielfältiger Gesellschaft nicht nur Juden, sondern auch Afroamerikaner und viele Neueinwanderer Angriffsflächen. Diese Menschen müssten sich »nur an [die Ereignisse] ein paar Jahre zuvor erinnern, als die Kapuzengestalt des Ku-Kluxers sie bedrängte«.

In seiner Argumentation kam Ickes nun wieder auf die Reli-gionsfreiheit sowie die Grundrechte und -freiheiten von Min-derheiten zurück. Mit dem Faschismus auf dem Vormarsch se-hen wir bei jedem Schritt, so Ickes, »fliehende, hilflose Minder-heiten, ihres Besitzes beraubt und nicht wissend, wohin sie gehen können, um ihr Leben neu zu beginnen, seien sie alt oder krank oder minderjährig«. In Europa habe die faschistische Welle die Juden am härtesten getroffen, wobei auch »katholische Pries-ter und sogar lutherische Geistliche, die auf dem Recht der Reli-gionsfreiheit bestanden, zu ihrem Leidwesen gelernt haben, wie brutal und rücksichtslos ein Diktator sein kann«. Eingedenk des-sen schloss Ickes: »Ich persönlich wünsche mir, die Tore Ameri-kas könnten für politische Flüchtlinge ganz gleich aus welchem Land einladend weit geöffnet werden.«[57]

In der amerikanischen Presse war die Reaktion auf Ickes' Rede allgemein positiv, aber sie löste einen diplomatischen Sturm der Entrüstung auf deutscher Seite aus. Es war seit 1933 bekannt, dass die Roosevelt-Administration nicht viel vom NS-Regime hielt, obwohl der Umgang auf formaler diplomatischer Ebene freundlich geblieben war. Roosevelts »Quarantäne«-Rede von 1937 mag einen ersten, noch zögerlichen Schritt auf dem Weg in den Konflikt markiert haben, aber der Präsident hatte kei-ne Taten folgen lassen. Die Situation veränderte sich jedoch im Herbst 1938 mit dem Münchner Abkommen und der Gewalt der

»Reichskristallnacht« dramatisch. Mit diesen Ereignissen wurde der ganzen Welt demonstriert, dass die hasserfüllten Worte geradewegs in die Gewalt führten, falls es daran noch irgendwelche Zweifel gegeben hatte. Roosevelt sagte auf einer Pressekonferenz, dass er solche Dinge im 20. Jahrhundert nicht für möglich gehalten hätte. Er rief den US-Botschafter aus Berlin zurück, und Hitler beorderte seinerseits den deutschen Botschafter aus Washington nach Hause. Keines der beiden Länder würde bis nach dem Zweiten Weltkrieg einen Botschafter in der Hauptstadt des anderen Landes haben.[58]

Dies war der Kontext für Ickes' knallharte Rede in Cleveland. Seine Rede, so schrieb er ein paar Tage später, »empörte Deutschland so sehr, dass sie eine akute diplomatische Situation im Verhältnis zu den Vereinigten Staaten heraufbeschwor«. Der deutsche Geschäftsträger reichte eine offizielle Protestnote ein und forderte die US-Regierung auf, sich von der Rede zu distanzieren. Die Roosevelt-Regierung weigerte sich. Unterstaatssekretär Sumner Welles antwortete nach Rücksprache mit dem Präsidenten, dass Ickes' Worte die »überwiegende Auffassung« der Amerikaner widergespiegelt hätten.[59]

Hitler legte großen Wert darauf, in Bezug auf die Berichterstattung über sein Regime in der ausländischen Presse immer auf dem Laufenden zu sein. Sein Staatssekretär Otto Meissner legte ihm jeden Morgen eine Auswahl übersetzter Auszüge – keine Zusammenfassungen – aus ausländischen Zeitungen vor. Hitler interessierte sich besonders für die führenden ausländischen Politiker. Da er ansonsten nicht sehr gewissenhaft mit Papieren, die er zu lesen hatte, oder anderen offiziellen Pflichten umging, offenbaren sich in dieser intensiven Beschäftigung mit der Presse seine Unsicherheit wie sein Image-Bewusstsein.[60]

Dieses Image-Bewusstsein wiederum erklärt die Wut, die die deutsche Presse an Ickes ausließ. Ickes vermutete, dass die deutsche Regierung immer noch zögerte, Roosevelt direkt anzugreifen, also bot er einen perfekten Ersatz.[61] Wenig verwunderlich stellte die deutsche Presse – die nach genauen täglichen In-

struktionen aus Goebbels' Propagandaministerium arbeitete –
die Tatsache groß heraus, dass Ickes die Rede vor einer
zionistischen Gesellschaft gehalten hatte. Aber aus nationalsozialistischer Sicht war Ickes' Eintreten für individuelle Freiheit und
Bürgerrechte noch wichtiger. Dementsprechend betonte die
Presse seine Verbindungen zur liberalen Amerikanischen Bürgerrechtsunion (ACLU), »der wichtigen Hilfstruppe des jüdischen Kommunismus in den USA«. Unter der Überschrift »Amerika und Deutschland« fragte sich der *Völkische Beobachter*, warum das Roosevelt-»Regime« so zielstrebig seine Streitkräfte
aufbaue. »Möchte Roosevelt die Polizeiaufsicht über die ganze
Welt ausüben?« – eine Anspielung auf den um 1900 von Theodore Roosevelt formulierten Anspruch der Vereinigten Staaten,
als Ordnungsmacht (mit dem sprichwörtlichen Polizeiknüppel)
auf dem gesamten amerikanischen Kontinent aufzutreten. Ganz
im Gegensatz dazu hatte der *Völkische Beobachter* nur Freundliches über Republikaner und Isolationisten zu berichten.[62]

Diese transatlantische Konfrontation ging in ihre nächste
Phase, als Roosevelt seine Rede zur Lage der Nation hielt. Die
Reaktion in der deutschen Presse war heftig und aufschlussreich.
Roosevelt sprach über die Notwendigkeit des Widerstands der
Demokratien gegen den Totalitarismus; die Nationalsozialisten
versuchten daraufhin, seinen Argumenten die Legitimität zu
entziehen. Ihnen kam zupass, dass Senator Key Pittman aus Ne-
vada, der Vorsitzende des Senatsausschusses für auswärtige Beziehungen und ein wichtiger, wenn auch nicht immer zuverlässi-
ger Verbündeter des Präsidenten, den Einsatz von Seeblockaden
gegen die Diktatoren mit den unverblümten Worten befürwortet hatte: »Warum einen Mann erschießen, wenn man ihn verhungern lassen kann?« Damit wandte sich die NS-Presse gegen
das Hauptthema von Roosevelts Rede. Der *Völkische Beobachter*
behauptete, was amerikanische Politiker unter »Zivilisation«,
»Frieden« und »gutem Willen« verständen, bedeute »den Hungertod von wehrlosen Frauen und Kindern, wie es auch nach Ab-
schluß des Weltkrieges vom ›humanitären‹ Wilson-Amerika

durch Aufrechterhaltung der Blockade erstrebt wurde«.[63] Die NS-Presse verhöhnte die amerikanische demokratische Freiheit, die Roosevelt der Diktatur gegenüberstellte: Die amerikanische »Freiheit« sei nur »eine papierene Freiheit« die durch »eine wahrhaft groteske Gleichförmigkeit des Lebens [...] in ihr Gegenteil verkehrt wird«. Unter der deutschen »Diktatur« – der *Völkische Beobachter* setzte das Wort in Anführungszeichen – gebe es mehr Vielfalt und Farbe im Leben jeder deutschen Gemeinde als in den Vereinigten Staaten.[64] Und selbstverständlich waren die Roosevelt-kritischen Pressestimmen stark mit Antisemitismen durchsetzt. Ein Artikel, der eine Publikation der amerikanischen faschistischen Gruppe der sogenannten Silberhemden zitierte, trug die Überschrift »USA unter jüdischer Diktatur«, mit der Unterüberschrift »Um Roosevelt und Ickes wimmelt es von Juden«.[65]

Nach 1933 war es zu einer jährlichen Tradition geworden, dass Hitler am 30. Januar, dem Tag seiner Machtübernahme, eine Rede hielt, die in etwa den Charakter einer Rede des amerikanischen Präsidenten zur Lage der Nation hatte. In der Woche vor der Rede traf sich Goebbels mit einem Berater von Pater Coughlin, dem rechtsgerichteten amerikanischen Radio-Priester, der ihm sagte, dass »Amerika im Kern viel antisemitischer ist, als wir uns das vorstellen«. Coughlin hatte sich von den Nationalsozialisten gewünscht, dass sie eine »positive Erklärung zugunsten des Christentums« abgaben. Als Goebbels Hitler von diesem Treffen erzählte, stimmte Hitler zu, er werde in seiner kommenden Rede »auf diese Frage eingehen«. Hitler versprach darüber hinaus auch, er werde sich »die Amerikaner vorknöpfen«.[66]

Hitlers zweieinhalbstündige Rede war eine Antwort auf Roosevelt und Ickes – eine »harte Polemik gegen Amerika«, wie Goebbels es ausdrückte, und eine »kristalle Auseinandersetzung mit der Kirchenfrage«.[67] Wie Roosevelt nur Wochen zuvor begann auch Hitler mit einer Darstellung der historischen Entwicklung der Nation und sprach darüber, wie seine Nation aus dem Chaos und der Krise von 1933 zum Triumph von 1938 auferstanden sei. Hitler hielt zum ersten Mal eine Rede vor dem »großdeutschen Reichstag«. Die Versammlung umfasste nun sowohl Vertreter aus Österreich und dem Sudetenland als auch aus dem »alten Reich«, wie es nun im nationalsozialistischen Sprachgebrauch hieß.

Hitler spottete über die Demokratie: »Die sogenannte demokratische Freiheit des Auslebens der Meinungen und der Instinkte« führe »nur zu [einer] sinnlosen Vergeudung und endlich zur Lähmung jeder noch vorhandenen wirklich schöpferischen Persönlichkeit«. In Anlehnung an Ludendorff argumentierte er: »Die disziplinierte und im Gehorsam erzogene Volksgemeinschaft ist in der Lage, Kräfte zu mobilisieren, die einer leichteren Behauptung der Existenz der Völker zunutze kommen und die damit der erfolgreichen Vertretung der Interessen aller dienen.«

Für jemanden, der einfach nur in den Triumphen des vergangenen Jahres hätte schwelgen können, wirkte Hitler in einem Großteil seiner Rede überraschend schlecht gelaunt. Zweifellos mit Gedanken an Ludwig Beck und andere, die versucht hatten, ihn zu zügeln, beklagte er sich über »Menschen, denen selbst die größten und erschütterndsten Ereignisse keinerlei innere Nachdenklichkeit oder gar Bewegung aufzuzwingen vermögen«. Das vergangene Jahr habe ihn gelehrt, »wie in den kritischen Stunden ein einziger tatkräftiger Mann« – damit meinte er zweifellos sich selbst – »immer mehr wiegt als 1000 geistreiche Schwächlinge«, zu denen er sicher auch Beck zählte. Danach wandte er sich gegen jene westlich-demokratischen Politiker, die ihm ein Dorn im Auge waren, weil sie es sich zur Aufgabe gemacht hätten, »den Haß gegen die sogenannten totalitären Staaten künstlich zu züchten«, namentlich »Herrn Duff Cooper, Mister Eden, Churchill oder Mister Ickes«. Als Antwort auf Roosevelts Verknüpfung von Christentum und Demokratie bestritt Hitler im Weiteren den Vorwurf, »das nationalsozialistische Deutschland sei ein religionsfeindlicher Staat«, und versicherte: »In Deutschland ist niemand wegen seiner religiösen Einstellung bisher verfolgt worden, noch wird deshalb jemand verfolgt werden!«[68]

Selbst für Hitlers Verhältnisse war dies eine bemerkenswert unehrliche Behauptung. Ickes seinerseits war erfreut, in einem Atemzug mit Eden, Churchill und Duff Cooper genannt worden zu sein. »Er hat uns Kriegstreiber genannt«, notierte Ickes in sein Tagebuch. »Natürlich fühlte ich mich geschmeichelt, dass Hitler mich für seine Attacke auserkoren hatte.«[69]

Der Höhepunkt der Rede Hitlers – die Passage, die am häufigsten zitiert worden und in Erinnerung geblieben ist – umfasst die Ankündigung, die Hitler seine »Prophezeiung« nannte.

Auch diese »Prophezeiung« stand in Bezug zu der Auseinandersetzung zwischen Amerikanern und Deutschen über Demokratie und Glauben und war geprägt von Hitlers Annahme, die Roosevelt-Administration sei nur deshalb gegen ihn, weil sie den amerikanischen Juden hörig sei. So behauptete Hitler, er sei schon oft ein Prophet gewesen und er sei oft dafür ausgelacht worden, bevor er schließlich Recht behalten habe. »Ich will heute wieder ein Prophet sein: Wenn es dem internationalen Finanzjudentum in und außerhalb Europas gelingen sollte, die Völker noch einmal in einen Weltkrieg zu stürzen, dann wird das Ergebnis nicht die Bolschewisierung der Erde und damit der Sieg des Judentums sein, sondern die Vernichtung der jüdischen Rasse in Europa!«[70]

In den folgenden Jahren sollte Hitler immer öfter Gelegenheit haben, auf diese grauenhafte »Prophezeiung« zu verweisen.

Eine der großen »Was-wäre-wenn-Fragen« in Bezug auf die Zeitspanne rund um das Münchner Abkommen lautet, ob die Ereignisse einen anderen Verlauf genommen hätten, wenn die westlichen Demokratien mehr getan hätten, um die Sowjets einzubinden.

Churchill hätte dies – seinem Antikommunismus zum Trotz – sehr gerne gesehen. Im März 1938 äußerte er dem sowjetischen Botschafter in Großbritannien Iwan Maiski gegenüber, dass »das einzige zuverlässige Mittel, um diese Bestie« – Hitlers Deutschland – zu bändigen, eine »große Allianz« sei, die die Sowjetunion einschließe. Churchill machte in dem Gespräch seine Prioritäten mehr als deutlich: Er sagte Maiski, dass seiner Ansicht nach »heute die größte Bedrohung für das britische Empire der deutsche Nazismus« sei, nicht der sowjetische Kommunismus. Und er erklärte, er tue, was er könne, um ein solche »große Allianz« Wirklichkeit werden zu lassen. Anfang September, als sich die Krise um die Tschechoslowakei abzeichnete, setzte sich Churchill erneut bei Maiski für ein solches Bündnis ein und erläuterte ihm folgenden »Plan«: Sollten die Gespräche über die Tschechoslowakei scheitern, dann müssten Großbritannien, Frankreich und die Sowjetunion ein gemeinsames Ultimatum an Deutschland stellen, in dem sie betonen würden, dass ein Angriff auf die Tschechen Krieg mit allen Bündnispartnern bedeuten würde. Maiski seinerseits nutzte – auf eigene Faust – Churchill, um diskret Informationen an Halifax – und damit an den Premierminister – weiterzugeben.[71]

Chamberlain beurteilte jedoch »die ›Grand Alliance‹, wie Winston sie nennt«, weitaus zynischer. Churchills Idee sehe verlockend aus, notierte Chamberlain, bis »man sich daranmacht, ihre Durchführbarkeit zu prüfen«. Dann schwinde die Anziehungskraft. Nach Chamberlains Einschätzung waren die Sowjets vor allem damit beschäftigt, »heimlich und listig alle Fäden hinter den Kulissen zu ziehen, um uns in einen Krieg gegen Deutschland hineinzuziehen«, eine »in der Tat düstere« Aussicht.[72] Selbstverständlich war es Chamberlains Ansicht und nicht Churchills, die sich 1938 durchsetzte. Und wie in anderen Fällen auch hatte der Premierminister nicht ganz Unrecht, seine Einschätzung traf sogar mehr ins Schwarze, als er damals wissen konnte.

Die Sowjetunion hatte einen Bündnisvertrag mit der Tschechoslowakei, der sich wiederum auf das Bündnis zwischen der Tschechoslowakei und Frankreich bezog. Darin sagte die Sowjetunion zu, sich an der Verteidigung der Tschechoslowakei zu beteiligen, wenn Frankreich das auch tat. Mit dieser Vereinbarung stellten sich jedoch einige offensichtliche logistische

Probleme. Die Sowjetunion hatte keine gemeinsame Grenze mit der Tschechoslowakei, und ihre Streitkräfte konnten die Tschechoslowakei nur über Polen oder Rumänien erreichen. Da man die Sowjets in Rumänien und Polen ebenso fürchtete wie die Deutschen, waren beide Länder von dieser Aussicht nicht begeistert.[73]

Die Briten und Franzosen machten keine ernsthaften Anstrengungen, die Sowjets im September 1938 in die Verhandlungen um die Zukunft der Tschechen einzubeziehen. Nichtsdestotrotz mobilisierte Stalin Truppen entlang seiner Westgrenze und teilte den entsprechenden Offizieren mit, ihre Mission sei die Verteidigung der Tschechoslowakei. Was diese Truppen im Falle eines Kriegs tatsächlich unternommen hätten, ist eine andere Frage. Selbst Präsident Beneš, der sich verzweifelt um sowjetische Hilfe bemühte, war sich nicht sicher, was dies zur Folge haben würde. »Sie spielen natürlich ihr eigenes Spiel«, sagte er zu seinem Sekretär. »Wir können ihnen auch nicht ganz trauen. Wenn sie uns da hineinziehen, werden sie uns in der Luft hängen lassen.« Und tatsächlich reagierten die Sowjets auf jede tschechische Bitte um Hilfe mit Schweigen.[74]

Das lag daran, dass Stalin seine eigene Agenda verfolgte, die nichts mit den Tschechen und schon gar nichts mit der Verteidigung der Demokratie gegen den Nationalsozialismus zu tun hatte. Stalins Agenda beruhte auf seiner zutiefst paranoiden Weltsicht, eine Paranoia, die seine Geheimdienste und auch ihre berüchtigten britischen Agenten noch beförderten. Während der Münchner Krise gaben die jungen britischen Diplomaten John Cairncross und Guy Burgess, zwei der als »Cambridge Five« bekanntgewordenen Gruppe sowjetischer Spione, Dokumente des Außenministeriums an ihre Führungsoffiziere weiter. Diese Dokumente trugen dazu bei, Stalins Wahnvorstellung zu verstärken, dass die Briten Deutschland nur zu beschwichtigen suchten, um es zu einem Angriff auf die Sowjetunion zu »verleiten«. Stalins neue fixe Idee von Großbritanniens Hinterhältigkeit gesellte sich zu seinem aus dem Krieg von 1919–21 noch nachklingenden Hass auf Polen und seinem Groll auf Rumänien.[75]

Aus diesen Zutaten entstand ein ausgeprägt paranoides Verständnis davon, was in Stalins Augen die Sicherheit der Sowjetunion verbürgen würde. Ein paar Jahre später, schon während des Zweiten Weltkriegs, sagte er dem Vertreter der Tito-Partisanen in Moskau, Milovan Djilas: »Dieser Krieg ist nicht wie früher; wer ein Gebiet besetzt, zwingt ihm auch sein eigenes Gesellschaftssystem auf. Jeder dehnt das Aufoktroyieren seines eigenen Systems so weit aus, wie seine Armee nur reichen kann. Es kann gar nicht anders sein.«[76] Es ist durchaus zu vermuten, dass Stalin bereits 1938 oder 1939 dieser Ansicht war. In der Tat hatte sich der französische Generalstab 1936 bei dem sowjetischen Militärattaché in Paris erkundigt, wie die Sowjetunion Frankreich bei einem Angriff der Deutschen helfen würde. Die Antwort war unverblümt: »Durch einen Angriff auf Polen.«[77]

Stalins Paranoia führte dazu, dass er Osteuropa und das Baltikum als potentiellen Schutzwall zwischen seinem Land und dem kapitalistischen Westen sah. Vor allem wollte er in der Lage sein, Truppen in Regionen wie Rumänien und Polen einzusetzen. Dieses über Jahrzehnte hinweg konsistente Ziel bildete einen Grundpfeiler von Stalins Außenpolitik. Dabei spielte es keine Rolle, wer der potentielle Feind oder der potentielle Verbündete sein könnte.

Als sich die Krise um die Tschechoslowakei zuspitzte, reagierten die Sowjets mit einer Teilmobilmachung von fünf Heeresgruppen, vier davon an der polnischen Grenze.[78] Am 15. September begannen sie eine ethnische Säuberungskampagne gegen Polen in den Grenzgebieten der Ukraine. »Die Polen sollen vollständig ausgelöscht werden«, lautete der Befehl. Nahezu mit Sicherheit dienten die Säuberungen dazu, jede mögliche von einer »fünften Kolonne« ausgehende Gefahr noch vor einer feindlichen sowjetischen Invasion in Polen zu beseitigen. Es hätte keine Notwendigkeit bestanden, die Polen »vollständig« zu vernichten, wenn die Rote Armee auf ihrem Weg in die Tschechoslowakei oder nach Deutschland einfach durch Polen ziehen wollte, um es schnell wieder zu verlassen.

Mit Rumänien verhielt es sich ganz ähnlich. Das Gebiet von Bessarabien (heute größtenteils Republik Moldau) war Teil des kaiserlichen Russlands gewesen, nach dem Ersten Weltkrieg jedoch an Rumänien gefallen. Den entsprechenden Pariser Vertrag von 1920 erkannte die Sowjetunion nicht an, Stalin wollte die Region zurück.[79] Die fünfte teilmobilisierte Heeresgruppe der Sowjetarmee wurde an der Grenze zu Bessarabien eingesetzt. Am 22. September vermerkte ein Bericht von der rumänischen Grenze, dass die Sowjets viele neue Beobachtungs- und Aufklärungsposten errichtet hatten und wie in der Westukraine im Grenzgebiet gegen ethnische Rumänen vorgingen.[80] Die Route über Rumänien in die Tschechoslowakei war jedoch für die sowjetischen Streitkräfte völlig ungeeignet. Die Straßen- und Eisenbahninfrastruktur Rumäniens ließ zu wünschen übrig, und alle zweigleisigen Bahnstrecken lagen im Süden, während die Route von der Sowjetunion in die Tschechoslowakei durch den Norden des Landes verlief. In die Slowakei führte gar keine rumänische Bahnlinie. Was auch immer diese sowjetische Heeresgruppe an der bessarabischen Grenze tat, sie hielt sich dort nicht auf, um sich an der Verteidigung der Tschechen zu beteiligen.[81]

In jedem Fall waren die Folgen von München für Stalin ebenso ernüchternd wie für Roosevelt und Chamberlain. Plötzlich sah sich Stalin mit einer Welt konfrontiert, die genauso bedrohlich war wie die, die seine paranoiden Phantasien und verlogenen Ausreden heraufbeschworen hatten. Deutschland war einen Schritt näher an seine Grenze herangerückt. Japan lauerte auf der fernöstlichen Seite der riesigen Sowjetunion. Und selbst eine Bedrohung von polnischer Seite begann wieder Konturen anzunehmen.

Kaum war das Münchner Abkommen unterzeichnet, stellte Polen ein eigenes Ultimatum an die Tschechoslowakei und forderte die Gebiete Teschen (Region um die vormalige Stadt Teschen, heute eine durch die polnisch-tschechische Grenze geteilte Doppelstadt: Cieszyn und Český Těšín) und Freistadt (heute: Fryštát), die einen erheblichen Anteil an polnischer Bevölkerung aufwiesen. In Prag fügte man sich. Polen war traditionell mit der Sowjetunion verfeindet. Jetzt sah es so aus, als würde Polen sich ganz auf die Seite der Diktatoren schlagen. Die Sowjets sandten eine versteckte Warnung: In Polen lebten 6 Millionen Ukrainer und 2 Millionen Weißrussen. Wer konnte sagen, so die Andeutung, ob die Sowjets nicht ihr eigenes »München« auf polnische Kosten anstrebten?

Ohne Frage aber machte Deutschland den Sowjets weitaus größere Sorgen, in einem Ausmaß, dass sich Stalins Politik grundlegend änderte. Daher begann die sowjetische Regierung nur wenige Tage nach der Warnung an die Polen, ihnen gegenüber Andeutungen zu machen, dass eine gemeinsame Verteidigung gegen Hitler-Deutschland möglich wäre. Im kommenden Jahr würde es in der europäischen Diplomatie sehr stark darum gehen, die Loyalität Polens zu gewinnen: Deutschland, die westlichen Demokratien und die Sowjetunion würden um sie wetteifern. Und da die politische Ausrichtung Polens zu einem Gegenstand ernsthafter Besorgnis in den Außenministerien Europas geworden war, wurden die Sowjets unweigerlich in die europäischen Angelegenheiten hineingezogen. Stalin mochte es möglicherweise vorziehen, ein Isolationist zu sein, aber nach München war dies keine Option mehr. Auch er würde sich für eine Seite entscheiden müssen, entweder die der Demokratien oder die Deutschlands.[82]

Eine weitere grundlegende Veränderung stand bevor. Stalins Terror wütete seit 1936 im sowjetischen Staat, in der Roten Armee und in der Kommunistischen Partei. Er hatte genau jene Institutionen ins Visier genommen, die für die Verteidigung und die nationale Sicherheit lebenswichtig waren: das Kommissariat für auswärtige Angelegenheiten, dessen Mitarbeiter zu einem Drittel hingerichtet oder inhaftiert worden waren; den Auslandsnachrichtendienst des NKWD, der schwer in Mitleidenschaft gezogen worden war; und natürlich das Offizierskorps der

Roten Armee. Jetzt, infolge der Signalwirkung des Münchner Abkommens, kündigte Stalin eine offizielle Untersuchung der Verhaftungen durch den NKWD an. Ende November wurde Nikolai Jeschow, der Chef des NKWD und Stalins Hauptinstrument des Terrors (der in der russischen Bevölkerung auch Jeschow-Zeit genannt wurde), durch Lawrenti Beria ersetzt. Jeschow würde nun die Schuld für den Terror auf sich nehmen müssen, da Stalin die Verantwortung ostentativ ablehnte. Im kommenden Jahr würde er verhaftet werden und alle üblichen Arten von Verbrechen gestehen: Verrat und »Zerstörung«. Anfang 1940 würde ihn die Henkerskugel treffen, die er zuvor so vielen anderen verordnet hatte.[83]

Das Ende des Terrors hielt für die Offiziere und Staatsbediensteten, die ihn überlebt hatten, einige bizarre Erfahrungen bereit. Der brillante und vornehme General Konstantin Rokossowski war im Juni 1937 verhaftet worden, gerade als Tuchatschewski und seine Offizierskollegen hingerichtet wurden. Es half Rokossowski nicht, dass sein Vater Pole war, im Gegenteil, er gehörte damit in eine der am meisten gefährdeten Kategorien der Verfolgten: Ethnische Polen wurden zwölfmal häufiger verhaftet als nicht-polnische Sowjetbürger, und waren sie einmal verhaftet, wurden sie beinahe immer erschossen. Seine Vernehmungsbeamten schlugen und folterten ihn, aber bemerkenswerterweise weigerte sich Rokossowski, ein Geständnis zu unterschreiben, dass er für Polen oder Japan spioniert habe. Er blieb in Haft, es kam jedoch nicht dazu, dass Stalins Männer ihn erschossen. Anfang 1940 wurde er freigelassen und wieder in sein Kommando eingesetzt. Es wird kolportiert, dass Stalin ihn kurz nach seiner Entlassung anrief und sagte: »Nun, Rokossowski, ich habe dich schon eine Weile nicht mehr gesehen. Wo warst du denn hingekommen?« Rokossowski erklärte ruhig: »Ich wurde verhaftet, Genosse Stalin. Ich saß im Gefängnis.«

»Eine schöne Zeit hast du dir da ausgesucht, um ins Gefängnis zu gehen!«, war die Antwort des Diktators.[84]

# Kapitel 11

## »Wer Zwietracht sät ...«

*Umstritten ist die Veranstaltung schon, bevor sie beginnt. Bürgermeister Fiorello La Guardia und die Amerikanische Bürgerrechtsunion (ACLU) billigen die Zielsetzung der Veranstaltung nicht, bestehen aber darauf, dass gewährleistet sein muss, dass sie stattfinden darf. Hinter der Forderung, die Veranstaltung müsse verboten werden, steht dagegen eine überaus verblüffende Koalition: eine Abordnung der Veteranenorganisation American Legion und der trotzkistischen Socialist Workers Party. Ein Vertreter der American Legion erklärt, aus »Publikationen«, die er erhalten habe, gehe hervor, dass Redner auf der Kundgebung die Beschränkung der bürgerlichen Freiheiten auf »weiße Nichtjuden« fordern wollten. Und Anhänger von Pater Coughlin rufen der Polizei zu: »Ihr werdet morgen Abend viele Verhaftungen machen.«*

*Es ist der 20. Februar 1939. Der pronationalsozialistische Amerikadeutsche Volksbund hat für den Tag eine Großkundgebung mit 20 000 Teilnehmern im New Yorker Madison Square Garden angekündigt – anlässlich des Geburtstags von George Washington zwei Tage später. Das New York City Police Department setzt 1745 Beamte zum Schutz der Volksbündner ein, einer ihrer größten Einsätze überhaupt.[1]*

*Außerhalb des Gebäudes warten vielleicht 10 000 Gegendemonstranten (einige Polizisten behaupten, es seien eher 100 000), die sich fortlaufend teils gewalttätige Auseinandersetzungen mit der Polizei liefern. Die Journalistin Dorothy Thompson wagt sich bis ins Innere des Veranstaltungssaals vor und findet »eine mit amerikanischen Flaggen dekorierte Halle, die ein riesiges Porträt von George Washington schmückt«, dessen Gesichtsausdruck »traurig und leicht verbittert« wirkt. Dort, wo normalerweise die Eisfläche auf ein Spiel der New York Rangers wartet, sind Stühle aufgestellt worden, und die Reihen sind voll besetzt. Als eine Prozession mit Fahnen und Bannern den Saal betritt, stehen alle auf und zeigen mit ausgestrecktem Arm den Hitlergruß. An der Stirnseite der Halle steht der 32 Meter hohe Washington, zu beiden Seiten von amerikanischen Flaggen (sowohl im Betsy-Ross-Stil als auch im damals gültigen Stil)[2] und Hakenkreuzen flankiert. Auch der Bund hat seine SA, genannt »Ordnungsabteilung«. Wie ihre deutschen Pendants in den braunen Hemden sind sie, wenn auch in grauen Uniformen, dazu da, Gegner einzuschüchtern. Thompson hat 1931 eine NS-Kundgebung im Berliner Sportpalast besucht und kann nun kaum einen Unterschied dazu entdecken. Als sie Gerhard Kunze reden hört, den Leiter der Öffentlichkeitsarbeit des Amerikadeutschen Volksbundes, meint sie, in Berlin alles schon einmal gehört zu haben. Jedes Wort, das Kunze sagt, ist »made in Germany« und zwar direkt »von den Nazis«, die offen gegen die Demokratie konspirieren.[3]*

*Thompson hört, wie Redner darauf bestehen, dass Amerika eine Republik sei, keine Demokratie. Sie behaupten, die amerikanischen Ideale seien genuin »weiße nichtjüdische Ideale«, und wollen die deutschen Rassengesetze in den Vereinigten Staaten einführen. Sie wollen, dass jeder diplomatischen Zusammenarbeit zwischen den Vereinigten Staaten einerseits und Großbritannien und Frankreich andererseits ein Riegel vorgeschoben wird. Sie befürworten »einen organisierten Boykott der ›arischen‹ Bürger gegen alle anderen amerikanischen Bürger, die nicht der ›arischen‹ Rasse angehören«. Thompson erfährt, was sie »zuvor schon in Berlin gehört« hat: »dass sich unsere gesamte Presse, unsere Finanzen, unsere Regierung und unser kulturelles Leben in den Händen von Juden befinden und dass die Juden Kommunisten sind«. Die Volksbündner sprechen vom Präsidenten der Vereinigten Staaten als Herrn »Rosenfeld«.[4] Die Menge buht, wenn sein Name fällt, und johlt bei der Erwähnung anderer Liberaler oder Juden, die Roosevelt nahestehen: Harold Ickes, Frances Perkins, Harry Hopkins oder des Richters am Obersten Gerichtshofs, Felix Frankfurter. Sie jubeln jedoch für Pater Coughlin, Benito Mussolini und Adolf Hitler.[5]*

*Im Laufe von Kunzes Rede lacht Thompson spöttisch über et-*

*was, das er gesagt hat. Sie wird sofort »von zwei Polizisten ergriffen« und dazu »von einem stämmigen Uniformierten der Ordnungsabteilung angegangen«. Die Polizisten weisen sie darauf hin, dass das Recht auf Versammlungsfreiheit nicht das Recht beinhaltet, über einen öffentlichen Redner zu lachen.[6]*

*Ein Mann nimmt sich mehr heraus, als nur zu lachen, der sechsundzwanzigjährige Hotelangestellte Isadore Greenbaum aus Brooklyn. Als der Volksbund-Führer Fritz Kuhn in seiner Rede der Menge sagt, der Volksbund wolle »den amerikanischen Staat dem amerikanischen Volk zurückgeben, das diesen gegründet hat«, und er wünsche sich ein »sozial gerechtes, von weißen, nichtjüdischen [Amerikanern] regiertes Amerika«, will Greenbaum auf die Bühne stürmen. Er wird von sechs kräftigen Vertretern der »Ordnungsabteilung« aufgehalten und brutal zusammengeschlagen. Einer von ihnen packt Greenbaum an den Haaren und schleudert ihn über die Bühne. Kuhn schaut zu, ohne etwas zu unternehmen, während aus der Menge angesichts der Schläge anfeuerndes Gejohle zu hören ist. Die Polizei bringt Greenbaum direkt vor ein lokales Gericht, wo er wegen ungebührlichen Verhaltens angeklagt wird. Erst danach darf er einen Arzt aufsuchen.[7]*

*Doch die Volksbündner sehen unbeirrbar sich selbst als die wahren Opfer von Unterdrückung. Kunze beklagt, dass »es kein freies Radio für Weiße gibt«, und fordert, die Radiosender sollten »aufhören, dem Volk den Schund der Cantors, Winchells und Bernsteins vorzusetzen, und stattdessen die Stimme von jemandem hören lassen, der akzentfrei amerikanisch spricht«. Fritz Kuhn, der selbst sicherlich nicht »akzentfrei amerikanisch« spricht, beklagt, dass es eine »Hasskampagne« gegen den Volksbund gebe und dass die meisten Leute ihn nur aus der »jüdisch kontrollierten Presse« kennen: als »Kreatur mit Hörnern, einem Pferdefuß und einem langen Schwanz«.[8]*

*»Wenn diese Demokratie es zulässt«, so beschließt Dorothy Thompson ihren Bericht, »dass eine Bewegung, deren ganze Organisation und Struktur von einer Regierung gemacht wird, die der amerikanischen Demokratie offen feindlich gesinnt ist, sich orga-*

*nisiert, eine Privatarmee aufstellt und auf [amerikanischem] Boden Propaganda macht, dann sind wir schlichtweg Trottel.«*[9] *Thompson ist mit dem Schriftsteller Sinclair Lewis verheiratet, dem Autor eines 1935 erschienenen Romans über den amerikanischen Faschismus mit dem Titel* **Das ist bei uns nicht möglich.**[10]

Die Krise der Demokratie in den 1930er Jahren bestand nicht nur darin, dass die Demokratie dort scheiterte, wo sie neu errichtet worden war: in Mittel- und Osteuropa. Noch ging es lediglich darum, dass die altgedienten Demokratien wie Großbritannien und Amerika mit der äußeren Bedrohung durch Hitler-Deutschland konfrontiert waren. Nein, die Krise reichte in die Kernländer der Demokratie hinein. Die nationalsozialistische Bedrohung lauerte nicht nur im Ausland, sondern auch im eigenen Land.

Die Große Depression hatte der Wirtschaft der Vereinigten Staaten mehr Schaden zugefügt als der jedes anderen Landes, möglicherweise mit Ausnahme Deutschlands. Zwischen 1929 und 1933 sank das amerikanische Bruttoinlandsprodukt um mehr als ein Viertel, während die Wertschöpfung im verarbeitenden Gewerbe um die Hälfte zurückging. Die offizielle Arbeitslosenquote stieg auf 24,9 Prozent. Die Hälfte aller Banken ging pleite, und der internationale Handel brach um 60 Prozent ein.[11] Fast mit einem Schlag war der Optimismus in Bezug auf Wachstum, Wohlstand und ein gutes Leben dahin, der die amerikanische Gesellschaft lange Zeit – und insbesondere in den Roaring Twenties – geprägt hatte. Die Zukunft sah plötzlich eher düster, gefährlich und ärmlich aus. Doch so verheerend die wirtschaftlichen Auswirkungen auf das Leben und die Einstellung des Einzelnen auch waren, die Wirtschaftskrise allein hat die düstere Stimmung der 1930er Jahre nicht verursacht. In Europa war eine Mischung aus Nationalismus, Rassismus, Engstirnigkeit und Skepsis gegenüber der Rationalität des Menschen zu einer Bedrohung der Demokratie geworden und hatte den Wunsch nach einer autoritären Politik geweckt. Das Gleiche geschah in den Vereinigten Staaten.

Viele Menschen bezweifelten, dass das demokratische System in der Lage war, die Probleme des 20. Jahrhunderts zu lösen. Zwei Tage nach Hitlers Machtübernahme, Roosevelt wartete noch auf seine eigene Amtseinführung, war der Publizist Walter Lippmann bei ihm zu Gast. »Die Situation ist kritisch, Franklin«, sagte Lippmann dem designierten Präsidenten. »Du wirst vielleicht keine andere Wahl haben, als dir diktatorische Befugnisse anzueignen.«[12] Roosevelts New Deal war als verzweifelter Versuch gedacht, die amerikanische Demokratie zu retten.[13]

Wie in Europa beruhte auch in Amerika die Krise der Demokratie darauf, dass viele, vielleicht sogar die meisten Amerikaner gegenüber dem Ersten Weltkrieg und seinem Ausgang eine wütende Ablehnung empfanden. Diese Haltung brachte wiederum den verzweifelten Wunsch vieler Amerikaner mit sich, ihr Land vom Rest der Welt abzuschotten. In dieser Atmosphäre gelang es Präsident Woodrow Wilson in den Jahren 1919 und 1920 nicht, die Nation und insbesondere den Senat für eine Mitgliedschaft der USA im Völkerbund zu gewinnen. Der republikanische Senator William Borah aus Idaho sprach für viele, als er seine ablehnende Haltung erläuterte: Eine Mitgliedschaft im Völkerbund würde gefährden, »was ich für die grundlegenden, die allerersten Prinzipien dieser Republik halte«, vor allem »das Recht unseres Volkes, sich selbst frei von jeder rechtlichen oder moralischen Beschränkung durch fremde Mächte zu regieren«.[14]

Mit der Erwähnung der »fremden Mächte« spielte der Senator noch auf einen weiteren Punkt an. Wie in Europa ging es auch in Amerikas Krise der Demokratie um »rassische« und ethnische Konflikte. Madison Grant, einer der führenden amerikanischen Verfechter der neuen ›Wissenschaft‹ der Eugenik, ist ein gutes Beispiel dafür, wie eng antidemokratische Politik und Rassismus miteinander verbunden waren: Er machte die Französische Revolution von 1789 für »das Dogma der Brüderlichkeit der Menschen« verantwortlich, das seinen Vorstellungen von rassischer Hierarchie widersprach, und er benutzte den Begriff *demokratische Institutionen* als Schimpfwort.[15]

In den 1920er Jahren gab es zugegebenermaßen divergierende Meinungen zwischen der politischen Elite und der Bevölkerung, wenn es um internationale Angelegenheiten ging. Die Vereinigten Staaten des Jazz-Zeitalters waren auf der Weltbühne tatsächlich alles andere als untätig. Sie starteten Initiativen wie den Dawes- und den Young-Plan 1924 bzw. 1929, um die deutschen Reparationszahlungen neu zu strukturieren, sowie den Kellogg-Briand-Pakt 1928, um den Krieg grundsätzlich zu ächten. Doch als die Große Depression zuschlug, kehrten die Amerikaner der Welt recht entschlossen den Rücken zu. Der New Deal selbst war ein Versuch, Amerika von internationalen Einflüssen zu »isolieren«.[16]

Die weitverbreitete amerikanische Feindseligkeit gegenüber jeder Form von internationalem Engagement in der Zwischenkriegszeit passte gut zu einem extremer ausgeprägten und rassistisch aufgeladenen Nationalismus. Diese Entwicklung hatte sich bereits vor dem Ersten Weltkrieg angebahnt, insbesondere als die Befürworter einer Begrenzung der Einwanderung auf die Ideen der Eugenik stießen.[17] Dramatischen Auftrieb verlieh solchen Vorstellungen der Erste Weltkrieg ebenso wie die bolschewistische Revolution in Russland und die daraus resultierenden Ängste vor kommunistischer Subversion in anderen Teilen der Welt. Als Reaktion darauf klammerten sich viele Amerikaner immer fester an die Vorstellung, dass man, um Amerikaner zu sein, von britischer oder nordeuropäischer Abstammung sein müsse. Für Menschen, die so dachten, lag es nahe, zu befürchten, dass der Zustrom von Einwanderern aus Süd- und Osteuropa um die Jahrhundertwende fatale Folgen für den »angelsächsischen« oder »nordischen« Charakter der USA haben würde und gleichzeitig gefährliche fremde Ideologien ins Land bringen konnte.[18]

In dieser Atmosphäre erlebte der Ku-Klux-Klan einen erneuten Aufschwung, die Mitgliederzahlen stiegen auf vier bis fünf Millionen an. Anders als während der Ära des Wiederaufbaus nach dem Sezessionskrieg breitete sich der sogenannte Zweite

Klan in den Norden und Westen der USA aus. Ihren Hass richtete die Vereinigung dabei oft ebenso auf Katholiken und Juden wie auf Menschen schwarzer Hautfarbe. Was der Klan anbot, war eine neue Mischung aus Protestantismus, einer Ideologie weißer Vorherrschaft und Nationalismus – dieselbe Mischung, die auch die Nationalsozialisten in Deutschland groß gemacht hatte.[19]

Sieht man einmal von der Wiederauferstehung des Klans ab, hatte dieser Versuch, das Amerikanertum aus dem Protestantismus und dem angelsächsischen oder nordischen ›Weißsein‹ heraus neu zu definieren, selbstverständlich auch anderweitig ernste Auswirkungen auf Afroamerikaner. Seit dem Ende des 19. Jahrhunderts hatte im gesamten amerikanischen Süden eine Kombination aus Sondersteuern, Alphabetisierungstests und Wohnsitzauflagen ihren Schutz durch den 15. Verfassungszusatz ausgehebelt, so dass bis 1938 nur etwa 4 Prozent der Afroamerikaner im Süden der USA wählen durften. Die diskriminierenden Gesetze wurden oft von brutaler Gewalt begleitet. Zwischen 1900 und 1930 wurden fast 2000 Afroamerikaner gelyncht. Die Verabschiedung einer Anti-Lynch-Gesetzgebung auf Bundesebene wurde im Kongress durch eine Machtdemonstration der Vertreter aus dem Süden verhindert, die die Demokratische Partei in dieser Frage in der Hand hatten und damit effektiv ein Veto (in diesem Fall durch Filibuster) gegen die Gesetzgebung einlegen konnten.[20]

In den 1930er Jahren hatte der Klan an Zulauf verloren, aber es entstanden neue Organisationen, die die Idee eines weißen, protestantischen (oder zumindest christlichen), antisemitischen Amerikas propagierten. Dazu gehörten der Amerikadeutsche Volksbund und die Silberhemden, die Uniformen im NS-Stil trugen und ihre eigene Interpretation der SA verkörperten. Pater Charles Coughlin aus Detroit verbreitete antisemitischen Hass vor einem riesigen Radiopublikum, und der Teil seiner Anhänger, der sich in der Christlichen Front organisierte, lässt sich ebenfalls mit den Braunhemden vergleichen. Lange bevor der gefeierte Flieger Charles Lindbergh zum Starredner des America

First Committee wurde, proklamierten diese Gruppen »America First« als ihre Politik. All diese Gruppierungen fanden ihre Unterstützer in sehr unterschiedlichen Segmenten der Gesellschaft, weshalb angesichts ihrer ethnischen und religiösen Unterschiede zu bezweifeln war, dass sie sich jemals zu einer politischen Kraft hätten vereinigen können. Aber sie alle zielten darauf ab, die Vereinigten Staaten aus jedem europäischen Krieg herauszuhalten und Franklin D. Roosevelt zu besiegen.[21]

Der Rassismus, der hinter dem Johnson-Reed Act, der Rassentrennung sowie dem Aufstieg des Ku-Klux-Klan und anderer rechtsextremer Gruppen stand, war der Kern der Krise der Demokratie in den USA. Er stellte auch ein Bindeglied zwischen der amerikanischen Ausprägung dieser Krise und der europäischen dar. Dass Staaten auf Nationalismus und Isolationismus setzten anstatt auf Globalisierung, war ein weltweites Phänomen – und sogar ein Charakteristikum des New Deal.[22] Hitler hatte die Entwicklungen in den Vereinigten Staaten genauestens verfolgt. Er war ein großer Bewunderer von Madison Grants 1925 in deutscher Übersetzung erschienenem Buch *Der Untergang der großen Rasse*,[23] das in den USA großen Einfluss in der Debatte um den Johnson-Reed Act und die damit 1924 erlassenen strikteren Einwanderungsbestimmungen hatte. In *Mein Kampf* lobte Hitler, nach einer Tirade über Deutschlands nachlässige Einwanderungspolitik, die Vereinigten Staaten als das »eine Land«, das »von der Einbürgerung« bestimmte Rassen »einfach ausschließt«. Hitler sah im Johnson-Reed Act einen wohlüberlegten Schritt auf dem Weg, Amerika zu einem *völkischen* (rassistisch verfassten und extrem nationalistisch ausgerichteten) Staat zu machen.[24] Als die Nationalsozialisten die Macht übernahmen, nahmen sie sich die amerikanischen Einwanderungs- und Staatsbürgerschaftsgesetze sowie die Gesetze zum Verbot von Mischehen zum Vorbild. Eine Verbindungslinie von der Auseinandersetzung mit diesen amerikanischen Einflüssen (insbesondere auch der Wahrnehmung der sogenannten Jim-Crow-Gesetze zur Rassentrennung in den Südstaaten) lässt sich sogar bis zu den berüchtigten Nürnberger Gesetzen von 1935 ziehen.[25]

Ohne Frage benötigten Hitler und andere Nationalsozialisten keine Nachhilfestunden in Sachen Hass, weder von den Amerikanern noch von irgendjemand anderem. Aber als sie nach Mitteln suchten, ihren Hass in praktische Politik umzuwandeln, fanden sie in den amerikanischen Rassengesetzen ein »mustergültiges Beispiel«.[26]

Legalisierter Hass war nicht der einzige Bereich, in dem Gemeinsamkeiten zwischen der deutschen und der amerikanischen Ausprägung der Krise in den 1930er Jahren festzustellen sind. Die Irrationalität der Menschen und die Art und Weise, wie Politiker und Geschäftsleute diese Irrationalität für ihre Ziele ausnutzen konnten, war ebenfalls in beiden Ländern vergleichbar.

Der prominenteste amerikanische Kommentator zu diesem Thema war der einflussreiche Publizist und Zeitungskolumnist Walter Lippmann, der die Techniken der Propaganda erstmals im Ersten Weltkrieg kennen gelernt hatte, als es seine Aufgabe gewesen war, amerikanische Botschaften an deutsche Soldaten zu verfassen. Lippmann erkannte, dass eine Massenpresse Legenden und Lügen verbreiten konnte, die Millionen von Bürgern glauben würden: etwa, dass Engel die britische Armee in der Schlacht von Mons gerettet hätten, dass russische Soldaten mit Schnee an den Stiefeln in Großbritannien angekommen seien, dass die Deutschen Kriegsgefangene gekreuzigt hätten.[27] Ein erstes Ergebnis der Sorgen, die ihm diese Erkenntnis bereitete, war ein kurzes Buch mit dem Titel *Liberty and the News* (›Freiheit und die Nachrichten‹).[28] Darin prägte Lippmann einen Satz, der viele Jahre später in den Schriften von jemandem nachhallen sollte, der ihn zu ganz anderen Zwecken thematisieren sollte: Die zunehmende Bedeutung der öffentlichen Meinung in modernen Demokratien, argumentierte Lippmann, führe dazu, dass »die Herstellung dessen, was man Zustimmung nennt, das Wichtigste« werde. Dann besuchte er das gerade unter faschistische Herrschaft geratene Italien, was ihn veranlasste, zwei weitere sehr einflussreiche Bücher zu schreiben:[29] *Die öffentliche Meinung* (Erstausgabe im amerikanischen Original 1922) und das noch pessimistischere *The Phantom Public* (1925, ›Das Phantom Öffentlichkeit‹).[30]

Die Zahl der Wahlberechtigten habe sich in den USA seit 1896 verdoppelt (und würde sich bald verdreifacht haben), argumentierte Lippmann, und die Komplexität der sozialen und politischen Probleme habe proportional zugenommen. Das bedeute, dass nur wenige Bürger ein fundiertes Urteil zu vielen dieser Fragen abgeben könnten.[31] Aber es gab ein noch gravierenderes Problem: Vielleicht konnte *niemand* mehr rationale Urteile in Fragen des Zeitgeschehens fällen. Nach Lippmanns Überzeugung war alle Wahrnehmung subjektiv. »Wir sehen nicht erst und definieren dann, wir definieren erst und sehen dann«, schrieb er. Stereotype, meist kulturellen Ursprungs, würden die Definitionen festlegen. Dies führte Lippmann zu einem sehr ernsten Problem: Wenn dies alles wahr wäre, dann gäbe es keine Fakten, sondern nur unterschiedliche kulturelle Urteile, die sich als Fakten tarnten.[32]

Das waren schlechte Nachrichten für ein demokratisches System, das von der Fähigkeit seiner Wähler abhing, sich zu informieren und Informationen angemessen einordnen zu können. Ausgehend von der Annahme, dass die Öffentlichkeit nicht in der Lage war, Entscheidungen zu treffen, mussten Politiker nicht überzeugen, sondern der Öffentlichkeit das schmeichelhafte Bild vermitteln, sie sei urteilsfähig. Dies bedeutete, dass Täuschung und Unehrlichkeit zu zentralen Bestandteilen der Demokratie wurden. »Die in der Öffentlichkeit Stehenden mussten sich daran gewöhnen, der Öffentlichkeit nur einen Teil dessen zu sagen, was sie untereinander besprachen«, schrieb Lippmann.[33] Für den neuen Typus des demagogischen Politikers hatte Lippmann nur Verachtung übrig. Im Jahr 1927 äußerte er sich entsprechend über den Bürgermeister von Chicago, »Big Bill« Thompson, der die Wahl zum obersten Stadtrepräsentanten gewonnen hatte, indem er innerhalb der Bevölkerung vorhandene »Vorurteile niederster Art« bedient hatte. »Wie lange kann eine an Volksabstimmungen gebundene Regierung auf einem solchen Fundament Bestand haben?«, fragte sich Lippmann.

Irgendetwas musste die Kluft füllen, die sich zwischen den zahllosen neuen Wählern und den ungezählten Problemen und Fragestellungen einer komplexen Welt auftat. In Hitler-Deutschland wurde die Lösung offen als »Propaganda« bezeichnet. In den Vereinigten Staaten und anderen Demokratien trug es den sanfter klingenden Namen »Public Relations«.[34]

Dieses neue Betätigungsfeld entstand zum Teil aus den Erfahrungen mit der Kriegspropaganda, zum Teil basierte es darauf, wie die Wirtschaft bereits Jahre vor dem Ersten Weltkrieg auf Investigativ-Journalismus und die »Skandalreporter« unter den Journalisten reagiert hatte. Einer der Pioniere der amerikanischen Public Relations, Ivy Lee, war Reporter gewesen, bevor er begann, Standard Oil und Bethlehem Steel zu einem besseren Image zu verhelfen. Lee demonstrierte unverblümt die Missachtung der überprüfbaren Realität, die sein Job erforderte: In Reden, die er Mitte der 1920er Jahre hielt, behauptete er – Lippmann zustimmend zitierend –, dass Fakten nicht existierten. »Der Versuch, eine absolute Tatsache anzugeben, ist lediglich ein Versuch, etwas zu erreichen, was menschlich unmöglich ist«, sagte er. »Alles, was ich tun kann, ist, Ihnen meine Interpretation der Fakten weiterzugeben.« Keiner könne unvoreingenommen sein: »Wir alle neigen dazu, zu denken, dass das, was unseren eigenen Interessen dient, auch im allgemeinen Interesse ist. Wir sind sehr anfällig dafür, alles durch eine Brille zu betrachten, die durch unsere eigenen Interessen und Vorurteile gefärbt ist.« Lippmann sah dies als ein zutiefst beunruhigendes Problem an. Für Lee hingegen bot sich damit die Chance auf ein profitables Geschäft. Er beschränkte sich nicht darauf, amerikanische Unternehmen zu repräsentieren: In den 1920er Jahren vertrat er die Sowjetunion, in den 1930er Jahren den mächtigen deutschen Chemiekonzern IG Farben.[35]

Dies war der Punkt, an dem das neue Berufsbild der Public Relations mit einem anderen neuen Berufsbild verschmolz: der Politikberatung. Deren Pioniere waren das kalifornische Ehepaar Clem Whitaker und Leone Baxter, die 1933 eine Firma namens Campaigns Inc. gründeten. Wie Ivy Lee hatten Whitaker und Baxter kein Interesse an so etwas Banalem wie »Fakten« oder »Wahrheit«. Und sie hatten erkannt, dass sie in einer Gesellschaft neuen Typs lebten: in einer Gesellschaft von Konsumenten, nicht lediglich von Bürgern. »Jeder Wähler ein Konsument; jeder Konsument ein Wähler« war ihr Mantra.[36]

Diese Konsumenten hielten Whitaker und Baxter allerdings für nicht sehr helle. Politische Kampagnen mussten ihrer Ansicht nach ein möglichst einfaches Thema haben. »Es türmt sich eine Mauer auf, sobald man versucht, Mr. und Mrs. Normalbürger zum Handeln oder Denken zu bringen«, sagte Whitaker. Wiederholungen seien eine gute Sache, genauso wie gereimte Phrasen. Ehrlichkeit und sachliche Richtigkeit waren völlig nebensächlich. Der kompromisslose Publizist Upton Sinclair, der mit einem Enthüllungsbuch über die Arbeitsbedingungen in der Fleischindustrie bekannt geworden war, machte seine Erfahrungen mit Baxter und Whitaker, als er 1934 für das Amt des Gouverneurs von Kalifornien kandidierte. Nachdem sie Sinclairs Niederlage erfolgreich orchestriert hatten, gab Baxter die Irrelevanz der Behauptungen zu, die sie in ihrer Kampagne verwendet hatten, nur um gleichsam ein verbales Achselzucken anzufügen: »Wir hatten nur ein Ziel: Verhindern, dass [Sinclair] Gouverneur wird.«[37]

Obwohl sich Baxters und Whitakers Leben weit entfernt von Hitler und der stürmischen politischen Großwetterlage in Deutschland abspielte, hatten die beiden Politikberater auffallend ähnliche Vorstellungen davon, wie man Menschen überzeugen kann, wie der zukünftige deutsche Diktator. Hitler schrieb *Mein Kampf* genau zu der Zeit, als Lippmann sich über die Eignung des modernen Menschen zum demokratischen Bürger den Kopf zerbrach und als Lee, Whitaker und Baxter herausfanden, wie sich das Problem zu Geld machen ließ. Hitler seinerseits war der Meinung, dass die Vertreter der politischen Mitte im Deutschland seiner Zeit versagen würden, »weil [ihnen] selbst die Kraft und Fähigkeit zur Massenbeeinflussung« fehle. Er schrieb zudem: »Die Majorität der Menschheit [ist] träge und feige« und bestenfalls zu passiver Akzeptanz einer Idee fähig. Man könne sie niemals mit dem geschriebenen Wort erreichen. Besser ließe sich die Masse mit »dem Bild in allen seinen Formen bis hinauf zum Film« ansprechen, denn »hier braucht der Mensch noch weniger verstandesmäßig zu arbeiten«. Er brachte das Phänomen schnell auf den Punkt: Ein Gefühl aus dem Bauch heraus – ein Gefühl »instinktiver Abneigung, gefühlsmäßigen Hasses« – sei viel wichtiger und beständiger als Meinungen über Fakten. Falsche Ideen »können durch Belehrung beseitigt werden«, schrieb Hitler, »Widerstand des Gefühls nie«.[38]

Hitler hatte eine vergleichbar niedrige Meinung von der Intelligenz der allgemeinen Öffentlichkeit wie Baxter und Whitaker. »Die breite Masse eines Volkes besteht nicht aus Diplomaten oder auch nur Staatsrechtslehrern«, schrieb er, sondern aus »ebenso schwankenden wie zu Zweifel und Unsicherheit geneigten Menschenkindern« – und dass »weniger nüchterne Überlegung als vielmehr gefühlsmäßige Empfindung sein Denken und Handeln bestimmt«. Wie Whitaker und Baxter kam er zu dem Schluss: Propaganda »hat sich auf wenig zu beschränken und dieses ewig zu wiederholen. Die Beharrlichkeit ist [...] die erste und wichtigste Voraussetzung zum Erfolg.«[39]

Genauso wie Ivy Lee und Campaigns Inc. sich nicht um den Wahrheitsgehalt ihrer Kampagnen kümmerten, verstand Hitler, dass Lügen eine wichtige Rolle in der Politik spielen können. Darin wie auch in seinen anderen Beobachtungen zur Propaganda zeigte er ein zynisches, aber scharfsinniges Verständnis dafür, wie Unehrlichkeit in politischen Kampagnen funktioniert. Ein erfolgreicher Wahlkämpfer, schrieb Hitler, konzentriere sich darauf, große Lügen zu erzählen, und kümmere sich nicht um kleine, da »in der Größe der Lüge immer ein gewisser

Faktor des Geglaubtwerdens liegt«. Wenn die »breite Masse eines Volkes im tiefsten Grund ihres Herzens leichter verdorben sein kann, als bewußt und absichtlich schlecht sein wird«, sie mithin »bei der primitiven Einfalt ihres Gemütes einer großen Lüge leichter zum Opfer fällt als einer kleinen, da sie selber ja wohl auch manchmal im kleinen lügt, jedoch vor zu großen Lügen sich doch zu sehr noch schämen würde«, wird sie »an die Möglichkeit einer so ungeheuren Frechheit der infamsten Verdrehung auch bei anderen gar nicht glauben«. Die Krönung war dabei, dass die Lüge, war sie erst einmal im Umlauf, nie wieder ganz getilgt werden konnte. »Selbst bei Aufklärung wird sie [die breite Masse] noch lange zweifeln und schwanken und wenigsten irgend eine Ursache doch noch als wahr« annehmen. Aus diesem Grund wird »von der frechsten Lüge immer noch etwas übrig und hängen bleiben« – eine Tatsache, »die alle großen Lügenkünstler und Lügenvereine auf dieser Welt nur zu genau kennen«.[40]

Hitler zumindest wusste dies ohne Frage genau. Wie Ivy Lee und Campaigns Inc. war er an den Möglichkeiten interessiert, die die Leichtgläubigkeit der Massen bot. Der Nationalsozialismus frönte der Irrationalität und dem Anti-Intellektualismus, und beides verstand er auszunutzen. Das erste Ziel dieses Vorgehens war es, Verachtung für NS-Gegner zu verbreiten. Aber das ultimative Ziel bestand darin, das deutsche Volk für den Krieg vorzubereiten.

Hitler machte immer wieder seiner Verachtung für Experten und Intellektuelle Luft – anders äußerte er sich nur zu seltenen Gelegenheiten, etwa wenn sie ihn gelobt und seinem empfindlichen Ego geschmeichelt hatten. Aber meistenteils verachtete er das, was er als die Individualität und die Illoyalität der Intellektuellen auffasste. »Wenn ich so die intellektuellen Schichten bei uns ansehe [...]«, sinnierte er im November 1938, »leider, man braucht sie ja, sonst könnte man sie eines Tages ja, ich weiß nicht, ausrotten oder so was.«[41] Diese Verachtung teilte Goebbels, zumal er auch die Idee der »Objektivität«, darin Ivy Lee vergleich-

bar, ablehnte. »Es gibt überhaupt nichts, was ohne politische Vor-
eingenommenheit ist«, sagte er. »Die Entdeckung des Prinzips
der absoluten Objektivität ist das Privileg der deutschen Univer-
sitätsprofessoren – und ich glaube nicht, dass Universitätspro-
fessoren Geschichte machen.«[42]

Goebbels zog eine wichtige und aufschlussreiche Lehre aus
Orson Welles' Sendung *Krieg der Welten*. Anfang 1939, als die
deutsch-amerikanischen Beziehungen auf einen neuen Tiefpunkt zusteuerten, schrieb Goebbels, das amerikanische Volk
sei Opfer einer Kampagne »gewissen- und skrupelloser Welt-
verhetzer. [...] Wieweit diese Verhetzung geht, kann man daraus
ersehen, dass die öffentliche Meinung in Nordamerika heute
schon auf den plumpsten Schwindel hereinfällt. Es braucht ein
amerikanischer Sender nur ein phantastisches Hörspiel eines
Angriffs von Marsbewohnern auf den amerikanischen Kontinent zu senden, und ein großer Teil des amerikanischen Volkes
wird geradezu von einer Panik erfaßt. Das sind die Folgen dieser
infamen lügnerischen und gewissenlosen Hetze.«[43] Auch Goebbels war der Meinung, dass man die Menschen dazu bringen
konnte, alles zu glauben.

Hitler musste nun nur noch verdeutlichen, welchen Sinn es
wirklich hatte, die leichtgläubigen Massen mit Propaganda zu
überschütten. Am 10. November 1938, dem Tag nach der »Reichskristallnacht«, kehrte er in den Führerbau am Münchner Königsplatz zurück, in dem sechs Wochen zuvor die Münchner Konferenz stattgefunden hatte. Offiziell war er dort, um den deutschen
Zeitungsverlegern und vielen Journalisten für ihre Berichterstattung über die Sudetenkrise zu danken. Tatsächlich ging es
ihm darum, etwas anzusprechen, das weit finsterer war.

Hitler war noch immer beunruhigt über den offensichtlichen
Mangel an Kriegsbegeisterung, den die deutsche Bevölkerung
im September gezeigt hatte. Seit er an die Macht gekommen sei,
erklärte er, hätten ihn die Umstände gezwungen, »fast nur vom
Frieden zu reden«. Nur so sei es ihm möglich gewesen, die Freiheit Deutschlands zurückzugewinnen. Aber offensichtlich habe

diese »Friedenspropaganda auch ihre bedenklichen Seiten«, sagte Hitler: Das deutsche Volk habe tatsächlich begonnen, sie zu glauben.

Es sei »nunmehr notwendig, das deutsche Volk psychologisch allmählich umzustellen und ihm langsam klarzumachen, daß es Dinge gibt, die, wenn sie nicht mit friedlichen Mitteln durchgesetzt werden können, mit Mitteln der Gewalt durchgesetzt werden müssen«. Dabei gehe es, so Hitler, vor allem darum, »bestimmte außenpolitische Vorgänge so zu beleuchten, daß die *innere* Stimme des Volkes selbst langsam nach Gewalt zu schreien« beginne.

Hitler hatte keinen Zweifel daran, dass »das Volk« entsprechend reagieren werde, wenn man ihm die Dinge in der richtigen Weise darlege. Es sei die Aufgabe der Presse, das Volk propagandistisch bereit zum Krieg zu machen. »Dazu müssen wir das ganze deutsche Volk bringen. Es muß lernen, so fanatisch an den Endsieg zu glauben, daß, selbst wenn wir einmal Niederlagen erleiden würden, die Nation sie nur [...] von dem höheren Gesichtspunkt aus wertet: Das ist vorübergehend.« Entscheidend sei, dass das Volk geschlossen hinter der Führung stehe. Das, sagte Hitler, würde ihn stolz machen und wäre »eine ungeheure Beruhigung«.[44]

Um diesen »Schulterschluss« zu erreichen, wiederholte Hitler stets, welche Bedrohung »Fremde« darstellten – ganz gleich, ob es sich dabei um Menschen aus Frankreich oder der Sowjetunion handelte oder um deutsche Staatsbürger, denen er die Zugehörigkeit zu Deutschland aberkannte, wie etwa Juden. Dass bedrohliche Ausländer ins Land kommen könnten, war die universelle und allgegenwärtige Angst der 1930er Jahre. Diese Fremden konnten abstrakt oder fiktiv sein, wie die Marsmenschen in Orson Welles' Hörspiel. Aber sie konnten auch sehr real sein. Die in Reih und Glied marschierenden Sturmtruppen des Amerikadeutschen Volksbundes waren ein Beispiel für etwas Fremdes und Bedrohliches, genauso wie, auf andere Art, Migranten und

Flüchtlinge. Und ebenso galt das für Agenten ausländischer Regierungen und ausländischer Geheimdienste.

Polizei und Geheimdienst der Nationalsozialisten verbreiteten in den 1930er Jahren in den Demokratien Angst und Schrecken. Theodor Lessing, ein liberaler jüdischer Philosoph aus Hannover und ein so brillanter wie findiger Kritiker des deutschen Nationalismus, floh 1933 ins Exil in die Tschechoslowakei. Sudetendeutsche NS-Agenten spürten ihn dort auf und ermordeten ihn. 1935 verschleppten die Nationalsozialisten den investigativen Reporter Berthold Jacob aus der Schweiz. Jacob hatte in der Weimarer Zeit über die geheime deutsche Aufrüstung berichtet und war schon vor der Machtergreifung Hitlers wegen Hochverrats inhaftiert gewesen. Nach der Machtübernahme durch die Nationalsozialisten hatte er seine Berichterstattung von einem Zufluchtsort im noch französisch kontrollierten Saarland aus fortgesetzt.[45]

Ebenfalls 1935 wurden in London zwei deutsche Emigrantinnen tot in ihrer gemeinsamen Wohnung aufgefunden: die ehemalige sozialdemokratische Reichstagsabgeordnete Mathilde Wurm sowie die linke Journalistin und Aktivistin Dora Fabian. Laut der gerichtsmedizinischen Untersuchung handelte es sich um Selbstmord, aber es gab viele Gründe, an diesem Ergebnis zu zweifeln und deutsche Agenten auch hinter diesen Todesfällen zu vermuten. Fabian war aktiv an den Ermittlungen gegen Hans Wesemann beteiligt gewesen, einem sozialistischen deutschen Emigranten, den die Gestapo »umgedreht« hatte und der unter anderem für die Entführung von Berthold Jacob verantwortlich war. In die Wohnung von Fabian und Wurm war zweimal eingebrochen worden, und niemand, der die beiden Frauen kannte, hielt es für plausibel, dass sie Selbstmord begangen hatten. Der Untersuchungsrichter kam zu dem Schluss, dass Fabian sich aus Liebeskummer über das Ende einer Affäre mit dem deutschen Emigranten Karl Korsch umgebracht habe, aber der einzige Beweis für diese Behauptung kam von Korsch selbst, den andere Emigranten in London verdächtigten, ein NS-Agent zu sein.

Und warum sollte sich Mathilde Wurm umbringen, nur weil Dora Fabian Liebeskummer hatte? Die polizeilichen Ermittlungen waren, wie viele Kritiker anmerkten, schlampig durchgeführt worden. Der Fall sorgte in Großbritannien für ein großes Medienecho und schürte die Befürchtung, dass sich der NS-Terror auf den Britischen Inseln ausbreitete. Die Labour-Abgeordnete Ellen Wilkinson schrieb, sie habe Fabian nach dem zweiten Einbruch gedrängt, zur Polizei zu gehen, und gesagt: »Das hier ist nicht Nazi-Berlin.« Fabian habe nur bitter gelächelt und geantwortet: »Der größte Vorteil, den die Nazi-Agenten haben, ist, dass niemand – weder die Polizei noch die eigenen Freunde – *glauben* wird, dass jemand hier die Dinge tun kann, von denen wir beweisen können, dass sie sie tun.«[46]

Diese Aktionen waren von staatlichen Stellen organisiert. Im Jahr 1933 wies die Gestapo alle deutschen Polizeibehörden an, Listen von Emigranten zu erstellen, mit besonderem Augenmerk auf führende Kommunisten, Pazifisten, Sozialdemokraten und »Mitglieder der jüdischen Intelligenz«. Die Gestapo baute ein Netz von Agenten im Ausland zur Überwachung von Flüchtlingen auf. Meist waren die Agenten selbst Deutsche, manche arbeiteten für die Gestapo, weil sie erpresst wurden, manche einfach für Geld. Auch das Auswärtige Amt gründete eine neue Abteilung, das Referat Deutschland, um Emigranten zu überwachen. Und die NSDAP hatte ihre Auslandsorganisation, die aktiv deutsche Anhänger des Nationalsozialismus im Ausland zusammenbrachte.[47]

Es war alarmierend genug, dass Menschen, die in demokratischen Ländern lebten, von NS-Agenten ausgeraubt, entführt oder sogar ermordet werden konnten. Vielleicht noch alarmierender war die Möglichkeit, dass die Nationalsozialisten sich aktiv in die demokratische Politik einmischen und möglicherweise sogar versuchen könnten, den Ausgang von Wahlen zu beeinflussen. Franklin D. Roosevelt war sich dieser Gefahr durchaus bewusst. »Wir wissen aus Erfahrung«, sagte er 1939 in seiner Rede zur Lage der Nation, »dass lange vor jeder offenen militärischen Handlung die Aggression mit den Vorboten der Propaganda, der auslandsfinanzierten Infiltration, der abnehmenden Bereitschaft, guten Willen zu zeigen, dem Schüren von Vorurteilen und der Aufstachelung zur Uneinigkeit beginnt.«[48] Er kam auf dieses Thema mehrfach zurück. In einer Radiosendung im Mai 1940, einem seiner berühmten abendlichen »Gespräche am Kaminfeuer«, warnte er davor, dass feindliche Angriffe auch durch das »Säen von Zwietracht« erfolgen könnten, indem »eine Gruppe«, die sich aufgrund von »partikularen oder rassischen oder politischen« Interessen zusammengefunden haben mag, »ermutigt wird, ihre Vorurteile durch falsche Slogans und emotionale Appelle bekannt zu machen. Das Ziel derjenigen, die diese Gruppen absichtlich anstacheln, ist es, Verwirrung bei den Beratern, öffentliche Unentschlossenheit, politische Lähmung und schließlich einen Zustand der Panik zu erzeugen.«[49] Ein paar Monate später wurde ein weiteres Kamingespräch gesendet, in dem Roosevelt darüber sprach, warum er die USA als das große »Arsenal der Demokratie« sah. Darüber hinaus warnte er davor, dass die »bösen Kräfte, die so viele andere zermalmt und untergraben und korrumpiert haben, bereits innerhalb unseren eigenen Mauern zu finden sind« und es »amerikanische Bürger, viele von ihnen in hohen Positionen, gebe, die […] die Arbeit dieser Agenten unterstützen und fördern«.[50]

In den späten 1930er Jahren und während der ersten Jahre des Zweiten Weltkriegs lief in den USA eine umfangreiche, vom deutschen Auswärtigen Amt betriebene Kampagne, die Dutzende von US-Senatoren und Repräsentanten beeinflusste und sie benutzte, um deutsche Propaganda zu verbreiten. Der Kopf des Netzwerks war George Sylvester Viereck, ein Amerikaner deutscher Herkunft, der schon vor dem Ersten Weltkrieg auf verschiedene Weise prodeutsche Propaganda verbreitet hatte. Seine Operationen verfolgten drei Hauptziele: die Amerikaner davon zu überzeugen, dass Deutschland nicht zu besiegen sei, die Gesetzgeber dazu zu bringen, die Neutralität zu befürworten, und den deutsch-amerikanischen Handel aufrechtzuerhalten.

Die Verbreitung von Desinformation war der Schlüssel zu diesen Bemühungen. Die Politiker, die Viereck sich zunutze machte, waren stark isolationistisch eingestellt, wie etwa der Kongressabgeordnete Hamilton Fish aus dem Bundesstaat New York, und manchmal auch knapp bei Kasse, wie Senator Ernest Lundeen aus Minnesota, dem Viereck versprach, dass sich eine Zusammenarbeit »sowohl politisch als auch finanziell als profitabler erweisen würde als alles, was Sie selbst tun können«. Tatsächlich arbeitete Viereck direkt aus Lundeens Büro heraus. Das Ergebnis seiner Bemühungen war, dass Lundeen und Fish (und andere im Kongress) die Bühne des Repräsentantenhauses und des Senats nutzten, um die Propaganda einer feindlichen ausländischen Macht zu verbreiten. Viereck machte sich zudem das Kongressprivileg zunutze, Postsendungen kostenlos frankiert zu bekommen, und verschickte auf Kosten der amerikanischen Steuerzahler Hunderttausende von Sonderdrucken dieser Reden.[51]

Kurz bevor Lundeen 1940 bei einem Flugzeugabsturz ums Leben kam, versicherte ihm Viereck, dass eine drohende Untersuchung dazu nur eine politisch motivierte »Hexenjagd« sei. Tatsächlich war es, wie erst 2013 freigegebene Akten zeigen, eine Operation des britischen Geheimdienstes, die Viereck letztendlich stoppte. Die Briten ließen Informationen über seine Aktivitäten an die Presse und an amerikanische Behörden durchsickern. Viereck wurde unter dem Foreign Agents Registration Act (›Gesetz zur Registrierung ausländischer Agenten‹) angeklagt. Das war dann tatsächlich das Ende seiner Kampagne.[52]

Die deutsche Regierung mischte sich auch stark in die US-Präsidentschaftswahlen von 1940 ein und gab Millionen von Dollar aus, um die Nominierung eines demokratischen Kandidaten zu sichern, der Deutschland freundlich gesinnt war. Ihre größten Hoffnungen hatten die Deutschen auf den Gewerkschaftsführer John L. Lewis gesetzt – und als klar wurde, dass der Kandidat der Demokraten erneut Roosevelt heißen würde, richtete die deutsche Regierung ihre verzweifelten Versuche darauf, stattdessen einen Sieg seines republikanischen Herausforderers, Wendell Willkie, herbeizuführen. Die deutsche Botschaft in Washington gab Tausende von Dollar für die Reisekosten republikanischer Kongressabgeordneter aus, damit diese dafür sorgten, dass isolationistische Positionen in das Wahlprogramm der »Grand Old Party« aufgenommen wurden – wobei die Deutschen nicht verstanden hatten, dass kaum ein Amerikaner jemals den Parteiprogrammen große Aufmerksamkeit schenkte. Und die deutsche Botschaft bezahlte ganzseitige Zeitungsanzeigen mit der Forderung »Stoppt den Marsch in den Krieg!«[53]

Genau um diese Art ausländischer Einflussnahme zu verhindern, haben Staaten Geheimdienste. In den 1930er Jahren war die Geheimdienst- und Polizeiarbeit in Großbritannien und den Vereinigten Staaten erfolgreich genug, um im Allgemeinen die schlimmsten Taten von NS-Agenten zu unterbinden. Eine besondere Herausforderung ergibt sich jedoch für einen Nachrichtendienst, wenn ein Regierungschef zuverlässige Informationen über seine Gegner einfach nicht zur Kenntnis nehmen will oder, noch schlimmer, wenn er selbst von den Geheimdiensten als unzuverlässig eingeschätzt wird. Dies war ein Problem, vor das Neville Chamberlain die britischen Dienste Ende 1938 zu stellen begann.

Wie die meisten Länder hatte Großbritannien einen Auslandsnachrichtendienst (Secret Intelligence Service, SIS, besser bekannt als MI6 (Military Intelligence Section 6), der vom Außenministerium geleitet wurde, und einen Inlandsnachrichtendienst (bekannt als MI5), der dem Innenministerium unterstellt war. Die Bedrohung durch den Nationalsozialismus lag selbstverständlich hauptverantwortlich im Zuständigkeitsbereich des SIS. Es ergab sich jedoch, dass der MI5 einen hervorragenden Agenten in der deutschen Botschaft in London hatte, der brisante Informationen über das NS-Regime liefern konnte.

Es handelte sich dabei um eine bemerkenswerte Persönlichkeit namens Wolfgang Gans Edler Herr zu Putlitz. Der Sproß einer aristokratischen Brandenburger Familie hatte im Ersten

Weltkrieg gedient und war 1925 in den deutschen diplomatischen Dienst eingetreten, nachdem er in Berlin und Hamburg in Wirtschaftswissenschaften promoviert und in Oxford studiert hatte. In den späten 1930er Jahren leitete er die Konsularabteilung der Londoner Botschaft. Als leidenschaftlicher NS-Gegner scheint Putlitz in den 1930er Jahren sowohl für den sowjetischen als auch den britischen Geheimdienst gearbeitet zu haben.[54] Er kommunizierte mit dem MI5 über einen anderen bemerkenswerten Agenten, Jona von Ustinov, genannt »Klop« (russisch für ›Wanze‹). Ustinovs Vater war ursprünglich ein russischer Adeliger, der jedoch, nachdem er das an der mittleren Wolga gelegene Familiengut hinter sich gelassen hatte, in Württemberg eingebürgert worden war. Klop war also Deutscher, ebenfalls Weltkriegsveteran und seit einer Reise nach Kriegsende in die Sowjetunion mit einer Russin verheiratet. Als Pressesprecher der deutschen Botschaft in London wurde er entlassen, als er sich weigerte, zu beweisen, dass er kein Jude war. Er nahm die britische Staatsbürgerschaft an, wurde in London Journalist – und Agent des MI5. Klops ausgezeichnete Kontakte in die deutsche Botschaft, auch Putlitz gehörte dazu, machten ihn für die Briten äußerst wertvoll. Der MI5-Offizier Peter Wright schrieb viele Jahre später, dass die Informationen, die Klop von Putlitz erhielt, »möglicherweise die wichtigsten Informationen waren, die Großbritannien in der Vorkriegszeit von einem einzelnen Menschen als Quelle erhielt«.[55]

Das Team von Putlitz und Klop lieferte Dokumente wie etwa Berichte der NS-Auslandsorganisation in Großbritannien. Dank dieser Berichte wusste der MI5 im Vorhinein über Aktionen wie die Remilitarisierung des Rheinlands und die Invasionen in Österreich und der Tschechoslowakei Bescheid. Putlitz war überzeugt, dass Hitler ernst meinte, was er in *Mein Kampf* über die Expansion Deutschlands nach Osten geschrieben hatte. Er zog daraus die Konsequenz, dass Appeasement-Politik zwecklos war. Der MI5 übernahm diese Ansicht ab 1936. Sogar Klops Sohn, Peter Ustinov (der als Bühnen- und Filmschauspieler weit berühmter werden sollte als sein Vater), beteiligte sich an den Spionageaktivitäten. Der junge Peter ging mit dem Sohn des deutschen Botschafters, zu der Zeit noch Joachim von Ribbentrop, auf dieselbe Schule und berichtete, mit welcher Begeisterung Ribbentrops Sohn Szenen von Krieg und Zerstörung zeichne.[56] Das Verhältnis zwischen SIS und MI5 war schon geradezu traditionell von einer erbitterten Rivalität gekennzeichnet. Der berühmte SIS-Agent Kim Philby, einer der »Cambridge-Five«, erinnerte sich Jahre später daran, wie man beim SIS mit Erleichterung das Ende des Zweiten Weltkriegs begrüßt hatte, weil man sich nun »wieder dem Kampf gegen den wahren Feind, den MI5, widmen« könne. So ist es nicht verwunderlich, dass der SIS die von Deutschland ausgehende Bedrohung nicht auf die gleiche Weise sah wie der MI5. Während die Informationen von Klop seinen Dienst dazu veranlassten, die Regierung zu drängen, in München standhaft zu bleiben, befürwortete der SIS die Idee, die Tschechen zu zwingen, Hitlers Bedingungen zu akzeptieren. Nach dem Münchner Abkommen erstellte der MI5 auf der Grundlage der Informationen von Putlitz und Klop einen Bericht, der nach den Worten des Historikers Christopher Andrew »wahrscheinlich die erste (wenn auch unter Verschluss bleibende) Anklageschrift eines britischen Geheimdienstes zur Außenpolitik der Regierung darstellt«. Um sicherzustellen, dass der Bericht Chamberlains Aufmerksamkeit hatte, fügte der MI5 Informationen bei, die Hitlers Geringschätzung für Chamberlain belegten: Der NS-Diktator habe Chamberlain ein »Arschloch« genannt und sich über sein Markenzeichen, den Regenschirm, lustig gemacht.[57]

Aber es folgte nicht die Reaktion, die sich der MI5 erhofft hatte. In kürzlich freigegebenen Dokumenten aus dem britischen Außenministerium lässt sich die Episode nachvollziehen. Ende November 1938 lieferten die Quellen des MI5 die alarmierende Information, dass der Pressesprecher der deutschen Botschaft, Fritz Hesse, sich heimlich mit Chamberlains Pressesprecher, George Steward, treffe.[58] Der MI5 bekam sogar einen Bericht in die Hände, in dem Hesse ein Treffen mit Steward für Ribbentrop beschrieb. Laut diesem Bericht, datiert vom 25. November 1938, habe Steward zu Hesse gesagt, dass »der dringende Wunsch bestünde, jetzt einen weiteren sichtbaren Schritt in die im Münchner Abkommen festgelegte Richtung zu tun«. Dann habe er Verhandlungen über ein Abkommen zur »Humanisierung der Kriegsführung, insbesondere des Luftkriegs« vorgeschlagen. Ein solches Abkommen solle persönlich und im Geheimen zwischen Chamberlain und Hitler ausgehandelt werden, ohne das Außenministerium einzubeziehen. Steward habe Hesse versichert, dass »einigen der schlimmsten Scharfmachern gegen Deutschland ein Strich durch die Rechnung« gemacht worden sei – womit wohl Churchill und andere Kritiker der Appeasement-Politik gemeint waren, die Chamberlain aus dem Parlament zu drängen suchte. Hesse fragte dann bei Ribbentrop nach: »Was soll ich tun, falls der Führer diesen zweifellos von offizieller Seite angeregten Vorschlag weiterverfolgen will?« Abschließend fügte er hinzu, der Vorschlag sei »ein weiteres Zeichen dafür, wie groß der Wunsch nach Verständigung mit uns hier in England ist, und auch ein Beweis dafür, [...] dass Großbritannien für das nächste Jahr bereit ist, praktisch alles von uns hinzunehmen und uns jeden Wunsch zu erfüllen«.[59]

Chamberlains Büro kommunizierte also nicht nur heimlich mit der deutschen Regierung, sondern besprach mit den Deutschen auch Pläne, britische Kritiker Chamberlains und Deutschlands auszuschalten. Alexander Cadogan, der diese Information vom MI5 erhielt, war sich nicht sicher, ob und was er Halifax davon sagen sollte. Er schätzte Halifax so ein, dass dieser sich gezwungen sehen würde, Chamberlain mit diesen Berichten zu konfrontieren. Wenn Chamberlain leugne, etwas von den Kontakten zu den Deutschen zu wissen, und »aus jemandem einen Sündenbock machen« könne, würde Halifax eine solche Erklärung wahrscheinlich akzeptieren und weiter im Amt bleiben. Aber sollte sich Chamberlain »zu den schweren Geschützen bekennen«, die er in seinen Verhandlungen mit den Deutschen aufgefahren hatte, würde Halifax zurücktreten – das war zumindest Cadogans unmittelbare Einschätzung.

Cadogan machte sich auch Gedanken über die Wirkung auf Chamberlain. »Er würde wahrscheinlich denken, dass seine Politik des ›Appeasement‹ durch das böse antideutsche Außenministerium torpediert worden sei«, vermutete Cadogan. Chamberlain würde versuchen, dem Außenministerium »die Flügel zu stutzen«, und in der Zwischenzeit mit seiner geheimen Hinterzimmerdiplomatie fortfahren. Sollte Halifax zurücktreten, befürchtete Cadogan, dass Chamberlain einen »Platzhalter« als Außenminister installieren und den SIS unter seine Kontrolle bringen würde. Cadogan hielt es auch für möglich, dass Chamberlain sich gezwungen sähe, Neuwahlen auszurufen, die dann zwischen Appeasement-Befürwortern und -Gegnern ausgetragen würden. Sollten die Deutschen befürchten, dass Chamberlain verlieren könnte, würden sie sofort einen Krieg beginnen. Chamberlains Anhänger würden dies wiederum den Appeasement-Gegnern anlasten, und das Resultat wäre eine tief gespaltene Nation, die nichtsdestoweniger einem das Äußerste fordernden Krieg mit Deutschland gegenüberstünde.

Cadogan kam trotz allem zu dem Schluss, dass er Halifax informieren müsse. Das Ergebnis war in der Tat, dass Chamberlain jemand anderen zum »Sündenbock« machte. Halifax akzeptierte dies, möglicherweise zähneknirschend, und alles ging weiter seinen altbekannten Gang. Chamberlain hielt hartnäckig an seiner Appeasement-Politik fest, auch als deren Ertrag immer weiter dahinzuschwinden schien.

Neben Großbritannien und den Vereinigten Staaten konnte auch Frankreich von der Krise der Demokratie in den 1930er Jahren nicht unberührt bleiben. Die 1870 gegründete Dritte Französische Republik besaß nicht so gefestigte Institutionen wie die englischsprachigen Länder, so dass die Demokratie in Frankreich tatsächlich einer viel größeren inneren Gefahr ausgesetzt war. In den 1930er Jahren sah es zeitweise so aus, als würde sie den Weg der deutschen Demokratie gehen und wie die Weimarer Republik untergehen.

Die deutsche Demokratie war zum Teil durch die gewalttätigen Auseinandersetzungen zwischen organisierten Gruppen von rechts und links ausgehöhlt worden, da der Staat es nicht geschafft hatte, diese bürgerkriegsähnlichen Zustände unter Kontrolle zu bringen. Etwas ganz Ähnliches brach sich in Frankreich im Februar 1934 Bahn. Das noch nachwirkende Grauen des Ersten Weltkriegs, die wirtschaftliche Malaise der 1930er Jahre und das Gefühl, dass Skandale und Korruption in den französischen Institutionen endemisch waren, schienen die Stabilität des französischen Staates zu erschüttern. Die ideologischen Gegensätze innerhalb des Parteiensystems vertieften sich. Die Französische Kommunistische Partei war eine der wesentlichen politischen Kräfte und verzeichnete weiteren Zuwachs. Als Antwort darauf entstanden französische rechtsradikale Gruppen, die den Stil der italienischen Faschisten und deutschen Nationalsozialisten kopierten, mit farbig kodierten Uniformen und Springerstiefeln: Gruppen wie die Jeunesses Patriotes (›Patriotische Jugend‹) und die Croix-de-Feu-Bewegung (die sogenannten ›Feuerkreuzler‹). In der Nacht des 6. Februar entluden sich die angespannte Situation und die aufgestaute Wut auf den Straßen von Paris: Beide Seiten gingen auf die Straße, und zwischen den radikalen Gruppen der Rechten und der Linken eskalierte die Gewalt. In dieser Nacht wurden 18 Menschen getötet, und es gab rund 1400 Verletzte.

Anders als in Deutschland beruhigte sich die Lage jedoch wieder, und eine Zeit lang schien es, als kehre mit der sich erholenden Wirtschaft auch das Vertrauen in die Zukunft der Nation zurück. Die rechte Gewalt von 1934 hatte eine Gegenmobilisierung der Linken ausgelöst. Daher brachten die Parlamentswahlen von 1936 eine Mehrheit für die Parteien der Mitte und der Linken. Die Radikalsozialisten (ein irreführender Name, da die Partei historisch radikal in ihrer Ablehnung der Monarchie gewesen war, aber als eine Partei der liberalen Mitte zu verstehen ist), die Sozialisten und die Kommunisten bildeten die Regierung. Der Vorsitzende der Sozialistischen Partei, ein jüdischer Intellektueller namens Léon Blum, übernahm das Amt des Premierministers.[60]

Die Vorstellung von »republikanischer Verteidigung«, mit der Blum ins Amt kam, ähnelte Roosevelts Auffassung. Er sah die Bewahrung der Demokratie im Inneren – erreicht durch soziale Gerechtigkeit – als Teil des Widerstands gegen den Nationalsozialismus im benachbarten Ausland an. Zu einer Zeit, als Frauen in Frankreich noch nicht einmal wählen durften, ernannte er drei Frauen zu Unterstaatssekretärinnen. Doch Widersprüche in Blums Programm brachten seine Regierung bald in Schwierigkeiten. Wie die Regierungen Baldwin und Chamberlain beschloss auch das Kabinett Blum, nicht zur Rettung der Frente Popular, des spanischen Pendants der französischen Volksfront, in den Spanischen Bürgerkrieg einzugreifen. Das Problem, das Blums Regierung mit Deutschland hatte, war nur eine Variation desselben Themas. Die Ziele der Volksfront waren Frieden und Demokratie bei gleichzeitigem Widerstand gegen den Faschismus – aber was sollte man tun, wenn die Entscheidung für den Frieden bedeutete, den Faschismus zu akzeptieren, oder der Widerstand gegen den Faschismus Krieg bedeutete? Blum wusste nicht, wie er dieses Dilemma auflösen sollte. Und dass Blum Premier geworden war, provozierte eine ähnlich starke Gegenmobilisierung der Rechten, wie sie die Ereignisse vom Februar 1934 bei den Linken provoziert hatten. Vielleicht hat kein französischer Rechter jemals wirklich »Besser Hitler als Blum!« gerufen, wie es viele damals und auch später noch glaubten. Aber für die nationalistische Rechte war ein jüdischer Sozialist als führender Politiker Frankreichs das röteste aller roten Tücher. Charles Maurras, der Spiritus Rector der nationalistischen und antisemitischen Bewegung Action française, nannte Blum »einen Mann, den man nur in den Rücken schießen kann«. Und einer der Parlamentsvertreter der Rechten drückte seine Abscheu darüber aus, dass »diese alte gallo-römische Nation« nun von einem »rabulistischen Talmudisten« regiert werden solle.[61]

Nichtsdestoweniger schaffte es die Regierung Blum, sowohl ein ernsthaftes Wiederaufrüstungsprogramm zu starten als auch einige ihrer Sozialreformgesetze durchzusetzen (einschließlich einer Vierzig-Stunden-Woche und bezahltem Urlaub für Arbeiter in der Industrie). Der französische Senat hatte jedoch eine viel konservativere Zusammensetzung als die Abgeordnetenkammer. Im Juni 1937 verlor Blum eine Abstimmung im Senat und beschloss, zurückzutreten.[62]

Die politische Polarisierung und die Paranoia vor dem jeweils anderen politischen Lager nahmen in Frankreich immer mehr zu. Die Linke hatte die Ereignisse vom Februar 1934 für den Versuch eines faschistischen Staatsstreichs gehalten. Als die Volksfront an die Macht kam, war es die Rechte, die eine drohende kommunistische Revolution befürchtete. Die Tatsache, dass die (liberal-)radikale Partei in der Ära der Volksfrontregierung in den Orbit der Sozialisten und der Kommunisten gezogen worden war, hatte im politischen Spektrum eine Leerstelle geschaffen. Menschen, die sich zuvor von der Parti radical repräsentiert gesehen hatten, fühlten sich verlassen: meistenteils Bauern, Kleinunternehmer und einfache Büroangestellte – oder, wie die Franzosen sagen würden, *les classes moyennes* (ȥdie Mittelschichtȥ).[63]

François de La Rocque war seit 1929 der Anführer der quasifaschistischen Veteranenorganisation Croix de Feu. Als die französische Regierung Croix de Feu im Jahr 1936 verbot, gründete de La Rocque eine neue politische Partei, die Parti social français (Französische Soziale Partei, PSF). Auch in der PSF fanden sich zumindest einige Elemente des Faschismus, amalgamiert mit Elementen des traditionellen politischen Konservatismus. De La Rocques Partei wuchs schnell und hatte Ende der 1930er Jahre etwa eine Million Mitglieder, mehr als die Kommunisten und Sozialisten zusammen. Es kann kaum einen Zweifel daran geben, dass die PSF, wenn es nach 1936 eine Parlamentswahl gegeben hätte, diese gewonnen hätte.[64]

Es gab nicht nur keine Wahlen, Édouard Daladier, der im

April 1938 das Amt des Premierministers angetreten hatte, begann auch in einer Weise zu regieren, die an die Weimarer Republik in den Jahren 1932–33 erinnerte und an ein Deutschland, das in Hitlers Griff geraten war. Daladier brachte die Abgeordnetenkammer und den Senat dazu, ihm für vier Monate die Befugnis zu erteilen, per Notverordnung zu regieren. So konnte er sein Programm durchsetzen, ohne befürchten zu müssen, dass die Linken oder die Rechten ihn zuvor wieder aus dem Amt werfen würden. Diese Vollmacht wurde später mehrfach erneuert. Die drei Reichskanzler vor Adolf Hitler hatten, qua Autorität des Reichspräsidenten, durch vergleichbare Notverordnungen regiert. Die Verordnungen hätten vom Reichstag aufgehoben werden können, das geschah aber nie, da die Sozialdemokratische Partei befürchtete, dass die einzige Alternative zum Regieren per Notverordnung die Herrschaft Hitlers war. Als Hitler dann trotzdem Kanzler wurde, brachte er den Reichstag dazu, das zu tun, was die französische Abgeordnetenkammer und der Senat später für Daladier taten: Sie verliehen ihm die Macht, per Dekret zu regieren – in Hitlers Fall allerdings für vier Jahre, nicht für vier Monate. Natürlich ist Daladier nicht mit Hitler gleichzusetzen. Aber der Präzedenzfall kann schwerlich als ermutigend angesehen werden. Wie in Deutschland in den Jahren 1932 und 1933 offenbarte er ein Problem des parlamentarischen Systems, das im akuten Notfall nicht mehr richtig funktionieren konnte – oder vielleicht auch gar nicht mehr funktionierte.[65]

Auch Großbritannien hatte seine eigene Spielart des Faschismus, insbesondere mit Oswald Mosleys British Union of Fascists (BUF). Eine Zeit lang hatte Mosley die Unterstützung eines prominenten Zeitungsverlegers, Lord Rothermere, und dessen auflagenstarken Boulevardblattes *Daily Mail*. Aber die BUF fand keinen nennenswerten Zulauf und trat 1935 nicht einmal zu den Unterhauswahlen an, was sie in die Bedeutungslosigkeit stürzte. Für viele Briten war Ende der 1930er Jahre der wirklich alarmierende Trend in der Politik das diktatorische Verhalten der Regierung, die sie bereits hatten.

Lichtjahre von dem regenschirmtragenden, politisch erfolglosen Jämmerling der Legende entfernt, war der echte Neville Chamberlain eine durchaus beeindruckende Figur mit autoritären Instinkten, dabei allerdings sehr dünnhäutig. Chamberlain war mit einem berühmten Vater und Halbbruder geschlagen. Seine Familie hatte ihn immer als den dritten und den unbedeutendsten in der Reihe der Chamberlain-Politiker angesehen. Der Patriarch, Joseph Chamberlain, eine der dominierenden Figuren der spätviktorianischen britischen Politik, hatte gar nicht geplant, dass sein jüngerer Sohn Politiker werden sollte, und als er es trotzdem wurde, behandelte die Familie ihn mit Herablassung. Als Neville Chamberlain bereits fünf Jahre Schatzkanzler und eine der führenden Persönlichkeiten in Stanley Baldwins Kabinett war, warnte ihn sein Halbbruder Austen: »Neville, du musst daran denken, dass du nichts von Außenpolitik verstehst.« Entsprechend beschwerte er sich: Austen »hat prinzipiell Schwierigkeiten damit, zu begreifen, dass ich nicht mehr sein kleiner Bruder bin«.[66]

Diese Erfahrungen ließen ihn eine kühle Abwehrhaltung einnehmen und trugen vielleicht sogar zu einem Minderwertigkeitskomplex bei, der nichts Gutes verhieß, als Chamberlain 1937 das Amt des Premierministers übernahm. Der altgediente Journalist James Margach erinnerte sich Jahre später, dass das, was Chamberlain widerfuhr, »anschaulich demonstrierte, was Macht tatsächlich aus einem Mann machen kann. [...] Als ich ihn kennenlernte, war er ein unvergleichlich schüchterner, freundlicher, großzügiger und warmherziger Mensch. Aber als er Premierminister wurde, entwickelte er sich zu dem autoritärsten, intolerantesten und arrogantesten von allen Premierministern, die ich kannte.«[67]

Tatsächlich fragten sich viele Briten besorgt, ob sich Chamberlains Regierung zu einer milderen britischen Version des Faschismus entwickelte, die im Falle eines Kriegs auch robuster auftreten könnte – eine britische Ausprägung des Roosevelt'schen Alptraums vom Garnisonsstaat. George Orwell schrieb 1937 an einen Freund: »Jeder mit etwas Vorstellungskraft kann voraussehen, dass uns der Faschismus [...] aufgezwungen werden wird, sobald der Krieg beginnt.«[68] In seinem 1939 erschienenen Roman *Auftauchen, um Luft zu holen* stellte sich Orwell einen britischen Polizeistaat als direkte Folge eines erneuten Konflikts mit dem Ausland vor – ein Vorgeschmack auf seine berühmte Dystopie *1984* – mit »den Luftschutzsirenen und den Lautsprechern, die brüllen, dass unsere glorreichen Truppen hunderttausend Gefangene gemacht haben, [...] [und] den Plakaten und den Essensschlangen und dem Rizinusöl und den Gummiknüppeln und den Maschinengewehren, die aus den Schlafzimmerfenstern herausschießen«.[69]

Für die britische Opposition hatte Neville Chamberlain nur Verachtung übrig, und er war völlig intolerant gegenüber Kritik, sei es aus der eigenen Partei oder von außen. Noch bevor er Premierminister wurde, sorgte sich ein hochrangiger konservativer Beamter: »Es gibt ein weit verbreitetes Gefühl unter den Leuten, dass Mr. Chamberlain im Herzen ein Autokrat ist und dass wir, wenn er den Platz von Mr. Baldwin als Premierminister einnehmen würde, einen Schritt weg von der Demokratie machen würden.« Nachdem Chamberlain an die Spitze gerückt war, beschwerte sich ein konservativer Abgeordneter, der nicht der Fraktionsdisziplin folgen wollte, dass unter Chamberlains Führung »der Parteiapparat der Konservativen noch mächtiger ist als der Parteiapparat der Nazis. Er mag ein anderes Ziel haben, aber er ist ähnlich gefühllos und rücksichtslos.«[70] Und John Colville, Chamberlains stellvertretender Privatsekretär, erinnerte sich: Chamberlain konnte selbst auf die mildeste Kritik mit einer heftigen Wut reagieren, »die ich bei einem so kühlen Menschen niemals erwartet hätte«. Chamberlain, so Colville, mochte es, »auf ein Podest gehoben und mit angemessener Demut von bedingungslosen Bewunderern verehrt zu werden«.[71]

Chamberlains schneller, klarer Verstand, seine spröde

Schüchternheit und sein Unwille gegenüber »Dummköpfen« führten dazu, dass seine Auftritte im Parlament teils einen harschen, ja ruppigen Charakter hatten. Er vernachlässigte die meisten der üblichen parlamentarischen Höflichkeitsregeln und ging in der Debatte aggressiv auf seine Gegner los. Chamberlains treue Anhänger beklagten, dass die Opposition »uns alle als Faschisten hinstellt«, aber tatsächlich markierte der Wechsel von Baldwins Regierung zu Chamberlains einen Rückfall in alte parteipolitische Grabenkämpfe von dramatischem Ausmaß. Nach einem Jahr Chamberlain war selbst Baldwin verärgert, dass sich sein Nachfolger vom in den Jahren vor 1937 bestehenden Konsens der politischen Mitte entfernt hatte. Chamberlains Regierung war »nach rechts gerückt«, und Baldwin befürchtete, dass es »niemals eine vom ganzen Land getragene Außenpolitik geben könne, solange er da ist«.[72]

Was Chamberlain wollte, war eine von allen getragene Außenpolitik zu seinen Bedingungen, und zwar nur zu seinen Bedingungen. Seine Aggressivität erstreckte sich auch auf sein Verhältnis zur Presse. Margach bezeichnete ihn als den ersten Premierminister, der moderne Techniken des Medienmanagements im großen Stil anwendete. Er hatte keinerlei Zeit für die Kritik der Reporter. Oft beantwortete er Fragen nicht spontan, sondern verlangte stattdessen eine Vorankündigung. Drohungen und Einschüchterungen waren seine übliche Reaktion auf negative Berichterstattung, selbst auf Nachfragen. Wenn ihm eine Frage gestellt wurde, die er nicht mochte, war seine Antwort in der Regel ein »hochmütiges Grinsen«, gefolgt von dem Hinweis, dass der Arbeitgeber des Reporters dessen »unpatriotische« Haltung sicher nicht schätzen würde. Manchmal starrte Chamberlain den Journalisten nur eisig an und blaffte dann: »Die nächste Frage, bitte.« Wurde ihm eine Frage zur Verfolgung der Juden durch die Nationalsozialisten gestellt, konnte man damit rechnen, dass die Antwort lautete, der Reporter sei wohl der »jüdisch-kommunistischen Propaganda« aufgesessen.[73]

Ironischerweise ärgerte nichts Chamberlain mehr, als wenn ihn die Presse einen Diktator nannte. Margach erinnerte sich, dass Chamberlain mehrere Reporter in die Downing Street Nr. 10 rief, wo sie ihn »rot vor Wut« vorfanden. Er schlug auf den Tisch und knurrte: »Ich sage Ihnen, dass ich nicht diktatorisch bin, ich bin nicht autokratisch, ich bin nicht intolerant, ich bin nicht übermächtig. Sie liegen alle falsch, falsch, falsch, das sage ich Ihnen. Ich bin der entspannteste und verständnisvollste Mensch von allen. Keiner von Ihnen, darauf bestehe ich, darf jemals wieder anführen, ich sei diktatorisch.« Eine wiederkehrende Beschwerde Chamberlains war, dass die Presse »falsch« liege oder sogar unehrlich sei. In einer Kabinettssitzung im Jahr 1939 wütete er, die Kritik seitens der Presse sei nur eine »wie Massenware produzierte, künstliche Erregung, die in keiner Beziehung zu irgendeinem spontanen Gefühl von Empörung im Lande stehe«.[74] Der Grund, warum die Presse so »unpatriotisch« sei, liege in ihrer »Degeneriertheit«.[75]

Chamberlain verstand etwas davon, wie man Zuckerbrot und Peitsche kombiniert. Er wählte bestimmte, von ihm bevorzugte Journalisten aus und vermittelte ihnen den Eindruck, anders als andere würden sie zum inneren Kreis gehören und hätten teil an der Macht. Selbstverständlich war der Preis für eine solche Vorzugsbehandlung, dass der Reporter Chamberlains Politik unterstützen musste. Die Strategie funktionierte, so dass infolge dessen ein großer Teil der britischen Presse seine kritische Kompetenz ad acta legte. Ein Beobachter kommentierte, einige der von Chamberlain auf Pressekonferenzen vorgebrachten Aussagen seien so offenkundig unwahr und widersprächen allen Fakten, dass zahlreiche Regierungsbeamte nicht verstehen könnten, warum die Presse sie ohne unabhängige Überprüfung akzeptiere. Harold Macmillan, zu diesem Zeitpunkt bereits ein Abweichler unter den konservativen Abgeordneten (und selbst zukünftiger Premierminister), fällte ein vernichtendes Urteil über seine konservativen Mitparlamentarier, das auch auf einen Teil der Presse zutraf: »Wenn Chamberlain sagt, dass Schwarz Weiß ist, applaudieren die Torys seiner Brillanz. Wenn er eine Woche später sagt, dass Schwarz eben doch Schwarz ist, applaudieren sie seinem Realismus. Nie hat es eine solche Unterwürfigkeit gegeben.«[76]

Eine Parlamentsdebatte vom 2. August 1939 illustriert in dramatischer Weise Chamberlains autoritäre Tendenzen – und welche Folgen es haben konnte, wenn man ihm in die Quere kam. Chamberlain hatte sich entschlossen, das Unterhaus bis Oktober zu vertagen. Aber es drohte eindeutig Krieg, und viele Parlamentarier der Opposition und sogar einige unter seinen eigenen Anhängern befürchteten, er würde die Sommerpause nutzen, um einen weiteren feigen Deal mit Hitler auszuhandeln. Das resultierende Wortgefecht entwickelte sich unerwartet zu einer leidenschaftlichen Debatte über den Zustand der britischen Demokratie und ihre Rolle in der Welt.

Zu diesem Zeitpunkt war Winston Churchill zu einem der streitbarsten Fürsprecher der britischen Demokratie geworden. Churchill stellte die weltweite Bedeutung dessen, was im britischen Parlament geschah, in seiner Rede heraus: »Dieses Haus wird hierzulande manchmal verunglimpft«, sagte er, »aber im Ausland zählt es etwas. Im Ausland, vor allem in diktatorisch regierten Ländern, wird das Unterhaus geachtet als ein höchst eindrucksvoller Ausdruck des britischen nationalen Willens und als ein Instrument dieses Willens im Widerstand gegen die Aggression.« Er übte beißend sarkastische Kritik an der arroganten Aussetzung der Zusammenkünfte der Legislative durch die Regierung Chamberlain. »Es ist eine sehr schwerwiegende Äußerung, und ich hoffe, dass es nicht dazu kommen wird, dass die Regierung dem Haus sagt: ›Los, ab nach draußen! Geht spielen. Und vergesst eure Gasmasken nicht. Kümmert euch nicht um die öffentlichen Angelegenheiten.‹ Überlasst sie den begnadeten und versierten Ministern, die uns schließlich, was unsere Verteidigung betrifft, dort hingelotst haben, wo wir im September letzten Jahres gelandet sind« – mit anderen Worten: beim Münchner Abkommen. Er schloss seine Rede mit einem Appell zur natio-

nalen Einheit und zur Abkehr von parteipolitischen Streitigkeiten, ein Appell, der immer mehr zu einem zentralen Element
seiner Botschaft werden sollte.[77]
Im Anschluss an Churchills Rede wandelte sich die Debatte
zu einer Kontroverse über das richtige Verhältnis zwischen Exekutive und Legislative. Richard Law argumentierte, dass es falsch
und sogar verfassungswidrig sei, den Gegnern einer Vertagung
der Sitzungen vorzuwerfen, sie würden damit mangelndes Vertrauen in den Premierminister zeigen. Tatsächlich aber tat der
dünnhäutige Chamberlain mit der Bösartigkeit, die Kritik bei
ihm auszulösen pflegte, genau das. Er verhöhnte seine Gegner,
indem er sagte, ihre Reden würden zeigen, dass sie »sehr dringend Urlaub bräuchten«. Und dann tat er, was Law ihn gebeten
hatte, zu unterlassen: »Wenn Sie [der Regierung] misstrauen«,
sagte er, »und das durch Ihre Stimmabgabe zeigen, schön; das ist
ein Misstrauensvotum gegen die Regierung und fehlendes Vertrauen in den Premierminister im Besonderen.«[78]
Diese Worte waren zu viel für einen jungen konservativen
Abgeordneten namens Ronald Cartland. Es war Cartlands erste
Legislaturperiode, aber er hatte bereits eine Tendenz gezeigt,
sich furchtlos mit unabhängigen Meinungen zu Wort zu melden,
so dass ihm wahrscheinlich keine lange parlamentarische Karriere beschieden sein würde. Chamberlains Rachsucht und seinen
Unwillen, in der Debatte eine Verständigung zu ermöglichen,
fand Cartland unerträglich. Seine kurze Rede avancierte im Parlament zur Sensation des Tages.
»Ich bin von der Rede des Premierministers zutiefst beunruhigt«, sagte Cartland. Die Abgeordneten würden sich bald auf
den Weg in ihre Wahlkreise machen, und im ganzen Land herr-
sche der »abenteuerliche und groteske Eindruck – wie jeder auf
beiden Seiten des Hauses, vielleicht mit einer Ausnahme, weiß –,
[... dass] der Premierminister mit dem Gedanken an eine Diktatur spielt«. Die Rede, die Chamberlain in dieser Debatte gehalten
habe, sagte Cartland, zusammen mit seiner Weigerung, die
Vorschläge für eine Verkürzung der Sommerpause anzuhören,

»wird uns viele Schwierigkeiten bei dem Versuch machen, [...] diesen Eindruck zu zerstreuen«.

»Nun, da die ganze Demokratie versucht, zusammenzustehen, um der Aggression zu widerstehen«, wäre es für Chamberlain ein Leichtes, so Cartland, »auszusprechen, dass er ein enormes Vertrauen in diese demokratische Institution hat.« Hier fügte der zweiunddreißigjährige Cartland, selbst Reserveoffizier, eine ergreifende Bemerkung hinzu: »Wir sind in der Situation, dass wir möglicherweise innerhalb eines Monats in den Krieg ziehen werden und dass wir möglicherweise sterben werden.« Es sei »viel wichtiger, das ganze Land hinter sich zu bringen, als höhnische, kleinkarierte Parteireden zu halten, die die Nation spalten« würden. Cartland schloss: »Ich bekenne offen, dass ich verzweifle, wenn ich solche Reden höre, wie ich sie heute Nachmittag gehört habe.«[79]

Cartland hatte nur ein paar Minuten gesprochen. Doch seine vernichtende Kritik an Chamberlain erregte Aufsehen – und eine Gegenreaktion, die ironischerweise seinen Standpunkt nur untermauern konnte. Ein paar Jahre später zollte Harold Nicolson Cartlands Rede Respekt, indem er sie »die größte aller Ketzereien« nannte. Von mehreren Parlamentariern waren Zwischenrufe zu hören gewesen, als Cartland sagte, dass möglicherweise bald Menschen sterben würden. Außer sich vor »Entrüstung« hatte Cartland gekontert: »Ihr habt ja gut reden.« Nach Nicolsons Darstellung hatte die Rede eine »elektrisierende« Wirkung: »Ich habe selten erlebt, dass die Temperatur [im Unterhaus] so schnell anstieg.« Nach dem Abendessen stellte er fest, dass »die Lobbys noch immer brummten«. Ein Parlamentarier sagte ihm, dass »Ronnie Cartland seine Chancen innerhalb der Partei ruiniert habe, aber er habe sich im Parlament einen Ruf erworben«.[80]

Ungeachtet dessen gewann Chamberlain die Abstimmung mit Leichtigkeit, und für Cartland wurden die Messer gewetzt. Der *Evening Standard* titelte: »Premier fordert Liste der Abgeordneten, die gestern Abend nicht mit abgestimmt haben. Sie werden alle auf die schwarze Liste gesetzt.« Zwar hatten die meisten Abgeordneten nicht viel zu befürchten, doch in dem Artikel wurde auch berichtet, dass »der Fall von Mr. Ronald Cartland aufgrund seiner Kritik am Premierminister anders behandelt wird«. Eine Gruppe von 20 konservativen Abgeordneten forderte, dass die Fraktionsvorsitzenden »strenge Maßnahmen« gegen Cartland ergreifen sollten. Cartland würde also in seinem Wahlkreis, wie Churchill und die Herzogin von Atholl ein paar Monate zuvor, von seiner eigenen Partei einen Gegenkandidaten vor die Nase gesetzt bekommen.[81]

Mit unerschütterlicher Selbstgerechtigkeit behauptete Chamberlain, dass seine Kritiker deshalb so wütend reagiert hätten, weil seine Argumente »unwiderlegbar« seien, und er ging so weit, sich darüber zu beschweren, dass politische Gegner, »die [selbst] die dünnste Haut haben«, meinen, »es sollte ihnen erlaubt sein, nach Herzenslust mit Schlamm zu werfen«. Was den »Cartland-Bengel« betreffe, so hoffte Chamberlain, dass er »sich so wirkungsvoll danebenbenommen habe«, dass ihm sein Wahlkreis das nicht verzeihen könne. Der Premierminister sagte, er werde »Schritte unternehmen, um vor Ort zu Widerspruch zu animieren«. Zudem war er der Ansicht, dass Cartland schon immer »ein illoyales Mitglied« gewesen sei, aber jetzt, so Chamberlain, »hat er mich persönlich angegriffen«. Selbst wenn die Konservativen am Ende den Sitz verlieren würden, nähme er das gern in Kauf: »Das ist mir (vorübergehend) lieber, als einen Verräter in unseren Reihen zu haben.«[82]

Dann kam der Krieg dazwischen, noch bevor Chamberlain die politische Karriere des jungen Mannes zerstören konnte. Cartlands Vorhersagen bewahrheiteten sich dennoch. Am 30. Mai 1940 wurde er im Kampf – 30 Kilometer vor Dünkirchen – getötet. Er war der erste Parlamentsabgeordnete, der im Zweiten Weltkrieg fiel.[83]

Teil 3
# Der Krieg

## Kapitel 12

## »Ich muss Ihnen nun sagen ...«

*Als er über das Ergebnis der Münchner Konferenz grübelt, zieht Adolf Hitler zwei wichtige Schlüsse. Der erste lautet, dass die führenden westlichen Politiker wirklich so schwach sind, wie er angenommen hat. Der zweite, dass es nicht notwendig gewesen wäre, die Münchner Konferenz abzuhalten. Er hätte den Krieg, den er wollte, den gegen die Tschechoslowakei, haben können. Die Briten und Franzosen hätten einen Rückzieher gemacht und ihren Verbündeten im Stich gelassen.*

*Hitler ist mehr denn je wütend auf die Diplomaten und Militärs, die ihm mit ihrer Zaghaftigkeit den Triumph vereitelt haben. Am 1. Februar 1939 notiert Ernst von Weizsäcker in sein Tagebuch, dass die »These«, Großbritannien und Frankreich hätten sich unter allen Umständen aus einem Krieg herausgehalten, »nun offiziell« sei. Allerdings ist Weizsäcker der Meinung, dass die Demokratien, wenn auch möglicherweise ohne viel Begeisterung, in den Krieg gezogen wären, wenn es kein Münchner Abkommen gegeben hätte. Er habe nun »unter dem Vorwurf des Defätismus zu leiden«, was ihn aber nicht allzu sehr störe, da »schließlich der Führer selbst die meine, unblutige Lösung vorzog«.[1] Hitlers Wehrmachtsadjutant Rudolf Schmundt, der den wesentlich willensstärkeren Hoßbach abgelöst hat, bemerkt Ende Februar seinem Offizierskollegen Hermann Teske gegenüber, es sei »sehr schade«, dass »der Krieg nicht gekommen« sei, als es um das Sudetenland ging. Wäre es zum Krieg gekommen, hätte er »die Stellung der Wehrmacht, insbesondere des Heeres, bei Führer und Volk gestärkt«, was »leider notwendig wäre«. Schmundt weiter: Durch »Haltlosigkeit – besonders der Generalität – sei viel Vertrauen verschüttet worden«. Hitler habe »sehr oft mit recht bitteren Worten davon gesprochen«. Wenig überraschend, so Schmundt, kritisiere Hitler vor allem Ludwig Beck.[2]*

*Hitler macht nicht gerade ein Geheimnis daraus, dass sein Ex-*

*pansionsprogramm erst am Anfang steht.* Schon vor seinem ersten Treffen mit Chamberlain auf dem Berghof hat er gegenüber Weizsäcker und Ribbentrop eines verdeutlicht: Sollten die Tschechen das Sudetenland abgeben, »so komme die Tschechei selbst [im Sinne von: der Rest der Tschechoslowakei] erst später, zum Beispiel im nächsten Frühjahr an die Reihe«.[3] Nach der Münchner Konferenz befiehlt er der Armee, einen Einmarsch in das Territorium zu planen, das von der Tschechoslowakei noch übrig ist.[4]

Hitler hat genug davon, dass man versucht, ihm »Zügel anzulegen«. Ende Januar notiert Joseph Goebbels, der fast immer Hitlers Ansichten zum Ausdruck bringt, dass er eine lange Debatte mit Hitlers Wehrmachtsadjutanten geführt habe. »In der Wehrmacht ist noch lange nicht alles so, wie es sein müßte«, klagt Goebbels.[5]

Anfang 1939 ist der wichtigste verbliebene Regierungsangehörige, der kein Angehöriger des Militärs ist und versucht, Hitlers Aktivitäten im Zaum zu halten, der Chef der Reichsbank, Hjalmar Schacht. Mehr und mehr gerät Schacht in Konflikt mit Hitler über die Finanzierung der Aufrüstung, Hitlers Streben nach Autarkie und sogar, so behauptet Schacht später, über die Judenpolitik.[6]

Am 7. Januar legen Schacht und sieben weitere Reichsbankdirektoren Hitler ein Memorandum vor, in dem sie eindringlich mahnen, nur durch ein Zurückfahren der Rüstungsanstrengungen könne das Finanzierungssaldo des Dritten Reiches auf einem Niveau gehalten werden, das eine Inflation verhindern könne. Die Sprache des Memorandums ist deutlich: »Die rücksichtslose Ausgabepolitik des Reiches stellt eine ernsthafte Gefahr für die Währung dar«, warnen Schacht und seine Kollegen. »Die ungeheure Steigerung dieser Ausgaben vereitelt jeden Versuch, einen geregelten Haushalt aufzustellen; sie treibt die Finanzen des Landes trotz eines starken Anziehens der Steuerschraube an den Rand des Ruins und unterminiert zugleich die Reichsbank und die Währung.« Schacht und seine Amtskollegen sind sich einig, dass »jetzt die Zeit gekommen ist, dem Einhalt zu gebieten«.[7]

Es besteht kein Zweifel daran, was Hitler davon hält. Als Hitler das Memo zu Gesicht bekommt, berichtet einer der Beamten an

*Schacht, explodiert er: »Das ist Meuterei!«*[8] *Joseph Goebbels meint,
Schacht habe »geradezu den Führer zu erpressen versucht«. Der
Bankier sei ein »Schubiak und ein Freimaurer«, schreibt Goebbels,
und es sei »höchste Zeit«, dass er »kaltgestellt« werde.*[9]
*Spätabends am 19. Januar wird Schacht telefonisch zu einer
Besprechung für neun Uhr am nächsten Morgen in die Reichskanzlei einbestellt. Er weiß, dass dies eine ungewöhnliche Uhrzeit
für Hitler ist, der selten vor zwei oder drei Uhr zu Bett geht und
daher selten jemanden früher als um elf Uhr vormittags emp-
fängt. Ein weiterer Anruf verschiebt den Termin auf 9.15 Uhr, was
Schacht zu der Vermutung veranlasst, dass Hitler wegen des Treffens nervös ist. In der Gegenwart von Menschen, die wirklich etwas geleistet haben – so sieht sich der arrogante Schacht selbst –,
fühle sich Hitler schließlich immer unwohl.*[10]

*Am nächsten Morgen in der Reichskanzlei erfährt Schacht von
Hitler ohne Vorrede: »Ich habe Sie rufen lassen, um Ihnen Ihre Entlassung als Reichsbankpräsident auszuhändigen.« Schacht nimmt
die schriftliche Ausfertigung wortlos entgegen. Hitler scheint über
die ausbleibende Reaktion unzufrieden. »Sie passen nicht in das
nationalsozialistische Bild«, erklärt er. Wieder sagt Schacht nichts.
Hitler scheint peinlich berührt und versucht es erneut: »Sie haben
sich geweigert, Ihre Mitarbeiter von den Parteiorganen auf ihre politische Zuverlässigkeit hin überprüfen zu lassen.« Schacht hat oftmals darauf bestanden, dass er sich seine Mitarbeiter selbst aussuchen können muss, und da er keinen Sinn darin sieht, diese Erklärung noch einmal vorzubringen, schweigt er weiter. Hitler versucht
es auf einem anderen Weg: »Sie haben die Ereignisse des 9. November vor Ihren Mitarbeitern kritisiert.« Dies ist eine Anspielung
auf eine Rede, die Schacht auf einer Weihnachtsfeier gehalten hat,
in der er die »Reichskristallnacht« offen verurteilte. Diesmal antwortet Schacht mit einem schnellen Seitenhieb: »Wenn ich gewusst
hätte, dass Sie diese Vorgänge gutheißen, hätte ich vielleicht geschwiegen.« Nun reicht es Hitler. Er entlässt Schacht mit den Worten: »Ich bin zu aufgewühlt, um jetzt noch weiter mit Ihnen zu
sprechen.« Ohne ein weiteres Wort begleitet er Schacht zur Tür.*[11]

Anfang 1939 gab es kaum Zweifel, dass es in Europa Krieg geben würde, und zwar bald. Weniger klar war hingegen, wer gegen wen kämpfen würde.

Bereits 1928 hatte Hitler spekuliert, es könne einst zu einem Bündnis zwischen Deutschland, Großbritannien und Italien kommen, um einen Krieg gegen die Sowjetunion zu führen. Ein Jahrzehnt später war Hitlers bevorzugtes Szenario, Polen als Juniorpartner für diesen Krieg gegen den Kommunismus zu rekrutieren. Doch damit stieß er zum ersten Mal auf echten Widerstand – von einem ostmitteleuropäischen Staat.

In Polen herrschte in den 1930er Jahren, wie der Historiker Stephen Kotkin es ausdrückt, »ein übles Regime, das direkt zwischen zwei noch übleren lag«.[12] Unter Marschall Piłsudski, dem Helden des polnisch-sowjetischen Kriegs, und den Männern, die ihn nach seinem Tod 1935 beerbten, war Polen ein autoritärer und nationalistischer Staat mit antisemitischen Tendenzen geworden. Aber es war weder so autoritär, nationalistisch oder antisemitisch wie Hitler-Deutschland noch so brutal wie Stalins Sowjetunion. Polens Politik stand ganz im Zeichen der Selbsterhaltung. Man versuchte, das Verhältnis zu den beiden unangenehmen Nachbarn auszubalancieren und, wenn möglich, gute Beziehungen zu beiden zu halten, jedoch ohne mit einem von beiden ein Bündnis einzugehen – und schon gar kein Bündnis mit einem von beiden gegen den anderen.

Anfang Januar traf sich Hitler in Berchtesgaden mit dem polnischen Außenminister Józef Beck. Hitler wollte Polen auf seiner Seite haben. Allerdings hatte er sich auch zum Ziel gesetzt, dass Deutschland die freie Stadt Danzig zurückerhalten sollte, und suchte ein Arrangement für den »polnischen Korridor« – den Streifen ehemaligen deutschen Territoriums, der Polens Zugang zur Ostsee darstellte. Allerdings zeigte sich Hitler diesbezüglich flexibel und kündigte an, er sei offen für eine Lösung unter Einbeziehung »völlig neuer Methoden«. Im Gegenzug war er bereit, Polen Gebiete der sowjetischen Ukraine anzubieten, die Deutschland und Polen voraussichtlich bald erobern würden. Hitler stellte auch eine Lösung der »Judenfrage« in Aussicht. Aber verständlicherweise trauten die Polen Hitlers Versprechungen nicht. Zudem waren sie über die Folgen der NS-Judenpolitik verärgert, die ein Flüchtlingsproblem in Polen geschaffen hatte.[13] Beck traf sich am nächsten Tag mit Ribbentrop, und der deutsche Außenminister schlug einen Beitritt Polens zum Anti-Komintern-Pakt vor, dem deutsch-italienisch-japanischen Bündnis gegen die Sowjetunion. Beck lehnte erneut höflich ab und beharrte darauf, dass Polen sich »friedliche Nachbarschaft« mit der Sowjetunion wünsche, obwohl er andeutete, dass sich die polnische Politik vielleicht ändern könnte. Ribbentrop gab anschließend zu Protokoll: »Ich fragte Beck, ob sie denn die Aspirationen des Marschalls Piłsudski in dieser Richtung, also nach der Ukraine, aufgegeben haben.« Lachend habe Beck geantwortet, dass »sie [die Polen] ja selbst in Kiew gewesen seien, und dass diese Aspirationen zweifellos auch heute vorhanden wären«.[14]

Ribbentrop reiste am 25. Januar nach Warschau, um Beck erneut zu bearbeiten. Wieder lehnte der polnische Außenminister höflich das deutsche Angebot ab, das die Rückgabe von Danzig im Austausch für Gebiete in der Ukraine vorsah.[15] Verärgert über Becks Weigerung, irgendwelche Zugeständnisse in Bezug auf Danzig (und damit den polnischen Zugang zur Ostsee) zu machen, fragte sich Ribbentrop, warum die Polen so stur seien, und beharrte wiederholt auf seiner Feststellung: »Das Schwarze Meer ist doch auch ein Meer.« Letzten Endes erläuterte er dem deutschen Botschafter in Warschau: »Es wird notwendig sein, die Prioritäten der Probleme zu ändern und zuerst andere Fragen zu regeln.«[16]

Ribbentrop meinte damit: Wenn die Polen sich nicht an Hitlers Krieg zur Expansion nach Osten beteiligen würden, müsste Deutschland Polen angreifen, um an die Sowjetunion heranzukommen. Das aber könnte Frankreich, möglicherweise auch Großbritannien und sogar die Vereinigten Staaten in einen Krieg gegen das Dritte Reich hineinziehen. Diese Vision der Einkreisung, von der Hitler glaubte, sie sei Deutschlands Untergang im Ersten Weltkrieg gewesen, verschmolz mit seinen antisemitischen Phantasien. Nur die Juden konnten hinter einem solchen gegen Deutschland gerichteten Komplott stecken – Juden, die zuvor die britische und amerikanische Regierung darin bestärkt hatten, Deutschland gegenüber nicht nachgiebig zu sein, und die auch Polen ermuntert hatten, sich derart unkooperativ zu verhalten. Dieses Phantasma einer jüdischen Verschwörung, die eine Brücke von den westlichen Demokratien zum östlichen Kommunismus schlug, hatte sich hinter Hitlers »Prophezeiung« vom 30. Januar verborgen.[17]

Der drohende, in seiner Ausrichtung noch immer nebulöse Krieg nahm mit einem Ereignis, das nach München den nächsten entscheidenden Punkt auf dem Weg zum Kriegsausbruch bildete, schärfere Konturen an: Hitlers Annexion von Böhmen und Mähren im März 1939.

Böhmen und Mähren waren von Industrie geprägte Regionen; einen der Schwerpunkte bildete die tschechische Rüstungsindustrie. Außerdem verlieh ihre Lage ihnen strategische Relevanz. Für Hitler war die Einnahme Böhmens und Mährens ein weiterer Schritt auf dem Weg zum ultimativen Hauptgewinn und dem ultimativen Feind, der Sowjetunion.

Um die Kontrolle über die tschechischen Territorien zu erlangen, benutzten die Nationalsozialisten die Slowakei. Indem sie sorgsam den slowakischen Wunsch förderten, aus der Tschecho-Slowakei auszubrechen – der Bindestrich war dem Namen des Landes im Zuge des Münchner Abkommens hinzugefügt worden –, destabilisierten sie durch die Hintertür die staatliche Einheit der Region. Am 14. März 1939 proklamierte der slowakische Ministerpräsident Pater Jozef Tiso auf deutschen Druck hin die Unabhängigkeit der Slowakei. Dann bat er darum, dass Deutschland seinen neuen Staat vor den Tschechen »schützen« möge. In der Zwischenzeit hatte Emil Hácha, der Beneš-Nachfolger im Amt des tschechischen Präsidenten, um ein Treffen mit

Hitler ersucht. Noch am selben Abend in Berlin eingetroffen, war er dort mit der Art von Schikane und Einschüchterungstaktik konfrontiert, die Hitler schon vielen anderen, wie etwa dem österreichischen Bundeskanzler Schuschnigg im Jahr zuvor, hatte angedeihen lassen. Hácha jedenfalls wurde ohnmächtig oder erlitt möglicherweise sogar einen leichten Herzinfarkt; erst ein ihm gespritztes Stimulans vermochte ihn wiederzubeleben. Anschließend willigte er ein, sein Land als »Protektorat« an Deutschland auszuhändigen. Am nächsten Tag besetzten die Nationalsozialisten Prag.

Dass die Nationalsozialisten die Kontrolle über die tschechischen Territorien übernahmen, war ein verhängnisvoller Schritt. Zum ersten Mal hatte Hitler nicht mehr nur Verträge annulliert, die aus der Zeit vor dem Nationalsozialismus stammten und deren Revision Teil seiner Ankündigungen gewesen war. Nein, mit diesem Schritt hatte er ein Abkommen gebrochen, das er selbst keine sechs Monate zuvor unterzeichnet hatte. Im Widerspruch zu all seinen vorherigen öffentlichen Äußerungen tat er nun viel Weitreichenderes, als lediglich ethnische Deutsche in sein Reich zu holen. Die Annexion war ein Akt der Aggression gegen Menschen, die eindeutig in keiner Verbindung zu Deutschland standen. Für die führenden westlichen Politiker war immer die entscheidende Frage gewesen, ob Hitlers Ziele begrenzt waren. Jetzt hatten sie ihre Antwort.[18]

Allerdings zog man diesen Schluss weder in London noch in Paris direkt. Im Unterhaus mühte sich Chamberlain, seine Argumentation zu plausibilisieren, dass Hitlers Vorstoß nicht gegen das Münchner Abkommen verstoßen habe. Es handele sich schlicht um einen Schritt, der von den Ländern, die das Abkommen unterzeichnet hatten, »nicht in Betracht gezogen worden war«.[19] Der französische Außenminister Georges Bonnet und sein Senatskollege Henry Bérenger sagten dem britischen Botschafter in Paris, der Zerfall der Tschechoslowakei zeige einfach nur, dass das Land, für das sie im September fast in den Krieg gezogen wären, ohnehin nie »lebensfähig« gewesen sei; außerdem hielten sie es für besser, so wenig wie möglich in diese Krise verwickelt zu werden.[20] Eine entschlossenere Haltung begann, wie schon im September zuvor, zunächst lediglich Halifax an den Tag zu legen. Der Außenminister überzeugte Chamberlain immerhin, dass er die Besetzung Prags ernster nehmen müsse. Am 17. März hielt Chamberlain in seiner Heimatstadt Birmingham eine Rede, in der er darauf pochte, dass Großbritannien in den Krieg ziehen würde, um ein anderes Land von dem Unterfangen abzuhalten, »mit dem Einsatz von Gewalt die Welt beherrschen« zu wollen. Halifax drängte auf mehr. Berichte aus nachrichtendienstlichen Quellen und diplomatischen Kreisen deuteten auf einen direkt bevorstehenden Angriff der Deutschen auf Polen oder Rumänien hin. Am 31. März kündigte Chamberlain im Unterhaus an: »Im Falle einer Aktion, die eindeutig die polnische Unabhängigkeit bedrohe und der gegenüber die polnische Regierung es dementsprechend als unabdingbar erachten würde, mit ihren nationalen Kräften Widerstand zu leisten, würde die Regierung Seiner Majestät sich verpflichtet fühlen, der polnischen Regierung sofort alle Unterstützung, die in ihrer Macht liege, angedeihen zu lassen.«[21] Eine Woche später startete Italien einen Überraschungsangriff auf Albanien, woraufhin die Franzosen und dann die Briten ähnliche Garantien auf Rumänien und Griechenland ausdehnten.[22] Die Regierung Chamberlain revidierte ihre Entscheidung von 1937, keine Bodentruppen mehr nach Frankreich zu schicken. Britische und französische Militärstäbe begannen mit der Planung gemeinsamer Operationen im Falle eines Kriegs mit Deutschland, und zum ersten Mal überhaupt führte die britische Regierung in Friedenszeiten die Wehrpflicht für ihre Armee ein.[23]

Ein Krieg hätte im Jahr 1939 so aussehen können, dass Deutschland und Polen gemeinsam die Sowjetunion angriffen, während sich die westlichen Demokratien neutral verhielten. Auch ein Krieg Deutschlands gegen die Demokratien, in dem Polen und die Sowjetunion neutral geblieben wären, wäre eine

Möglichkeit gewesen. Und es gab noch weitere denkbare Varianten. Nichtsdestoweniger war Polen der Kristallisationspunkt, um den ein drohender, noch diffus erscheinender Krieg endgültig Gestalt anzunehmen begann. Die Deutschen versuchten ein letztes Mal, ein Bündnis mit Polen zu schließen. Am 21. März teilte Ribbentrop Józef Lipski, dem polnischen Botschafter in Berlin, mit, dass Hitler »zunehmend über die Haltung Polens erstaunt« sei – gemeint war damit die mangelnde Bereitschaft, sich einem deutschen Feldzug gegen den Bolschewismus anzuschließen und Danzig gegen die Ukraine einzutauschen.[24] Lipski sah darin nicht die Drohung, dass die Deutschen mit Polen tun würden, was sie mit den Tschechen getan hatten.[25] Und tatsächlich betonte Hitler am 25. März gegenüber Walther von Brauchitsch, dass er die Probleme mit Polen nicht mit Gewalt lösen wolle, unter anderem weil er Polen nicht »Großbritannien in die Arme treiben« wolle.[26]

Die Besetzung Prags durch das NS-Regime hatte jedoch bereits eine Kettenreaktion ausgelöst: zunächst die britische Garantie für Polen, gefolgt vom Besuch des Außenministers Józef Beck in London, um über die britisch-polnischen Beziehungen zu sprechen. Die Deutschen sahen den Besuch Becks als endgültiges Signal an, dass die Polen auf die britische Seite übergewechselt waren.[27] Hans Bernd Gisevius notierte, Hitler sei heftig in Wut geraten, als er von der britischen Garantie erfahren habe, und habe geschworen: »Denen werde ich einen Teufelstrank brauen.«[28] Am 3. April befahl Hitler, der »Fall Weiß«, der Plan für den Einmarsch in Polen, solle für den 1. September ausgefertigt werden.

Die britische Garantie für Polen war so gut gemeint wie mutig, aber sie war auch schlecht durchdacht. Polen war militärisch schwächer und weniger gut zu verteidigen, als es die Tschechoslowakei 1938 gewesen wäre. Allerdings gab es ein noch weitaus größeres Problem. So wie die Deutschen die Erfahrung gemacht hatten, dass sie die Polen nicht in ein Bündnis gegen die Sowjetunion zwingen konnten, mussten die Briten und Franzosen nun zur Kenntnis nehmen, dass sie nicht Warschau und Moskau gleichzeitig als Bündnispartner haben konnten – wenn es ihnen denn tatsächlich darum ging, eine solche Konstellation herbeizuführen.[29]

Wenn Neville Chamberlain »aus der Ferne prüfend in Richtung Kreml blickte«, so beschrieb es der große britische Historiker A. J. P. Taylor, »sah er dort Gesichter, die ihn an die [Gesichter in der] erste[n] Reihe der parlamentarischen Opposition erinnerten«. Das erklärte für Taylor, warum Chamberlain sich 1939 nicht stärker um ein Bündnis mit der Sowjetunion bemühte. Auch wenn er diese Einschätzung typischerweise in spöttische Ironie fasste, hatte er damit nicht Unrecht.[30]

Chamberlain lehnte die Sowjetunion, ihre Ideologie und ihre führenden Politiker mindestens ebenso entschieden ab wie das NS-Regime in Deutschland. Er glaubte nicht, dass den britischen Interessen durch ein Bündnis mit Stalin gedient wäre. Zum Teil lag das an seiner Einschätzung der militärischen Leistungsfähigkeit der Sowjetunion. »Ich muss gestehen, dass ich Russland zutiefst misstraue«, schrieb er Ende März an seine Schwester Ida. »Ich glaube nicht im Geringsten an ihre Befähigung, einen wirkungsvollen Angriff aufrechtzuerhalten, selbst wenn sie es wollten.« In einer Bemerkung, die komisch untertrieben anmutet, fügte er hinzu: »Und ich misstraue ihren Motiven, die mir wenig mit unseren Vorstellungen von Freiheit zu tun zu haben scheinen; sie scheinen nur darauf bedacht zu sein, alle anderen in die Bredouille zu bringen.« Ein Bündnis mit den Sowjets würde die anderen wichtigen internationalen Beziehungen Großbritanniens verkomplizieren. Die Sowjetunion, beklagte Chamberlain, sei »in vielen der kleineren Staaten sowohl verhasst als auch gefürchtet, insbesondere in Polen, Rumänien und Finnland, sodass unsere enge Verbindung mit [der Sowjetunion] uns leicht die Sympathie derjenigen kosten könnte, die uns viel effektiver helfen würden, wenn wir sie auf unsere Seite bringen könnten«.[31]

Auch wenn seine Wortwahl ihn steif und betulich klingen lässt: Chamberlain hatte Recht. Jedes Arrangement mit Stalin würde auf Kosten der kleineren Nationen Mittel- und Osteuropas und des Baltikums gehen müssen – derselben Nationen, die von Hitler bedroht wurden und zu deren Verteidigung sich Großbritannien nun verpflichtet hatte.

Die harte Realität war – und die Geschichte des 20. Jahrhunderts sollte das immer und immer wieder zeigen –, dass entweder Deutschland oder Russland Mittel- und Osteuropa dominieren würde. Eine dritte Möglichkeit gab es nicht. Im Jahr 1943 schrieb Sir William Strang, der zur Zeit des Münchner Abkommens Leiter der zentralen Abteilung des Außenministeriums gewesen war, nach vielen bitteren Erfahrungen und ohne ein Blatt vor den Mund zu nehmen: »Es ist besser, wenn Russland Osteuropa dominiert, als wenn Deutschland Westeuropa dominiert.« Mit anderen Worten: Deutschland stellte eine Bedrohung in beide Richtungen dar – nach Osten in Richtung Sowjetunion, aber auch nach Westen in Richtung Großbritannien –, während die Sowjets (scheinbar) nur ihre nahen osteuropäischen Nachbarn bedrohten. Daher musste Großbritannien die sowjetische Vorherrschaft in Osteuropa der deutschen Option vorziehen. Chamberlains Zögern, dies 1939 zu akzeptieren, lässt sich wohl kaum als moralisch defizitär im Vergleich zu Strangs kalter Realpolitik ein paar Jahre später bezeichnen.[32]

Aber 1939 musste sich Großbritannien für die eine oder die andere Option entscheiden, und mit dem zu der Zeit verfügbaren Wissen war es nicht so einfach, das kleinere Übel zu identifizieren. Deutschland und die Sowjetunion waren beide eine potentielle Bedrohung für ihre Nachbarn. Die Sowjetunion propagierte eine Ideologie der weltweiten Revolution und verfolgte zumindest das Ziel, eine Bedrohung für jeden kapitalistischen Staat, ob nah oder fern, zu sein. Die sowjetischen Geheimdienste führten weltweit, einschließlich Subversion und Terrorismus, eine viel umfangreichere Palette an Operationen durch als ihre deutschen Pendants.[33]

Zwar waren die Regime von Hitler und Stalin beide in einem Maße brutal und unmenschlich, wie es in der Geschichte der Menschheit noch nie vorgekommen war, doch vor 1939 hatte Stalin, die Hungerkatastrophen zu Beginn der dreißiger Jahre und die Terrorwellen Ende der dreißiger Jahre miteingerechnet, weit mehr Menschen getötet als Hitler. Auch ging es dabei nicht ausschließlich um die Tötung realer oder eingebildeter politischer Gegner. Der Historiker Timothy Snyder merkt an, dass Stalin bis Ende 1938 tausendmal mehr Menschen aufgrund ihrer ethnischen Herkunft getötet hatte als Hitler – und obwohl Hitler derjenige war, der ostentativ den Antisemitismus propagierte, war es Stalin, der bis zu diesem Zeitpunkt sogar mehr Juden ermordet hatte. Der NS-Holocaust, der aus Hitlers »Prophezeiung« erwachsen sollte, lag noch in der Zukunft.[34]

Wenn tatsächlich NS-Deutschland der »ultimative Feind« war, wie es der britische Geheimdienst formulierte, konnte nur die Sowjetunion genug militärische Stärke aufbieten, um die Deutschen in Osteuropa aufzuhalten. Aber der Preis für die Verteidigung Polens, der baltischen Staaten, Finnlands und Rumäniens würde wahrscheinlich darin bestehen, dass die Sowjets diese Länder unterwerfen oder sogar annektieren würden. Chamberlains Regierung machte sich darüber keine Illusionen. Dies war das Dilemma, vor dem die Briten im Jahr 1939 standen.

Erschwerend kam hinzu, dass Hitler nun, da Polen die »deutsche Umarmung« abgelehnt hatte, gute Gründe sah, sich schleunigst mit Stalin zu arrangieren, damit er den Krieg, den er wollte, haben konnte, wann er ihn wollte.[35]

Scharfsinnige Beobachter hatten dies schon lange für denkbar gehalten. Bereits im April 1938 hatte Edvard Beneš einem rumänischen Diplomaten gesagt, dass, »wenn Russland von den Westmächten separiert wird«, es möglich sei, »dass wir Hitler mit den Sowjets kollaborieren sehen werden«. Beneš wusste, dass in einem solchen Fall Polen, die Tschechoslowakei und Rumänien »der Verfügungsgewalt [dieser] zwei Großmächte absolut ausgeliefert« wären.[36]

Der Argwohn zwischen den Sowjets und den westlichen Demokratien war bereits enorm. Stalin glaubte nicht, dass die Demokratien die Existenz der Sowjetunion jemals vollends akzeptieren würden, und so misstraute er automatisch allen Versprechungen, die sie machen könnten. Seine Befürchtung war, dass
die britische Politik tatsächlich auf einen Deal mit Deutschland
abzielte, um Hitlers Aggression nach Osten zu lenken. Das britische Verhalten – von Halifax' Besuch bei Hitler bis zum Münchner Abkommen – hatte Stalin Grund genug für einen solchen
Verdacht gegeben. Und die sowjetischen Geheimdienste fütterten seine Paranoia fleißig mit Geschichten über britischen
Verrat.[37]

Die Briten hatten ihrerseits in Bezug auf die sowjetische Politik ganz ähnliche, allerdings wesentlich begründetere Zweifel.
»Ich werde den Verdacht nicht los«, schrieb Chamberlain an Ida,
»dass sie hauptsächlich darauf bedacht sind, dafür zu sorgen,
dass sich die ›kapitalistischen‹ Mächte gegenseitig in Stücke rei-
ßen, während sie selbst außen vor bleiben.« Was Chamberlain
zusätzlich beunruhigte, waren Aussagen von Kabinettskollegen:
Mancher vermutete, dass »wenn wir uns nicht einigen, Russland
und Deutschland zu einer Übereinkunft kommen werden, was
meiner Meinung nach ein ziemlich unheilverheißender Kommentar zur russischen Zuverlässigkeit ist«.[38]

Aus all diesen Gründen zogen sich die Verhandlungen zwischen den Briten, den Franzosen und den Sowjets über ein
Bündnis gegen Hitler von April bis August hin. Währenddessen
gab es Anzeichen für diplomatische Bewegung zwischen den
Sowjets und den Deutschen. Anfang Mai entließ Stalin seinen
jüdischen, westlich orientierten Außenminister Maxim Litwinow und ersetzte ihn durch Wjatscheslaw Molotow, der nichts
von dem war. Die Entlassung Litwinows durch Stalin erinnerte
stark an die Entlassung Neuraths durch Hitler im Jahr zuvor: Der
Diktator entledigte sich einer Person aus dem engeren Regie-
rungskreis, dessen Ansichten ihm nicht gefielen, und fand einen
Ersatz, der ein Verwandter im Geiste zu sein versprach. Einen

jüdischen Minister zu entlassen, stellte eindeutig ein konziliantes politisches Bauernopfer in Richtung des NS-Regimes dar.[39] Weitere Hinweise darauf, dass im Hintergrund die Dinge in Bewegung kamen, hatten ihren Ursprung bei Karl Bodenschatz, dem überaus indiskreten Adjutanten von Hermann Göring. Er erzählte dem französischen Luftwaffenattaché, dass »sich im Osten etwas anbahnt«. Hitler werde »mit Russland reden«, und »vielleicht erleben wir eine vierte Teilung Polens«. Der neue französische Botschafter in Berlin hielt dies für eine glaubwürdige Information, da Bodenschatz sich als verlässlich erwiesen hatte, als er die Franzosen »am 26. Februar letzten Jahres [hatte] wissen lassen, dass Böhmen und Mähren bald von der Landkarte Europas getilgt sein würden«.[40]

Inzwischen begannen die Polen zu erkennen, welches Ausmaß die Gefahr inzwischen angenommen hatte. Am 10. Mai traf sich der stellvertretende sowjetische Außenminister Wladimir Potemkin in Warschau mit dem polnischen Außenminister Józef Beck. Er berichtete später an Molotow, dass »eine detaillierte Analyse des Kräfteverhältnisses in Europa und der Möglichkeiten einer effektiven französisch-britischen Hilfe für Polen Beck zu der Einsicht gebracht habe, dass sich die Polen ohne die Unterstützung der UdSSR nicht verteidigen können«.[41] Doch Beck scheint sich dabei vergaloppiert zu haben, denn am nächsten Tag suchte der polnische Botschafter in Moskau Molotow auf, um sich für die »ungenauen« Informationen zu »entschuldigen«: Polen könne auf ein Bündnis mit der Sowjetunion nicht eingehen, auch nicht auf das Angebot einer sowjetischen Garantie seiner Grenze.[42]

In den folgenden Wochen umkreisten sich die Beteiligten in einer düsteren Atmosphäre der Angst und des gegenseitigen Misstrauens. Alle Seiten befürchteten jeweils, dass ihr potentieller Partner mit der anderen Seite verhandeln könnte. Auf allen Seiten machte man sich Sorgen darüber, in welchem Fiasko man sich wiederfinden würde, wenn eine solche Partnerschaft auf gegnerischer Seite zustande käme. Allerdings mit dem wesentlichen Unterschied, dass die Franzosen, Briten und Sowjets unbedingt einen Krieg vermeiden wollten, während Hitler partout einen vom Zaun zu brechen suchte. Die Demokratien ließen dabei die ethische Dimension ihrer Position zumindest nicht völlig außer Acht – für die Diktaturen spielte dies keine Rolle. Nach einem Treffen mit Halifax klagte Iwan Maiski, der sowjetische Botschafter in London, für die britische Führung stelle es ein großes Handicap dar, dass sie »völlig dabei versage, das Psychogramm solcher Männer wie Hitler und Mussolini zu begreifen«. Englische Gentlemen, sagte er, könnten sich nicht vorstellen, dass »Aggressoren eine völlig andere Mentalität haben! Wer die Mentalität von Aggressoren verstehen will, sollte sich als Musterbeispiel lieber Al Capone ansehen.« Dass Maiskis Chef auch ein solcher Gangster war, schmälerte den Gehalt seiner Aussage nicht.[43]

Polens Weigerung, sowjetischen Truppen bei einer Konfrontation mit Deutschland die Überquerung von polnischem Territorium zu erlauben, war eines der Hindernisse für ein Abkommen zwischen den Sowjets und dem Westen. Ein weiterer Punkt auf der Wunschliste der Sowjets war die vertragliche Regelung der Souveränität der baltischen Staaten mittels »Garantien«, angeblich, um Deutschland von dort fernzuhalten. Aber, wie der sowjetische Botschafter aus Paris berichtete, für die Westmächte sahen die vorgeschlagenen »Garantien« eher so aus, als würden sich die Sowjets »freie Hand im Baltikum« sichern.[44] Im Mai notierte Alexander Cadogan, dass die Sowjets vorschlugen, »Finnland unter die mit einer Garantie zu versehenden Staaten aufzunehmen«, und das sei »ein aufschlussreicher Hinweis im Hinblick auf die sowjetischen Vorschläge – die Finnen verbitten sich schlichtweg eine Garantie von den Sowjets«.[45]

Die Briten versuchten Ende Mai, das Problem zu umgehen, indem sie ins Gespräch brachten, dass Großbritannien, Frankreich und die Sowjetunion sich einfach auf ein Bekenntnis einigen sollten, dass sie ihren Verpflichtungen aus Artikel 16 der Völkerbundsatzung nachkamen, der besagte, dass die Mitglieder des Völkerbundes anderen Mitgliedern gegen einen Aggressor zu Hilfe kommen mussten. Molotows Antwort offenbarte die Prioritäten der Sowjets: Am 28. Mai gab er bekannt, dass die Gespräche mit Deutschland über einen Handelsvertrag wiederaufgenommen werden sollten.[46]

Im Juni bestand Molotow darauf, dass eine Liste von Ländern, denen die Sowjets ›helfen‹ würden, in jedem Bündnisvertrag enthalten sein müsse, oder es werde kein Abkommen geben. Am 1. Juli machte er eine weitere Ergänzung: »Indirekte Aggression« von Seiten der Deutschen, so dass etwa auch Maßnahmen wie die Herbeiführung der tschechischen Kapitulation inbegriffen wären, sollte als einer der Auslöser für den Bündnisfall aufgenommen werden. Eine Definition der »indirekten Aggression« solle in ein geheimes Protokoll aufgenommen werden, zusammen mit einer Liste von Staaten, die »geschützt« werden sollten. Als Definition, schlug Molotow vor, solle »ein Umschwung in der Politik zugunsten des Aggressors« bezeichnet werden. Chamberlains Regierung verstand genau, was dieser »Schutz« bedeuten würde.[47] Rückblickend sagte Halifax im Oktober 1939 vor einer Gruppe konservativer Abgeordneter, Großbritannien habe richtig gehandelt, als es ein Bündnis mit der Sowjetunion um den Preis der Freiheit der baltischen Staaten abgelehnt habe.[48]

Der Charakter, den diese Verhandlungen angenommen hatten, vermochte Chamberlains Vorbehalte gegen ein sowjetisches Bündnis nicht zu zerstreuen, noch seinen Ärger darüber, dass Halifax ihn unter Druck gesetzt hatte, ein solches Bündnis überhaupt anzustreben. Ende Juli beschwerte er sich gegenüber Ida: »Wir spielen nur noch auf Zeit, bevor der unvermeidliche Abbruch [der Verhandlungen] erfolgen wird. Es ist nur ziemlich ungerecht, dass ich die Schuld für die Verzögerungen werde übernehmen müssen, der ich doch, wäre ich nicht von anderen daran gehindert worden, die Gespräche schon lange auf die eine oder andere Weise beendet hätte.«[49] Am 23. Juli vereinbarten die Franzosen, Briten und Sowjets in dem Bemühen, die festgefahrene Situation aufzulösen, militärische Gespräche zu führen, bevor sie sich wieder an die Ausarbeitung der politischen Vereinbarung machen würden.[50]

Vom Frühjahr bis in den Sommer hinein hatten die Deutschen nicht aufgehört, die Sowjets zu umgarnen, diese hatten jedoch kühl auf die Avancen des NS-Regimes reagiert. Aber auf Seiten der sowjetischen Führung wuchs die Frustration über die Haltung der Demokratien, als der Westen sich weigerte, das aus Sicht der Sowjetunion für ihre Sicherheit essentielle Zugeständnis zu machen: den Sowjets die Kontrolle über Osteuropa und das Baltikum zu überlassen. Schließlich, am 2. August, sprach Ribbentrop die magischen Worte. Er rief Georgi Astachow, den Geschäftsträger an der sowjetischen Botschaft in Berlin, zu sich und sagte ihm: »Es gibt keinen Grund für eine Feindschaft zwischen unseren Ländern.«[51] Man könne über »alle mit dem Territorium vom Schwarzen Meer bis zur Ostsee verbundenen Probleme reden«. Ein paar Tage später berichtete Astachow an Molotow, er erhalte Hinweise, die Deutschen wollten »ihr Desinteresse bekunden [...] bezüglich des Baltikums (abgesehen von Litauen), Bessarabiens, Russisch-Polens [...] und auf alle Ansprüche in Bezug auf die Ukraine verzichten«. Im Gegenzug sollten nach der Vorstellung der Deutschen die Sowjets auf jegliche Ansprüche in Bezug auf Danzig und das vormals deutsche Polen verzichten. »Offenkundig können derartige Gespräche, wie sie von den Deutschen vorgeschlagen wurden«, schrieb Astachow, »nur bei Nichtzustandekommen eines anglo-französisch-sowjetischen Abkommens stattfinden.«[52] Noch im August wies der deutsche Botschafter in Moskau, Friedrich-Werner Graf von der Schulenburg, Molotow ausdrücklich darauf hin, dass Hitler bereit sei, allem zuzustimmen, was die Sowjetunion wolle.[53]

Zu diesem Zeitpunkt hatten die Briten und Franzosen bereits ein offizielles Verhandlungsteam zusammengestellt, das in Moskau Gespräche über eine militärische Kooperation führen sollte. Aber die Briten schienen noch immer zu versuchen, die Verhandlungen so weit wie möglich hinauszuzögern: Für die gemeinsame Anreise der Delegation aus britischen und französischen Offizieren hatte man ein nur langsam fahrendes Dampfschiff gewählt. Das Außenministerium offerierte zu dieser Entscheidung zahlreiche Ausreden: Keine der britischen oder französischen zivilen Luftfahrtgesellschaften biete Flüge in die Sowjetunion an. Ein Flugzeug der Royal Air Force wollten die Briten nicht nutzen, da die richtigen Modelle nicht in ausreichender Zahl zur Verfügung stünden oder zu unbequem seien. In den schnellen Marinekreuzern würden geeignete Kabinen fehlen. Folglich habe man keine Alternative zu dem langsamen Dampfer gehabt. Und es hatten noch weitere Probleme berücksichtigt werden müssen, die unausgesprochen blieben. Weder die Briten noch die Franzosen wollten eine Überquerung Deutschlands auf dem Luftweg riskieren. Und die Franzosen hatten darauf bestanden, die Ankunft ihrer Delegation müsse möglichst unauffällig vonstattengehen, um die Peinlichkeit zu minimieren, falls die Gespräche nicht gut verlaufen sollten. Für die Sowjets konnten diese Ausreden jedoch nur den Verdacht verstärken, dass es den Demokratien mit einem Bündnis in keiner Weise ernst war.[54]

Der Leiter der französischen Delegation war der äußerst kompetente und vorausschauend denkende General Joseph Édouard Aimé Doumenc. Auf britischer Seite trug der Admiral Sir Reginald Plunkett-Ernle-Erle-Drax die Verantwortung – dessen Name, wenn auch ungewollt, die Gespräche noch ein wenig mehr zu einer Farce zu machen schien. Der leitende sowjetische Unterhändler war Kliment Woroschilow, der Volkskommissar für Verteidigung, und damit eine weitaus ranghöhere Person als seine Besucher. Als die Gespräche am 12. August begannen, stellten Doumenc und Drax fest, dass ihnen Woroschilow sympathisch war, aber das konnte die schwierigen Bedingungen nicht wettmachen, unter denen das Treffen stattfand. Ein aufschlussreicher Schlagabtausch am dritten Tag der Gespräche machte dies deutlich.[55]

Woroschilow fragte wiederholt, wie sich die Franzosen und

Briten den Ablauf vorstellten, wenn sowjetische Truppen Polen, Rumänien oder der Türkei gegen einen Angriff helfen sollten. Doumenc erklärte, dass es an diesen Ländern sein würde, sich selbst zu verteidigen. Wenn sie dabei um sowjetische Hilfe bäten, könne Moskau sie ihnen zukommen lassen. Doumenc fragte Woroschilow, ob dieser Punkt für ihn klar sei. »Nein«, antwortete der Volkskommissar. Die anderen lachten, als habe Woroschilow einen Scherz gemacht. Aber das hatte er nicht. »Verzeihen Sie meine Offenheit«, sagte er, »aber wir sprechen hier von Soldat zu Soldat.« Er verstehe nicht, wie die sowjetischen Streitkräfte »innerhalb der gemeinsamen Bemühungen« eingesetzt werden sollten. Wenig überzeugend antwortete Drax, Polen und Rumänien würden froh sein, wenn sich sowjetische Truppen zur Verfügung hielten, und sicherlich um sowjetische Unterstützung bitten, wenn sie angegriffen würden. Woroschilow gab zurück, er wolle eine klare Antwort. »Diese Fragen sind für die UdSSR wesentlich«, betonte er, »alles andere ist zweitrangig.« Solange diese Fragen nicht geklärt seien, habe es keinen Sinn, die Gespräche fortzusetzen. Drax sagte daraufhin, dies sei eine politische Frage, die die Kompetenzen der anwesenden Militärs übersteige.

Woroschilow hatte sehr deutlich dargelegt, worin das sowjetische Interesse tatsächlich bestand. Wenn Polen und/oder Rumänien von den Deutschen angegriffen würden und zu spät um sowjetische Hilfe bäten, erklärte er, würden sie zerschlagen, und der Vorteil, den das Verteidigungsbündnis biete, wäre verloren. Damit hatte er den entscheidenden Punkt benannt. Stalin definierte das Maß der sowjetischen Sicherheit anhand der Größe des Raumes, der zwischen seinem Land und einem Aggressor lag. Er wollte die Kontrolle über das Baltikum und Osteuropa, um eine Zone der Sicherheit um sein eigenes Land herum zu schaffen. Aber die Demokratien waren nicht bereit, darauf einzugehen. Die Parteien vertagten diesen Punkt und konzentrierten sich darauf, andere Aspekte der militärischen Planung zu besprechen, aber als die Gespräche am 17. August unterbrochen wurden, war diese kritische Frage noch immer ungelöst. Als die Delegationen am 21. August kurz wieder zusammentrafen, schlug Woroschilow eine längere Vertagung vor, angeblich weil hochrangige sowjetische Offiziere zu jährlichen Manövern abreisen müssten.[56] Die westlichen Delegationen waren in der Nähe eines Gebäudes untergebracht, das einst die österreichische Botschaft gewesen war. Am 18. August bemerkten sie hektische Aktivitäten im Nachbarhaus. Die Sowjets waren dabei, es für eine weitere Gruppe von Besuchern herzurichten. Drax und Doumenc würden bald herausfinden, wer die neuen Gäste waren.[57]

Im August hatte es Hitler weit eiliger als die saturierten Briten, ein Abkommen mit den Sowjets zu erreichen. Dass die Briten und Franzosen Garantien für Polen abgegeben hatten, ließ Hitler in Verbindung mit seiner selbstauferlegten Frist, den Krieg spätestens im Herbst zu beginnen, nur wenige Tage Zeit, um eine Vereinbarung mit Stalin zu treffen. Wenn er nicht bis Anfang September in Polen einmarschieren konnte, würde das mit dem Herbst einsetzende Regenwetter einen modernen motorisierten Feldzug unmöglich machen.

Damit hatte Stalin das Heft in der Hand. Weizsäcker beschwerte sich, dass »die schlauen slawischen Bauern dort unser Angebot nach oben treiben wollen«, obgleich er auch darauf drängte, dass die Deutschen »in Moskau deutlicher in Bezug auf eine Teilung Polens werden sollten«.[58] Stalin seinerseits wies Woroschilow an, dafür Sorge zu tragen, dass die Demokratien verantwortlich gemacht würden, sollten die Gespräche mit ihnen scheitern.[59]

Bemerkenswerterweise erhielt Drax erst am 20. August eine schriftliche Vollmacht, im Namen der britischen Regierung zu verhandeln. Am Tag zuvor hatte Molotow dem deutschen Botschafter in Moskau einen Entwurf für einen sowjetisch-deutschen Nichtangriffspakt übergeben.[60] Am 20. August antwortete Hitler mit einer persönlichen Note an Stalin, in der er den Entwurf akzeptierte, aber darum bat, dass Stalin Ribbentrop am 22. oder 23. August empfangen möge, damit das »Zusatzprotokoll« finalisiert werden könne, das sich die Sowjets wünschten, ohne es näher definiert zu haben.[61] Stalin befahl Woroschilow, seine Gespräche mit den Briten und Franzosen zu unterbrechen und auf Entenjagd zu gehen.[62] Am 21. August antwortete er Hitler: »Die Völker unserer Länder brauchen friedliche Beziehungen zueinander.« Er lud Ribbentrop für den 23. August nach Moskau ein.[63] Als die Nachricht im Berghof eintraf, ordnete Hitler an, man solle den Champagner öffnen, obwohl er selbst als Abstinenzler nichts davon anrührte.

Nun war Hitler zuversichtlich, dass sein Krieg stattfinden würde. Am nächsten Morgen sprach er mit seinen militärischen Befehlshabern. Der Krieg müsse jetzt kommen, sagte er ihnen. »In der Zukunft wird es wohl niemals wieder einen Mann geben, der mehr Autorität hat als ich«, erklärte er, während die Anführer auf der gegnerischen Seite »unter dem Durchschnitt« anzusiedeln seien: »Keine Persönlichkeiten.« Hitler erläuterte den Militärs, als Auslöser für den Konflikt werde die Propaganda einen Grund liefern: »Die Glaubwürdigkeit ist dabei gleichgültig.« Er habe lediglich die Befürchtung, dass ihm »im letzten Moment« – wie vor dem Münchner Abkommen geschehen – »irgendein Schweinehund einen Vermittlungsplan vorlegt«.[64]

Als Ribbentrop in Moskau eintraf, fand er die Stadt mit Hakenkreuzfahnen geschmückt vor. Bei seinem Treffen mit Stalin erzählte Ribbentrop einen Witz, der in Berlin die Runde mache: Es werde gesagt, dass Stalin selbst bald dem Anti-Komintern-Pakt beitreten werde. Stalin brachte einen Toast auf Hitler aus und sagte, er wisse, »wie sehr das deutsche Volk seinen Führer liebt«. Er gab sein Ehrenwort, dass die Sowjetunion »ihren Partner nicht verraten werde«. Es ist nicht überliefert, ob Ribbentrop im Gegenzug das gleiche Versprechen machte.[65]

Der Pakt bestand aus einem öffentlichen und einem geheimen Teil. Öffentlich versprachen Deutschland und die Sowjetunion, zehn Jahre lang keinen Krieg gegeneinander zu führen.

Ein geheimes »Zusatzprotokoll« definierte deutsche und sowjetische Einflusssphären – also Gebiete, die eine Seite erobern konnte, ohne dass die andere etwas dagegen hatte. Finnland, Lettland und Estland fielen an die Sowjets, Litauen an Deutschland. (Das Abkommen wurde später modifiziert, so dass auch Litauen den Sowjets zufiel.) Polen sollte »ungefähr« entlang der Flüsse Nare (Narew), Weichsel (Wisła) und Saan (San) geteilt werden. Es überrascht nicht, dass auch Bessarabien an die Sowjets ging. NS-Deutschland hatte Stalin gegeben, was die Briten und Franzosen ihm nicht geben wollten.[66]

Ribbentrop hatte eine Präambel über die »naturgegebene Freundschaft« zwischen Deutschen und Sowjets einfügen wollen, aber Stalin war da realistischer. »Seit vielen Jahren haben wir uns jetzt«, sagte er zu Ribbentrop, »gegenseitig kübelweise mit Dreck beworfen«, daher sei er der Meinung, dass die öffentliche Meinung noch ein wenig Zeit bräuchte, um sich anzupassen, bevor die beiden Diktaturen so überschwänglich freundlich miteinander umgehen könnten.[67]

Hitler glaubte nicht daran, dass die Demokratien ihm jemals den Krieg erklären würden. Seine Befürchtung, dass »irgendein Gefühlsakrobat« seine Pläne mit »windelweichen Vorschlägen« zunichte machen würde, wiederholte er allerdings immer wieder. Dies war die Folge der Enttäuschung, die er mit Neville Chamberlain in München erlebt hatte. Mit der Unterzeichnung des Molotow-Ribbentrop-Paktes war Hitlers Drehbuch geschrieben. Hitlers Polizei schuf einen höchst unglaubwürdigen Propagandavorwand für den Einmarsch in Polen: ein vorgetäuschter polnischer Überfall auf den deutschen Radiosender in der Grenzstadt Gleiwitz, dem Ort, von dem aus Franz Bernheim 1933 Hitlers antisemitische Gesetze herausgefordert hatte. Am frühen Morgen des 1. September drangen deutsche Truppen aus Ostpreußen, Pommern, Schlesien und Böhmen in Polen ein. Der Krieg der Nationalsozialisten hatte begonnen.

Nun war die Frage, wann würde der Krieg für die Demokratien beginnen? Die britische und die französische Regierung hatten Polen Hilfe zugesagt, aber selbst angesichts der deutschen Invasion zögerten sie noch. Es brauchte eine demokratische Revolte, um Neville Chamberlain zum Krieg zu nötigen. Am Freitag, dem 1. September, sagte Chamberlain vor dem Parlament, die »Zeit zum Handeln« sei gekommen, nur um fortzufahren, dass er abwarte, ob die Deutschen eine Zusicherung gäben, dass ihre Truppen Polen wieder verlassen würden.[68] Die britische Regierung hatte Deutschland eine Warnung gesandt, dass Großbritannien seine Verpflichtungen gegenüber Polen erfüllen würde – allerdings ohne ein Ultimatum zu stellen. Unter den Politikern aller Parteien machte sich Ratlosigkeit, Unzufriedenheit und Scham breit. Was könnte eindeutiger sein als dieser Fall von Aggression? Welche eindeutigere Ausgangslage wurde noch benötigt, um Polen zu Hilfe zu eilen?[69] Die Frustration und Wut entlud sich am nächsten Tag, als das Parlament außerplanmäßig eine Sitzung am Samstag abhielt. Zum allgemeinen Erstaunen erklärte Chamberlain im Unterhaus: Es könne sein, dass die britische Regierung keine Antwort von Deutschland erhalten habe, weil die Deutschen möglicherweise »einen Vorschlag in Betracht zögen, der inzwischen von der italienischen Regierung unterbreitet worden sei, dass die Feindseligkeiten eingestellt werden sollten. Es solle dann sofort eine Konferenz zwischen den fünf Mächten Großbritannien, Frankreich, Polen, Deutschland und Italien stattfinden.«[70] Das wäre eine Neuauflage von München gewesen – genau das, was ironischerweise sowohl Hitler als auch die britischen Appeasement-Gegner befürchtet hatten.

Als Nächster sprach der stellvertretende Labour-Vorsitzende Arthur Greenwood. Er galt als uninspirierter Redner; dieser Augenblick sollte jedoch der eine große Moment in seiner politischen Karriere werden. Als er sich erhob, um zu sprechen, wurde er sowohl von den Labour-Abgeordneten als auch – zu seiner großen Überraschung – aus den Reihen der Konservativen mit aufmunternden Zurufen begrüßt. Etwas unsicher begann

Greenwood mit der Bemerkung, er werde seinen Mitparlamentariern offen »sagen, was [er] in diesem Moment von ganzem Herzen« empfinde. Daraufhin rief der konservative Außenseiter Leo Amery ungeduldig: »Sprich für *England*, Arthur!« Dieser Ausbruch löste allgemeine Verblüffung aus. Amery war jahrzehntelang ein Freund Chamberlains gewesen. Er verdankte seine parlamentarische Karriere Chamberlains durchsetzungsfähigem Parteiapparat. Bei Amerys Ausruf drehte sich der Premierminister an seinem Platz um und starrte seinen Schützling schockiert an. Amery wusste, dass er soeben jede Chance vertan hatte, jemals in Chamberlains Kabinett berufen zu werden.

Und Greenwood sprach für England. »Ich frage mich, wie lange wir noch zögern wollen«, sagte er, »in einer Zeit, in der Großbritannien und alles, wofür Großbritannien steht, und die menschliche Zivilisation in Gefahr sind. [...] Jede Minute an Verzögerung bedeutet jetzt den Verlust von Menschenleben, unsere nationalen Interessen zu gefährden« und – auf einen Zwischenruf des Konservativen Bob Boothby hin – »die Grundlagen unserer nationalen Ehre«. Als Greenwood sich setzte, hörte man erneut von beiden Seiten des parlamentarischen Spektrums zahlreiche zustimmende Rufe.[71]

Es war unübersehbar, dass sowohl das Unterhaus als auch Chamberlains Kabinett kurz vor einer Meuterei standen. Diesmal würde es kein München geben. In dieser Nacht einigte sich das Kabinett darauf, ein letztes Ultimatum an die Deutschen zu stellen – mitsamt einer Frist bis 11 Uhr am nächsten Morgen.[72]

Am Sonntag, dem 3. September, fünfzehn Minuten nach Ablauf dieses Ultimatums, wandte sich Neville Chamberlain in einer Radioansprache an die britische Bevölkerung, um bekannt zu geben, dass es erneut Krieg gab. Schon seine ersten Worte waren bewegend, sogar herzzerreißend, die Verzweiflung in seiner Stimme war unüberhörbar, sein Ton jedoch gefasst und würdevoll.

»Am heutigen Morgen«, begann er, »hat der britische Botschafter in Berlin der deutschen Regierung eine letzte Note übergeben, die besagt, dass, wenn wir nicht bis 11 Uhr von ihnen hören, dass sie bereit sind, ihre Truppen sofort aus Polen abzuziehen, zwischen uns der Kriegszustand herrschen wird.« Worauf der entscheidende Satz folgte: »Ich muss Ihnen jetzt mitteilen, dass eine solche Zusage nicht eingegangen ist und dass sich dieses Land folglich im Krieg mit Deutschland befindet.« Die lange Pause, die Chamberlain nach diesem verhängnisvollen Satz einlegte, verstärkte nur noch dessen Wirkung. Man kann sich leicht vorstellen, wie Millionen von Menschen in Großbritannien fassungslos zuhörten, wie sich ihre Kehlen zuschnürten, wie die Erinnerungen an die Schrecken des letzten Kriegs und an gefallene Angehörige in ihnen aufstiegen.

Doch dann gewann Chamberlains übliche Selbstbezogenheit die Oberhand. Während er dabei war, seine Landsleute darauf vorzubereiten, dass sie zum zweiten Mal innerhalb einer Generation in einen Abgrund von Tod und Leid zu blicken hatten, sagte er zu ihnen: »Sie können sich vorstellen, was für ein harter Schlag es für *mich* ist, dass mein gesamter langer, für die Wahrung des Friedens geführter Kampf gescheitert ist. Dennoch kann ich nicht glauben, dass es Mehr oder Anderes gibt, das ich hätte tun können und das erfolgreicher gewesen wäre.« (Hervorhebung hinzugefügt.)[73]

Der Komödiant Spike Milligan, der in einem Armenviertel Londons aufgewachsen war, machte sarkastisch auf Chamberlains Unfähigkeit aufmerksam, die Briten so zu führen, dass sie wenigstens im Krieg die Spaltung entlang der Klassengrenzen hinter sich lassen und zu nationaler Einheit finden könnten. »Ein Mann namens Chamberlain, der eine Premierminister-Imitation zum Besten gab, sprach im Radio«, erinnerte sich Milligan Jahre später. »Er sagte: ›Seit elf Uhr befinden wir uns im Krieg mit Deutschland.‹ (Ich liebe dieses WIR.)«[74] In gleicher Weise erinnerte sich A. J. P. Taylor an ein mehr als ungeschickt formuliertes Plakat aus der Anfangszeit des Kriegs: »*Euer* Mut, *Eure*

Lebensfreude, *Eure* Entschlossenheit werden *uns* den Sieg bringen.« (Hervorhebung hinzugefügt.)[75] Briten aus der Arbeiterklasse wiederum erinnerten sich daran, wie nach 1918 die Versprechen zu den Sozialreformen gebrochen worden waren: Von der Front zurückkehrenden Veteranen hatte man »Heimstätten für Helden« versprochen, doch das Programm für den sozialen Wohnungsbau war bald darauf den Haushaltskürzungen der Regierung zum Opfer gefallen. So lag es für sie nahe, dass sich wieder einmal die Arbeiter zum Sterben bereithalten mussten, damit die Privilegien der Elite erhalten bleiben konnten.

Wie schnell die deutschen Truppen in Polen vorankamen, war selbst für Pessimisten überraschend. Die Polen kämpften mit ungebrochenem Stolz und großem Mut, aber sie befanden sich in einer aussichtslosen Lage. Die polnischen Luftstreitkräfte wurden schon in den ersten Tagen des Feldzugs von der Luftwaffe ausgeschaltet. Über Panzer verfügte Polen nur in geringer Zahl, und die polnische Kavallerie war nicht in der Lage, die deutschen Panzertruppen aufzuhalten. Der finale Schlag kam am 17. September, als die Sowjets, die damit einen weiteren Beweis für Stalins langgehegte Absichten lieferten, von Osten her einmarschierten. Warschau kapitulierte am 27. September. Die polnische Regierung gab das Land nie offiziell als Ganzes auf, aber die Deutschen machten dem letzten militärischen Widerstand am 6. Oktober ein Ende. Etwa 70 000 polnische Soldaten waren im Kampf gegen die Deutschen gefallen, weitere 50 000 im Kampf gegen die Sowjets. Die deutschen Verluste waren viel geringer, aber keineswegs zu vernachlässigen: 14 000 Gefallene und etwa 30 000 Verwundete.[76]

Nach dem Ausbruch des Kriegs musste sich Chamberlain dem überwältigenden öffentlichen wie politischen Druck beugen und Churchill einen Platz in seinem Kabinett anbieten. Dieser Platz war in der Tat der Posten, den Churchill bereits im Ersten Weltkrieg bekleidet hatte: Erster Lord der Admiralität. (»Winston ist wieder da«, lautete der berühmt gewordene Funkspruch, der an diesem Tag in der Royal Navy kursierte.) In den nächsten acht Monaten verlief die Zusammenarbeit zwischen den beiden alten Rivalen weitaus reibungsloser, als man es je hätte erwarten können, was vor allem an Churchills Loyalität und Pflichtbewusstsein lag. Aber die fortdauernde, offensichtliche Gegensätzlichkeit der beiden Männer wurde für Chamberlain mehr und mehr zum Problem.[77]

Ein Vorgeschmack auf die Dinge, die da kommen sollten, war ein bemerkenswerter Brief von Roosevelt an Churchill Mitte September. Es ist höchst ungewöhnlich und verstößt gegen die diplomatischen Gepflogenheiten, wenn ein Staatsoberhaupt direkten Kontakt mit einem Minister eines anderen Staates aufnimmt. Aber genau das tat Roosevelt. Dies konnte nur seiner niedrigen Meinung von Chamberlain geschuldet sein, die wahrscheinlich mit dessen Ablehnung von Roosevelts diplomatischer Initiative im Januar 1938 ihren Anfang genommen und mit dem Münchner Abkommen einen Tiefpunkt erreicht hatte. Es deutet auch darauf hin, dass der scharfsinnige Roosevelt – wie Hitler – schon ahnte, dass Churchill in Kürze Premierminister werden würde.

»Weil Sie und ich im [Ersten] Weltkrieg ähnliche Ämter innehatten«, begann Roosevelt, »möchte ich Sie wissen lassen, wie froh ich bin, dass Sie wieder zurück auf dem Posten in der Admiralität sind.« Mit der knappestmöglichen Verbeugung in Richtung der diplomatischen Konventionen fuhr Roosevelt fort, er wolle Churchill »und den Premierminister« Folgendes wissen lassen: »Ich werde es jederzeit begrüßen, wenn Sie mich persönlich über alles auf dem Laufenden halten, was ich Ihrer Ansicht nach wissen sollte.«[78] Churchill gab Chamberlain pflichtschuldigst Bescheid und sicherte sich die Zustimmung des Premiers, mit dem Präsidenten der Vereinigten Staaten in Korrespondenz zu treten. Damit war der Startschuss für eine der faszinierendsten und produktivsten politischen Beziehungen der Geschichte gefallen.

Was man Chamberlain moralisch unbedingt zugute halten muss, ist, dass er den Krieg zutiefst hasste. Unbenommen hatte er keine Anstrengung gescheut, um den Krieg zu verhindern. Genau das jedoch stellte in einer Situation ein Handicap für ihn dar, in der er ein handlungsfähiger Anführer in Kriegszeiten sein sollte. In der Anfangsphase des Kriegs schien niemand – sowohl in weiten Teilen der britischen Bevölkerung als auch in Chamberlains Regierung – so recht zu wissen, wofür Großbritannien kämpfte. Ende September wussten selbst Lord Halifax und Alexander Cadogan nicht zu sagen, was die britischen Kriegsziele sein sollten. Nachdem Stalin seinen Anteil an Polen eingefordert hatte, konnte man nicht mehr von der Befreiung Polens sprechen, ohne auch gegen die Sowjetunion in den Krieg zu ziehen. Was aber sollte geschehen, wenn man sich auf britischer Seite dazu entscheiden würde, Krieg zu führen, um den »Hitlerismus« loszuwerden, und Hitler sein Regime einfach an Göring übertragen würde?[79] Auch Chamberlain konnte keine Richtung vorgeben. Eine Woche nach Ausbruch des Kriegs notierte er: »Was ich erhoffe, ist nicht ein militärischer Sieg – ich bezweifle sehr, dass das möglich ist – sondern ein Zusammenbruch der deutschen Heimatfront.«[80] Das war nicht gerade eine ausgeklügelte Strategie und zudem eine Haltung, die sicherlich niemanden inspirieren konnte.

Im Gegensatz dazu konnte Winston Churchill, der so lange am Rande der politischen Arena hatte ausharren müssen, zusehen, wie seine Aktien stiegen. Am Tag der britischen Kriegserklärung hatte er vor dem Unterhaus ein weithin nachhallendes Statement zur Bedeutung dieses Kriegs abgegeben: »Wir kämpfen, um die ganze Welt vor der Pestilenz der Nazi-Tyrannei zu retten und zur Verteidigung all dessen, was dem Menschen am heiligsten ist. […] Es ist ein Krieg, […] um die Rechte des Individuums – auf uneinnehmbaren Felsen – zu sichern, und es ist ein Krieg, um die Charakterfestigkeit der Menschheit zu beweisen und wiederzubeleben.« Selbst vielen Anhängern Chamberlains wurde allmählich klar, dass so die Worte eines Anführers in Kriegszeiten klangen.

Die unbeugsame Eleanor Rathbone hatte Churchill schon im

Jahr zuvor geschrieben. »Es gibt eine große Sehnsucht nach Führung, und selbst diejenigen, die im Allgemeinen im politischen Spektrum weit von Ihnen entfernt zu verorten sind, erkennen, dass Sie der Einzige sind, der die Risiken unserer militärischen Lage voll und ganz erfasst hat und gleichzeitig an ein kollektives internationales Handeln gegen die Aggression glaubt.« Im Herbst 1939 gründete sie ein parteiübergreifendes parlamentarisches Aktionsbündnis, das einen wichtigen Rahmen für diejenigen bildete, die eine effektivere Führung anstrebten. Weder die Mitglieder der Gruppe, die später Memoiren verfassten, noch die meisten männlichen Historiker haben Rathbone die Anerkennung zuteil werden lassen, die sie verdient, da sie einen entscheidenden Beitrag dazu geleistet hat, denjenigen ins Amt zu bringen, der diese Führung übernehmen konnte. Es war ihren Bemühungen zu verdanken, dass Parlamentarier wie Duff Cooper und Leo Amery im Oktober 1939 im Stillen Szenarien diskutierten, ob und wie Chamberlain zu stürzen und Churchill zum Premierminister zu machen sei.

Auf die Niederlage Polens folgten sechs relativ ereignislose Monate, eine Zeitspanne, die seither als Sitzkrieg, *Twilight War* (›Krieg im Dämmerzustand‹) oder *Phoney War* (›Scheinkrieg‹) bekannt ist. Solange es an der Front ruhig blieb, hatte Chamberlain die internen Meinungsverschiedenheiten unter Kontrolle. Aber Hitlers Krieg würde nicht ruhig bleiben.

## Kapitel 13

# »Das sind preußische Offiziere!«

Ich bin ein Preuße, kennt ihr meine Farben?
Die Fahne schwebt mir weiß und schwarz voran;
daß für die Freiheit meine Väter starben,
das deuten, merkt es, meine Farben an.
*Das Preußenlied*, Text Bernhard Thiersch 1830,
vertont von August Neithardt 1832.[1]

*Das* Preußenlied, *einst die Hymne des Königreichs Preußen, ist den Offizieren im Jahr 1940 noch gut bekannt. Ein preußischer Offizier zu sein, bedeutet, einen strengen Verhaltenskodex zu akzeptieren. Genügsamkeit, Ehre, Pflicht und vor allem Aufopferung sind dessen wesentliche Elemente. Es ist der Kodex eines armen Landes im Norden, das auf kargem, sandigem Boden unter großen Anstrengungen und mit viel Willenskraft geschaffen wurde und das dank seines Heeres in die erste Reihe der europäischen Mächte aufgestiegen ist. Die ersten Worte des Liedes bringen es auf den Punkt: Der Sänger ehrt das Andenken an seine »Väter« – gemeint ist wohl die ganze Reihe seiner Vorväter –, die im Dienste des schwarz-weißen Banners für Preußen starben. Und indem er sich zu diesen Farben als den seinen bekennt, nimmt er stoisch in Kauf, dass ihn das gleiche Schicksal ereilen wird.*

*Die preußischen Offiziere kennen diesen Kodex alle und glauben, sich daran zu halten. Aber es ist ein flexibles Regelwerk, das je nach eigener Präferenz angewendet werden kann. Dies gilt insbesondere, wenn es darum geht, Befehle zu befolgen, vor allem die des Königs.*

*Militärgeschichte ist seit jeher ein Kernfach der preußischen Offiziersausbildung und des Generalstabsstudiums. Die Feldherren der Vergangenheit haben ihren Platz in diesem historischen Gedächtnis, und insbesondere das Angedenken an diejenigen wird* lebendig gehalten, die in den Kriegen gegen Napoleon und für die deutsche Einheit Ruhm ernten konnten. *Die Feldherren der Vergangenheit, jeder von ihnen ein Paragon der preußischen Identität, sind Vorbilder für das Verhalten der Offiziere in der Gegenwart.*

Als Vorbild für stoische Befehlsausführung liegt es nahe, die Figur des Friedrich Wilhelm von Seydlitz zu wählen. Seydlitz ist ein Kommandeur der Kavallerie in der Armee des gefeierten Preußenkönigs, Friedrich des Großen. Ihm wird das Verdienst zugeschrieben, die Kavallerie zu einem effizienten Truppenteil innerhalb der preußischen Armee entwickelt zu haben. In der für Preußen katastrophal endenden Schlacht bei Kunersdorf 1759 hat Friedrich II. selbst das Kommando auf dem Schlachtfeld, auf dem die Preußen den Russen und Österreichern gegenüberstehen. Als die Schlacht fortschreitet, befiehlt Friedrich II. Seydlitz und seiner Kavallerie den Angriff. Seydlitz führt den Angriff an. Der verläuft jedoch katastrophal. Die Verluste sind hoch, und Seydlitz wird selbst schwer verwundet. Nur wenig später ordnet Friedrich II. einen weiteren Kavallerieangriff an. Seydlitz versucht, ihm die Idee auszureden, da es sich um einen Frontalangriff auf befestigte Stellungen unter Artilleriebeschuss handeln würde. Aber Friedrich besteht darauf, und die Kavallerie greift an. Das Ergebnis ist ein noch schlimmeres Gemetzel als beim ersten Angriff: Die preußischen Reihen geraten so in Unordnung, dass die eigenen Infanteriesoldaten Opfer einer Stampede der preußischen Kavallerie werden. Seydlitz hat dieses Ergebnis erwartet, aber er stellt den Befehl des Königs nicht in Frage. Er wird zum Vorbild für eine besondere Art der Unterordnung unter den preußischen Kodex: den selbstlosen Gehorsam gegenüber Befehlen, sogar wenn sie töricht zu sein scheinen, sogar wenn sie nur fatal enden können. »Daß für die Freiheit meine Väter starben . . .«[2]

Aber den Offizieren der jüngsten aktiven Generation steht noch ein weiteres, alternatives Leitbild für die Anwendung des preußischen Kodex auf königliche Befehle zur Verfügung. Ein Feldherr späterer Jahre liefert es: Johann David Ludwig Graf Yorck *von Wartenburg. 1806 wird Preußen von Napoleons Armee vernichtend geschlagen. Das Königreich muss große Teile seines Territoriums aufgeben, französische Truppen besetzen Berlin. König Friedrich Wilhelm III. nimmt seine Unterwerfung unter Napoleon passiv hin.*

*Nicht so seine Heerführer, allen voran Graf Yorck. Sie schließen sich einer Bewegung an, die mit Hilfe von Reformen ein neues, modernes, vitales Preußen schaffen will, das in der Lage ist, sich wieder zu erheben und Napoleon zu besiegen. 1812 marschiert Napoleon in Russland ein, doch die Invasion endet bald in einer katastrophalen Niederlage. Die preußischen Reformer sehen ihre Chance gekommen. Noch im Dezember 1812 unterzeichnet Yorck die Konvention von Tauroggen, in der sich Preußen mit Russland gegen Frankreich verbündet. Yorck erklärt sich bereit, seine Truppen für neutral zu erklären und vor Ort im Grenzgebiet zu belassen, während russische Truppen nach Preußen vordringen sollen, um die Franzosen zu verfolgen.*

*Die Konvention von Tauroggen ist jedoch nicht auf Direktive von König Friedrich Wilhelm III. zustande gekommen. Yorck und andere Offiziere – darunter auch Carl von Clausewitz, der später das weltweit einflussreichste Buch über die Theorie der Kriegsführung schreiben wird – sind auf eigene Initiative tätig geworden. Strenggenommen bedeutet das, dass der Vertrag, den sie unterzeichnet haben, auf Hochverrat hinausläuft. Nach der Auffassung der Offiziere ist ihr Handeln jedoch vom preußischen Kodex gedeckt. Anfang Januar schickt Yorck einen Brief an den König. »Solange alles im gewöhnlichen Gange ging«, schreibt er, »musste jeder treue Diener ja den Zeitumständen folgen, das war Pflicht.« Aber die Umstände hätten sich geändert, und »es ist ebenfalls Pflicht, diese nie wieder zurückkehrenden Verhältnisse zu benutzen«. Yorck spricht nicht nur als treuer Diener des Königs, er besteht darauf: »Diese Sprache ist die fast allgemeine der Nation, der Ausspruch [Eurer Königlichen Majestät] wird alles neu beleben und entusiasmieren [sic], wir werden uns wie echte alte Preußen schlagen und der Thron [Eurer Königlichen Majestät] wird für die*

*Zukunft felsenfest und unerschütterlich dastehen.« Yorck wartet*
*nur darauf, vom König zu hören: »ob ich gegen den wirklichen*
*Feind vorrücke oder ob es die politischen Verhältnisse erheischen,*
*dass [Eure Königliche Majestät] mich verurtheilen [sic].« Er wartet*
*auf die Antwort »mit treuer Hingebung« und bekennt: »Ich be-*
*schwöre [Eure Königliche Majestät], dass ich auf dem Sandhaufen*
*ebenso ruhig wie auf dem Schlachtfelde, auf dem ich grau gewor-*
*den bin, die Kugeln erwarten werde.«*

*Yorck folgt dem Kodex: Auch er wird gerne für seine Farben*
*und um der Freiheit willen sterben. Aber noch etwas anderes*
*macht sich hier bemerkbar: Das einzige höhere Gesetz als der Wil-*
*le des Königs ist die Stimme der »Nation«.*[3] *Im Jahr 1813 ist das eine*
*neue Idee, allerdings eine, die nicht so schnell wieder verschwinden*
*will. Yorck wird ein Held. Preußens dezidiert patriotische Histori-*
*ker werden sein Andenken feiern (auch wenn sie das Ausmaß sei-*
*ner Rebellion auffallend herunterspielen).*[4] *In Berlin findet sich bis*
*heute eine Yorckstraße und eine Tauroggener Straße. Was für die*
*Soldaten im Jahr 1940 daran wesentlich ist: Unter besonderen*
*Umständen kann die Verpflichtung gegenüber der Nation schwe-*
*rer wiegen als die Verpflichtung gegenüber dem Herrscher. Sie*
*kann sogar erfordern, dass man Hochverrat begeht. Die deutschen*
*Offiziere werden in jenem Jahr über vieles nachzudenken haben.*

Im deutschen Oberkommando gab es eine von Herbst 1939 bis
Anfang 1940 anhaltende Auseinandersetzung darüber, wie man
den Krieg führen sollte, und im weiteren Sinne darüber, was für
ein Land Deutschland sein sollte. Dies war im Grunde ein Streit
mit zwei Hauptthemen. Auf der einen Seite ging es um die Frage, ob man eine Offensive gegen die Westmächte starten sollte;
Hitler war dafür, die meisten seiner Generäle dagegen. Auf der
anderen Seite ging es darum, wie diese Offensive aussehen sollte. In dieser Frage waren die Generäle in zwei Lager gespalten,
wobei Hitler eindeutig dem einen zuneigte. Diese zweite Kontroverse hatte viel weitreichendere Implikationen, als zunächst
absehbar war.

Am 6. Oktober 1939, als klar war, dass Polen vollständig besiegt worden war, hielt Hitler eine Rede, in der er erklärte, dass er es als »ein Ziel [seines] Lebens empfunden« habe, die beiden Völker – das britische und das deutsche – einander näherzubringen. Dass ihm das bisher nicht gelungen sei, liege an der »geradezu erschütternde[n] Feindseligkeit bei einem Teil britischer Staatsmänner und Journalisten«. Er erwähnte Churchill mehrmals namentlich, nicht aber Chamberlain, der zu diesem Zeitpunkt noch Premierminister war. Nach dieser Vorrede schlug er eine Friedenskonferenz vor, »die das Schicksal [...] dieses Kontinents für Jahrzehnte hinaus bestimmen soll«.[5]

Doch Hitler wartete nicht auf eine Antwort der Briten oder Franzosen. Am 9. Oktober erließ er die »Weisung Nummer 6 für die Kriegsführung«. Die Direktive machte deutlich, dass Hitler der Meinung war, die Zeit arbeite gegen die Deutschen: Die westlichen Demokratien würden nur immer stärker werden. Er ordnete daher die Vorbereitung eines Angriffs auf den »Nordflügel der Westfront durch die Gebiete von Luxemburg, Belgien und Holland« zu »einem möglichst frühen Zeitpunkt« an. Die Ambitionen dieses Angriffs waren relativ begrenzt. Ziel war es, »einen zahlenmäßig möglichst großen Teil der französischen Operationsarmee zu besiegen« und Territorium in den Niederlanden, Belgien und Nordfrankreich zu gewinnen, um dort Luftwaffenstützpunkte in Schlagdistanz zu Großbritannien zu schaffen und damit die Sicherheit des verwundbaren Ruhrgebiets zu erhöhen.[6]

Die Heeresführer waren entsetzt, vor allem über die Formulierung »zu einem möglichst frühen Zeitpunkt«. Selbst Walter von Reichenau, derjenige unter den Generälen, der als der größte Parteigänger Hitlers bekannt war, nannte die Idee einer sofortigen Westoffensive »geradezu verbrecherisch«. Die eher oppositionell gesinnten Offiziere und die zivilen Widerständler befürchteten, dass ein Krieg gegen den Westen in Großbritannien und Frankreich dazu führen würde, dass man sich dort endgültig von der Vorstellung verabschieden werde, es sei ein Unterschied zwischen dem deutschen Volk und seiner Regierung zu machen. Für die Demokratien würde der Krieg zu einem allumfassenden Kampf gegen alle Deutschen werden, was es der Opposition unmöglich machen würde, Hitler loszuwerden und den Krieg zu akzeptablen Bedingungen beizulegen. Mit anderen Worten, der Krieg würde ein totaler Krieg werden – so wie Ludendorff es sich vorgestellt hatte.[7]

Zu diesem Zeitpunkt begann Ludwig Beck erneut eine Rolle im Widerstand zu spielen, wenn auch diesmal nicht mehr aus dem Zentrum der Macht heraus. Ende September fasste er seine Gedanken in einem pessimistischen Memorandum zusammen, mit dem er die Heeresleitung von der Ausweglosigkeit der Lage überzeugen wollte. »Deutschland steht zur Zeit am Anfang eines Weltkrieges«, schrieb er. Die Niederlage Polens sei nicht weiter wesentlich. Vordringlich habe dieser Sieg vor allem bewirkt, so Beck, dass die Sowjetunion die Bühne betreten habe – und das werde sich am Ende als katastrophal für Deutschland erweisen. Zudem bedeute, gegen Großbritannien zu kämpfen, einen Weltkrieg zu führen, was wiederum bedeute, einen Seekrieg zu führen. Dafür sei Deutschland allerdings in keiner Weise gerüstet. Darüber hinaus schätzte Beck die Situation so ein, dass die Vereinigten Staaten und ihre Ressourcen ein immer größerer Faktor im Krieg werden würden, und er beschrieb Roosevelt als »eine[n] der grimmigsten Gegner des Dritten Reiches«.[8]

Beck war der Ansicht, dass die Strategie Großbritanniens und seiner Verbündeten beinhalten werde, einen Sieg durch die Vermeidung von Konflikten der Bodentruppen zu erzielen und stattdessen Deutschland mit einer Seeblockade zu zermürben. Er kam zu dem Schluss, dass es für Deutschland nicht möglich sein werde, einen vorteilhaften Friedensschluss zu erreichen, der doch der Zweck aller Kriegsanstrengungen sein müsse.[9] Ironischerweise sprach sich Liddell Hart, der immer ein Befürworter von Seeblockaden gewesen war, genau zu diesem Zeitpunkt ebenfalls für einen Kompromissfrieden aus – mit der Begründung, dass es für Großbritannien keinen gangbaren Weg zum

Sieg gebe. Ein paar Tage später fügte Beck hinzu, dass selbst ein entscheidender Sieg über die alliierten Armeen in Frankreich nicht damit gleichzusetzen sei, den Krieg zu gewinnen, solange Großbritannien noch immer in der Lage wäre, militärisch erneut gegen Deutschland vorzugehen.[10]

Die strategische Situation wurde demnach auf beiden Seiten von umsichtigen Menschen ähnlich beurteilt, doch auch die moralischen Grundlagen des politischen Handelns wiesen Parallelen auf. Viele, vielleicht die meisten der deutschen Offiziere und Zivilisten, die sich zum Widerstand gegen Hitler zusammenfanden, taten dies, weil sie, wie Roosevelt, den christlichen Glauben und den Nationalsozialismus als unvereinbar ansahen. »Wer ein guter Kirchgänger war«, so formulierte es Hans Bernd Gisevius, »war zugleich ein überzeugter Oppositioneller, oder er musste es über kurz oder lang werden.« Hans Osters Entschlossenheit und unbeirrbare Zuversicht »lag an seinem unerschütterlichen Gottvertrauen«. »Es komme, was da wolle!«, schrieb Oster einmal an seinen Sohn. »Furcht haben wir nur vor dem Zorn Gottes, wenn wir nicht sauber und anständig sind und unsere Pflicht nicht tun.« Auch die Widerstandsarbeit des Abwehrchefs, Admiral Canaris, schrieb Gisevius, entsprang »einer sehr durchdachten Lebensphilosophie [...] dieses tiefreligiösen Menschen«.[11]

Diese Art des Glaubens inspirierte jemanden, als treibende Kraft innerhalb des Widerstands eine Rolle zu übernehmen, von dem man es noch viel weniger vermutet hätte: Wilhelm Ritter von Leeb, einen der ranghöchsten, wichtigsten und angesehensten deutschen Generäle.

Leeb war ein Mann von ehrfurchtgebietendem Aussehen mit kahlgeschorenem Kopf und falkenartigen Gesichtszügen, die von hart und durchdringend blickenden Augen dominiert wurden. Er hatte sich nie viel Mühe gegeben, seine Verachtung für die Nationalsozialisten zu verbergen, und fand immer eine Möglichkeit, bei feierlichen Anlässen mit Abwesenheit zu glänzen, wenn nationalsozialistische Prominenz anwesend war. Er war ein gläubiger Katholik, der von den Nationalsozialisten oft als

»Pfaffengeneral« abgetan wurde. Leebs Glaube war der Grund dafür, dass er sein Gewissen nicht abzuschalten vermochte. Nach dem Krieg, während er in amerikanischer Gefangenschaft war, notierte er in seinem Tagebuch zu Allerseelen: »Zum Tisch des Herrn gegangen für Alfred [Leebs Sohn] [...] und alle unter meinem Kommando gefallenen Soldaten.«[12]

Leeb war einer der Generäle, die bei den Säuberungen nach der Blomberg-Fritsch-Krise entlassen worden waren. Für die Besetzung des Sudetenlandes war er vorübergehend wieder in Dienst gestellt worden, bei Kriegsausbruch 1939 dann permanent, als er das Kommando über alle Truppen an der Westfront erhielt.[13]

Wie viele höhere Offiziere glaubte Leeb, dass Deutschland den Krieg verlieren werde, und sein Wunsch, dass es bald Frieden geben möge, wurde noch verstärkt, nachdem sein Sohn Alfred in Polen gefallen war. Leebs Biograph Georg Meyer beschreibt zwei Elemente als zentral für dessen Motivationslage: »Der Vater wollte anderen Eltern den Verlust ihrer Kinder ersparen« und »der Christ empfand Hitlers Krieg als ungerecht«. Ende September schlug Leeb vor, dass die Deutschen alle »nicht notwendigen« Einheiten von der Westfront abziehen und damit den Friedenswillen Deutschlands demonstrieren könnten. Die Idee brachte Hitler in Rage.[14]

Kurz nach der Niederlage Polens schrieb Leeb ein an Walther von Brauchitsch gerichtetes Memorandum mit einem langen Titel: »Denkschrift über die Aussichten und Wirkungen eines Angriffs auf Frankreich und England unter Verletzung der Neutralität Hollands, Belgiens und Luxemburgs«. Inoffiziell betitelte Leeb sein Memo mit: »Unsinn eines Angriffs«.[15]

Wie immer direkt zur Sache kommend, begann Leeb: »Schwere Sorge um unsere Zukunft drückt mir die Feder in die Hand.« Er war der Meinung, dass ein Angriff auf Großbritannien und Frankreich, sofern er nicht zur völligen Zerstörung ihrer militärischen Kapazitäten führe, diese Länder nur erzürnen und in einen Kampf bis zum bitteren Ende treiben werde. Wie die meisten deutschen Offiziere bewunderte Leeb die »Zähigkeit« der Briten und, etwas zähneknirschend, der Franzosen. Er glaubte, dass es den Deutschen nie gelingen werde, die französische und britische Militärmacht so weit zu schwächen, dass die Alliierten Frieden schließen würden. Als Hauptgrund führte er an, dass es unmöglich sei, einen Überraschungsangriff zu starten: Die deutschen Vorbereitungen seien für die Alliierten sichtbar, und mittels des effizienten französischen Eisenbahnnetzes könnten sie ihre Truppen schnell dorthin verlegen, wo sie gebraucht würden.[16]

In einer Passage, die deutlich macht, wie sehr auch in Hitlers Reich die Befehlshaber an die öffentliche Meinung und die öffentliche Moral denken mussten, schreibt Leeb, dass der Angriff auf Polen »im ganzen deutschen Volk keinerlei Begeisterung wie etwa 1914« hervorgerufen habe. Stattdessen fragten sich »weite, denkende Kreise«, ob »keine andere Lösung möglich war als die durch einen Krieg«. Menschen ohne kritisches Urteilsvermögen würden zwar momentan noch akzeptieren, dass der Krieg weitergehen müsse, aber auch bei ihnen werde die Begeisterung der »tiefe[n] Enttäuschung und Bedrückung« weichen, denn »das ganze Volk sehnt sich nach Frieden«. Leeb bezweifelte, dass die Deutschen den »Beteuerungen des Führers, daß ihm der Krieg durch die Unnachgiebigkeit Englands und Frankreichs aufgezwungen worden sei«, glauben würden. Mit anderen Worten: Einer der ranghöchsten unter Hitlers Generälen behauptete, dass der Krieg sowohl unnötig als auch unpopulär sei und dass Hitler sein Volk über den Grund für den Krieg belüge.[17]

Brauchitsch dürfte Leebs Überlegungen miteinbezogen haben, als er sich am 14. Oktober mit Halder zu einer Strategiebesprechung traf und diesem eröffnete, seiner Meinung nach hätten die Generäle drei Möglichkeiten: Sie könnten im Westen angreifen, wie Hitler es befohlen hatte; sie könnten abwarten und sehen, was passierte; oder sie könnten »grundlegende Veränderungen« herbeiführen.[18] »Grundlegende Veränderungen« war ein Euphemismus für den Regimewechsel. Die Generäle waren nun wieder an dem Punkt, an dem sie sich im Jahr zuvor befunden hatten: Sie waren der Ansicht, dass Hitler Deutschland in den Ruin treibe, und so zogen sie einen Militärputsch in Erwägung. Nicht, dass sie über die Aussicht glücklich waren: Sie befürchteten, dass ein Sturz des Regimes eine Schwächung Deutschlands zur Folge haben könnte, die der Feind möglicherweise schnell ausnutzen würde. Trotzdem sahen sie es als ihre Pflicht an, Hitler die Aussichten seines militärischen Vorhabens »nüchtern« zu erläutern und ihn zu einer friedlichen Lösung zu drängen.

Dass einige Offiziere im Herbst 1939 über »grundlegende Veränderungen« nachdachten, hatte noch einen weiteren Grund. Mit der Eroberung und Besetzung Polens entfaltete die NS-Herrschaft ihre ganze Barbarei. Teils mittels lokal organisierter paramilitärischer Kräfte, teils mittels der Einsatzgruppen, speziellen Tötungskommandos, bestehend aus SS- und Polizeiangehörigen, begannen die Deutschen einen Massenmord an polnischen Aristokraten, Intellektuellen, Geistlichen und Juden. In den letzten drei Monaten des Jahres 1939 ermordeten sie in Polen etwa 65 000 Menschen.[19]

Einheiten der regulären Wehrmacht begingen ebenfalls Gräueltaten. Nichtsdestoweniger waren einige der höheren Armeeoffiziere entsetzt und begannen ihren Unmut zu äußern – die meisten dieser Offiziere waren auch in der einen oder anderen Form in den Widerstand involviert. Einer von ihnen war der Nachrichtenoffizier Helmuth Groscurth. Groscurth, 41 Jahre alt und Sohn eines Pastors, verkörperte den preußischen Kodex in geradezu vorbildlicher Weise. Unter anderem machte Groscurth einmal seinem Unmut in seinem Tagebuch Luft, da es für ihn unverständlich war, wie Halder und andere hohe Offiziere im Umgang mit Hitler derart die Nerven verlieren konnten: »Welche Zustände! Das sind preußische Offiziere! Ein Chef des Generalstabs *hat* nicht zusammenzubrechen!«[20] Tatsächlich war Generalstabschef Halder kein Preuße, er war Bayer. Es sagt viel über die Wirkmacht aus, die der preußische Kodex in Militärkreisen besaß, dass Offiziere aus anderen Regionen ihn nicht nur bereitwillig aufgriffen, sondern von ihnen sogar erwartet wurde, dass sie sich ebenfalls danach richteten.[21]

Die gleichen strengen Prinzipien und sein tiefer Glaube machten Groscurth auch zu einem furchtlosen Gegner des Nationalsozialismus, der nicht dabei stehenblieb, das Regime moralisch zu verurteilen, sondern sich zu aktivem Widerstand verpflichtet sah. Schon im Jahr zuvor hatte er nach der »Reichskristallnacht« geschrieben: »Man muss sich schämen, noch ein Deutscher zu sein.« Eine Woche nach Beginn des Polenfeldzugs berichtete Oster Groscurth von einigen Äußerungen Reinhard Heydrichs, des engen Gefolgsmannes von Heinrich Himmler. Heydrich hatte sich beschwert, dass die Militärgerichte zu langsam arbeiteten. Seiner Vorstellung nach sollten polnische Aristokraten, Geistliche und Juden einfach massenhaft ohne Gerichtsverfahren erschossen werden. Was Groscurth über diese Gräueltaten erfuhr, trieb ihn von passiver Abscheu zum aktiven Bemühen, Hitlers Regime zu stürzen – in Anwendung des preußischen Kodex', wie ihn ein radikaler Yorck verstehen mochte, nicht wie ein Seydlitz.[22]

Groscurth legte formell Beschwerde über die polnischen Gräueltaten ein. Schließlich verlangte die Wehrmacht die Zuständigkeit für das Besatzungsregime in Polen, um dem Morden Einhalt zu gebieten. Hitlers Antwort war vorhersehbar und ein Ausdruck seines biologistischen Anarchismus: »Ein harter Rassenkampf kann keinem Gesetz unterworfen werden«, sagte er. Die deutschen Besatzer würden in einer Weise handeln müssen, die »mit unseren üblichen Grundsätzen unvereinbar« sei. In Hitlers Vorstellung hatte sich Polen in eine Region der Sklavenarbeit zu verwandeln,« der alle potentiellen Anführer eines möglichen Widerstandes eliminiert und der Lebensstandard auf das absolute Minimum reduziert werden sollte. Nach seinem Willen sollte die Bevölkerung durch Entkräftung ausgerottet werden. Nach zwanzig Jahren, erklärte Hitler, »werden harte Arbeit, Hunger und Pestilenz ihr Teufelswerk vollendet haben«.[23]

Es folgte eine bemerkenswerte Episode. Am 23. Oktober trat Generaloberst Johannes Blaskowitz seinen Dienst als Kommandeur der deutschen Besatzungstruppen in Polen an. Bald musste er feststellen, dass Soldaten aller Dienstgrade mit Beschwerden über Gräueltaten zu ihm kamen. Blaskowitz war ein völlig unpolitischer Soldat und kein Widerständler wie Groscurth oder Oster. Aber wie Groscurth war er der Sohn eines Pastors, und etwas von diesem moralischen Fundament scheint ihm geblieben zu sein. Im November legte er Brauchitsch ein Memorandum über das vor, was er erfahren hatte, wobei er den Ton neutral hielt und sich auf das Problem der Aufrechterhaltung der Disziplin innerhalb der Truppe konzentrierte. Aber selbst seine nüchterne Darstellung der Fakten entfaltete eine starke Wirkung in Berlin, wo sie unter höheren Offizieren zirkulierte. Den formalen Weg einhaltend, leitete Brauchitsch das Memorandum nicht direkt an Hitler weiter, sondern schickte es ihm über Hitlers Heeresadjutanten Gerhard Engel. Und so war es Engel, an dem Hitler seine Wut über Blaskowitz ausließ, wobei er sich über die »kindliche Einstellung« der Heeresführer echauffierte und deutlich machte, er könne mit »Heilsarmee-Methoden« keinen Krieg führen.[24]

Blaskowitz ließ sich nicht beirren. Im Februar 1940 übergab er Brauchitsch ein zweites Memorandum, das sich im Tonfall stark von dem ersten unterschied. Wahrscheinlich wurde es ganz oder in Teilen von Abwehrchef Wilhelm Canaris geschrieben. Aber Blaskowitz war entschlossen genug, um seinen Namen darunterzusetzen. Die darin vorgetragenen Argumente wurden offensichtlich bewusst pragmatisch formuliert, um die Chancen zu maximieren, dass sich wichtige Personen aus der NS-Führung davon überzeugen ließen, das Richtige zu tun. Es sei »abwegig«, hieß es in dem Memo, »einige 10 000 Juden und Polen, so wie es augenblicklich geschieht, abzuschlachten«. Dies zu tun, könne weder die Idee des polnischen Staates »totschlagen«, noch würden die Juden »beseitigt«, sondern liefere lediglich einen Grund für feindliche Propaganda. Das Abschlachten der Juden wecke bei den katholischen Polen Mitleid, so dass Juden, Polen und die katholische Kirche, »unsere Erzfeinde im Ostraum«, eine feindliche Allianz bilden würden. Aber »der schlimmste Schaden«, den die in Polen verübten Gräueltaten in Deutschland anrichten würden, sei die »maßlose Verrohung und sittliche Verkommenheit«, die sich »wie eine Seuche« unter den deutschen Soldaten ausbreiten würde. Blaskowitz fügte Aussageprotokolle von mehreren deutschen Soldaten bei, die Zeugen von Gräueltaten der Polizei geworden waren, um zu illustrieren, »welcher Rohheit diese Bestien fähig sind«. Die Soldaten verstünden nicht, wie solche Gräueltaten ungestraft bleiben könnten.[25]

Dieses Memorandum zwang Heinrich Himmler tatsächlich, eine gewisse Schadensbegrenzung zu betreiben. Im März machte er bei einer Versammlung von Befehlshabern des Heeres in Koblenz deutlich: »Ich tue nichts, was der Führer nicht weiß.« Angesichts dieser ziemlich unverhohlenen Drohung erhoben die Offiziere keinen direkten Einspruch mehr. Noch im selben Frühjahr wurde Blaskowitz von seinem Posten in Polen abgezogen, und Himmler setzte von nun an alles daran, der Karriere des Offiziers zu schaden.[26]

Für die Handvoll dissidenter Offiziere kamen zu ihrer ablehnenden Haltung eines Angriffs im Westen nun noch Abscheu und Wut über die Gräueltaten in Polen hinzu.[27] Da Hitler an einer sofortigen Westoffensive festhielt, begannen die Verschwörer im Oktober und November auf einen Staatsstreich hinzuarbeiten. Genauso wie im Jahr zuvor war Halders Haltung jedoch schwankend. Als Groscurth sich am 31. Oktober mit Halder traf, sprach der Stabschef davon, »Leute verunglücken [zu] lassen«, darunter Göring und Ribbentrop. Mit Tränen in den Augen fügte er hinzu, dass er »Emil« (der respektlose Spitzname, den die Offiziere untereinander für Hitler gebrauchten) wochenlang mit der Pistole in der Tasche aufgesucht habe, »um ihn eventuell über den Haufen zu schießen«. Doch die Verschwörer waren uneins darüber, was genau zu tun war: Sollten sie lediglich Hitler sowie ein paar weitere NS-Größen töten und darauf hoffen, dass sich danach alles zum Guten wenden werde, oder dem Attentat einen organisierten Staatsstreich folgen lassen? Halder favorisierte die erste Option, da er glaubte, es gäbe niemanden, der Hitlers Platz einnehmen könnte. Groscurth drängte auf die zweite und verwies auf Männer wie Beck oder Goerdeler, die die Statur hatten, den Staat zumindest eine Zeit lang zu führen.[28]

In den ersten Novembertagen fand der unberechenbare Halder zu altem Mut zurück. Die Pläne für einen Putsch waren fertig. Am 3. November teilte Groscurth Gisevius mit, dass der Putsch nun bevorstehe. Halder hatte ihn autorisiert, Beck und Goerdeler Bescheid zu geben, dass sie sich ab dem 5. November bereithalten sollten.[29]

Hitler hatte angeordnet, dass die Offensive im Westen am 12. November beginnen sollte. Für den 5. November hatte er eine letzte Besprechung mit Brauchitsch in der Reichskanzlei angesetzt, um die Pläne zu besprechen. Der Tag zog sich für die Verschwörer quälend lange hin, ganz so wie der 14. September und der 28. September des vergangenen Jahres, während sie auf den Befehl zum Putsch warteten. Gisevius erinnerte sich: »Natürlich sind wir dementsprechend mobil. Alles freut sich. Alles ist aufs höchste angespannt.« Doch der Tag verging, ohne dass man erfuhr, was zwischen Brauchitsch und Hitler vorgefallen war. »Nur eine leise Unruhe befällt uns«, schrieb Gisevius. Und die Frage stellte sich: »Ist die Entscheidung wieder einmal vertagt?«[30]

Halder, der Brauchitsch in die Reichskanzlei begleitet hatte, aber außerhalb des Raumes wartete, während der Kommandeur mit Hitler sprach, hatte seinen Chef zuvor mit Argumenten gegen einen Angriff im Westen versorgt: Die Ersatzmannschaften seien noch nicht integriert und ausgebildet. Die Offiziere seien »teilweise schwach«. Ein großer Teil der Ausrüstung sei noch reparaturbedürftig. Doch nach 20 Minuten war die Besprechung vorbei, und sie war nicht gut verlaufen. Hitler bestand darauf, dass die Probleme zwischen Deutschland und den Demokratien nur militärisch gelöst werden könnten. Brauchitsch versuchte zu erläutern, dass es einige Fälle von »Disziplinlosigkeit« innerhalb der Truppe gegeben habe, die an die Zeiten erinnerten, als die Armee 1918 zusammengebrochen war. Das war das Falscheste, was er Hitler gegenüber erwähnen konnte. Hitler geriet in Rage und verlangte, konkrete Einzelheiten zu erfahren: Was war geschehen? In welchen Einheiten? Was war dagegen unternommen worden? Er wollte Todesurteile für jeden Verstoß gegen die Disziplin.[31]

Doch es sollte noch schlimmer kommen. Die Armee sei nur deswegen nicht kampfbereit, weil sie nicht kämpfen wolle, wütete Hitler. »Ich kenne den Geist von Zossen«, knurrte er, »und ich werde ihn vernichten.« Zossen war der Stützpunkt außerhalb Berlins, auf dem das Oberkommando des Heeres arbeitete.[32] Brauchitsch verließ die Besprechung blass und erschüttert. »Bitte nehmen Sie mir das nicht übel«, bekniete er Halder. »Ich weiß, Sie sind von mir enttäuscht. Wenn ich diesem Mann entgegentrete, habe ich das Gefühl, als würde mir jemand die Luft abdrücken und ich kann kein weiteres Wort hervorbringen.«[33]

»Eine Diskussion mit [Hitler] über diese Dinge ist überhaupt nicht möglich«, schlussfolgerte Halder[34] – ein Punkt, der ihm sicher schon vorher aufgefallen war. Halder untertrieb dabei den Grad an Panik, der ihn erfasst hatte. »In Zossen«, schrieb Gisevius, »ist eine allgemeine Nervenkrise zu verzeichnen. Vielleicht drücke ich mich noch zu vorsichtig aus: besser sollte ich von einer panikartigen Verwirrung sprechen.«[35] Hitlers Bemerkung über den »Geist von Zossen« legte nahe, dass er von Putschplänen wusste. Halder ordnete die Vernichtung aller diesbezüglichen Unterlagen an. »Die Offensive [im Westen] würde gemacht«, hatte er Groscurth ohne Umschweife mitgeteilt. Es gebe keine Alternative, denn »Volk und Heer seien nicht geschlossen«. Halder fügte hinzu: »Damit sind die Kräfte, die auf uns rechneten, nicht mehr gebunden. Sie verstehen, was ich meine.« Er meinte damit, dass Goerdeler und Beck sich nicht mehr bereithalten müssten. Es waren auf den Tag genau zwei Jahre seit der Hoßbach-Konferenz vergangen.

»Diese unentschlossenen Führer ekeln einen an«, kommentierte Groscurth bitter. »Grauenhaft.«[36] Eine Ansicht, die diejenigen Preußen, die sich eher Yorck als Seydlitz zum Vorbild genommen hatten, noch längere Zeit begleiten sollte. Wenige Jahre später machte Hoßbach selbst in einem harschen Brief an Halder seiner Wut Luft: Die »Unmoral der höchsten Heeresführung« habe zu all dem Unglück beigetragen, das über Deutschland gekommen sei. Den Krieg zu beginnen, habe bedeutet, den Krieg zu verlieren, insistierte Hoßbach. »Darüber bestand im Generalstab des Heeres bis zum 28.8.1938, dem Tag der Amtsübergabe an Sie, nachweislich kein Zweifel.«[37]

Dass Halder und Brauchitsch die Nerven verloren, bedeutete das Aus für jeden Putschversuch im Jahr 1939. Der ranghohe Nachrichtenoffizier General Kurt von Tippelskirch sagte Groscurth, es gebe keine Möglichkeit, Brauchitsch zum Handeln zu bewegen. »Wir müssen durch dieses tiefe Tal also wohl hindurch«, seufzte er.[38]

Am 23. November rief Hitler eine Gruppe von hochrangigen Offizieren des Heeres, der Marine und der Luftwaffe in die Reichskanzlei. Im Laufe einer weiteren langen Tirade ließ er seine Zuhörer wissen, dass er »unersetzbar« sei, und schloss daran die Aussage an: »Ich bin überzeugt von der Kraft meines Gehirns und von meiner Entschlusskraft. [...] Das Schicksal des Reiches hängt nur von mir ab. [...] Ich habe die größte Erfahrung in allen Fragen der Aufrüstung. [...] Keiner hat das geschaffen, was ich geschaffen habe.« Es ging ihm darum, alle Oppositionellen einzuschüchtern. Hitler schwor, dass er jeden Widerstand »vernichten« werde.[39]

Einige wenige Offiziere wie Groscurth und der eiserne, streitbare Leeb wollten nicht aufgeben, zumindest nicht, was die Idee anging, die Westoffensive zu stoppen. Leeb versuchte, die anderen Heeresgruppenkommandeure im Westen zu einem gemeinsamen Rücktritt oder zumindest zu einem gemeinsamen Protest bei Hitler zu bewegen. Ein Kommandeur erwiderte, »das ginge doch etwas zu weit«; die Generäle beschlossen stattdessen, den »Angriffsbeginn möglichst hinauszuzögern«.[40]

Leeb unternahm einen weiteren Schritt. Im Dezember unterrichtete ihn Groscurth über die Gräueltaten in Polen. Noch am selben Tag verfasste Leeb einen Brief an Halder. »Wie von vielen erzählt wird«, schrieb er, »und, wie mir scheint, sehr glaubwürdig, ist das Auftreten der Polizei in Polen einer Kulturnation unwürdig.« Leeb war der Meinung, dass Brauchitschs Reaktion auf diese Verbrechen unzureichend gewesen sei. Leeb weiter: Dies erfordert »meinem Gefühl nach Kampf, und diesem Kampf kann nicht ausgewichen werden«. Man könne nicht alles aussprechen, schrieb Leeb vorsichtig, aber: »Sie wissen, lieber Halder [...] dass ja das Heer, entschlossen geführt, nach jeder Seite hin der stärkste Machtfaktor ist.«[41]

Aber zu diesem Zeitpunkt hatte Hitler es bereits geschafft, Halder und Brauchitsch gründlich einzuschüchtern, und ohne sie lief der Widerstand des Heeres ins Leere. Zur gleichen Zeit begann die Gestapo, das Telefon der Familie Leeb anzuzapfen und die Post des Generals zu öffnen.[42]

Der Pessimismus der Militärs in Bezug auf einen siegreichen Angriff im Westen übertrug sich auf die operative Planung. Hohe Offiziere wie Halder und Brauchitsch versuchten nicht, eine Strategie für einen Sieg zu entwickeln, sondern lediglich eine Taktik, mit der sich eine Niederlage verhindern ließ. Die ersten Pläne, die das Oberkommando des Heeres unter dem Decknamen »Fall Gelb« erstellte, zielten nur darauf ab, die deutschen Frontlinien auszubauen und in den Niederlanden und Belgien Boden zu gewinnen.[43] Tief geprägt vom Trauma des Ersten Weltkriegs konnten sie sich einen größeren Erfolg als diesen nicht vorstellen.

Mit ihrer Annahme, wie eine Offensive im Herbst 1939 ausgehen würde, hatten sie wahrscheinlich Recht. Ironischerweise schufen sie, während sie noch mit Plänen kokettierten, Hitler zu entmachten, mit ihrem Pessimismus und der unter anderem daraus resultierenden Verzögerung des Angriffs unbeabsichtigt genau die Bedingungen, unter denen das Heer entgegen den

Erwartungen seiner Befehlshaber einen überwältigenden Sieg erringen würde. Dieser Sieg wiederum würde Hitler unantastbar machen, zumindest solange sein Ruhm Bestand hatte.[44]

Der Angriff im Westen würde nun bis zum Frühjahr 1940 warten müssen, was Hitler jedoch seinen Generälen nur unter einem Vorbehalt zugestand: Sollte es eine Phase mit klarem, kaltem Winterwetter und mit guter Sicht für die Luftwaffe geben, würden die Deutschen die Gelegenheit nutzen und früher angreifen. Tatsächlich brachte der Januar solches Wetter. Mitte des Monats schien alles bereit zu sein. Das Datum des Angriffs wurde auf den 17. Januar festgelegt. Das Kriegstagebuch der Heeresgruppe B hielt fest, dass nach elfmaliger Verschiebung der große Tag nun endlich gekommen war – was sich allerdings als Irrtum herausstellen sollte: Es gab eine zwölfte Verschiebung.[45]

Das lag zum einen ganz prosaisch daran, dass Nebel und Schnee zurückkehrten. Zum anderen jedoch daran, dass ein Stabsoffizier der Siebten Luftlandedivision sich entschlossen hatte, wichtige Einsatzpläne zu überbringen, indem er über belgisches Gebiet flog. Schlechtes Wetter zwang sein Flugzeug zu einer Notlandung, und es gelang ihm nicht, die Pläne zu verbrennen. Die deutschen Befehlshaber mussten davon ausgehen, dass die Belgier sie an die Briten und Franzosen weitergegeben hatten – was auch tatsächlich der Fall war.[46]

Hitler war mit den von Vorsicht geprägten Ideen des Oberkommandos des Heeres (OKH) ohnehin nie glücklich gewesen. Als Halder und Brauchitsch ihm am 25. Oktober ihren Plan vorstellten, wandte er ein, er habe immer einen Angriff südlich der Maas gewollt, der dann nach Westen und Nordwesten gehe, um den »in Belgien einrückenden Feind« dort »abzuschnüren und zu vernichten«. Brauchitsch und Halder überraschte der Vorschlag, und so diskutierten sie in den nächsten sechs Stunden mit Hitler heftig über jeden einzelnen Punkt.[47] Nachdem die Generäle gegangen waren, beschwerte sich Hitler bei Wilhelm Keitel, dass ihr Plan nichts anderes als eine Wiederholung des »Schlieffen-Plans« aus dem Ersten Weltkrieg sei. »Sie werden mit einer solchen Operation nicht zweimal hintereinander durchkommen«, sagte Hitler. »Ich habe eine ganz andere Idee, und ich werde Ihnen in ein oder zwei Tagen davon berichten.« Kurze Zeit später, so fuhr Keitel fort, »teilte mir der Führer mit großer Zufriedenheit mit, dass er in dieser besonderen strategischen Frage eine lange persönliche Besprechung mit General von Manstein gehabt habe, der als einziger der Generäle des Heeres denselben Plan im Auge gehabt habe, und dies habe ihn sehr erfreut«.[48]

Im Jahr 1939 diente der damalige Generalleutnant Erich von Manstein als Stabschef bei Generaloberst Gerd von Rundstedt, dem Befehlshaber der an der Grenze zu Belgien und Luxemburg stationierten Heeresgruppe A. Später, als Generalfeldmarschall, sollte Manstein einer der wichtigsten Befehlshaber an der Ostfront werden. Die meisten der anderen deutschen Befehlshaber des Zweiten Weltkriegs hielten ihn für den fähigsten unter ihnen, einen brillanten Feldherrn und Planer operativer Einsätze. Er galt aber auch als arrogant und ungeduldig, wenn es jemandem an schneller Auffassungsgabe fehlte. Dass er schnell empfindlich reagierte, wenn er sich persönlich angegriffen glaubte, kam ihm in seiner Karriere oft in die Quere. Er und Halder konnten sich nicht ausstehen. Selbst Hitler gewährte Manstein seine Unterstützung immer nur zähneknirschend. Engel gegenüber sagte Hitler: »Der Mann ist nicht mein Fall«, doch er fügte bezeichnenderweise hinzu, »aber können tut er etwas«.[49]

Manstein und Heinz Guderian hatten ähnliche Ansichten darüber, welche Art Krieg Deutschland würde führen müssen. Beide waren frustriert von der Zaghaftigkeit der Pläne, die in den Büros des Oberkommandos entstanden. »Eines Tages im November [1939]«, erinnerte sich Guderian später, »ließ mich Manstein zu sich bitten und setzte mir seinen Gedanken auseinander, mit starken Panzerkräften durch Luxemburg und Südbelgien gegen die verlängerte Maginot-Linie bei Sedan vorzugehen [...] und sodann den Durchbruch durch die französische Front zu vollenden.« Die Deutschen würden ihre Panzer durch die dichtbewaldeten Ardennen schicken. Sobald sie in offenes Land durchgebrochen wären, würden sie nach Nordwesten abbiegen und die Kanalküste zu erreichen suchen. Den britischen und französischen Truppen würde damit der Fluchtweg abgeschnitten, und sie säßen in Belgien in der Falle. Manstein nannte das Vorhaben wegen des Vormarsches der Panzer in gekrümmter Linie den »Sichelschnittplan«. Guderian machte sich einige Zeit mit den Karten vertraut und rekurrierte dabei auch auf seine Erfahrungen in der Region während des Ersten Weltkriegs. Anschließend versicherte er Manstein, dass seine Idee funktionieren werde, solange die angreifende Formation über genügend gepanzerte und motorisierte Einheiten verfügen würde – idealerweise über alle Panzer, die Deutschland einsetzen konnte. Manstein war die Begegnung ebenso in Erinnerung geblieben; er schrieb: Guderian war »Feuer und Flamme für unseren Plan«.[50]

Bei ihren auf Vorsicht bedachten Vorgesetzten stieß der Plan jedoch auf weniger Begeisterung. Das Oberkommando wollte nicht mehr als eine oder zwei Panzerdivisionen für Mansteins Durchbruch bereitstellen. Manstein bestand darauf, dass der Angriff, um erfolgreich zu sein, jeden verfügbaren Panzer benötigen würde. Anstatt seinem Wunsch nachzukommen, bestrafte das Oberkommando Manstein für seine unabhängige Denkweise. Ende Januar 1940 wurde Manstein von Rundstedts Stab abgezogen und zum Kommando eines innerhalb Deutschlands stationierten Armeekorps versetzt. Manstein hatte keinen Zweifel daran, dass seine Versetzung das Ergebnis von Irritationen auf höchster Ebene war, weil er weiter mit großer Beharrlichkeit versucht hatte, seine Ideen durchzusetzen.[51]

Es ging dabei nicht nur um eine Debatte über einen militärischen Plan. Es ging um grundlegende politische Positionen. Es ging darum, was für ein Land Deutschland sein und wie es sich in die Welt einfügen sollte. Leeb und Beck hatten eine Antwort auf diese Frage, Hitler, Manstein und Guderian hatten eine andere. Halder und Brauchitsch standen Leeb und Beck in ihrer Einstellung viel näher, und wahrscheinlich waren die Pläne, die sie Hitler präsentierten, derart vorsichtig und pessimistisch formuliert, weil sie ihn von einem Angriff im Westen gänzlich abhalten wollten. Ihr Tun basierte auf ihrer Ansicht, dass der Krieg selbst sowohl unrecht war als auch wahrscheinlich in einer Katastrophe enden würde. Und sie waren mit den Verbrechen nicht einverstanden, die Hitlers Art des Kriegs – aggressiv, schnell, rücksichtslos, ja zum Äußersten entschlossen – bereits mit sich gebracht hatte und unweigerlich weiter mit sich bringen würde.[52] Hitlers Suche nach etwas anderem spiegelte jedoch die Radikalität seines Regimes wider. Dass das Oberkommando versuchte, Manstein in ein untergeordnetes Feldkommando abzuschieben, wo er keine Rolle in der operativen Planung mehr spielen konnte, zeigt, wie ernst man die Auseinandersetzung dort nahm. Im Herbst 1939 waren die Spitzenpositionen des Oberkommandos überwiegend mit Offizieren besetzt, die einen Krieg gegen die Demokratien ablehnten.[53]

Manstein schlug die Art von Angriff vor, die Guderian seit Jahren befürwortet hatte: einen Angriff, der es Deutschland ermöglichen würde, zu gewinnen, bevor der größere Wohlstand seiner Feinde zu einem ausschlaggebenden Faktor werden konnte. Gegen Mächte mit imperialer, globaler Ausdehnung und ebensolchen Ressourcen wie Frankreich und Großbritannien – sowie im Hintergrund Amerika – konnte Deutschland nur gewinnen, wenn es große Risiken einging. Dies war von Anfang an die wesentliche Prämisse gewesen, die Hitlers politische Bewegung und sein Regime vertreten hatte: Es war immer darum gegangen, aus der weltwirtschaftlichen Dominanz des angloamerikanischen Kapitalismus auszubrechen, welche Verzweiflungstat auch immer dafür notwendig sein würde. Guderian und Manstein hatten das sehr wohl verstanden.

Hitler war zunehmend irritiert von den Mahnungen zur Vorsicht von Seiten des Oberkommandos. Sein Heeresadjutant Engel notierte seine Wut über Halder, Brauchitsch und die OKH-Spitze, die »bewußt seine Ideen sabotiere«. Hitler war dennoch der Ansicht, »er werde sich aber durchsetzen, auch wenn er nicht studierter Generalstäbler sei«. Hitler wetterte Engel gegenüber, dass er Brauchitsch loswerden müsse, weil er Optimisten um sich brauche, keine Pessimisten. Dennoch weigerte er sich, Brauchitschs Rücktritt anzunehmen, als dieser ihn anbot.[54] Manstein musste nun die Befehlskette umgehen, um Hitler direkt ansprechen zu können. Wahrscheinlich war es Hitlers Wehrmachtsadjutant Rudolf Schmundt, Hoßbachs Nachfolger, der ein heimliches Treffen arrangierte. Schmundt war am 4. Februar begeistert von den Gesprächen zurückgekehrt, die er bei einem Besuch in Koblenz mit Rundstedt und Manstein geführt hatte. Schmundt teilte Engel mit, dass Manstein »die gleichen Ansichten hinsichtlich des Kraftschwerpunktes festgestellt habe, wie sie der Führer laufend äußere«. Am nächsten Tag berichtete Schmundt an Hitler, was er in Koblenz erfahren hatte, und schlug vor, der Führer solle Manstein nach Berlin holen. »F. sagte sofort ja«, notierte Engel, »befahl jedoch Schmundt und mir, dass über diese beabsichtigte Besprechung weder [Brauchitsch] noch Halder unterrichtet werden würden«.[55]

Am 17. Februar fand für neu ernannte Offiziere in Berlin ein Frühstück mit Hitler statt, geladen waren unter anderem Erwin Rommel – und Manstein. Am Ende des Frühstücks zog Hitler Manstein zur Seite und geleitete ihn für eine private Unterredung in sein Arbeitszimmer. Dort »forderte er mich auf, meine Gedanken über die Führung der Westoffensive vorzutragen«, erinnerte sich Manstein später. Manstein wusste nicht, inwieweit Schmundt Hitler bereits in den Plan eingeweiht hatte. »In jedem Fall musste ich feststellen, dass er sich erstaunlich schnell in die Gesichtspunkte, die die Heeresgruppe seit Monaten vertreten hatte, einfühlt. Er stimmt jedenfalls meinen Ausführungen durchaus zu.« Diese Einschätzung war nicht nur Mansteins Ego geschuldet. Auch Engel stellte fest, dass Hitler von Mansteins Ideen »begeistert« war.[56]

Drei Tage später erließ Hitler neue Befehle für den Angriff in Richtung Westen. Sie folgten exakt Mansteins Ideen.[57] Der »Fall Gelb« war nun zu etwas ganz anderem geworden als zuvor. Hitler-Deutschland hatte eine entscheidende Wende vollzogen.

## Kapitel 14

# »Lasst uns mit vereinten Kräften vorangehen«

*Wie immer arbeitet das Gehirn des Ersten Lords der Admiralität,
Winston Churchill, auf Hochtouren: Er sieht Möglichkeiten in der
nahen Zukunft und stellt sich die unkonventionelle militärische
Antwort vor, die Großbritannien im Krieg den Sieg bringen könnte. Er fragt sich, ob die Deutschen Frankreich besiegen könnten, so
dass Großbritannien den Krieg allein weiterführen müsste. Doch
er kommt zu dem Schluss: »Aber selbst wenn wir allein wären, wie
in den Tagen der Napoleonischen Kriege, hätten wir keinen Grund,
zu verzweifeln ob unserer Fähigkeiten – ohne Frage würden wir
Unannehmlichkeiten, Entbehrungen und Verluste erleiden –, aber
wir hätten keinen Grund, zu verzweifeln ob unserer Fähigkeiten,
auf unbestimmte Zeit durchzuhalten.«[1]*

*Er glaubt, dass der Weg zum Sieg nicht in der brutalen Varian-
te bestehen kann, gegen die ganze Macht der deutschen Armee in
einem Zermürbungskrieg anzukämpfen. »Die Ausgangsstellung
beider Armeen wird sich wohl nicht entscheidend ändern«, schreibt
er, »obwohl zweifellos einige hunderttausend Mann vergeudet
werden, um den militärischen Sachverstand in diesem Punkt zu-
friedenzustellen.« Es müsse einen eleganteren Weg geben – einen
britischen Weg. »Gibt es nicht noch andere Alternativen, als unsere Armeen zum Stacheldrahtkauen nach Flandern zu schicken?«,
fragt er sich. Schon bald ist sein produktiver Geist auf eine solche
Alternative gestoßen: die Eröffnung einer weiteren Front im Nahen Osten.[2]*

*Wir befinden uns nicht im Jahr 1940, sondern im Jahr 1914.*

*Die Türkei ist gerade auf der Seite Deutschlands in den Krieg
eingetreten. Ende November schlägt Churchill vor, die Royal Navy
einzusetzen, um die Meerenge der Dardanellen zu erobern, die das
östliche Mittelmeer mit dem Marmarameer verbindet und zwischen der Halbinsel Gallipoli und dem kleinasiatischen Festland
liegt. Sobald die Briten die Meerenge kontrollierten, könnten sie*

mit Schlachtschiffen in das Marmarameer fahren und die türkische Hauptstadt Konstantinopel beschießen oder Truppen dort anlanden. Es wäre ihnen dann ein Leichtes, Nachschub in das umkämpfte Russland zu schicken. Und sie könnten in der Lage sein, der Beteiligung der Türkei an diesem Krieg ein schnelles Ende zu setzen. So könnten sie eine Balkanfront gegen Österreich-Ungarn und sogar gegen Deutschland eröffnen. Da sich der Großteil der deutschen Armee im Westen befände und die Österreicher nicht einmal fähig seien, Serbien zu besiegen, könnte die Operation den entscheidenden Beitrag zum Sieg in diesem Krieg leisten.

Dass es ein einfaches Unterfangen wird, glaubt niemand. Die Meerenge der Dardanellen ist 65 Kilometer lang, doch an manchen Stellen nur etwas mehr als einen Kilometer breit. Auf beiden Seiten gibt es türkische Befestigungen und schwere Geschütze. Die Gewässer sind vermint, und starke Strömungen fließen vom Schwarzen Meer durch das Marmarameer zu den Dardanellen, was den Einsatz von Minenräumbooten erschwert. Churchill ist der Ansicht, dass die Meerenge mit veralteten und entbehrlichen Kriegsschiffen erobert werden könne. »Bedeutung eines Erfolgs würde schwere Verluste rechtfertigen«, kabelt er an den Kommandanten der britischen Marine im Mittelmeer. Wenig später schreibt er, dass er für den Erfolg der Mission »gar nicht so widerwillig hunderttausend Mann geben« würde.[3]

Es ist eine typische Churchill-Idee: kühn, einfallsreich – und riskant. Die Ausführung geht jedoch von Anfang an schief. Am 18. März 1915 stößt die Royal Navy in die Meerenge vor. Der Preis: ein französisches und zwei ältere britische Schlachtschiffe werden versenkt, mehrere weitere beschädigt. Die Flotte gibt die Schlachtordnung auf und zieht sich zurück. Das britische Kabinett beschließt, die Marineoperation mit einer Landkampagne zur Sicherung der Halbinsel Gallipoli zu verbinden, aber es kommt zu einer fatalen Verzögerung von fünf Wochen, bevor die Bodenoperationen beginnen. Erst am 25. April können vier Divisionen britischer, französischer, australischer und neuseeländischer Truppen auf der Halbinsel anlanden. Doch nun ist es schon zu spät, denn die Türken haben genug Zeit gehabt, ihre Verteidigung zu verstärken. Die türkischen Truppen werden von einem hochtalentierten General namens Mustafa Kemal befehligt, der später als Kemal Atatürk zum ersten Präsidenten der Nachkriegstürkei aufsteigen wird. Die in dieser Region eingesetzten britischen Marine- und Armeekommandeure gehören allesamt eher der zweiten Reihe an. Ein ranghoher Offizier des britischen Planungsstabes schreibt an einen Freund: »Es wird eine sehr ernste Angelegenheit sein«, wenn die Operation scheitert. »Ich fürchte, sie wurde unüberlegt begonnen, als Folge eines hitzigen Impulses von Winston Churchill, der sich nicht mit den begrenzten Möglichkeiten zufriedengeben konnte, die die Deutschen der Flotte bieten.« Der Freund, der diesen Brief erhält, ist der Bürgermeister von Birmingham, Neville Chamberlain.[4]

Die Verluste der Alliierten bei der Landung sind hoch, und die Gallipoli-Mission versinkt bald in genau der Art von Grabenkrieg, die sie eigentlich vermeiden sollte. Schließlich müssen die alliierten Truppen zurückgezogen werden, die Mission wird als gescheitert betrachtet.

Schon vor dem Rückzug hat Gallipoli Winston Churchill sein Amt gekostet, obwohl das Scheitern keineswegs nur seine Schuld ist. Er ist weder für die Bodentruppen verantwortlich gewesen noch für die Planung ihrer Operationen, die Verzögerung der Landungen oder die unzureichende Zahl an Soldaten, die von der Westfront abgezogen werden. Rein aus politischen Gründen wird ihm die gesamte Verantwortung aufgebürdet. Churchill hat jede Minute geliebt, die er das Kommando bei der Royal Navy hatte. Seine Degradierung zum Kanzler des Herzogtums Lancaster, ein Ministeramt mehr oder weniger ohne Geschäftsbereich – seine einzige Aufgabe besteht darin, Magistrate zu ernennen –, ist ein harter Schlag für ihn. Später wird seine Frau Clementine schreiben: »Ich dachte, er würde vor Kummer sterben.«[5]

Die stets loyale Clementine richtet auch einen verzweifelten Brief an Premierminister H. H. Asquith. Mein Mann, so betont sie, »hat die seltenen Qualitäten, die, wie ich zu sagen wage, nur sehr *wenige in Ihrem gegenwärtigen oder zukünftigen Kabinett besitzen, nämlich die Stärke, die Vorstellungskraft, die tödliche Entschlossenheit, um Deutschland im Kampf entgegenzutreten.« Es ist nicht das letzte Mal, dass Churchill mit seiner kämpferischen Herangehensweise einen starken Kontrast zum laschen Vorgehen der Kabinettskollegen, ja sogar eines Premierministers bildet. Aber Gallipoli wird noch lange wie ein Mühlstein um Churchills Hals hängen. Wann immer andere Politiker sein Draufgängertum oder sein mangelndes Urteilsvermögen anprangern wollen, werden sie an Gallipoli erinnern. Das wird so lange so bleiben, bis eine andere Operation zu Wasser und zu Lande furchtbar schiefgehen wird, eine weitere Operation, für die Churchill als Erster Lord der Admiralität in Planung und Durchführung die Verantwortung trägt. Aber diese Operation wird eine ganz andere Wirkung auf seine Karriere haben.*

Als die Deutschen in den frühen Morgenstunden des 9. April 1940 in Norwegen einmarschierten, wurde ein Adjutant beauftragt, König Haakon VII. zu wecken. »Majestät, wir sind im Krieg!«, sagte der Adjutant. »Gegen wen?«, war die lakonische Replik des Königs.[6]

Die Frage war nicht unberechtigt. Im Herbst 1939 und im Frühjahr 1940 hatten sowohl die Briten als auch die Deutschen verschiedene Pläne erwogen, die mit der Verletzung der norwegischen Neutralität einhergegangen wären. Die Deutschen wollten Flottenstützpunkte errichten, um den britischen Würgegriff an der Nordsee zu durchbrechen. Die Briten suchten nach einer Route, um Finnland in seinem verzweifelten Krieg gegen die Sowjetunion zu unterstützen. (Seine wahren Pläne nochmals bestätigend, war Stalin am 30. November in Finnland einmarschiert.) Ziel der Briten war zudem, die Lieferungen von schwedischem Eisenerz aus dem Gebiet um Gällivare in Richtung Deutschland zu blockieren. Im März kapitulierte Finnland, wenn auch zu relativ vorteilhaften Bedingungen, da seine Streitkräfte sich weit besser geschlagen hatten als die des sowjetischen

Gegners. Churchill wollte noch immer nach den Eisenerzfeldern greifen, setzte sich aber im Kabinett in der entsprechenden Debatte nicht durch. Er konnte schließlich die Zustimmung des Kabinetts zu einem Plan gewinnen, in norwegischen Gewässern Minen zu verlegen, um die Route der deutschen Schiffe zu blockieren. Am 5. April stach eine britische Expedition mit Ziel Norwegen in See.[7]

Am Tag zuvor hatte Chamberlain eine missglückte Rede gehalten, in der er erklärt hatte, dass Hitler, indem er den Westen bisher nicht angegriffen habe, »den Zug verpasst« habe. Dem war jedoch mitnichten so. Bevor die britische Expedition Norwegen erreichen konnte, schlugen die Deutschen zu. Während deutsche Soldaten in Dänemark einrückten, brachte die Marine Truppen zur Landung in Oslo und wichtigen norwegischen Häfen wie Trondheim und Narvik, wo die Deutschen zudem von einem Garnisonskommandanten empfangen wurden, der den pronationalsozialistischen Norweger Vidkun Quisling unterstützte.[8]

Mit ihrer enormen Überlegenheit als Seemacht hätten die Briten in der Lage sein müssen, Truppen anzulanden und den deutschen Angriff in Norwegen in die Schranken zu weisen. Was stattdessen folgte, war ein spektakuläres Schauspiel der Desorganisation und Inkompetenz auf allen Ebenen innerhalb der britischen Streitkräfte sowie der Regierung. Pläne wurden geändert – und wieder geändert. Britische Truppen landeten in Narvik, blieben jedoch sofort im Schnee stecken. Sie mussten wieder abgezogen werden, ohne etwas erreicht zu haben. Ein Versuch, Trondheim einzunehmen, scheiterte ebenfalls. Für einen Teil der Schwierigkeiten waren inkompetente Offiziere verantwortlich, anderenteils schuf die fehlende zentrale Leitung der Kriegsanstrengungen Probleme. Dies lag in Chamberlains Verantwortung. Churchill konnte sich jedoch nicht davon freisprechen, ebenfalls seinen Teil zu dem Fiasko beigetragen zu haben. Die Operationen wurden größtenteils von der Royal Navy durchgeführt, für die er verantwortlich war. Er ignorierte Geheimdienstwarnungen in den Tagen vor dem 9. April, dass sich die Deutschen für einen Angriff auf Norwegen sammelten. Und auch er änderte wiederholt seine Meinung, was den Zeitpunkt und die Ausrichtung der norwegischen Operationen anging.

Im Gegensatz dazu hatten die Deutschen, obwohl sie mit schlechteren Voraussetzungen gestartet waren – ihre Truppen mussten in Gegenwart einer überlegenen feindlichen Seemacht über große Entfernungen transportiert werden –, den Einsatz mit Wagemut und Effizienz absolviert. Man muss sicherlich anerkennen, dass sie schwere Verluste erlitten hatten – und das bei einer Marine, die schon zuvor von eher geringer Größe gewesen war. Dennoch hatten sie gesiegt.[9]

Wer immer sich in Großbritannien noch gut an die Ereignisse im Ersten Weltkrieg erinnern konnte, den musste dieses jüngste Marine-Fiasko an Gallipoli gemahnen. Obwohl die Katastrophe an den Dardanellen keineswegs allein seine Schuld gewesen war, hatte sie für Churchill beinah das Ende seiner politischen Karriere bedeutet. Nun aber sollte Norwegen, ein Desaster, für das Churchill die Hauptverantwortung trug, einen geradezu gegenteiligen Effekt auf seine Fortüne haben – eine Ironie der Geschichte. Die scharfsinnige Clementine Churchill sagte ihrem Mann später: »Hättest du nicht Jahre im [politischen] Exil verbracht und immer wieder vor der deutschen Gefahr gewarnt, hätte Norwegen dich ruinieren können.«[10]

Die Unzufriedenheit mit Chamberlains Regierung wuchs, und die Dissidenten wurden immer mutiger, bis der diktatorische Stil des Premierministers ihm schließlich zum Verhängnis wurde. Seit Ausbruch des Kriegs hatte er zudem mehrmals versucht, seine Regierung durch eine umfassendere Beteiligung der Labour-Partei auf ein breiteres Fundament zu stellen, doch dort hatte man diesen Einladungen stets eine Abfuhr erteilt. Die Labour-Abgeordneten hassten Chamberlain, da man sich allseits noch gut daran erinnerte, wie es einer der Abgeordneten ausdrückte, wie er sie »wie Dreck« behandelt hatte, als die Dinge für ihn noch besser liefen. Clement Attlee, der besonnene, unübersehbar kompetente Vorsitzende der Partei, sagte in einer Rede: »Die Zeit wird kommen, wenn die Nation einen Wechsel verlangt, und wenn diese Zeit kommt, sind wir bereit.« Sein Kollege Herbert Morrison drückte es deutlicher aus. Er sagte der *Daily Mail*: »Ich behalte mir das Recht vor, Chamberlain loszuwerden, sobald ich nur kann.«[11]

Anfang Mai stellte der konservative Abgeordnete Henry »Chips« Channon fest, es werde viel darüber geredet, dass »Winston Premierminister werden sollte, da er mehr Elan hat und das Land hinter sich«. Churchill werde »sowohl von der sozialistischen als auch von der liberalen Opposition gepriesen« und werde »in Versuchung geführt, eine Revolte gegen den Premierminister anzuführen«.[12]

Die Verlockung muss groß gewesen sein, aber Churchill blieb loyal. Als Harold Macmillan zu ihm sagte: »Wir brauchen einen neuen Premierminister, und das müssen Sie sein«, antwortete Churchill unwirsch, er habe für die Reise angeheuert, nun werde er auch an Bord bleiben. »Aber ich glaube nicht, dass er wütend auf mich war«, erinnerte sich Macmillan.[13]

Nichtsdestoweniger braute sich in dieser ersten Maiwoche eine politische Krise zusammen. Chamberlain hielt am 4. Mai eine weitere selbstgefällige Rede und versuchte, die Expedition nach Norwegen als einen britischen Sieg darzustellen. Die Mitglieder des Unterhauses wussten genau, so hielt Harold Nicolson fest, »dass dies einfach nicht wahr ist«, und »wenn Chamberlain es selbst glaubte, dann war er dumm. Wenn er es nicht glaubte, dann hat er versucht, [die Abgeordneten] zu täuschen.« Überall wurde davon geredet, dass David Lloyd George als Premierminister zurückkommen könnte, um die Situation zu retten, wie er es 1916 getan hatte, als er den verschlissenen Asquith ersetzt hatte. Nicolson hielt nicht viel von dieser Idee, aber er hatte auch keine Idee, wer Chamberlains Platz einnehmen könnte. »Eden ist nicht mehr dabei. Churchill hat keinen Rückhalt in der konservativen Fraktion. Halifax wird (zu Recht) für amtsmüde gehalten. Wir sagen immer, dass unser Vorteil gegenüber dem deutschen

Führungsprinzip darin besteht, dass wir stets einen anderen Anführer finden können. Gerade sind wir dazu nicht imstande.«[14]

Am 7. Mai stellte die Labour-Partei einen Antrag auf Vertagung der Unterhaussitzung. An sich war dies eine Routineangelegenheit. Aber der Mai 1940 war keine Zeit der Routineangelegenheiten. So wie sich die Vertagungsdebatte im August zuvor zu einer Debatte über Chamberlains autoritäre Tendenzen ausgeweitet hatte, war jedem klar, dass es in der Debatte über diesen Antrag um Norwegen und Chamberlains Kriegsführung gehen würde. Die Debatte entpuppte sich als eine der dramatischsten und wichtigsten in der britischen Parlamentsgeschichte.

»Das Haus ist mehr als gut besucht«, notierte Harold Nicolson, »und als Chamberlain hereinkommt, wird er mit ›Der-Zug-ist-abgefahren‹-Rufen begrüßt« – die Art von bissigem Sarkasmus, mit dem sich britische Parlamentarier immer besonders hervorgetan haben. Doch es sollte noch schlimmer kommen.

Als der konservative Hinterbänkler Admiral Sir Roger Keyes das Wort erhielt, erhob er sich »in voller Uniform mit sechs Reihen Orden«, wie Nicolson festhielt. Diese imposante Gestalt nahm sich Schritt für Schritt in »einem absolut verheerenden Angriff« die mangelhafte Durchführung der Norwegen-Operationen vor, während die Parlamentarier »in atemloser Stille« zuhörten. Keyes schloss mit der unverblümten Forderung, Churchill solle Premierminister werden: »Ich empfinde große Bewunderung und Zuneigung für meinen rechtschaffenen Freund, den Ersten Lord der Admiralität. Ich warte inständig darauf, dass seine großen Fähigkeiten richtig genutzt werden. Ich kann nicht glauben, dass dies unter dem bestehenden Regime geschehen wird.« Nicolson resümierte: »Bei weitem die dramatischste Rede, die ich je gehört habe.« Und als Keyes sich setzte, gab es »donnernden Applaus«.[15]

Die Debatte sollte sich jedoch noch weit dramatischer entwickeln. Leo Amery war lange Zeit ein meist vom äußersten rechten Rand der Partei aus agierender konservativer Störenfried gewesen. Allerdings hatte er das Unterhaus bereits am 2. September in Erstaunen versetzt, als er den Labour-Politiker Arthur Greenwood aufgefordert hatte, »für *England* zu sprechen«. Nun war er in der Debatte an der Reihe, zu einem Zeitpunkt, als die Unterhausmitglieder, die zum Abendessen gegangen waren, zurück auf ihre Plätze eilten – und schon während sich der Sitzungssaal noch füllte, wusste er, dass die Parlamentarier seinen Worten mit wachsender Zustimmung folgten. Amery legte zu Beginn seiner Rede unmissverständlich dar, welche Bedeutung dieser Debatte – und dem Krieg selbst – für die Demokratie zukam: »Das gesamte Parlament trägt in diesem Moment eine große Verantwortung«, sagte er. »Denn schließlich ist es das Parlament selbst, das mit diesem Krieg vor Gericht steht. Wenn wir diesen Krieg verlieren, ist es nicht diese oder jene kurzlebige Regierung, sondern das Parlament als Institution, das für immer und ewig verurteilt werden wird.« Wie Keyes übte er vernichtende Kritik an der Kompetenz von Chamberlains Regierungsführung. »Wir können nicht so weitermachen wie bisher«, warnte er.[16]

Amery schloss mit einer historischen Analogie zwischen der bisherigen Leistung der britischen Truppen im Zweiten Weltkrieg und der ähnlich kümmerlichen Erfolgsbilanz von Oliver Cromwells parlamentarischen Truppen im englischen Bürgerkrieg dreihundert Jahre zuvor. Bei der Vorbereitung seiner Rede hatte er sich an ein weiteres Cromwell-Zitat erinnert. »Ich war hin- und hergerissen, ob dies nicht zu starker Tobak sei«, erinnerte sich Amery, »und hatte es nur für den Fall bei mir, dass mich eine Eingebung dazu veranlassen sollte, es als Höhepunkt meiner Rede zu verwenden.« Aber er spürte: »Ich hatte das Haus hinter mir.« Als Nächstes »fand ich mich in einem zunehmenden Crescendo von Applaus wieder«. Er ließ sich mitreißen. »Ich schlug die Vorsicht in den Wind und endete, auf den größtmöglichen Effekt abzielend, mit meiner Cromwell'schen Aufforderung.«[17]

Was er sagte, zählt zu den folgenreichsten Worten, die je im Unterhaus gesprochen wurden. »Wir kämpfen heute für unser Leben, für unsere Freiheit, für alles, was uns wichtig ist. [...] Dies sind die Worte, die Cromwell zum Langen Parlament sprach, als er zu dem Schluss gekommen war, dass es nicht mehr geeignet sei, die Angelegenheiten der Nation zu regeln: ›Für das Wenige, was ihr an Gutem geleistet habt, habt ihr hier lange genug gesessen. Verabschiedet euch, sage ich, und lasst uns nicht länger warten. Im Namen Gottes, geht!‹«[18]

Die Wirkung war überwältigend. Amery hatte Recht, als er schrieb: »Ich mag vielleicht schon bessere Reden gehalten haben, aber ich habe sicherlich noch nie eine gehalten, die sowohl in dem Moment als auch in ihren Konsequenzen so wirkungsvoll war.« Lloyd George sagte später zu Amery, dass er noch nie einen dramatischeren Höhepunkt in einer Rede im Unterhaus gehört habe. Aber noch wichtiger war, wie Amery bemerkte, »dass sie das Schicksal der Regierung entschied«.[19]

Die Debatte sollte am Mittwoch, dem 8. Mai, fortgesetzt werden. Churchill befand sich derweil in einer seltsamen Lage. Die Ereignisse des vergangenen Jahres hatten erwiesen, dass seine Haltung Hitler gegenüber, mit der er lange Zeit allein dagestanden hatte, sowie seine Gegnerschaft zur Appeasement-Politik gerechtfertigt war. In der politischen Arena gab es niemanden, der das nicht wusste. Aber nun war er als ranghohe Persönlichkeit an der Regierung der Appeasement-Befürworter beteiligt. Und dazu kam noch, dass das norwegische Debakel ohne Frage unter seiner Aufsicht seinen Lauf genommen hatte. Wenn er eine Rede hielt, würde er im Namen von Chamberlains Regierung sprechen, und das bedeutete, er würde dabei eine sehr schwierige Balance halten müssen. Seinen Unterstützern war dieses Problem bewusst. »Unsere Hauptsorge galt Churchill«, erinnerte sich Macmillan. »Wir waren entschlossen, die Regierung zu stürzen, und mit jeder Stunde, die verstrich, schien es wahrscheinlicher, dass wir unser Ziel erreichten. Aber wie konnte Churchill unter den Trümmern hervorgeholt werden? Wenn das Hauptanliegen des ersten Tages der Sturz der Regierung gewesen war, so galt die Hauptsorge des zweiten Tages der Rettung Churchills.«[20]

Als die Debatte wieder eröffnet wurde, machte Herbert Morrison offiziell, was am Vortag nur angedeutet worden war: Labour wollte ein Misstrauensvotum gegen Chamberlains Regierung einbringen. Chamberlain antwortete in seiner arroganten und solipsistischen Art, dass er seine »Freunde« im Haus auffordern würde, ihn zu unterstützen. Viele Parlamentarier hielten dies für äußerst geschmacklos, aber es war der ehemalige Premierminister David Lloyd George, der sich mit seinen 77 Jahren zu seiner, wie sich herausstellte, letzten bedeutenden Rede in einer Unterhausdebatte aufschwang und dem eine vernichtende Absage erteilte. Zwischen Lloyd George und Chamberlain hatte seit der Zeit des Ersten Weltkriegs eine heftige Abneigung bestanden – weit ausgeprägter als zwischen Churchill und Chamberlain. Vor der Debatte hatte nun Lloyd George den Ratschlag erhalten, etwas zu sagen, das Chamberlain unter die Haut gehen und ihn dazu zu bringen würde, seine Beherrschung zu verlieren; solche Situationen würden den Premierminister immer dazu verleiten, etwas Dummes zu sagen. So gewappnet, setzte Lloyd George nun zum finalen Hieb in diesem langen Duell an: »Es geht nicht um die Frage, wer die Freunde des Premierministers sind. Es geht um eine viel größere Frage«, betonte er. Chamberlain habe zu Opfern aufgerufen, bemerkte Lloyd George. »Ich sage feierlich, dass der Premierminister ein Beispiel geben und selbst ein Opfer bringen sollte, denn es gibt nichts, was mehr zum Sieg in diesem Krieg beitragen kann, als wenn er die Amtssiegel opfert.«[21]

Lloyd George unterstützte auch das zweite Anliegen: Churchill zu schützen. Als Churchill auf Kritik an der Norwegenmission in einer Zwischenbemerkung reagierte und es als eine Sache der Ehre ansah, die volle Verantwortung für die Entscheidungen der Admiralität zu übernehmen, forderte Lloyd George Churchill auf, »er dürfe sich nicht in einen Luftschutzkeller verwandeln, nur um zu verhindern, dass seine Kollegen von Splittern getroffen werden«.[22]

Doch auch wenn die Aufgabe schwierig sein mochte – Chamberlain so weit zu verteidigen, wie es Ehre und Anstand geboten, aber nicht so umfassend, dass er damit seine eigenen Aussichten zunichte machte, Premierminister zu werden –, standen die Chancen gut, dass Churchills streitbarer Geist sich dem gewachsen zeigen würde. »Man sah sofort«, dachte »Chips« Channon, »dass er in kampflustiger Stimmung war, quicklebendig und in seinem Element, die Ironie der Lage genießend, in der er sich befand: d. h. dass er seine Feinde und eine Sache, an die er nicht glaubte, zu verteidigen hatte.«[23]

Die Abgeordneten mussten nicht sehr weit zurückdenken, um sich an Churchills vernichtende Kritik an Chamberlains Politik zu erinnern. Nun wurden Chamberlains Verbündete immer weniger, und ausgerechnet Churchill, der den stärksten moralischen Anspruch hatte, den Premierminister zu kritisieren, verteidigte ihn stattdessen. Viele Politiker in Churchills Situation, die vormalige Kränkungen, die sie von einem Rivalen erlitten hatten, nicht vergessen konnten, hätten die Chance auf Rache genossen. Stattdessen bewies Churchill Charakter und zeigte, dass er für eine hohe Führungsposition geeignet war: Er sprach sich für Versöhnung aus. Er griff Chamberlains unglückliche Anspielung auf und machte Chamberlains »Freunde« zum Thema. »Er [Chamberlain] hat gedacht, er hätte etliche Freunde«, äußerte er mit dem Churchill-typischen Knurren, »und ich hoffe, er hat auch etliche Freunde. Er hatte zweifellos viele, als die Dinge noch gut liefen.« Und Churchill schloss mit einem Appell zur Einigkeit. »Ich sage, lasst die Fehden der Vorkriegszeit erlöschen; lasst persönliche Streitigkeiten vergessen sein und lasst uns unseren Hass für den gemeinsamen Feind aufsparen. Lasst die Parteiinteressen außer Acht, lasst uns alle unsere Energien bündeln, lasst [uns] das ganze Können und die Kräfte der Nation in den Kampf werfen, und lasst all die starken Pferde sich [gemeinsam] ins Zeug legen. Zu keiner Zeit waren wir im letzten Krieg in größerer Gefahr als jetzt, und ich fordere das Unterhaus nachdrücklich auf, diese Angelegenheiten […] gemäß der Würde des Parlaments zu behandeln.«[24]

Während seiner gesamten Amtszeit hatte sich Chamberlain

sehr auf seinen Fraktionsvorsitzenden verlassen, den stets grimmig dreinblickenden David Margesson, der für ihn die Parteidisziplin durchzusetzen und den Dissens in der konservativen Fraktion zu unterdrücken verstand. Jetzt, beobachtete Nicolson, »zeigt sich die Schwäche des Margesson-Systems in der Tatsache, dass keiner dieser Jasager in irgendeiner Weise [in der Parlamentsdebatte] von Nutzen ist, während alle fähigeren Konservativen in die Reihen der Rebellen getrieben worden sind«.

So oder so war das Margesson-System inzwischen zusammengebrochen. Trotz der heftigsten Bemühungen von Margessons Einpeitschern stimmten bei der Abstimmung 33 Torys und acht Nicht-Parteimitglieder, die zuvor als Unterstützer der Regierung galten, für den Misstrauensantrag. 60 weitere Konservative enthielten sich. Das Ergebnis war: 281 Parlamentarier hatten sich für Chamberlains Regierung ausgesprochen und 200 dagegen. Hätten alle Konservativen für Chamberlain gestimmt, hätte er mit einer Mehrheit von 213 Stimmen gewonnen, nicht lediglich mit 81. Als das schmachvolle Ergebnis bekannt gegeben wurde, gab es laute Rufe wie »Raus! Raus! Raus!«, die sich gegen Chamberlain richteten. Der deutliche Verlust an Zustimmung in den eigenen Reihen machte die Abstimmung zu einer moralischen Niederlage.[25]

Chamberlains erste Reaktion war, darüber nachzudenken, wie er seine Regierung umstrukturieren und die Labour-Partei als Koalitionspartner mit ins Boot holen könnte. Labours Anführer sagten ihm jedoch unverblümt, dass sie in einer von ihm geleiteten Regierung kein Amt übernehmen würden – sie seien aber bereit, sich an einer Regierung unter einem anderen Konservativen zu beteiligen.

Bei einem privaten Treffen am späten Nachmittag des 9. Mai, bei dem nur Halifax, Churchill und Margesson anwesend waren, sagte Chamberlain, dass entweder Churchill oder Halifax Premierminister werden müssten. Halifax war der Meinung, Chamberlain habe ihn, Halifax, gemeint, als er von demjenigen sprach, der »als der annehmbarste [Kandidat] genannt wurde«, insbesondere von den Labour-Repräsentanten, die in eine neue Regierung einbezogen werden müssten. Churchill hatte das Gespräch etwas anders in Erinnerung. Seiner Ansicht nach ging Chamberlain davon aus, dass Churchills streitbarer Beitrag in der Debatte am Vortag die Labour-Partei von ihm habe Abstand nehmen lassen und Halifax einen Vorteil verschafft haben könnte. Auf jeden Fall, so sei Chamberlain fortgefahren, sei die Frage, wen er bei der Übergabe seines Rücktrittsgesuches an den König als Nachfolger vorschlagen solle.[26]

»Normalerweise rede ich sehr viel«, erinnerte sich Churchill – was wohl niemand bestritten hätte –, »aber bei dieser Gelegenheit war ich still. [...] Als ich weiter schwieg, folgte eine sehr lange Pause. Auf jeden Fall schien sie sich länger hinzuziehen als die zwei Minuten, die man bei den Gedenkfeiern zum Waffenstillstandstag innehält. Dann sprach Halifax endlich.«[27] In Wahrheit war es nach neuen Erkenntnissen des britischen Schriftstellers und Biographen Nicholas Shakespeare Margesson, der, noch bevor Halifax sprach, entscheidend intervenierte und argumentierte, dass nur Churchill der Mann der Stunde sein könne. Dann erst sprach Halifax. »Ich sagte, meine Ausgangsposition sei ungünstig«, stellte er das Gespräch später dar und bezog sich damit auf die Aussicht, dass er Premierminister werden könnte. »Wenn ich nicht für den Krieg (seine Organisation) verantwortlich wäre und wenn ich nicht im Parlament federführend wirken müsste, fände man mich unter den Zahlenjongleuren in einer Behörde. Ich dächte, Winston sei die bessere Wahl. Winston sträubte sich *nicht*. Sehr freundlich und höflich zeigte er nichtsdestoweniger, dass er dies für die richtige Lösung hielt.«[28]

»Nachdem [Halifax] geendet hatte«, schreibt Churchill weiter, »war es klar, dass mir die Pflicht zufallen würde – in der Tat schon zugefallen war. In diesem Moment ergriff ich zum ersten Mal das Wort. Ich sagte, ich würde mit keiner der Oppositionsparteien sprechen, bevor ich nicht den Auftrag des Königs zur Regierungsbildung erhalten hätte. Damit war das bedeutsame Gespräch zu Ende, und wir kehrten zu unseren üblichen, formloseren und familiären Umgangsformen unter Männern zurück, die jahrelang zusammengearbeitet hatten und die ihr Leben inner- und außerhalb des Staatsdienstes in aller für die britische Politik typischen Freundschaftlichkeit verbracht hatten.«[29]

Das war der Stand der Dinge am Abend des 9. Mai: Churchill war bereit, vorbehaltlich der Zustimmung der Labour-Chefs, den Posten des Premierministers zu übernehmen. Dies war ein bemerkenswerter und plötzlicher Umschwung. Für den Mann, der Ende 1938 um ein Haar aufgrund seiner erbitterten Opposition gegen das Münchner Abkommen aus der Politik gedrängt worden wäre, befand sich nun die Macht praktisch zum Greifen nahe.

Aber ein noch größerer Schock stand bevor.

»Die Sonne scheint, die Kolonne wartet am Waldrand. [...] Motorengeräusche, manchmal Flieger, früh im ersten Licht große Geschwader. Wir warten darauf, dass die Straße frei wird.« Dies schrieb Erich Kuby, ein Soldat der Ersten Fernmeldetruppe der Dritten Motorisierten Division von Rundstedts Heeresgruppe A. Die Kompanie, in der Kuby Dienst tat, wartete darauf, die Grenze nach Luxemburg zu überqueren.[30]

Kurz vor Beginn der Morgendämmerung flogen am Freitag, dem 10. Mai 1940, deutsche Bomber nach Frankreich hinein. Um 4.45 Uhr ertönten in Vincennes am Rande von Paris die Luftschutzsirenen, und bald waren sie in der gesamten Hauptstadt zu hören. Einheiten der Heeresgruppe B von Fedor von Bock stießen nach Belgien und in die Niederlande vor. Zunächst hielten die Alliierten den Angriff der Heeresgruppe B für die deutsche Hauptoffensive. Doch in Wirklichkeit führten Bocks Truppen ein gewaltiges Ablenkungsmanöver durch. Es ging darum, die britische und französische Armee nach Belgien zu locken, damit sie nach Mansteins und Guderians Plan mittels des »Sichelschnitts« isoliert und eingekesselt werden konnten, ein Manöver, das die Alliierten bisher weder entdeckt hatten noch vermuteten.[31]

Niemand hielt es für notwendig, den alliierten Oberbefehlshaber, den französischen General Maurice Gamelin, vor halb sieben zu wecken. Zu diesem Zeitpunkt hatten die belgische und die niederländische Regierung die Alliierten bereits offiziell um militärische Hilfe gebeten. Als Reaktion griffen die Alliierten auf ihren lange vorbereiteten Plan zurück: Um dem erwarteten deutschen Angriff in den Niederlanden zu begegnen, begannen die leistungsfähigsten alliierten Streitkräfte – neun britische und 29 französische Divisionen –, sich zum Fluss Dyle in Belgien in Bewegung zu setzen. Die deutsche Luftwaffe versuchte nicht, sie aufzuhalten. Niemand hielt inne, um sich darüber zu wundern, und fraglos zog niemand die Möglichkeit in Betracht, dass die alliierten Armeen genau dorthin unterwegs waren, wo die Deutschen sie haben wollten.[32]

Diese dramatischen Ereignisse hätten den Regierungswechsel in London fast vereitelt. »Gegen zehn Uhr kam Sir Kingsley Wood [der zu dieser Zeit das Kabinettsamt des Lordsiegelbewahrers innehatte] zu mir«, erinnerte sich Churchill. Wood kam direkt von einem Treffen mit dem Premierminister. »Er berichtete mir, dass Mr. Chamberlain dazu neigte, zu glauben, dass die große Schlacht, die über uns hereingebrochen sei, ihn auf seinem Posten unentbehrlich mache.« Wood habe Chamberlain daraufhin unverblümt gesagt, dass im Gegenteil »die neue Krise es umso notwendiger mache, eine parteiübergreifende Regierung zu haben, die allein fähig sei, ihr gegenüberzutreten, und er fügte hinzu, dass Mr. Chamberlain diese Ansicht akzeptiert habe«.[33]

Bei einer Sitzung des Kriegskabinetts am späten Nachmittag bestätigte Chamberlain, dass er zurücktreten würde. Er hatte inzwischen unumstößlich von den Vertretern der Labour-Partei signalisiert bekommen, dass sie nicht in einer Koalition unter ihm mitregieren würden, sondern »ihren Teil der Verantwortung als vollwertiger Partner in einer neuen Regierung unter einem neuen Premierminister übernehmen [wollten], der das Vertrauen der Nation genießen würde«. Chamberlain sagte, er werde den König treffen und noch am selben Abend zurücktreten.

Dem Sitzungsprotokoll zufolge sagte er nichts darüber, wer sein Nachfolger werden würde.[34]

Als Chamberlain zu König George VI. vorgelassen wurde, tröstete der König seinen Premierminister darüber, wie »außerordentlich ungerecht« er behandelt worden sei. »Wir haben dann«, so die Aufzeichnung des Königs, »ein informelles Gespräch über seinen Nachfolger geführt.« Der König habe »selbstverständlich« Halifax vorgeschlagen, aber Chamberlain habe ihm erklärt, warum diese Möglichkeit nicht bestehe. »Da wurde mir klar«, erinnerte sich König George VI. , »dass es nur eine Person gab, die ich zur Bildung einer Regierung, die das Vertrauen des Landes hätte, berufen konnte, und das war Winston. [...] Ich fragte Chamberlain nach seinem Rat und er bestätigte mir, dass Winston der Mann sei, den ich berufen sollte.«[35]

Jetzt war es an Churchill, beim König vorzusprechen. In seinen Memoiren schildert Churchill diesen dramatischen Moment in leichtem Ton. »Seine Majestät empfing mich sehr freundlich und bat mich, mich zu setzen. Er schaute mich einige Augenblicke lang forschend und fragend an, dann sagte er: ›Ich nehme an, Sie wissen nicht, warum ich nach Ihnen geschickt habe?‹ Seinen Tonfall aufnehmend, antwortete ich: ›Sir, ich konnte mir einfach nicht vorstellen, wieso.‹ Er lachte und sagte: ›Ich möchte Sie bitten, eine Regierung zu bilden.‹ Ich sicherte ihm zu, dass ich das tun würde.«[36]

Churchill versprach dem König, ihm noch am selben Abend mindestens fünf Namen von Kabinettsministern zu übermitteln, und er machte sich sofort ans Werk. Er zurrte direkt mit Attlee und Greenwood die Abmachung fest, dass sich die Labour-Partei an seiner Regierung beteiligen würde. Das machte sie zu einer wahrhaft nationalen Koalition in einer Weise, wie es die von den Konservativen dominierten »Nationalen Regierungen« der 1930er Jahre nie gewesen waren. Um sich die Unterstützung der Konservativen zu sichern – Churchill war sich schmerzlich bewusst, wie viel Unmut über ihn in der konservativen Fraktion noch immer herrschte –, bat er Neville Chamberlain, als Lordpräsident des Kronrates zu bleiben, und Lord Halifax, sein Amt als Außenminister weiterzuführen. Außerdem holte er diese beiden prominentesten Vertreter der Appeasement-Politik neben Attlee und Greenwood in sein engeres, fünfköpfiges Kriegskabinett, das er schuf, um eine effektivere Kriegsführung zu ermöglichen. Zu guter Letzt schuf Churchill mit dem Amt des Verteidigungsministers ein neues Amt, das er sogleich selbst übernahm, so dass er in Personalunion die Koordinierungshoheit über alle Aspekte des Kriegs haben würde.[37]

Im Alter von 65 Jahren hatte Winston Churchill ein Amt erlangt, nach dem er sein ganzes Leben lang gestrebt hatte und das ihm noch ein Jahr zuvor unerreichbar schien. Adolf Hitler hatte mit der ihm eigenen politischen Intuition immer gespürt, dass *dieser* Mann sein gefährlichster Gegner war. Anspielungen auf Churchill, die Wut, aber auch Besorgnis erkennen lassen, tauchten schon Jahre zuvor in Hitlers Reden auf. Nun war es Churchill, der dem Diktator in jenem Moment gegenüberstand, als der Scheinkrieg, der *Phoney War*, einem allzu realen Krieg wich.

Churchill versuchte nicht, die Härten, die vor Großbritannien lagen, herunterzuspielen. In seiner ersten Rede als Premierminister sagte er, dass er der Nation »nichts als Blut, Mühsal, Tränen und Schweiß« zu bieten habe. Er warnte seine Landsleute: »Wir haben eine Prüfung der schwersten Art vor uns. Wir haben viele, viele lange Monate des Kampfes und des Leidens vor uns.« Aber mit seinem unerschütterlichen Optimismus schloss er: »Ich bin sicher, es wird nicht unser Los sein, dass unsere Sache unter den Menschen scheitert. [...] ›Kommt also, lasst uns mit vereinten Kräften vorangehen.‹«[38]

Dies war ein Neubeginn, Welten entfernt von dem düsteren Solipsismus, den Chamberlains Rede bei Kriegsausbruch transportiert hatte. Die Demokratie hatte nun, was ihr während der gesamten 1930er Jahre gefehlt hatte: nicht nur eine leidenschaftliche und unvergleichlich eloquente Stimme, sondern diese Stimme sprach auch aus einer Position der Macht heraus.

Und noch etwas anderes hatte sich mit Churchills Amtsantritt verändert. Während der gesamten 1930er Jahre war der bestimmende Ton in der britischen Politik von den parteiübergreifenden »nationalen« Regierungen gesetzt worden, zuerst unter Ramsay MacDonald, dann unter Stanley Baldwin und schließlich unter Chamberlain. Die beiden erstgenannten Regierungen waren in ihrer Amtsführung von Vorsicht und einer gewissen Zaghaftigkeit geprägt gewesen, hatten sich in der politischen Mitte bewegt und stets nach einem Kurs gesucht, der die breitestmögliche Unterstützung fand. Unter Chamberlain hatten die Äußerungen der Regierung begonnen, einen beunruhigend autoritären Ton anzunehmen. In der gesamten Zeit waren die Außenseiter Politiker wie Churchill auf der rechten Seite sowie einige unzufriedene Liberale und der linke Flügel der Labour-Partei gewesen. Ende der 1930er Jahre entwickelte sich die Gegnerschaft zum Nationalsozialismus zu einem verbindenden Element zwischen diesen Gruppen, und gerade als Churchill demokratiefreundlichere Worte fand, um seine politischen Vorstellungen zu artikulieren, begann die Labour-Partei, einen Sinn in Verteidigungsausgaben zu erkennen, während unbestechliche unabhängige Abgeordnete wie Eleanor Rathbone erkannten, dass der wirkungsvollste demokratische Anführer Churchill sein würde. Als Churchills Koalition an die Macht kam, fanden sich die Außenseiter plötzlich im Zentrum der Macht wieder. Dies war ein epochaler Wandel in der britischen Politik, der nicht nur den Weg für eine wirksame Verteidigung gegen Hitler ebnete, sondern in den folgenden Jahren auch für tiefgreifende soziale Reformen, die Großbritannien zu einem Land mit besseren Lebensbedingungen für einen größeren Teil der Bevölkerung machen sollten. Churchills Kabinett sollte, nicht ganz freiwillig, zur Keimzelle eines neuen politischen Konsenses werden, der bis in die 1980er Jahre andauerte. 1940 erlebte Großbritannien einen politischen Wandel, der das genaue Gegenteil des Wandels in Deutschland darstellte: Als sich im deutschen Militär die Bereitschaft zur Verschwörung in Unentschlossenheit auflöste und Manstein Hitler dazu brachte, seinen Angriffsplan zu genehmigen, wurde Deutschland stärker vom Nationalsozialismus durchdrungen, als es das zuvor gewesen war. Großbritannien dagegen wurde unter Churchill in fundamentaler Weise demokratischer.[39]

Nur wenige Tage zuvor hatte Harold Nicolson geklagt, die britische Demokratie könne anscheinend keinen geeigneten Anführer finden. Nun war er gefunden, und die Art und Weise, wie die britische Demokratie ihn gefunden hatte, bestätigte im Triumph ihr Funktionieren als Institution. Amery hatte zu Beginn seiner Rede am 7. Mai den demokratischen Stellenwert der Debatte betont. Das Ergebnis der Debatte brachte eine Regierung hervor, die nicht nur kompetenter und tatkräftiger war als die Vorgängerregierung – und weitaus inspirierender –, sondern eine, die die britische Bevölkerung in einer Breite repräsentierte, wie es vielleicht keine britische Regierung zuvor getan hatte. Wie der Historiker Jonathan Schneer schreibt: »Großbritannien, die Mutter aller Parlamente, zeigte der Welt die Demokratie in Aktion. Dafür zu kämpfen und sogar dafür zu sterben, war es wert. Die Deutschen hatten nichts Vergleichbares vorzuweisen.«[40]

Churchills Kompetenz und unerschütterliche Zuversicht als Anführer in Kriegszeiten hatten ihn in das höchste Amt seines Landes gebracht. Er wusste, was er zu leisten vermochte. Eine berühmte Passage in seinen Memoiren hält seine Gefühle in der Nacht fest, als er Premierminister wurde: »Als ich gegen 3 Uhr morgens zu Bett ging«, erinnert er sich, »wurde ich mir eines tiefen Gefühls der Erleichterung bewusst. Endlich hatte ich die Autorität, die Richtung über die ganze Wegstrecke hin vorzugeben. Ich hatte das Gefühl, mit dem Schicksal an meiner Seite zu gehen, und dass mein ganzes bisheriges Leben nur eine Vorbereitung auf diese Stunde und auf diese Prüfung gewesen war. [...] Ich war sicher, dass ich nicht versagen würde.«[41]

Churchill würde in den folgenden Wochen und Monaten jedes bisschen dieses Selbstvertrauens brauchen. Kein britischer Premierminister – wahrscheinlich überhaupt kein anderer Regierungschef – war jemals inmitten einer größeren Katastrophe ins Amt gekommen.

Mansteins »Sichelschnitt« war erfolgreicher, als es die deutschen Kommandeure in ihren kühnsten Träumen zu hoffen gewagt hatten. Guderians Panzer durchquerten in wenigen Tagen die Ardennen und setzen bei Sedan über die Maas, wo 1870 die Preußen gegen die Franzosen den entscheidenden Sieg errungen hatten. Sobald sie offenes Land vor sich hatten, wandten sie sich nach Nordwesten und fuhren auf den Ärmelkanal zu. Der französische Premierminister Paul Reynaud – er hatte Daladier im März des Jahres abgelöst – schätzte die Lage bereits fünf Tage nach Beginn der Schlacht so ein, dass sein Land hoffnungslos verloren hatte: »Wir sind besiegt«, sagte er Churchill am 15. Mai am Telefon. Innerhalb von zwei Wochen hatten die Deutschen die britische und die französische Armee voneinander getrennt, die Kräfte, die so zuversichtlich nach Belgien vorgestoßen waren, abgeschnitten und die Briten zu einem von Panik getriebenen Rückzug in den Kanalhafen Dünkirchen gezwungen. Dort gelang es den Briten, entgegen nahezu aller Erwartungen, den größten Teil ihrer Armee – und auch einen Teil der französischen Streitkräfte – zu retten. Dies war, wie Churchill sagte, die Rettung für Großbritannien und auch für ihn selbst – noch bevor die Evakuierung erfolgreich durchgeführt werden konnte, hatte er sein Kabinett davon überzeugen müssen, gegen den Widerstand von Halifax (aber mit der Unterstützung von Chamberlain) die Fortsetzung des Kriegs zu befürworten, also noch ohne zu wissen, ob es überhaupt Truppen aus Frankreich zurückschaffen würden.[42]

Nachdem die britischen Truppen abgezogen waren und sich Fall Gelb als ein durchschlagender Erfolg erwiesen hatte, starteten die Deutschen den zweiten Teil ihrer Operation, den Fall Rot, gegen eine desorganisierte und ob der Lage fassungslose französische Armee.[43] Die weitverbreitete Ansicht, die Franzosen hätten nicht mit Entschlossenheit gekämpft, ist reinweg die Unwahrheit. Innerhalb nur weniger Wochen im Mai und Juni hatten die französischen Streitkräfte 124 000 Tote und 200 000

Verwundete zu beklagen, eine enorme Zahl für eine so kurze Zeit, die nicht zustande gekommen wäre, wenn sie nicht tapfer gekämpft hätten. Die Deutschen waren den Alliierten zahlenmäßig keineswegs überlegen; sie hatten auch nicht generell die besseren Waffen oder gar mehr Panzer. Was sie hatten, war die bessere Führung, die bessere Taktik, die besseren Nerven und das größere Glück.

Am 17. Juni bat Frankreich, nun unter der Führung des altgedienten Marschalls Philippe Pétain, der französischer Oberbefehlshaber im Ersten Weltkrieg gewesen war, um einen Waffenstillstand. Hitler reiste zur Unterzeichnung in den Wald von Compiègne, wo derselbe Eisenbahnwaggon, in dem Deutschland 1918 den Waffenstillstand unterzeichnet hatte, zu diesem Zweck aufgestellt worden war – man hatte ihn extra aus einem Museum geholt. Hitler-Deutschland hatte in sechs Wochen geschafft, was dem kaiserlichen Deutschland in fast viereinhalb Jahren Krieg nicht gelungen war.[44]

Die Niederlage Frankreichs markierte einen Meilenstein im Weltgeschehen. Nun begann der Übergang von einer Weltordnung zu einer anderen, vom europäischen und imperialen System der letzten vier Jahrhunderte zu einer global vielfältigeren Ordnung, in der außereuropäische Mächte – vor allem die Vereinigten Staaten und die Sowjetunion – die Hauptstützen sein würden. Frankreichs Armee hatte zuvor eine Schlüsselrolle in den Verteidigungsstrategien sowohl Großbritanniens als auch der Vereinigten Staaten eingenommen. Nach dem Wegfall des Faktors Frankreich mussten die englischsprachigen Demokratien schnell umdenken.

Nach Churchills Ansicht lag die Antwort auf der Hand. Er wusste, obwohl er dies nie öffentlich sagte, dass es für Großbritannien keinen Weg zum Sieg über Deutschland gab, außer mit den Vereinigten Staaten als vollwertigem militärischem Verbündeten. Seinem Sohn Randolph zufolge kam Churchill zu dieser Erkenntnis, noch bevor Frankreich kapituliert hatte. Eines Morgens Mitte Mai, noch während die Notlage in Frankreich ihrem

Tiefpunkt zustrebte, besuchte Randolph seinen Vater und fand ihn beim Rasieren vor. Churchill sagte seinem Sohn, er solle sich hinsetzen und die Zeitung lesen, während er mit seinem altmodischen Rasiermesser »herumsäbelte«. Nach ein paar Minuten wandte sich Churchill an seinen Sohn und sagte: »Ich glaube, ich sehe einen Ausweg. [...] Ich werde die Vereinigten Staaten mit hineinziehen.«[45]

Für die nächsten achtzehn Monate war der Versuch, »die Vereinigten Staaten mit hineinzuziehen«, mehr oder weniger Churchills Jobbeschreibung. Als die Katastrophe im Frühsommer 1940 immer schlimmere Ausmaße annahm, nutzte er den Kommunikationskanal, den Roosevelt im September zuvor geöffnet hatte, um einige unverblümte Botschaften an den Präsidenten zu senden. Schon am 15. Mai, in seinem ersten Telegramm an Roosevelt, nachdem er Premierminister geworden war, warnte Churchill, dass »die Szenerie sich« rasant verdunkelt hat«, und er begann geschickt, das anzudeuten, was Roosevelt ohne Frage am meisten beunruhigte: das Gespenst eines Amerikas als Garnisonsstaat. »Wenn nötig, werden wir den Krieg allein weiterführen, und wir haben keine Angst davor. Aber ich vertraue darauf, dass Sie verstehen, Mr. President, [...], dass Sie ein mit erstaunlicher Schnelligkeit vollständig unterworfenes, nazifiziertes Europa vorfinden könnten, und diese Last könnte größer sein als das, was wir schultern können.«[46] Ein paar Tage später wurde Churchill noch deutlicher. Seine Regierung würde niemals vor den Nationalsozialisten kapitulieren, versicherte er dem Präsidenten. Aber er könne nicht für einen Nachfolger bürgen, und in dem Fall »dürfen Sie nicht blind für die Tatsache sein, dass der einzige verbleibende Gegenstand von Verhandlungen mit Deutschland die Flotte wäre«. Wenn Großbritannien »von den Vereinigten Staaten seinem Schicksal überlassen würde«, könne niemand den führenden britischen Politikern einen Vorwurf machen, die dann »für die überlebenden Einwohner die besten Bedingungen aushandeln würden, die sie konnten«. Ein ehemaliger stellvertretender Marineminister wie Roosevelt sollte unmittelbar verstehen, dass Deutschland mit der Kontrolle über die Royal Navy eine fatale Bedrohung für die Vereinigten Staaten darstellen würde.[47] Churchills Botschaft traf ins Schwarze. Am 10. Juni hielt Roosevelt eine Rede vor Absolventen der Universität von Virginia. »Einige halten in der Tat immer noch an der offensichtlichen Illusion fest«, sagte er zu den Studenten, »dass wir […] es uns ohne Risiko erlauben können, dass die Vereinigten Staaten eine einsame Insel werden in einer Welt, die von der Philosophie der Gewalt beherrscht wird.« Die Vorstellung einer solchen Insellage, so Roosevelt, sei gleichbedeutend mit »einem ausweglosen Alptraum eines Volkes ohne Freiheit, eines Volkes, das im Gefängnis sitzt, in Handschellen und hungrig«. Um dies zu verhindern, »werden wir den Gegnern der Gewalt die materiellen Ressourcen dieser Nation zur Verfügung stellen«.[48]

Der deutsche Sieg in Frankreich schien die aggressive, waghalsige Vorgehensweise der Nationalsozialisten in diesem Krieg zu rechtfertigen, ein äußerst riskantes Spiel in Anbetracht der überlegenen Ressourcen der Alliierten. Es sah so aus, als hätten Hitler, Guderian und Manstein richtiggelegen und Beck, Leeb und die anderen Generäle hätten mit ihrer vorsichtigen Haltung Unrecht gehabt. Nur dass Beck und Leeb keineswegs im Unrecht waren. Sie hatten richtig vorausgesehen, was auch Liddell Hart erkannt hatte: Wenn die Alliierten es verhindern konnten, einen nur kurz andauernden Krieg zu verlieren, würden ihre überlegenen Ressourcen und die Kontrolle, die sie über die Weltmeere besaßen, einen deutschen Sieg in einem langen Krieg unwahrscheinlich machen. Die ausgefeilte Luftverteidigung, die unter anderem R. J. Mitchell, Hugh Dowding und Neville Chamberlain zu verdanken war, ermöglichte es Großbritannien, einer frühen Niederlage zu entgehen. Dass Großbritannien das Jahr 1940 überlebte, gab wiederum Roosevelt die Zeit, die er brauchte, um die Vereinigten Staaten für den Krieg zu rüsten – und um die amerikanische Öffentlichkeit auf den Kriegseintritt vorzubereiten.

Sobald Hitler auch die Sowjetunion in den Krieg gegen ihn hineingezogen hatte, wurde der entscheidende Punkt nur noch deutlicher. Der Historiker Paul Kennedy hat kürzlich darauf hingewiesen, dass Großbritannien, die Sowjetunion und die Vereinigten Staaten, wenn auch in unterschiedlichem Maße, einen entscheidenden Vorteil besaßen, mit dem weder Frankreich noch Polen (und auch Deutschland nicht) aufwarten konnten: Die lebensnotwendigen Ressourcen dieser Staaten waren entweder durch Wasser oder eine ausgedehnte Landmasse geschützt.[49] Dies war ein strategisches Problem, das all der Wagemut und das Geschick der Mansteins und Guderians nicht lösen konnten.

Als der Krieg kam, erlebten zwei der Männer, die versucht hatten, dem Drängen auf eine militärische Auseinandersetzung etwas entgegenzusetzen, nicht mehr viel von den Kämpfen.

Trotz allem, was er durchgemacht hatte, und trotz der Demütigung, die er durch Hitlers Zutun erlitten hatte, stellte sich Werner von Fritsch bei Kriegsausbruch eilfertig der Wehrmacht zur Verfügung. Er wurde zum zusätzlichen Offizier des Zwölften Artillerieregiments für den Angriff auf Polen ernannt. Manchen seiner Offizierskollegen schien es, als suche er die Gefahr geradezu. Er meldete sich freiwillig zu Sondereinsätzen und wagte sich manchmal weit vor die Frontlinie. Am 22. September 1939 wurde Fritsch während eines Aufklärungseinsatzes von einem Schrapnell oder einer Maschinengewehrkugel in den Oberschenkel getroffen, wobei die Oberschenkelarterie durchtrennt wurde. Als ein Unteroffizier versuchte, die Wunde zu verbinden, sagte Fritsch zu ihm: »Ach, lassen Sie doch.« Er verblutete innerhalb einer Minute.[50]

Fritsch hatte, kurz bevor er an die Front ging, Ludwig Beck besucht, und auch Beck hatte keinen Zweifel, dass Fritsch »einen aufrechten Tod« suchte. Als er von Fritschs Schicksal erfuhr, beklagte Beck: »Die Zahl der Männer [...], deren Denken und Gesinnung die gleiche war wie die meine, war nie groß und wird immer kleiner.« Seltsamerweise – der Krieg stand noch am Anfang, und der Hass war noch nicht so ausgeprägt wie später – würdigte sogar die BBC Fritsch als einen der letzten ritterlichen und hochherzigen preußischen Soldaten und spielte dann das klassische deutsche Lied, das einen gefallenen Freund betrauert: *Ich hatt' einen Kameraden.* Beck hörte die Sendung, und es rührte ihn zu Tränen.[51]

Nachdem Churchill ihn verdrängt hatte, war Neville Chamberlain deprimiert und verbittert, gleichwohl arbeitete er in Churchills Kabinett engagiert und loyal mit. »Meine ganze Welt ist in nur einem Augenblick in Trümmer zerfallen«, klagte er Mitte Mai gegenüber Hilda, und einen Monat später: »Nicht eine Freude gibt es mehr im Leben, und es besteht keine Aussicht auf Änderung.«[52] Und die Aussichten würden sich noch weiter verdüstern. Mitte Juni begann er, Unterleibsschmerzen zu verspüren. Einen Monat später gab er seinen Schwestern gegenüber zu: Es gibt »erhebliche Probleme mit meinem Innenleben, das schon lange nicht mehr ordentlich arbeitet, und das wird immer schlimmer«.[53] Am 29. Juli wurde er operiert. Die Ärzte teilten ihm mit, dass die Operation gut verlaufen sei und er keine weitere Operation benötigen würde. Bemerkenswerterweise sagten sie ihm nicht die ganze Wahrheit: Sie hatten festgestellt, dass er an Darmkrebs sterben würde.[54]

Noch immer in Unkenntnis seiner wahren Lage kehrte Chamberlain am 9. September nach London zurück und wollte seine Arbeit wiederaufnehmen. Er merkte jedoch bald, dass er nicht mehr weitermachen konnte. Ende September trat er, auch auf Druck von Churchill, von seinem Posten im Kabinett und vom Amt des Vorsitzenden der Konservativen Partei zurück. Erst dann erfuhr er die Wahrheit über seinen Gesundheitszustand. Man sagte ihm, er habe noch zwischen drei Monaten und einem Jahr zu leben.[55]

Mitte Oktober sagte er in einem Gespräch mit Joseph Kennedy, dem damaligen US-Botschafter in London, dass er sterben wolle. »Ich habe meinen Vater acht Jahre nach einem Schlaganfall weiterleben sehen«, erklärte Chamberlain, »und mir oft gewünscht, er wäre tot.« Kennedy war im Begriff, in die Vereinigten Staaten zurückzukehren. »Das ist ein Abschied«, sagte Chamberlain dem Botschafter. Chamberlain starb am 9. November im Schlaf. Er hatte Churchills Angebot, zum Ritter geschlagen zu werden, abgelehnt, er wollte, wie sein Vater, einfach als »Mr. Chamberlain« sterben.[56]

Drei Tage später zollte das Unterhaus dem Verstorbenen als Führungspersönlichkeit aus den eigenen Reihen Tribut. Churchills Trauerrede zählt zu seinen wortgewaltigsten Ansprachen. Der Mensch, so sagte er, sei nicht in der Lage, »den Lauf der Dinge in irgendeiner Weise weitreichend vorauszusehen oder vorherzusagen«, und das sei auch gut so, denn »sonst wäre das Leben unerträglich«. Er fuhr fort: »Zu einer Zeit scheinen die Menschen [in der Rückschau] Recht gehabt zu haben, zu einer anderen scheinen sie sich geirrt zu haben. Dann wieder, ein paar Jahre später, wenn sich die zeitliche Perspektive geweitet hat, sieht man alles in einem anderen Licht [...] Die Geschichte stolpert mit flackernder Lampe auf den Spuren des Vergangenen entlang, in dem Versuch, die Abläufe zu rekonstruieren, den Nachhall einzufangen und mit ihrem blassen Schimmer die Leidenschaften früherer Tage aufflackern zu lassen.« Kurzum, niemand könne sich dem Kreislauf der wiederkehrenden Beurteilung und dem wechselnden Verdikt von Recht und Unrecht entziehen – eine grundlegende Wahrheit, die kaum jemand besser nachvollziehen konnte als Churchill selbst.

Chamberlains Vorhaben, so Churchill weiter, sei gescheitert. Aber die Hoffnungen, die ihn dabei leiteten, hätten »zweifellos zu den edelsten und gutwilligsten Regungen des menschlichen Herzens gehört – die Liebe zum Frieden, die harte Arbeit für den Frieden, das Streiten für den Frieden, das Streben nach Frieden, selbst unter großen Risiken und allemal unter gänzlichem Außerachtlassen von Zustimmung oder Protestgeschrei«. Diese Tatsache, so Churchill, »wird ihm in Bezug auf das, was man das Urteil der Geschichte nennt, gut zu Gesicht stehen«.[57]

Die Geschichtsschreibung ist allerdings nicht wohlwollend mit Chamberlain umgegangen. Nichtsdestoweniger hatte Churchill in einer Weise Recht, die er selbst nie hätte zugeben wollen. Wir Nachgeborenen sehen den Ausbruch des Zweiten Weltkriegs 1939 als Bestätigung für Churchills langen und einsamen Kampf gegen die Appeasement-Politik und dementsprechend als das endgültige, vernichtende Urteil über die Politik Chamberlains. Wir sehen das so aufgrund des schockierenden Ergebnisses zu Beginn des Kriegs 1940: der prompten Niederlage Frankreichs – die wir dann als unvermeidlich annehmen. Aber dass die deutschen Truppen im Jahr 1940 einen bedeutenden Sieg erringen würden, war keineswegs zu erwarten gewesen, sondern als Ergebnis sogar eher unwahrscheinlich. Es war schließlich kein Zufall, dass Beck und Leeb die strategischen Fragen ganz ähnlich beurteilten wie Liddell Hart und Chamberlain. Die deutschen Befehlshaber hatten damit gerechnet, dass dieser Krieg, ähnlich wie der letzte, sich als ein langes Ringen auf französischem Territorium darstellen würde. Wäre das eingetreten, würde die heutige Beurteilung der Politik der 1930er Jahre ganz anders ausfallen. In jedem Fall bestätigte der Verlauf des Zweiten Weltkriegs auf längere Sicht, dass Chamberlain mit seiner Strategie zu großen Teilen richtiglag: Es war sinnvoll, aufzurüsten – insbesondere in Bezug auf die Luftstreitkräfte –, nicht mehr so viel Wert auf die Bodenkriegskomponente der britischen Streitkräfte zu legen und ein Augenmerk auf die Leistungsfähigkeit der Wirtschaft als Quelle militärischer Stärke zu haben. Wie sich der Zweite Weltkrieg im Laufe der Zeit entwickelte, entsprach dann dem, was Beck und Leeb befürchteten und worauf Chamberlain seine Hoffnung gesetzt hatte.[58]

Chamberlain hatte viele Schwächen, die sowohl auf der persönlichen wie auf der politischen Ebene folgenreich waren: Eitelkeit, Selbstverliebtheit und dünnhäutige Intoleranz gegenüber Andersdenkenden samt ihrer Kritik. Aber er sorgte auch dafür, dass Großbritannien 1940 über die Mittel und Möglichkeiten verfügte, um nicht unterzugehen: die Spitfire und das

RADAR-Warnsystem. Sein Handeln erklärte er gegenüber Joseph Kennedy mit Worten, die Roosevelt von Herzen gutgeheißen hätte: »Eine Demokratie wacht erst auf, wenn die Gefahr unmittelbar bevorsteht. Die Anführer müssen warten, bis sich die öffentliche Meinung gebildet hat, und dann versuchen, ihr ein wenig voraus zu sein.«[59] Ein Beispiel dafür war die Einführung der Wehrpflicht im Jahr 1939, bei der er so verfahren war. Und er hatte noch für etwas anderes gesorgt: Wie sogar Goebbels es vorausgesehen hatte, konnte es, als der Krieg ausbrach, keinen Zweifel daran geben, wer die Schuld daran trug, weil Chamberlain alles versucht hatte, um einen Krieg zu vermeiden. Großbritannien konnte in nationaler Geschlossenheit in den Krieg eintreten, mit der zunehmenden moralischen und praktischen Unterstützung durch die Vereinigten Staaten im Rücken. Chamberlain selbst war sich dessen sehr wohl bewusst: »Das Bewusstsein, moralisch im Recht zu sein«, bemerkte er, »das die Deutschen unmöglich haben können, *wird notwendigerweise eine gewaltige Kraft auf unserer Seite sein.*«[60]

Die ersten Jahre des Zweiten Weltkriegs nahmen für die Alliierten einen schlechten, ja katastrophalen Verlauf. Abgesehen von der Luftschlacht um Großbritannien im Sommer und Herbst 1940, die ein Erfolg war und in der Mitchells *Spitfire* und Hugh Dowdings ausgeklügeltes Luftverteidigungssystem weit mehr als nur das Land selbst retteten, erlebte Großbritannien nichts als Niederlagen – oft vernichtende und demütigende Niederlagen –, bis es Erwin Rommels Afrikakorps in der Schlacht von El-Alamein im Oktober 1942 vernichtend schlug. Auch für die Vereinigten Staaten und die Sowjetunion begann der Krieg mit Niederlagen. Es dauerte bis weit in das Jahr 1943 hinein, bevor die Alliierten darauf vertrauen konnten, dass ihr Sieg immer wahrscheinlicher wurde.[61]

Doch auf einer anderen Ebene hatte sich seit Mitte der 1930er Jahre ein wichtiger Umschwung vollzogen. Damals hatten noch viele den Eindruck, dass die Demokratie keine Antwort auf die

Herausforderung durch den neuen kultischen Politikstil der Diktatoren habe: Die Demokratie schien zu langsam und zu ineffizient, um moderne Probleme wie die Weltwirtschaftskrise zu bewältigen. Die weltweit folgenreiche Depression hatte überdies auch den liberalen Internationalismus diskreditiert und eine Ära eingeleitet, in der immer mehr Menschen glaubten, die Lösung ihrer Probleme könne nur im nationalen Rahmen gefunden werden und habe eine Abschottung gegen den Rest der Welt, sei es in Bezug auf den Handel oder die Migrationsströme, zur Voraussetzung. Der Rassismus und Nationalismus, die die Politik in dieser Zeit so stark prägten, gaben zugleich dem Anti-Internationalismus einen kräftigen Schub.

Aus heutiger Sicht ist leichter zu erkennen, dass in den 1930er Jahren einige grundlegende Trends in der Welt begannen, der weitverbreiteten Entfremdung gegenüber der Demokratie entgegenzuwirken. Individualismus und Konsumdenken machten sich zunehmend bemerkbar und bescherten in Kombination mit der schwindenden Ehrfurcht vor Autoritäten jeder Art von Diktatur eine Menge Ärger. Selbst Hitler hatte damit Probleme. Die kommunistischen Diktatoren Osteuropas stellte diese Entwicklung im Kalten Krieg sogar vor noch größere Schwierigkeiten und würde sie letztendlich zu Fall bringen, während auch die führenden demokratischen Politiker mit immer größeren Herausforderungen zu tun haben würden. Zunächst mussten die Demokratien jedoch einen sehr heiklen Balanceakt absolvieren: Es galt, den Individualismus so weit zurücktreten zu lassen, dass sich ihr Land für den Krieg gegen die totalitären Diktaturen mobilisieren ließ, ohne selbst zum Garnisonsstaat zu werden. Es ist das historische Verdienst von Churchill und Roosevelt, dass sie eine Möglichkeit sahen, wie man dies schaffen könnte. Bei der Beurteilung ihrer Programme ist jedoch zu berücksichtigen, dass beide bei der Ausarbeitung improvisieren mussten und dass sie sich dabei mit ungekannten Umständen in gewaltigem Ausmaß konfrontiert sahen: dem modernen totalen Krieg, der Bedrohung durch totalitäre Regime, einer neuen Art von Massendemokratie und dem Trend zum Individualismus. Gleichzeitig mussten sich beide aber auch in der hart umkämpften Arena der regulären Politik bewähren.

Die Programmatiken, zu denen diese beiden zentralen Politiker gelangten, waren bemerkenswert ähnlich. Ein wesentlicher Bestandteil war die Dichotomie zwischen Christentum und Totalitarismus, die ab 1939 in Roosevelts Reden auftauchte. Auch Churchill benutzte diese Begrifflichkeit. In seiner berühmten Rede vom 18. Juni 1940 zur militärischen Niederlage Frankreichs ruft er seine britischen Landsleute zum Kampf auf und appelliert an sie, dieser Kampf müsse zu einer »Sternstunde« Großbritanniens (*finest hour*) werden. Zugleich bestand Churchill darauf, dass es in der bevorstehenden Schlacht nicht nur um Großbritannien, sondern um »das Überleben der christlichen Zivilisation« gehe. Würde Großbritannien diese Schlacht gewinnen, dann »könnte ganz Europa frei sein und alles Leben der Welt in weite, sonnenbeschienene Gefilde vorstoßen«. Würde Großbritannien eine Niederlage erleiden, »dann wird die ganze Welt, einschließlich der Vereinigten Staaten, einschließlich all dessen, was uns vertraut und wichtig war, in den Abgrund eines neuen finsteren Mittelalters versinken, das im Lichte einer pervertierten Wissenschaft nur noch finsterer werden und möglicherweise noch länger währen wird«.[62]

Roosevelt hielt am 6. Januar 1941 eine Rede zur Lage der Nation, die so klang, als befände sich das Land bereits im Krieg. Darin forderte er die Amerikaner auf, sich darauf zu besinnen, dass sie nicht »mit Waffen allein kämpfen« könnten, sondern dass eine klare Vorstellung des ›American Way of Life‹, den sie verteidigten, genauso wichtig sei. »In der Zukunft, die wir sichern wollen«, sagte er, »sehen wir Tagen entgegen, in denen die Welt[ordnung] auf vier wesentliche Freiheiten des Menschen gegründet ist.« Diese seien »die Freiheit der Rede und der Meinungsäußerung«, »die Freiheit eines jeden Menschen, Gott auf seine eigene Weise zu verehren«, »die Freiheit von Not« und »die Freiheit von Furcht«. Alle diese Freiheiten, so Roosevelt, sollten

»überall auf der Welt« gelten. Und »eine solche Welt«, fügte er hinzu, »ist das genaue Gegenteil der sogenannten neuen Ordnung der Tyrannei, die die Diktatoren mit dem Einschlag einer Bombe zu schaffen versuchen«.[63]

Dies war die demokratische Antwort auf die Bedrohung durch den Nationalsozialismus. Es hatte Zeit gebraucht, um sie zu finden. Und es gab nichts Unvermeidliches an diesem Prozess: Wären andere Politiker in den führenden Positionen gewesen oder hätten sich die unvorhersehbaren politischen, technologischen oder militärischen Ereignisse anders entwickelt, wäre es vielleicht gar nicht so weit gekommen. Aber allen Widrigkeiten zum Trotz war die Antwort am Ende gefunden.

## Epilog

# »Das Ende vom Anfang«

*In Missouri scheint der hartgesottene deutsche Einwanderer zur rechten Zeit eingetroffen zu sein.* »*Unerquickliche Verhältnisse in der Heimat*«, *erinnert er sich später,* »*und, ich möchte sagen, angeborener Tatendrang hatten mich über den Ozean nach den Vereinigten Staaten getrieben, wo die Bedingungen für das Fortkommen eines strebsamen jungen Menschen damals weit besser und günstiger waren als heutzutage.*« *Obwohl er sich als Neuling in den Weiten des neuen Kontinents als* »*Greenhorn*« *bezeichnen lassen muss, beweist er schnell sein Geschick mit dem Gewehr und zu Pferd und wird von Landvermessern beauftragt, in die Wildnis jenseits von St. Louis vorzustoßen, das als* ›*Tor zum Westen*‹ *gilt. Dort lernt er die amerikanischen Ureinwohner kennen, insbesondere einen gewissen Winnetou, den* »*große[n] Häuptling der Apachen*«*. Er lernt diesen edlen Häuptling sehr gut kennen.* »*Der beste, treueste und aufopferungsvollste aller meiner Freunde*«*, schreibt er, repräsentiert* »*einen echten Typus der Rasse, welcher er entstammt*«.[1]

*Doch in seinen Jahren in Amerika wird er Zeuge des brutalen Völkermords, den die europäischen Neuankömmlinge an Winnetous Volk verüben, während sich die neuen Vereinigten Staaten über den amerikanischen Kontinent ausbreiten.* »*Es ist ein grausames Gesetz*«*, denkt er,* »*dass der Schwächere dem Stärkeren weichen muss.*« *Es bestehe kein Zweifel daran, dass das Land den Ureinwohnern gehört habe, aber* »*es wurde ihnen genommen*«*. Und* »*jeder, der die Geschichte der* ›*berühmten*‹ *Konquistadoren gelesen hat*«*, weiß,* »*welche Ströme Blutes dabei geflossen und welche Grausamkeiten vorgekommen sind*«*. Die Siedler Nordamerikas, fährt er fort, seien lediglich dem Beispiel der Konquistadoren gefolgt.* »*Der Weiße kam mit süßen Worten auf den Lippen, aber zugleich mit dem geschärften Messer im Gürtel und dem geladenen Gewehre in der Hand.*« *Manchmal habe er den Bewohnern* das Land »abgekauft«, aber er habe entweder gar nicht gezahlt oder mit »wertlosen Tauschwaren«. Was er großzügig austeilte, seien »das schleichende Gift des ›Feuerwassers‹« gewesen sowie Krankheiten, wie beispielsweise die Pocken, die ganze Dörfer entvölkern konnten. An einem bestehe jedenfalls kein Zweifel: Winnetous Volk werde aussterben.[2]

Der hartgesottene Einwanderer heißt Old Shatterhand. Er ist der Held einer der meistverkauften Romanreihen, die je in deutscher Sprache geschrieben wurden. Als Karl May, ein vormaliger Kleinkrimineller, nun Reiseschriftsteller, diese Geschichten 1893 veröffentlicht, hat er den nordamerikanischen Kontinent noch nie gesehen. Doch das ist kein Hindernis dafür, dass seine Geschichten eine phänomenale Popularität erlangen, die sie auch noch viele Jahrzehnte später genießen. Die jungen Deutschen der Generation von Adolf Hitler sind von Mays Erzählungen hingerissen. Hitler wird sich später daran erinnern, dass er »überwältigt« war, als er zum ersten Mal auf das erzählerische Werk von Karl May stieß. »Ich stürzte mich sofort voller Begeisterung hinein, was eine merkliche Verschlechterung meiner Noten zur Folge hatte.« Noch als Oberbefehlshaber der deutschen Wehrmacht ermahnt er seine Generäle, an die einfallsreichen Kampftaktiken Winnetous zu denken – insbesondere, als er mit ihnen über die Pläne für den Fall Gelb aneinandergerät. Und er sorgt dafür, dass für die Frontsoldaten eine Sonderausgabe von Mays Werken aufgelegt wird. Zu seinen persönlichen, von ihm geschätzten Besitztümern gehört eine kostspielige, in Pergament gebundene Gesamtausgabe von Mays Schriften. Von den schon stark abgenutzten Bänden liegen immer ein paar griffbereit an seinem Bett.[3] Als die Nachrichten von der Front meist nur noch negativ ausfallen, bemerkt Hitlers Architekt Albert Speer, der ihm durchaus nahesteht, dass Hitler Karl May liest, um wieder Mut zu schöpfen – die Schriften seien für Hitler »wie die Bibel für alte Leute«.[4]

Das erste Bild von den Vereinigten Staaten macht sich Hitler mit Hilfe der Erzählungen von Old Shatterhand. Selbst wird er nie in Old Shatterhands Fußstapfen treten. Aber er kann die Gedanken nachvollziehen, die sich der deutsche Auswanderer über Amerika macht. So wird Hitler 1927 mehrfach in Massenveranstaltungen sagen, vor dreihundert Jahren sei New York nur ein Fischerdorf gewesen. Dann, so Hitler, »zogen mehr und mehr Menschen nach Westen und nahmen eine neue Welt in Besitz«. Dieser Prozess sei nicht »durch friedliche Diskussion« vorangebracht worden, sondern durch den Einsatz von »Feuerwaffen und nicht zuletzt von Feuerwasser«. Bei Old Shatterhand hat Hitler etwas darüber gelernt, wie Lebensraum mittels Völkermord erobert werden kann. Nicht umsonst reist er 1940 und 1941, als er sich auf den Weg zur Eroberung Osteuropas macht, mit einem Zug namens »Amerika«.[5]

Aber Hitler sieht durchaus nicht nur das Amerika zu Old Shatterhands Zeiten. Hitler erkennt die Modernität Amerikas und die Macht, zu der das Land zu seinen Lebzeiten aufgestiegen ist, was ihn teilweise beängstigt. Im Jahr 1939 sieht er einen aus der Luft aufgenommenen Film über New York City. Wie sich NSDAP-Pressechef Otto Dietrich erinnern wird, empfindet er die »ungeheure Vitalität und die starken fortschrittlichen Impulse« in der Stadt als zugleich beeindruckend und einschüchternd. Er will Hamburg, den deutschen Welthafen, so ausbauen, dass es den gleichen Geist ausstrahlt. Dort soll auf sein Geheiß die größte Hängebrücke der Welt gebaut werden, in direkter Nachbarschaft zu riesigen Wolkenkratzern, die sich unter anderem am Vorbild des Chrysler Buildings in New York orientieren sollen. Den Autofabrikanten Henry Ford bewundert er nicht nur wegen dessen virulentem Antisemitismus, sondern auch für seine Innovationen in der Produktionsorganisation und der Lohnpolitik.

Amerika dient Hitler als Vorbild, als Ansporn und als Warnung. Er will Amerika nicht zum Feind haben. Aber in den Jahren 1940 und 1941 wird ihm immer klarer, dass er sich in einer Zwangslage befindet: Der Kampf zwischen seinem nationalistischen, imperialistischen und auf Autarkie setzenden Gesellschaftsmodell und dem amerikanischen demokratischen Kapitalismus spitzt sich zu.[6]

Nach dem Fall Frankreichs und vor der Schlacht um England dachte Hitler einige Wochen lang, von Mitte Juni bis Mitte Juli 1940, dass der Krieg endgültig vorbei sei. Am 15. Juni, zwei Tage, bevor Frankreich um einen Waffenstillstand bat, befahl er die Reduzierung seiner Armee von 155 auf 120 Divisionen. »Der bevorstehende endgültige Zusammenbruch des Feindes«, erklärte er gegenüber Halder, bedeute, »dass die Aufgabe des Heeres erfüllt ist und wir im Feindesland diesen Umbau als Grundlage für die künftige Friedensorganisation in Ruhe durchführen können«. Hitler glaubte, der Luftwaffe und der Kriegsmarine werde dann »die Aufgabe zufallen, den Krieg gegen England allein weiterzuführen«. Die Soldaten von 35 Divisionen, ein beachtlicher Anteil der Truppe, könnten einfach nach Hause geschickt werden.[7]

Doch sechs Wochen später änderte Hitler den Kurs und befahl, mit den Planungen für einen massiven Einmarsch in die Sowjetunion zu beginnen. Offensichtlich hatte sich Mitte Juli etwas Einschneidendes ereignet.

Am 19. Juli berief Hitler den Reichstag zu einer Sitzung ein, um ein Forum für die Darstellung seiner jüngsten Siege zu haben. Wie schon seine anderen großen Reden beinhaltete auch diese einen Exkurs in die Zeitgeschichte, beginnend mit den Ungerechtigkeiten des Versailler Vertrags und dem Versuch der Alliierten, nach dem Ersten Weltkrieg eine demokratische, liberale Weltordnung zu errichten. (Hitler setzte diese Ordnung gleich mit den »jüdisch-kapitalistischen Fesseln einer plutodemokratischen dünnen Ausbeuterschicht«.) Er beklagte, dass Deutschland im Ersten Weltkrieg »sehr schlecht geführt war« – anders als jetzt. Er kündigte eine lange Liste von Beförderungen für hochrangige Offiziere an und schloss mit einem, wie er es nannte, »Appell an die Vernunft« Großbritanniens, aufzugeben und den Krieg zu beenden.[8]

Am selben Tag nahm Franklin D. Roosevelt die Nominierung seiner Partei für eine dritte Amtszeit als Präsident an und wandte sich dafür – in einem letztlich so gar nicht seiner sonstigen sphinxhaften Haltung entsprechenden Schritt – mittels einer Radioansprache an den Nationalkonvent der Demokraten in Chicago.

»Die Realität, die unsere Welt beherrscht, ist die Realität bewaffneter Aggression«, sagte er in einer ungewöhnlich direkt formulierten Zusammenfassung der internationalen Situation. Der Krieg, der sich in Europa entwickelt habe und dem Frankreich bereits zum Opfer gefallen sei, so dass Großbritannien den Nationalsozialisten allein gegenüberstehe, sei »kein gewöhnlicher Krieg«. Es handele sich um »eine mit Waffengewalt erzwungene Revolution«, die »die Menschen nicht befreien, sondern in die Sklaverei treiben will«. Die Verteidigung gegen die Bedrohung durch den Nationalsozialismus sei eine zweigeteilte Aufgabe. Der eine Teil dieser Aufgabe müsse, »wenn es notwendig wird, durch die bewaffneten Verteidigungskräfte der Nation erfüllt werden«. Der andere Teil dieser Aufgabe sei von ihm schon in früheren Reden angesprochen worden und bilde seit 1933 die Grundlage des New Deal. Er bestehe darin, »unsere Regierungen auf nationaler, bundesstaatlicher und lokaler Ebene auf die wachsenden Anforderungen der modernen Demokratie einzustellen«. Das bedeute auch, eine Angleichung bei der Verteilung des Reichtums anzustreben sowie »große Industrien zu liberalisieren und die Kontrolle über sie zu erweitern«. Er geißelte seine isolationistisch eingestellten Gegner als verkappte Appeasement-Befürworter: »Wenn unsere Regierung im nächsten Januar in andere Hände übergehen sollte, [...] können wir nur hoffen und beten, dass sie [die möglichen Nachfolger] nicht Appeasement und Kompromissbereitschaft gegenüber denen reaktivieren, die alle Demokratien überall zerstören wollen, auch hier« bei uns. In einem Tonfall, der dem Churchills in der »Finest Hour«-Rede ähnelte, machte Roosevelt deutlich, was bei diesem Krieg auf dem Spiel stehe: »Der Fortbestand der Zivilisation, wie wir sie kennen, [steht] gegen die endgültige Zerstörung all dessen, was uns lieb und teuer ist – Religion gegen Gottlosigkeit; das Ideal der Gerechtigkeit gegen die Praxis der Gewalt; moralischer Anstand gegen das Erschießungskommando; Mut, seine Stimme zu erheben und zu handeln, gegen das falsche Wiegenlied der Beschwichtigung«.[9]

Roosevelts Rede wurde in Deutschland sehr ernst genommen. Das NS-Regime interpretierte sie praktisch als Kriegserklärung. Tatsächlich schienen sich die Deutschen viel sicherer zu sein, dass es sich bei Roosevelt um einen erklärten Feind NS-Deutschlands handelte, als er selbst es möglicherweise war. Der ehemalige deutsche Botschafter in den Vereinigten Staaten, Hans-Heinrich Dieckhoff, beschrieb Roosevelts Rede als Ausdruck »fanatischen Hasses«. »Der Präsident [sieht] die totalitären Staaten als ›den Feind‹« und »brandmarkt nicht nur ihre innenpolitischen Zustände, sondern vor allem die Gefährlichkeit der Ausbreitung ihrer Weltanschauung nach außen [...]. Er nennt zwar keine mit Namen, aber es ist klar, dass er auf Deutschland, Italien, Japan und auch Sowjetrussland abzielt. [...] Nie ist die Mitschuld Roosevelts am Ausbruch und an der Verlängerung dieses Krieges so klar zutage getreten wie in [dieser] Rede. [...] Die Rede bestätigt, wie richtig Roosevelt stets von uns beurteilt worden ist.«[10] Dieckhoff war der Meinung, dass Roosevelts Ablehnung des Nationalsozialismus in einem Klima wurzele, dass er als »englisch ideologisch« und »New-York-jüdisch« beschrieb.[11]

Der italienische Außenminister, Graf Ciano, war gerade an diesem Tag in Berlin eingetroffen. Noch vor Hitlers »Appell an die Vernunft«-Rede hatte Ciano bei einem Treffen mit Ribbentrop den Eindruck gewonnen, dass die Deutschen »hoffen und beten, dass [Hitlers] Appell [an die Briten] nicht abgelehnt wird«. Ciano wurde dann Zeuge der »unverhohlenen Enttäuschung«, als am späten Abend desselben Tages im Radio die »ersten kühlen englischen Reaktionen« auf Hitlers Rede zu hören waren.[12]

Doch das sollte noch nicht alles sein. Churchill beauftragte geschickterweise Lord Halifax, der noch immer das Amt des Außenministers innehatte, mit der Aufgabe, eine Reaktion auf Hitlers Äußerungen zu verlautbaren. In einer Rede am 22. Juli bezog sich Halifax ausdrücklich auf Roosevelts drei Tage zurückliegende Ansprache: Das von den Briten favorisierte Bild eines freien Europas sei »vom Präsidenten der Vereinigten Staaten einmal mehr in kühnen Umrissen gezeichnet worden«. Der fromme Halifax widmete einen Großteil seiner Rede der Darstellung der Gegensätzlichkeit von Christentum und Totalitarismus. Hitler sei nichts weniger als der Antichrist, so dass es »unsere Christenpflicht ist, ihn mit aller Kraft zu bekämpfen«. An diesem Punkt bezog er erneut die Amerikaner mit ein, indem er sie als »jenes große Volk« ansprach, das »für unseren Sieg über diesen bösen Menschen betet«, da »die Grundfesten ihres Landes, wie des unseren, die christliche Lehre und der Glaube an Gott sind«.[13]

Hitler sah sich nun sowohl mit unerwartet zähem Widerstand von britischer Seite als auch mit wachsender Animosität von amerikanischer Seite konfrontiert. Diese beiden Faktoren erklären, was er als Nächstes tat und warum.

Am 21. Juli 1940 traf sich Hitler mit seinen obersten Befehlshabern und befahl ihnen: »Russisches Problem in Angriff nehmen«. Auch an die Vereinigten Staaten dachte er – als einen möglichen Feind. »Amerika kann an England und Russland liefern«, räsonierte er gegenüber seinen Befehlshabern.[14] Diese Annahme verblüfft zunächst, da sowohl die Vereinigten Staaten als auch die Sowjetunion offiziell als neutral galten und Letztere praktisch sogar mit Deutschland verbündet war. Hitlers Luftangriffe auf Großbritannien, eine notwendige Warmlaufphase vor der Invasion der Insel, würden erst in ein paar Wochen richtig beginnen. Aber Hitlers Gedanken richteten sich bereits auf die Sowjetunion und die Vereinigten Staaten. Das lag im Wesen des Nationalsozialismus begründet und im Charakter des nationalsozialistischen Angriffs auf die Weltordnung, die sich Mitte des 20. Jahrhunderts etabliert hatte.

Am 13. Juli unterrichtete Franz Halder Hitler über den Stand der aktuellen Invasionspläne für Großbritannien. In dem Gespräch erklärte Hitler, dass ihn vor allem die Frage beschäftige, warum Großbritannien sich weigere, Frieden zu schließen. Er glaube, dass die Briten die Hoffnung hegten, die Sowjetunion könnte die Seiten wechseln und Frankreichs Platz als mit Großbritannien verbündete Macht auf dem Kontinent einnehmen. Hitler befürchtete zudem, dass eine direkte militärische Niederlage Großbritanniens den Deutschen nichts nützen würde, weil niemals das gesamte britische Empire in deutsche Hände geraten könnte. Außerdem würde eine vernichtende britische Niederlage nur die Vereinigten Staaten und Japan stärken.[15] Eine Woche später sagte Hitler zu Walther von Brauchitsch, dass Großbritannien auf einen »Umschwung in Amerika« hoffe. Also befahl Hitler dem Oberbefehlshaber seiner Armee, über einen Angriff auf die Sowjetunion nachzudenken. Dies sollte Großbritanniens letzte Hoffnung ausschalten und Deutschland stark genug machen, um jedem Angriff aus Amerika zu widerstehen.[16]

Am 31. Juli, als sich Hitler erneut auf dem Berghof mit seinen obersten militärischen Befehlshabern traf, äußerte er sich noch einmal in ähnlicher Weise zu Großbritannien, den Vereinigten Staaten und der Sowjetunion. Seine Schlussfolgerung ließ an Deutlichkeit nichts zu wünschen übrig: »Russland [muss] erledigt werden. Frühjahr 1941.«[17]

Schon im Januar 1939 müssen für Hitler verschiedene Dinge zusammengekommen sein: die Wut, die er über die beißende Kritik von Ickes und Roosevelt empfand, seine Frustration über das Münchner Abkommen, seine anhaltende Fixierung auf Churchill und sein ins grenzenlose gesteigerter Antisemitismus, der ihm eine Verbindung zwischen der angloamerikanischen Demokratie und dem sowjetischen Kommunismus suggerierte. Das Ergebnis war seine »Prophezeiung« gewesen, dass Deutschland einen Weltkrieg gegen das Finanzkapital und den Kommunismus führen werde, der die Vernichtung der Juden mit sich bringen würde. Eineinhalb Jahre später wiederholte sich der Vorgang. Angesichts der Feindseligkeit von britischer und amerikanischer Seite kam Hitler zu dem Schluss, der Weg zum Sieg über die Demokratien führe über die Zerschlagung der Sowjetunion.

Die Invasion, die als »Unternehmen Barbarossa« bekannt

werden sollte, begann am 22. Juni 1941. Es war die größte militärische Operation in der Geschichte der Menschheit: Die Invasionsstreitmacht zählte mehr als drei Millionen Soldaten. Zugleich handelte es sich auch um die umfassendste kriminelle Aktion in der Geschichte der Menschheit, und im Laufe der Planung potenzierte sich ihr barbarischer Charakter noch. Die deutsche Planung sah vor, die baltischen Staaten, Weißrussland, die Ukraine und den europäischen Teil Russlands zu besetzen, die meisten Einwohner, bis auf diejenigen, die für Sklavenarbeit ›gebraucht‹ wurden, zu vertreiben, und die übrigen Menschen verhungern zu lassen. De facto sahen die Pläne ausdrücklich vor, die Menschen zu zig Millionen in den Hungertod zu treiben. Berüchtigte Befehle – etwa der »Kriegsgerichtsbarkeitserlass für das Barbarossa-Gebiet« und der »Kommissarbefehl« – machten klar, dass deutsche Soldaten und Polizeikräfte jede mögliche Norm zivilisierten Verhaltens in ihrer Behandlung sowohl von sowjetischen Soldaten als auch von Zivilisten in völkermörderischer Absicht verletzen würden. Zudem würden Millionen von sowjetischen Kriegsgefangenen in deutscher Gefangenschaft sterben, die meisten an Hunger. Was wir heute als Holocaust kennen, entwickelte sich im Gleichschritt mit diesen Formen der Barbarei.[18]

Nur wenige Wochen, nachdem deutsche Panzer in die Sowjetunion vorgedrungen waren, trafen sich Roosevelt und Churchill zum ersten Mal persönlich (zumindest zum ersten Mal seit 1918, wo es schon einmal ein Treffen gegeben hatte, das Roosevelt verärgert hatte und an das sich Churchill gar nicht erinnern konnte), in der Placentia Bay vor der Küste Neufundlands. Ihre Zusammenkunft hatte die sogenannte Atlantik-Charta zum Hauptergebnis, in der gemeinsame Grundsätze für eine liberale, demokratische und friedliche Welt festgehalten sind, die auf das folgen sollte, was die Charta ohne Umschweife die »endgültige Zerstörung der NS-Tyrannei« nannte.[19]

Wie so vieles in der Geschichte der Reaktion der Demokratien auf die NS-Bedrohung war auch die Atlantik-Charta eher ein

Ergebnis von Improvisation und damit wenig geplant oder klar durchdacht. Roosevelt und Unterstaatssekretär Sumner Welles hielten es für wichtig, das Treffen mit einer Grundsatzerklärung zu krönen. Offenbar waren sie besorgt, dass die Briten die sowjetischen Landgewinne aus dem Molotow-Ribbentrop-Pakt formell anerkennen könnten, um ihren einzigen potenten Verbündeten zu halten.[20] Aber die Amerikaner waren klug genug, um zu erkennen, dass die Art von Erklärung, die sie sich vorstellten, eine Herausforderung für das britische Empire darstellen würde, und so schien es ihnen taktisch sinnvoll, die Briten einen ersten Entwurf schreiben zu lassen. Sumner Welles' britischer Amtskollege Alexander Cadogan übernahm diese Aufgabe.[21] Später im Krieg distanzierten sich Churchill und Roosevelt von der Charta und wiesen seltsamerweise darauf hin, dass sie die Charta nie wirklich unterzeichnet hatten. Und doch wurde die von ihnen zusammengeschusterte Charta zu einem der Gründungsdokumente der demokratischen Weltordnung der Nachkriegszeit.[22]

In der Atlantik-Charta, die Roosevelts »vier Freiheiten« in Bündnispolitik umsetzte, sprachen die beiden führenden demokratischen Politiker vom »Recht aller Völker, die Regierungsform zu wählen, unter der sie leben wollen«, von der »Freiheit von Furcht und Not« und einem internationalen »System allgemeiner Sicherheit«. Und sie gelobten, auf »wirtschaftlichen Fortschritt« und »soziale Sicherheit« hinarbeiten zu wollen.[23] Anfang 1942 unterzeichneten dann Großbritannien, die Vereinigten Staaten, die Sowjetunion und 25 weitere Staaten eine Erklärung, in der sie sich als »Vereinte Nationen« bezeichneten – Roosevelt prägte diesen Begriff bei einem Besuch Churchills Ende 1941 im Weißen Haus – und die Atlantik-Charta explizit als ihre gemeinsame politische Grundsatzerklärung annahmen. Der Sieg der Vereinten Nationen über die Achsenmächte würde einer freiheitlich-demokratischen Weltordnung ihre zweite Chance geben, nachdem der erste Versuch in der Krise der 1930er Jahre so kläglich gescheitert war. Die Atlantik-Charta wurde somit zum

Gründungsdokument der Weltorganisation, die im 21. Jahrhundert noch immer den Namen »Vereinte Nationen« trägt.[24]

Man sollte sich nicht von hehren Emotionen blenden lassen und dabei die hässlicheren Seiten der Realität aus dem Blick verlieren. All die positiven Grundsätze, die Roosevelt und Churchill in Placentia Bay verkündeten, tragen den Makel der Heuchelei. Churchill stand einem Imperium vor, das vielen seiner afrikanischen und asiatischen Untertanen die Freiheit verweigerte und sie teilweise brutal behandelte. Die Charta akzeptierte er nur, weil die Schwäche Großbritanniens ihn zwang, die amerikanische Führungsrolle in dieser Frage zu akzeptieren. Roosevelt seinerseits zwang den Briten die Charta auf, weil er befürchtete, dass es sonst zu einer Wiederholung der Geheimverträge und zwielichtigen Absprachen des Ersten Weltkriegs kommen könnte, wenn man Briten und Sowjets die Formulierung der Kriegsziele allein überließ. Und auch Roosevelts eigene Bilanz war alles andere als makellos. Der Erfolg der New-Deal-Gesetzgebung war immer von den Stimmen der Befürworter der Rassentrennung in den amerikanischen Südstaaten abhängig gewesen, und nun, während des Kriegs, war er nur zu kleinsten, zögerlichen Schritten in Richtung einer Gleichbehandlung der Afroamerikaner bereit. Auch sein Interesse, den Flüchtlingen aus Europa, nicht zuletzt den Juden, zu helfen, nahm im Laufe des Kriegs immer mehr ab.[25]

Aber die Proklamation eines hehren Ziels hat oftmals unbeabsichtigte Auswirkungen. Ist das Prinzip einmal in der Welt, lässt es sich nicht mehr zurücknehmen. Dass Thomas Jefferson Sklaven besaß, hat nicht verhindert, dass seine Worte über die »unveräußerlichen Rechte« auf »Leben, Freiheit und das Streben nach Glück« jede amerikanische Bewegung für mehr Freiheit und Menschenrechte inspiriert haben. So war es auch bei der Atlantik-Charta.[26] Mehr als ein halbes Jahrhundert nach ihrer Ausarbeitung schrieb Nelson Mandela, dass die Charta »dem Glauben an die Würde eines jeden Menschen Nachdruck verlieh und einer Vielzahl demokratischer Prinzipien zur Ausbreitung verhalf«. Die Charta und der Kampf der Alliierten »gegen Tyrannei und Unterdrückung« seien eine Inspiration für den Afrikanischen Nationalkongress und für alle nach Freiheit strebenden Afrikaner gewesen.[27] Den britischen Imperialisten war dies ebenso klar, entsprechende Sorgen machten sie sich um Indien. »Zweifellos werden wir am Ende teuer für dieses ganze weichgespülte Geschwafel bezahlen«, war Leo Amerys düstere Reation auf die Atlantik-Charta.[28] Amery war zu diesem Zeitpunkt im Kabinett Churchill Staatssekretär für Indien, und mit dem »weichgespülten Geschwafel« meinte er all das Gerede von »Völkern, die ihre eigene Regierungsform wählen«.

Es kann auch kein Zweifel daran bestehen, dass den Diktatoren bewusst war, was die Verkündung der Prinzipien der Atlantik-Charta für sie bedeutete. Als der britische Außenminister Anthony Eden Anfang Dezember 1941 mit Stalin zusammentraf, bedeutete er dem sowjetischen Führer, dass die Anerkennung der aus dem Molotow-Ribbentrop-Pakt resultierenden sowjetischen Territorialgewinne gegen die Prinzipien der Charta verstoßen würde. Stalin antwortete verärgert: »Ich dachte, die Atlantik-Charta sei gegen diejenigen gerichtet, die versuchen, die Weltherrschaft zu errichten. Jetzt sieht es so aus, als sei die Charta gegen die UdSSR gerichtet.«[29]

Aber die verhängnisvollste Reaktion kam von Hitler.

Hitlers Luftwaffenadjutant Nicolaus von Below erinnerte sich, dass Hitler »einen heftigen Wutanfall bekam«, als er von der Charta hörte, und »sich besonders über Punkt sechs aufregte, der ›die endgültige Vernichtung der NS-Tyrannei‹ versprach«.[30] Aber unbenommen von seiner Wut erkannte Hitler auch, dass die Demokratien sich eine gefährliche Propaganda ausgedacht hatten. Am 18. August, vier Tage nach der Veröffentlichung der Charta, flog Goebbels zu Hitlers ostpreußischem Hauptquartier und fand den Führer, der offensichtlich unter der nervlichen Belastung litt, krank vor. Hitler sagte zu Goebbels, dass es nur dank der anschwellenden Flut von Antisemitismus in Europa möglich gewesen sei, die »gefährliche[n] Zündstoffe«, die die Atlantik-

Charta beinhalte, so leicht zu entschärfen.[31] Dieser Brückenschlag zwischen dem Antisemitismus und der Charta ist ein wichtiger Anhaltspunkt bei dem Versuch, Hitlers Denkweise zu entschlüsseln.

Mitte August 1941 lief der Einmarsch in die Sowjetunion noch gut, wenn auch schon nicht mehr ganz so gut, wie Hitler und seine Befehlshaber erwartet hatten. Dennoch blickte Hitler optimistisch in eine Zukunft, in der die Sowjetunion geschlagen wäre und die Briten zur Vernunft kämen, woraufhin sie Churchill abservieren würden, um sich schließlich in einem Ausbruch von leidenschaftlichem Antiamerikanismus ihm, Hitler, für einen Krieg gegen die Vereinigten Staaten anzuschließen. Dann, am 14. August, verlas der stellvertretende britische Premierminister Clement Attlee im Radio die Atlantik-Charta. Mit einem Schlag war Hitlers strategisches Konstrukt zusammengebrochen. Der Zweck des Einmarsches in die Sowjetunion war es gewesen, den letzten Verbündeten, den Großbritannien hatte, auszuschalten. Jetzt schien Großbritannien fest mit den Vereinigten Staaten verbündet zu sein. Das bedeutete auch, dass sich die Briten ihm niemals anschließen würden, wenn es zu einem Kampf mit der Neuen Welt um die globale Vorherrschaft käme.[32]

Bereits 1939 hatte Hitler in seiner »Prophezeiung« angekündigt, dass der kommende Weltkrieg, der sich sowohl gegen die Demokratien als auch gegen die Sowjets richten werde, »die Vernichtung der jüdischen Rasse in Europa« bringen würde. Und so war es kein Zufall, dass sich das NS-Regime genau in der Zeit, in der die beiden großen westlichen Demokratien die Atlantik-Charta propagierten, in Richtung des Völkermords zu bewegen begann. Am 18. August, in ihrem Gespräch über die Atlantik-Charta, beschlossen Hitler und Goebbels, dass die deutschen Juden von nun an einen auffälligen gelben Stern an ihrer Kleidung angebracht zu tragen hatten. Es folgte eine unablässige Eskalation der Verschärfung von Verfolgungsmaßnahmen. Am alarmierendsten war ein Erlass, der Ende Oktober von Heinrich

Himmler kam und die meisten Juden daran hinderte, aus einem von Deutschland kontrollierten Gebiet auszuwandern. Man kann sich kaum einen Grund für diesen Erlass vorstellen, der nicht mit dem Plan zur Ermordung der Juden, die nun in Hitlers Europa gefangen waren, in Zusammenhang stünde.[33]

Mit der Bekanntgabe der Atlantik-Charta war der Moment gekommen, in dem die Demokratien die Ziele, die sie verfolgten, am deutlichsten darlegten. Und mit dem Unternehmen Barbarossa und dem Holocaust war der Punkt erreicht, an dem das NS-Regime sich vollständig als das entpuppte, was es war. Nationalismus in seiner gewalttätigsten, exzessivsten Form, Antisemitismus und andere Formen des Rassismus, der Wunsch, ein autarkes Deutschland als Schutzschild gegen die freiheitlich-demokratische Welt und gegen den sowjetischen Kommunismus zu errichten – diese Dinge waren immer Kern des NS-Programms gewesen. Hitler hatte seine Ziele viele Male erläutert, nicht zuletzt auf der Hoßbach-Konferenz und in der Rede, die seine »Prophezeiung« enthielt. Doch auch diese Ziele entwickelten sich weiter, und zwar im Laufe der jahrelangen Konfrontation mit den Demokratien. Dort wiederum erwuchs aus der Auseinandersetzung mit dem Nationalsozialismus eine ganz andere Vision. Im Jahr 1941 waren beide Visionen voll ausgebildet und fanden im Unternehmen Barbarossa und dem Holocaust respektive in der Atlantik-Charta ihren Ausdruck.

Die Demokratien (mitsamt ihrem ungleichen Partner Stalin) waren damals noch weit von einem Sieg entfernt. Millionen würden noch leiden und sterben müssen, bis, wie Churchill es ausdrückte, »jede Spur von Hitlers Fußstapfen, jeder Schandfleck seiner infektiösen, zersetzenden Finger [...] weggewischt und reingewaschen und, wenn nötig, vom Angesicht der Erde weggebombt« sein würde.[34] Doch im Vergleich zu den dunklen Jahren von 1937 und 1938 machte sich eine entscheidende Veränderung bemerkbar. Churchill und Roosevelt wussten, wofür sie kämpften. Sie konnten eine Vision einer zukünftigen Welt entwerfen, der Welt nach dem Sieg, und die Bevölkerung in ihren Heimatländern fand diese Vision überzeugend. Auch wenn es noch dauern würde, am Ende würde der Sieg stehen. Wenn also 1941 schon nicht das Ende absehbar war, so war, um noch einmal Churchill zu zitieren, zumindest »das Ende vom Anfang« erreicht.[35]

# Danksagung

Dieses Buch war ein Abenteuer, das mich in Bereiche geführt hat, die sich in mancher Hinsicht sehr von denen unterscheiden, mit denen sich meine früheren Bücher beschäftigt haben. Es ist mir eine Freude, den Menschen zu danken, die dieses Abenteuer sowohl einfacher als auch angenehmer gemacht haben, als es andernfalls möglicherweise ausgefallen wäre.

Zunächst bin ich dankbar für die Hilfe von Christiane Botzet und Ralf Schneider im Bundesarchiv, Abteilung Militärarchiv, in Freiburg, die es mir unter anderem ermöglichten, eine große Menge an nichtkatalogisiertem Material aus dem Nachlass von Friedrich Hoßbach zu sichten. Dieses Buch hat sehr von dieser Möglichkeit profitiert. Ich muss auch den Besitzern der Papiere von Werner von Blomberg danken, die mir freundlicherweise die Erlaubnis gaben, die unveröffentlichten Memoiren in den Bänden 1–6 von Blombergs Nachlass zu lesen. In der Außenstelle Koblenz des Bundesarchivs half mir Alexandra Kosubek bei der Durchsicht des umfangreichen Nachlasses von Fritz Tobias.

Für Ratschläge zu Literatur und Quellen muss ich Professor John Robert Ferris danken, der mich insbesondere ausführlich über die Dokumente des Foreign Office informierte, in denen die Bedenken des MI5 gegenüber Neville Chamberlain festgehalten sind. Ich danke auch K. C. Johnson, Susan Pedersen und Danny Orbach. Idan Liav leistete sehr kompetente Forschungshilfe. Besonderen Dank schulde ich meinem ehemaligen Doktoranden, Dr. Ky Woltering, der mir bei der Recherche des amerikanischen Materials half und dem ich das Konzept der Dichotomie zwischen Christentum und Totalitarismus verdanke.

Obwohl dieses Buch auf einem guten Teil archivierter und veröffentlichter Primärquellen beruht, muss ein Projekt dieser Art notwendigerweise auch auf eine breite Palette veröffentlichter wissenschaftlicher Beiträge zurückgreifen. Viele brillante Historiker haben sich den hier diskutierten Themen gewidmet. Es war ein Vergnügen, ihre Arbeiten zu lesen und von ihnen zu lernen – ihr Einfluss ist den Anmerkungen leicht zu entnehmen.

Wie immer schulde ich meinem Agenten, Scott Mendel, großen Dank für seine unermüdliche Ermutigung, seinen Enthusiasmus und seine Unterstützung. Die Professionalität und die positive Atmosphäre, in der die Zusammenarbeit mit allen Mitarbeitern von Henry Holt stattfindet, machen die Kooperation mit diesem Verlag für einen Autor sehr angenehm. Mein Lektor, Paul Golob, hat mich immer wieder mit seinem Fachwissen und seinem Geschick verblüfft, mit dem er ein verworrenes Manuskript in etwas viel Besseres verwandeln kann. Die Produktionsredakteurin Hannah Campbell war ein Vorbild an Effizienz, während Jenna Dolans akribisches Lektorat und die Überprüfung der Fakten dieses Buch in jeder Hinsicht zu einem viel genaueren Buch gemacht haben. Natalia Ruiz hat bei einer Unzahl von großen und kleinen Angelegenheiten geholfen. Schließlich bin ich dankbar, dass ich für die Öffentlichkeitsarbeit mit Marian Brown zusammenarbeiten konnte. Vielen Dank an alle.

Für diese deutsche Ausgabe freue ich mich sehr, wieder die Gelegenheit gehabt zu haben, mit der Übersetzerin Karin Hielscher zusammenzuarbeiten, die hier wie schon mehrfach meine sehr amerikanische Schreibweise hervorragend ins Deutsche vermittelt hat. Der Reclam Verlag hat bei der Redaktion ebenso gute Arbeit geleistet. Es ist ein echtes Privileg, mit solch qualifizierten Fachleuten zusammenarbeiten zu können.

Mehrere meiner Freunde und Kollegen lasen verschiedene Entwürfe des Manuskripts, gaben wichtige kritische Hinweise und bewahrten mich vor manchen Fehlern: Sam Casper, K. C. Johnson, Christoph Kimmich, Philip Klinkner, Eric Lane, Elidor Mëhili und Steve Remy. Diese Freunde (Frau Hielscher und den Reclam Verlag eingeschlossen) konnten mir nicht alle meine eigenwilligen Interpretationen ausreden, und für diese, wie auch für alle übrigen Fehler, bin ich allein verantwortlich.

Vor einigen Jahren tauschten Steve Remy und ich bei einem Bier in Berlin reumütig Geschichten über die Dinge aus, die Ehe-

oder Lebenspartner von Historikern wie uns ertragen müssen: das Versunkensein in unsere Themen, ausgedehnte Archiv- und Forschungsreisen, das Abhandenkommen einer normalen Alltagsroutine, wenn der nächste Abgabetermin näher rückt. »Und nach all dem«, sagte Steve, »werden ihnen Bücher gewidmet, in denen es auch noch um Nazis geht.« Die Idee zu diesem Buch verdanke ich genaugenommen einer Bemerkung meiner Frau Corinna, die sie nach der Lektüre meines letzten Buches *The Death of Democracy* machte: Sie sagte, sie wolle nun lesen, wie es weiterging. Während der Arbeit an dem vorliegenden Buch und einiger damit einhergehender persönlicher Höhen und Tiefen war mir Corinna eine ständige Quelle der Liebe und Unterstützung. Hier ist *dein* Buch über Nazis, Corinna! Unbenommen dieses Themas birgt die Widmung an Dich meine ganze Liebe.

# Die handelnden Personen

## Die Deutschen

**Ludwig Beck** (1880–1944): faktisch ab 1933, mit dem entsprechenden Titel 1935–38 Generalstabschef des Heeres; Beck wandte sich mit der Zeit enttäuscht von Hitler ab, ab 1938 gehörte er zum Widerstand gegen das Regime.

**Franz Bernheim** (1899–1990): Kaufhausangestellter in Gleiwitz in Oberschlesien, der 1933 entlassen worden war. Er legte gegen die sich in Oberschlesien abspielenden Diskriminierungen durch die Nationalsozialisten beim Völkerbund in Genf Protest ein – und hatte damit Erfolg, da die Region nach einer Volksbefragung und ihrer Teilung aufgrund des Deutsch-Polnischen Abkommens zu Oberschlesien von 1922 über einen Sonderstatus inklusive verbriefter Minderheitenrechte verfügte.

**Johannes Blaskowitz** (1883–1948): General, der von 1939 bis Mitte 1940 Oberbefehlshaber Ost und damit Chef des deutschen Besatzungsheeres in Polen war; er protestierte in dieser Zeit wiederholt gegen die Gräueltaten, die die SS an Juden und anderen Minderheiten beging.

**Werner von Blomberg** (1878–1946): 1933–38 Hitlers Reichswehr- bzw. (ab 1935) Reichskriegsminister. Ungeachtet seiner Loyalität gegenüber Hitler wurde er 1938 aufgrund eines aufsehenerregenden Sexskandals seines Amtes enthoben.

**Walther von Brauchitsch** (1881–1948): 1938–41 Oberbefehlshaber des Heeres. Brauchitsch war zu willensschwach, um sich den Plänen Hitlers zu widersetzen, selbst als er wusste, dass sie ein katastrophales Ende nehmen würden.

**Wilhelm Canaris** (1887–1945): Admiral und Chef des wichtigsten deutschen Nachrichtendienstes, der Abwehr. Undurchschaubar und verschwiegen, wie er war, konnte er den militärischen Geheimdienst der Wehrmacht zu einem Refugium des Widerstands machen.

**Hans-Heinrich Dieckhoff** (1884–1952): 1937–38 deutscher Botschafter in den Vereinigten Staaten.

**Hans von Dohnanyi** (1902–1945): Schon in jungen Jahren ein brillanter Jurist und Referent des NS-Reichsjustizministers Gürtner sowie des Reichsgerichtspräsidenten Bumke, entwickelte sich zu einem der Kernmitglieder des Widerstands gegen den Nationalsozialismus.

**Gerhard Engel** (1906–1976): 1938–43 Adjutant beim Oberbefehlshaber des Heeres und Verbindungsoffizier zu Hitler.

**Werner von Fritsch** (1880–1939): Von 1934 an zunächst Chef der Heeresleitung, dann Oberbefehlshaber des Heeres. Obwohl er der Ideologie des Nationalsozialismus gegenüber positiv eingestellt war, empfand Fritsch Hitlers rücksichtsloses Draufgängertum zunehmend als beunruhigend. Wie Blomberg verlor Fritsch seine Position aufgrund eines Sexskandals.

**Max und Margot Fürst** (1905–1978 und 1912–2003): Linke Aktivisten und Bohemiens im Berlin vor der Machtergreifung durch die Nationalsozialisten. Der Tischler und die Rechtsanwaltsgehilfin sahen sich 1935 aufgrund ihrer jüdischen Herkunft und ihre Verbindungen zur radikalen Linken gezwungen zu emigrieren.

**Hans Bernd Gisevius** (1904–1974): Staatsbediensteter, Geheimdienstmitarbeiter und einer der Hauptakteure im Widerstand gegen den Nationalsozialismus. Als einer der wenigen Überlebenden aus dem Kreis der Widerständler vom 20. Juli 1944 wurde er nach dem Zweiten Weltkrieg zu einem der wichtigsten Chronisten des Widerstands innerhalb der Wehrmachtsführung und der Verwaltungsspitze.

**Joseph Goebbels** (1896–1945): Gescheiterter Schriftsteller mit einem Doktortitel in Literaturwissenschaft; zunächst Chefpropagandist der NSDAP, der nach 1933 als »Reichsminister für Volksaufklärung und Propaganda« einen kometenhaften Aufstieg erlebte. Einer der wenigen innerhalb der nationalsozialistischen Führungsclique, die Hitler respektierte und als interessante Gesprächspartner schätzte.

**Carl Goerdeler** (1884–1945): Oberbürgermeister von Leipzig und, auch während der NS-Zeit, Reichskommissar für Preisüberwachung, der zum Anführer des zivilen Widerstands gegen den Nationalsozialismus wurde.

**Hermann Göring** (1893–1946): Im Ersten Weltkrieg als schneidiger Kampfflieger bekannt geworden, stieg er zu einem der führenden Nationalsozialisten auf und bekleidete unter Hitler viele hohe Ämter, u. a. war er Oberbefehlshaber der Luftwaffe und Leiter der Vierjahresplanbehörde.

**Helmuth Groscurth** (1898–1943): Tiefreligiöser, hochgradig prinzipientreuer Geheimdienstoffizier; aus moralischer Abneigung gegen die Verbrechen der Nationalsozialisten schloss er sich dem aktiven Widerstand an.

**Eva Gruhn** (1913–1978): Heiratete Anfang 1938 Kriegsminister Blomberg. Als bekannt wurde, dass sie zuvor in Berlin als Prostituierte gearbeitet und für pornographische Aufnahmen Modell gestanden hatte, löste dies einen großen Skandal aus.

**Heinz Guderian** (1888–1954): Hochrangiger deutscher Heeresbefehlshaber und einer der wichtigsten Fürsprecher eines taktischen Einsatzes sich schnell bewegender Panzerformationen.

**Franz Halder** (1884–1972): Einer der strategischen Köpfe der Wehrmacht, von 1938 bis 1942 Chef des Generalstabs des Heeres. Obwohl er Hitler verachtete und Widerstandskreisen nahestand, schwankte seine Bereitschaft, sich an einem Putsch zu beteiligen.

**Ulrich von Hassell** (1881–1944): Hochrangiger Diplomat und Botschafter; einer von vielen, die bei der Säuberungsaktion infolge der Blomberg-Fritsch-Krise Anfang 1938 entlassen wurden. Nach seiner Entlassung wandte er sich dem Widerstand zu.

**Wolf-Heinrich Graf von Helldorff** (1896–1944): Ausschweifend lebender Aristokrat und Kriegsveteran; wurde zunächst Kommandeur der Sturmtruppen in Berlin, später Berliner Polizeipräsident. Nichtsdestoweniger schloss er sich 1938 dem Widerstand an.

**Heinrich Himmler** (1900–1945): Ab 1929 Chef der SS, der rapide wachsenden paramilitärischen Organisation der NSDAP, die als Teil des NS-Regimes auch Kontrolle über die Polizei erlangte. Ende der 1930er Jahre war er einer der mächtigsten und gefährlichsten Männer in Deutschland.

**Adolf Hitler** (1889–1945): Weltkriegsveteran zweifelhafter Herkunft, der zunächst Vorsitzender der Nationalsozialistischen Deutschen Arbeiterpartei wurde, 1933 dann deutscher Reichskanzler und ab 1934 »Führer und Reichskanzler«.

**Friedrich Hoßbach** (1894–1980): 1934–38 Hitlers Wehrmachtsadjutant (Verbindungsoffizier zu allen Teilen der Streitkräfte). Hartnäckig, furchtlos und von unerschütterlicher Integrität, einer der wichtigsten Zeugen der Entwicklungen im direkten Umfeld Hitlers vor 1938.

**Wilhelm Keitel** (1882–1946): Heeresoffizier, der bei der Umorganisation Anfang 1938 die Position des Oberbefehlshabers des OKW (Oberkommando der Wehrmacht) erhielt. Keitel, ein mittelmäßiger Durchschnittstyp, tat sich Hitler gegenüber als Jasager hervor und wurde wegen seiner übertriebenen Unterwürfigkeit von anderen hohen Offizieren verspottet.

**Erich Kordt** (1903–1969): Deutscher Gesandter im Auswärtigen Dienst, der in den späten 1930er Jahren das Büro des Reichsaußenministers leitete und sich zusammen mit seinem Bruder Theo im Widerstand engagierte.

**Theo Kordt** (1892–1962): Diplomat, der sich, als er Ende der 1930er Jahre in der deutschen Botschaft in London stationiert war, dem aktiven Widerstand zuwandte.

**Wilhelm Ritter von Leeb** (1876–1956): Hochrangiger und hochangesehener Oberbefehlshaber des Heeres; Ende 1939 versuchte er, einen Putsch gegen Hitler zu organisieren.

**Erich Ludendorff** (1865–1937): Stieg im Verlauf des Ersten Weltkriegs bis zum stellvertretenden Befehlshaber des deutschen Heeres auf und organisierte die Mobilisierung der deutschen Bevölkerung für diesen Krieg. In den 1920er und 1930er Jahren wurde er einer der führenden Theoretiker des totalen Kriegs und dessen Bedeutung für eine totalitäre Gesellschaft;

mit diesen Ideen hatte er entscheidenden Einfluss auf Hitlers Vorstellungen.

**Erich von Manstein** (1887–1973): Galt nahezu unbestritten als der begabteste unter Hitlers Generälen und war einer der Urheber des »Sichelschnitt«-Plans für den Angriff auf Frankreich 1940.

**Arthur Nebe** (1894–1945): Hochrangiger Beamter der Kriminalpolizei und ursprünglich ein glühender Nationalsozialist, der sich wie Graf von Helldorff ab 1938 dem Widerstand zuwandte.

**Konstantin von Neurath** (1873–1956): Konservativer Vertreter der alten Elite und Diplomat alter Schule, der von 1933 bis 1938 als Hitlers Außenminister fungierte.

**Hans Oster** (1887–1945): Draufgänger und charismatischer Geheimdienstoffizier, der aus Empörung über die Behandlung von Werner von Fritsch durch Hitler 1938 zu einem der zentralen Akteure des militärischen Widerstands wurde.

**Wolfgang Gans Edler Herr zu Putlitz** (1899–1975): deutscher Diplomat und Gegner des Nationalsozialismus, der schon vor Kriegsbeginn wichtige Informationen an den britischen Geheimdienst weitergab.

**Erich Raeder** (1876–1960): Bis 1943 Oberbefehlshaber der deutschen Marine.

**Walter von Reichenau** (1884–1942): Einer der wenigen leidenschaftlichen Anhänger des Nationalsozialismus unter den deutschen Generälen.

**Joachim von Ribbentrop** (1893–1946): Handelsvertreter für Sekt, der maßgeblich an der Machtergreifung Hitlers beteiligt war und sich 1938 bis zum Reichsaußenminister hochgearbeitet hatte.

**Hjalmar Horace Greeley Schacht** (1877–1970): Halbamerikaner, Bankier, Finanzexperte und Reichsbankpräsident, der Hitler an die Macht verhalf und unter ihm nochmals Reichsbankpräsident sowie Reichswirtschaftsminister war. Es kam jedoch zunehmend zu Auseinandersetzungen zwischen ihm und dem Führer, als Hitler sich weigerte, seine Aufrüstungspläne der Wirtschaftlichkeit unterzuordnen.

**Paul Schmidt** (1899–1970): Dolmetscher in Diensten des Reichsaußenministeriums, der in den 1930er Jahren und während des Zweiten Weltkriegs bei zahlreichen hochrangigen diplomatischen Treffen für Hitler übersetzte.

**Rudolf Schmundt** (1896–1944): Nachfolger von Friedrich Hoßbach und von 1938 bis 1944 Adjutant der Wehrmacht bei Hitler. Beim Attentat vom 20. Juli 1944 befand er sich in Hitlers Nähe und starb wenig später an den schweren Verletzungen, die er bei der Explosion der Sprengsätze erlitten hatte.

**Lutz Graf Schwerin von Krosigk** (1887–1977): Hitlers Finanzminister über den gesamten Zeitraum des Dritten Reiches.

**Cläre Tisch** (1907–1941): Der brillanten Doktorandin der Wirtschaftswissenschaften an der Universität Bonn wurde es nach 1933 unmöglich gemacht, ihre Karriere fortzusetzen; von ihrem Doktorvater Joseph Schumpeter ermuntert, träumte sie davon, in die Vereinigten Staaten zu emigrieren.

**Jona »Klop« von Ustinov** (1892–1962): Deutscher Journalist und vormaliger Mitarbeiter des deutschen Außenministeriums, in der NS-Zeit als Agent für den britischen Geheimdienst tätig.

**Ernst von Weizsäcker** (1882–1951): Hochrangiger Diplomat und 1938–43 Staatssekretär im Auswärtigen Amt unter von Ribbentrop, stand jedoch mit Widerstandskreisen in Kontakt.

**Erwin von Witzleben** (1881–1944): Für seine unverblümte Art bekannter Offizier; Ende der 1930er Jahre wurde er Befehlshaber über den Wehrkreis III (Berlin); ab 1938 aktiv am Widerstand beteiligt.

### Die Briten

**Leo Amery** (1873–1955): Konservativer Abgeordneter und Kabinettsmitglied, dessen heftige Interventionen in Parlamentsdebatten der Jahre 1939 und 1940 gravierende Auswirkungen hatten.

**Herzogin von Atholl** (Katharine Stewart-Murray) (1874–1960): Eine der frühen weiblichen Abgeordneten im britischen Parlament, von 1923 bis 1938 konservative Abgeordnete. Nachdem sie gegen Neville Chamberlains Appeasement-Politik opponiert hatte, entzogen ihr die Torys die Unterstützung, so dass sie bei der folgenden Wahl als unabhängige Kandidatin antreten musste und ihren Sitz verlor.

**Clement Attlee** (1883–1967): Labour-Abgeordneter und Vorsitzender der Labour-Partei von 1935 bis 1955.

**Stanley Baldwin** (1867–1947): Vorsitzender der konservativen Partei, zwischen 1923 und 1937 dreimal Premierminister. Mit seiner unvergleichlichen Gabe, die politische Mitte zu finden und sich zunutze zu machen, dominierte Baldwin die britische Politik in der Zwischenkriegszeit.

**Alexander Cadogan** (1884–1968): 1938–46 hatte er die Position des Ständigen Unterstaatssekretärs im britischen Außenministerium inne; in seinen Tagebüchern kommentierte er die damalige Politik auf höchster Ebene oft mit scharfen Worten.

**Ronald Cartland** (1907–1940): Unabhängig denkender, junger konservativer Abgeordneter, der 1936 erstmals ins Unterhaus gewählt wurde und sich bei Kriegsausbruch auf Kollisionskurs mit Premierminister Chamberlain befand.

**Neville Chamberlain** (1869–1940): 1937–40 Premierminister Großbritanniens, galt als hoch kompetent, arrogant und sarkastisch. Aufgrund seiner tiefempfundenen Animosität gegen einen Krieg sah es Chamberlain als seine Aufgabe an, eine dauerhafte friedliche Lösung für das Problem Adolf Hitler zu finden.

**Winston Churchill** (1874–1965): Hatte zahlreiche hohe Ämter in der britischen Regierung inne. Churchill, der für waghalsige Manöver in militärischen wie politischen Fragen bekannt war, hatte Anfang der 1930er Jahre kein großes Ansehen in der Öffentlichkeit mehr, als er begann, vor der zunehmenden Bedrohung durch die Nationalsozialisten zu warnen.

**Hugh Dowding** (1882–1970): Leitender Offizier der Royal Air Force, der dort während eines Großteils der 1930er Jahre für Forschung, Entwicklung und Beschaffung zuständig war; von 1936 bis 1940 befehligte er die Jagdflugzeugstaffeln; maßgeblich an der Entwicklung von Großbritanniens so innovativem wie effektivem System zur Luftverteidigung beteiligt.

**Alfred Duff Cooper** (1890–1954): Gegner der Appeasement-Politik; bekleidete den Posten des Ersten Lords der Admiralität im Kabinett Chamberlain, trat aber aus Protest gegen das Münchner Abkommen zurück.

**Anthony Eden** (1897–1977): Schon in jungen Jahren Außenminister – von 1935 bis 1938; zerstritt sich mit Chamberlain über dessen Appeasement-Politik und fand sich, wenn auch widerwillig, im Zentrum der Opposition gegen die Regierungspolitik wieder.

**König Edward VIII.** (1894–1972): Von Januar 1936 bis zu seiner Abdankung im Dezember desselben Jahres König; wurde von Premier Stanley Baldwin zur Abdankung gedrängt, als er darauf bestand, die geschiedene Wallis Simpson zu heiraten.

**König George VI.** (1895–1952): Der jüngere Bruder von Edward VIII. bestieg nach der Abdankungskrise den britischen Thron.

**Arthur Greenwood** (1880–1954): Abgeordneter der Labour-Partei, stellvertretender Parteivorsitzender unter Clement Attlee, 1940 Mitglied in Churchills Kriegskabinett.

**Lord Halifax** (Edward Wood) (1881–1959): Prominenter Politiker der Zwischenkriegszeit; 1926–31 amtierender Vizekönig von Indien; 1938–40 Außenminister unter Chamberlain und Churchill.

**Nevile Henderson** (1882–1942): 1937–39 britischer Botschafter in Berlin; ein entschiedener Befürworter von Chamberlains Appeasement-Politik.

**Leslie Hore-Belisha** (1893–1957): Kriegsminister unter Chamberlain.

**Thomas Inskip** (1876–1947): 1936–39 Minister zur Koordinierung von Verteidigungsmaßnahmen unter Baldwin und Chamberlain.

**Ivone Kirkpatrick** (1897–1964): Hochrangiger Diplomat, 1933–38 Erster Sekretär an der britischen Botschaft in Berlin.

**Basil Liddell Hart** (1895–1970): Einer der einflussreichsten Autoren zu militärstrategischen Themen in den 1930er Jahren; bekannt für die von ihm befürwortete »britische Art der Kriegsführung«.

**David Lloyd George** (1863–1945): Einer der wichtigsten britischen Staatsmänner des 20. Jahrhunderts; 1916–22 Premierminister; meldete sich Ende der 1930er Jahre als »graue Eminenz« ab und an mit noch immer höchst wirkungsvollen parlamentarischen Reden zu Wort.

**Ramsay MacDonald** (1886–1937): Langjähriger Vorsitzender der Labour-Partei; Premierminister im Jahr 1924 sowie von 1929 bis 1935.

**Harold Macmillan** (1894–1986): In den 1930er Jahren ein fortschrittlich gesinnter konservativer Parlamentsabgeordneter, der gegen die Appeasement-Politik rebellierte.

**David Margesson** (1890–1965): Neville Chamberlains gefürchteter Hüter der Fraktionsdisziplin, der in seinem Amt so gnadenlos durchgriff, dass Churchill ihn auch über den Mai 1940 hinaus in dieser Funktion beließ.

**Reginald Joseph Mitchell** (1895–1937): Chefkonstrukteur beim britischen Flugzeugbauer Supermarine Aviation Works, Ltd. Nach Wasserflugzeugen, die mehrfach den renommierten Geschwindigkeitswettkampf, die Schneider-Trophy (Coupe d'Aviation Maritime Jacques Schneider), gewannen, entwarf er das archetypische britische Jagdflugzeug: die *Spitfire*.

**Harold Nicolson** (1886–1968): 1935–45 Abgeordneter von National Labour, einer politischen Gruppierung, die sich 1931 von der Labour-Partei abgespalten hatte, um sich an der parteiübergreifenden »Nationalen Regierung« unter Ramsay MacDonald zu beteiligen. Zudem war Nicolson ein gut vernetzter Beobachter der britischen politischen Szene.

**Reginald Plunkett-Ernle-Erle-Drax** (1880–1967): Der Admiral leitete die britische Delegation, die im Sommer 1939 Gespräche mit der Sowjetunion über ein mögliches Bündnis führte.

**Eleanor Rathbone** (1872–1946): von 1929 bis 1946 parteilose

Abgeordnete, gewählt von den Studierenden der kleineren britischen Universitäten (die Universitäten Cambridge, Oxford, London und Wales waren jeweils mit einem eigenen Sitz im Parlament vertreten). Die Frauenwahlrechtsaktivistin wandte sich im Laufe der 1930er Jahre zunehmend außenpolitischen Fragen und der Unterstützung von Flüchtlingen zu. Sie setzte sich entschieden – und mit erheblichem Einfluss – dafür ein, dass Churchill Premierminister werden solle.

**Hugh Trenchard** (1873–1956): Stabschef der Luftwaffe; in den 1920er Jahren faktisch Kommandeur der Royal Air Force. Er plädierte entschieden für strategische Bombardements, die er als das richtige Mittel ansah, um einen zukünftigen Krieg zu gewinnen.

**Robert Vansittart** (1881–1957): Von 1930 bis 1938 Staatssekretär im Außenministerium. Er war ein entschiedener Gegner der Appeasement-Politik, pflegte sein eigenes Netzwerk von geheimen Informanten und unterstützte im Stillen Politiker wie Churchill, mit deren Ansichten er übereinstimmte.

**Horace Wilson** (1882–1972): Einer der einflussreichsten Berater im Umfeld von Chamberlain; Chamberlain setzte ihn für heikle Missionen wie etwa die Kommunikation mit Hitler ein.

### Die Amerikaner

**Leone Baxter** (1906–2001): Weibliche Hälfte des Ehepaars und beruflichen Teams Whitaker und Baxter. Die Pioniere der politischen Beratung begannen in den 1930er Jahren, Kampagnen mit einfachen, sich wiederholenden, oft irreführenden Slogans zu entwerfen.

**Hadley Cantril** (1906–1969): Professor für Psychologie in Princeton und bahnbrechender Meinungsforscher, der die Auswirkungen der Radioübertragung von Orson Welles' *Krieg der Welten* im Jahr 1938 untersuchte.

**Charles Coughlin** (1891–1979): In Kanada geborener katholischer Priester, der sich in Michigan niederließ und mit Radiosendungen großen Erfolg hatte, in denen er Antisemitismus propagierte und um Unterstützung für die Regime von Hitler und Mussolini warb.

**Cordell Hull** (1871–1955): Politiker aus Tennessee; von 1933 bis 1944 Außenminister unter Franklin D. Roosevelt; der amerikanische Außenminister mit den meisten Dienstjahren.

**Harold Ickes** (1874–1952): Innenminister in der gesamten Regierungszeit von Franklin D. Roosevelt (sowie 1945 und 1946 unter dessen Nachfolger Harry Truman). Er galt als Elefant im Porzellanladen, war aber ein kompromissloser Unterstützer der Progressive Party (Theodore Roosevelts Abspaltung von den Republikanern von 1912) sowie ein leidenschaftlicher Gegner des Nationalsozialismus.

**Joseph P. Kennedy** (1888–1969): Selfmade-Millionär, den Roosevelt zum Botschafter in Großbritannien ernannte. Er entwickelte eine große Nähe zu Chamberlain und den Vertretern der Appeasement-Politik, deren Politik er nachdrücklich unterstützte.

**Harold D. Lasswell** (1902–1978): Vielseitig begabter Kommunikationstheoretiker, Politologe und Jurist; der Juraprofessor in Yale argumentierte, es bestehe Mitte des 20. Jahrhunderts die ernsthafte Gefahr, dass sich die Demokratie in einen Garnisonsstaat verwandeln werde – eine Theorie, die Roosevelts Politik beeinflusste.

**Ivy Lee** (1877–1934): Journalist und einer der Begründer der heutigen Vorstellung von PR; betreute die Öffentlichkeitsarbeit großer Unternehmen, darunter die IG Farben in Deutschland. Er beriet auch die Regierungen Deutschlands und der Sowjetunion in PR-Fragen.

**Charles Lindbergh** (1902–1974): Berühmter Flieger, prominentester Fürsprecher des isolationistisch orientierten, antisemitischen America First Committee.

**Walter Lippmann** (1889–1974): Äußerst einflussreicher Publizist, der sich für enge transatlantische Beziehungen zwischen den USA und Westeuropa sowie für ein amerikanisches Engagement im Weltgeschehen einsetzte sowie die Auswirkungen der modernen Massenmedien kritisierte.

**Breckinridge Long** (1881–1958): Diplomat, der unter Roosevelt stellvertretender Staatssekretär und Leiter der Abteilung für Einwanderungsvisa war – sein tiefverwurzelter Antisemitismus wurde zu einem weiteren Hindernis für Juden, die aus Hitlers Europa zu fliehen versuchten.

**Ernest Lundeen** (1878–1940): US-Senator aus Minnesota; arbeitete verdeckt mit Agenten der deutschen Regierung zusammen und nutzte ein Privileg, das es Kongressabgeordneten erlaubt, Postsendungen mit ihrem Briefkopf portofrei zu versenden, um prodeutsche und proisolationistische Propaganda zu verbreiten.

**Gerald P. Nye** (1892–1971): Progressiver republikanischer US-Senator aus North Dakota; 1934–36 Vorsitzender eines Untersuchungsausschusses des Senats zur Verwicklung der Rüstungsindustrie in die amerikanische Entscheidung, in den Ersten Weltkrieg einzutreten. Die Arbeit des nach ihm benannten Ausschusses führte direkt zur Verabschiedung der Neutralitätsgesetze.

**Franklin D. Roosevelt** (1882–1945): 1932 mit der Agenda zum 32. Präsidenten der Vereinigten Staaten gewählt, um die Weltwirtschaftskrise zu bekämpfen; war frühzeitig mit der wachsenden Bedrohung durch die Diktaturen konfrontiert.

**William Shirer** (1904–1993): In den 1930er Jahren in Berlin stationierter Korrespondent von CBS Radio; einer der einflussreichsten Journalisten, der unmittelbar Zeuge der Kriegslüsternheit der Nationalsozialisten wurde und darüber berichtete.

**Dorothy Thompson** (1893–1961): Bahnbrechende Reporterin, Kolumnistin und Radiokommentatorin, die aus dem nationalsozialistischen Deutschland vertrieben wurde und danach den Aufstieg des Rechtsextremismus in den Vereinigten Staaten kommentierte.

**George Sylvester Viereck** (1884–1962): Deutsch-Amerikaner und pronationalsozialistischer Aktivist; lancierte federführend einen weitreichenden verdeckten Einflussnahmeversuch der deutschen Regierung. Dabei sollten mit Hilfe von isolationistisch eingestellten Kongressabgeordneten die Vereinigten Staaten von einem Eintritt in den Zweiten Weltkrieg abgehalten werden.

**Orson Welles** (1915–1985): Schauspieler, Autor und Regisseur; schuf den berüchtigten *Krieg der Welten*, dessen Hörspielfassung im Oktober 1938 ausgestrahlt wurde.

**Sumner Welles** (1892–1961): Diplomat und 1937–43 stellvertretender Außenminister. Er stand Roosevelt näher als Cordell Hull (der amtierende Außenminister) und arbeitete in allen außenpolitischen Angelegenheiten eng mit dem Präsidenten zusammen.

**Clem Whitaker** (1899–1961): Männliche Hälfte des Ehepaars und beruflichen Teams Whitaker und Baxter, der Pioniere der Politikberatung und der politischen Kampagnen.

## Die Sowjets

**Georgi Astachow** (1897–1942): 1937–39 Chargé d'affaires (Geschäftsträger) der sowjetischen Botschaft in Berlin, danach wurde er ein spätes Opfer von Stalins Säuberungen.

**Lawrenti Beria** (1899–1953): Geheimpolizeichef unter Stalin mit der längsten Amtszeit; der sowjetische Diktator stellte ihn stolz als »unser Himmler« vor. Er wurde Ende 1938 Chef des NKWD, als Stalin zu erkennen begann, dass die Säuberungswellen des Großen Terrors sich zu einer unmittelbaren Bedrohung für die sowjetische Sicherheit entwickelten.

**Maxim Litwinow** (1876–1951): 1930–39 Volkskommissar für auswärtige Angelegenheiten unter Stalin. Er war vergleichsweise westlich orientiert und befürwortete eine sowjetische Beteiligung an den Bemühungen zur Einhegung NS-Deutschlands.

**Iwan Maiski** (1884–1975): 1932–43 sowjetischer Botschafter in

London mit guten informellen Verbindungen zu den Appeasement-Gegnern, etwa zu Winston Churchill.

**Wjatscheslaw Molotow** (1890–1986): Volkskommissar für auswärtige Angelegenheiten; Nachfolger Litwinows; dessen westliche Orientierung verkehrte er in ihr Gegenteil, was 1939 den Molotow-Ribbentrop-Pakt zum Ergebnis hatte.

**Konstantin Rokossowski** (1896–1968): Überlebte knapp Stalins Säuberungen im sowjetischen Offizierskorps; einer der effektivsten sowjetischen Kommandeure des Zweiten Weltkriegs.

**Josef Stalin** (1878–1953): Gehörte zur Gruppe der Bolschewiki um Wladimir Lenin, die die zweite russische Revolution von 1917 anführte; später Generalsekretär des Zentralkomitees der Kommunistischen Partei. Nach Lenins Tod konnte er sich geschickt in eine Position der absoluten Macht manövrieren. Er herrschte ab 1927 nahezu unangefochten und außerordentlich brutal als Diktator über die Sowjetunion.

**Michail Tuchatschewski** (1893–1937): Brillanter General, Stratege und Theoretiker des modernen Kriegs; gehörte zu den frühen und teuer bezahlten Opfern von Stalins Säuberungen im Offizierskorps.

**Kliment Woroschilow** (1881–1969): Volkskommissar für Verteidigung von 1934 bis 1940; eilfertiger Zuarbeiter Stalins bei der Säuberung der Armee; denunzierte persönlich zahlreiche Offiziere und unterzeichnete unzählige Todesurteile. Bereits im sowjetischen Winterkrieg gegen Finnland zeigte sich seine Unfähigkeit als Befehlshaber, die sich später bei der Verteidigung Leningrads bestätigte.

**Nikolai Jeschow** (1895–1940): 1936–38 auf dem Höhepunkt des Stalin'schen Terrors Leiter des NKWD. Als Stalin Ende 1938 seinen Kurs änderte, wurde Jeschow zum Sündenbock für die Terrorkampagne gemacht.

## Die Franzosen

**Léon Blum** (1872–1950): Vorsitzender einer der sozialistischen Parteien Frankreichs, der Französischen Sektion der Arbeiter-Internationale (SFIO); 1936 und 1937 Premierminister der Volksfrontregierung. In seiner zweiten Amtszeit im Jahr 1938 trat er nach weniger als vier Wochen zurück.

**Georges Bonnet** (1889–1973): 1938 und 1939 Außenminister unter Daladier; Verfechter der Appeasement-Politik.

**Édouard Daladier** (1884–1970): 1936–40 Verteidigungsminister und 1938–40 Premierminister. Er betrieb eine Politik des Appeasement, schien dies aber immer zu bedauern.

**Joseph Édouard Aimé Doumenc** (1880–1948): Sehr fähiger und vorausdenkender General; führte die französische Delegation an, die 1939 nach Moskau reiste, um ein Bündnis mit den Sowjets auszuhandeln.

**André François-Poncet** (1887–1978): 1931–38 französischer Botschafter in Berlin, dort sehr gut vernetzt und stets bestens informiert.

**François de La Rocque** (1885–1946): Rechter Aktivist im Frankreich der Zwischenkriegszeit; ihn als Faschisten zu bezeichnen, ist umstritten. Er führte die rechtsextreme Veteranengruppe Croix de Feu an und gründete nach deren Verbot die Parti Social Français, die in den späten 1930er Jahren zur einschlägigen rechten Massenpartei in Frankreich wurde.

**Alexis Léger** (1887–1975): Diplomat, von 1932 bis 1940 unterstand ihm als Generalsekretär das Außenministerium. Deutschland gegenüber trat er für eine härtere Linie ein als Daladier. 1960 erhielt er unter dem Pseudonym Saint-John Perse den Nobelpreis für Literatur.

## Die Polen

**Józef Beck** (1894–1944): 1932–39 Außenminister; versuchte seine nationalistische Vision zu verwirklichen, Polen als Großmacht zwischen Deutschland und der Sowjetunion zu etablieren.

**Józef Lipski** (1894–1958): 1934–39 polnischer Botschafter in Berlin; spielte eine Schlüsselrolle bei der Abwehr der deutschen Bemühungen um ein Bündnis im Jahr 1939.

**Józef Piłsudski** (1867–1935): Der starke Mann im Polen der Zwischenkriegszeit; 1926–35 faktisch Diktator; genoss großen Respekt bei den Nationalsozialisten.

## Die Italiener

**Bernardo Attolico** (1880–1942): 1935–40 italienischer Botschafter in Berlin; unterhielt gute Beziehungen zu Gegnern des nationalsozialistischen Regimes, u. a. zu Weizsäcker und den Brüdern Kordt.

**Graf Galeazzo Ciano** (1903–1944): Mussolinis Schwiegersohn und Außenminister. Obwohl ein eitler Mensch und als Diplomat unfähig, offenbaren seine Tagebücher, dass er ein scharfer und oft kritischer Beobachter des Weltgeschehens war.

**Benito Mussolini** (1883–1945): Führer der italienischen faschistischen Partei (PNF) und 1922–43 Diktator in Italien.

## Die Tschechoslowaken

**Edvard Beneš** (1884–1948): 1935–38 und erneut 1945–48 Präsident der Tschechoslowakei – hatte das einzigartige Pech, zweimal durch eine totalitäre Machtübernahme aus dem Amt vertrieben zu werden.

**Emil Hácha** (1872–1945): Nachfolger von Beneš als Präsident;

war im März 1939 gezwungen, die Überbleibsel seines Landes an Hitler auszuliefern.

**Konrad Henlein** (1898–1945): Anführer der Sudetendeutschen Partei in der Tschechoslowakei; spielte eine Schlüsselrolle, als es um das Schüren von Unruhen für eine deutsche Übernahme des Sudetenlandes ging.

**Jozef Tiso** (1887–1947): Katholischer Priester und slowakischer Politiker, ab 1939 Präsident eines von NS-Deutschland abhängigen slowakischen Marionettenstaates.

## Die Österreicher

**Kurt Schuschnigg** (1897–1977): 1934–38 österreichischer Bundeskanzler; angesichts der Bedrohung durch Hitler versuchte er erfolglos, die österreichische Unabhängigkeit zu erhalten.

**Arthur Seyß-Inquart** (1892–1946): Österreichischer Nationalsozialist, der eine Schlüsselrolle beim Anschluss Österreichs 1938 spielte.

# Anmerkungen

## Die Krise der Demokratie

1 Vgl. Piers Brendon, *The Dark Valley: A Panorama of the 1930s*, New York 2000; Donald Cameron Watt, *How War Came. The Immediate Origins of the Second World War*, London 1989; Richard Overy, *The Twilight Years. The Paradox of Britain Between the Wars*, New York 2009 – um nur einige zu nennen.

## In der Reichskanzlei am frühen Abend

1 Vgl. Joachim Fest, *Plotting Hitler's Death. The Story of the German Resistance*, New York 1997, S. 36–38; Kirstin A. Schäfer, *Werner von Blomberg – Hitlers erster Feldmarschall. Eine Biographie*, Paderborn 2006, S. 104.

2 Vgl. Andreas Wirsching, »»Man kann nur Boden germanisieren.‹ Eine neue Quelle zu Hitlers Rede vor den Spitzen der Reichswehr am 3. Februar 1933«, in: *Vierteljahrshefte für Zeitgeschichte* 49 (2001) H. 3, S. 540–542 und 545; Fest, *Plotting Hitler's Death*, S. 36–38.

3 Wirsching, »Boden«, S. 545.

4 Ebd., S. 546 f.

5 Ebd., S. 547.

6 Ebd.

7 Ebd., S. 548.

8 Vgl. Nicholas Reynolds, *Treason Was No Crime. Ludwig Beck, Chief of the German General Staff*, London 1976, S. 83.

9 Joachim Fest, *Staatsstreich. Der lange Weg zum 20. Juli*, Berlin 1997, S. 44, zit. nach: Schäfer, *Blomberg*, S. 104.

10 Wirsching, »Boden«, S. 549.

11 Vgl. Wetterbericht und Wettervorhersage im Berliner Tageblatt, für den 4., 5. und 6. November 1937.

12 Vgl. Friedrich Hoßbach, *Zwischen Wehrmacht und Hitler. 1934–1938*, Göttingen ²1965, S. 9.

13 Vgl. Karl-Heinz Janßen / Fritz Tobias, *Der Sturz der Generäle. Hitler und die Blomberg-Fritsch Krise 1938*, München 1994, S. 12.

14 Hoßbach, *Zwischen Wehrmacht und Hitler*, S. 9.

15 Vgl. ebd., S. 9, 21 f. und 33 f.

16  Ebd., S. 32.

17  Ebd., S. 22, 31.

18  Ebd., S. 31.

19  Baldur von Schirach, zit. nach: Stephen Kotkin, *Stalin. Waiting for Hitler, 1929–1941*, New York 2017, S. 586.

20  Fritz Wiedemann, *Der Mann, der Feldherr werden wollte*, Velbert 1964, S. 69.

21  Vgl. Hoßbach, *Zwischen Wehrmacht und Hitler*, S. 17 f., 32 und 43.

22  Ausführlich dazu vgl. Benjamin Carter Hett, *The Death of Democracy. Hitler's Rise to Power and the Downfall of the Weimar Republic*, New York 2018.

23  Vgl. Adam Tooze, *The Wages of Destruction. The Making and Breaking of the Nazi Economy*, New York 2007, S. 37, 219–237.

24  Vgl. ebd., S. 236–238.

25  Vgl. John Lukacs, *The Duel. The Eighty-Day Struggle Between Churchill and Hitler*, New Haven 2001, S. 17; Ian Kershaw, *Hitler, 1936–1945. Nemesis*, New York 2000, S. 83 f.

26  Hoßbach-Niederschrift, zitiert nach BSB München, https://www.1000 dokumente.de/index.html?c=dokument_de&dokument=0008_hos&object=pdf&st=&l=de, zuletzt abgerufen am 31. 5. 2021, laufende Zeilennummerierung im PDF, Z. 21.

27  Ebd., Z. 25–35.

28  Vgl. Harold C. Deutsch, *Hitler and His Generals. The Hidden Crisis, January to June*, Minneapolis 1938, S. 8 f.; vgl. Schäfer, *Blomberg*.

29  Vgl. Johann Adolf Graf von Kielmansegg, *Der Fritsch-Prozeß 1938. Ablauf und Hintergründe*, Hamburg 1949, S. 15–26; Fritsch, Vermerk vom 1. 2. 1938, BArch-MA, N24/29, Nachlass Hoßbach.

30  Vgl. Hett, *Death of Democracy*, S. 109–111.

31  Hoßbach-Niederschrift, zitiert nach BSB München, Z. 85, 93, 98–100, 102 f., 106–109.

32  Ebd., Z. 124, 132, 157.

33  Ebd., Z. 183, 189–191.

34  Ebd., Z. 219, 221, 224 f.

35  Vgl. Hoßbach, *Zwischen Wehrmacht und Hitler*, S. 188.

36  Hoßbach-Niederschrift, zitiert nach BSB München, Z. 341.

37  Vgl. Hoßbach, *Zwischen Wehrmacht und Hitler*, S. 189.

38  Hoßbach zit. nach: Kielmansegg, *Fritzsch-Prozeß*, S. 33; Friedrich Hoßbach, »Ein Beitrag zur Wahrheit«, 23. 9. 1946, BArch-MA N24/273, Nachlass Hoßbach.

39  Hoßbach, *Zwischen Wehrmacht und Hitler*, S. 120.

40 Ebd., S. 119 f.

41 Sowohl Raeder als auch Blomberg sagten nach dem Krieg, dass sie Hitlers Worte auch am 5. November nicht ernst genommen hätten (siehe Kershaw, *Hitler, 1936–1945. Nemesis*, S. 861, Fußnote 282). Aber dies war zu einer Zeit, als sie bereits wegen ihrer Beteiligung an der Planung von Angriffskriegen einer Strafverfolgung ausgesetzt waren oder diese befürchten mussten, und so hatten sie jedes Interesse daran, das Treffen herunterzuspielen. Die zeitgenössischen Quellen von Ende 1937 lassen erkennen, dass viele hochrangige Offiziere mit echter Überraschung – und Besorgnis – auf Hitlers Äußerungen reagierten.

42 Kielmansegg, *Fritzsch-Prozeß*, S. 34.

43 Hermann Gakenholz, »Reichskanzlei 5. November 1937«, in: Richard Dietrich / Gerhard Oestreich (Hrsg.), *Forschungen zu Staat und Verfassung. Festgabe für Fritz Hartung*, Berlin 1958, S. 471–473.

44 Ernst von Weizsäcker, *Erinnerungen*, München 1950, S. 172.

45 Becks Position wurde ursprünglich unter der Bezeichnung Leiter des Truppenamtes geführt, da der Versailler Vertrag die Schaffung eines deutschen Generalstabs und damit die Position eines »Generalstabschefs« verbot. 1935 wurde seine Position umbenannt und der wahre Charakter seiner Aufgabe nicht länger verschleiert. Vgl. Ernest R. May, *Strange Victory. Hitler's Conquest of France*, New York 2000, S. 33 f.

46 Vgl. »Die Lehre vom totalen Kriege«, in: Ludwig Beck, *Studien*, hrsg. von Hans Speidel, Stuttgart 1955, S. 258.

47 Hoßbach, *Zwischen Wehrmacht und Hitler*, S. 191.

48 Klaus-Jürgen Müller, *General Ludwig Beck. Studien und Dokumente*, Boppard a. R. 1980, S. 499 (nachfolgend zitiert als Müller, *Beck Dokumente*).

49 Ebd., S. 501.

50 Ebd., S. 500.

51 François-Poncet an Delbos, 6. November 1937, *Documents Diplomatiques Français*, 2. Reihe, Bd. 7, S. 343 f.; Paul Paillole, *Notre espion chez Hitler*, Paris 1985, S. 107–109.

52 Vgl. Hoßbach, *Zwischen Wehrmacht und Hitler*, S. 191. Das Versehen von Akten oder Niederschriften mit Initialen ist in der deutschen Verwaltungspraxis nicht unbedingt mit Zustimmung gleichzusetzen, aber vermutlich hätte Blomberg jeden Fehler, den er bemerkt hätte, kommentiert.

1 Vgl. Philipp Graf, *Die Bernheim-Petition 1933. Jüdische Politik in der Zwischenkriegszeit*, Göttingen 2008, S. 10–12, 133 sowie für einen Abdruck der Petition (in deutscher Sprache) S. 303–305.

2 Vgl. ebd., S. 34; Mark Mazower, *Dark Continent. Europe's Twentieth Century*, New York 2000, S. 41 f.

3 Minderheitenschutzvertrag zwischen den Alliierten und Assoziierten Hauptmächten und Polen. Versailles, 28. 6. 1919, in: *Themenportal Europäische Geschichte*, 2007, www.europa.clio-online.de/quelle; Mark Mazower, »The Strange Triumph of Human Rights, 1933–1950«, in: *Historical Journal* 47 (2004) H. 2, S. 382.

4 Vgl. Mazower, »Strange Triumph of Human Rights«, S. 382; Margaret MacMillan, *Paris 1919. Six Months That Changed the World*, New York 2001, Kap. 23: »Japan and Racial Equality« (›Japan und die Rassengleichheit‹).

5 Vgl. Graf, *Bernheim-Petition*, S. 43 f.

6 Vgl. ebd., S. 11 sowie 303–305.

7 Ebd., S. 304; »Minority and Refugee Questions Before the League of Nations«, in: *Jewish Yearbook* (1934–35) S. 89.

8 Vgl. Graf, *Bernheim-Petition*, S. 245.

9 Vgl. Mazower, *Dark Continent*, S. 100; Michael Bess, »Wide World of Racisms«, in: M. B., *Choices Under Fire. Moral Dimensions of World War II*, New York 2006, S. 21–41.

10 Mussolini zit. nach: Winston Churchill, *The Gathering Storm*, Boston 1948, S. 305 f.

11 Vgl. Elisabeth Bakke, »The Making of Czechoslovakism in the First Czechoslovak Republic«, in: Martin Schulze Wessel (Hrsg.), *Loyalitäten in der Tschechoslowakischen Republik 1918–1938. Politische, nationale und kulturelle Zugehörigkeiten*, München 2004, S. 24, Fußnote 3.

12 Carl Schmitt, *Die geistesgeschichtliche Lage des heutigen Parlamentarismus (1923)*, Berlin ¹⁰2017, S. 14.

13 Vgl. Robert O. Paxton / Julie Hessler (Hrsg.), *Europe in the Twentieth Century*, Boston ⁵2011, S. 266.

14 Vgl. ebd., S. 301.

15 Zit. nach: Mazower, *Dark Continent*, S. 55.

16 »Collective Neutrality«, in: *Times*, 10. 8. 1936.

17 Vgl. Hoßbach, *Zwischen Wehrmacht und Hitler*, S. 89.

18 Timothy Snyder, *Black Earth. The Holocaust as History and Warning*, New York 2015, S. 241.

19  Zit. nach: Mazower, »Strange Triumph of Human Rights«, S. 384.
20  Gerhard Weinberg (Hrsg.), *Hitlers Zweites Buch. Ein Dokument aus dem Jahr 1928*, Quellen und Darstellungen zur Zeitgeschichte, Bd. 7, Stuttgart 1961.
21  Hitler zu Carl J. Burckhardt, 11. 8. 1939, in: Carl J. Burckhardt, *Meine Danziger Mission 1937–1939*, München 1960, S. 272, zit. nach: Ian Kershaw, *Hitler 1889–1945*, überarb. einbändige Ausg., München 2009, S. 1202, Fußnote 118. Kershaw äußert sich dort allerdings skeptisch zur Authentizität des Zitats, obwohl es mit vielen ähnlichen Aussagen Hitlers übereinstimmt.

### Der »Kreis der Schuldigen«

1  Vgl. Shimon Naveh, »Tukhachevsky«, in: Harold Shukman (Hrsg.), *Stalin's Generals*, New York 1993, S. 258.
2  Vgl. ebd., S. 259; John Erickson, *The Soviet High Command. A Military-Political History, 1918–1941*, London 2001, S. 55 f.
3  Vgl. Naveh, »Tukhachevsky«, S. 259–262.
4  Vgl. David R. Stone, »Tukhachevsky in Leningrad. Military Politics and Exile, 1928–1931«, in: *Europe-Asia Studies* 48 (1996) H. 8, S. 1372.
5  Vgl. Naveh, »Tukhachevsky«, S. 262 f.
6  Vgl. Yuri Slezkine, *The House of Government. A Saga of the Russian Revolution*, Princeton 2017, S. 318; Kotkin, *Stalin. Waiting for Hitler*, S. 412.
7  Vgl. Simon Sebag Montefiore, *Stalin. The Court of the Red Tsar*, New York 2004, S. 221 f.; Erickson, *Soviet High Command*, S. 72.
8  Vgl. Richard Pipes, *A Concise History of the Russian Revolution*, New York 1996, S. 349 f.; Stone, »Tukhachevsky in Leningrad«, S. 1366; Montefiore, *Stalin*, S. 222.
9  Vgl. Naveh, »Tukhachevsky«, S. 265 f.
10  Vgl. Kotkin, *Stalin. Waiting for Hitler*, S. 428, 493; Robert C. Tucker, *Stalin in Power. The Revolution from Above, 1928–1941*, New York 1990, S. 379.
11  Vgl. Igor Lukes, »Stalin, Benesch und der Fall Tuchatschewski«, in: *Vierteljahrshefte für Zeitgeschichte* 44 (Oktober 1996) H. 4, S. 530–532.
12  Vgl. Lukes, »Stalin, Benesch«, S. 531–553; Tucker, *Stalin in Power*, S. 383; Nikolai Abramov, »The New Version of the ›Tukhachevsky Affair‹«, in: *New Times* 13 (23. 3. – 3. 4. 1989) S. 36–39; Coulondre an Delbos, 28. 6. 1937, *Documents Diplomatiques Français*, 2. Serie, Bd. 6, S. 225–228.
13  Vgl. Tucker, *Stalin in Power*, S. 432 f.

14 Robert Conquest, *Stalin. Breaker of Nations*, New York 1992, S. 200; Kotkin, *Stalin. Waiting for Hitler*, S. 411; Abramov, »New Version of the ›Tukhachevsky Affair‹«, S. 36–39.

15 Arthur Koestler, *Sonnenfinsternis*, Roman (nach dem deutschen Originalmanuskript), Coesfeld 2018, S. 34.

16 Zit. nach: Conquest, *Stalin*, S. 183.

17 Zit. nach: Robert Conquest, *The Great Terror. A Reassessment*, New York 1990, S. 64. Interessanterweise kommt Stephen Kotkin in der Stalin-Biographie neuesten Datums zu einer beinah gegenteiligen Einschätzung und betont Stalins Redseligkeit. Vgl. Kotkin, *Stalin. Waiting for Hitler.*

18 Vgl. Conquest, *Stalin*, S. 129.

19 Zit. nach: Nikita Chruschtschows Biographie, angeführt in Conquest, *Terror*, S. 56.

20 Vgl. Kotkin, *Stalin. Waiting for Hitler*, S. 1 f.

21 Zit. nach: ebd., S. 417.

22 Zit. nach: ebd., S. 839.

23 Vgl. Timothy Snyder, *Bloodlands. Europe Between Hitler and Stalin*, New York 2010, S. 53.

24 Um die Hintergründe des Kirow-Attentats hat es eine ähnliche Debatte gegeben wie um den Reichstagsbrand. Die bisher vorherrschende Einschätzung, Stalin habe den Mord an Kirow veranlasst, vertritt auch Robert Conquest in: *Stalin and the Kirov Murder*, New York 1989. Die neueste Forschung legt jedoch nahe, dass Stalin nicht beteiligt war: Matthew E. Lenoe, *The Kirov Murder and Soviet History*, New Haven 2010.

25 Zit. nach: Kotkin, *Stalin. Waiting for Hitler*, S. 74.

26 Vgl. Silvio Pons, *Stalin and the Inevitable War, 1936–1941*, London 2002, S. xi f.

27 Vgl. Snyder, *Bloodlands*, S. 111, 96; Stalin zit. nach: Snyder, *Bloodlands* S. 470, Fußnote 37; zu Praxis und Politik der ethnischen Säuberungen vgl. Terry Martin, »The Origins of Soviet Ethnic Cleansing«, in: *Journal of Modern History* 70 (Dezember 1998) H. 4, S. 813–861.

28 Zit. nach: Conquest, *Stalin*, S. 224.

29 Vgl. ebd., S. 198.

30 Siehe auch Vassily Grossman, *Life and Fate*, New York 2006, S. 578 f. (*Leben und Schicksal*, Roman, aus dem Russ. übers. von Madeleine von Ballestrem [u. a.], Berlin 2007.)

31 Vgl. zu den Parallelitäten in den Lebensläufen von Hitler und Stalin das letzte große Werk des britischen Historikers und frühen Hitler-Biographen Alan Bullock, *Hitler und Stalin. Parallele Leben*, Berlin 1991; vgl. zu Stalin im Besonderen Conquest, *Stalin*, S. 3 f.

32 Trotzki zit. nach: Conquest, *Terror*, S. 61.

33 Winston Churchill, »The First Month of War«, Radioübertragung vom 1.10.1939, in: Robert Rhodes James (Hrsg.), *Winston S. Churchill. His Complete Speeches 1897–1963*, Bd. 6: 1935–42, New York / London 1974, S. 6161.

34 Vgl. Christopher Andrew / Vasili Mitrokhin, *The Sword and the Shield. The Mitrokhin Archive and the Secret History of the* KGB, New York 2001, insb. die Kap. 3–5.

35 Vgl. Pons, *Stalin and the Inevitable War*, S. 134–145.

36 Vgl. Kotkin, *Stalin. Waiting for Hitler*, S. 376 f., 397 und 414–428; Tucker, *Stalin in Power*, S. 383 f., 434 f.

37 Vgl. Kotkin, *Stalin. Waiting for Hitler*, S. 412.

38 Tucker, *Stalin in Power*, S. 435.

39 Zit. nach: Kotkin, *Stalin. Waiting for Hitler*, S. 414–421.

40 Vgl. Tucker, *Stalin in Power*, S. 434–438; Kotkin, *Stalin. Waiting for Hitler*, S. 423–425.

41 Zit. nach: Tucker, *Stalin in Power*, S. 440.

42 Vgl. Conquest, *Stalin*, S. 201; Abramov, »New Version of the ›Tukhachevsky Affair‹«, S. 36–39.

43 Joseph Goebbels, Die Tagebücher von Joseph Goebbels, Eintrag vom 10.7.1937, hrsg. von Elke Fröhlich (im Weiteren zitiert als TBJG), Tl. 1, Bd. 4, München 2000, S. 214.

44 Vgl. Andreas Krämer, *Hitlers Kriegskurs, Appeasement und die »Maikrise« 1938. Entscheidungsstunde im Vorfeld von »Münchener Abkommen« und Zweitem Weltkrieg*, Berlin 2014, S. 31.

45 Zit. nach: Pons, *Stalin and the Inevitable War*, S. 82–85.

## »Wir sind auf der Suche nach einem Programm«

1 Vgl. Martin Gilbert, *Winston S. Churchill*, Bd. 8: *Never Despair, 1945–1965*, (Erstveröffentlichung 1988) Hillsdale 2013, S. 365.

2 Tatsächlich reicht die Vorgeschichte des Dienstes bis in die Jahre vor dem Ersten Weltkrieg. Vgl. Christopher Andrew, *Defend the Realm. The Authorized History of* MI5, New York 2009, Einleitung.

3 Vgl. Gilbert, *Never Despair*, S. 370.

4 Vgl. ebd., S. 371 f

5 Robert Rhodes James (Hrsg.), *Chips. The Diaries of Sir Henry Channon*, London 1967, S. 129 (im Folgenden zit. als Channon, *Chips*).

6 Der Kronrat (*Privy Council*) ist eines der vielen archaischen Überbleibsel

innerhalb des britischen Verfassungssystems, ein Gremium von etwa 600 Personen, deren Aufgabe es theoretisch ist, den Souverän zu beraten. Jeder, der in einer britischen Regierung einen Ministerposten innehatte, wird automatisch auf Lebenszeit Mitglied des Kronrats, daher hatte Churchill diesen Status (*Privy Counsellor*) von 1908 bis zu seinem Tod 1965 inne. Vgl. Roy Jenkins, *Churchill. A Biography*, New York 2001, S. xxi.

7  »Changing Over«, in: *Times*, 1. 6. 1937.

8  Zit. nach: Martin Gilbert, *Winston S. Churchill*, Bd. 5: *Companion Teil 3, The Coming of War, 1936–1939*, (London 1982) Boston 1983, S. 685 Fußnote 1.

9  Channon, *Chips*, S. 129 f.

10  Gilbert, *The Coming of War*, S. 686 f. Geschrieben wurde der Artikel am 28. 5. 1937, aber erst am 16. 10. im *Collier's* veröffentlicht.

11  Zit. nach: Robert Self, *Neville Chamberlain. A Biography*, New York 2006, S. 121.

12  Vgl. Chamberlain an Hilda, 27. 3. 1938, in: Robert Self (Hrsg.), *The Neville Chamberlain Diary Letters*, Bd. 4: *The Downing Street Years, 1934–1940*, Aldershot 2005 (im Folgenden zit. als Chamberlain, *Diary Letters*), S. 311.

13  Vgl. Chamberlain an Hilda, 11. 7. 1936, ebd., S. 201.

14  Vgl. *UK Election Statistics, 1918–2017*, House of Commons Library Briefing Paper Nr. CBP7529, 23. 8. 2017, S. 13.

15  Chamberlain an Ida, 3. 3. 1935, Chamberlain, *Diary Letters*, S. 119; Chamberlain an Ida, 14. 3. 1936, ebd., S. 179.

16  John Colville, *The Fringes of Power. Downing Street Diaries, 1939–1955*, London 2004, S. 352.

17  Robert Rhodes James, *Churchill. A Study in Failure, 1900–1939*, London 1970, S. 246.

18  Martin Gilbert, *Winston S. Churchill*, Bd. 5: *The Prophet of Truth, 1922–1939*, (Erstausgabe London 1976) Hillsdale 2009, S. 741.

19  Ebd., S. 687.

20  Winston Churchill, *The World Crisis, Teil 1, 1911–1914*, (Erstausgabe London 1923) London 2007, S. 23 f.

21  Zit. nach: Keith Grahame Feiling, *The Life of Neville Chamberlain*, London 1970, S. 48

22  Vgl. John Charmley, *Chamberlain and the Lost Peace*, Chicago 1989, S. 30 f.; Self, *Chamberlain*, S. 236.

23  Vgl. Paul Kennedy, »The Tradition of Appeasement in British Foreign Policy 1865–1939«, in: *British Journal of International Studies* 2 (Oktober 1976) H. 3, S. 195–215.

24 Susan Pedersen, *The Guardians. The League of Nations and the Crisis of Empire*, New York 2015, S. 325–355.

25 Self, *Chamberlain*, S. 266–268.

26 Chamberlain an Hilda, 14. 11. 1936, Chamberlain, *Diary Letters*, S. 219.

27 Vgl. Andrew Roberts, *The Holy Fox. A Biography of Lord Halifax*, London 1991, S. 45.

28 Vgl. ebd., S. 53; Jenkins, *Churchill*, S. 600.

29 Vgl. D. J. Dutton, »Wood, Edward Frederick Lindley, 1. Earl of Halifax«, in: *Dictionary of National Biography*, S. 82 f.

30 Ebd., S. 84.

31 Gilbert, *Prophet of Truth*, S. 385, 390.

32 Roberts, *Holy Fox*, S. 47 f.

33 Vgl. Peter Clarke, *Hope and Glory. Britain 1900–2000*, London 2004, S. 110; Nevile Henderson, *Failure of a Mission. Berlin 1937–1939*, London 1940, S. 50–53; Edward Frederick Lindley Wood, Earl of Halifax, *Fullness of Days*, London 1957, S. 184.

34 Vgl. Paul Schmidt, *Hitler's Interpreter*, London 2016, S. 85; Ivone Kirkpatrick, *The Inner Circle. Memoirs*, London 1959, S. 94.

35 Halifax, *Fullness of Days*, S. 185.

36 Hansard, Parlamentssitzung vom 21. 12. 1937, Spalten 1831–33.

37 Schmidt, *Hitler's Interpreter*, S. 86.

38 Kirkpatrick, *Inner Circle*, S. 95; Halifax, *Fullness of Days*, S. 186.

39 Ebd., S. 186 f.

40 Vgl. Henderson, *Failure of a Mission*, S. 27 f.; Roberts, *Holy Fox*, S. 68.

41 Halifax, *Fullness of Days*, S. 189.

42 Kirkpatrick, *Inner Circle*, S. 95 f.

43 Vgl. TBJG, Tl. 1, Bd. 5, Eintrag vom 22. 12. 1937, S. 64.

44 Kirkpatrick, *Inner Circle*, S. 97.

45 Schmidt, *Hitler's Interpreter*, S. 87.

46 Kirkpatrick, *Inner Circle*, S. 98.

47 Vgl. Schmidt, *Hitler's Interpreter*, S. 88.

48 The National Archives (TNA) CAB 23/90a, 43 (37), 24. 11. 1937, S. 165 f.

49 Neurath an die deutschen Botschaften in Italien, Großbritannien, Frankreich und den USA, 12. 11. 1937, Dokument 33, DGFP, Serie D, Bd. 1, S. 68–71.

50 TBJG, Tl. 1, Bd. 4, 21.11. 1937, S. 415.

51 Vgl. Dokument 506 in: Noakes / Pridham, *Nazism*, S. 83 f.

52 Hansard, Parlamentsdebatte vom 13. 5. 1901, Bd. 93, Sp. 1572.

53 Vgl. Jenkins, *Churchill*, S. 204.

54 Vgl. Winston Churchill, *Thoughts and Adventures. Churchill Reflects on Spies, Cartoons, Flying, and the Future*, New York 1991, S. 289.

55 Ebd., S. 290.

56 Churchill, »Parliamentary Government and the Economic Problem«, in: Ebd., S. 256.

57 Ebd., S. 246.

58 Ebd., S. 293.

59 Ebd., S. 246.

60 Winston Churchill, »Einleitung«, in: Otto Forst de Battaglia, *Dictatorship on Trial*, New York 1931, S. 8.

61 Ebd., S. 9; vgl. Roland Quinalt, »Churchill and Democracy«, in: David Cannadine / Roland Quinalt (Hrsg.), *Churchill in the Twenty-First Century*, New York 2004, S. 33.

62 Zit. nach: Quinalt, »Churchill and Democracy«, S. 38.

63 Jenkins, *Churchill*, S. 457; Gilbert, *Churchill*, CV V (2).

64 Vgl. Rhodes James, *Churchill*, S. 284 f.

65 Vgl. William Manchester, *The Last Lion. Winston Spencer Churchill*, Bd. 2: *Alone, 1932–1940*, New York 2013, S. 66; Churchill, *Gathering Storm*, S. 40; Winston Churchill, »Antwort an Hitler«, 6.11.1938, in: Robert Rhodes James (Hrsg.), *Winston S. Churchill. His Complete Speeches 1897–1963*, Bd. 6: *1935–1942*, New York / London 1974, S. 6018.

66 Vgl. Richard Moe, *Roosevelt's Second Act. The Election of 1940 and the Politics of War*, New York 2014, S. 82.

67 Zit. nach: Kennedy, *Freedom from Fear, Part 1*, New York 1999, S. 113.

68 Vgl. Francis L. Loewenheim / Harold D. Langley / Manfred Jonas (Hrsg.), *Roosevelt and Churchill. Their Secret Wartime Correspondence*, New York 1990, S. xv.

69 Zit. nach: Kennedy, *Freedom from Fear*, S. 116 f.

70 Zit. nach: Blanche Wiesen Cook, *Eleanor Roosevelt. The War Years and After*, New York 2016, S. 208.

71 Es gibt verschiedene Versionen dieses Zitats. Alle Quellen stimmen jedoch darin überein, dass Roosevelt die Worte zu A. Philip Randolph gesagt hat und dass seine Äußerung die Rassenintegration betraf. Vgl. Jacob S. Hacker / Paul Pierson, *Winner-Take-All Politics. How Washington Made the Rich Richer and Turned Its Back on the Middle Class*, New York 2010, S. 108; Jonathan Rosenberg, *How Far the Promised Land. World Affairs and the American Civil Rights Movement from the First World War to Vietnam*, Princeton 2006, S. 138; Cook, *Eleanor Roosevelt*, S. 568.

72 Zit. nach: Ira Katznelson, *Fear Itself. The New Deal and the Origins of Our Time*, New York 2013, S. 5.

73 James MacGregor Burns, *Roosevelt. The Lion and the Fox*, New York 1956, S. 260, 262.
74 Zit. nach: Justus D. Doenecke / John E. Wilz, *From Isolation to War, 1931–1941*, Chichester 2015, S. 64.
75 Vgl. Lynne Olson, *Those Angry Days. Roosevelt, Lindbergh, and America's Fight over World War II*, New York 2013, S. xviii.
76 David Reynolds, *The Long Shadow. The Legacies of the Great War in the Twentieth Century*, New York 2014, S. 231 f.; vgl. ebenfalls dazu: Wayne S. Cole, *Senator Gerald P. Nye and American Foreign Relations*, Minneapolis 1962; Robert A. Divine, *The Illusion of Neutrality*, Chicago 1962.
77 Vgl. Katznelson, *Fear Itself*, S. 291 f.; Franklin D. Roosevelt, *Presidential Library and Museum, gesammelte Reden, Nr. 807*, Rede vom 2.10.1935.
78 Vgl. Katznelson, *Fear Itself*, S. 292.
79 Ebd., S. 294.
80 Vgl. ebd., S. 294 f.
81 Vgl. Doenecke/Wilz, *From Isolation to War*, S. 93–95.
82 Vgl. Katznelson, *Fear Itself*, S. 297; vgl. Brendon, *Dark Valley*, New York 2002, S. 510.
83 Vgl. Doenecke/Wilz, *From Isolation to War*, S. 97.
84 Burns, *The Lion and the Fox*, S. 318 f.; Azar Gat, *Fascist and Liberal Visions of War. Fuller, Liddell Hart, Douhet, and Other Modernists*, Oxford 1998, S. 236 f.
85 Vgl. Reynolds, *The Long Shadow*, S. 235; vgl. Doenecke/Wilz, *From Isolation to War*, S. 97 f.

## »Er fühlt es – genau hier«

1 Piers Brendon, *Edward VIII. The Uncrowned King*, London 2016, S. 3.
2 Vgl. ebd., S. 38.
3 Zit. nach: Ivan Maiski, *The Maisky Diaries. Red Ambassador to the Court of St. James 1932–1943*, hrsg. von Gabriel Gorodetsky, New Haven 2015, S. 64; vgl. Brendon, *Edward VIII*, S. 52; vgl. Philip Ziegler, *King Edward VIII. The Official Biography*, London 1990, S. 273 f.
4 Vgl. Brendon, *Edward VIII*, S. 59.
5 Zit. nach: Gilbert, *Prophet of Truth*, S. 809, 813.
6 Vgl. ebd., S. 822.
7 John Barnes / David Nicholson (Hrsg.), *The Empire at Bay. The Leo Amery Diaries, 1929–1945*, London 1988, Eintrag vom 7.12.1936, S. 432.
8 Zit. nach: Gilbert, *Prophet of Truth*, S. 822 f.

9    Vgl. ebd., S. 824; Harold Nicolson an Vita Sackville-West, 9.12.1936, in: Harold Nicolson, *Diaries and Letters, 1930–1939*, hrsg. von Nigel Nicolson, New York 1966, S. 284.

10   Zit. nach: Brendon, *Edward VIII*, S. 66.

11   Zit. nach: Erich Kordt, *Nicht aus den Akten*, Stuttgart 1950, S. 160.

12   Zit. nach: Gilbert, *Prophet of Truth*, S. 830.

13   Kershaw, *Nemesis*, S. 34.

14   Deutsch, *Generals*, S. 76.

15   Zit. nach: ebd., S. 81.

16   Vgl. Schäfer, *Blomberg*, S. 179.

17   Vgl. Deutsch, *Generals*, S. 82–84; vgl. Schäfer, *Blomberg*, S. 175. In einer Stellungnahme des vormaligen Fliegergenerals Karl Bodenschatz zu Blomberg, die im Institut für Zeitgeschichte (IfZ) ZS 10 archiviert ist, schreibt Bodenschatz, er habe Gruhns Akte gesehen und festgestellt, dass sie »mehrfach vorbestraft« gewesen sei.

18   Vgl. Schäfer, *Blomberg*, S. 177.

19   Karl Böhm-Tettelbach, *Als Flieger in der Hexenküche*, Mainz 1981, S. 54 f.

20   Vgl. Deutsch, *Generals*, S. 80.

21   Karl Bodenschatz, Stellungnahme zum Fall Blomberg, Mai 1951, IfZ ZS 10, S. 9–13; vgl. Hans Bernd Gisevius, *Bis zum bitteren Ende*, Bd. 1: *Vom Reichstagsbrand zur Fritsch-Krise*, Hamburg 1947, S. 370.

22   Gisevius, Keitel und Bodenschatz bezeugen diese Episode unabhängig voneinander. Vgl. Deutsch, *Generals*, S. 87 f.

23   Vgl. ebd., S. 87.

24   Vgl. Hoßbach, *Zwischen Wehrmacht und Hitler*, S. 105.

25   Meissner und Wiedemann schreiben, dass Hitler und Göring sich direkt angeboten hätten, Deutsch ist jedoch anderer Ansicht. Vgl. Deutsch, *Generals*, S. 93–96.

26   Deutsch bezieht sich zur Beantwortung der Frage, ob Fritsch und Raeder ursprünglich als Trauzeugen vorgesehen gewesen sind, auf zwei Interviews mit Schultze in den Jahren 1969 und 1970, dessen Angaben, wie Deutsch anmerkt, von zahlreichen anderen Zeugen bestätigt worden sind. Dies ist hervorzuheben, da spätere Autoren, vor allem Janßen und Tobias, versucht haben, Deutschs sorgfältige Recherche zu widerlegen. Vgl. Deutsch, *Generals*, S. 95 f., insb. S. 96, Fußnote 52.

27   Deutsch scheint die Notizen von Bodenschatz in einem Punkt falsch entziffert zu haben: Bodenschatz gibt eindeutig an, dass Blombergs Kinder anwesend waren. Deutsch hat vermutlich fälschlicherweise »Leute« anstatt »Kindern« gelesen. Die Stellungnahme von Bodenschatz ist handschriftlich verfasst und zugegebenermaßen schwer zu lesen. Karl

Bodenschatz, Stellungnahme zum Fall Blomberg, Mai 1951, IfZ ZS 10, S. 9–13; vgl. Deutsch, *Generals*, S. 96 f.

28 Gisevius, *Bis zum bitteren Ende*, Bd. 1, S. 335.

29 Ebd., S. 350 f.

30 Vgl. Deutsch, *Generals*, S. 103 f.; vgl. Bodenschatz, *Fall Blomberg*. Die Angaben von Bodenschatz und Gisevius dazu stimmen nicht überein: Laut Gisevius brachte Helldorff die Akte am Wochenende zu Göring in dessen Landsitz Karinhall. Da die Angaben von Bodenschatz auf persönlicher Beobachtung und die von Gisevius auf Hörensagen von Helldorff beruhen, ist es wahrscheinlicher, dass die Aussagen von Bodenschatz korrekt sind. Vgl. auch Schäfer, *Blomberg*, S. 176–181; vgl. Hoßbach, *Zwischen Wehrmacht und Hitler*, S. 107.

31 Fritsch an Margot von Schutzbar-Milchling, 7.1.1938, BA-MA N33/10, Nachlass Fritsch, Bl. 5 f.

32 Werner von Fritsch, »Eigenhändige Aufzeichnung des Generaloberst a. D. von Fritsch: Notiert von Februar bis September 1938, beendet am 27 September 1938 [in Achterberg bei Soltau]«, in: Horst Mühleisen, »Die Fritsch-Krise im Frühjahr 1938. Neun Dokumente aus dem Nachlass des Generalobersten«, in: *Militärgeschichtliche Mitteilungen* 56 (Januar 1997) H. 2, S. 495 f.

33 Vgl. Karl Wolff, Aktenvermerk vom 11.8.1952, IfZ ZS, S. 317, Bd. 1. Kershaw, der hierin Janßen und Tobias folgt, schreibt, Hitler habe die Akte am 24. angefordert, das ist jedoch unwahrscheinlich. Hitler hatte die »rekonstruierte« Akte spätestens am frühen Morgen des folgenden Tages in den Händen. Vgl. Kershaw, *Nemesis*, S. 54; vgl. Hoßbach, *Zwischen Wehrmacht und Hitler*, S. 107; vgl. Deutsch, *Generals*, S. 109.

34 Vgl. ebd., S. 106–109.

35 Vgl. ebd., S. 109; vgl. Hoßbach, *Zwischen Wehrmacht und Hitler*, S. 107.

36 Ebd., S. 108.

37 Vgl. ebd., S. 108–110.

38 Ebd., S. 110.

39 Vgl. ebd., S. 110 f.

40 Vgl. Wolff, IfZ ZS, S. 317, Bd. 1; vgl. Hoßbach, *Zwischen Wehrmacht und Hitler*, S. 112.

41 Unter Historikern ist umstritten, ob Hitler selbst die Krise um Blomberg und Fritsch provoziert hat, und insbesondere, ob er dies aufgrund des Widerstands gegen seine Pläne tat, der ihm auf der Hoßbach-Konferenz entgegenschlug. Im letzten Vierteljahrhundert haben die meisten Historiker die Ansicht akzeptiert, die der Geheimdienstmitarbeiter Fritz Tobias und der Journalist Karl-Heinz Janßen in ihrem 1994 erschie-

nenen Buch *Der Sturz der Generäle* vertreten haben: dass Hitler weder Aktionen gegen die Generäle geplant hatte noch ahnte, dass im Hintergrund eine Kampagne gegen sie in Vorbereitung war, und von den beiden Skandalen überrumpelt wurde. Aber das von Tobias und Janßen vertretene Argument ist aus einer Reihe von Gründen höchst problematisch. Tobias war ebenfalls Autor eines Buches, das ein sehr ähnliches Argument zum Reichstagsbrand von 1933 vorbrachte (Tobias, *Der Reichstagsbrand. Legende und Wirklichkeit*, Rastatt 1962). Zahlreiche Beweise belegen inzwischen den betrügerischen Charakter dieses Buches: Um seine These zu stützen, fabrizierte und unterdrückte Tobias Beweise, nutzte die Macht seines Amtes beim Verfassungsschutz, um Historiker, die ihm widersprachen, zu bedrohen und zu erpressen, und schrieb das Buch im Auftrag des Geheimdienstes (des niedersächsischen LfV), für den er arbeitete, um den Ruf eines vormaligen Nationalsozialisten zu rehabilitieren, der schwere Kriegsverbrechen begangen hatte und nun bei der niedersächsischen Regierung angestellt war, um antikommunistische Propaganda für den Kalten Krieg zu produzieren (siehe Hett, »This Story is About Something Fundamental«, in: *Central European History* 48 (2015) S. 199–224). *Der Sturz der Generäle* ist kein so schlechtes Buch wie *Der Reichstagsbrand* (Janßen hat Tobias möglicherweise dazu veranlassen können, mit den Tatsachen etwas sorgfältiger umzugehen), aber es hat die gleiche Agenda: Das Bemühen, Hitler für das, was in seinem Reich geschah, von aller Schuld freizusprechen, ist durchgängig präsent. Auch viele der Ziele, auf die sich die Autoren einschießen, sind die gleichen, einschließlich Hans Bernd Gisevius, einem der wenigen überlebenden Zeugen des militärischen Widerstands gegen Hitler, für den Tobias einen fast pathologischen Hass hegte. Wie weit dieser Hass ging und dass Tobias bereit war, die Ergebnisse der historischen Forschung zu verdrehen, um diesen Hass auszuleben, zeigt die Tatsache, dass Tobias einen scharfen NS-Richter namens Manfred Roeder – dessen brutale Ermittlungen viele mutige und idealistische Menschen, darunter Hans von Dohnanyi und Dietrich Bonhoeffer, in den Tod geschickt hatten – für einen glaubwürdigen Zeugen hielt, was die vielen angeblichen Charaktermängel von Gisevius anging. Die überaus intensive und sorgfältige Forschung des verstorbenen Harold C. Deutsch zum Thema der Blomberg-Fritsch-Krise ist weitaus überzeugender. Ich folge hier Deutschs Ergebnissen, ergänzt von den relevanten Zeugenberichten wie dem von Hoßbach, der keinen Zweifel daran hatte, dass Hitler hinter der Entlassung von Blomberg und Fritsch stand.

42  Zit. nach Schäfer, *Blomberg*, S. 188.

43  Vgl. Hoßbach, *Zwischen Wehrmacht und Hitler*, S. 115 f.

44  Zit. nach: Walter Warlimont, *Im Hauptquartier der deutschen Wehrmacht, 1939–1945*, Frankfurt a. M. 1962, S. 29, Fußnote 22.

45  Vgl. Schäfer, *Blomberg*, S. 179, Fußnote 189.

46  Zit. nach: *Generalfeldmarschall Keitel – Verbrecher oder Offizier? Erinnerungen, Briefe, Dokumente des Chefs* OKW, hrsg. von Walter Görlitz, Göttingen / Berlin / Frankfurt a. M., 1961, S. 109 f.

47  Alfred Jodl, »Tagebuch«, Eintrag vom 26. 1. 1938, in: *Internationaler Militärgerichtshof*, Bd. XXVIII, S. 356.

48  Vgl. Gisevius, *Bis zum bitteren Ende*, S. 364.

49  TBJG, Tl. 1, Bd. 5, Eintrag vom 1. 2. 1938, S. 128.

50  Fritsch an Leeb, 17. 4. 1938, BA-MA N 145/6, Nachlass Leeb.

51  TBJG, Tl. 1, Bd. 5, Eintrag vom 1.2. 1938, S. 127.

52  Gisevius, *Bis zum bitteren Ende*, S. 365.

53  Ministerbesprechung vom 5. 2. 1938, Akten der Reichskanzlei, *Regierung Hitler 1933–1945, Die Regierung Hitler*, hrsg. von Friedrich Hartmannsgruber, Bd. 5, Nr. 35, S. 118.

54  Vgl. Kershaw, *Nemesis*, S. 60.

55  Vgl. Hoßbach, *Zwischen Wehrmacht und Hitler*, S. 108–110.

56  Ebd., S. 117.

57  Vgl. Fritsch, »Eigenhändige Aufzeichnung«, in: Mühleisen, *Fritsch-Krise*, S. 496.

58  Fritsch, Memorandum, 1. 2. 1938, BA-MA N24/29, Nachlass Hoßbach.

59  Rüdiger von der Goltz, Anmerkungen zum Fall Fritsch, 1945, BA-MA N24/30, Nachlass Hoßbach.

60  Vgl. Kielmannsegg, *Tragweite*, S. 270; vgl. Henderson, *Failure of a Mission*, S. 108; Engel, *Heeresadjutant*, S. 20.

61  Vgl. Hoßbach, Aufzeichnung vom 22. 7. 1963, Betr. SS-General Wolff, BA-MA N24/145, Nachlass Hoßbach.

62  Hoßbach, »Ein Beitrag zur Wahrheit«, 23. 9. 1946, BA-MA N24/269, Nachlass Hoßbach.

63  Hoßbach, *Zwischen Wehrmacht und Hitler*, S. 125.

64  Gisevius, *Bis zum bitteren Ende*, S. 362.

65  Zit. nach Schäfer, *Blomberg*, S. 170.

66  Blomberg, Haft-Tagebücher, Eintrag vom 4. 12. 1945, BA-MA N52/9, Nachlass Blomberg.

67  Vgl. Kershaw, *Nemesis*, S. 84.

68  Hoßbach, *Zwischen Wehrmacht und Hitler*, S. 86.

69  Ebd., S. 94.

70  Ulrich von Hassell, »Tagebucheintrag vom 20. 12. 1938, in: Ulrich von

Hassell, *The von Hassell Diaries. The Story of the Forces Against Hitler Inside Germany*, London 1948, S. 28.
71  Mühleisen, *Fritsch-Krise*, S. 475.

## »Ziemlich besorgt bez. Zukunft«

1  J. Smith, »R. J. Mitchell – Aircraft Designer«, in: *Journal of the Royal Aeronautical Society* 58 (Mai 1954) S. 312–328, hier: S. 314.
2  Gordon Mitchell, *R. J. Mitchell. Schooldays to Spitfire*, Stroud 2006, S. 233; Smith, »R. J. Mitchell – Aircraft Designer«, S. 312–328, hier: S. 313.
3  Mitchell, *Schooldays to Spitfire*, S. 27–31.
4  Vgl. ebd., S. 32 f., 95.
5  Vgl. ebd., S. 111–130, 141 f.
6  Vgl. ebd., S. 141.
7  Vgl. ebd., S. 145; J. A. D. Ackroyd, »The Spitfire Wing Planform. A Suggestion«, in: *Journal of Aeronautical History* (2013) H. 2, S. 121–135. Eine der faszinierenden Debatten unter den Spitfire-Experten kreist um die Frage, inwieweit die Idee zu dem besonderen Flügeldesign aus deutschen Quellen stammen könnte – möglicherweise angeeignet von Shenstone, der in Deutschland gearbeitet hatte und wahrscheinlich vom britischen Militärattaché Malcolm Christie dorthin vermittelt worden war. Vgl. Lance Cole, *Secrets of the Spitfire. The Story of Beverley Shenstone, the Man who Perfected the Elliptical Wing*, Barnsley 2012.
8  Zit. nach: Leo McKinstry, *Spitfire. Portrait of a Legend*, London 2007, S. 55.
9  Zit. nach: Mitchell, *Schooldays to Spitfire*, S. 148.
10  Vgl. Alfred Price, *The Spitfire Story*, London 1982, S. 38. Price argumentiert, basierend auf einigen Unklarheiten in der Dokumentation, dass das Datum des Fluges der 6. März gewesen sein könnte; McKinstry verweist jedoch darauf, dass kürzlich entdeckte Dokumente eindeutig auf den 5. März hinweisen. Vgl. McKinstry, *Spitfire*, S. 60.
11  Jeffrey Quill, *Spitfire. A Test Pilot's Story*, Seattle 1984, S. 71.
12  Zit. nach: McKinstry, *Spitfire*, S. 61.
13  Zit. nach: Mitchell, *Schooldays to Spitfire*, S. 11.
14  H. R. »Dizzy« Allen, *Battle for Britain*, London 1973, S. 11.
15  Zit. nach: Mitchell, *Schooldays to Spitfire*, S. 163.
16  Vgl. ebd., S. 195.
17  *Times*, 12. 6. 1937.
18  Vgl. David Edgerton, *England and the Aeroplane. Militarism, Modernity, and Machines*, New York 2013.

19 Vgl. CP 316 (37), 15. 12. 1937, TNA CAB 24/273; CP 24 (38), 8. 2. 1938, TNA CAB 24/274; Kabinettssitzung 22. 12. 1937, morgens, TNA CAB 23/90a; Joseph Maiolo, *Cry Havoc. How the Arms Race Drove the World to War, 1931–1941*, New York 2010, S. 238; N. H. Gibbs, *Grand Strategy*, Bd. 1, London 1976, S. 279–296; Brian Bond, *British Military Policy Between the Two World Wars*, New York 1980, S. 252 f.; vgl. G. C. Peden, *British Rearmament and the Treasury, 1932–1939*, Edinburgh 1979.

20 Kabinettssitzung 22. 12. 1937, morgens; Kabinettssitzung 22. 12. 1937, abends, S. 376 f., TNA CAB 23/90a, S. 346–351, S. 376 f.

21 Kabinettssitzung 22. 12. 1937, TNA CAB 23/90a, S. 373.

22 Hansard, Parlamentssitzung vom 10. 11. 1932, Sp. 525–641. Zu diesem Zeitpunkt befand sich Baldwin formell zwischen zwei Amtszeiten als Premierminister und hatte in der Regierung von Ramsay MacDonald das Amt des Lord President of the Council inne. Aber auch in dieser Funktion war er de facto Premierminister; ab 1935 war er dann wieder offiziell amtierender Premier.

23 Vincent Orange, *Dowding of Fighter Command. Victor of the Battle of Britain*, London 2011, S. 11, 31.

24 Vgl. R. J. Overy, *The Air War*, New York 1980, S. 15.

25 Vgl. David Zimmerman, *Britain's Shield. Radar and the Defeat of the Luftwaffe*, Stroud 2012, Kap. 2.

26 Vgl. Orange, *Dowding*, S. 79 f.

27 Vgl. ebd., S. 82.

28 Basil Liddell Hart, *The British Way in Warfare*, London 1932, S. 37.

29 Diese These vertritt Liddell Hart im ersten Kapitel seiner Monographie *The British Way in Warfare*, »The Historical Strategy of Britain«, S. 13–41.

30 Liddell Hart, *British Way in Warfare*, S. 39–41.

31 Vgl. John J. Mearsheimer, *Liddell Hart and the Weight of History*, Ithaca 1988, S. 115 f., 170.

32 Vgl. Gat, *Fascist and Liberal Visions*, S. 233 f.

33 Landesarchiv NRW, Abteilung Rheinland, RW 58/09682/54, Urteil im Fall Karl J., 9. 12. 1941. Für den Hinweis auf diese Quelle danke ich Dustin Stalnaker.

34 Liddell Hart, *Europe in Arms*, New York 1937, S. 13 f.

35 Ebd., S. 16

36 Ebd., S. 19.

37 Vgl. Liddell Hart, *Paris, or the Future of War*, London 1935; Strachan, *British Way*, S. 461; Gat, *Fascist and Liberal Visions*, S. 234–238.

38 Vgl. Mearsheimer, *Liddell Hart*, S. 171. Mearsheimer ist allerdings der

Ansicht, dass Liddell Hart, da er den bestehenden Konsens ausdrückte, nicht im engeren Sinn als einflussreich bezeichnet werden kann.

39 Ebd., S. 115, 103; Robert Forczyk, *Case Red. The Collapse of France*, London 2017, S. 94–96; Basil Liddell Hart, *The Liddell Hart Memoirs*, Bd. 2: *The Later Years*, New York 1965, S. 4, 123 f.; Williamson Murray / Allan R. Millett (Hrsg.), *Military Innovation in the Interwar Period*, New York 1996, S. 9 f.

40 Mearsheimer, *Liddell Hart*, S. 100 f.

41 Vgl. Gilbert, *The Prophet of Truth*, S. 1039, Bezug nehmend auf eine Kabinettssitzung vom Januar 1939; Barry Posen, *The Sources of Military Doctrine. France, Britain and Germany Between the World Wars*, Ithaca 1984, S. 139.

42 CP 316 (37) Kabinettssitzung vom 15. 12. 1937, TNA CAB 24/273, S. 267.

43 Kabinettssitzung vom 14. 3. 1938, TNA CAB 23/92, S. 371.

44 Zit. nach Self, *Chamberlain*, S. 270.

45 Vgl. McKinstry, *Spitfire*, S. 11 f.

46 Zit. nach Mearsheimer, *Liddell Hart*, S. 148.

47 Vgl. Posen, *Sources of Military Doctrine*, S. 149, 159–161.

48 F. Scott Fitzgerald, *Tender Is the Night*, New York 1934, S. 72.

49 Vera Brittain, *Testament of Youth. An Autobiographical Study of the Years 1900–1925*, London 2009, S. 450.

50 Samuel Strauss, »Things Are in the Saddle«, in: *Atlantic Monthly* (November 1924).

51 Zit. nach Tim Bouverie, *Mit Hitler reden. Der Weg vom Appeasement zum Zweiten Weltkrieg*, Hamburg 2021, S. 54.

52 Hansard, Parlamentssitzung vom 12. 11. 1936, Sp. 1143 f.

53 Ebd., Sp. 1145 f.

54 Zit. nach David Faber, *Munich. Appeasement and World War II*, New York 2009, S. 77.

55 Vgl. amerikanisches Außenministerium an Lindsay, für den britischen Premierminister, 13. 1. 1938, *Documents on British Foreign Policy* [im Anschluss zitiert als DBFP], 2. Serie, Bd. 19, Dokument 430 738 sowie DBFP, 2. Serie, Bd. 19, amerikanisches Außenministerium an Lindsay, für den britischen Premierminister, 13. 1. 1938, Dokument 431 739.

56 Chamberlain an Hilda, 17. 12. 1937, Chamberlain, *Diary Letters*, S. 294.

57 Eden an Lindsay, 16. 1. 1938, DBFP, 2. Serie, Bd. 19, Dokument 443 753.

58 Sumner Welles, *Seven Decisions That Shaped History*, New York 1951, S. 27.

59 Lindsay an Eden, 18. 1. 1938, DBFP, 2. Serie, Bd. 19, Dokument 445 754.

60 Vgl. Faber, *Munich*, S. 91 f.

61  Vgl. Kabinettssitzung vom 19. 2. 1938, TNA CAB 23/92, S. 173–175.
62  Zit. nach Michael Bloch, *Ribbentrop*, London 1992, S. 98.
63  Chamberlain an Hilda, 13. 3. 1938, Chamberlain, *Diary Letters*, S. 304.
64  TBJG, Tl. 1, Bd. 5, Eintrag vom 8. 3. 1938, S. 194; Eintrag vom 6. 5. 1938, S. 290; Eintrag vom 24. 5. 1938, S. 316.
65  Zit. nach: Rudolf Semmler, *Goebbels – The Man Next to Hitler*, New York 1981, S. 18 f.
66  Zit. nach: Galeazzo Ciano, Tagebucheintrag 6. 5. 1938, *Diary 1937–1943*, London 2002, S. 88.
67  Vgl. DGFP D/1, Nr. 294, S. 513 f., Entwurf des Protokolls zur Konferenz vom 12. 2. 1938.
68  Vgl. Richard J. Evans, *The Third Reich in Power*, New York 2005, S. 650.
69  Max Domarus, *Hitler. Speeches and Proclamations, 1932–1945*, Bd. 2: *1935–1938*, Wauconda 1992, S. 1051 f.
70  Keitel, *Memoirs*, S. 58 f.
71  Vgl. Evans, *Third Reich in Power*, S. 651 f.
72  Vgl. Faber, *Munich*, S. 140; vgl. Churchill, *Gathering Storm*, S. 270.
73  Vgl. Kershaw, *Nemesis*, S. 79 f.
74  Vgl. Pedersen, *Guardians*, S. 346.
75  TBJG, Tl. 1, Bd. 5, Eintrag vom 13. 3. 1938, S. 204.

## »Ein Kratzen an den Gitterstäben«

1  Max Fürst, *Gefilte Fisch und wie es weiterging*, München 2004, S. 512 f. Das lateinische Zitat, auf das sich Max Fürst bezieht, stammt aus Sallusts *Bellum Iugurthinum*.
2  Vgl. Benjamin Carter Hett, *Crossing Hitler. The Man who Put the Nazis on the Witness Stand*, New York 2008, S. 186–194.
3  Fürst, *Gefilte Fisch*, S. 727.
4  Ebd., S. 727 f.
5  Ebd., S. 747, 728 f.
6  Harold Hagemann, »Cläre Tisch«, in: Robert W. Dimand (Hrsg.), *A Biographical Dictionary of Women Economists*, Cheltenham 2000, S. 426–429.
7  Tisch an Schumpeter, 12. 3. 1933, HUG (FP) 4.7.
8  Tisch an Schumpeter, 12. 9. 1933, HUG (FP) 4.7.
9  Tisch an Schumpeter, 3. 2. 1939, HUG (FP) 4.7.5.
10  Vgl. Snyder, *Black Earth*, S. 84.
11  Vgl. ebd., S. 86 f.

12  Vgl. Peter Longerich, *Holocaust. The Nazi Persecution and Murder of the Jews*, Oxford 2010, S. 110.

13  Vgl., ebd., S. 113–120.

14  Vgl. Herbert A. Strauss, »Jewish Emigration from Germany. Nazi Policies and Jewish Response«, in: *Leo Baeck Institute Year Book* 25 (1980) S. 326.

15  Vgl. Saul S. Friedman, *No Haven for the Oppressed. United States Policy Toward Jewish Refugees, 1938–1945*, Detroit 1973, S. 56. Der ironische Kommentar stammt möglicherweise von Chaim Weizmann: Vgl. Irving Abella / Harold Troper, *None is Too Many. Canada and the Jews of Europe, 1933–1948*, Toronto 2012, S. 4.

16  Vgl. Richard Breitman / Allan J. Litchtman, FDR *and the Jews*, Cambridge 2013, S. 8–10.

17  Zit. nach: Ebd., S. 60 f.

18  Vgl. Arnold A. Offner, *American Appeasement. United States Foreign Policy and Germany, 1933–1938*, Cambridge 1969, S. 68.

19  Vgl. Breitman/Lichtman, FDR *and the Jews*, S. 63 f.

20  Zit. nach: David S. Wyman, *Paper Walls. America and the Refugee Crisis, 1938–1941*, Amherst 1968, S. 4.

21  Zit. nach: Ebd., S. 7.

22  Vgl. Lisa McGirr, *The War on Alcohol. Prohibition and the Rise of the American State*, New York 2016.

23  Vgl. Bradley W. Hart, *Hitler's American Friends. The Third Reich's Supporters in the United States*, New York 2018, S. 70, 85 f.

24  Vgl. Kiran Klaus Patel, *The New Deal. A Global History*, Princeton 2016, S. 19; Daniel Okrent, *The Guarded Gate. Bigotry, Eugenics, and the Law That Kept Two Generations of Jews, Italians, and Other European Immigrants Out of America*, New York 2019, S. 344, 391 f.

25  Vgl. Wyman, *Paper Walls*, S. 1.

26  Vgl. Patel, *New Deal*, S. 20.

27  Vgl. Breitman/Lichtman, FDR *and the Jews*, S. 74 f., 90 und 95.

28  Vgl. ebd., S. 101 f.

29  Vgl. Martin Weil, *A Pretty Good Club. The Founding Father of the U.S. Foreign Service*, New York 1978, S. 90 f.

30  Vgl. Andrew/Mitrokhin, *Sword and Shield*, S. 106.

31  Breckinridge Long, *The War Diary of Breckinridge Long. Selections from the Years 1939–1944*, Lincoln 1966, Tagebucheintrag vom 18. 9. 1940, S. 130.

32  Zit. nach: Cook, *Eleanor Roosevelt*, S. 200, 318–382.

33  Breitman/Lichtman, FDR *and the Jews*, S. 104; Michael R. Marrus, *The*

*Unwanted. European Refugees in the Twentieth Century*, New York 1985, S. 170 f.

34 Vgl. Timothy P. Maga, »Closing the Door. The French Government and Refugee Policy, 1933–1939«, in: *French Historical Studies* 12 (1982) H. 3, S. 424–442, 436; vgl. Breitman/Lichtman, *FDR and the Jews*, S. 106.

35 Vgl. Maga, *Closing the Door*, S. 436 f.; vgl. Breitman/Lichtman, *FDR and the Jews*, S. 110; vgl. Marrus, *The Unwanted*, S. 170–172.

36 Zit. nach Friedman, *No Haven for the Oppressed*, S. 65.

37 Vgl. Breitman/Lichtman, *FDR and the Jews*, S. 121; vgl. David S. Wyman, *Paper Walls*, S. 52 f.

38 Vgl. Breitman/Lichtman, *FDR and the Jews*, S. 120; Geist zit. nach: Richard Breitman (Hrsg.), *Refugees and Rescue. The Diaries and Papers of James G. McDonald*, Bloomington 2009, S. 332.

39 Vgl. Breitman/Lichtman, *FDR und the Jews*, S. 114 f.; vgl. Richard Mayers, *FDR's Ambassadors and the Diplomacy of Crisis. From the Rise of Hitler to the End of World War II*, New York 2013, S. 57.

40 Hannah Arendt, *The Origins of Totalitarianism*, New York 1994, S. 268 f.

41 Zit. nach: Marrus, *The Unwanted*, S. 141–143.

42 Vgl. ebd., S. 143–145.

43 Vgl. ebd., S. 146.

44 Vgl. ebd., S. 147.

45 Vgl. Maga, *Closing the Door*, S. 424–442, Lokalpolitiker zit. nach: ebd., S. 431 f.

46 Zit. nach: Okrent, *Guarded Gate*, S. 570.

47 Vgl. Maga, *Closing the Door*, S. 435; Marrus, *The Unwanted*, S. 148 f.

48 Vgl. ebd., S. 149–151; zit. nach: ebd., S. 151.

49 Vgl. Pedersen, *Guardians*, S. 366 f.

50 Vgl. Marrus, *The Unwanted*, S. 151–154; Bernard Wasserstein, *Britain and the Jews of Europe, 1939–1945*, S. 19 f.; Pedersen, *Guardians*, S. 368.

51 Chamberlain an Hilda, 30. 7. 1939, Chamberlain, *Diary Letters*, S. 433.

52 Zit. nach Breitman/Lichtman, *FDR and the Jews*, S. 122.

53 Zit. nach Faber, *Munich*, S. 190.

54 Vgl. Susan Pedersen, *Eleanor Rathbone and the Politics of Conscience*, New Haven 2004, S. 271–277.

55 Vgl. ebd., S. 300.

56 Vgl. ebd., S. 296 f.

57 Eleanor Rathbone, »A Personal View of the Refugee Problem«, in: *New Statesman and Nation* (15. 4. 1939) S. 568 f.

58 Vgl. Marrus, *The Unwanted*, S. 153 f.

59 Vgl. Wasserstein, *Britain and the Jews of Europe*, S. 26 f.

60 Vgl. ebd., S. 33.

61 Vgl. Martin Gilbert, *Churchill and the Jews. A Lifelong Friendship*, New York 2007, S. 153, 158.

62 Pedersen, *Guardians*, S. 359; Wasserstein, *Britain and the Jews of Europe*, S. 18.

63 Hansard, Parlamentsdebatte vom 23. 5. 1939, Sp. 2172.

64 Pedersen, *Guardians*, S. 392.

65 Hansard, Parlamentsdebatte vom 23. 5. 1939, Sp. 2176.

66 Fürst, *Gefilte Fisch*, S. 733.

67 Ebd., S. 733, 736 f., 262.

68 Tisch an Schumpeter, 10. 7. 1941, Nachlass Schumpeter, Harvard Universitätsarchiv.

69 Tisch an Schumpeter, 8. 11. 1941, Nachlass Schumpeter, Harvard Universitätsarchiv.

70 Informationen abgerufen auf Yad Vashem, The Central Database of Shoah Victims' Names, https://yvng.yadvashem.org.

## »Das will ich haben!«

1 Zit. nach: Heinz Guderian, *Erinnerungen eines Soldaten*, Stuttgart [18]2003, S. 24.

2 *Mein Kampf* 2, Ausgabe des IfZ, S. 1671.

3 Zit. nach: Gat, *Fascist and Liberal Visions*, S. 101 f.

4 In seinen Memoiren erwähnt Guderian unter anderem Liddell Hart als jemanden, der früh Einfluss auf sein Denken gehabt habe. Tatsächlich hatte wohl Liddell Hart, der in der Nachkriegszeit für viele hochrangige deutsche Offiziere in deren Kriegsverbrecher- und Entnazifizierungsprozessen als Fürsprecher auftrat, Druck auf Guderian ausgeübt, dies hinzuzufügen. Vgl. Mersheimer, *Liddell Hart*, S. 189–191; vgl. Paul Harris, Vorwort des Herausgebers der englischen Übersetzung von Guderian, *Achtung Panzer*. Azar Gat argumentiert jedoch in »British Influence and the Evolution of the Panzer Arm«, in: *War in History* 4 (1997) H. 2, S. 150–173, dass »die Tatsache, dass [Liddell Hart] betrügerisch agierte«, indem er Guderian im Wesentlichen dazu erpresste, eine überschwängliche Würdigung von Liddell Harts Einfluss in seine Memoiren aufzunehmen, »nicht notwendigerweise bedeutet, dass er völlig falsch lag«. Gat, »British Influence«, S. 153.

5 Vgl. Guderian, *Erinnerungen eines Soldaten*, S. 14–16.

6 Ebd., S. 26.

7 Vgl. Murray/Millett, *Military Innovation in the Interwar Period*, S. 41 f.
8 Vgl. Gat, *Fascist and Liberal Visions*, S. 243 f.
9 Victor Klemperer, *LTI. Notizbuch eines Philologen*, Stuttgart 2015, S. 12.
Robert M. Citino besteht zu Recht darauf, dass die Nazis die Idee der schnellen, gepanzerten Kriegsführung nicht erfunden haben. Der Punkt ist jedoch die Affinität zwischen den Ideen und Zielen der Nazis und denen von Guderian und anderen. Vgl. Robert M. Citino, *The Path to Blitzkrieg. Doctrine and Training in the German Army, 1920–1939*, Boulder 1999, S. 223, sowie Robert M. Citino, *The German Way of War. From the Thirty Years' War to the Third Reich*, Lawrence 2005.
10 Guderian, *Erinnerungen eines Soldaten*, S. 26; vgl. Klaus-Jürgen Müller, *Generaloberst Ludwig Beck. Eine Biographie*, Paderborn 2008, S. 217.
11 Vgl. Citino, *Path to Blitzkrieg*, S. 240.
12 Guderian, *Erinnerungen eines Soldaten*, S. 19; vgl. Murray, *Military Innovation*, S. 42 f.
13 Vgl. Forczyk, *Case Red*, S. 75 f.
14 Zit. nach Tooze, *Wages of Destruction*, S. 219 f.
15 Schwerin von Krosigk, Mitteilung an Hitler vom 1. 9. 1938, in: United States Government Printing Office (Hrsg.), *Nazi Conspiracy and Aggression*, Bd. 7, Washington 1946, S. 474–478.
16 Erich Ludendorff, *The Nation at War*, London 1936, S. 15.
17 Ebd., S. 23 f.
18 Erich Ludendorff, *Kriegführung und Politik*, Berlin 1922, S. 336.
19 Vgl. Abbott Gleason, *Totalitarianism. The Inner History of the Cold War*, New York 1995, S. 25; Ernst Jünger, »Die totale Mobilmachung«, in: E. J., *Sämtliche Werke*, Bd. 7: *Essays I*, Stuttgart 1980, S. 121–142, 126 f.
20 Vgl. Bruno Thoss, *Der Ludendorff Kreis 1919–1923. München als Zentrum der mitteleuropäischen Gegenrevolution zwischen Revolution und Hitler-Putsch*, München 1978, S. 253–261.
21 Adam Tooze, *The Deluge. The Great War and the Remaking of the Global Order*, New York 2014, S. 512 f.
22 Zit. nach: Tooze, *Wages of Destruction*, S. 213.
23 Vgl. ebd., S. 308–311.
24 Zitiert nach ebd., S. 316. Unter Historikern gibt es seit langem eine Debatte darüber, ob eine innerdeutsche Wirtschaftskrise, gepaart mit Protesten der Bevölkerung oder zumindest drohenden Protesten, Hitler 1939 in den Krieg trieb. Fußend auf der mit Abstand gründlichsten Recherche, vermeidet Adam Tooze in seiner überzeugenden Darstellung zu diesem Thema bewusst, die Verhältnisse als Krise zu bezeichnen,

während er die wirtschaftlichen Probleme, die für Hitler – angesichts seiner Pläne und Annahmen – den Krieg 1939 unaufschiebbar machten, vollständig umreißt. Vgl. ebd., insb. S. 317–319.

25 Vgl. Kershaw, *Nemesis*, S. 96; TBJG, Tl. 1, Bd. 5, Eintrag vom 7.3.1938, S. 193; Jodl, *Tagebuch*, Eintrag vom 11.3.1938, S. 372; Akten zur deutschen auswärtigen Politik 1918–1945 (ADAP) D 2, S. 157, Fußnote 106.

26 Vgl. Kershaw, *Nemesis*, S. 87.

27 Vgl. ebd., S. 87f.

28 Weizsäcker, *Erinnerungen*, S. 165; Weizsäcker, »Tagebucheintrag vom 9. Oktober 1938«, in: Leonidas E. Hill (Hrsg.), *Die Weizsäcker-Papiere 1933–1950*, Berlin 1974, S. 144.

29 Vgl. Weinberg, *Hitler's Foreign Policy*, S. 648.

30 Vgl. ebd., S. 660f.

31 Vgl. ebd., S. 663f.

32 Vgl. ebd., S. 735.

33 Vgl. Kershaw, *Nemesis*, S. 97.

34 Entwurf für die neue Weisung Grün, 20.5.1938, ADAP Serie D, Bd. 2, S. 237.

35 Die Debatte darüber, wie es tatsächlich zur sogenannten Wochenendkrise kam, wird seit langem geführt. Seinerzeit argumentierte Gerhard Weinberg, dass die tschechische Teilmobilisierung am Wochenende des 20. bis 22. Mai eine verständliche, wenn auch falsche Reaktion auf eine allgemein angespannte Situation war. A. J. P. Taylor machte sich in seiner gewohnt ausgefuchsten Art für das Argument stark, dass die Mobilisierung von den Tschechen als Provokation gedacht war, um die britische Appeasement-Politik aus den Angeln zu heben. Andreas Krämer argumentiert in: *Hitlers Kriegskurs, Appeasement und die Maikrise 1938. Entscheidungsstunde im Vorfeld von »Münchener Abkommen« und Zweitem Weltkrieg*, Berlin 2014, dass die ganze Affäre auf ein Komplott des britischen Außenministeriums zurückgeht, um Chamberlain zu einer härteren Politik gegenüber Deutschland zu drängen. Eine so interessante wie überzeugende Erklärung präsentiert Igor Lukes in: »The Czechoslovak Partial Mobilization in May 1938. A Mystery (Almost) Solved«, in: *Journal of Contemporary History* 31 (Oktober 1996) H. 4, S. 699–720. In seiner Arbeit stützt sich Lukes auf Dokumente des tschechischen militärischen Nachrichtendienstes, der wie sein französisches Vorbild Deuxième Bureau (*druhý oddělení zpravodajské hlavního štábu*, dt. ›zweite nachrichtendienstliche Abteilung des Generalstabs‹) genannt wurde. Vgl. zu Weinberg: Gerhard L. Weinberg, »The May Crisis, 1938«, in: *The Journal of Modern History* 29 (September 1957) H. 3, S. 213–225; vgl. zu

Taylor: A. J. P. Taylor, *The Origins of the Second World War*, Harmondsworth 1984.

36 Vgl. Lukes, *The Czechoslovak Partial Mobilization*, S. 701–703.

37 Vgl. ebd., S. 707–709.

38 Vgl. ebd., S. 710 f.

39 Vgl. ebd., S. 714 f.

40 Vgl. ebd., S. 704.

41 Schmidt, *Hitler's Interpreter*, S. 96–98.

42 Chamberlain an Hilda, 22. 5. 1938 und Chamberlain an Ida, 28. 5. 1938, Chamberlain, *Diary Letters*, S. 324 f.

43 Chamberlain an Ida, 18. 6. 1938, Chamberlain, *Diary Letters*, S. 328.

44 Schmidt, *Statist auf diplomatischer Bühne 1923–1945*, Bonn 1949, S. 393.

45 Vgl. Kershaw, *Nemesis*, S. 100; vgl. Wiedemann, *Der Mann*, S. 126–128; vgl. Müller, *Beck Dokumente*, S. 512–520 und 290–292.

46 Vgl. May, *Strange Victory*, S. 66; ADAP Serie D, Bd. 2, S. 282.

47 Vgl. Reynolds, *Treason Was No Crime*, S. 175 f.

48 Vgl. Terry Parssinen, *Die vergessene Verschwörung. Hans Oster und der militärische Widerstand gegen Hitler*, München 2008, S. 67.

49 Müller, *Beck Dokumente*, S. 512 f., Fußnote 1.

50 Ebd.

51 Vgl. ebd.; Hitlers Worte bei dieser Besprechung werden hier zitiert nach: Adjutant Fritz Wiedemann, eidesstattliche Erklärung gegenüber dem Institut für Zeitgeschichte, in: IfZ ZS 191; vgl. auch Wiedemann, *Der Mann*, S. 128.

52 Vgl. Beck, »Stellungnahme zu den Ausführungen Hitlers am 28. 5. 1938«, datiert vom 29. 5. 1938, in: Müller, *Beck Dokumente*, S. 521–528.

53 Ebd.; »Aufzeichnung Becks über die Vertrauenskrise in Wehrmacht und Volk gegenüber der politischen Führung« vom 29. 7. 1938, in: Müller, *Beck Dokumente*, S. 560–562.

54 Vgl. Parssinen, *Vergessene Verschwörung*, S. 68; zit. nach: Peter Bor, *Gespräche mit Halder*, S. 113.

55 Engel, *Heeresadjutant*, Einträge vom 18. 7. 1938 und 2. 8. 1938, S. 27–29.

56 Zit. nach: Parssinen, *Vergessene Verschwörung*, S. 74 f.

57 Vgl. ebd., S. 49; Höhne zit. nach: *Canaris*, S. 252.

58 Hans Bernd Gisevius, *Wo ist Nebe? Erinnerungen an Hitlers Reichskriminaldirektor*, Zürich 1966, S. 32.

59 Vgl. Hans-Adolf Jacobson (Hrsg.), *Spiegelbild einer Verschwörung*, Stuttgart 1984, Bericht vom 2. 10. 1944, S. 430; Liedig, interviewt von Krausnick, IfZ ZS, 2125, S. 1; Gisevius, *Nebe*, S. 114.

60 Vgl. Deutsch, *Twilight*, S. 87 f.

61 Zit. nach: Gisevius, *Bis zum bitteren Ende*, Bd. 2: *Vom Münchner Abkommen zum 20. Juli 1944*, S. 193.

62 Vgl. Michael Mueller, *Nazi Spymaster. The Life and Death of Admiral Wilhelm Canaris*, New York 2017, S. 112–115.

63 Weizsäcker, *Erinnerungen*, S. 174–176.

64 Zit. nach Gisevius, *Nebe*, S. 113.

65 Ernst von Weizsäcker, Tagebucheintrag vom 5.3.1938, *Weizsäcker-Papiere*, S. 122.

66 Zumindest scheint der Zeitpunkt so plausibel zu sein. In den Weizsäcker-Papieren findet sich ein Bericht über ein Gespräch in einem Tagebucheintrag vom 5.3.1938; in seinen Memoiren terminiert er ein sehr ähnliches Gespräch mit Ribbentrop auf Ostersonntag 1938, also den 17. April. Es ist möglich, dass sein Gedächtnis hier versagte, als er seine Memoiren schrieb; es ist aber auch möglich, dass er nicht zugeben wollte, dass er über so detaillierte Kenntnisse verfügte, bevor er die Position des Staatssekretärs übernahm. Es ist auch möglich, dass es tatsächlich zwei getrennte Gespräche diesen Inhalts gab.

67 Zit. nach Weizsäcker, *Memoiren*, S. 154.

68 Ebd., S. 155.

69 Gisevius, *Bis zum bitteren Ende*, Bd. 2, S. 167 f.

70 Weizsäcker, Brief vom 3.7.1938, *Weizsäcker-Papiere*, S. 131.

71 »Vortragsnotiz Becks über innen- und außenpolitische Informationen von Hauptmann a. D. Wiedemann und eigene Vorschläge zu Innenpolitischen Maßnahmen der Generalität«, 29.7.1938, in: Müller, *Beck Dokumente*, S. 557–560.

72 »Vortragsnotiz Becks über mögliche innen- und außenpolitische Entwicklungen, insbesondere über das Verhalten der obersten militärischen Führung angesichts der Gefahr eines Krieges mit der Tschechoslowakei«, 16.7.1938, ebd., S. 551–554.

73 »Vortragsnotiz Becks über innen- und außenpolitische Informationen von Hauptmann a. D. Wiedemann und eigene Vorschläge zu Innenpolitischen Maßnahmen der Generalität«, 29.7.1938, ebd., S. 557–560.

74 Vgl. Peter Hoffmann, *German Resistance to Hitler*, Cambridge 1989, S. 77.

75 Vgl. ebd., S. 79; Parssinen, *Vergessene Verschwörung*, S. 95.

76 Vgl. Hoffmann, *German Resistance*, S. 79.

77 Fritsch an Hoßbach, 7.11.1938, Beck an Hoßbach, 20.11.1938, BArch-MA N24/13, Nachlass Hoßbach.

78 Weizsäcker, *Memoiren*, S. 172.

79 Vgl. Ian Colvin, *Master Spy. The Incredible Story of Admiral Wilhelm Ca-*

*naris*, New York 1952, S. 76; vgl. Ian Colvin, *Vansittart in Office*, London 1965, S. 223; Parssinen, *Vergessene Verschwörung*, S. 102.

80 »Note of a Conversation Between Sir. R. Vansittart and Herr von Kleist«, DBFP, Serie 3, Bd. 2, S. 686; vgl. Hoffmann, *Resistance*, S. 60 f.

81 DBFP, Serie 3, Bd. 2, S. 686 f.

82 Vgl. Hoffmann, *Resistance*, S. 55; vgl. Colvin, *Vansittart in Office*, S. 149–155 und 205 f.; vgl. Peter Hoffmann, *Carl Goerdeler gegen die Verfolgung der Juden*, Köln 2013, S. 101–104.

83 Vgl. Hoffmann, *German Resistance*, S. 57 und 60–62.

84 Vgl. Colvin, *Vansittart in Office*, S. 205 f.

85 Vgl. Hoffmann, *German Resistance*, S. 57 f.

86 Vgl. Kordt, *Nicht aus den Akten*, S. 246–250; vgl. Hoffmann, *Resistance*, S. 66 f., Fußnote 76.

87 Vgl. Parssinen, *Vergessene Verschwörung*, S. 145.

88 Vgl. Bor, *Gespräche*; vgl. Gerd R. Ueberschär, *Generaloberst Franz Halder. Generalstabschef, Gegner und Gefangener Hitlers*, Göttingen 1991, S. 10–25.

89 Vgl. Ueberschär, *Halder*, S. 31; zit. nach: Deutsch, *Twilight*, S. 31.

90 Vgl. Gisevius, *Bis zum bitteren Ende*, Bd. 2, S. 23 f.

91 Vgl. Hoffmann, *Resistance*, S. 82 und 557, Fußnote 18.

92 Gisevius, *Bis zum bitteren Ende*, Bd. 2, S. 31.

93 Ebd., S. 41 und 37.

94 Vgl. Hoffmann, *German Resistance*, S. 90.

95 Vgl. ebd., S. 90 f.

96 Vgl. ebd., S. 91–93.

97 Domarus, *Hitler*, Bd. 2, S. 1150 f.

## »Aus dieser Nessel Gefahr ...«

1 Viscount Grey of Fallodon, *Twenty-Five Years. 1892–1916*, New York 1925, S. 278–280.

2 John Barnes / David Nicholson (Hrsg.), *The Empire at Bay. The Leo Amery Diaries, 1929–1945*, London 1988, Eintrag vom 30. 5. 1938, S. 506.

3 Chamberlain an Ida, 3. 9. 1938, Chamberlain, *Diary Letters*, S. 342.

4 Vgl. Chamberlain, *Diary Letters*, Fußnote 104, S. 344.

5 »Nuremberg and Aussig«, in: *Times*, 7. 9. 1938.

6 TBJG, Tl. 1, Bd. 6, 8. 9. 1938, S. 78.

7 Vgl. Chamberlain, *Diary Letters*, S. 344, Fußnote 104.

8 Chamberlain an Ida, 19. 9. 1938, ebd., S. 345.

9 TBJG, Tl. 1, Bd. 6, Eintrag vom 15. 9. 1938, S. 91.

10 Vgl. Self, *Chamberlain*, S. 311.

11 Chamberlain an Ida, 19. 9. 1938, Chamberlain, *Diary Letters*, S. 345–349. Dass Hitler als Anstreicher gearbeitet hätte, war eine irrtümliche Vorstellung, die in Großbritannien vor dem Krieg weit verbreitet war. Hitler hatte keine Malerlehre absolviert, sondern eine Zeit lang ein Auskommen als Postkartenmaler in Wien.

12 Schmidt, *Hitler's Interpreter*, S. 106.

13 Chamberlain an Ida, 19. 9. 1938, Chamberlain, *Diary Letters*, S. 345–349.

14 Schmidt, *Hitler's Interpreter*, S. 106.

15 Zitiert nach: ebd.

16 Schmidt, Memorandum, 15. 9. 1938.

17 DGFP Dokument 487, S. 786–798.

18 Kabinettssitzung vom 17. 9. 1938, TNA CAB 23/95, 72, 75.

19 Zitiert nach: Self, *Chamberlain*, S. 314.

20 Chamberlain an Ida, 19. 9. 1938, Chamberlain, *Diary Letters*, S. 345–349.

21 TBJG, Tl. 1, Bd. 6, Eintrag vom 17. 9. 1938, S. 94, Eintrag vom 18. 9. 1938, S. 97; vgl. Fest, *Hitler*, S. 546.

22 Vgl. Kabinettssitzung vom 17. 9. 1938, TNA CAB 23/95, S. 110.

23 Kabinettssitzung vom 19. 9. 1938, TNA CAB 23/95, S. 116.

24 Anhang zum Protokoll der Kabinettssitzung vom 19. 9. 1938, TNA CAB 23/95, S. 138.

25 David Dilks (Hrsg.), *The Diaries of Sir Alexander Cadogan, 1938–1945*, New York 1972, S. 100.

26 Kabinettssitzung vom 21. 9. 1938, TNA CAB 23/95, S. 136 und 163.

27 Cadogan, *Diaries*, S. 102.

28 Vgl. Schmidt, *Hitler's Interpreter*, S. 108. Als Ironie der Geschichte muss wohl gelten, dass dieses Hotel nach dem Zweiten Weltkrieg, in der letzten Phase der Besatzung von 1949 bis 1955, das Hauptquartier der Alliierten Hohen Kommission in Deutschland werden sollte. Ivone Kirkpatrick würde als britischer Hochkommissar auf den Petersberg zurückkehren, und André François-Poncet, französischer Botschafter in Deutschland von 1931 bis 1938, würde in das vormalige Hotel Dreesen als französischer Hoher Kommissar einziehen.

29 Ebd., S. 110–115.

30 Kabinettssitzung vom 24. 9. 1938, TNA CAB 23/95, S. 168.

31 Cadogan, *Diaries*, S. 103; John Julius Norwich (Hrsg.), *The Duff Cooper Diaries, 1915–1951*, London 2005, S. 265.

32 Kabinettssitzung vom 24. 9. 1938, TNA CAB 23/95, S. 181.

33 Ebd., S. 180.

34 Cadogan, *Diaries*, S. 103.
35 Zitiert nach: ebd., S. 105.
36 Kabinettssitzung vom 25. 9. 1938, TNA CAB 23/95, S. 199.
37 Cadogan, *Diaries*, S. 105 f.; Roberts, *Holy Fox*, S. 116–118.
38 Vgl. Kabinettssitzung vom 25. 9. 1938, TNA CAB 23/95, S. 233.
39 Ebd., S. 240.
40 Vgl. ebd., S. 240–245.
41 Roberts, *Holy Fox*, S. 113.
42 Nicolson, *Diaries 1930–1939*, S. 367 f.
43 Zit. nach: Telford Taylor, *Munich. The Price of Peace*, New York 1979, S. 863.
44 Vgl. Churchill, *Gathering Storm*, S. 308 f. Halifax hat diese Behauptung Churchills nach dem Krieg bestritten – und Halifax' Erinnerungen scheinen in diesem Fall plausibler zu sein: vgl. Roberts, *Holy Fox*, S. 119.
45 Vgl. Taylor, *Munich*, S. 862 f.
46 Kabinettssitzung vom 26. 9. 1938, TNA CAB 23/95, S. 248.
47 Kabinettssitzung vom 27. 9. 1938, TNA CAB 23/95, S. 263–265; vgl. Domarus, *Hitler*, S. 1196.
48 Vgl. ebd., S. 1182–94, hier zitiert nach: https://www.ns-archiv.de/krieg/1938/tschechoslowakei/wollen-keine-tschechen.php.
49 William Shirer, *Berlin Diary. The Journal of a Foreign Correspondent, 1934–1941*, Baltimore 2002, S. 141.
50 Ebd., S. 142.
51 TBJG, Tl. 1, Bd. 6, Eintrag vom 27. 9. 1938, S. 115.
52 Vgl. Domarus, *Hitler*, S. 1194.
53 Shirer, *Berlin Diary*, S. 141.
54 Ebd., S. 142 f.
55 Paul Schmidt, *Memorandum*, DGFP, Serie D, Bd. 2, Nr. 634, S. 963–965; Kabinettssitzung vom 27. 9. 1938, TNA CAB 23/95, S. 263–268.
56 Neville Chamberlain, *The Struggle for Peace*, London 1939, S. 274 f.
57 Ebd., S. 276.
58 Duff Cooper, *Diaries*, S. 268.
59 Zit. nach: Cadogan, *Diaries*, S. 108.
60 Gisevius, *Bis zum bitteren Ende*, Bd. 2, S. 60.
61 Ebd., S. 61 f.
62 Vgl. ebd., S. 62.
63 Ebd., S. 63.
64 Vgl. Hoffmann, *German Resistance*, S. 96.
65 Vgl. Parssinen, *Vergessene Verschwörung*, S. 216 f.
66 Hoffmann, *German Resistance*, S. 96.

67  Gisevius, *Bis zum bitteren Ende*, Bd. 2, S. 64.

68  Jodl, *Tagebuch*, Eintrag vom 28. 9. 1938, S. 388; Wiedemann, *Der Mann*, S. 177.

69  Weizsäcker, *Erinnerungen*, S. 187.

70  Schmidt, *Hitler's Interpreter*, S. 118.

71  Zit. nach: Kordt, *Nicht aus den Akten*, S. 270 f.; Schmidt, *Statist*, S. 413.

72  Roosevelt an Hitler, DGFP, Serie D, Bd. 2, Dokument 632, S. 958 f.

73  Vgl. Weizsäcker, *Erinnerungen*, S. 188; Wiedemann, *Der Mann*, S. 176.

74  Gisevius, *Bis zum bitteren Ende*, Bd. 2, S. 65.

75  Nicolson, *Diaries 1930–1939*, S. 369.

76  Vgl. ebd., S. 368 f.

77  »Rede des Premiers mit dramatischem Höhepunkt«, in: *Times*, 29. 9. 1938.

78  Nicolson, *Diaries 1930–1939*, S. 370.

79  Cadogan, *Diaries*, S. 109; vgl. »Rede des Premiers mit dramatischem Höhepunkt«, in: *Times*, 29. 9. 1938.

80  Ebd..

81  Zit. nach: Faber, *Munich*, S. 397 f.

82  Nicolson, *Diaries 1930–1939*, S. 371.

83  Faber, *Munich*, S. 399. Der Wortlaut des Zitats stammt von Dunglass (dem späteren Premierminister Sir Alec Douglas-Home), Faber war der Erste, der dieses Zitat verwendete.

84  Zit. nach: ebd., S. 401.

85  André François-Poncet, *The Fateful Years. Memoirs of a French Ambassador in Berlin*, New York 1949, S. 269.

86  Ebd., S. 271.

87  Weizsäcker, *Erinnerungen*, S. 189.

88  Ciano, *Diary*, S. 135.

89  DGFP Dokument 670, S. 1003–05.

90  Ciano, *Diary*, S. 135.

91  Ebd., S. 135.

92  Weizsäcker, *Erinnerungen*, S. 190; François-Poncet, *Fateful Years*, S. 269–271.

93  Zit. nach: ebd., S. 270.

94  Ebd., S. 271 f.

95  Abkommen, getroffen am 29. 9. 1938, DGFP Dokument 675, S. 1014 f.

96  Ciano, *Diary*, S. 136.

97  Chamberlain an Hilda, 2. 10. 1938, Chamberlain, *Diary Letters*, S. 349–351.

98  Zit. nach: Alec Douglas-Home, *The Way the Wind Blows. An Auto-biography*, London 1976, S. 83.

99  Chamberlain an Hilda, 2.10.1938, Chamberlain, *Diary Letters*, S. 349–351.

100  Ciano, *Diary*, S. 136.

101  Vgl. May, *Strange Victory*, S. 186 f.

102  Zit. nach: Hugh Ragsdale, *The Soviets, the Munich Crisis, and the Coming of World War II*, Cambridge 2004, S. 169.

103  Chamberlain an Hilda, 2.10.1938, Chamberlain, *Diary Letters*, S. 349–351.

## »Leben mit vorgehaltener Waffe«

1  Vgl. Howard Koch, *The Panic Broadcast. Portrait of an Event*, Boston 1970, S. 36 f. und 40.

2  Vgl. ebd., S. 41 f.

3  Hadley Cantril, *The Invasion from Mars. A Study in the Psychology of Panic*, Princeton 1940, S. 159–161.

4  Vgl. Aljean Harmetz, *Round Up the Usual Suspects. The Making of Casablanca. Bogart, Bergman, and World War II*, New York 2002, S. 52.

5  Cantril, *Mars*, S. xi f.; Robert J. Brown, *Manipulating the Ether. The Power of Broadcast Radio in Thirties America*, Jefferson 1998, S. 199 und 226; vgl. A. Brad Schwartz, *Broadcast Hysteria. Orson Welles's War of the Worlds and the Art of Fake News*, New York 2015.

6  Dorothy Thompson, »Mr. Welles and Mass Delusion«, in: *New York Herald Tribune*, 2.11.1938. Brad Schwartz hat kürzlich auf der Grundlage einer umfangreichen Untersuchung von Hörerbriefen argumentiert, dass die wirkliche Panik um den erschreckenden Einfluss kreiste, den neue Medien wie das Radio auf leichtgläubige Bürger haben könnten. Vgl. Schwartz, *Broadcast Hysteria*. Ich danke Henry Hemming, der mich auf dieses Buch aufmerksam gemacht hat.

7  Vgl. British Security Coordination, *The Secret History of British Intelligence in the Americas, 1940–1945*, New York 1999, S. 222–226; vgl. Henry Hemming, *Agents of Influence. A British Campaign, a Canadian Spy, and the Secret Plot to Bring America into World War II*, New York 2019, S. 245. Auch hier danke ich Henry Hemming für den Hinweis.

8  Zit. nach: May, *Strange Victory*, S. 168.

9  Zit. nach: Ciano, *Diary*, S. 136.

10 Zit. nach: Parker, *Chamberlain*, S. 181; vgl. Feiling, *Chamberlain*, S. 382; vgl. Halifax, Brief an die *Times* vom 28.10.1948. In seinem Brief argumentiert Halifax, dass Chamberlain die Dauer der Bewunderung der Massen gemeint habe, nicht den Fortbestand der Einigung mit Hitler.

11 Chamberlain an Hilda, 2.10.1938, Chamberlain, *Diary Letters*, S. 349–351.

12 Zit. nach: Ragsdale, *Soviets and Munich*, S. 169.

13 Duff Cooper, *Diaries*, S. 270.

14 Vgl. Faber, *Munich*, S. 417 f.; Duff Cooper, *Diaries*, S. 270.

15 Zit. nach: Gilbert, *Prophet of Truth*, S. 990.

16 Hansard, Parlamentsdebatte vom 3.10.1938, Sp. 29–40.

17 Vgl. Gerard J. De Groot, *Liberal Crusader. The Life of Sir Archibald Sinclair*, New York 1993, S. 120; vgl. Jenkins, *Churchill*, insb. S. 481–504.

18 Die britische Währung war seinerzeit noch nicht auf das Dezimalsystem umgestellt. Ein Pfund entsprach 240 Pennys, ein Schilling entsprach 12 Pennys. Bei Churchills Rechnung ergeben sich demnach 240 Pennys plus 204 Pennys plus 6 Pennys gleich 450 Pennys oder 93,75 % von 2 Pfund.

19 Hansard, Parlamentssitzung vom 5.10.1938, Sp. 360–373.

20 Zit. nach: Gilbert, *Prophet of Truth*, S. 1002.

21 Zit. nach: Faber, *Munich*, S. 425.

22 Gisevius, *Bis zum bitteren Ende*, Bd. 2, S. 66.

23 Zit. nach: Hoffmann, *German Resistance*, S. 96.

24 Domarus, *Hitler*, S. 1221–24.

25 Ebd.

26 Vgl. Pedersen, *Rathbone*, S. 293 f.

27 Zit. nach: Dallek, *Franklin D. Roosevelt and American Foreign Policy*, S. 164.

28 Zit. nach: John Morton Blum, *From the Morgenthau Diaries. Years of Crisis, 1928–1938*, Boston 1959, S. 519.

29 Lindsay an Halifax, 20.9.1938, DBFP, 3. Serie, Bd. 7, Anhang 4 (v), S. 627–629.

30 Zit. nach: Burns, *The Lion and the Fox*, S. 387.

31 Roosevelt, Radioansprache vom 26.10.1938, *Herald Tribune Forum*, gesammelte Reden, Nr. 1177. Der Frage, inwieweit das Münchner Abkommen einen Wendepunkt für Franklin D. Roosevelt darstellte, geht Barbara Farnham in *Roosevelt and the Munich Crisis. A Study of Political Decision Making*, Princeton 1997, detailliert nach.

32 Zit. nach: Harold L. Ickes, »Tagebucheintrag vom 24. Dezember 1938«,

in: H. L. I., *The Secret Diary of Harold L. Ickes*, Bd. 2: *The Inside Struggle 1936–1939*, New York 1954, S. 533.

33  Vgl. Robert Edwin Herzstein, *Roosevelt and Hitler. Prelude to War*, New York 1989, S. 220, 240, 243 und 294.

34  Vgl. Burns, *The Lion and the Fox*, S. 388 f.

35  Roosevelt, Rede zur Lage der Nation vom 4. 1. 1939, gesammelte Reden, Nr. 1191-B.

36  Harold D. Lasswell, »Sino-Japanese Crisis. The Garrison State Versus the Civilian State«, in: *The China Quarterly* 11 (Herbst 1937) S. 643–649, Wiederabdruck in: Harold D. Lasswell, *Essays on the Garrison State*, New York 2017, S. 43–54; Harold D. Lasswell, »The Garrison State«, in: *American Journal of Sociology* 46 (Januar 1941) H. 4, S. 455–468, 455 f. und 458.

37  Ebd., S. 467.

38  Lippmann, *Phantom Public*, S. 182 f.

39  Herzstein, *Roosevelt and Hitler*, S. 224; Doris Kearns Goodwin, *No Ordinary Time. Franklin and Eleanor Roosevelt. The Home Front in World War II*, New York 1994, S. 54; vgl. David Nasaw, *The Patriarch. The Remarkable Life and Turbulent Times of Joseph P. Kennedy*, New York 2012, S. 373.

40  Walter Lippmann, »The Atlantic ... and America«, in: *Life*, 7. 4. 1941, S. 84–92, insb. S. 86 f. und 92.

41  Zit. nach: Reynolds, *Long Shadow*, S. 263.

42  Zit. nach: Patel, *New Deal*, S. 1.

43  Roosevelt, Radioansprache vom 4. 11. 1938, gesammelte Reden, Nr. 1179-A.

44  Vgl. J. Garry Clifford / Samuel R. Spencer Jr., *The First Peacetime Draft*, Lawrence 1986, S. 41.

45  Vgl. N. Iu. Berezovskii, »Na bor'bu s 'limitro-fami«, in: *Voenno-istoricheskii Zhurnal* 4 (1993) S. 53–62.

46  Vgl. Tami Davis Biddle, *Rhetoric and Reality in Air Warfare. The Evolution of British and American Ideas About Strategic Bombing, 1914–1945*, Princeton 2002, S. 174 f.; vgl. Michael S. Sherry, *The Rise of American Air Power. The Creation of Armageddon*, New Haven 1987, S. 53.

47  Vgl. Richard Overy, *The Bombing War. Europe, 1939–1945*, London 2013, S. 52.

48  Biddle, *Rhetoric and Reality*, S. 145 f.

49  Besprechung im Weißen Haus vom 14. 11. 1938, zitiert nach: Morgenthau Tagebuch, 150:338.

50  Harold Ickes, Tagebucheintrag vom 18. 9. 1938, Ickes, *Diary*, Bd. 2, S. 469.

51  Vgl. Biddle, *Rhetoric and Reality*, S. 156 f.; Ickes, Tagebucheintrag vom 18. 9. 1938, Ickes, *Diary*, Bd. 2, S. 469.

52  Frances Perkins, *The Roosevelt I Knew*, New York 2011, S. 316.

53  Ky Woltering, »*A Christian World Order*«. *Protestants, Democracy, and Christian Aid to Germany, 1945 to 1961*, PhD Dissertation, City University of New York, 2018. Die neuere historische Forschung hat betont, welchen Einfluss eine christliche Weltanschauung auf die amerikanische Außenpolitik hatte: Vgl. beispielsweise Jason Stevens, *God Fearing and Free. A Spiritual History of America's Cold War*, Cambridge 2010, oder auch Jonathan Herzog, *The Spiritual Industrial Complex. America's Religious Battle Against Communism in the Early Cold War*, New York 2011.

54  Roosevelt, Rede zur Lage der Nation vom 4. 1. 1939, gesammelte Reden, Nr. 1191-B.

55  Vgl. Jeanne Nienaber Clarke, *Roosevelt's Warrior. Harold L. Ickes and the New Deal*, Baltimore/London 1996, S. 3–23; vgl. Olson, *Those Angry Days*, S. 21 f.

56  »Ickes teilt gegen Hitler-Medaillen-Träger aus«, in: *New York Times*, 19. 12. 1938.

57  »Diese Ickes-Aussagen lassen die Nazis jetzt Sturm laufen«, in: *New York Herald Tribune*, 23. 12. 1938.

58  Vgl. Saul Friedländer, *Prelude to Downfall. Hitler and the United States, 1939–1941*, New York 1967, S. 5 f.; vgl. Farnham, *Roosevelt and the Munich Crisis*, S. 5 und 137–172; vgl. Brendon, *Dark Valley*, S. 545.

59  Ickes, Tagebucheintrag vom 24. 12. 1938, Ickes, *Diary*, Bd. 2, S. 533.

60  Vgl. May, *Strange Victory*, S. 103.

61  Ickes, Tagebucheintrag vom 24. 12. 1938, Ickes, *Diary*, Bd. 2, S. 533.

62  »Amerika und Deutschland«, in: *Völkischer Beobachter*, 1. 1. 1939; vgl. Kennedy, *Freedom from Fear*, S. 391.

63  »Selbstentlarvung der Heuchler von Washington«, in: *Völkischer Beobachter*, 6. 1. 1939.

64  »Roosevelts Kriegshetze«, in: *Völkischer Beobachter*, 8. 1. 1939.

65  »USA unter jüdischer Diktatur. Um Roosevelt und Ickes wimmelt es von Juden«, in: *Völkischer Beobachter*, 8. 1. 1939.

66  TBJG, Tl. 1, Bd. 6, Eintrag vom 24. 1. 1939, S. 237.

67  Ebd., Eintrag vom 31. 1. 1939, S. 244 f.

68  Verhandlungen des Reichstags, 4. Wahlperiode, Bd. 460, Stenographische Berichte 1939–1942, 1. Sitzung, Montag, 30. 1. 1939, S. 1–21.

69  Ickes, Tagebucheintrag vom 4. 2. 1939, Ickes, *Diary*, S. 572 f.

70  Verhandlungen des Reichstags, 4. Wahlperiode, Bd. 460, Stenographische Berichte 1939–1942, 1. Sitzung, Montag, 30. 1. 1939, S. 16.

71 Maiski, *Diaries*, S. 107, 110 und 122.
72 Chamberlain an Ida, 20. 3. 1938, Chamberlain, *Diary Letters*, S. 307.
73 Vgl. Kotkin, *Stalin. Waiting for Hitler*, S. 562 f.
74 Vgl. ebd., S. 564–569.
75 Vgl. Andrew/Mitrokhin, *The Sword and the Shield*, S. 81.
76 Zit. nach Milovan Djilas, *Conversations with Stalin*, New York 1962, S. 114.
77 Zit. nach: Ragsdale, *The Soviets*, S. 167.
78 Vgl. Kotkin, *Stalin. Waiting for Hitler*, S. 562.
79 Vgl. Snyder, *Black Earth*, S. 91.
80 Vgl. Ragsdale, *The Soviets*, S. 144.
81 Vgl. ebd., S. 157 f.
82 Vgl. Kotkin, *Stalin. Waiting for Hitler*, S. 568 f. und 573–576.
83 Vgl. ebd., S. 495 f. und 578.
84 Vgl. Rodric Braithwaite, *Moscow 1941. A City and Its People at War*, New York 2006, S. 38–41; vgl. Snyder, *Bloodlands*, S. 97–99.

## »Wer Zwietracht sät ...«

1 »1300 Polizeibeamte sollen Bund-Veranstaltung heute Abend sichern«, in: *New York Herald Tribune*, 20. 2. 1939.
2 In der Symbolik der amerikanischen Nationalflagge stehen die Sterne für die Mitgliedstaaten der Staatenvereinigung. Mit Ausnahme einer Periode zwischen 1795 (15 Sterne) und 1818 wurde die Anzahl der Sterne jeweils angepasst, wenn ein neuer Staat aufgenommen wurde. Die gültige Fahne von 1939 hatte 48 Sterne. Eine Fahne im Betsy-Ross-Stil zeigt neben den identischen 13 Streifen in einem Kreis angeordnet 13 Sterne und geht auf eine Fahnengestaltung aus der Zeit der Unabhängigkeitskriege zurück. Eine nicht unumstrittene Legende will es, dass Betsy Ross im Auftrag von George Washington die »erste« amerikanische Flagge nähte.
3 »Miss Thompson erhebt Vorwürfe gegen Volksbund-Kundgebung«, in: *New York Herald Tribune*, 21. 2. 1939; vgl. *A Night at the Garden*, Regie Marshall Curry, Dokumentarfilm, 2017.
4 Dororthy Thompson, »An die Intoleranten«, in: *New York Herald Tribune*, 22. 2. 1939.
5 »Viele Verletzte bei Volksbund-Krawallen«, in: *Los Angeles Times*, 21. 2. 1939.
6 Thompson, »An die Intoleranten«.

7 »Viele Verletzte bei Volksbund-Krawallen«; vgl. *A Night at the Garden.*

8 »22 000 Nazis halten Kundgebung im [Madison Square] Garden ab«, in: New York Times, 21. 2. 1939; »Viele Verletzte bei Volksbund-Krawallen«; vgl. *A Night at the Garden.*

9 »Miss Thompson erhebt Vorwürfe gegen Volksbund-Kundgebung«.

10 Sinclair Lewis, *It Can't Happen Here*, New York 1935, dt. Erstausgabe mit dem Titel *Das ist bei uns nicht möglich*, Amsterdam 1936, neu übers. Berlin 2017.

11 Vgl. Bureau of Labor Statistics, *Historical Statistics of the United States Colonial Times to 1970, Part I*, Washington 1975, Serie D, S. 85 f., vgl. *Arbeitslosigkeit 1890–1970*, S. 135; vgl. *Volkseinkommen und Wohlstand*, S. 232; vgl. *Produktionszahlen*, S. 666.

12 Zit. nach: Ronald Steel, *Walter Lippmann and the American Century*, New York 2017, S. 300.

13 Vgl. Katznelson, *Fear Itself*, Einleitung, S. 3–26.

14 Zit. nach: Patel, *New Deal*, S. 18.

15 Vgl. Okrent, *Guarded Gate*, S. 380.

16 Vgl. Frank Costigliola, *Awkward Dominion. American Political, Economic and Cultural Relations with Europe, 1919–1933*, Ithaca 1988, S. 15–24; vgl. Patel, *New Deal*, S. 2.

17 Vgl. allgemein dazu Okrent, *The Guarded Gate.*

18 Vgl. Patel, *New Deal*, S. 18 f.

19 Vgl. im Allgemeinen dazu Linda Gordon, *The Second Coming of the* KKK*. The Ku Klux Klan of the 1920s and the American Political Tradition*, New York 2017; vgl. zu Parallelen in der Entwicklung in Deutschland Hett, *Death of Democracy.*

20 Vgl. Katznelson, *Fear Itself*, S. 15, 140, 150 f. und 167.

21 Vgl. Hart, *Hitler's American Friends*, S. 8, 40, 93 und 160.

22 Vgl. Patel, *New Deal*, S. 50.

23 Madison Grant, *The Passing of the Great Race or the Racial Basis of European History*, erschienen in der Reihe: *American Immigration Collection*, Bd. 2, 1916, in deutscher Übersetzung von Julius Friedrich Lehmann, *Der Untergang der großen Rasse. Die Rassen als Grundlage der Geschichte Europas*, München 1925.

24 Hitler, *Mein Kampf*, IfZ, 2:1111, 2:1117.

25 James Q. Whitman, *Hitler's American Model. The United States and the Making of Nazi Race Law*, Princeton 2017, S. 5–8 und 137–140.

26 Ebd., S. 3 f.

27 Vgl. Abendnachrichten, 29. 9. 1914; vgl. *Times* (London), 10. 5. 1915; vgl. Catriona Pennell, »Believing the Unbelievable. The Myth of the Rus-

sians with ›Snow on Their Boots‹ in the United Kingdom, 1914«, in: *Cultural and Social History* 11 (2014) H. 1, S. 69–88.

28 Walter Lippmann, *Liberty and the News*, New York 1920 (bisher nicht ins Deutsche übersetzt).

29 Vgl. Steel, *Lippmann*, S. 148 und 171 f.

30 Walter Lippmann, *Public Opinion*, New York 1922, dt.: *Die öffentliche Meinung*, München 1964, Neuausg. Frankfurt a. M. 2018; Walter Lippmann, *The Phantom Public*, Piscataway 1925 (bisher nicht ins Deutsche übersetzt).

31 Vgl. Lippmann, *Phantom Public*, S. 26 f.

32 Lippmann, *Public Opinion*, S. 39; vgl. Steel, *Lippmann*, S. 181.

33 Lippmann, *Phantom Public*, S. 149–151.

34 Lippmann in: *New York World*, 27. 10. 1927, zit. nach: Steel, *Lippmann*, S. 218.

35 Ray Eldon Hiebert, *Courtier to the Crowd. The Story of Ivy Lee and the Development of Public Relations*, Ames 1966, S. 284–292; Michael Schudson, *Discovering the News. A Social History of American Newspapers*, New York 1978, S. 134–144; Jill Lepore, *These Truths. A History of the United States*, New York 2018, S. 412; Daly, *Covering America*, S. 148 f.

36 Lepore, *These Truths*, S. 446–449 und 452.

37 Zit. nach: ebd., S. 449–451.

38 Hitler, *Mein Kampf*, IfZ, 2:1191–1193, 2:1195, 2:1477.

39 Ebd., 1:505–509.

40 Ebd., 1:617.

41 Domarus, *Hitler*, 2:1251 f.

42 Zit. nach: Evans, *Third Reich in Power*, S. 136.

43 Joseph Goebbels, »Was will eigentlich Amerika?«, in: *Völkischer Beobachter*, 21. 1. 1939.

44 Rede Hitlers vor der deutschen Presse, abgedruckt in: *Vierteljahrshefte für Zeitgeschichte* (1958) H. 2, S. 181–191.

45 Vgl. Charmian Brinson, *The Strange Case of Dora Fabian and Mathilde Worm*, Bern 1996, S. 13 und 53–61.

46 Ebd., S. 14, 44–61 und 132; Material zu den Ermittlungen und Zeugenaussagen in: TNA MEPO 3/871. Es gibt auch einen starken, schön geschriebenen Roman über diese Ereignisse und Fabians Verbindung zu dem Exilschriftsteller Ernst Toller: Anna Funder, *All That I Am*, New York 2012. Ich danke Anna Funder, mit der ich Gelegenheit hatte, über den Fall zu sprechen.

47 Vgl. Brinson, *Dora Fabian*, S. 35–40.

48 Roosevelt, Rede zur Lage der Nation vom 4.1.1939, gesammelte Reden, Nr. 1191-B.

49 Roosevelt, Fireside-Chat-Rede vom 26.5.1940, gesammelte Reden, Nr. 1283-A.

50 Zit. nach: Cook, *Eleanor Roosevelt*, 3:376.

51 Vgl. Hart, *Hitler's American Friends*, S. 97 f., 100, 103 f. und 107; vgl. Hemming, *Agents of Influence*, S. 36–42.

52 Vgl. Hart, *Hitler's American Friends*, S. 111–114.

53 Vgl. ebd., S. 116–135; Olson, *Those Angry Days*, S. 182 f.

54 Vgl. Wolfgang Gans Edler Herr zu Putlitz, *The Putlitz Dossier*, London 1957, Kap. 5 sowie S. 91 und 96.

55 Peter Wright, *Spycatcher. The Candid Autobiography of a Senior Intelligence Officer*, New York 1987, S. 68; vgl. Peter Day, *Klop. Britain's Most Ingenious Agent*, London 2014, Kap. 8.

56 Vgl. Andrew, *Defend the Realm*, S. 196–204.

57 Ebd., S. 201–204.

58 M. H. Jay an Mr. Jenkins, 21.2.1985; Alexander Cadogan (zu dem Zeitpunkt Ständiger Unterstaatssekretär des Außenministeriums), Aktennotiz vom 1.12.1938, TNA FO 1093. Mein Dank gilt an dieser Stelle Professor John Ferris, einem der führenden Experten für den britischen Geheimdienst, der mich auf diese Quelle aufmerksam gemacht hat.

59 Hesse an Ribbentrop, 25.11.1938, BNA FO 1093. Die Akte enthält eine geänderte Version vom 26. November, offenbar nach Bearbeitungen vom deutschen Botschafter Herbert von Dirksen erstellt; darin ist die Zeile über die Scharfmacher weggelassen, denen man auf britischer Seite einen Strich durch die Rechnung gemacht habe, aber das ändert vermutlich nichts an der Tatsache, dass Steward dies zu Hesse gesagt hatte.

60 Vgl. May, *Strange Victory*, S. 116.

61 Vgl. Julian Jackson, *The Popular Front in France. Defending Democracy, 1934–1938*, New York 1988, S. 149, 151, 189 und 251.

62 Vgl. May, *Strange Victory*, S. 123 f.

63 Vgl. Jackson, *Popular Front*, S. 250.

64 Vgl. Robert O. Paxton, *The Anatomy of Fascism*, New York 2004, S. 68–73.

65 Vgl. May, *Strange Victory*, S. 155 f.

66 Zit. nach Self, *Chamberlain*, S. 235.

67 James D. Margach, *Abuse of Power. The War Between Downing Street and the Media from Lloyd George to Callaghan*, London 1978, S. 51.

68 Zit. nach: Samuel Hynes, *The Auden Generation. Literature and Politics in England in the 1930s*, Princeton 1982, S. 373.

69 George Orwell, *Coming Up for Air*, London 1939, S. 445 (*Auftauchen, um Luft zu holen*, Roman, aus dem Engl. übers. von Helmut M. Braem, Zürich 1999).

70 Zit. nach: Self, *Chamberlain*, S. 261 f.

71 Colville, *Fringes of Power*, Tagebucheintrag vom 2.2.1940, S. 57 f.; vgl. May, *Strange Victory*, S. 172.

72 Zit. nach: Self, *Chamberlain*, S. 350.

73 Vgl. Margach, *Abuse of Power*, S. 50–53.

74 Ebd., S. 59.

75 Ebd., S. 62.

76 Zit. nach: Richard Cockett, *Twilight of Truth. Chamberlain, Appeasement, and the Manipulation of the Press*, London 1989, S. 7.

77 Hansard, Parlamentsdebatte vom 2.8.1939, Sp. 2438 und 2441–45.

78 Ebd., Sp. 2469 und 2484 f.

79 Ebd., Sp. 2493–95.

80 Nicolson, *Diaries 1930–1939*, Tagebucheintrag vom 2.8.1939, S. 407; vgl. Lynne Olson, *Troublesome Young Men. The Rebels Who Brought Churchill to Power and Helped Save England*, New York 2007, S. 17.

81 Zit. nach: ebd., S. 19.

82 Chamberlain an Ida, Chamberlain, *Diary Letters*, S. 436–438.

83 Vgl. Olson, *Troublesome Young Men*, S. 318

**»Ich muss Ihnen nun sagen ...«**

1 Weizsäcker, Tagebucheintrag vom 1.2.1939, *Weizsäcker-Papiere*, S. 149.

2 Hermann Teske, *Die Silbernen Spiegel. Generalstabsdienst unter der Lupe*, Heidelberg 1952, S. 59 f. Teske schreibt, er habe diese Notizen über das, was Schmundt gesagt hatte, gleich im Anschluss an das Gespräch gemacht.

3 Weizsäcker, Tagebucheintrag, genaues Datum unbestimmt (Mitte September 1938), *Weizsäcker-Papiere*, S. 143; vgl. Erich Kordt, *Wahn und Wirklichkeit*, Stuttgart 1948, S. 779.

4 Vgl. May, *Strange Victory*, S. 85.

5 TBJG, Tl. 1, Bd. 6, Eintrag vom 31.1.1939, S. 244.

6 Vgl. Hjalmar Horace Greeley Schacht, *My First Seventy-Six Years. Autobiography*, London 1955, S. 386.

7 Hjalmar Horace Greeley Schacht, *Account Settled*, London 1949, S. 134 f.

8 Zit. nach: Schacht, *My First Seventy-Six Years*, S. 392.

9 TBJG, Tl. 1, Bd. 6, Eintrag vom 20.1.1939, S. 233.

10 Vgl. Schacht, *Account Settled*, S. 136. Sicherlich muss man hier in Anschlag bringen, dass Schachts Darstellung eigennützig ist. Aber dass das Gespräch in einem derartigen Stil geführt wurde, wird durch den Tagebucheintrag von Joseph Goebbels vom 21.1.1939 deutlich bestätigt: »[Hitler] erzählte mir von Schachts Entlassung. Die Unterredung war sehr kurz. Der Führer hat Schacht gleich vor die fertige Tatsache gestellt. Der war wie vom Blitz getroffen.« (TBJG, Tl. 1, Bd. 6, Eintrag vom 21.1.1939, S. 234.) Dies entspricht genau der Art und Weise, wie Hitler, in dem Bemühen, seine Würde zu wahren, ein Gespräch mit einer Persönlichkeit, wie Schacht sie darstellte, wiedergegeben hätte.

11 Zit. nach: ebd., S. 136 f.

12 Kotkin, *Stalin. Waiting for Hitler*, S. 596.

13 Vgl. Snyder, *Black Earth*, S. 95 f.; Memorandum, 5.1.1939, DGFP, Serie D, Bd. 5, Dokument 119, S. 152–158. Der Versailler Vertrag und weitere internationale Abkommen hatten die Kontrolle über die Verteidigung und die Außenbeziehungen der Freien Stadt Danzig auf Polen übertragen. Vgl. E. P., »The Free City of Danzig. Some Questions Regarding Its Status«, in: *Bulletin of International News* 16 (15.7.1939) H. 14, S. 3–8.

14 Memorandum des Außenministers, 6.1.1939, DGFP, Serie D, Bd. 5, Dokument 120, S. 159–161.

15 Memorandum des Außenministers, 1.2.1939, DGFP, Serie D, Bd. 5, Dokument 126, S. 167 f.

16 Zit. nach: Józef Beck, *Final Report*, New York 1957, S. 173 f.

17 Vgl. Rolf-Dieter Müller, *Der Feind steht im Osten. Hitlers geheime Pläne für einen Krieg gegen die Sowjetunion im Jahr 1939*, Berlin 2011, S. 108; vgl. Snyder, *Black Earth*, S. 96.

18 Vgl. Kershaw, *Nemesis*, S. 168 f.; vgl. May, *Strange Victory*, S. 86; Vgl. Kordt, *Wahn und Wirklichkeit*, S. 144.

19 Zit. nach: May, *Strange Victory*, S. 192.

20 Vgl. Sitzung des britischen Kabinetts vom 15.3.1939, TNA CAB 23/98, S. 6–8.

21 Hansard, Parlamentssitzung vom 31.3.1939, Sp. 2415.

22 Vgl. May, *Strange Victory*, S. 193; vgl. Cadogan, *Diaries*, S. 173.

23 Vgl. David French, »British Military Strategy«, in: John Ferris / Evan Mawdsley (Hrsg.), *The Cambridge History of the Second World War*, Bd. 1: *Fighting the War*, Cambridge 2015, S. 55–57.

24 Memorandum des Außenministers vom 21.3.1939, DGFP, Serie D, Bd. 6, S. 70–72.

25 Vgl. Müller, *Feind steht im Osten*, S. 120.

26 Zit. nach: Józef Lipski, *Diplomat in Berlin, 1933–1939. Papers and Memoirs of Józef Lipski, Ambassador of Poland*, New York 1968, S. 522 f.

27 Vgl. ebd.

28 Zit. nach: Gisevius, *Bis zum bitteren Ende*, Bd. 2, S. 107.

29 Vgl. May, *Strange Victory*, S. 192 f.

30 A. J. P. Taylor, *Origins of the Second World War*, S. 277.

31 Chamberlain an Ida, 26. 3. 1939, Chamberlain, *Diary Letters*, S. 396.

32 Strang zit. nach: Lothar Kettenacker, »The Anglo-Soviet Alliance and the Problem of Germany, 1941–1945«, in: *Journal of Contemporary History* 17 (Juli 1982) H. 3, S. 435–458, hier S. 449; vgl. Mark Mazower, *Hitler's Empire. How the Nazis Ruled Europe*, New York 2008, S. 565.

33 Vgl. Andrew/Mitrokhin, *Sword and Shield*, insb. S. 73–75.

34 Vgl. Snyder, *Bloodlands*, S. 111.

35 Vgl. Kotkin, *Stalin. Waiting for Hitler*, S. 616 f.

36 Zit. nach: Ragsdale, *Soviets*, S. xvi f.

37 Vgl. Andrew/Mitrokhin, *Sword and Shield*, S. 81.

38 Chamberlain an Ida, 21. 5. 1939, Chamberlain, *Diary Letters*, S. 417.

39 Vgl. Kotkin, *Stalin. Waiting for Hitler*, S. 623. Möglicherweise überschnitt sich Litwinows Entlassung aber nur zufällig mit den aus europäischer Perspektive relevanten Ereignissen und hatte nichts mit NS-Deutschland zu tun. Vgl. dazu: Geoffrey K. Roberts, *The Soviet Union and the Origins of the Second World War*, London 1995, S. 72.

40 Coulondre an Bonnet, 7. 5. 1939, *Documents Diplomatiques Français*, 2. Serie, Bd. 16, S. 221–227.

41 Potemkin an Molotow, 10. 5. 1939, *God Krizisa 1938–1939. Dokumenty i Materialy*, Bd. 1, Dokument 336, S. 444.

42 Molotow, Notiz vom 11. 5. 1939, *God Krizisa, 1938–1939. Dokumenty i Materialy*, Bd. 1, Dokument 332, S. 448 f.

43 Maiski, *Diaries*, S. 192.

44 Vgl. Kotkin, *Stalin. Waiting for Hitler*, S. 647.

45 Cadogan, Tagebucheintrag vom 12. 5. 1939, *Cadogan Diaries*, S. 179.

46 Vgl. R. A. C. Parker, *Chamberlain and Appeasement. British Policy and the Coming of the Second World War*, London 1993, S. 231 f.

47 Vgl. Parker, *Chamberlain*, S. 236–238.

48 Vgl. Roberts, *Holy Fox*, S. 178.

49 Chamberlain an Ida, 23. 7. 1939, Chamberlain, *Diary Letters*, S. 432; Vgl. Roberts, *Holy Fox*, S. 156–159.

50 Vgl. Parker, *Chamberlain*, S. 241.

51 Astachow, Notiz vom 2. 8. 1939, *Dokumenty Vneshnei Politiki 1939 God*, Bd. 22 (1), Dokument 445, S. 566–569.

52 Astachow an Molotow, 8.8.1939, *Dokumenty Vneshnei Politiki 1939 God*, Bd. 22 (1), Dokument 455, S. 585–587.

53 Vgl. Notiz zu einem Gespräch zwischen Molotow und Schulenburg, 19.8.1939, *Dokumenty Vneshnei Politiki 1939 God*, Bd. 22 (1), Dokument 474, S. 615–617.

54 Vgl. Kotkin, *Stalin. Waiting for Hitler*, S. 656 f.

55 Vgl. Parker, *Chamberlain*, S. 241–243.

56 Procès-Verbaux Détaillés des Séances, *Documents Diplomatiques Français*, 2. Serie, Bd. 18, Anhang, S. 549–583.

57 Vgl. Parker, *Chamberlain*, S. 244.

58 Weizsäcker, Tagebucheintrag vom 30. 7. sowie vom 6.8.1939, *Weizsäcker-Papiere*, S. 157 f.

59 Vgl. »Instruktsia«, in: *Dokumenty Vneshnei Politiki 1939 God*, Bd. 22 (1), Dokument 453, S. 584.

60 Vgl. deutscher Botschafter in Moskau an das Außenministerium, 20.8.1939, DGFP, Serie D, Bd. 7, Dokument 132, S. 140 f.

61 Vgl. Außenministerium an die deutsche Botschaft in der Sowjetunion, 20.8.1939, DGFP, Serie D, Bd. 7, Dokument 142, S. 156 f.

62 Vgl. Kotkin, *Stalin. Waiting for Hitler*, S. 660 f.

63 Deutscher Botschafter in Moskau an das Außenministerium, DGFP, Serie D, Bd. 7, Dokument 159, S. 168.

64 Rede des Führers, 22.8.1939, DGFP, Serie D, Bd. 7, Dokument 192, S. 200–204; zweite Rede des Führers, 22.8.1939, DGFP, Serie D, Bd. 7, Dokument 193, S. 205 f.

65 Protokoll des Gesprächs zwischen Ribbentrop und Stalin, 24.8.1939, DGFP, Serie D, Bd. 7, Dokument 213, S. 225–229.

66 Vgl. Nichtangriffsvertrag zwischen Deutschland und der UdSSR, DGFP, Serie D, Bd. 7, Dokument 228, S. 245 f.; geheimes Zusatzprotokoll, DGFP, Serie D, Bd. 7, Dokument 229, S. 246 f.

67 Zit. nach: Roger Moorhouse, *The Devils' Alliance*, New York 2014, S. 27.

68 Hansard, Parlamentssitzung vom 1.9.1939, Sp. 127.

69 Vgl. Olson, *Troublesome Young Men*, S. 204–207.

70 Hansard, Parlamentssitzung vom 2.9.1939, Sp. 281.

71 Ebd., Sp. 282 f.; Amery, Tagebucheintrag vom 2.9.1939, *Diaries*, S. 570; vgl. Olson, *Troublesome Young Men*, S. 208–210. Harold Nicolson glaubte, ein anderer Politiker, nämlich der Churchill-Schützling Bob Boothby, sei bereits für den ersten Zwischenruf verantwortlich, eine Sichtweise, der sich Boothby 1965 nur zu gerne anschloss. Dies ist allerdings ein Fall von Fehlattribution bzw. fehlerhafter Erinnerung. Erst der spätere Zwischenruf zur Frage der Ehre ist als Boothbys Äußerung im Sitzungspro-

tokoll vermerkt. Vgl. Hansard, Parlamentssitzung vom 2. 9. 1939, Sp. 282 f.
bzw. Nicolson, Tagebucheintrag vom 2. 9. 1939, *Diaries 1930–1939*, S. 419.
72  Vgl. Amery, Tagebucheinträge vom 2. und 3. 9. 1939, *Diaries*, S. 570 f.
73  Neville Chamberlain, 3. 9. 1939, Transkript der BBC-Sendung, http://
www.bbc.co.uk/archive/ww2outbreak/7957.shtml?page=txt.
74  Spike Milligan zit. nach: R. J. B. Bosworth, *Explaining Auschwitz and Hiroshima. History Writing and the Second World War, 1945–1990*, London 1993, S. 31.
75  A. J. P. Taylor, zit. nach: ebd., S. 36.
76  Vgl. Evans, *Third Reich at War*, S. 7; vgl. Snyder, *Bloodlands*, S. 122; vgl. Robert Forczyk, *Case White. The Invasion of Poland, 1939*, New York 2019, S. 325 und 333.
77  Vgl. Gilbert, *The Prophet of Truth*, S. 1113.
78  Roosevelt an Churchill, 11. 9. 1939, in: Loewenheim [u. a.], *Secret Wartime Correspondence*, S. 89.
79  Vgl. Cadogan, Tagebucheintrag vom 23. 9. 1939, *Diary*, S. 219.
80  Chamberlain an Ida, 10. 9. 1940, Chamberlain, *Diary Letters*, S. 445.

## »Das sind preußische Offiziere!«

1  Moritz Schauenburg, *Allgemeines Deutschen Kommersbuch*, 55.–58. Aufl., Lahr [o. J.] [um 1900], S. 59.
2  Vgl. May, *Strange Victory*, S. 24–27. Mays Darstellung enthält allerdings einige Fehler, so schreibt er etwa, dass Seydlitz bei Kunersdorf getötet wurde; Seydlitz wurde jedoch lediglich schwer verletzt und starb unabhängig davon erst 1773. Vgl. auch: Dennis Showalter, *Frederick the Great. A Military History*, London 2012, S. 236–250.
3  Christopher Clark, *Preußen. Aufstieg und Niedergang 1600–1947*, München 2013, S. 397.
4  Vgl. Heinrich von Treitschke, *German History in the Nineteenth Century*, New York 1915, S. 491 f.
5  Adolf Hitler, Rede vom 6. 10. 1939 vor dem Reichstag, in: *Verhandlungen des Deutschen Reichstags*, Bd. 460, Wahlperiode 1939, S. 51–63, hier S. 59 und 62.
6  Office of the U.S. Chief of Counsel for Prosecution of Axis Criminality, *Nazi Conspiracy and Aggression*, Washington 1946, 6:880 f.
7  Zit. nach: Helmuth Groscurth, *Tagebücher eines Abwehroffiziers*, hrsg. von Helmut Krausnick, Harold C. Deutsch und Hildegard von Kotze, Stuttgart 1970, Einleitung, S. 51.

8 Beck, »Zur Kriegslage nach Abschluss des polnischen Feldzuges«, in: Groscurth, *Tagebücher*, Anhang 64, S. 474–478.

9 Vgl. Beck, *Zur Kriegslage*, S. 476–478.

10 Vgl. Beck, »Das Deutsche Friedensangebot vom 6.10.39 und der mögliche weitere Kriegsverlauf«, in: Groscurth, *Tagebücher*, Anhang 2, Dokument 65, S. 479–485.

11 Gisevius, *Bis zum bitteren Ende*, Bd. 2, S. 183, 175 und 196.

12 Wilhelm Leeb, *Generalfeldmarschall Wilhelm Ritter von Leeb. Tagebuchaufzeichnungen und Lagebeurteilungen aus zwei Weltkriegen*, hrsg. von Georg Meyer, Stuttgart 1976, S. 40, Anm. 84.

13 Vgl. ebd., S. 42–49; Fritsch an Leeb, 17.4.1938, BArch-MA N 145/6, Nachlass Leeb.

14 Georg Meyer in: Leeb, *Tagebuchaufzeichnungen*, S. 50 f.

15 Ebd., S. 52.

16 Ebd., Anhang 5, S. 468 f.

17 Ebd., S. 469 f.

18 Franz Halder, Tagebucheintrag vom 14.10.1939, in: *Kriegstagebuch. Tägliche Aufzeichnungen des Chefs des Generalstabes des Heeres 1939–1942*, hrsg. vom Arbeitskreis für Wehrforschung, bearb. von Hans-Adolf Jacobsen, Bd. 1, Stuttgart 1962, S. 105.

19 Vgl. Evans, *Third Reich at War*, S. 15.

20 Groscurth, Tagebucheintrag vom 16.10.1939, *Tagebücher*, S. 218.

21 Diesen mentalitätsgeschichtlichen Einblick verdanke ich meinem Kollegen und Freund Christoph Kimmich.

22 Groscurth, Tagebucheintrag [o. T.] November 1938, *Tagebücher*, S. 157; vgl. ebd., S. 49; Groscurth, Tagebucheintrag vom 8.9.1939, ebd., S. 201; vgl. ebd., S. 50.

23 Zit. nach: Deutsch, *Twilight*, S. 184.

24 Engel, Tagebucheintrag vom 18.11.1939, *Heeresadjutant*, S. 67 f.

25 Blaskowitz, *Bericht, 6. Februar 1940*, in: Léon Poliakov (Hrsg.), *Das Dritte Reich und seine Diener. Dokumente*, Berlin 1956, S. 516–518.

26 Himmler zit. nach: Helmut Krausnick, »Hitler und die Morde in Polen«, in: *Vierteljahrshefte für Zeitgeschichte* 11 (1963) S. 196–209; vgl. Deutsch, *Twilight*, S. 187 f.

27 Vgl. ebd., S. 188.

28 Vgl. Groscurth, Tagebucheintrag vom 25.10.1939, *Tagebücher*, S. 220; vgl. ebd., Tagebucheintrag vom 2.11.1939, S. 223; vgl. ebd., Tagebucheintrag vom 16.10.1939, S. 218; ebd., Tagebucheintrag vom 1.11.1939, S. 222 f.; vgl. ebd., Einleitung S. 54 f.

29 Vgl. Gisevius, *Bis zum bitteren Ende*, Bd. 2, S. 133 f.

30 Ebd., S. 134.

31 Vgl. Halder, Tagebucheintrag vom 3. 11. 1939, *Kriegstagebücher*, Bd. 1, S. 117 f.

32 Zit. nach: Groscurth, Tagebucheintrag vom 5. 11. 1939, *Tagebücher*, S. 224 f.

33 Brauchitsch zit. nach: Halder, »Interview vom Juni 1958«, in: Deutsch, *Twilight*, S. 34; vgl. auch Walter Warlimont, *Inside Hitler's Headquarters, 1939–1945*, New York 1964.

34 Halder, Tagebucheintrag vom 5. 11. 1939, *Kriegstagebücher*, S. 120.

35 Gisevius, *Bis zum bitteren Ende*, Bd. 2, S. 135.

36 Groscurth, Tagebucheintrag vom 5. 11. 1939, *Tagebücher*, S. 225.

37 Hoßbach an Halder, 11. 2. 1948, BArch-MA N24/233, Nachlass Hoßbach.

38 Groscurth, Tagebucheintrag vom 6. 11. 1939, *Tagebücher*, S. 225; Tagebucheintrag vom 16. 11. 1939, *Tagebücher*, S. 232.

39 Ansprache Hitlers vor den Oberbefehlshabern am 23. 11. 1939, Abdruck des Dokuments PS-789 (= eine Aufzeichnung der Rede) in: Internationaler Militärgerichtshof Nürnberg (Hrsg.): *Der Prozess gegen die Hauptkriegsverbrecher vor dem Internationalen Militärgerichtshof (14. November 1945 bis 1. Oktober 1946)*, Nürnberg 1947, Bd. 26, S. 327–329.

40 Leeb, *Tagebuchaufzeichnungen*, S. 53.

41 Vgl. Groscurth, *Tagebücher*, S. 238; Leeb, *Tagebuchaufzeichnungen*, Anhang 7, S. 473.

42 Vgl. ebd., S. 54.

43 Fedor von Bock, *Generalfeldmarschall Fedor von Bock. Zwischen Pflicht und Verweigerung. Das Kriegstagebuch*, München 1995, S. 65.

44 Vgl. May, *Strange Victory*, S. 233–235.

45 Vgl. ebd., S. 224–226.

46 Vgl. Erich von Manstein, *Verlorene Siege*, Bonn 1955, S. 116.

47 Bock, Tagebucheintrag vom 25. 10. 1939, *Tagebuch*, S. 69; Halder, Tagebucheintrag vom 25. 10. 1939, *Kriegstagebücher*, Bd. 1, S. 113; Hans-Adolf Jacobsen, *Fall Gelb. Der Kampf um den deutschen Operationsplan zur Westoffensive 1940*, Wiesbaden 1957, S. 40, 51, 102 und 147.

48 Keitel, *Memoirs*, S. 102 f.

49 Manstein, *Verlorene Siege*, S. 76 f.; vgl. Mungo Melvin, *Manstein. Hitler's Greatest General*, New York 2010, S. 124; Engel, Tagebucheintrag vom 19. 2. 1940, *Heeresadjutant*, S. 75.

50 Guderian, *Erinnerungen eines Soldaten*, S. 79; Manstein, *Verlorene Siege*, S. 107.

51 Vgl. ebd., S. 118.

52 Vgl. Melvin, *Manstein*, S. 132.

53 Vgl. ebd.

54 Engel, Eintrag vom 6.12.1939, Eintrag von 10.12.1939, *Heeresadjutant*, S. 68 f. Ernest May schreibt, als Manstein und Rundstedt weiter versucht hätten, auf einen massiven Panzerangriff durch die Ardennen zu drängen, Hitler zu vermuten begonnen habe, dass dies nur ein weiterer Versuch sei, die Offensive zu verzögern. May führt dafür Jacobson, *Dokumente zur Vorgeschichte*, Dokument 4, und Engel, *Heeresadjutant*, S. 69 an. Hier liegt jedoch ein Missverständnis auf Seiten Mays zugrunde; er hat Engel hier falsch übersetzt, der in Wirklichkeit die gegenteilige Aussage notiert. Engel schreibt: Hitler »[s]ieht keine Bedenken, Panzer durch die Berge zu führen«. May gibt dies unzutreffend wieder als: Hitler »sah keinen Grund, Panzer durch die Berge zu schicken«. May, *Strange Victory*, S. 236.

55 Engel, Einträge vom 4. und 5. 2.1940, *Heeresadjutant*, S. 73 f.

56 Manstein, *Verlorene Siege*, S. 119; Engel, Eintrag vom 19. 2.1940, *Heeresadjutant*, S. 75; vgl. Melvin, *Manstein*, S. 126.

57 Vgl. Manstein, *Verlorene Siege*, S. 119 f.


## »Lasst uns mit vereinten Kräften vorangehen«

1 Zit. nach: Andrew Roberts, *Churchill. Walking with Destiny*, New York 2018, S. 262 f.

2 Zit. nach: ebd., S. 263 f.

3 Zit. nach: ebd., S. 263–266.

4 Zit. nach: ebd., S. 282.

5 Zit. nach: Jenkins, *Churchill*, S. 276.

6 Max Hastings, *Inferno. The World at War, 1939–1945*, New York 2011, S. 43.

7 Vgl. Gerhard L. Weinberg, *A World at Arms. A Global History of World War II*, New York ²2005, S. 72 f., 113 f.; vgl. Martin Gilbert, *Winston S. Churchill*, Bd. 6: *Finest Hour*, Boston 1983, S. 174–182.

8 Vgl. Roberts, *Churchill*, S. 655; vgl. Gilbert, *Finest Hour*, S. 223–226.

9 Vgl. Roberts, *Churchill*, S. 656.

10 Zit. nach: Gilbert, *Finest Hour*, S. 286 f.

11 Zit. nach: Jonathan Schneer, *Ministers at War. Winston Churchill and His War Cabinet*, New York 2014, S. 8.

12 Channon, *Chips*, Tagebucheinträge vom 30.4. und 1.5.1940, S. 243 f.

13  Harold Macmillan, *The Blast of War, 1939–1945*, London 1967, S. 74.
14  Harold Nicolson, *Diaries 1939–1945. The War Years*, hrsg. von Nigel Nicolson, New York 1967, Tagebucheintrag vom 4. 5. 1940, S. 75.
15  Nicolson, Tagebucheintrag vom 7. 5. 1940, *Diaries 1939–1945*, S. 76 f.; Hansard, Parlamentssitzung vom 7. 5. 1940, Sp. 1129.
16  Hansard, Parlamentssitzung vom 7. 5. 1940, Sp. 1140 und 1146.
17  Amery, Tagebucheintrag vom 7. 5. 1940, *Diaries*, S. 592.
18  Hansard, Parlamentssitzung vom 7. 5. 1940, Sp. 1150.
19  Amery, Tagebucheintrag vom 7. 5. 1940, *Diaries*, S. 592 f.
20  Macmillan, *Blast of War*, S. 72.
21  Hansard, Parlamentssitzung vom 8. 5. 1940, Sp. 1283; vgl. Nicholas Shakespeare, *Six Minutes in May. How Churchill Unexpectedly Became Prime Minister*, London 2017, S. 251.
22  Hansard, Parlamentssitzung vom 8. 5. 1940, Sp. 1283.
23  Channon, *Chips*, Tagebucheintrag vom 8. 5. 1940, *Diaries*, S. 246.
24  Hansard, Parlamentssitzung vom 8. 5. 1940, Sp. 1362.
25  Gilbert, *Finest Hour*, S. 299. Es gibt überraschend viele Möglichkeiten, die Stimmen zu summieren, die entsprechend auch zu unterschiedlichen Ergebnissen führen. Vgl. Jorgen S. Rasmussen, »Party Discipline in War-Time. The Downfall of the Chamberlain Government«, in: *Journal of Politics* 32 (Mai 1970) H. 2, S. 379–406. Rasmussen gibt die Gesamtzahl der Regierungsanhänger, die sich gegen Chamberlain stellten, mit 42 an, während 88 weitere »nicht abstimmten«, was sowohl die Enthaltungen als auch die Abwesenden einschließt.
26  Cadogan, Tagebucheintrag vom 9. 5. 1940, *Diary*, S. 280; Churchill, *Gathering Storm*, S. 662 f. Churchill datiert das Treffen fälschlicherweise auf den 10. Mai.
27  Churchill, *Gathering Storm*, S. 663.
28  Vgl. Shakespeare, *Six Minutes in May*, S. 363; Cadogan, Tagebucheintrag vom 9. 5. 1940, *Diary*, S. 280.
29  Churchill, *Gathering Storm*, S. 663.
30  Erich Kuby, *Mein Krieg. Aufzeichnungen aus 2129 Tagen*, München 1975, S. 34 f.
31  Vgl. Hastings, *Inferno*, S. 51.
32  Vgl. ebd., S. 52 f.
33  Churchill, *Gathering Storm*, S. 662.
34  Gilbert, *Finest Hour*, S. 310–312.
35  Zit. nach: Gilbert, *Finest Hour*, S. 313.
36  Churchill, *Gathering Storm*, S. 665.
37  Vgl. ebd., S. 665

38 Rede Churchills vom 13. 5. 1940, National Churchill Museum, https://www.nationalchurchillmuseum.org/blood-toil-tears-and-sweat.html.
39 Vgl. Maurice Cowling, *The Impact of Hitler. British Politics and British Policy 1933–1940*, Cambridge 1975, S. 1–12; vgl. Paul Addison, *The Road to 1945. British Politics and the Second World War*, London 1994, S. 9. Das Ausmaß des Wandels wurde eine Zeit lang durch personelle Kontinuitäten verdeckt, etwa dadurch, dass Chamberlain und Halifax in Churchills Regierung verblieben. In der Anfangszeit wurde Churchills Regierung oft dafür kritisiert, nur eine weitere Auflage der schon bekannten »alten Bande« zu liefern. Siehe Olson, *Troublesome Young Men*, Kap. 19, »Eine Frage der Loyalität«. Aber die wichtigste dieser Kontinuitäten erwies sich als von kurzer Dauer.
40 Schneer, *Ministers at War*, S. 23.
41 Churchill, *Gathering Storm*, S. 667.
42 Winston Churchill, *Their Finest Hour*, Boston 1949, S. 42.
43 Vgl. Forczyk, *Case Red*.
44 Vgl. Tony Judt, »The Catastrophe. The Fall of France«, in: *Reappraisals. Reflections on the Forgotten Twentieth Century*, New York 2008, S. 183; vgl. May, *Strange Victory*, S. 7.
45 Zit. nach Max Hastings, *Winston's War. Churchill 1940–1945*, New York 2010, S. 25.
46 Churchill an Roosevelt, 15. 5. 1940, in: Loewenheim [u. a.], *Secret Wartime Correspondence*, S. 94.
47 Churchill an Roosevelt, 20. 5. 1940, in: ebd., S. 97.
48 Franklin Delano Roosevelt, gesammelte Reden, Nr. 1295.
49 Vgl. Paul Kennedy, *Engineers of Victory. The Problem Solvers Who Turned the Tide in the Second World War*, London 2013, S. 157.
50 Augenzeugenbericht Lt. d. Reserve Rosenhagen über den Tod des Gen-Obersten Frhr. von Fritsch, BArch-MA N 33/23, Nachlass Fritsch.
51 Zit. nach Reynolds, *Treason Was No Crime*, S. 185 f.
52 Chamberlain an Hilda, 17. 5. 1940, Chamberlain, *Diary Letters*, S. 531; Chamberlain an Hilda, 15. 6. 1940, Chamberlain, *Diary Letters*, S. 541.
53 Chamberlain an Ida, 21. 7. 1940, ebd., S. 553.
54 Vgl. Self, *Chamberlain*, S. 442 f.
55 Vgl. ebd., S. 443–447; vgl. Feiling, *Chamberlain*, S. 453.
56 Kennedy, Tagebucheintrag vom 19. 10. 1940, in: Amanda Smith (Hrsg.), *Hostage to Fortune. The Letters of Joseph P. Kennedy*, New York 2001, S. 476 f.
57 Hansard, Parlamentssitzung vom 12. 11. 1940, Sp. 1617 f.

58 Vgl. David Edgerton, *Britain's War Machine. Weapons, Resources, and Experts in the Second World War*, New York 2011, S. 46.

59 Zit. nach: Kennedy, Tagebucheintrag vom 19.10.1940, in: Smith (Hrsg.), *Hostage to Fortune*, S. 476 f.

60 Chamberlain an Ida, 10.9.1939, Chamberlain, *Diary Letters*, S. 445.

61 Vgl. dazu Kennedy, der mit »Engineers of Victory« in diese Richtung argumentiert.

62 Churchill, Rede vom 18.6.1940, https://www.nationalchurchillmuseum.org/their-finest-hour.html.

63 Franklin Delano Roosevelt, gesammelte Reden, Nr. 1335a.

## »Das Ende vom Anfang«

1 Karl May, *Winnetou. Der Rote Gentleman*, Freiburg 1893, S. 9 und 1 f.

2 Ebd., S. 3.

3 Zit. nach: W. Raymond Wood, »The Role of the Romantic West in Shaping the Third Reich«, in: *Plains Anthropologist* 35 (November 1990) H. 132, S. 313–319.

4 Zit. nach: Timothy W. Ryback, *Hitler's Private Library. The Books That Shaped His Life*, New York 2008, S. 13 und 179 f.

5 Zit. nach Brendan Simms, *Hitler. A Global Biography*, New York 2019, S. 91.

6 Ebd., S. 258 und 336; Mary Nolan, *Visions of Modernity. American Business and the Modernization of Germany*, New York 1994, S. 34 und 232 f.

7 Halder, Eintrag vom 15.6.1940, *Kriegstagebuch*, Bd. 1, S. 357; vgl. Müller, *Der Feind steht im Osten*, S. 191.

8 Adolf Hitler, Rede vom 19.7.1940 vor dem Reichstag, in: *Verhandlungen des Deutschen Reichstags*, Bd. 460, Wahlperiode 1939, S. 64–79, hier S. 66 und 78.

9 Franklin D. Roosevelt, Radioansprache an den Demokratischen Nationalkonvent zur Annahme der Nominierung für eine dritte Amtszeit als Präsident, 19.7.1940, gesammelte Reden Nr. 1291.

10 Botschafter Dieckhoff, Memorandum vom 21.7.1940, DGFP, Serie D, Bd. 10, S. 259 f.

11 Botschafter Dieckhoff, Memorandum vom 29.7.1940, DGFP, Serie D, Bd. 10, Dokument 252, S. 350–362.

12 Ciano, Tagebucheintrag vom 19.7.1940, *Diary*, S. 371.

13 Lord Halifax, »Great Britain shall go forward«, Rede vom 22.7.1940, http://www.ibiblio.org/pha/policy/1940/1940-07-22a.html.

14 Zit. nach Halder, Eintrag vom 22.7.1940, Generaloberst Halder: *Kriegs-tagebuch*, Bd. 2, hrsg. von Hans-Adolf Jacobsen, Stuttgart 1963, S. 32 f.

15 Vgl. Halder, Eintrag vom 13.7.1940, *Kriegstagebuch*, Bd. 2, S. 21.

16 Vgl. Halder, Eintrag vom 22.7.1940, *Kriegstagebuch*, Bd. 2, S. 30–32; vgl. Horst Boog [u. a.] (Hrsg.), *Das Deutsche Reich und der Zweite Weltkrieg*, Bd. 4: *Der Angriff auf die Sowjetunion*, Stuttgart 1983, S. 150 f. und 159; vgl. Gerhard L. Weinberg, *World in the Balance. Behind the Scenes of World War II*, Hanover 1981, S. 84.

17 Halder, Eintrag vom 31.7.1940, *Kriegstagebuch*, Bd. 2, S. 49.

18 Unter vielen ausgezeichneten Publikationen zum kriminellen Charakter des Unternehmens Barbarossa sind hervorzuheben: Götz Aly / Susanne Heim, *Architects of Annihilation. Auschwitz and the Logic of Destruction*, Princeton 2002; Snyder, *Bloodlands*; Dieter Pohl, *Die Herrschaft der Wehrmacht. Deutsche Militärbesatzung und einheimische Bevölkerung in der Sowjetunion, 1941–1944*, München 2008; Christian Gerlach, *Kalkulierte Morde. Die deutsche Wirtschafts- und Vernichtungspolitik in Weißrussland 1941 bis 1944*, Hamburg 1999.

19 Wortlaut der Atlantik-Charta: https://avalon.law.yale.edu/wwii/atlantic.asp.

20 Vgl. Lloyd C. Gardner, »The Atlantic Charter. Idea and Reality, 1942–1945«, in: Douglas Brinkley / David R. Facey-Crowther (Hrsg.), *The Atlantic Charter*, New York 1994, S. 45–82 und 51.

21 Vgl. Theodore A. Wilson, »The First Summit. FDR and the Riddle of Personal Diplomacy«, in: Brinkley/Facey-Crowther (Hrsg.), *Atlantic Charter*, S. 1–32 und 13.

22 Vgl. Gardner, »The Atlantic Charter«, S. 46–48; vgl. Wilson, »The First Summit«, S. 17.

23 Atlantik-Charta: https://avalon.law.yale.edu/wwii/atlantic.asp.

24 Vgl. Mark Mazower, *Governing the World. The History of an Idea*, New York 2012, S. 194–198.

25 Vgl. ebd.

26 Vgl. David Reynolds, »The Atlantic ›Flop‹. British Foreign Policy and the Churchill-Roosevelt Meeting of August 1941«, in: Brinkley/Facey-Crowther (Hrsg.), *Atlantic Charter*, S. 129–150, insb. S. 130.

27 Zit. nach: Dan Plesch, *America, Hitler and the UN. How the Allies Won World War II and Forged a Peace*, London 2011, S. 24–27.

28 Amery, Tagebucheintrag vom 14.8.1941, *Diaries*, S. 710.

29 Zit. nach: Gardner, »The Atlantic Charter«, S. 54.

30 Nicolaus von Below, *At Hitler's Side. The Memoirs of Hitler's Luftwaffe Adjutant*, London 2001, S. 110.

31  Vgl. TBJG, Eintrag vom 19. 8. 1941, Tl. 2, Bd. 1, S. 269.

32  Vgl. Tobias Jersak, »Die Interaktion von Kriegsverlauf und Judenver-
    nichtung. Ein Blick auf Hitlers Strategie im Spätsommer 1941«, in: *Histo-
    rische Zeitschrift* 268 (1999) S. 311–374, hier S. 333–337.

33  Über den Zeitpunkt der Entscheidung für den Völkermord und die Fak-
    toren, die dazu führten, liegt umfangreiche – und kontroverse – Fachli-
    teratur vor. Vgl. Christopher Browning, »The Nazi Decision to Commit
    Mass Murder. Three Interpretations: The Euphoria of Victory and the
    Final Solution. Summer–Fall 1941«, in: *German Studies Review* 17 (Ok-
    tober 1994) H. 3, S. 473–481; vgl. Saul Friedländer, *Nazi Germany and
    the Jews*, Bd. 2: *The Years of Extermination, 1939–1945*, New York 2007,
    insb. S. 263–265; vgl. Longerich, *Holocaust*, insb. S. 267–271.

34  Churchill, »Our Solid, Stubborn Strength«, Rede vor der Konferenz der
    Dominion-Hochkommissare und der Minister der alliierten Länder,
    London, 12. 6. 1941, in: Rhodes James, *Complete Speeches*, Bd. 6, S. 6424.

35  Churchill, »A New Experience – Victory«, Rede im Mansion House,
    London, 10. 11. 1942, in: ebd., S. 6693.

# Literaturverzeichnis

## Quellen und Quelleneditionen

### Nachlässe

Nachlass Blomberg, BArch-MA N52/9.
Nachlass Fritsch, BArch-MA N33/10.
Nachlass Hoßbach, BArch-MA, N24/29.
Nachlass Leeb, BArch-MA N 145/6.
Nachlass Schumpeter, Harvard Universitätsarchiv HUG (FP).

### Tagebücher

Amery, Leo: The Empire at Bay. The Leo Amery Diaries, 1929–1945. Hrsg. von John Barnes und David Nicholson. London 1988.

Bock, Fedor von: Generalfeldmarschall Fedor von Bock. Zwischen Pflicht und Verweigerung. Das Kriegstagebuch. München 1995.

Cadogan, Alexander: The Diaries of Sir Alexander Cadogan, 1938–1945. Hrsg. von David Dilks. New York 1972.

Chamberlain, Neville: The Neville Chamberlain Diary Letters. Bd. 4: The Downing Street Years, 1934–1940. Hrsg. von Robert Self. Aldershot 2005.

Channon, Henry: Chips. The Diaries of Sir Henry Channon. Hrsg. von Robert Rhodes James. London 1967.

Ciano, Galeazzo: Galeazzo Ciano Diary 1937–1943. Hrsg. von Renzo De Felice. London 2002.

Colville, John: The Fringes of Power. Downing Street Diaries, 1939–1955. London 2004 (Erstausgabe 1985).

Cooper, Duff: The Duff Cooper Diaries, 1915–1951. Hrsg. von John Julius Norwich. London 2005.

Goebbels, Joseph: Die Tagebücher von Joseph Goebbels. Hrsg. von Elke Fröhlich. München 2000.

Groscurth, Helmuth: Tagebücher eines Abwehroffiziers. Hrsg. von Helmut Krausnick, Harold C. Deutsch und Hildegard von Kotze. Stuttgart 1970.

Halder, Franz: Kriegstagebuch. Tägliche Aufzeichnungen des Chefs des

Generalstabes des Heeres 1939–1942. Hrsg. vom Arbeitskreis für Wehrforschung. Bearb. von Hans-Adolf Jacobsen. Stuttgart 1962–64.

Hassell, Ulrich von: The von Hassell Diaries. The Story of the Forces Against
Hitler Inside Germany. London 1948.

Ickes, Harold L.: The Secret Diary of Harold L. Ickes. Bd. 2: The Inside
Struggle 1936–1939. New York 1954.

Keitel, Wilhelm: Generalfeldmarschall Keitel – Verbrecher oder Offizier?
Erinnerungen, Briefe, Dokumente des Chefs OKW. Hrsg. von Walter
Görlitz. Göttingen / Berlin / Frankfurt a. M. 1961.

Kuby, Erich: Mein Krieg. Aufzeichnungen aus 2129 Tagen. München 1975.

Leeb, Wilhelm: Generalfeldmarschall Wilhelm Ritter von Leeb. Tagebuchaufzeichnungen und Lagebeurteilungen aus zwei Weltkriegen.
Hrsg. von Georg Meyer. Stuttgart 1976.

Lipski, Józef: Diplomat in Berlin, 1933–1939. Papers and Memoirs of Józef
Lipski, Ambassador of Poland. New York 1968.

Long, Breckinridge: The War Diary of Breckinridge Long. Selections from
the Years 1939–1944. Lincoln 1966.

Maisky, Ivan: The Maisky Diaries. Red Ambassador to the Court of St. James
1932–1943. Hrsg. von Gabriel Gorodetsky. New Haven 2015.

McDonald, James G.: Refugees and Rescue. The Diaries and Papers of James
G. McDonald. Hrsg. von Richard Breitman. Bloomington 2009.

Morgenthau, Henry: From the Morgenthau Diaries. Years of Crisis, 1928–
1938. Hrsg. von John Morton Blum. Boston 1959.

Nicolson, Harold: Diaries and Letters, 1930–1939. Hrsg. von Nigel Nicolson.
New York 1966.

– Diaries 1939–1945. The War Years. Hrsg. von Nigel Nicolson. New York
1967.

Shirer, William: Berlin Diary. The Journal of a Foreign Correspondent,
1934–1941. Baltimore 2002.

Weizsäcker, Erich von: Die Weizsäcker-Papiere 1933–1950. Hrsg. von Leonidas E. Hill. Berlin 1974.


### Erinnerungen

Allen, H. R. »Dizzy«: Battle for Britain. London 1973.

Beck, Józef: Final Report. New York 1957.

Below, Nicolaus von: At Hitler's Side. The Memoirs of Hitler's Luftwaffe
Adjutant. London 2001.

Böhm-Tettelbach, Karl: Als Flieger in der Hexenküche. Mainz 1981.

Bor, Peter: Gespräche mit Halder. Wiesbaden 1950.

Chamberlain, Neville: The Struggle for Peace. London 1939.

Churchill, Winston S.: The Gathering Storm. Boston 1948.

Douglas-Home, Alec: The Way the Wind Blows. An Autobiography. London 1976.

Forst de Battaglia, Otto: Dictatorship on Trial. New York 1931.

François-Poncet, André: The Fateful Years. Memoirs of a French Ambassador in Berlin. New York 1949.

Gans Edler Herr zu Putlitz, Wolfgang: The Putlitz Dossier. London 1957.

Gisevius, Hans Bernd: Bis zum bitteren Ende. Bd. 1: Vom Reichstagsbrand zur Fritsch-Krise. Bd. 2: Vom Münchner Abkommen zum 20. Juli 1944. Hamburg 1947.

– Wo ist Nebe? Erinnerungen an Hitlers Reichskriminaldirektor. Zürich 1966.

Grey of Fallodon, Viscount: Twenty-Five Years. 1892–1916. New York 1925.

Guderian, Heinz: Erinnerungen eines Soldaten. Stuttgart [18]2003.

Halifax, Edward the Earl of: Fullness of Days. London 1957.

Henderson, Nevile: Failure of a Mission. Berlin 1937–1939. London 1940.

Hoßbach, Friedrich: Zwischen Wehrmacht und Hitler. 1934–1938. Göttingen [2]1965.

Kielmansegg, Johann Adolf Graf von: Der Fritsch-Prozeß 1938. Ablauf und Hintergründe. Hamburg 1949.

Kirkpatrick, Ivone: The Inner Circle. Memoirs. London 1959.

Kordt, Erich: Wahn und Wirklichkeit. Stuttgart 1948. S. 779.

– Nicht aus den Akten. Stuttgart 1950. S. 160.

Liddell Hart, Basil: The Liddell Hart Memoirs. Bd. 2: The Later Years. New York 1965.

Macmillan, Harold: The Blast of War, 1939–1945. London 1967.

Manstein, Erich von: Verlorene Siege. Bonn 1955.

Margach, James D.: Abuse of Power. The War Between Downing Street and the Media from Lloyd George to Callaghan. London 1978.

Quill, Jeffrey: Spitfire. A Test Pilot's Story. Seattle 1984.

Schacht, Hjalmar Horace Greeley: Account Settled. London 1949.

– My First Seventy-Six Years. Autobiography. London 1955.

Schmidt, Paul: Hitler's Interpreter. London 2016.

Teske, Hermann: Die Silbernen Spiegel. Generalstabsdienst unter der Lupe. Heidelberg 1952.

Warlimont, Walter: Im Hauptquartier der deutschen Wehrmacht, 1939–1945. Frankfurt a. M. 1962.

Weizsäcker, Ernst von: Erinnerungen. München 1950.

Welles, Sumner: Seven Decisions That Shaped History. New York 1951.

Wiedemann, Fritz: Der Mann, der Feldherr werden wollte. Velbert 1964.

Wright, Peter: Spycatcher. The Candid Autobiography of a Senior Intelligence Officer. New York 1987.

## Belletristik

Fitzgerald, F. Scott: Tender is the Night. New York 1934.

Funder, Anna: All That I Am. New York 2012.

Fürst, Max: Gefilte Fisch und wie es weiterging. München 2004.

Grossman, Vassily: Life and Fate. New York 2006 (dt.: Leben und Schicksal. Berlin 2007).

Klemperer, Victor: LTI. Notizbuch eines Philologen. Stuttgart 2015.

Koestler, Arthur: Sonnenfinsternis. Coesfeld 2018 (Neuauflage nach dem deutschen Originalmanuskript).

May, Karl: Winnetou. Der Rote Gentleman. Freiburg 1893.

Orwell, George: Coming up for Air. London 1939 (dt.: Auftauchen, um Luft zu holen. Zürich 1999).

Schauenburg, Moritz: Allgemeines Deutschen Kommersbuch. 55.–58. Auflage. Lahr [o. J.] [um 1900].

## Zeitgenössische Schriften

Beck, Ludwig: Die Lehre vom totalen Kriege. In: L. B.: Studien. Hrsg. von Hans Speidel. Stuttgart 1955.

– Das Deutsche Friedensangebot vom 6. 10. 39 und der mögliche weitere Kriegsverlauf. In: Helmuth Groscurth: Tagebücher eines Abwehroffiziers. Hrsg. von Helmut Krausnick, Harold C. Deutsch und Hildegard von Kotze. Stuttgart 1970. Dokument 65. S. 479–485.

– Zur Kriegslage nach Abschluss des polnischen Feldzuges. In: Helmuth Groscurth: Tagebücher eines Abwehroffiziers. Hrsg. von Helmut Krausnick, Harold C. Deutsch und Hildegard von Kotze. Stuttgart 1970. Dokument 64. S. 474–478.

– »Aufzeichnung Becks über die Vertrauenskrise in Wehrmacht und Volk gegenüber der politischen Führung« vom 29. Juli 1938. In: General Ludwig Beck. Studien und Dokumente. Hrsg. von Klaus-Jürgen Müller. Boppard a. R. 1980. S. 560–562.

– »Stellungnahme zu den Ausführungen Hitlers am 28. 5. 1938«, datiert vom 29. 5. 1938. In: General Ludwig Beck. Studien und Dokumente. Hrsg. von Klaus-Jürgen Müller. Boppard a. R. 1980. S. 521–528.

- »Vortragsnotiz Becks über innen- und außenpolitische Informationen von Hauptmann a. D. Wiedemann und eigene Vorschläge zu Innenpolitischen Maßnahmen der Generalität«, 29. Juli 1938. In: General Ludwig Beck. Studien und Dokumente. Hrsg. von Klaus-Jürgen Müller. Boppard a. R. 1980. S. 557–560.

- »Vortragsnotiz Becks über mögliche innen- und außenpolitische Entwicklungen, insbesondere über das Verhalten der obersten militärischen Führung angesichts der Gefahr eines Krieges mit der Tschechoslowakei«, 16. Juli 1938. In: General Ludwig Beck. Studien und Dokumente. Hrsg. von Klaus-Jürgen Müller. Boppard a. R. 1980. S. 551–554.

- General Ludwig Beck. Studien und Dokumente. Hrsg. von Klaus-Jürgen Müller. Boppard a. R. 1980.

Blaskowitz, Johannes: Bericht an den Oberbefehlshaber des Heeres vom 6. Februar 1940. In: Léon Poliakov (Hrsg.): Das Dritte Reich und seine Diener. Dokumente. Berlin 1956. S. 516–518.

Brittain, Vera: Testament of Youth. An Autobiographical Study of the Years 1900–1925. London 2009.

Churchill, Winston S.: The World Crisis. Tl. 1: 1911–1914. London 2007 (Erstausgabe London 1923).

- Thoughts and Adventures. Churchill Reflects on Spies, Cartoons, Flying, and the Future. Hrsg. von James W. Muller. New York 1991.

E. P.: The Free City of Danzig. Some Questions Regarding Its Status. In: Bulletin of International News 16 (15. 7. 1939) H. 14. S. 3–8.

Fritsch, Werner von: Eigenhändige Aufzeichnung des Generaloberst a. D. von Fritsch. Notiert von Februar bis September 1938, beendet am 27 September 1938 [in Achterberg bei Soltau]. In: Horst Mühleisen: Die Fritsch-Krise im Frühjahr 1938. Neun Dokumente aus dem Nachlass des Generalobersten. In: Militärgeschichtliche Mitteilungen 56 (Januar 1997) H. 2. S. 495 f.

Grant, Madison: The Passing of the Great Race or the Racial Basis of European History. In: American Immigration Collection. Bd. 2. 1916 (dt.: Der Untergang der großen Rasse. Die Rassen als Grundlage der Geschichte Europas. München 1925).

Hitler, Adolf: Mein Kampf. Ausgabe des IfZ. Berlin/München 2016.

Hoßbach, Friedrich: »Ein Beitrag zur Wahrheit«, 23. September 1946. Nachlass Hoßbach, BArch-MA N 24/273.

Jünger, Ernst: Die totale Mobilmachung. In: E. J.: Sämtliche Werke. Bd. 7: Essays 1. Stuttgart 1980. S. 121–142.

Lewis, Sinclair: It Can't Happen Here. New York 1935.

Liddell Hart, Basil: The British Way in Warfare. London 1932.

– Paris, or the Future of War. London 1935.

– Europe in Arms. New York 1937.

Lippmann, Walter: The Atlantic ... and America. In: Life (7.4.1941) S. 84–92.

Ludendorff, Erich: Kriegführung und Politik. Berlin 1922.

– The Nation at War. London 1936.

Rathbone, Eleanor: A Personal View of the Refugee Problem. In: New Statesman and Nation (15.4.1939).

Schmitt, Carl: Die geistesgeschichtliche Lage des heutigen Parlamentarismus (1923). Berlin ¹⁰2017.

Strauss, Samuel: Things Are in the Saddle. In: Atlantic Monthly (November 1924).

Treitschke, Heinrich von: German History in the Nineteenth Century. New York 1915.

### Reden

Chamberlain, Neville: 3. September 1939. Transkript der BBC-Sendung. http://www.bbc.co.uk/archive/ww2outbreak/7957.shtml?page=txt.

Churchill, Winston S.: Reply to Hitler, 6. November 1938. In: His Complete Speeches 1897–1963. Bd. 6.

– The First Month of War. Radioansprache vom 1. Oktober 1939. In: His Complete Speeches 1897–1963. Bd. 6.

– Rede vom 13. Mai 1940. National Churchill Museum. https://www.nationalchurchillmuseum.org/blood-toil-tears-and-sweat.html.

– Rede vom 18. Juni 1940. https://www.nationalchurchillmuseum.org/their-finest-hour.html.

– Our Solid, Stubborn Strength. Rede vor der Konferenz der Dominion-Hochkommissare und der Minister der alliierten Länder. London, 12. Juni 1941. In: His Complete Speeches. 1897–1963. Bd. 6.

– A New Experience – Victory. Rede im Mansion House. London, 10. November 1942. In: His Complete Speeches. 1897–1963. Bd. 6.

– His Complete Speeches 1897–1963. Bd. 6: 1935–1942. Hrsg. von Robert Rhodes James. New York / London 1974.

Halifax, Earl of: Great Britain Shall go Forward. Rede vom 22. Juli 1940. http://www.ibiblio.org/pha/policy/1940/1940-07-22a.html.

Hitler, Adolf: Ansprache vor den Oberbefehlshabern am 22. August 1939.

DGFP. Serie D. Bd. 7. Dokument 192. S. 200–204; zweite Rede des Führers, 22. August 1939. DGFP. Serie D. Bd. 7. Dokument 193. S. 205 f.
– Ansprache vor den Oberbefehlshabern am 23. November 1939. Abdruck des Dokuments PS-789 (= eine Aufzeichnung der Rede). In: Internationaler Militärgerichtshof Nürnberg (Hrsg.): Der Prozess gegen die Hauptkriegsverbrecher vor dem Internationalen Militärgerichtshof (14. November 1945 bis 1. Oktober 1946). Nürnberg 1947. Bd. 26. S. 327–329.
– Rede im Berliner Sportpalast vom 26. September 1938. https://www.ns-archiv.de/krieg/1938/tschechoslowakei/wollen-keine-tschechen.php.
– Rede vom 6. Oktober 1939 vor dem Reichstag. In: Verhandlungen des Deutschen Reichstags. Bd. 460. Wahlperiode 1939. S. 51–63, hier S. 59 und 62.
– Rede vom 19. Juli 1940 vor dem Reichstag. In: Verhandlungen des Deutschen Reichstags. Bd. 460. Wahlperiode 1939. S. 64–79.
– Rede vor der deutschen Presse. Abgedruckt in: Vierteljahrshefte für Zeitgeschichte (1958) H. 2. S. 181–191.
– Hitler. Speeches and Proclamations, 1932–1945. Bd. 2: 1935–1938. Hrsg. von Max Domarus. Wauconda 1992.
Roosevelt, Franklin D.: Rede vom 2. Oktober 1935. Presidential Library and Museum. Gesammelte Reden. Nr. 807.
– Radioansprache vom 26. Oktober 1938. Herald Tribune Forum. Presidential Library and Museum. Gesammelte Reden. Nr. 1177.
– Radioansprache vom 4. November 1938. Presidential Library and Museum. Gesammelte Reden. Nr. 1179-A.
– Rede zur Lage der Nation vom 4. Januar 1939. Presidential Library and Museum. Gesammelte Reden. Nr. 1191-B.
– Radioansprache vom 26. Mai 1940. Presidential Library and Museum. Gesammelte Reden. Nr. 1283-A.
– Radioansprache an den Demokratischen Nationalkonvent zur Annahme der Nominierung für eine dritte Amtszeit als Präsident, 19. Juli 1940. Presidential Library and Museum. Gesammelte Reden. Nr. 1291.
– Presidential Library and Museum. Gesammelte Reden. Nr. 1295.
– Presidential Library and Museum. Gesammelte Reden. Nr. 1335a.

## Tageszeitungen

Changing Over. In: London Times (1. 6. 1937).
Collective Neutrality. In: London Times (10. 8. 1936).

Halifax, Edward the Earl of: Leserbrief an die Times. In: London Times (28.10.1948).

London Times (10.5.1915).

Nuremberg and Aussig. London Times (7.9.1938).

Rede des Premiers mit dramatischem Höhepunkt. In: London Times (29.9.1938).

1300 Polizeibeamte sollen Bund-Veranstaltung heute Abend sichern. In: New York Herald Tribune (20.2.1939).

22 000 Nazis halten Kundgebung im [Madison Square] Garden ab. In: New York Times (21.2.1939).

Diese Ickes-Aussagen lassen die Nazis jetzt Sturm laufen. In: New York Herald Tribune (23.12.1938).

Ickes teilt gegen Hitler-Medaillen-Träger aus. In: New York Times (19.12.1938).

Miss Thompson erhebt Vorwürfe gegen Volksbund-Kundgebung. In: New York Herald Tribune (21.2.1939).

Thompson, Dorothy: Mr. Welles and Mass Delusion. In: New York Herald Tribune (2.11.1938).

– An die Intoleranten. In: New York Herald Tribune (22.2.1939).

Viele Verletzte bei Volksbund-Krawallen. In: Los Angeles Times (21.2.1939).

Abendnachrichten (29.9.1914).

Amerika und Deutschland. In: Völkischer Beobachter (1.1.1939).

Goebbels, Joseph: Was will eigentlich Amerika? In: Völkischer Beobachter (21.1.1939).

Roosevelts Kriegshetze. In: Völkischer Beobachter (8.1.1939).

Selbstentlarvung der Heuchler von Washington. In: Völkischer Beobachter (6.1.1939).

USA unter jüdischer Diktatur: Um Roosevelt und Ickes wimmelt es von Juden. In: Völkischer Beobachter (8.1.1939).

Wetterbericht und Wettervorhersage im Berliner Tageblatt, für den 4., 5. und 6. November 1937.

## Quellensammlungen

Akten der Reichskanzlei. Regierung Hitler 1933–1945. Die Regierung Hitler. Hrsg. von Friedrich Hartmannsgruber. Bd. 5.

Akten zur deutschen auswärtigen Politik 1918–1945 (DGFP) Serie D.

Außenpolitische Dokumente der UdSSR. Dokumenty Vneshnei Politiki 1939 God. Bd. 22 (1).

Bureau of Labor Statistics, Historical Statistics of the United States Colonial Times to 1970. Tl. I. Washington 1975.

Documents Diplomatiques Français. 2. Reihe. Bd. 6 und 7.

Documents on British Foreign Policy (DBFP). 2. Serie. Bd. 19.

God Krizisa 1938–1939. Dokumenty i Materialy. Bd. 1.

Hansard. Protokollarische Aufzeichnungen der Sitzungen des britischen Parlamentes.

Office of the U.S. Chief of Counsel for Prosecution of Axis Criminality, Nazi Conspiracy and Aggression. Washington 1946.

Procès-Verbaux Détaillés des Séances. Documents Diplomatiques Français. 2. Serie. Bd. 18.

The National Archives (TNA) CAB. Protokollarische Aufzeichnungen der Sitzungen des britischen Kabinetts.

The National Archives (TNA) FO. Akten des Außenministeriums.

UK Election Statistics, 1918–2017. House of Commons Library Briefing Paper Nr. CBP7529, 23. 8. 2017.

Verhandlungen des Reichstags. 4. Wahlperiode. Bd. 460. Stenographische Berichte 1939–1942.

Yad Vashem. The Central Database of Shoah Victims' Names. https://yvng. yadvashem.org.

### Einzeldokumente

A Night at the Garden. Dokumentarfilm. Regie: Marshall Curry. 2017.

Atlantik-Charta im Wortlaut, https://avalon.law.yale.edu/wwii/atlantic. asp.

Hoßbach-Niederschrift, zitiert nach BSB München, https://www.1000 dokumente.de, zuletzt abgerufen am 31. 5. 2021.

Minderheitenschutzvertrag zwischen den Alliierten und Assoziierten Hauptmächten und Polen. Versailles, 28. Juni 1919. In: Themenportal Europäische Geschichte (2007). www.europa.clio-online.de.

# Monographien

Abella, Irving / Troper, Harold: None Is Too Many. Canada and the Jews of Europe, 1933–1948. Toronto 2012.

Addison, Paul: The Road to 1945. British Politics and the Second World War. London 1994.

Aly, Götz / Heim, Susanne: Architects of Annihilation. Auschwitz and the Logic of Destruction. Princeton 2002.

Andrew, Christopher: Defend the Realm. The Authorized History of MI5. New York 2009.

Andrew, Christopher / Mitrokhin, Vasili: The Sword and the Shield. The Mitrokhin Archive and the Secret History of the KGB. New York 2001.

Arendt, Hannah: The Origins of Totalitarianism. New York 1994.

Biddle, Tami Davis: Rhetoric and Reality in Air Warfare. The Evolution of British and American Ideas About Strategic Bombing, 1914–1945. Princeton 2002.

Bloch, Michael: Ribbentrop. London 1992.

Bond, Brian: British Military Policy Between the Two World Wars. New York 1980.

Boog, Horst [u. a.] (Hrsg.): Das Deutsche Reich und der Zweite Weltkrieg. Bd. 4: Der Angriff auf die Sowjetunion. Stuttgart 1983.

Bosworth, R. J. B.: Explaining Auschwitz and Hiroshima. History Writing and the Second World War, 1945–1990. London 1993.

Bouverie, Tim: Mit Hitler reden. Der Weg vom Appeasement zum Zweiten Weltkrieg. Hamburg 2021.

Braithwaite, Rodric: Moscow 1941. A City and Its People at War. New York 2006.

Breitman, Richard / Litchtman, Allan J.: FDR and the Jews. Cambridge 2013.

Brendon, Piers: The Dark Valley. A Panorama of the 1930s. New York 2000.

– Edward VIII. The Uncrowned King. London 2016.

Brinson, Charmian: The Strange Case of Dora Fabian and Mathilde Worm. Bern 1996.

British Security Coordination: The Secret History of British Intelligence in the Americas, 1940–1945. New York 1999.

Brown, Robert J.: Manipulating the Ether. The Power of Broadcast Radio in Thirties America. Jefferson 1998.

Bullock, Alan: Hitler und Stalin. Parallele Leben. Berlin 1991.

Cannadine, David / Quinalt, Roland (Hrsg.): Churchill in the Twenty-First Century. New York 2004.

Cantril, Hadley: The Invasion from Mars. A Study in the Psychology of Panic. Princeton 1940.

Charmley, John: Chamberlain and the Lost Peace. Chicago 1989.

Citino, Robert M.: The German Way of War. From the Thirty Years' War to the Third Reich. Lawrence 2005.

Citino, Robert M.: The Path to Blitzkrieg. Doctrine and Training in the German Army, 1920–1939. Boulder 1999.

Clark, Christopher: Preußen. Aufstieg und Niedergang 1600–1947. München 2013.

Clarke, Jeanne Nienaber: Roosevelt's Warrior. Harold L. Ickes and the New Deal. Baltimore/London 1996.

Clarke, Peter: Hope and Glory. Britain 1900–2000. London 2004.

Clifford, J. Garry / Spencer Jr., Samuel R.: The First Peacetime Draft. Lawrence 1986.

Cockett, Richard: Twilight of Truth. Chamberlain, Appeasement, and the Manipulation of the Press. London 1989.

Cole, Lance: Secrets of the Spitfire. The Story of Beverley Shenstone, The Man Who Perfected the Elliptical Wing. Barnsley 2012.

Cole, Wayne S.: Senator Gerald P. Nye and American Foreign Relations. Minneapolis 1962.

Colvin, Ian: Master Spy. The Incredible Story of Admiral Wilhelm Canaris. New York 1952.

– Vansittart in Office. London 1965.

Conquest, Robert: Stalin and the Kirov Murder. New York 1989.

– The Great Terror. A Reassessment. New York 1990.

– Stalin. Breaker of Nations. New York 1992.

Cook, Blanche Wiesen: Eleanor Roosevelt. The War Years and After. New York 2016.

Costigliola, Frank: Awkward Dominion. American Political, Economic and Cultural Relations with Europe, 1919–1933. Ithaca 1988.

Cowling, Maurice: The Impact of Hitler. British Politics and British Policy 1933–1940. Cambridge 1975.

Daly, Christopher B.: Covering America. A Narrative History of a Nation's Journalism. Amherst 2012.

Day, Peter: Klop. Britain's Most Ingenious Agent. London 2014.

De Groot, Gerard J.: Liberal Crusader. The Life of Sir Archibald Sinclair. New York 1993.

Deutsch, Harold C.: Hitler and His Generals. The Hidden Crisis, January to June1938. Minneapolis 1974.

Divine, Robert A.: The Illusion of Neutrality. Chicago 1962.

Djilas, Milovan: Conversations with Stalin. New York 1962.

Doenecke, Justus D. / Wilz, John E.: From Isolation to War, 1931–1941. Chichester 2015.

Dutton, D. J.: Wood, Edward Frederick Lindley, 1. Earl of Halifax. In: Dictionary of National Biography.

Edgerton, David: Britain's War Machine. Weapons, Resources, and Experts in the Second World War. New York 2011.

– England and the Aeroplane. Militarism, Modernity, and Machines. New York 2013.

Erickson, John: The Soviet High Command. A Military-Political History, 1918–1941. London 2001.

Evans, Richard J.: The Third Reich in Power. New York 2005.

Faber, David: Munich. Appeasement and World War II. New York 2009.

Farnham, Barbara: Roosevelt and the Munich Crisis. A Study of Political Decision Making. Princeton 1997.

Feiling, Keith Grahame: The Life of Neville Chamberlain. London 1970.

Fest, Joachim: Plotting Hitler's Death. The Story of the German Resistance. New York 1997.

Forczyk, Robert: Case Red. The Collapse of France. London 2017.

– Case White. The Invasion of Poland, 1939. New York 2019.

Friedländer, Saul: Prelude to Downfall. Hitler and the United States, 1939–1941. New York 1967.

– Nazi Germany and the Jews. Bd. 2: The Years of Extermination, 1939–1945. New York 2007.

Friedman, Saul S.: No Haven for the Oppressed. United States Policy Toward Jewish Refugees, 1938–1945. Detroit 1973.

Gat, Azar: Fascist and Liberal Visions of War. Fuller, Liddell Hart, Douhet, and Other Modernists. Oxford 1998.

Gerlach, Christian: Kalkulierte Morde. Die deutsche Wirtschafts- und Vernichtungspolitik in Weißrussland 1941 bis 1944. Hamburg 1999.

Gibbs, N. H.: Grand Strategy. Bd. 1. London 1976.

Gilbert, Martin: Churchill and the Jews. A Lifelong Friendship. New York 2007.

– Winston S. Churchill. Bd. 5: The Prophet of Truth, 1922–1939. Hillsdale 2009.

– Winston S. Churchill. Bd. 8: Never Despair, 1945–1965. Hillsdale 2013.

Gleason, Abbott: Totalitarianism. The Inner History of the Cold War. New York 1995.

Gordon, Linda: The Second Coming of the KKK. The Ku Klux Klan of the 1920s and the American Political Tradition. New York 2017.

Graf, Philipp: Die Bernheim-Petition 1933. Jüdische Politik in der Zwischen-kriegszeit. Göttingen 2008.

Hacker, Jacob S. / Pierson, Paul: Winner-Take-All Politics. How Washington Made the Rich Richer and Turned Its Back on the Middle Class. New York 2010.

Harmetz, Aljean: Round Up the Usual Suspects. The Making of Casablanca. Bogart, Bergman, and World War II. New York 2002.

Hart, Bradley W.: Hitler's American Friends. The Third Reich's Supporters in the United States. New York 2018.

Hastings, Max: Inferno. Winston's War. Churchill 1940–1945. New York 2010.

–  The World at War, 1939–1945. New York 2011.

Hemming, Henry: Agents of Influence. A British Campaign, a Canadian Spy, and the Secret Plot to Bring America Into World War II. New York 2019.

Herzog, Jonathan: The Spiritual Industrial Complex. America's Religious Battle Against Communism in the Early Cold War. New York 2011.

Herzstein, Robert Edwin: Roosevelt and Hitler. Prelude to War. New York 1989.

Hett, Benjamin Carter: Crossing Hitler. The Man Who Put the Nazis on the Witness Stand. New York 2008.

–  The Death of Democracy. Hitler's Rise to Power and the Downfall of the Weimar Republic. New York 2018.

Hiebert, Ray Eldon: Courtier to the Crowd. The Story of Ivy Lee and the Development of Public Relations. Ames 1966.

Hoffmann, Peter: German Resistance to Hitler. Cambridge 1989.

–  Carl Goerdeler gegen die Verfolgung der Juden. Köln 2013.

Hynes, Samuel: The Auden Generation: Literature and Politics in England in the 1930s. Princeton 1982.

Jackson, Julian: The Popular Front in France. Defending Democracy, 1934–1938. New York 1988.

Jacobson, Hans-Adolf (Hrsg.): Spiegelbild einer Verschwörung. Stuttgart 1984.

Janßen, Karl-Heinz / Tobias, Fritz: Der Sturz der Generäle. Hitler und die Blomberg-Fritsch Krise 1938. München 1994.

Jenkins, Roy: Churchill. A Biography. New York 2001.

Judt, Tony: Reappraisals. Reflections on the Forgotten Twentieth Century. New York 2008.

Katznelson, Ira: Fear Itself. The New Deal and the Origins of Our Time. New York 2013.

Kearns Goodwin, Doris: No Ordinary Time. Franklin and Eleanor Roosevelt. The Home Front in World War II. New York 1994.

Kennedy, David M.: Freedom from Fear, The American People in Depression and War 1929–1945. New York 1999.

Kennedy, Paul: Engineers of Victory. The Problem Solvers Who Turned the Tide in the Second World War. London 2013.

Kershaw, Ian: Hitler, 1936–1945. Nemesis. New York 2000.

–  Hitler 1889–1945. Überarb. einbändige Ausg. München 2009.

Koch, Howard: The Panic Broadcast. Portrait of an Event. Boston 1970.

Kotkin, Stephen: Stalin. Waiting for Hitler, 1929–1941. New York 2017.

Krämer, Andreas: Hitlers Kriegskurs, Appeasement und die »Maikrise« 1938. Entscheidungsstunde im Vorfeld von »Münchener Abkommen« und Zweitem Weltkrieg. Berlin 2014.

Lenoe, Matthew E.: The Kirov Murder and Soviet History. New Haven 2010.

Lepore, Jill: These Truths. A History of the United States. New York 2018.

Lippmann, Walter: Liberty and the News. New York 1920.

–  Public Opinion. New York 1922 (dt.: Die öffentliche Meinung. München 1964. Neuausg. Frankfurt a. M. 2018).

–  The Phantom Public. Piscataway 1925.

Loewenheim, Francis L. / Langley, Harold D. / Jonas, Manfred (Hrsg.): Roosevelt and Churchill. Their Secret Wartime Correspondence. New York 1990.

Longerich, Peter: Holocaust. The Nazi Persecution and Murder of the Jews. Oxford 2010.

Lukacs, John: The Duel. The Eighty-Day Struggle Between Churchill and Hitler. New Haven 2001.

MacGregor Burns, James: Roosevelt. The Lion and the Fox. New York 1956.

MacMillan, Margaret: Paris 1919. Six Months That Changed the World. New York 2001.

Maiolo, Joseph: Cry Havoc. How the Arms Race Drove the World to War, 1931–1941. New York 2010.

Manchester, William: The Last Lion. Winston Spencer Churchill. Bd. 2: Alone, 1932–1940. New York 2013.

Marrus, Michael R.: The Unwanted. European Refugees in the Twentieth Century. New York 1985.

May, Ernest R.: Strange Victory. Hitler's Conquest of France. New York 2000.

Mayers, Richard: FDR's Ambassadors and the Diplomacy of Crisis. From the Rise of Hitler to the End of World War II. New York 2013.

Mazower, Mark: Dark Continent. Europe's Twentieth Century. New York 2000.

- Hitler's Empire. How the Nazis Ruled Europe. New York 2008.
- Governing the World. The History of an Idea. New York 2012.
McGirr, Lisa: The War on Alcohol. Prohibition and the Rise of the American State. New York 2016.
McKinstry, Leo: Spitfire. Portrait of a Legend. London 2007.
Mearsheimer, John J.: Liddell Hart and the Weight of History. Ithaca 1988.
Melvin, Mungo: Manstein. Hitler's Greatest General. New York 2010.
Mitchell, Gordon: R. J. Mitchell. Schooldays to Spitfire. Stroud 2006.
Moe, Richard: Roosevelt's Second Act. The Election of 1940 and the Politics of War. Oxford 2013.
Montefiore, Simon Sebag: Stalin. The Court of the Red Tsar. New York 2004.
Moorhouse, Roger: The Devils' Alliance. New York 2014.
Mueller, Michael: Nazi Spymaster. The Life and Death of Admiral Wilhelm Canaris. New York 2017.
Müller, Klaus-Jürgen: Generaloberst Ludwig Beck. Eine Biographie. Paderborn 2008.
Müller, Rolf-Dieter: Der Feind steht im Osten. Hitlers geheime Pläne für einen Krieg gegen die Sowjetunion im Jahr 1939. Berlin 2011.
Murray, Williamson / Millett, Allan R. (Hrsg.): Military Innovation in the Interwar Period. New York 1996.
Nasaw, David: The Patriarch. The Remarkable Life and Turbulent Times of Joseph P. Kennedy. New York 2012.
Nolan, Mary: Visions of Modernity. American Business and the Modernization of Germany. New York 1994.
Offner, Arnold A.: American Appeasement. United States Foreign Policy and Germany, 1933–1938. Cambridge 1969.
Okrent, Daniel: The Guarded Gate. Bigotry, Eugenics, and the Law That Kept Two Generations of Jews, Italians, and Other European Immigrants Out of America. New York 2019.
Olson, Lynne: Troublesome Young Men. The Rebels Who Brought Churchill to Power and Helped Save England. New York 2007.
- Those Angry Days. Roosevelt, Lindbergh, and America's Fight Over World War II. New York 2013.
Orange, Vincent: Dowding of Fighter Command. Victor of the Battle of Britain. London 2011.
Overy, Richard: The Twilight Years. The Paradox of Britain Between the Wars. New York 2009.
- The Bombing War. Europe, 1939–1945. London 2013.

Paillole, Paul: Notre espion chez Hitler. Paris 1985.

Parker, R. A. C.: Chamberlain and Appeasement. British Policy and the Coming of the Second World War. London 1993.

Parssinen, Terry: Die vergessene Verschwörung. Hans Oster und der militärische Widerstand gegen Hitler. München 2008. S. 67.

Patel, Kiran Klaus: The New Deal. A Global History. Princeton 2016.

Paxton, Robert O.: The Anatomy of Fascism. New York 2004.

– / Hessler, Julie (Hrsg.): Europe in the Twentieth Century. Boston ⁵2011.

Peden, G. C.: British Rearmament and the Treasury, 1932–1939. Edinburgh 1979.

Pedersen, Susan: Eleanor Rathbone and the Politics of Conscience. New Haven 2004.

– The Guardians. The League of Nations and the Crisis of Empire. New York 2015.

Pipes, Richard: A Concise History of the Russian Revolution. New York 1996.

Plesch, Dan: America, Hitler and the UN. How the Allies Won World War II and Forged a Peace. London 2011.

Pohl, Dieter: Die Herrschaft der Wehrmacht. Deutsche Militärbesatzung und einheimische Bevölkerung in der Sowjetunion, 1941–1944. München 2008.

Pons, Silvio: Stalin and the Inevitable War, 1936–1941. London 2002.

Posen, Barry: The Sources of Military Doctrine. France, Britain and Germany Between the World Wars. Ithaca 1984.

Price, Alfred: The Spitfire Story. London 1982.

Ragsdale, Hugh: The Soviets, the Munich Crisis, and the Coming of World War II. Cambridge 2004.

Reynolds, David: The Long Shadow. The Legacies of the Great War in the Twentieth Century. New York 2014.

Reynolds, Nicholas: Treason Was No Crime. Ludwig Beck, Chief of the German General Staff. London 1976.

Rhodes James, Robert: Churchill. A Study in Failure, 1900–1939. London 1970.

Roberts, Andrew: The Holy Fox. A Biography of Lord Halifax. London 1991.

– Churchill. Walking with Destiny. New York 2018.

Roberts, Geoffrey K.: The Soviet Union and the Origins of the Second World War. London 1995.

Rosenberg, Jonathan: How Far the Promised Land. World Affairs and the American Civil Rights Movement from the First World War to Vietnam. Princeton 2006.

Ryback, Timothy W.: Hitler's Private Library. The Books That Shaped His Life. New York 2008.

Schäfer, Kirstin A.: Werner von Blomberg – Hitlers erster Feldmarschall. Eine Biographie. Paderborn 2006.

Schneer, Jonathan: Ministers at War. Winston Churchill and His War Cabinet. New York 2014.

Schudson, Michael: Discovering the News. A Social History of American Newspapers. New York 1978.

Schwartz, A. Brad: Broadcast Hysteria. Orson Welles's War of the Worlds and the Art of Fake News. New York 2015.

Self, Robert: Neville Chamberlain. A Biography. New York 2006.

Semmler, Rudolf: Goebbels – the Man Next to Hitler. New York 1981.

Shakespeare, Nicholas: Six Minutes in May. How Churchill Unexpectedly Became Prime Minister. London 2017.

Sherry, Michael S.: The Rise of American Air Power. The Creation of Armageddon. New Haven 1987.

Showalter, Dennis: Frederick the Great. A Military History. London 2012.

Simms, Brendan: Hitler. A Global Biography. New York 2019.

Slezkine, Yuri: The House of Government. A Saga of the Russian Revolution. Princeton 2017.

Snyder, Timothy: Bloodlands. Europe Between Hitler and Stalin. New York 2010.

– Black Earth. The Holocaust as History and Warning. New York 2015.

Steel, Ronald: Walter Lippmann and the American Century. New York 2017.

Stevens, Jason: God Fearing and Free. A Spiritual History of America's Cold War. Cambridge 2010.

Taylor, A. J. P.: The Origins of the Second World War. Harmondsworth 1984.

Taylor, Telford: Munich. The Price of Peace. New York 1979.

Thoss, Bruno: Der Ludendorff Kreis 1919–1923. München als Zentrum der mitteleuropäischen Gegenrevolution zwischen Revolution und Hitler-Putsch. München 1978.

Tooze, Adam: The Wages of Destruction. The Making and Breaking of the Nazi Economy. New York 2007.

– The Deluge. The Great War and the Remaking of the Global Order. New York 2014.

Tucker, Robert C.: Stalin in Power. The Revolution from Above, 1928–1941. New York 1990.

Ueberschär, Gerd R.: Generaloberst Franz Halder. Generalstabschef, Gegner und Gefangener Hitlers. Göttingen 1991.

Warlimont, Walter: Inside Hitler's Headquarters, 1939–1945. New York 1964.
Wasserstein, Bernard: Britain and the Jews of Europe, 1939–1945. Oxford 1979.
Watt, Donald Cameron: How War Came. The Immediate Origins of the Second World War. London 1989.
Weil, Martin: A Pretty Good Club. The Founding Father of the U.S. Foreign Service. New York 1978.
Weinberg, Gerhard L.: World in the Balance. Behind the Scenes of World War II. Hanover 1981.
– A World at Arms. A Global History of World War II. New York ²2005.
Whitman, James Q.: Hitler's American Model. The United States and the Making of Nazi Race Law. Princeton 2017.
Woltering, Ky: »A Christian World Order«. Protestants, Democracy, and Christian Aid to Germany, 1945 to 1961. PhD Dissertation. City University of New York 2018.
Wyman, David S.: Paper Walls. America and the Refugee Crisis, 1938–1941. Amherst 1968.
Ziegler, Philip: King Edward VIII. The Official Biography. London 1990.
Zimmerman, David: Britain's Shield. Radar and the Defeat of the Luftwaffe. Stroud 2012.

## Aufsätze

Abramov, Nikolai: The New Version of the »Tukhachevsky Affair«. In: New Times 13 (23. 3. – 3. 4. 1989) S. 36–39.
Ackroyd, J. A. D.: The Spitfire Wing Planform. A Suggestion. In: Journal of Aeronautical History (2013) H. 2. S. 121–135.
Bakke, Elisabeth: The Making of Czechoslovakism in the First Czechoslovak Republic. In: Martin Schulze Wessel (Hrsg.): Loyalitäten in der Tschechoslowakischen Republik 1918–1938. Politische, nationale und kulturelle Zugehörigkeiten. München 2004. S. 23–44.
Berezovskii, N. Iu.: Na bor'bu s »limitro-fami«. In: Voenno-istoricheskii Zhurnal (1993) H. 4. S. 53–62.
Bess, Michael: Wide World of Racisms. In: M. B.: Choices Under Fire. Moral Dimensions of World War II. New York 2006. S. 21–41.
Browning, Christopher: The Nazi Decision to Commit Mass Murder. Three Interpretations. The Euphoria of Victory and the Final Solution. Summer–Fall 1941. In: German Studies Review 17 (Oktober 1994) H. 3. S. 473–481.

French, David: British Military Strategy. In: John Ferris / Evan Mawdsley (Hrsg.): The Cambridge History of the Second World War. Bd. 1: Fighting the War. Cambridge 2015. S. 55–57.

Gakenholz, Hermann: Reichskanzlei 5. November 1937. In: Richard Dietrich / Gerhard Oestreich: Forschungen zu Staat und Verfassung. Festgabe für Fritz Hartung. Berlin 1958. S. 459–474.

Gardner, Lloyd C.: The Atlantic Charter. Idea and Reality, 1942–1945. In: Douglas Brinkley / David R. Facey-Crowther (Hrsg.): The Atlantic Charter. New York 1994. S. 45–82.

Gat, Azar: British Influence and the Evolution of the Panzer Arm. In: War in History 4 (1997) H. 2. S. 150–173.

Hagemann, Harold: Cläre Tisch. In: Robert W. Dimand (Hrsg.): A Biographical Dictionary of Women Economists. Cheltenham 2000.

Hett, Benjamin Carter: This Story is About Something Fundamental. In: Central European History 48 (2015) S. 199–224.

Jersak, Tobias: Die Interaktion von Kriegsverlauf und Judenvernichtung. Ein Blick auf Hitlers Strategie im Spätsommer 1941. In: Historische Zeitschrift 268 (1999) S. 311–374.

Kennedy, Paul: The Tradition of Appeasement in British Foreign Policy 1865–1939. In: British Journal of International Studies 2 (Oktober 1976) H. 3. S. 195–215.

Kettenacker, Lothar: The Anglo-Soviet Alliance and the Problem of Germany, 1941–1945. In: Journal of Contemporary History 17 (Juli 1982) H. 3. S. 435–458.

Krausnick, Helmut: Hitler und die Morde in Polen. In: Vierteljahrshefte für Zeitgeschichte 11 (1963) S. 196–209.

Lasswell, Harold D.: Sino-Japanese Crisis. The Garrison State Versus the Civilian State. In: The China Quarterly 11 (Herbst 1937) S. 643–649.

– The Garrison State. In: American Journal of Sociology 46 (Januar 1941) H. 4. S. 455–468.

Lukes, Igor: Stalin, Benesch und der Fall Tuchatschewski. In: Vierteljahrshefte für Zeitgeschichte 44 (Oktober 1996) H. 4. S. 530–532.

– The Czechoslovak Partial Mobilization in May 1938. A Mystery (Almost) Solved. In: Journal of Contemporary History 31 (Oktober 1996) H. 4. S. 699–720.

Maga, Timothy P.: Closing the Door. The French Government and Refugee Policy, 1933–1939. In: French Historical Studies 12 (Frühjahr 1982) H. 3. S. 424–442.

Martin, Terry: The Origins of Soviet Ethnic Cleansing. In: Journal of Modern History 70 (Dezember 1998) H. 4. S. 813–861.

Mazower, Mark: The Strange Triumph of Human Rights, 1933–1950. In: Historical Journal 47 (2004) H. 2. S. 379–398.
Meyer, Georg: Biografische Vorbemerkung zu Leeb. In: G. M. (Hrsg.): Generalfeldmarschall Wilhelm Ritter von Leeb. Tagebuchaufzeichnungen und Lagebeurteilungen aus zwei Weltkriegen. Stuttgart 1976.
Naveh, Shimon: Tukhachevsky. In: Harold Shukman (Hrsg.): Stalin's Generals. New York 1993. S. 258.
Pennell, Catriona: Believing the Unbelievable. The Myth of the Russians with »Snow on Their Boots« in the United Kingdom, 1914. In: Cultural and Social History 11 (2014) H. 1. S. 69–88.
Rasmussen, Jorgen S.: Party Discipline in War-Time. The Downfall of the Chamberlain Government. In: Journal of Politics 32 (Mai 1970) H. 2. S. 379–406.
Reynolds, David: The Atlantic »Flop«. British Foreign Policy and the Churchill-Roosevelt Meeting of August 1941. In: Douglas Brinkley / David R. Facey-Crowther (Hrsg.): Atlantic Charter. S. 129–150.
Smith, J.: R. J. Mitchell – Aircraft Designer. In: Journal of the Royal Aeronautical Society 58 (Mai 1954) S. 312–328.
Stone, David R.: Tukhachevsky in Leningrad. Military Politics and Exile, 1928–1931. In: Europe-Asia Studies 48 (Dezember 1996) H. 8. S. 1365–86.
Strauss, Herbert A.: Jewish Emigration from Germany. Nazi Policies and Jewish Response. In: Leo Baeck Institute Year Book 25 (1980) S. 313–361.
Weinberg, Gerhard L.: The May Crisis, 1938. In: The Journal of Modern History 29 (September 1957) H. 3. S. 213–225.
Wilson, Theodore A.: The First Summit. FDR and the Riddle of Personal Diplomacy. In: Douglas Brinkley / David R. Facey-Crowther (Hrsg.): Atlantic Charter. S. 1–32.
Wirsching, Andreas: »Man kann nur Boden germanisieren«. Eine neue Quelle zu Hitlers Rede vor den Spitzen der Reichswehr am 3. Februar 1933. In: Vierteljahrshefte für Zeitgeschichte 49 (Juli 2001) H. 3. S. 517–550.
Wood, W. Raymond: The Role of the Romantic West in Shaping the Third Reich. In: Plains Anthropologist 35 (November 1990) H. 132. S. 313–319.

# Register

# Über den Autor

BENJAMIN CARTER HETT ist der Autor von *The Death of Democracy, Der Reichstagsbrand, Wiederaufnahme eines Verfahrens* sowie *Crossing Hitler* und *Death in the Tiergarten* sowie, zusammen mit Michael Wala, *Otto John: Patriot oder Verräter?* Hett ist Professor für Geschichte am Hunter College und dem Graduate Center der City University of New York. Er promovierte 2001 bei David Blackbourn an der Harvard University mit einer Studie zu Strafprozessen in Berlin um 1900 und hat einen Abschluss in Jura von der University of Toronto. Geboren in Rochester, New York, wuchs er im kanadischen Edmonton, Alberta, auf und lebt heute in New York City.